Fransızca Dilbilgisi

Grammaire Française

1953 yılından beri...

FONO YAYINLARI: 064
GRAMER KİTAPLARI DİZİSİ
ISBN: 978 975 471 063 2

© FONO ÖZEL EĞİTİM KURUMLARI VE YAYIN DAĞITIM
SAN. VE TİC. LTD. ŞTİ. İSTANBUL - TÜRKİYE

BASKI:
PASİFİK OFSET (SERTİFİKA NO:12 027)
Cihangir Mah. Güvercin Cad. No: 3/1
Baha İş Merkezi A Blok Kat: 2
Haramidere-İstanbul
Tel: 0212 412 17 77

İSTANBUL • EKİM 2016 • 11. BASKI

**FONO ÖZEL EĞİTİM KURUMLARI VE YAYIN DAĞITIM
SAN. VE TİC. LTD. ŞTİ.**
SERTİFİKA NO: 11 627
Ambarlı, Beysan Sitesi Birlik Cad. No:32 Avcılar-İstanbul
Tel: 0212 422 77 60 Faks: 0212 422 29 01
fono@fono.com.tr   www.fono.com.tr

FRANSIZCA DİLBİLGİSİ

Hazırlayan:

Aydın KARAAHMETOĞLU

ÖNSÖZ

Bu kitapta Fransızca dilbilgisindeki bütün kurallar açık, sade ve anlaşılır bir üslupla anlatılmıştır. Böylece zihinlerin yorularak birçok karmaşıklığa yol açılması önlenmiştir. Pek çok örnek cümle Türkçe karşılıklarıyla verilerek Fransızcayı okulda ya da kendi kendine öğrenenlere kolayca öğrenme olanağı sağlanmıştır.

Bu kitap, günümüzde konuşulmayan, ölü bir dilin öğretilmesine benzer, modası geçmiş yöntemlerle zihinleri yoran ve öğrenmede güçlük çekilen klasik dilbilgisi öğretim yöntemlerinden farklı bir içeriğe sahiptir. Fransızca dilbilgisi yaşayan bir dil olma özelliğine uygun olarak, bol bol güncel örnek ve açıklamalarla anlatılmıştır. Fiil zamanları gerek şematik gerek çekimler halinde örneklerle sunularak öğrenenlere ve öğrendiği halde yabancı dille doğal olarak ilişkisini sürdürenlere severek, zevkle çalışma yeteneği kazandırma amacı göz önünde tutulmuştur. Fransızca'da önemli bir yer tutan dişil **(féminin)**, eril **(masculin)** durumlar özenle, çok net olarak verilmiştir. Bir kural anlatılırken bu kurala uymayan istisnalar (ayrıcalıklar) yanında belirtilerek anlatılmıştır.

Her konunun sonunda bulunan alıştırma soruları, okuyucunun kendi kendine yanıtlayarak, kitabın sonundaki yanıt anahtarıyla karşılaştırmak suretiyle bilgilerini kontrol etmek için verilmiştir.

Kitabın önemli bir özelliği de belli konuların sonunda, o bölümde öğrnilenlerle ilgili alıştırmalar bulunması ve bu şekilde öğretilenlerin pekişmesinin sağlanmasıdır. Alıştırmaların cevapları kitabın arkasında verilmiştir.

Fransızca bilgileri ileri düzeyde olanlar kadar yeni başlayanların öğrenmek istediklerini karşılayacak bu dilbilgisi kitabı Fransızca bilenlerle bu dile ilgi duyanların, Fransızca öğretmenlerinin yararlanacakları ve öğrencilerine önerecekleri kaynak bir kitaptır.

AYDIN KARAAHMETOĞLU

TABLES DES MATIÈRES - İÇİNDEKİLER

ÖNSÖZ	5
ALPHABET – ALFABE	13
LES ACCENTS - AKSANLAR	14
LES LIAISONS - BAĞLAMALAR	15
LES ESPECES DES MOTS - SÖZCÜK TÜRLERİ	15
les mots variables - değişen sözcükler	16
les mots invariables - değişmeyen sözcükler	16
L'ARTICLE - TANIMLIK	17
l'article défini - belirli tanımlık	17
l'article indéfini - belirsiz tanımlık	17
l'article partitif - tikel tanımlık	17
LE NOM - İSİM	28
isimlerin çeşitleri	28
le nom commun - cins ismi	29
le nom propre - özel isim	29
le nom concret - somut isim	30
le nom abstrait - soyut isim	30
le nom collectif - topluluk ismi	31
le nom composé - birleşik isim	31
LE GENRE DES NOMS - İSİMLERİN CİNSİ	32
eril isimlerin dişil şekilleri	32
PLURIELS DES NOMS - İSİMLERİN ÇOĞULU	36
les noms à doubles pluriel - çift çoğullu sözcükler	38
COMPLÉMENT DE NOM - İSİM TAMLAMASI	43
LES ADJECTIFS - SIFATLAR	47
l'adjectif qualificatif - niteleme sıfatı	57
pluriel des adjectifs - sıfatların çoğulu	57
accord de l'adjectif - sıfatın uyuşması	59
COMPARAISON DES ADJECTIF - SIFATLARIN KARŞILAŞTIRILMASI	63
le degré positif - doğal derece	63
le degré comparatif - karşılaştırmalı derece	64
le degré superlatif – en üstünlük derecesi	66
l'adjectif possessif - iyelik sıfatı	71
l'adjectif démonstratif - işaret sıfatı	73
l'adjectif interrogatif - soru sıfatı	74
l'adjectif numéral - sayı sıfatı	75
l'adjectif indéfini - belgisiz sıfat	79
aucun = hiçbir	79
autre = başka	80

certain = belli, kesin ... 80
chaque = her, her biri ... 80
même = aynı ... 81
nul = hiçbir ... 81
plusieurs = birçok ... 82
quel = kim bilir, hangi, bilmem nasıl ... 82
quelque = birkaç, biraz ... 83
tel = böyle, öyle ... 84
tout = bütün, her ... 85
LE PRONOM - ZAMİR ... 88
le pronom personnel - kişi zamiri ... 89
soi = o ... 96
en ve y zamirleri ... 96
le pronom possessif - iyelik zamirleri ... 100
le pronom démonstratif - işaret zamirleri ... 102
le pronom interrogatif - soru zamiri ... 107
le pronom indéfini - belgisiz zamir ... 113
le pronom relatif - ilgi zamiri ... 116
qui ... 117
que ... 119
dont ... 122
où ... 124
lequel ... 125
laquelle ... 125
auquel ... 126
à laquelle ... 126
duquel ... 126
de laquelle ... 126
pronoms adverbiaux - zarf nitelikli zamirler ... 130
en ... 130
y ... 130
les pronoms neutres - cinssiz zamirler ... 131
LE VERBE - FİİL ... 135
fiillerin yapısı ... 135
fiillerde çatı ... 138
verbes actifs - etken fiiller ... 138
verbes passifs - edilgen fiiller ... 140
verbes pronominal - dönüşlü fiiller ... 141
verbes impérsonnel - kişisiz fiiller ... 142
LES MODES DU VERBES - FİİLLERDE KİP ... 142
le mode indicatif - bildirme kipi ... 142

le mode conditionnel - şart kipi 143
le mode impératif - emir kipi 144
le mode subjonctif - dilek kipi 144
le mode infinitif - mastar kipi 144
le mode participe - ortaç kipi 145
LE TEMPS DES VERBES - FİİLLERDE ZAMAN 146
le présent - şimdiki zaman 147
le passé - geçmiş zaman 147
le futur - gelecek zaman 149
VERBES AUXILIAIRES - YARDIMCI FİİLLER 150
etre 153
avoir 166
aller 179
venir 188
pouvoir 196
devoir 210
faire 218
DES CONJUGAISONS - FİİL ÇEKİMLERİ 229
conjugaison négative - fiillerin olumsuz çekimi 230
conjugaison interrogative - fiillerin soru çekimi 232
conjugaison interrogative-négative - fiillerin olumsuz-soru çekimi 234
birinci grup fiillerin çekimleriyle ilgili yazım özellikleri 235
LES VERBES DU PREMIER GROUPE - BİRİNCİ GRUP FİİLLER 238
LES VERBES DU DEUXIÉME GROUPE - İKİNCİ GRUP FİİLLER 239
LES VERBES DU TROISIÉME GROUPE - ÜÇÜNCÜ GRUP FİİLLER 243
LES VERBES REGULIERS - DÜZENLİ FİİLLER 244
LES VERBES IRREGULIÉRS - DÜZENSİZ FİİLLER 244
FİİLLERDE ZAMANLARIN ÇEKİMİ 245
les temps simples - basit zamanlar 245
les temps composés - birleşik zamanlar 245
LE PRÉSENT - ŞİMDİKİ ZAMAN 248
birinci grup fiillerde şimdiki zaman 248
ikinci grup fiillerde şimdiki zaman 252
üçüncü grup fiillerde şimdiki zaman 254
HABER KİPİNİN ŞİMDİKİ ZAMANI 257
L'IMPARFAIT - ŞİMDİKİ ZAMANIN HİKÂYESİ 261
birinci grup fiillerde **imparfait** 261
ikinci grup fiillerde **l'imparfàit** 264
üçüncü grup fiillerde **imparfait** 265
IMPARFAIT - ŞİMDİKİ ZAMANIN HİKÂYESİ 267
LE PASSÉ SIMPLE - GEÇMİŞ ZAMAN 269

birinci grup fiillerde **passé simple** 269
ikinci grup fiillerde **passé simple** 270
üçüncü grup fiillerde **passé simple** 272
LE FUTUR - GELECEK ZAMAN 277
birinci grup fiillerde gelecek zaman 277
ikinci grup fiillerde gelecek zaman 281
LE PASSÉ COMPOSÉ - HABER KİPİNİN DİLİ GEÇMİŞ ZAMANI 285
birinci grup fiillerde **passé composé** 286
ikinci grup fiillerde **passé composé** 290
üçüncü grup fiillerde **passé composé** 292
LE PLUS-QUE-PARFAIT - BİRLEŞİK GEÇMİŞ ZAMANIN HİKÂYESİ 297
birinci grup fiillerde **plus-que-parfait** 297
ikinci grup fiillerde **plus-que-parfait** 300
üçüncü grup fiillerde **plus-que-parfait** 301
LE PASSÉ ANTERIEUR - ÖNCEKİ GEÇMİŞ ZAMAN 304
birinci grup fiillerde **passé antérieur** 304
ikinci grup fiillerde **passé antérieur** 306
üçüncü grup fiillerde **passé antérieur** 308
LE FUTUR ANTÉRIEUR - ÖNCEKİ GELECEK ZAMAN 312
birinci grup fiillerde **futur antérieur** 312
ikinci grup fiillerde **futur antérieur** 316
üçüncü grup fiillerde **futur antérieur** 318
LE CONDITIONEL PRÉSENT - ŞART ŞİMDİKİ ZAMANI 321
üçüncü grup fiillerde **conditionnel present** 324
CONDITIONNEL PASSÉ - ŞART GEÇMİŞ ZAMANI 329
conditionnel passe 1.ére forme 330
LE SUBJONCTIF PRÉSENT - DİLEK KİPİNİN ŞİMDİKİ ZAMANI 335
birinci grup fiillerde **subjonctif présent** 335
ikinci grup fiillerde **subjonctif présent** 337
üçüncü grup fiillerde **subjonctif présent** 339
LE SUBJONCTIF PASSÉ - DİLEK KİPİNİN GEÇMİŞ ZAMANI 347
IMPERATIF - EMİR KİPİ 351
impératif présent 351
impératif passé 353
INFINITIF - MASTAR KİPİ 357
LE PARTICIPE - ORTAÇ KİPİ 363
participe présent - şimdiki zaman ortacı 363
participe passé - geçmiş zaman ortacı 363
zamanların şematik sıralanışı 365
fiillerin yan cümlecik ve temel cümlecikteki durumlarına göre zamanları 368
LES MOTS INVARIABLES - DEĞİŞMEYEN SÖZCÜKLER 373

ADVERBE - ZARF ... 373
Adverbe de temps - zaman zarfı ... 374
Adverbe de lieu - yer zarfı ... 374
Adverbe de quantité - nicelik zarfı ... 375
Adverbe de manière - durum zarfı ... 376
locutions adverbiaux - zarflardan yapılmış deyimler ... 381
adverbes de comparaison - kıyaslama zarfları ... 383
adverbes de négation - olumsuzluk zarfları ... 384
adverbes d'interrogation - soru zarfları ... 385
LE COMPARAISON DES ADVERBES - ZARFLARIN KIYASLAMASI ... 387
le comparatif des adverbes - zarfların üstünlük dereceleri ... 387
fonctions de l'adverbe - zarfların işlevleri ... 391
LA PRÉPOSITION - EDATLAR ... 395
dolaylı tümleç olarak kullanılan edatlar ... 396
yüklem olarak kullanılan edatlar ... 396
yer bildiren tümleç olarak kullanılan edatlar ... 397
zaman bildiren tümleç olarak kullanılan edatlar ... 404
durum bildiren tümleç olarak kullanılan edatlar ... 408
neden bildiren tümleç olarak kullanılan edatlar ... 410
amaç bildiren tümleç olarak kullanılan edatlar ... 413
edatlardan oluşan deyimler ... 415
à force de ... 415
à la faveur de ... 416
au lieu de ... 416
au dessus de ... 417
à côté de ... 417
au prix de ... 418
au milieu de ... 418
auprès de ... 419
en face de ... 419
autour de ... 420
grace à ... 421
quant à ... 421
proche de ... 422
edatların anlamlarında meydana gelen değişiklikler ... 422
LES CONJONCTIONS - BAĞLAÇLAR ... 429
la conjonction de coordination ... 429
la conjonction de subordination ... 435
bağlaçların anlamları ... 444
bir kısım bağlaçların kullanılışları ... 445
L'INTERJECTION - ÜNLEM ... 453

L'ORTHOGRAPHE - YAZIM KURALI 461
DOĞRUDAN ANLATIM - DOLAYLI ANLATIM 475
nakledilen cümlelerde zaman uyuşmaları 487
ANALYSE GRAMMATICALE - DİLBİLGİSEL ÇÖZÜMLEME 495
sözcüklerin işlevsel olarak dilbilgisel çözümlemesi 502
ismin cümledeki işlevleri 503
fiilin cümledeki işlevleri 506
sıfatın cümledeki işlevleri 506
zamirlerin cümledeki işlevleri 507
tanımlıkların cümledeki işlevleri 509
zarfların cümledeki işlevleri 509
SÖZCÜKLERİN İŞLEVLERİ 509
LE COMPLÉMENT DU NOM - İSİM TÜMLECİ 521
LE COMPLÉMENT DE L'ADJECTIF - SIFAT TÜMLECİ 524
L'APPOSITION - KOŞUNTU 525
ATTRIBUT - YÜKLEM 526
ANALYSE LOGIQUE - MANTIKSAL ÇÖZÜMLEME 529
proposition indépendante - bağımsız cümlecik 531
proposition principale - temel cümlecik 533
proposition subordonnée - yan cümlecik 534
proposition subordonnée relative ilgi yan cümleciği 537
proposition subordonnée interrogative indirecte soru yan cümleciği ... 538
proposition subordonnée conjonctive isim yan cümleciği 539
proposition subordonnée circonstencielle belirteç yan cümleciği 540
zaman belirten cümlecikler 540
neden belirten cümlecikler 541
amaç belirten cümlecikler 542
sonuç belirten cümlecikler 543
karşıtlık belirten cümlecikler 545
koşul belirten cümlecikler 547
karşılaştırma belirten cümlecikler 549
mastarlı cümlecikler 551
ortaç yan cümlecikleri 561
FRANSIZCA'DAN TÜRKÇEYE ÇEVİRİ 569
La Petite Paysanne - Küçük Köylü kızı 572
Mon Village - Köyüm 573
Un Voyage - Bir Yolculuk 574
ALIŞTIRMA CEVAPLARI 577

ALPHABET - ALFABE

Fransız alfabesinde yirmi altı harf vardır:

A B C D E F G H I J K L M N O P Q R S T U V W X Y Z

Bunlardan **A E I O U Y** sesli **(voyelles)**; dil, dişler ve dudakların yardımı ile söylenen diğer yirmisi sessiz **(consonnes)** harflerdir.

C harfi a ve **o** ya da **u** önünde **k** okunur.

Le camarade /lö kamarad/ (arkadaş) **Le commerce** /lö komers/ (iş, ticaret)
La cage /la kaj/ (kafes) **La cuisine** /la kuizin/ (mutfak)
La colère /la koler/ (öfke) **La curiosité** /la küryozite/ (merak)

Fakat **e** ve **i** önündeyse **s** okunur.

Céder /sede/ (bırakmak) **Ce la** /sö la/ (bu)
La ceinture /la sentür/ (kemer) **Le centre** /le santr/ (merkez)
Le cinéma /lö sinema/ (sinema) **Le citron** /lö sirton/ (limon)

G harfi a ve **o** ya da **u** önünde **g** okunur.

La galerie /la galri/ (geçit) **La goutte** /la gut/ (damla)
Le gamin /lö gamen/ (çırak) **Guider** /gid/ (kılavuzluk etmek)
La gorge /la gorj/ (gırtlak, boğaz) **La guitare** /la gitar/ (gitar)

Fakat **e** ve **i** önünde **j** okunur.

Le géant /lö jean/ (dev) **Le genou** /lö jnu/ (diz)
Geler /jöle/ (dondurmak) **Le gilet** /lö jile/ (yelek)
Le gendarme /lö jandarm/ (jandarma) **La girofle** /la jirofl/ (karanfil)

ALIŞTIRMALAR – 1

A. C harfinin "k" olarak okunduğu dört sözcük yazınız.

Örnek: **le camarade**

1. ....
2. ....
3. ....

4. ....

B. C harfinin S olarak okunduğu dört sözcük yazınız.

Örnek: **le cinéma**

1. ....
2. ....
3. ....
4. ....

C. G harfinin G olarak okunduğu dört sözcük yazınız.

Örnek: **le gamin**

1. ....
2. ....
3. ....
4. ....

D. G harfinin J olarak okunduğu dört sözcük yazınız.

Örnek: **Le Géant**

1. ....
2. ....
3. ....
4. ....

LES ACCENTS - AKSANLAR

Fransızca'da bazı harflerin üzerinde bir kısım değişik işaretlerin bulunduğunu görürüz. Bu işaretlere **(accent)** aksan adı verilir. Üç çeşit aksan vardır.

1. L'accent aigu: Önüne geldiği sesli harfle birleşmeyen ve Türkçedeki **e** 'yi biraz daha ince ve kapalı okuduğumuzda ortaya çıkan sese benzer bir ses veren **e**'lerin üzerine konulur.

    Le bébé (bebe)   **La Bonté** (iyilik)
    Le café (kahve)   **L'été** (yaz)
    Le cinéma (sinema)   **La santé** (sağlık)

2. L'accent grave: Kendisinden sonra **e** harfi bulunan bir sessizden önce gelen ve Türkçedeki **e** gibi okunan **e**'lerin biraz daha yumuşak ve açık okunmasını işaret eder.

Le père (baba) **Fièrement** (gururla)
La mère (anne) **La misère** (sefalet)
La fidèle (sadık) **La lèvre** (dudak)

3. L'accent circonflexe: Sesli harflerden bir kısmının üzerine gelerek onların uzatılarak okunması gerektiğine işaret eder.

La tête (kafa) **Le gîte** (barınak)
La forêt (orman) **Le rêve** (rüya, düş)
Le pâtre (çoban) **Le nôtre** (bizimki)

Bazen aksanların, sözcüklerin yazılış durumlarını belirttikleri ve okunuşu etkilemedikleri de görülür.

Dû (borçlu) **Où** (nerede)
LÀ (Orada) **À** (de, da; ye, ya)

LES LIAISONS - BAĞLAMALAR

Fransızca'da sözcük sonlarındaki sessiz bir harf genellikle, sesli bir harf ile başlayan bir sonraki sözcüğe bağlanarak okunur. Bu iki sözcüğün tek bir sözcük gibi birleşik olarak okunmasına bağlama **(liaison)** denir.

Un grand océan (ön grandosean [büyük bir okyanus]).
Dix enfants (dizanfan [on çocuk]).
Trois élèves (truazelev [üç öğrenci]).
Ils sont allés (ilsontale [gittiler]).

LES ESPECES DES MOTS - SÖZCÜKLERİN TÜRLERİ

Fransızca'da değişen **(variables)** ve değişmeyen **(invariables)** olmak üzere dokuz tür sözcük grubu vardır. Çok az sözcük birden fazla sözcük grubuna ait olabilir. Bu sözcüklerin anlamları ve cümledeki aldıkları yere göre hangi sözcük grubundan oldukları anlaşılır.

Örneğin **Tout** sözcüğü,

"**Tout enfant doit obéir**" (Her çocuk söz dinlemelidir.) cümlesinde sıfat;
"**Les étudiants sont tout prêts à la leçon**" (Öğrenciler derse tamamen hazırdırlar) cümlesinde zarftır.

Nul sözcüğü,

"**Nul n'est censé ignorer la loi**" (Yasayı bilmemek özür sayılmaz.) cümlesinde zamir (adıl);

"**Nul espoir n'est permis**" (Hiçbir umut yok.) cümlesinde ise sıfattır.

En sözcüğü,

"**J'en ai**" (Ona sahibim.) cümlesinde zamir,

"**J'en viens**" (Oradan geliyorum.) cümlesinde zarf,

"**Vous irez en France**" (Fransa'ya gideceksiniz.) cümlesinde ise edattır.

Sözünü ettiğimiz bu dokuz çeşit sözcük türleri şunlardır. Parantez içindeki örnek sözcüklerden yukarıda anlattığımız gibi birden fazla sözcük grubuna girebilecek olanların bulunabileceği unutulmamalıdır.

A. Les mots variables - Değişen sözcükler

1. **L'ARTICLE** - tanımlık **(le, la, les, du, de, un, une, des)**
2. **LE NOM** - isim **(la chaise, la beauté, Mireille, Paris)**
3. **L'ADJECTIF** - sıfat **(bon, petit, bleu, ce, quel)**
4. **LE PRONOM** - zamir (adıl) **(je, te, lui, nous, tiens, toi, en, nul, que, qui)**
5. **LE VERBE** - fiil (eylem) **(avoir, parler, finir, entendre, voir)**

B. Les mots invariables - Değişmeyen sözcükler

1. **L'ADVERBE** - zarf **(demain, ici, en, trop, bien)**
2. **LA PRÉPOSITION** - edat **(à, dans, en, par, pour)**
3. **LA CONJONCTION** - bağlaç **(mais, que, lorsque, quand)**
4. **L'INTERJECTION** - ünlem **(ah!, boum!, stop!, salut!)**

L'ARTICLE - TANIMLIK

Fransızca'da isimlerden önce gelen ve önüne geldiği ismin sayısını (tekil, çoğul), cinsini (eril, dişil) belirten kısa sözcükler vardır. Türkçede karşılığı olmayan bu sözcüklere tanımlık **(l'article)** denir.

le jardin (bahçe)
la pomme (elma)
les mères (anneler)

un perroquet (bir papağan)
une niche (bir köpek kulübesi)
des frères (erkek kardeşler)

Tanımlıklar üç kısma ayrılır.

1. **L'article défini**   = belirli tanımlık
2. **L'article indéfini** = belirsiz tanımlık
3. **L'article partitif** = miktar belirten tanımlık

L'article défini = Belirli tanımlıklar olan **le, la, les** ismin belirttiği varlıkların içinden birisinin belirli ve bilinen bir varlık olduğunu gösterir. Bu varlıklar bilinen ve belirli olup da birden çok olursa **les** tanım sözcüğü ile belirtilirler. Belirli tanımlıklar şu şekillerde kullanılırlar.

L'article défini "le" = Bu belirli tanımlık eril tekil isimlerin önünde yer alır.

le chat (kedi)
le garçon (erkek çocuk)

le cotre (kotra)
le bâtiment (bina)

L'article défini "la" = Dişil tekil isimlerin önüne konur.

la barrière (engel, çit)
la rose (gül)

la noisette (fındık)
la tasse (fincan)

L'article défini "les" = Hem eril ve hem de dişil çoğul isimlerin önünde yer alır.

les pays (ülkeler)
les navires (gemiler)

les prunes (erikler)
les nations (uluslar)

Le, la, les tanımlıklarının cümle içindeki kullanılışları ise genel olarak şöyledir.

Le monde tourne autour du soleil.
Le gardien marche dans la rue.
Vous voyez les oiseaux dans le ciel.
La gazelle vit dans la forêt.
Mireille a fermé la fenêtre.
Les papillons volent sur la fleur.
La fille regarde le chat.

Dünya güneşin etrafında döner.
Bekçi caddede yürüyor.
Gökyüzünde kuşları görüyorsunuz.
Ceylan ormanda yaşar.
Mireille pencereyi kapattı.
Kelebekler çiçeğin üstünde uçar.
Kız kediye bakıyor.

Paul a vu les animaux.
Le toit est sur la maison.
La table est en bois.

Paul hayvanları gördü.
Çatı evin üzerindedir.
Masa tahtadandır.

Article défini = Belirli tanımlıklardan **(le, la)** sonra gelen isimler sesli bir harfle başlarsa **le** ve **la**'nın **e** ve **a** harfleri düşerek yerlerine apostrof (**'**) gelir. Bu durumda **(l')** elde edilir. Hem dişil ve hem de eril sözcüklerden önce kullanılan bu tanımlıklara Fransızca'da **article défini élidé** adı verilir.

L'exportation (ihracat)
L'enfant (çocuk)
L'ami (arkadaş)

L'ange (melek)
L'eau (su)
L'homme (adam)

Ancak **le héros, la honte** vb. sözcükleri sesli harfle başlamalarına karşın görüldüğü gibi tanımlıklardaki **e** ve **a** harfleri düşürülmemiştir. Bu durum, söz konusu kuralın bir ayrıcalığıdır.

Belirli tanımlık **le, la, les**'den önce **à** edatı **(préposition)** geldiğinde bununla birleşerek, önüne geldiği isme -e ve -de hali kazandırır. Bu tür tanımlıklara belirli bileşik tanımlıklar anlamına gelen **article défini contracté** denir.

à + la = à + la (birleşmez),
à + les = aux olur.

à + le = au

Sözcüklerle birlikte kullanılmaları ise şu şekilde olur:

le cinéma
(sinema)

à + le cinéma = au cinéma
(sinemada, sinemaya)

le magasin
(dükkân, mağaza)

à + le magasin = au magasin
(dükkânda, dükkâna, mağazada, mağazaya)

le village
(köy)

à + le village = au village
(köyde, köye)

le restaurant
(lokanta)

à + le restaurant = au restaurant
(lokantada, lokantaya)

la maison
(ev)

à + la maison = à la maison
(eve, evde)

Je vais au cinéma.
Tu as vu Ahmet au bureau.
En été vous irez au village.
Maman va au magasin.

Sinemaya gidiyorum.
Büroda Ahmet'i gördün.
Yazın köye gideceksiniz.
Annem mağazaya gidiyor.

Elle a vu une robe au magasin.
Les voyageurs viennent au restaurant.
Y a-t-il un étranger au restaurant?

O mağazada bir elbise gördü.
Yolcular lokantaya geliyorlar (gelirler).
Lokantada bir yabancı var mı?

Le tanımlığından sonra gelen eril isim sesli bir harfle başladığı zaman **l'** olarak yazılacağı için **à + l'** değişmez ve **à l'** olarak kalır.

L'orient (doğu)
L'oasis (vaha)
L'espace (uzay)
L'hôtel (otel)

à l'orient (doğuda, doğuya)
à l'oasis (vahada, vahaya)
à l'espace (uzayda, uzaya)
à l'hôtel (otelde, otele)

La tanımlığı kendisinden önce gelen **à** edatı ile birleşmediği için;

La classe (sınıf)
La campagne (kır)
La montagne (dağ)
La mer (deniz)

à la classe (sınıfta, sınıfa)
à la campagne (kırda, kıra)
à la montagne (dağa, dağda)
à la mer (denizde, denize)

anlamlarına gelecek şekilde yazılacağı bir kez daha belirtilmiştir.

Les élèves entrent en classe.
Les alpinistes sont à la montagne.
Ma soeur est allée à la maison.

Öğrenciler sınıfa giriyorlar.
Dağcılar dağdadırlar.
Kız kardeşim eve gitti.

La belirli tanımlığından sonra gelen isim de sesli harfle başlarsa **la**'nın **a**'sı düşer ve **l'** biçimine dönüşür.

L'usine (fabrika)
L'université (üniversite)

L'invitation (çağrı, davet)
L'habitation (konut)

à l'usine (fabrikada, fabrikaya)
à l'université (üniversitede, üniversiteye)
à l'invitation (çağrıya, davete)
à l'habitation (konutta, konuta)

Le, la, les belirli tanımlıkları kendisinden önce **de** edatı ile birleşip, isim tamlamasındaki tamlanan isimle tamlayan isim arasına girerek bu iki ismin anlamca birbirini tamamlamasını sağlar. Belirli bileşik tanımlıklar **(article défini contracté)** denilen sözcükler ise şunlardır:

de + le=
de + la=
de + les=

du
de la
des

Diğer sözcüklerle kullanılmaları ise şu şekilde olur:

Le journal (gazete)　　　de + le journal　　= du journal
　　　　　　　　　　　　　　　　　　　　　(gazetenin)

Le jardin (bahçe)	de + le jardin	= du jardin (bahçenin)
Le pavillon (çadır)	de + le pavillon	= du pavillon (çadırın)
Le professeur (öğretmen)	de + le professeur	= du professeur (öğretmenin)

Aşağıdaki örneklerle **de + le = du** belirli bileşik tanımlığının cümle içindeki kullanılışını daha ayrıntılı bir şekilde göreceğiz.

La fille a dechiré le papier de journal.	Kız gazete kâğıdını yırttı.
Il ne peut pas voir le père du garçon.	Erkek çocuğun babasını göremez.
Les arbres du jardin sont hauts.	Bahçenin ağaçları yüksektir.
La couleur du cheval est brun.	Atın rengi kahverengidir.
La porte du pavillon est petite.	Çadırın kapısı küçüktür.
Il a fermé la porte du jardin.	Bahçenin kapısını kapattı.
La serviette du professeur est tombée.	Öğretmenin çantası düştü.
Sur la table il y a la serviette du professeur.	Masanın üzerinde öğretmenin çantası vardır.

De edatı ile **le** belirli tanımlığının birleşmesi sonucu oluşan **du**'den sonra sesli bir harfle başlayan isim gelirse **du** değil **de l'** olur.

le bord de l'abîme	uçurumun kenarı
le bureau de l'architecte	mimarın bürosu
l'oeuvre de l'artisan	sanatçının eseri
la mère de l'élève	öğrencinin annesi

Aşağıdaki örneklerde **de + le = de l'** belirli bileşik tanımlığının **(article défini contracté)** cümle içinde kullanılışı ayrıntılı olarak şöyledir:

La voiture s'est arrêtée au bord de l'abîme.	Araba uçurumun kenarında durdu.
Il est au bureau de l'architecte.	O mimarın bürosundadır.
L'oeuvre de l'artisan est ici.	Sanatçının yapıtı buradadır.
La mère de l'élève est venue.	Öğrencinin annesi geldi.
La porte de l'école est ouverte.	Okulun kapısı açıktır.
La cheminée de l'usine fume.	Fabrikanın bacası tütüyor.
Il a gonflé les pneus de l'auto.	Otomobilin lastiklerini şişirdi.
Le frère de l'infirmière n'est pas à l'hôpital.	Hastabakıcının kardeşi hastanede değildir.

De edatı ile **la** belirli tanımlığının birleşmesi olanaksız olduğundan **de + la = de la** olarak kalmaktadır. Ancak **la**'dan sonra gelen isim sesli bir harf ile başlıyorsa **de la = de l'** olur.

le toit de la maison	evin çatısı
la règle de la fille	kızın cetveli
les pétales de la rose	gülün yaprakları
la porte de la classe	sınıfın kapısı
la maison de la femme	kadının evi
les fenêtres de l'usine	fabrikanın pencereleri
le médecin de l'école	okulun doktoru
le pied de l'enfant	çocuğun ayağı
la chemise de l'infirmière	hastabakıcının gömleği

Les belirliği tanımlığı kendisinden önce gelen **de** edatı ile birleşerek belirli bileşik tanımlık **des**'yi oluşturur. Bu durumda **de + les = des** olur.

La mère des filles	Kızların annesi
Les sacs des clients	Müşterilerin çantaları
Les livres des étudiants	Öğrencilerin kitapları
L'ordinateur portable des enfants	Çocukların dizüstü bilgisayarı
Les chevaux des paysans	Köylülerin atları
Le nid des oiseaux	Kuşların yuvası

Paul a ouvert la porte des cages.	Paul kafeslerin kapısını açtı.
Philippe lit les journaux des filles.	Philippe kızların gazetelerini okuyor.
Il a acheté la carte des pays oùil ira visiter.	O ziyaret edeceği ülkelerin haritasını satın aldı.
Les trottoirs des rues sont étroits.	Caddelerin kaldırımları dardır.
Les pères des enfants sont venus.	Çocukların babaları geldiler.
Les vestes des hommes. sont chères.	Erkeklerin giysileri pahalıdır.

Un, une, des belirsiz tanımlıkları ismin belirttiği varlıkların içinden belirli birisini değil herhangi birisini belirtir. **"Un peigne"** (bir tarak) denildiğinde "tarak" olarak adlandırılan varlıklardan sadece herhangi birisinden söz edilmiştir. Bu durum belirtilen, bilinen bir tarak değil herhangi bir tarak söylenmek istenmiştir.
Un belirsiz tanımlığı eril tekil isimlerin önünde yer alır.

C'est un chapeau	Bu bir şapkadır.
C'est un cygne	Bu bir kuğudur.
Je vois un sac bleu	Mavi bir çanta görüyorum.
Prends un livre français	Fransızca bir kitap al.
Un Français vient	Bir Fransız geliyor.

Une belirsiz tanımlığı dişil tekil isimlerin önünde yer alır.

une tulipe	(bir lale)
une dame	(bir bayan)
une rose	(bir gül)
une orange	(bir portakal)

Vous regardez une maison	Bir eve bakıyorsunuz.
Il chante une chanson	O bir şarkı söylüyor.
Vouz ne venez pas avec une amie	Bir arkadaşla gelmiyorsunuz.

Des belirsiz tanımlığı eril ve dişil çoğul isimlerin önüne konulur.

des enfants (çocuklar)	des balais (süpürgeler)
des pommes (elmalar)	des tentes (çadırlar)
des oiseaux (kuşlar)	des voitures (arabalar)
des livres (kitaplar)	des arbres (ağaçlar)

Un, une, des belirsiz tanımlıklarının cümle içindeki kullanılışları ise şu şekildedir.

Vous avez acheté des balais.	Süpürgeler satın aldınız.
Une poule va dans le jardin.	Bir tavuk bahçeye gidiyor.
Il y a des chevaux près de la forêt.	Ormanın yanında atlar var.
Maman met des tasses sur la table.	Annem fincanları masanın üstüne koyar.
Des feuillages sont verts.	Yapraklar yeşildir.
Ils aiment bien des chats.	Onlar kedileri çok severler.
L'oiseau est un animal.	Kuş bir hayvandır.
Ils achêtent toujours des fleurs.	Onlar her zaman çiçek satın alır.
C'est une robe rouge.	Bu kırmızı bir elbisedir.
Des bébés pleurent sans cesse.	Bebekler durmadan ağlar.
Il ya des magasins dans cette rue.	Bu sokakta mağazalar var.
Je vois un hôtel dans la rue.	Caddede bir otel görüyorum.
Ma petite soeur aime des poules.	Küçük kız kardeşim tavukları sever.

Miktar belirten tanımlıklar (**article partitif**) olan **du, de la, des** bir bütünün bir kısmını ya da bir cismin herhangi bir miktarını belirten isimlerin önüne gelir. Türkçede miktar ve adedi belirtmek için söz konusu isimlerin önüne "birkaç", "biraz" sözcükleri getirilir. "Bebek biraz süt içti." "Birkaç kitap aldık." cümlelerinde biraz ve birkaç sözcükleri belirsiz bir miktarı belirtmektedir. Bu belirsiz miktarı Fransızca'da **du, de la, des** nicelik tanımlıkları belirtir.

Il a acheté de la viande et des légumes.	Sebze ve et satın aldı (biraz).

Avez-vous besoin de pain.	Ekmeğe ihtiyacınız mı var (biraz)?
Il y a de l'eau dans la bouteille.	Şişede su var (biraz).
Il ya des pommes dans le panier.	Sepette elmalar var (biraz).

Olumsuz cümlelerde miktarı belirten tanım sözcüğü sadece **de**'dür.

Vous n'avez pas de cravate.	Kravatınız yok.
Il n'y a pas de livre sur la table.	Masanın üstünde kitap yok.
Tu n'as pas mangé de pain.	Ekmek yemedin.
Je n'ai pas de stylo.	Dolmakalemim yok.
Nous n'avons plus d'essence.	Daha benzinimiz yok.

Miktarı belirten tanım sözcüğü **(de)** ile iki isim arasında bulunarak "nın" anlamına gelen ve tamlamayı oluşturan **"de"** arasındaki farkı iyi bellemek gerekir. Aşağıdaki örneklerle **"de"** nün ne zaman tamlama görevini veya ne zaman miktarı belirten tanım sözcüğü olduğu belirtilmiştir.

L'épicier a vendu du beurre.	Bakkal biraz yağ sattı.
Il aime bien le goût du beurre.	Yağın tadını çok sever.
Il ya du vin dans la bouteille.	Şişede şarap var.
La bouteille de vin est sur la table.	Şarabın şişesi masanın üzerindedir.
Le boulanger fait du pain.	Fırıncı ekmek yapar.
Le pain du boulanger est bon.	Fırıncının ekmeği güzeldir.
Cet élève a des livres anglais.	Bu öğrencinin İngilizce kitapları var.
Il ouvre les pages des livres.	Kitapların sayfalarını açıyor.
Des ouvrières vont à l'usine.	İşçiler (bayan) fabrikaya gidiyorlar.
L'usine de montre est ouverte.	Saat fabrikası açıktır.
Le boucher vend de la viande.	Kasap et satar.
La viande a bonne apparence.	Etin güzel görünüşü var.

Tikel tanımlıklar (miktar bildiren tanımlıklar - **article partitif**) du, de la, des bir sıfattan önce gelirlerse sadece **de** olarak yazılırlar.

Il ya du beurre dans le plat.	Tabakta biraz yağ var.
Il y a du bon beurre dans le plat.	Tabakta biraz iyi yağ var.
J'ai des livres dans ma serviette.	Çantamda birkaç kitap var.
J'ai de grands livres dans ma serviette.	Çantamda birkaç büyük kitabım var.

Il lui donne des cadeaux.　　　　　　O ona birkaç hediye veriyor.
Il lui donne de bons cadeaux.　　　　Ona birkaç iyi hediye veriyor.

Tu me donnes des fleurs.　　　　　　Bana birkaç çiçek veriyorsun.
Tu me donnes de belles fleurs.　　　　Bana birkaç güzel çiçek veriyorsun.

Tanımlıkların (articles) kullanılmadığı yerler:

1. (Et) bağlacıyla birlikte tek bir ismi niteleyen iki sıfattan ikincisinden önce tanımlık kullanılmaz.

La belle et joyeuse Sophie est allée en France.
(Güzel ve neşeli Sophie Fransa'ya gitti.)

Nous avons acheté la grande voiture bleue.
(Büyük mavi otomobili satın aldık.)

Le grand arbre vert de notre jardin est le peuplier.
(Bahçemizin büyük ve yeşil ağacı kavaktır.)

2. Fiile dayanan deyimlerde de tanımlıklar kullanılmaz.

  Avoir besoin (ihtiyacı olmak) **Avoir chaud** (sıcaklamak)
  Avoir faim (söz almak)   **Avoir froid** (üşümek)

3. Kitap başlıklarında ve adreslerde tanımlık kullanılmaz.

  "**Fleurs du Mal**" (Elem çiçekleri). Baudelaire.
  "**Grammaire de la Langue française**" (Fransız Dili Grameri)
  "**Littérature française de XIX ème.Siècle**" (XIX. Yüzyıl Fransız Edebiyatı)
  "**Étranger**" (Yabancı). A.Camus.

Yukarıdaki dört kitap isimlerinin başlarına görüldüğü gibi tanımlık konmamıştır.

Adreslerde tanımlık kullanılmaz demiştik. Bununla ilgili olarak da şu örneği verebiliriz:

Ils habitent 38.Rue, Boulevard Saint Germain, Paris.
(Onlar Paris Saint Germain Bulvarı 38. Sokakta oturuyorlar.)

Il a vu place Aksaray sur la carte d'İstanbul.
(İstanbul haritası üzerinde Aksaray Meydanı'nı gördü.)

cümlelerinde görüldüğü gibi sokak anlamına gelen (**Rue**) sözcüğü ile meydan anlamına gelen (**Place**) sözcüğünün başlarına tanımlık getirilmemiştir.

4. Zaman bildiren sözcükler cümle içindeki görevi tümleç ise bunlardan önce de tanımlık kullanılmaz.

Nous partirons pour Ankara à dix heures, jeudi soir.
(Perşembe günü akşamı saat onda Ankara'ya hareket edeceğiz.)

L'école s'ouvrira à huit heures, lundi.
(Okul pazartesi saat sekizde açılacak.)

cümlelerinde **Jeudi** ve **Lundi** sözcüklerinin önünde tanımlık kullanılmamıştır.

5. Herhangi bir meslek adından önce de tanımlık kullanılmaz.

Je suis professeur.	(Ben öğretmenim.)
Tu es médecin.	(Sen doktorsun.)
Il est peintre.	(O ressamdır.)
Vous êtes architecte.	(Siz mimarsınız.)
Elle est infirmière.	(O kız hemşiredir.)
Nous sommes ingénieurs.	(Biz mühendisiz.)
Elles sont musiciennes.	(O kızlar müzisyendirler.)
Tu es avocat.	(Sen avukatsın.)

6. **Apostrophe** (beklenmeyen bir anda, birdenbire sertçe söylenen) cümlelerdeki isimlerden önce tanımlık kullanılmaz.

Soldats, venez ici.	(Askerler buraya geliniz.)
Garçons, marchez vite.	(Çocuklar hızlı yürüyün.)
Filles, ne marchez pas vite.	(Kızlar hızlı yürümeyin.)

Élèves , ne vous réunissez pas devant la porte.
Öğrenciler kapının önünde toplanmayın).

7. **Apposition** (bir ada başka bir ad koşulması, unvan) cümlelerinde unvan belirten isimlerden önce tanımlık kullanılmaz.

Son Excellence Mr. Ahmet Necdet Sezer, Président de la Rébuplique de Turquie fera une visite en France.
(Türkiye Cumhuriyeti Cumhurbaşkanı Ekselansları Sayın Ahmet Necdet Sezer Fransa'ya bir ziyaret yapacak.)

Son Excellence Mr.M.Ali Talat, Président de la République Turque du Nord Chypre, est venu aujourd 'hui à Ankara.
(K.K.T.C. Cumhurbaşkanı Ekselansları Sayın M. Ali Talat bugün Ankara'ya gelmiştir.)

Son Excellence, Mrs. Elisabeth II, reine de l'Angleterre a fait, la semaine dernière, une visite officielle en Turquie.
(İngiltere kraliçesi ekselansları kraliçe II. Elisabeth geçen hafta Türkiye'ye resmi bir ziyaret gerçekleştirdi.)

Örnek cümlelerde görüldüğü gibi **président** (cumhurbaşkanı), **reine** (kraliçe) sözcüklerinden önce tanımlık kullanılmamıştır.

8. **Adjectifs possessifs** (İyelik sıfatları) ile birlikte tanımlık kullanılmaz.

Mon stylo (benim dolma kalemim).
Ta cravate est en étoffe (senin kravatın kumaştandır).
Tes frères sont intelligents (senin erkek kardeşlerin zekidir).

ALIŞTIRMALAR – 2

A. Aşağıdaki boşlukları **le, la, les, l'** tanımlıklarını(articles) yazınız.

1. .... monde tourne autour du soleil.
2. .... gazelle vit dans la forêt.
3. Angélique a fermé .... fenêtre
4. Paul a vu .... animaux.
5. J'ai vu .... homme qui passe dans la rue.
6. C'est .... enfant de notre voisin.

1. ....
2. ....
3. ....
4. ....
5. ....
6. ....

B. Aşağıdaki boşluklara **à la, au, aux, à l'** belirli bileşik tanımlıkları (**articles définis cotractés**) koyunuz.

1. Je vais.............banque.
2. Vous avez vu Memet......magasin.
3. Ils vont............bureau.
4. Elles sont.............cinéma.
5. Les élèves sont...........à l'école.
6. Les enfants jouent....jardins.

1. ....
2. ....
3. ....
4. ....
5. ....
6. ....

C. Aşağıdaki boşluklara **un, une, des**, belirsiz tanımlıklarını (articles indéfinis) koyunuz.

1. Il a……………………….maison neuve.
2. Tu as …………………nom anglais mais vous êtes Français.
3. Maman met………………… tasse de café sur la table.
4. Il y a. …………………….magasins dans la rue.
5. J'aime toujours……………….. fleurs.

1. ………………………………………
2. ………………………………………
3. ………………………………………
4. ………………………………………
5. ………………………………………

D. Aşağıdaki boşluklara **du, de la, des** miktar belirten tanımlıkları (articles partitifs) koyunuz.

1. Il mange………pain.
2. Mon père a acheté……..viande.
3. Cet élève a……..livres.
4. Il faut manger……..légumes.

1. ………………………………………
2. ………………………………………
3. ………………………………………
4. ………………………………………

27

LE NOM - İSİM

İsmin tanımı

Canlı, cansız varlıkları bildirmek için kullanılan sözcüklere isim denir. İsimler soyut, somut tüm varlıklara ad olan sözcüklerdir.

la **maison** (ev)
le **cahier** (defter)
le **blé** (buğday)
le **chat** (kedi)
l'**élève** (öğrenci)
la **femme** (kadın)
l'**école** (okul)
le **peuple** (halk)
le **foule** (kalabalık)
l'**humanité** (insanlık)
la **troupe** (bölük)
le **troupeau** (sürü)

Mireille
Ankara
Mr. Duval
La Turquie
Nilgün

le **bonheur** (mutluluk)
le **courage** (yiğitlik, cesurluk)
la **force** (kuvvet, kudret)
la **richesse** (zenginlik)
la **peur** (korku)
l'**intelligence** (zekâ)

yukarıdaki sözcükler belli varlıkları adlandırmaları nedeniyle birer isimdirler.

İSİMLERİN ÇEŞİTLERİ

Fransızca'da isimler genel olarak Türkçede olduğu gibi kısımlara ayrılırlar. İsimlerin Fransızca'da kaça ayrıldıklarını çeşitleri ve özellikleriyle görelim.

İsimler anlamlarına göre üç kısma ayrılırlar.

1. Varlıklara ad olarak verilişlerine göre,
2. Varlıkların oluşlarına göre,
3. Varlıkların sayılarına göre.

Bunlardan başka isimler yine kendi aralarında çeşitli kısımlara ayrılırlar.
Varlıklara ad olarak verilişlerine göre isimler:

1. **le nom commun** -cins isim
2. **le nom propre** - özel isim

Varlıkların oluşlarına göre isimler:

1. **le nom concret** - somut isim
2. **le nom abstrait** - soyut isim
3. **le nom collectif** - topluluk ismi

Varlıkların sayılarına göre isimler:

1. **le nom singulier** - tekil isimler
2. **le nom pluriel** - çoğul isimler

İsimlerin yukarıda belirttiğimiz çeşitlerini örnekler vererek şu şekilde ayrıntılı olarak gösterebiliriz.

Varlıklara ad olarak verilişlerine göre isimler:

1. le nom commun - cins isim

Aynı cinsten varlıkların tümüne ad olan isimlere cins isim **(le nom commun)** denir. Örneğin **l'oiseau** (kuş) dediğimiz zaman dünyadaki bütün kuş cinsinden söz etmiş oluruz. **L'étudiant** (öğrenci) sözcüğü de tüm öğrenciler için kullanılan bir isimdir.

la chaise (sandalye)	**la boutique** (dükkân)
la fille (kız)	**le frère** (erkek kardeş)
le chien (köpek)	**le camarade** (arkadaş)
le cordonnier (kunduracı)	**la télévision** (televizyon)
le professeur (öğretmen)	**l'ordinateur** (bilgisayar)
l'ingénieur (mühendis)	**le stylo** (dolma kalem)
la gorge (boğaz, gırtlak)	**le mouton** (koyun)
la maison (ev)	**la chèvre** (keçi)
le père (baba)	**le tricot** (kazak)
la mère (anne)	**le manteau** (palto, manto)
le champ (tarla)	**la robe** (bayan elbisesi)

yukarıdaki sözcükler ad oldukları cisimlerin genel olarak tümünün adını dile getiren ve hepsi tarafından paylaşılan isimlerdir.

2. le nom propre - özel isim

Aynı cinsten varlıkların tümünün ortak adı olan isimlere karşın, bir tek varlığa ad olan isimlere **le nom propre** - özel isim denir. Daha çok kişi, yer gibi varlıklara ad olan özel isimler Georges, Gisèle, Suisse, Londres (Londra) gibi sadece kişi ve yerlere ait olan ve onu gösteren sözcüklerdir.

Albert	Mireille	France
Suisse	Turquie	Angleterre
Français	Turcs	Paris
Ankara	Nice	Marseille
Bordeaux	Arlette	Daniel
Amérique	Asie	Europe
Mer Noire	Anatolie	Marie

Özel isimlerin baş harfleri cümlenin neresinde olursa olsun her zaman büyük yazılır.

Varlıkların oluşlarına göre isimler:

1. le nom concret - somut isim

Varlığını duyu organlarımızla anlayabildiğimiz varlıklara ad olan sözcüklere, dolayısıyla isimlere **le nom concret**-somut isim denir. Gözle görülebilen, elle dokunulabilen varlıkları gösteren bu isimler, çiçek, metro, makine, su, sınıf, tarla, ağaç, fabrika, uçak gibi duyu organlarımızla çevremizde var olduğunu anladığımız varlıkları gösteren sözcüklerdir. Fransızca'da somut sözcüğünün karşılığı **(concret)** olduğu için bu isimlere **le nom concret** adı verilmiştir.

la forêt (orman)
la montagne (dağ)
l'usine (fabrika)
le fer (demir)
le vin (şarap)
la livre (lira)
le lion (aslan)

la pomme (elma)
le lait (süt)
la pierre (taş)
le cheval (at)
la tour (kule)
le pommier (elma ağacı)
la carotte (havuç)

isimleri elle tutulabilen gözle görülebilen kısaca duyu organlarımızla algılanabilen isimler oldukları için **Le nom concret**-somut isimlerdir.

2. le nom abstrait - soyut isim

Madde halinde bulunmadıkları halde varlıklarını akıl yoluyla anladığımız isimlere **le nom abstrait**-soyut isim denir.

la joie (sevinç)
l'audace (cesaret)
la croyance (inanış)
la richesse (zenginlik)
le deuil (yas)
la vertu (erdem, fazilet)
l'honneur (onur, şeref)
la rêve (hayal, rüya)
l'attention (dikkat)
le désir (istek, arzu)

la tendresse (sevecenlik, şefkat)
l'amour (aşk, sevgi)
la pauvreté (yoksulluk)
la cruauté (zulüm)
le charme (çekicilik, cazibe)
la douleur (acı, ağrı, sızı)
le sommeil (uyku)
la tristesse (üzüntü, keder)
la liberté (özgürlük)
l'idée (fikir, düşünce)

3. le nom collectif - topluluk ismi

Bir topluluğun adı olan isimlere **le nom collectif**-topluluk ismi denir. Çoğunlukla bir canlı ya da eşya topluluğunu belirten bu isimler **l'humanité** (insanlık), **la troupe** (bölük), **le troupeau** (sürü) gibi bir topluluğa ad olan sözcüklerdir.

l'armée (ordu)
le peuple (halk)

la caravane (kervan)
la douzaine (düzine)

4. le nom composé - birleşik isim

Yukarıda belli gruplarda incelediğimiz isimlerin bazıları birleşerek **le nom composé**-birleşik isimleri meydana getirirler. Fransızca'da birleşik isimlerin arasına (-) işareti konularak yazılır.

le chou-fleur (karnabahar)
le coffre-fort (para kasası)
le va-et-vient (gidip gelen)
le cou-de-pied (tekme)
l'arc-boutant (destek)
la belle-soeur (baldız)
l'après-midi (öğleden sonra)

le timbre-poste (posta pulu)
le chef-d'oeuvre (başyapıt)
le passe-partout (maymuncuk)
le gratte-ciel (gökdelen)
l'arrière-saison (güzsonu, kasım)
la belle-de-nuit (gece sefası)
le porte-clefs (anahtarlık)

İsimlerin çeşitlerini ve bazı isimlerin birleşerek meydana getirdikleri birleşik isimleri öğrendikten ve isimlerin **féminin** - dişil; **masculin** - eril durumlarını belirleyen **le genre des noms**-isimlerin cinsi konusunu, daha sonra da isimlerin nasıl çoğul yapılacağını içeren **pluriel des noms**-isimlerin çoğulu konusuna değinildikten sonra, isimlerin cümle içindeki durumlarının incelendiği **complément de nom**-isim tamlaması konusuna değinilerek isim konusu tamamlanacaktır.

LE GENRE DES NOMS - İSİMLERİN CİNSİ

Fransızca'da isimler cins bakımından **féminin** (dişil), **masculin** (eril) olmak üzere iki kısma ayrılırlar. Bu dildeki bütün sözcüklerin cinsiyetini bellemenin en sağlam ve kısa yolu sözlüklere başvurmakla mümkündür. Sözlüklerde sözcüğün **féminin** olduğunu gösteren **(f)** ve **masculin** olduğunu gösteren **(m)** ya da tanımlıklar **(le, la)** sözcüğün hemen yanı başında bulunur. Bunun dışında cümle içinde **féminin** isimlerin başında **(la), masculin** isimlerin başında ise **(le)** tanımlığı yer alır. Fakat bu tanımlıkların, **article** konusunda edatlarla birleşerek bazen değişik durumlara girdiği anlatılmıştı.

le livre (kitap)
le Méxique (Meksika)
le cheval (at)
le crayon (kurşun kalem)
le chat (kedi)
le cahier (defter)
le vase (vazo)
le vendeur (satıcı)

la craie (tebeşir)
la niche (köpek kulübesi)
la semelle (taban)
la sérénité (sakinlik)
la région (bölge)
la minute (dakika)
la guirlande (çelenk)
la fenêtre (pencere)

le paysan (köylü)　　　　　　　la paysanne (köylü)
le mari (eş, koca)　　　　　　 la femme (kadın)

Ülke ve dağ adları gibi sonları okunmayan bir hece ile biten özel isimler genellikle **féminin**-dişil olurlar.

la **France** (Fransa)　　　　　　la **Norvège** (Norveç)
la **Pologne** (Polonya)　　　　　la **Bulgarie** (Bulgaristan)
la **Turquie** (Türkiye)　　　　　la **Grèce** (Yunanistan)
la **Bretagne** (Brötanya Bölgesi)　la **Suisse** (İsviçre)
la **Yougoslavie** (Yugoslavya)　la **Colombie** (Kolombiya)
la **Lorraine** (Loren)　　　　　la **Grande-Casse** (dağ adı)

eril isimlerin dişil şekilleri

Eril isimlerde tanımlıkların dışında aşağıda anlatılan şekillerde değişiklik yapılarak, dişil isimler meydana getirilir. Fransızca'da çok önemli bir yer oluşturan bu durumu şu açıklamalarla anlatabiliriz.

Sonları **-er** ile biten eril (**masculin**) isimlerin sonuna **-e** getirilerek dişil (**féminin**) şekli yapılır.

un **ami** (bir erkek arkadaş)　　　une **amie** (bir kız arkadaş)
un **parent** (bir erkek ebeveyn)　 une **parente** (bir bayan akraba)
un **Français** (bir Fransız) [erkek]　une **Française** (bir Fransız) [bayan]
un **petit** (bir küçük erkek)　　　 une **petite** (bir küçük kız)
un **cousin** (bir erkek kuzen)　　une **cousine** (bir bayan kuzen)
un **serin** (bir erkek kanarya)　　une **serine** (bir dişi kanarya)
un **marchand** (bir erkek satıcı)　une **marchande** (bir bayan satıcı)
un **employé** (bir erkek memur)　une **employée** (bir bayan memur)
le **châtelain** (erkek şato sahibi)　la **chatelaine** (bayan şato sahibi)
le **figurant** (erkek figüran)　　　la **figurante** (bayan figüran)
le **concurrent** (erkek yarışmacı)　la **concurrente** (bayan yarışmacı)
le **Flamand** (erkek Flaman)　　la **Flamande** (bayan Flaman)

Sonu **(n)** ve **(t)** sessiz (**consonnes**) harfleriyle biten **masculin**-eril isimler **féminin** olması için, sondaki **t'**ler **tt** + **e** = **tte**; **n'**ler **nn** + **e** = **nne** durumuna dönüşürler.

le **lion** (erkek aslan)　　　　　la **lionne** (dişi aslan)
le **paysan** (erkek köylü)　　　la **paysanne** (bayan köylü)
le **chat** (erkek kedi)　　　　　la **chatte** (dişi kedi)
le **chien** (erkek köpek)　　　　la **chienne** (dişi köpek)

le poulet (erkek piliç)
le linot (erkek keten kuşu)
le lycéen (liseli erkek)
le pauvret (zavallı erkek)

la poulette (dişi piliç)
la linotte (dişi keten kuşu)
la lycéenne (liseli kız)
la pauvrette (zavallı kadın)

Fakat **un candidat** (bir erkek aday), **une candidate** (bir bayan aday), **un rat** (bir erkek fare), **une rate** (bir dişi fare), **un persan** (bir İranlı erkek), **une persane** (bir İranlı bayan) sözcüklerinin bu kurala uymayan ayrıcalıklı sözcüklerdir.

Sonu "eau" hecesiyle biten erkek -**masculin** isimlerin **féminin** - dişil durumu bu hecenin "**elle**" durumuna almasıyla yapılır.

le chameau (erkek deve)
l'agneau (erkek kuzu)

la chamelle (dişi deve)
l'agnelle (dişi kuzu)

Sonu "er" ile biten **masculin**-eril isimler **féminin**-dişil durumlarını bu hecenin "**ère**" şeklini almasıyla yaparlar.

un infirmier (bir erkek hastabakıcı)
un étranger (bir erkek yabancı)
le berger (çoban)
l'ouvrier (erkek işçi)
le fermier (erkek çiftçi)

une infirmière (bayan hastabakıcı)
une étrangère (bir bayan yabancı)
la bergère (bayan çoban)
l'ouvrière (bayan işçi)
la fermière (bayan çiftçi)

Sonları "eur" ile biten erkek-**masculin** isimler bu hecenin "**euse**" olarak değişmesi sonucu **féminin**-dişil durumuna gelirler.

un vendeur (bir satıcı [erkek])
le menteur (yalancı bir erkek)
un coiffeur (bir erkek berber)
un danseur (bir erkek dansçı)
le moissonneur (erkek hasatçı)
le patineur (erkek patenci)
le chanteur (erkek şarkıcı)
le plongeur (erkek dalgıç)
un nageur (bir erkek yüzücü)

une vendeuse (bir satıcı [bayan])
une menteuse (yalancı bir bayan)
une coiffeuse (bir bayan berber)
une danseuse (bir bayan dansçı)
la moissonneuse (bayan hasatçı)
la patineuse (bayan patenci)
la chanteuse (bayan şarkıcı)
la plongeuse (bayan dalgıç)
une nageuse (bir bayan yüzücü)

Sonekleri "teur" olan **masculin**-eril isimler bu ekin "**trice**" durumunu alması ile **féminin**-dişil durumuna gelirler.

un acteur (bir erkek oyuncu)
un directeur (bir erkek müdür)
un interrogateur (erkek sorgucu)

une actrice (bir bayan oyuncu)
une directrice (bir bayan müdür)
une interrogatrice (bayan sorgucu)

le rédacteur (erkek yazar)　　　**la rédactrice** (bayan yazar)
le spectateur (erkek seyirci)　　**la spectatrice** (bayan seyirci)
un opérateur (bir erkek yapımcı)　**une opératrice** (bir bayan yapımcı)
un électeur (bir erkek seçmen)　　**une électrice** (bir bayan seçmen)
le correcteur (erkek düzeltmen)　**une correctrice** (bayan düzeltmen)
le médiateur (erkek arabulucu)　　**la médiatrice** (bayan arabulucu)

Bazı isimlerin **masculin**-eril, **féminin**-dişil durumları birbirinden tamamen farklıdır. Bu tür isimlerle ilgili aşağıdaki örneklerdeki sözcükler **masculin**-erilden, **féminin**-dişil duruma herhangi bir kuralın yardımıyla geçmezlerken, birbirinden tamamen bağımsız sözcükler oldukları görülmüştür.

un prince (bir prens)　　　　　**une princesse** (bir prenses)
un père (bir baba)　　　　　　**une mère** (bir anne)
le canard (erkek ördek)　　　　**la cane** (dişi ördek)
le frère (erkek kardeş)　　　　**la soeur** (kız kardeş)
le cheval (at)　　　　　　　　**la jument** (kısrak)
le garçon (erkek çocuk)　　　　**la fille** (kız çocuk)
un époux (bir erkek eş)　　　　**une épouse** (bir bayan eş)
un roi (bir kral)　　　　　　　**une reine** (bir kraliçe)
un héros (bir erkek kahraman)　**une héroïne** (bir kadın kahraman)
le gendre (damat)　　　　　　　**la bru** (gelin)
le belier (koç)　　　　　　　　**la brebis** (koyun)
le bouc (teke)　　　　　　　　**la chèvre** (keçi)
le cerf (erkek geyik)　　　　　**la biche** (dişi geyik)
le jars (erkek kaz)　　　　　　**l'oie** (dişi kaz)
le boeuf (boğa)　　　　　　　　**la vache** (inek)
le sanglier (erkek domuz)　　　**la laie** (dişi domuz)

Bazı kişi adları bir erkeği olduğu gibi bir kadını ve kızı da belirtir.

un enfant (bir erkek çocuk)　　　**une enfant** (bir kız çocuk)
un concierge (bir erkek kapıcı)　**une concierge** (bir bayan kapıcı)

Bir kısım hayvan adları için tek cins **féminin**-dişil ya da **masculin**-eril kabul edilmiştir:

un éléphant (bir fil) [hem dişi hem erkek fil için söylenir].
un lézard (bir kertenkele) [hem dişi hem erkek kertenkele için söylenir].
une baleine (bir balina) [hem dişi hem erkek balina için söylenir].
une girafe (bir zürafa) [hem dişi hem erkek zürafa için söylenir].

Bu isimlerin **féminin**-dişili veya **masculin**-erili belirtmek istenildiği zaman; erkekse isimden sonra erkek anlamına gelen **(mâle)**, dişi ise dişi anlamına gelen **(femelle)** sözcüğü konularak cinsi belirtilmiş olur.

Fransızca'da bazı **masculin**-eril meslek adlarının **féminin**-dişil durumları yoktur. Bu isimlerin **féminin**-dişil durumları, mesleği belirten isimden önce kadın anlamına gelen **(femme)** sözcüğünün eklenmesiyle yapılır.

un médecin (bir erkek doktor)	**une femme médecin** (bir bayan doktor)
le professeur (erkek öğretmen)	**la femme professeur** (bayan öğretmen)
un peintre (bir erkek ressam)	**une femme peintre** (bir bayan ressam)
un ingénieur (bir erkek mühendis)	**une femme ingénieur** (bir bayan mühendis)
l'écrivain (erkek yazar)	**une femme écrivain** (bir bayan yazar)

Bir kısım isimlerin **masculin**-eril durumundaki anlamlarıyla, **féminin**-dişil oldukları zamanki anlamları arasında fark vardır. Bu isimlerin önemli bir kısmı şunlardır:

Masculin - Eril :

aigle: yırtıcı kuş, üstün adam, dahi
aune: tahtası hafif ağaç
cache: (fotoğrafçılıkta) kaş, örtü
carpe: bilek kemiği
couple: evli çift
critique: eleştirmen
foudre: büyük fıçı
garenne: yabanıl tavşan

gîte: barınak, ikâmetgâh
guide: kılavuz

livre: kitap
manche: bir aletin kolu, tutma yeri
mémoire: anı, hatıra
mousse: muço
ombre: bir cins balık, sombalığı
page: kralın hizmetindeki genç soylu
parallèle: benzetiş
pendule: sarkaç
politique: devlet adamı

poste: radyo cihazı
somme: kısa uyku, şekerleme
trompette: trompetçi, borazancı
vase: vazo

Féminin - Dişil :

aigle: dişi kartal, bayrak, arma
aune: (eskiden) 1.188 m.
cache: gizlenecek yer
carpe: tatlı su balığı, sazan
couple: (eşya için) çift
critique: bir yapıtın eleştirilmesi işi
foudre: atmosferdeki elektrik olayı
garenne: bu tavşanın yaşadığı otlak
gîte: geminin karaya oturduğu yer.
guide: at koşmada kullanılan deri kayış
livre: eski ağırlık ölçüsü
manche: bir elbisenin kol kısmı
memoire: hafıza, bellek
mousse: süngerimsi köpük
ombre: karanlık, gölge
page: sayfa
parallèle: koşut, paralel
pendule: sarkaçlı duvar saati
politique: devleti yönetme sanatı
poste: PTT hizmetleri gören yer
somme: toplama, toplam tutar
trompette: trompet, boru, borazan
vase: çamur

PLURIEL DES NOMS - İSİMLERİN ÇOĞULU

Fransızca'da isimlerin çoğul durumları genel olarak **singulier** (tekil) durumlarının sonuna **"s"** harfinin getirilmesiyle yapılır.

le livre (kitap) **les livres** (kitaplar)
un chien (bir köpek) **des chiens** (köpekler)
l'arbre (ağaç) **les arbres** (ağaçlar)
une chemise (bir gömlek) **des chemises** (gömlekler)
la fleur (çiçek) **les fleurs** (çiçekler)
une table (bir masa) **des tables** (masalar)

Ancak bazı isimlerin aldıkları soneklere göre çoğul şekilleri farklı biçimlerde yapılırlar. Bu isimlerin aldıkları soneklere göre çoğulları ise şu şekilde yapılır:

1. Sonu **"au"**, **"eau"**, **"eu"**, **"oeu"** ekleriyle biten tekil isimlerin çoğulları **"x"** alarak yapılırlar.

le noyau (çekirdek) **les noyaux** (çekirdekler)
un bateau (bir gemi) **des bateaux** (gemiler)
le neveu (yeğen) **les neveux** (yeğenler)
le voeu (adak) **les voeux** (adaklar)
un feu (bir ateş) **des feux** (ateşler)
le seau (kova) **les seaux** (kovalar)

Fakat aynı soneklerle biten şu üç ismin çoğulları **"s"** alarak yapılırlar. Bu durum söz konusu kuralın bir ayrıcalığı olarak kabul edilmelidir.

le landau (araba) **les landaus** (arabalar)
le bleu (acemi er, öğrenci) **les bleus** (acemi erler, öğrenciler)
le pneu (araba lastiği) **les pneus** (araba lastikleri)

2. Son ekleri **"al"** olan tekil isimlerin çoğul şekilleri bu eklerin **"aux"** biçimine dönüşmesiyle yapılırlar.

le journal (gazete) **les journaux** (gazeteler)
un cheval (bir at) **des chevaux** (atlar)

Ancak **le bal** (balo), **le cal** (nasır), **le festival** (şenlik), **le carnaval** (karnaval), **le chacal** (çakal), **le récital** (resital), **le régal** (ziyafet) sözcüklerinin çoğulları bu kuralın bir istisnası olarak **"s"** alarak yapılır:

le bal (balo) **les bals** (balolar)
le cal (nasır) **les cals** (nasırlar)
le festival (festival) **les festivals** (festivaller)

le carnaval (karnaval) les carnavals (karnavallar)
le chacal (çakal) les chacals (çakallar)
le récital (resital) les récitals (resitaller)
le régal (ziyafet) les régals (ziyafetler)

3. Sonları **"ou"** ile biten yedi isim çoğullarında **"x"** alırlar:

le bijou (mücevher) les bijoux (mücevherler)
le joujou (oyuncak) les joujoux (oyuncaklar)
le caillou (çakıl taşı) les cailloux (çakıl taşları)
l'hibou (baykuş) les hiboux (baykuşlar)
le chou (lahana) les choux (lahanalar)
le pou (bit) les poux (bitler)
le genou (diz) les genoux (dizler)

Aynı soneklerle biten diğerlerinin ise çoğulları **"s"** alarak yapılırlar.

4. Fransızca'da **"ail"** ile biten isimlerden yedisi çoğullarını bu ekin **"aux"** şekline dönüşmesiyle yapmış olurlar:

le corail (mercan) les coraux (mercanlar)
un bail (kira sözleşmesi) des baux (kira sözleşmeleri)
le soupirail (hava deliği) les soupiraux (hava delikleri)
un émail (mine, sır) des émaux (mineler, sırlar)
le travail (iş, çalışma) les travaux (işler, çalışmalar)
un ventail (hava deliği) des ventaux (hava delikleri)
le vitrail (renkli cam pencere) les vitraux (renkli cam pencereler)

Diğer **"ail"** ile biten bütün isimlerin tekilleri çoğullarını **"s"** alarak yaparlar.

5. Sonları **"s, x, z"** ile biten tekil isimlerin çoğullarında tanım sözcüklerinin dışında hiçbir değişiklik yapılmaz:

le temps (zaman) les temps (zamanlar)
le nez (burun) les nez (burunlar)
la voix (ses) les voix (sesler)

Les noms à double pluriel - çift çoğullu sözcükler

Fransızca'da sayısı çok az birkaç sözcüğün iki ayrı çoğulu vardır. Bu sözcükler her iki durumda da değişik anlamlara sahiptirler.

Örneğin:

"Le ciel" (gökyüzü) anlamına gelen sözcüğün **"x"** alarak çoğul olması durumunda "gökkubbe" anlamına gelir.

Je vois des cieux bleus.
(Mavi gökkubbeyi görüyorum.)

Fakat aynı sözcüğün **(ciel)** herhangi bir resim tablosundaki gökyüzü parçası, cibinlik ya da iklim anlamlarında kullanılması halinde çoğulunu **"ciels"** olarak yaptığı görülür.

J'aime bien la couleur des ciels dans ce tableau.
(Bu tablodaki gökyüzünün rengini çok seviyorum.)

Nous avons acheté deux ciels pour le lit du bébé.
(Bebeğin yatağı için iki cibinlik satın aldık.)

Ils admirent les ciels de Marmaris.
(Marmaris'in iklimine hayran kalırlar.)

Idéal (düşünsel, ülküsel olan) anlamına gelen sözcüğün de iki tür çoğulu vardır:

    l'idéal (düşünsel)   **les idéals** (düşünseller)

Aşağıdaki isimlerin çoğullarının çok az kullanıldıkları görülür.

    le fer (demir)   **la charité** (sevgi)
    l'or (altın)   **la peur** (korku)
    le sel (tuz)   **l'amour** (aşk)
    le zinc (çinko)   **la joie** (sevinç)

Özel isimler eğer bir tek kişiyi belirtiyorsa her zaman tekil olarak yazılır.

Les Camu, Sartre, Malraux sont les écrivains français de XXe. siècle.
(Camu, Sartre, Malraux XX. Yüzyıl Fransız yazarlarıdır).

Eğer özel isimler bir hanedanı ve bir ulusu belirtiyorsa her zaman çoğul olur.

    Turcs (Türkler)   **Stuarts** (Stuartlar)
    Bourbons (Burbonlar)   **Français** (Fransızlar)
    Grecs (Yunanlılar)   **Allemands** (Almanlar)
    Espagnols (İspanyollar)   **Exquimaux** (Eskimolar)

Fransızca'da **"aïeul"** (nine, dede) anlamındaki sözcüğün çoğulu **"aïeuls"** (nineler, dedeler) biçiminde yapılır. Ancak aynı sözcüğün **"soy, ecdat, ata"** anlamına da geldiği ve bu anlamda **"aïeux"** olarak yazılıp çoğul yapıldığı bilinmelidir.

Filiz habite avec ses grands-parents.
(Filiz nine ve dedesiyle oturuyor.)

Les aïeux des Américains sont les Anglais.
(Amerikalılar'ın atası İngilizlerdir.)

Göz anlamına gelen **"oeil"** sözcüğünün çoğulu **"yeux"**dür.

Vous n'avez pas mal aux yeux.
(Gözlerinizden rahatsız değilsiniz.)

Fakat aynı sözcük **"oeil"** deyimlerde kullanıldığında çoğulunu **"s"** alarak yapar.

    les oeils-de-boeuf (yuvarlak göz pencereler)
    les oeils-de-chat (değerli taşlar, akikler, kedigözleri)
    les oeils-de-perdrix (ayak parmaklarındaki nasırlar)
    les oeils-de-serpent (değerli taşlar)

Şu isimler ise her zaman çoğul olarak kalırlar:

    archives (arşiv)   **funérailles** (cenaze)
    décombres (enkaz)   **fiancailles** (nişan töreni)
    moeurs (âdet)   **noix** (ceviz)
    environs (çevre, etraf, köşe) **ténèbres** (cehalet, karanlık)
    décombres (moloz)   **aguets** (pusu)

Noms composés-Bileşik isimler çoğul yapılmak istenildiğinde şu kurallar uygulanır:

İki isimden ya da bir isim ve bir sıfattan meydana gelen bileşik isimlerin her ikisi de çoğul işareti alırlar.

    Un chou-fleur (bir karnabahar)   **des choux-fleurs** (karnabaharlar)
    Un beau-frère (bir kayın kardeş) **des beaux-frères** (kayın kardeşler)
    Une belle-soeur (bir baldız)   **des belles-soeurs** (baldızlar)
    Un coffre-fort (bir çekmece)   **des coffres-forts** (çekmeceler)

Gerek bir edat ile gerek bir edatsız tamlama oluşturan iki isimden sadece birincisi çoğul işareti alır.

Un chef-d'oeuvre (bir başyapıt)	des chefs-d'oeuvre (başyapıtlar)
Un timbre-poste (bir posta pulu)	des timbres-poste (posta pulları)
un gueule-de-loup (bir aslanağzı)	des gueules-de-loup (aslanağızları)
un coup-de-pied (bir tekme)	des coups-de-pied (tekmeler)

Bir fiilimsi ve bir isimden meydana gelen bileşik isimlerde sadece isim çoğul işareti alır.

Un tire-ligne (bir cetvel kalemi)	des tire-lignes (cetvel kalemleri)
un garde-chasse (bir av bekçisi)	des gardes-chasse (av bekçileri)

Bazı bileşik isimler tekil anlamlarında da çoğul işareti almaktadırlar.

un porte-clefs (bir anahtarlık)	un compte gouttes (bir damlalık)

Çoğullarında "s" almayan bileşik isimler de vardır.

un pèse-lait (bir süt ölçeği)	des pèse-lait (süt ölçekleri)
un brise-vent (bir rüzgâr kırıcı)	des brise-vent (rüzgâr kırıcılar)

"Garde" sözcüğü ile yapılan bileşik isimlerde eğer bu sözcük bir bekçi anlamında kullanılmışsa, çoğul işaretini sadece bu sözcük alır.

un garde-malade (bir hastabakıcı)	des gardes-malade (hasta bakıcılar)
un garde-barrière (bir demiryolu)	des gardes-barrière (demiryolları)

Fakat bileşik isimlerdeki "garde" sözcüğü bir eşyayı belirtiyorsa bu isim de çoğul işareti almaz.

Bir **adverbe** (zarf) ve bir isimden meydana gelen bileşik isimlerin çoğullarında zarf olan sözcük çoğul işareti almaz.

un avant-port (bir dış liman)	des avant-ports (dış limanlar)
un avant-cour (bir ön avlu)	des avant-cours (ön avlular)
le sous-directeur	les sous-directeurs
(müdür yardımcısı)	(müdür yardımcıları)
le sous-lieutenant (teğmen)	les sous-lieutenants (teğmenler)

Bir fiil ve bir **invariable** (değişmez) sözcükten meydana gelmiş bileşik isimler de çoğul sadece tanımlık çoğul işaretinin konulmasıyla yapılır.

Une passe-crassane (kış armudu)   des passe-crassane (kış armutları)

ALIŞTIRMALAR – 3

A. Aşağıda eril (**masculin**) isimlerin başına **le**, dişil (**feminin**) isimlerin başınaysa **la,** tanımlıklarını koyunuz.

Örnek:……livre …. le livre

1. ………..crayon……..minute
2. ………..chat………….craie
3. ………..fenêtres…….vase
4. ………..cahier………..vendeur

1. ……………………………………
2. ……………………………………
3. ……………………………………
4. ……………………………………

B. Aşağıdaki eril (**masculin**) isimlerin dişillerini (**feminin**) yazınız.

Örnek: **un ami : une amie**

1. un Français………………..
2. un marchand………………
3. Le figurant…………………
4. Le flamand…………………
5. Le lion……………………..
6. Le paysan………………….
7. Le chat……………………..
8. Un infirmier………………..
9. Un danseur………………..
10. Un électeur………………..

1. ……………………………………
2. ……………………………………
3. ……………………………………
4. ……………………………………
5. ……………………………………
6. ……………………………………
7. ……………………………………
8. ……………………………………
9. ……………………………………
10. …………………………………

C. Aşağıdaki isimlerin çoğullarını yazınız:

Örnek: **le livre : les livres**

1. Le cahier……………………….
2. Un chien……………………….
3. La fleur………………………..
4. Le bateau……………………..
5. Un feu…………………………
6. Le journal…………………….
7. Le festival……………………..
8. Un cheval……………………..

1. ……………………………………
2. ……………………………………
3. ……………………………………
4. ……………………………………
5. ……………………………………
6. ……………………………………
7. ……………………………………
8. ……………………………………

9. Un beau-frère..........................   9. ....
10. La rose...................................   10. ....
11. Le corail................................   11. ....
12. Le travail...............................   12. ....
13. Un vantail..............................   13. ....
14. Le temps................................   14. ....
15. Le nez...................................   15. ....
16. L'oeil.................................... 16. ....
17. Un chou-fleur..........................   17. ....
18. Le bal...................................   18. ....
19. Un timbre-poste........................   19. ....
20. Le bijoux...............................   20. ....

D . Aşağıdaki isimlerin çoğul şekilleri doğru ise **J (juste)**, yanlışsa **F (faute)** harfi koyunuz ve doğrusunu yazınız.

Örnek: **Un chien : des chiens (J)**

1. La fleur.............les fleurs..........   1. ....
2. L'arbre.............les arbreaux.....   2. ....
3. Le neuveu..........les neuveux......   3. ....
4. Un bateau..........des bateax........   4. ....
5. Le pneu   les pneux................   5. ....
6. Le cheval   les chevals..............   6. ....
7. Le chacal   les chacals............   7. ....
8. Le chou   les choux...............   8. ....
9. Le vitrail   les vitrails...............   9. ....
10. Le nez   les nez.....................   10. ....
11. L'oeil   les oeils..................   11. ....
12. Un chou-fleur   des choux fleurs........................   12. ....
13. Un chef d'oeuvre   des chefs-d'oeuvre..................   13. ....
14. Un sous directeur   des sous directeurs................   14. ....
15. Un gadre-magasin   des gadre-magasins..................   15. ....

COMPLEMENT DE NOM / İSİM TAMLAMASI

Türkçedeki isimler yalın halde bulundukları zaman herhangi bir ek almazlar.Örneğin: "**Çağrı çiçek aldı. Pazardan elma alacaktık. Arkadaşlarımızla top oynadık**" cümlelerinde **çiçek, elma, top** isimleri hiçbir takı almadıklarından yalın haldedirler.

Türkçede isimler sonlarına -i takısı aldıklarında -i ve -e takısı aldıklarında ise -e halindedirler. Örneğin; "Pierre pergeli aldı. Arkadaşlarla derse çalıştık" cümlelerinde ise pergel ismi -i ve ders ismi -e takılarını alarak -i ve -e halindedirler.

Fransızca'da isimler Türkçedeki gibi takılar alarak -i ve -e halini almazlar. Kendilerinden önce gelen tanımlıklar ve edatlarla bunu gerçekleştirirler.

Bir ismin anlamca daha iyi belirtilmesi için başka bir isimle kullanılarak meydana getirdikleri ses grubuna **complément de nom**-isim tamlaması denir.

Türkçede tamlayan sözcük önce, tamlanan ise sonra gelir. Fransızca'da bunun tam tersidir. Tamlanan sözcük önce tamlayan sözcük sonra gelir.

"Sınıfın kapısı" cümlesinde "sınıf" tamlayan "kapısı" tamlanan sözcüktür. Oysa aynı cümlenin Fransızca'ya çevrilmesi sonucu oluşan **"la porte de la classe"** cümlesinde ise **"la porte"** tamlanan **"classe"** ise tamlayan sözcüktür.

Türkçedeki belirtili isim tamlamasında tamlayan ismin **-in**, tamlanan ismin ise **-i** takısı aldığını biliyoruz. Bu durumda tamlanan sözcük **-i** halindedir. Fransızcada ise bu tamlama aşağıdaki şekillerde yapılır:

1. Tamlayan isimle tamlanan isim arasına **(de)** ile **(le)**nün birleşmesi sonucu oluşan **"du"** konularak yapılır. Bu durumda ikinci, yani tamlayan sözcük her zaman **masculin**-erildir.

>   **le tuyau du poéle** (sobanın borusu)
>   **le livre du garçon** (çocuğun kitabı)
>   **Le chapeau du professeur** (öğretmenin şapkası)
>   **la chemise du médecin** (doktorun gömleği)
>   **le mur du jardin** (bahçenin duvarı)
>   **la couleur du livre** (kitabın rengi)
>   **le pied du cheval** (atın ayağı)
>   **la capital du Mexique** (Meksika'nın başkenti)

2. Tamlayan isimle tamlanan isim arasına **"de la"** getirilerek yapılır. Bu durumda ikinci isim her zaman **féminin**-dişildir.

>   **la robe de la fille** (kızın elbisesi)
>   **le père de la femme** (kadının babası)
>   **la porte de la chambre** (odanın kapısı)

le chien de la bergère (çoban kızın köpeği)
la table de la classe (sınıfın masası)
le fer de la fenêtre (pencerenin demiri)
la tour de la ville (şehrin kulesi)
le tour de la fille (kızın sırası)
la clé de la porte (kapının anahtarı)

3. Tamlayan isim eğer bir özel isimse, bu sözcük ile tamlanan sözcük arasına yalnız "de" getirilir.

la cravate de Tunç (Tunç'un kravatı)
le livre de Pierre (Pierre'in kitabı)
la robe de Denizhan (Denizhan'ın elbisesi)
le père de Gökhan (Gökhan'ın babası)

4. Tamlayan isim çoğul olursa **féminin**-dişil **masculin**-eril durumuna bakılmaksızın tamlama bu isimle tamlanan isim arasına konularak yapılır.

le livre des filles (kız çocuklarının kitabı)
le cahier des garçons (erkek çocukların defteri)
les clés des portes (kapıların anahtarları)
la chaise des maisons (evlerin sandalyesi)
le nid des oiseaux (kuşların yuvası)
le mur des jardins (bahçelerin duvarı)
les sacs des femmes (kadınların çantaları)
la table des élèves (öğrencilerin masası)

Belirtisiz isim tamlamasında tamlayan ek almaz, tamlanan ise **-i** eki alır. Tamlanan sözcük **-i** halindedir. Fransızcada bu tamlama:

Tamlayan sözcükle tamlanan sözcük arasına "**de**" getirilerek yapılır. Belirtisiz isim tamlamalarında tamlanan isim daha çok "**un, une, des**" ile başlar. Çünkü "bir kapı" denildiği zaman belli olmayan bir kapıdan söz edildiği anlaşılır.

une chemise de médecin (bir doktor gömleği)
une tasse de café (bir kahve fincanı)
un tuyau de poêle (bir soba borusu)
une nappe de table (bir masa örtüsü)
une table de professeur (bir öğretmen masası)
une robe de fille (bir kız elbisesi)
un vase de fleur (bir çiçek vazosu)
un nom de garçon (bir erkek çocuk adı)
un devoir de mathématique (bir matematik ödevi)

Türkçede "takısız isim tamlaması" denilen ve tamlayan ve tamlanan isimlerin hiçbir takı almadan oluşturdukları isim tamlaması Fransızcada tamlanan isimle tamlayan isim arasına "**en**" ve "**de**" getirilerek yapılır. Genellikle ismin ad olduğu varlığın neden yapıldığını belirten tamlama söz konusu olduğu zaman tamlama "**en**" ile; neyi kapsadığını belirten tamlama söz konusu olduğunda ise "**de**" ile yapılır.

    une porte en fer (demirden bir kapı)
    une table en bois (tahtadan bir masa)
    une chemise en étoffe (kumaştan bir gömlek)
    un cerf-volant en papier (kâğıttan bir uçurtma)
    un bracelet en or (altından bir bilezik)
    un mur en pierre (taştan bir duvar)
    une chemise en laine (yünden bir gömlek)
    une tasse en porcelaine (porselenden bir fincan)

Bu örneklerden de anlaşılacağı gibi bir cismin neden yapıldığını dile getiren isim tamlamalarında "**en**" kullanılmıştır. Aşağıdaki örneklerde ise bu isimlerin "**de**" ile takısız isim tamlaması yaptıklarını göreceğiz. Ancak burada tamlanan ismin neden yapıldığı değil neyi kapsadığı belirtilmiştir.

    une porte de bois (bir tahta kapı)
    une chemise d'étoffe (bir yün gömlek)
    un mur de pierre (bir taş duvar)
    une tasse de café (bir kahve fincanı)
    un vase de fleur (bir çiçek vazosu)

Bazen görülen bu kuralların dışında da **complément de nom** - isim tamlamalarının yapıldığı görülür.

    un voyage à la mer (bir deniz yolculuğu)
    une promenade à la campagne (bir kır gezintisi)

Fransızca'da isim tamlamaları yapılırken tamlayan isim herhangi bir sesli harfle başlarsa bu isimle tamlanan isim arasında bulunan "**du**" (**d'**) ve "**de la**" (**de l'**), "**de**" ise (**d'**) durumuna dönüşür.
Complément de nom-isim tamlamaları, bir cümlede **sujet** (özne), **complément** (tümleç) olurlar.

La porte du cinéma est ouverte (sinemanın kapısı açıktır) cümlesinde isim tamlaması olan "**la porte du cinéma**" **sujet**'dir.

Est-ce que tu vois la porte du cinéma? (sinemanın kapısını görüyor musun?) cümlesinde ise aynı tamlama **complément**'dır.

La robe de la fille est bleue (kızın elbisesi mavidir) cümlesinde özne, - **sujet Elle achète la robe de la fille** (kızın elbisesini satın alıyor) cümlesinde ise tümleçtir.

ALIŞTIRMALAR - 4

A. Aşağıdaki isim tamlamalarını Türkçeye çeviriniz.

1. Le sac d'élève.
2. Les cahiers du médecin
3. La porte du bureau
4. La voiture de Filiz.
5. La maison de mon père et de ma mère.
6. La chemise du professeur
7. Les chemises de Paul
8. Le clé de la porte
9. Le père de Mireille
10. La robe de ma mère

1. ....
2. ....
3. ....
4. ....
5. ....
6. ....
7. ....
8. ....
9. ....
10. ....

B. Aşağıdaki isim tamlamalarını Fransızca'ya çeviriniz.

1. Pencerenin demiri.
2. Ağaçların dalları.
3. Şehrin kulesi.
4. Bahçelerin duvarları.
5. Bay Georges'un atı.
6. Bir çiçek vazosu.
7. Kuşların yuvası.
8. İstanbul'un adaları.
9. Türkiye'nin başkenti.
10. Babamın öğüdü.

1. ....
2. ....
3. ....
4. ....
5. ....
6. ....
7. ....
8. ....
9. ....
10. ....

C. Aşağıdaki isim tamlamalarını Türkçeye çeviriniz.

1. Une porte en fer.
2. Un pantallon en étoffe.
3. Une maison en bois.
4. Un mur en pierre.
5. Une tasse en porcelaine

1. ....
2. ....
3. ....
4. ....
5. ....

LES ADJECTIFS - SIFATLAR

Sıfatın tanımı

Sıfatlar eşlik ettikleri ismin rengini, sayısını, biçimini, nasıl ve nice olduğunu belirtmek için kullanılan sözcüklerdir.

petit (küçük)
grand (büyük)
rouge (kırmızı)
bleu (mavi)
court (kısa)

dix (on)
bon (iyi)
aucun (hiçbir)
même (aynı)
doux (tatlı, şirin)

quel (hangi)
turc (Türk)
français (Fransız)
gentil (kibar)
certain (belli)

ce (bu)
ces (bunlar)
épais (kalın)
nouveau (yeni)
douloureux (acıklı)

bref (kısa)
vieux (yaşlı, eski)
léger (hafif)
menteur (yalancı)
gros (şişman)

mon (benim)
sa (onun)
votre (sizin)
quelque (birkaç)
tout (her)

sözcükleri birer sıfattır. Varlıkların durum ve niteliklerini belirtirler.

SIFATLARIN TÜRLERİ

Fransızca'da altı çeşit sıfat vardır:

1. **L'adjectif qualificatif** (niteleme sıfatı).
2. **L'adjectif possessif** (iyelik sıfatı).
3. **L'adjectif démonstratif** (işaret sıfatı).
4. **L'adjectif interrogatif** (soru sıfatı).
5. **L'adjectif numéral** (sayı sıfatı).
6. **L'adjectif indéfini** (belgisiz sıfatı).

1. L'ADJECTİF QUALİFİCATİF - NİTELEME SIFATI

Eşlik ettiği varlıkların renklerini, biçimlerini ve durumlarını belirten sıfatlara **l'adjectif qualificatif** -niteleme sıfatları denir.

une robe jaune (sarı bir elbise)
un homme gentil (kibar bir adam)
une belle fille (güzel bir kız)
un ami fidèle (sadık bir dost)

un bateau long (uzun bir gemi)
une table haute (yüksek bir masa)
un bon livre (iyi bir kitap)
un chapeau noir (siyah bir şapka)

İsimler gibi sıfatlar da somut ya da soyut olabilirler. Somut sıfatlar gözle görülebilen ve dokunulabilen bir niteliği dile getiren sıfatlardır.

un jardin vert (yeşil bir bahçe)
un chat noir (siyah bir kedi)
une grande usine (büyük bir fabrika)
un grande arbre (büyük bir ağaç)

une cravate rouge (kırmızı bir kravat)
une maison blanche (beyaz bir ev)
un sac carré (kare biçimli bir çanta)
une voiture neuve (yeni bir araba)

Sıfatlar isimlerin aklın sayesinde kavranabilen niteliklerini dile getirdikleri zaman soyut sıfat adını alırlar.

un ouvrier laborieux
(çalışkan bir işçi)
une femme imprudente
(tedbirsiz bir kadın)

des hommes bons
(iyi adamlar)
un étudiant intelligent
(zeki bir öğrenci)

Le féminin des adjectifs qualificatifs - niteleme sıfatlarının **féminin**'leri:

Adjectifs qualificatifs (niteleme sıfatlarının) **féminin** (dişil) şekillerinin yapılması için genel ve özel olmak üzere iki temel kural vardır:

Genel olarak niteleme sıfatlarının **(adjectifs qualificatifs)** féminin şekilleri **masculin** (eril) biçimlerinin sonuna bir "e" harfi getirilerek yapılır.

Pierre est petit (Pierre küçüktür)
Le mur est grand (duvar büyüktür)

Sophie est petite (Sophie küçüktür)
La maison est grande (ev büyüktür)

un acteur français
(bir Fransız oyuncu)
un sac noir
(siyah bir çanta)

une actrice française
(bir Fransız kadın oyuncu)
une serviette noire
(siyah bir okul çantası)

Şayet **masculin** (eril) niteleme sıfatları **(adjectifs qualificatifs)** lerin sonlarındaki harf "e" harfi ise bu sıfatların **féminin** şekilleri değişmez.

une fleur rouge (kırmızı bir çiçek)
une fille sage (uslu bir kız)
une jeune femme (genç bir kadın)
une fille brave (cesur bir kız)

un manteau rouge (kırmızı bir manto)
un garçon sage (uslu bir erkek çocuk)
un jeune homme (delikanlı)
un soldat brave (cesur bir asker)

Sıfatların **masculin**-eril durumundan **féminin**-dişil duruma dönüştürülmesi için bir kısım özel kurallar da mevcuttur. Bu kurallar bundan önceki genel kurallardan tamamen farklıdır.

Sonları "**er**" ile biten **masculin** niteleme sıfatlarının **féminin** şekillerini "**er**" ekinin "**ère**" olarak değiştirilmesiyle yapılırlar.

    Ce n'est pas le temps printanier.   İlkbahar havası yok.
    Une chemise printanière.   Bir ilkbahar gömleği.

    Un étudiant étranger.   Yabancı bir öğrenci.
    Une chanteuse étrangère.   Yabancı bir bayan şarkıcı.

    Une reine fière (kibirli bir kraliçe)   Un roi fier (kibirli bir kral)
    Un sac cher (pahalı bir çanta)   Une voiture chère (pahalı bir araba)

    Un homme turc (bir Türk erkeği)   Une femme turque (bir Türk kadını)
    Un touriste grec   Une infirmière grecque
    (bir Yunanlı turist)   (bir Yunan hemşire)

    Le droit public (kamu hukuku)   L'action publique (kamu davası)
    Le trésor public (devlet hazinesi)   L'enchère publique (açık artırma)

    un mur caduc (dayanıksız bir duvar)   Une gaz amoniaque
        (amonyaklı gazbezi)
    le papier amoniac (amonyaklı kâğıt)   Une maison vétuste (eski bir ev)

Fakat "**sec**" (kuru), "**blanc**" (beyaz), "**franc**" (samimi, içten) anlamlarındaki niteleme sıfatlarının **féminin**'leri "**c**" harfinin "**che**" şekline dönüşmesiyle yapılmaları bu kuralın bir ayrıcalığıdır.

    un terrain sec (kurak bir arazi)   une saison sèche (kurak bir mevsim)
    un tricot blanc (beyaz bir kazak)   une table blanche (beyaz bir masa)
    un tricot sec (kuru bir kazak)   une robe sèche (kuru bir elbise)
    un avion blanc (beyaz bir uçak)   une voiture blanche (beyaz bir araba)
    un ami franc (iyi yürekli bir dost)   une parole franche (samimi bir söz)

Sonları "**el**" harfleriyle biten **masculin** niteleme sıfatlarının **fèmininleri** "**el**" ekinin (**lle**) şeklini almasıyla yapılırlar.

    Un roi cruel   Une peine cruelle
    (merhametsiz bir kral)   (dayanılmaz bir acı)
    un monde mortel   une vie mortelle
    (ölümlü bir dünya)   (ölümlü bir yaşam)

Ancak sonları "eil" ekiyle biten **masculin** niteleme sıfatlarının **féminin**'lerinin bu sonekin **(lle)** şekline dönüşerek yapması kuralın başka bir özelliğidir.

 Son manteau est pareil au mien. Paltosu benimkinin benzeridir.
 Ma robe est pareille à la tienne. Elbisem seninkinin benzeridir.
 Il y avait un fruit vermeil. Parlak kırmızı bir meyve vardı.
 Je veux une pomme vermeille. Parlak kırmızı bir elma istiyorum.

"al" ekiyle biten niteleme sıfatları ise iki "l" almadan "ale" ekini almasıyla **féminin** olurlar.

 La société nationale de petrol Ulusal petrol şirketi
 Ce n'est pas une société nationale. Bu ulusal bir şirket değildir.
 Nous faisons un voyage amical. Dostça bir yolculuk yapıyoruz.
 C'est une proche amicale. Bu dostça bir yakınlaşmadır.

Sonları "il" ekiyle biten **masculin** niteleme sıfatlarının **féminin** şekillerinde çift "l" olmaz.

Fakat "il" ile son bulmasına rağmen kibar, nazik anlamına gelen **(gentil)** niteleme sıfatı **féminin**'lerini **(lle)** alarak yapması bu kuralın bir ayrıcalığı olarak değerlendirilmelidir.

 un professeur gentil kibar bir öğretmen
 une fille gentille kibar bir kız

Sonu "g" harfi ile biten **masculin adjectif qualificatif**'lerin (niteleme sıfatları) **féminin**'leri bu sonekin "gue" şeklini almasıyla yapılırlar.

 Notre maison a un long jardin. Evimizin uzun bir bahçesi var.
 Cette ville a une longue route. Bu şehir uzun bir yola sahiptir.

Beau (güzel), **fou** (çılgın), **nouveau** (yeni), **mou** (yumuşak), **vieux** (ihtiyar, eski) anlamlarına gelen niteleme sıfatları sesli harflerin ya da bir "h" **muet** (okunmayan) önünde okunuş bakımından **féminin** şekillerine benzemesine rağmen yazılışları farklıdır. Bu kural XVI. yüzyıl Fransızcasından kalan bir şekildir.

 Le beau frère (kayın birader, enişte, bacanak)
 Un beau voyage (güzel bir yolculuk)
 Un bel appartement (güzel bir daire)
 Un bel amour (güzel bir aşk)

 Le regard fou (çılgın bir bakış)
 Un homme fou (çılgın bir adam)
 un fol amour (çılgın bir aşk)
 un fol espoir (çılgın bir umut)

un nouveau sac (yeni bir çanta)
un nouvel étudiant (yeni bir öğrenci)
un nouvel appartement (yeni bir apartman)
un nouvel avion (yeni bir uçak)

un tricot mou (yumuşak bir kazak)
un cheval mou (yumuşak huylu bir at)
un mol édredon (yumuşak bir pufla)
un mol oreiller (yumuşak bir yastık)

un vieux pont (eski bir köprü)
un vieux mur (eski bir duvar)
un vieil homme (yaşlı bir adam)
un vieil hôtel (eski bir otel)

Yukarıdaki örneklerde görüldüğü gibi sesli harf veya "h" muet (okunmayan) önünde **beau-bel, fou-fol, nouveau-nouvel, mou-mol, vieux-vieil** olmuşlardır. Fakat aynı sıfatların **féminin**'leri olan **belle-folle-nouvelle-molle-vieille** şekillerinin de buradan geldiğini ancak **masculin**-eril olanlardan farklı olduğu görülmektedir.

Sonu "n" ile biten niteleme sıfatlarının **féminin** şekilleri ise şu şekilde yapılır.

"n" harfinden sonra "e" gelerek **féminin** olur. Bu durumda **masculin** şeklinde genizden okunan "n" harfi özelliğini kaybederek genizden değil normal okunur.

Il a un goût fin.   Onun ince bir zevki vardır.
Elle a une taille fine.   O kızın ince bir boyu vardır.
C'est un homme fin.   Bu zeki bir adamdır.
Vous avez une idée fine.   İnce bir fikriniz var.
C'est une table brune.   Bu kahverengi bir masadır.

Bu harfle biten bazı niteleme sıfatları ise "n" harfinden sonra "ne" gelerek **féminin**-dişil olurlar.

C'est un garçon italien.   Bu bir İtalyan çocuktur.
La voiture italienne est petite.   İtalyan arabası küçüktür.
Ce n'est pas un voyageur parisien.   Bu bir Parisli yolcu değildir.
La chanteuse parisienne   Parisli şarkıcı
Il est un bon ami.   O iyi bir dosttur.
C'est la bonne chanson.   Bu iyi bir şarkıdır.

Ancak **"bénin"** (iyi yürekli, yumuşak huylu) ve **"malin"** (kötü yürekli, kurnaz, zararlı) sıfatlarının **féminin** şekilleri ise **"bénigne"** ve **"maligne"** olarak yazılır.

le directeur bénin   İyi ve yumuşak huylu müdür
la directrice bénigne   İyi ve yumuşak huylu müdire

Il est un homme malin.	O kötü huylu bir adamdır.
La tumeur maligne.	Kötü huylu tümör.

Sonları "**er**" ve "**teur**" ile biten niteleme sıfatlarının **féminin**'leri ise şu şekilde yapılır.

Fiil soyundan gelen ve "**eur**" ile biten niteleme sıfatları bu ekin "**euse**" durumunu almasıyla **féminin**-dişil olurlar.

Il fait un temps trompeur.	Yanıltıcı bir hava var.
C'est la pluie trompeuse.	Yanıltıcı bir yağmur.
Le fripon menteur	Yalancı bir hilekâr
La parole menteuse	Yalancı bir söz
L'enfant boudeur	Somurtkan çocuk
La fille boudeuse	Somurtkan kız

Fakat **vengeur** (öc alan), **enchanteur** (büyüleyici), **pécheur** (günahkâr) niteleme sıfatlarının **féminin**'leri ise **vengeresse, enchanteresse, pécheresse** şeklinde olması bu kuralın ayrıcalığıdır.

le soldat vengeur	öc alan asker
la pluie vengeresse	öc alan yağmur
un pays enchanteur	büyüleyici bir ülke
la chanson enchanteresse	büyüleyici bir şarkı
la femme pécheresse	günahkâr kadın

Sonları "**teur**" ile biten fakat doğrudan doğruya fiil soyundan gelmeyen niteleme sıfatlarının **féminin**'leri ise genel olarak bu hecenin "**trice**" şekline dönüşmesiyle yapılır.

un langage flatteur	pohpohçu bir anlatım
une lettre flatteuse	pohpohçu bir mektup
un ange protecteur	koruyucu bir melek
un voix protectrice	koruyucu bir ses

"**Imposteur**" (düzme, dolapçı, sahte) anlamına gelen niteleme sıfatı (**adjectif qualificatif**) sadece **masculin** olarak kullanılır.

un amour imposteur	sahte, yalan bir sevgi
le souci imposteur	sahte üzüntü

Ancak "**érieur**" ile biten niteleme sıfatları sonlarına "**e**" alarak **féminin** olurlar.

le travail antérieur	önceki iş
la branche antérieure	öndeki dal
le mur extérieur	dış duvar
la presse extérieure	dış basın

Aynı şekilde **majeur** (önemli, yüksek), **meilleur** (daha iyi), **mineur** (daha az, daha küçük) niteleme sıfatları da sonlarına **"e"** alarak **féminin** (dişil) olurlar: **majeure, meilleure, mineure** gibi.

Sonları **"s"** ile biten niteleme sıfatları **(adjectif qualificatif)** sonlarına bir **"e"** eklenmek suretiyle **féminin** (dişil) olurlar.

Je suis un professeur anglais.	Ben bir İngilizce öğretmeniyim.
Voilà une ville anglaise.	İşte bir İngiliz şehri.
Voici un mur gris.	İşte gri renkli bir duvar.
Il a une chemise grise.	Onun gri renkli bir gömleği var.
à huis clos	gizli oturum
la fenêtre close	kapalı pencere
le papier inclus	ekli, içindeki kâğıt
une lettre incluse	ekli, içine konmuş bir mektup

Bunların dışında sonları **"s"** ile biten birkaç niteleme sıfatının ise **féminin**'lerinin **(sse)** biçiminde yapıldığı görülür.

le mur bas	alçak duvar
la table basse	alçak masa
un mouton gras	yağlı, semiz bir koyun
une vache grasse	yağlı, semiz bir inek
l'enfant gros	şişman çocuk
la fille grosse	şişman kız
un cordonnier las	yorgun bir kunduracı
une infirmière lasse	yorgun bir hemşire

Sonları **"et"** ile biten **masculin adjectif qualificatif** (niteleme sıfatları) **féminin**'lerini (dişil) iki **"tt"** alarak gerçekleştirirler.

Elle a le doigt fluet.	İnce, narin parmağı var.
Elle a une main fluette.	İnce, narin bir eli var.
Un traitement rondelet	Dolgun bir maaş
Elle est une femme rondelette	O, tombul bir bayandır.
La fille a un foulard violet	Kızın mor bir atkısı var.
J'ai une robe violette	Benim mor bir elbisem var.
C'est un tailleur muet	Bu bir dilsiz terzidir.

un veston coquet	şık bir ceket
une maison coquette	cici, sevimli bir ev

Bunların dışında **"et"** ile biten **masculin** niteleme sıfatları **féminin**"lerini **"et"** nin **"ète"** olmasıyla gerçekleştirdikleri görülmektedir.

un devoir complet	eksiksiz, tam bir ödev
une actrice complète	eksiksiz bir oyuncu
un travail concret	somut bir çalışma
une attitude concrète	somut bir durum
le livre désuet	eskimiş kitap
la voiture désuète	eskimiş araba
un élève discret	kibar, ölçülü bir öğrenci
une femme discrète	kibar, ölçülü bir kadın
un bébé replet	şişman, bıngıl bıngıl bir bebek
une enfant replète	şişman, bıngıl bıngıl bir kız çocuğu
l'homme inquiet	kaygılı adam
une mère inquiète	kaygılı anne
un message secret	gizli bir haber
la négociation secrète	gizli görüşme

Sonları **"ot"** ile biten niteleme sıfatları **féminin**'lerini **"ote"** şeklini alarak yerine getirirler. Örneğin, **idiot** (aptal) anlamına gelen niteleme sıfatının **féminin**'i **"idiote"** olur.

Masculin niteleme sıfatlarından **"eux"** ile bitenlerin **féminin** şekillerin, bu ekin **"euse"** biçimine dönüşmesiyle yapılır.

Il a un sort heureux.	Onun mutlu bir kaderi var.
Elle est une femme heureuse.	O mutlu bir kadındır.
C'est un tigre furieux.	Bu öfkeli bir kaplandır.
Ils ont une chienne furieuse.	Onların öfkeli bir köpeği var.
Il est un homme curieux.	O meraklı bir adamdır.
Jale est une secretaire curieuse.	Jale meraklı bir sekreterdir.
Jean est un ouvrier joyeux.	Jean neşeli bir işçidir.
Elle est une paysanne joyeuse.	O neşeli bir köylü kadındır.

Niteleme sıfatlarından **"oux"** ekiyle bitenler, bu ekin **"ouse"** şeklini almasıyla **féminin**'lerini oluştururlar.

Un homme jaloux	Kıskanç bir adam
Une femme jalouse	Kıskanç bir kadın

Fakat **roux** (kızıl sarı), **doux** (tatlı, şirin), **faux** (sahte, düzmece) anlamlarına gelen niteleme sıfatlarının **féminin**'leri **rousse, douce, fausse** olarak yapılır.

le coton roux	kızıl sarı pamuk
l'etoffe rousse	kızıl sarı kumaş
le fruit doux	tatlı meyve
une chanson douce	tatlı bir şarkı
le faux passeport	sahte pasaport
une fausse parole	sahte bir söz

Fransızca'da büyük anlamına gelen niteleme sıfatı **"grand"** şu isimlerle kullanıldığı zaman **féminin** olması gerekirken **masculin** biçimiyle yazılmaktadır.

la grand-mère	büyük anne
la grand-tante	büyük teyze, büyük hala
la grand-rue	büyük cadde
la grand-messe	büyük ayin
la grand-route	büyük yol

Söyleyişe daha bir tatlılık ve yumuşaklık kazandırmak için sonu **"f"** ile biten sıfatların bu son harfi **"ve"** olarak yazılır.

un esprit vif	sağlam bir hafıza
une idée vive	sağlam bir fikir
un manteau neuf	yeni bir palto
une chemise neuve	yeni bir gömlek
un discours bref	kısa bir söylev
une histoire brève	kısa bir öykü

Sonları **"gu"** ile biten **masculin** niteleme sıfatlarının **féminin**'leri bu ekten sonra üzerinde iki nokta **(tréma)** bulunan **(ë)** getirilmek suretiyle yapılır.

un fruit aigu	acı bir meyve
une prune aiguë	acı bir erik

un ordre ambigu	üstü kapalı bir emir
une question ambiguë	birkaç anlama gelen bir soru
l'appartement contigu	bitişik daire
la chambre contiguë	bitişik oda
un appartement exigu	küçük bir daire
une cour exiguë	küçük bir avlu

Genel olarak **adjectifs qualificatifs** (niteleme sıfatları) niteledikleri isimlerden önce ya da sonra gelebilirler. Örneğin,

Cette fille a une jupe superbe.	Bu kızın zarif bir eteği var.
Elle a un charmant foulard et un magnifique tricot.	Onun sevimli bir fuları ve harika bir kazağı var.

cümlelerindeki sıfatların yerlerini değiştirerek niteledikleri isimlerden sonra koyduğunuzda da anlamda hiçbir değişiklik olmadığı görülecektir.

une jupe superbe	zarif bir etek
un foulard charmant	sevimli bir fular
un tricot magnifique	görkemli bir kazak

Görüldüğü gibi sıfatın yerlerini değiştirdiğimizde anlamda hiçbir değişiklik olmamıştır. Bu tür sıfatların cümle içinde isimden sonra ya da önce gelip gelmeyeceğine, bu isimlerin kulak tarafından güzel algılanmasına göre belirlemek yerinde olur.

la robe bleue	mavi elbise
la veste blanche	beyaz ceket
le vin aigre	keskin, sert şarap
la table ronde	yuvarlak masa
un couteau pointu	sivri bir bıçak
une usine haute	yüksek bir fabrika

gibi sıfatların yerlerinin değiştirilmesine kulağımız izin vermemektedIr. Ancak bu kurala bağlı kalarak, eğer sıfat çok sayıda hecelerden meydana gelmişse isimden önceye de alınabilir.

haute maison	yüksek ev
beau frère	kayın birader, bacanak

Fransızca'da bir kısım niteleme sıfatının isimden önce ya da sonra gelme durumuna göre anlamları da değişmektedir. Bu sıfatların edindikleri yere göre anlamdaki değişiklikler şu şekilde olmaktadır.

un bonhomme	saf, çabuk kanan kimse
un homme bon	iyi ve sevimli bir insan
un brave homme	dürüst ve iyi bir insan
un homme brave	cesaretli, yiğit bir insan
un grand homme	üstün yetenekli dahi insan
un homme grand	uzun boylu bir insan
de nouveau vin	yıllanmamış, yeni şarap
du vin nouveau	en üstün kaliteli şarap
un pauvre homme	yeteneksiz bir insan
un homme pauvre	yoksul bir adam
un plaisant personnage	aşağı, yüzsüz bir kişi
un personnage plaisant	insanları eğlendiren kişi
un galant homme	güvenilir bir insan
un homme galant	çapkın, hovarda adam
la haute mer	açık deniz
la mer haute	kabaran ve yükselen deniz
un honnête homme	namuslu bir insan
un homme honnête	nazik kibar adam
un homme cruel	insanlık dışı, acımasız insan

pluriel des adjectifs - sıfatların çoğulu

Genel olarak sıfatlar da isimler gibi sonlarına bir **"s"** harfi getirilerek çoğul yapılırlar.

une fleur jaune	sarı bir çiçek
des fleurs jaunes	sarı çiçekler
un mur haut	yüksek bir duvar
des murs hauts	yüksek duvarlar

Bu genel kuralın dışında sıfatların çoğul yapılmasını sağlayan özel kurallar da vardır.

1. Tekillerinde "**s**" veya "**x**" harfleriyle biten sıfatların çoğullarında hiçbir değişiklik yapılmaz.

    un toit gris   gri renkli bir çatı
    des toits gris   gri renkli çatılar

    un gros cheval   iri bir at
    des chevaux gris   iri atlar

    un devoir confus   karmaşık bir ödev
    des devoirs confus   karmaşık ödevler

    un journaliste curieux   meraklı bir gazeteci
    des journalistes curieux   meraklı gazeteciler

    un argument faux   sahte, düzmece bir delil
    des arguments faux   sahte, düzmece deliller

Sonları "**eau**" harfleriyle biten tekil sıfatlar çoğullarında "**x**" alırlar.

    un beau tricot   güzel bir kazak
    de beaux tricots   güzel kazaklar

Fransızca'da sonları "**al**" ekiyle biten niteleme sıfatlarının bir kısmı çoğullarını bu ekin "**aux**" biçimine dönüşmesiyle, bir kısmı ise **masculin** çoğullarını "**s**" alarak gerçekleştirirler.

    un voyage amical   dostça bir yolculuk
    des voyages amicaux   dostluk yolculukları

    un livre original   özgün bir kitap
    des livres originaux   özgün kitaplar

    le résultat fatal   kaçınılmaz sonuç
    les résultats fatals   kaçınılmaz sonuçlar

    le lieu natal   doğum yeri
    les lieux natals   doğum yerleri

Sonları **"al"** eki ile biten niteleme sıfatlarının çoğu **masculin** çoğullarında **"aux"** bir kısmı ise **"s"** alır. **"Al"** ile bittiği halde çoğullarını **"s"** alarak yapan masculin niteleme sıfatları aşağıda belirtilmiştir.

astral (gök cisimlerine değin)
automnal (güze değin)

austral (güney, güneyle ilgili)
bancal (çarpık bacaklı)

boréal (kuzey, kuzeye değin)
diamétral (çapla ilgili)

fatal (kaçınılmaz)
expérimental (deneyle ilgili)

glacial (dondurucu)
jovial (güler yüzlü)

instrumental (belgesel)
lingual (dile değin, dilsel)

Anatomi biliminde **(lingual)** sıfatının çoğulunun **"linguaux"** olarak yapıldığı da ayrıca bilinmelidir.

magistral (ustaca)
mental (zihinsel)

matinal (erkenci, erken kalkan)
natal (doğum yerine değin)

naval (gemiciliğe değin)
patronal (patronla ilgili)
sentimental (duygusal)

papal (papaya değin)
pénal (cezaya değin)
virginal (bakireliğe değin)

Niteleme sıfatları sonları **-al** eki ile biten ve çoğullarında **-s** alan başlıca sıfatlardır.

"Eu" ve **"au"** ekleriyle son bulan niteleme sıfatlarının çoğulları da **"s"** alarak gerçekleştirilir.

un livre bleu
des livres bleus

mavi bir kitap
mavi kitaplar

un tapis mou
des tapis mous

yumuşak bir halı
yumuşak halılar

accord de l'adjectif - sıfatın uyuşması

Sıfatlar ait oldukları isimlerle cins ve sayı bakımından uyuşurlar. Bu durumda isim tekilse sıfat da tekil, isim çoğulsa sıfat da çoğul; ayrıca isim **féminin**'se sıfat da **féminin**, isim **masculin** ise sıfat da **masculin** olur.

un bon livre
la bonne soeur
les beaux fruits
les belles pommes

iyi bir kitap
iyi kız kardeş
güzel meyveler
güzel elmalar

Eğer bir niteleme sıfatı tekil iki ismi niteliyorsa çoğul olarak cümlede yerini alır. Çünkü iki tekil isim çoğul isim değerindedir.

Le ciel et la mer sont bleus.	Gökyüzü ve deniz mavidir.
L'arbre et le batiment sont hauts.	Ağaç ve bina yüksektir.
La table, la chaise sont brunes.	Masa, sandalye kahverengidirler.

Şayet sıfatın nitelediği iki isim aynı cinsten (**féminin-masculin**) değilse, sıfatın cins tayini **masculin**-eril olarak tespit edilir.

La pomme et le livre sont blancs.	Elma ve kitap beyazdır.
La fille, et le garçon sont gentils.	Kız ve erkek çocuk kibardır.
La porte et le mur sont gris.	Kapı ve duvar gri renklidir.
L'usine et le jardin sont grands.	Fabrika ve bahçe büyüktür.

"**Et**" bağlacıyla birbirine bağlı iki farklı cinsten ismi niteleyen sıfatın da cinsinin **masculin** olarak yazıldığını gördük. Ancak ikinci ismin **féminin** olması durumunda bundan sonraki sıfatın **masculin** yazılması ses ahengi açısından hoş olmayacağı için sıfattan önce **masculin** olan ismin getirilmesine dikkat edilir.

Ce chanteur chante avec un goût et une noblesse parfait.
(Bu şarkıcı mükemmel bir zevk ve üstünlükle şarkı söylüyor.)

cümlesinde dilbilgisi kurallarına aykırı bir durum olmamasına rağmen, "**une noblesse parfait**" deyişinde **féminin** bir ismin yanında **masculin** bir sıfatın bulunması ses ahengini bozmaktadır. Bu durumda aynı cümleyi şu şekilde yazmak daha yerinde olacaktır.

Ce chanteur chante avec noblesse et avec un goût parfait.

Bazen "**et**" bağlacıyla birbirine bağlı iki isimden sonra gelen sıfat sadece sondaki isimle uyuşur.

Voici un écrivain dont l'esprit et la main fertile inspirent sa nation.
(İşte zekâsı ve üretken elleriyle ulusuna esin kaynağı olan bir yazar.)

Bu cümledeki "**fertile**" (verimli, üretken) sıfatı sadece **la main** (el) ismini nitelemekte ve bu isimle uyuşmaktadır.
Birbirine "**ou**" bağlacıyla bağlanan iki isimden sonra gelen sıfat sondaki isimle uyuşur.

Donnez-moi une règle ou un livre bleu.
(Bana bir cetvel ya da bir mavi kitap veriniz.)

Bir kısım sıfatlar da bazen herhangi bir durumu, tarzı açıklamak için zarf (**adverbe**) gibi kullanılır.

Les fleurs sentent bon.
Ces voitures coûtent chèr.
Tu m'as coupé les cheveux trop court.
Cette table est chère.

Çiçekler iyi kokarlar.
Bu arabalar pahalıdır.
Saçımı çok kısa kesmişsiniz.
Bu masa pahalıdır.

ALIŞTIRMALAR - 5

A. Aşağıdaki sıfatların karşıtlarını yazınız.

Örnek: **Petit……..Grand** ;   **Jeune……..vieux**

1. **Court**
2. **Doux**
3. **Bon**
4. **Bref**
5. **Froid**
6. **Beau**
7. **Mince**
8. **Nouveau**
9. **Pauvre**
10. **Noir**
11. **Léger**
12. **Propre**

1. ....
2. ....
3. ....
4. ....
5. ....
6. ....
7. ....
8. ....
9. ....
10. ....
11. ....
12. ....

B. Aşağıdaki sıfat tamlamalarını Fransızca'ya çeviriniz.

1. Kibar bir adam.
2. Güzel bir kız.
3. Mavi ve beyaz bir gömlek.
4. Çalışkan bir işçi.
5. İlginç bir roman.
6. Şu uzun ağaçlar.
7. Soğuk bir gece.
8. Fransız bir kadın oyuncu.
9. Zeki bir öğrenci.

1. ....
2. ....
3. ....
4. ....
5. ....
6. ....
7. ....
8. ....
9. ....

10. Siyah şapkalar.   10. ....

C. Aşağıdaki eril (**masculin**) sıfatların dişil (**feminin**) şekillerini yazınız.

1. Petit.....................   1. ....
   Parisien...............
2. Grand....................   2. ....
   Trompeur..............
3. Rouge....................   3. ....
   Menteur..................
4. Français....................   4. ....
   Enchanteur.....................
5. Jeune....................   5. ....
   Pécheur..................
6. Etranger.....................   6. ....
   Protecteur.....................
7. Fier.....................   7. ....
   Antérieur.....................
8. Turc.....................   8. ....
   Bas.....................
9. Grec.....................   9. ....
   Fluet.....................
10. Sec.....................   10. ....
    Violet.....................
11. Blanc.....................   11. ....
    Coquet.....................
12. Franc.....................   12. ....
    Comlet.....................
13. Mortel.....................   13. ....
    Discret.....................
14. National.....................   14. ....
    Heureux.....................
15. Long.....................   15. ....
    Joyeux.....................
16. Beau.....................   16. ....
    Jaloux.....................
17. Italien.....................   17. ....
    Roux.....................

D. Aşağıdaki cümlelerde bulunan sıfatların doğru kullanılan çoğullarının yanına **J (Juste)**, yanlış kullanılanların yanınaysa **F (Faute)** harfi koyarak doğrusunu yazınız.

Örnek: **Des fleurs jaunes (J)**
 Les gros Chevaux (F)

1. **Les beaux tricots.........**   1. ....
2. **Des livres originaux.....**   2. ....
3. **Les lieux natal.............**   3. ....
4. **Des livres bleux..........**   4. ....
5. **Des tapis mous...........**   5. ....
6. **Les beaux et belle pommes..............**   6. ....
7. **L'arbre et le batiment sont hauts............**   7. ....
8. **Le ciel et la mer sont bleu.........**   8. ....
9. **La porte et le mur sont blanc...........**   9. ....
10. **Les beaux fruits.......................**   10. ....

COMPARAISON DES ADJECTIFS
SIFATLARIN KARŞILAŞTIRILMASI

Sıfatların belirttikleri özellikleriyle, anlam derecelerinin **(degrés signification)** birbirleriyle karşılaştırılmaları, **positif** (doğal), **comparatif** (karşılaştırmalı), **supérlatif** (en üstünlük) dereceleri olmak üzere üç şekilde yapılırlar.

1. le degré positif - doğal derece

Bu sıfatların kendisinden başka bir şey değildir. Sıfatların isimleri doğrudan niteledikleri zamanki durumları doğal dereceden ibarettir.

petit (küçük)   **maigre** (zayıf)
court (kısa)   **épais** (kalın)
grand (büyük)   **mince** (ince)

2. le degré comparatif - karşılaştırmalı derece

Le comparatif bir kıyaslama (oranlama, karşılaştırma) anlamına gelmektedir. İki şeyi birbiriyle kıyasladığımız zaman birbirine eşit oldukları veya birinin diğerinden üstün ya da altta oldukları görülür. Buradan **égalité** (eşitlik), **supériorité** (üstünlük), **infériorité** (azlık) olmak üzere üç tür kıyaslama sonucu ortaya çıkmaktadır.

Le comparatif d'égalité-eşitlik bildiren kıyaslamalar sıfattan önce **"aussi"** sonra da **"que"** getirilmek suretiyle yapılır.

Cette route n'est pas aussi courte que l'autre.
(Bu cadde, diğer yol kadar kısa değildir.)

Paul est aussi fort que Pierre.
(Paul Pierre kadar kuvvetlidir.)

L'arbre est aussi haut que la maison.
(Ağaç ev kadar yüksektir.)

Votre professeur n'est pas aussi jeune que le notre.
(Sizin öğretmeniniz bizim öğretmenimiz kadar genç değildir.)

Ahmet est aussi gentil que Hasan.
(Ahmet Hasan kadar kibardır.)

Les prunes ne sont pas aussi grosses que les oranges.
(Erikler portakallar kadar iri değildir.)

La mer est aussi bleue que le ciel.
(Deniz gökyüzü kadar mavidir.)

Ton sac est aussi léger que celui de mon camarade.
(Senin çantan arkadaşımınki kadar hafiftir.)

Le livre est aussi épais que le cahier.
(Kitap defter kadar kalındır.)

Son livre n'est pas aussi léger que votre serviette.
(Onun kitabı sizin çantanız kadar hafif değildir.)

Il est aussi grand que ma soeur.
(O benim kız kardeşim kadar uzun boyludur.)

Je suis aussi gros que vous.
(Sizin kadar şişmanım.)

Le mur est aussi haut que l'arbre.
(Duvar ağaç kadar yüksektir.)

Pierre est aussi jeune que Paul.
(Pierre Paul kadar gençtir.)

Cette voiture est aussi chère que celle de Metin.
(Bu araba Metin'in arabası kadar pahalıdır.)

Mon frère est-il aussi maigre que ma soeur?
(Erkek kardeşim kız kardeşim kadar zayıf mıdır?)

Le comparatif de supériorité-Üstünlük bildiren kıyaslamalar sıfattan önce **"plus"** sonra **"que"** getirilmek suretiyle yapılmaktadır.

Le fruit est plus frais que les légumes.
(Meyve sebzelerden daha tazedir.)

Paris est-il plus grand que Londres?
(Paris Londra'dan daha mı büyüktür?)

Gisèle est plus joyeuse que Mireille.
(Gisèle Mireille'den daha neşelidir.)

Votre maison est-elle plus large que la sienne?
(Sizin eviniz onun evinden daha mı geniştir?)

Ankara est plus grande que Adana.
(Ankara Adana'dan daha büyüktür.)

Mon pére n'est pas plus vieux que votre père.
(Babam sizin babanızdan daha yaşlı değildir.)

Le bateau est plus confortable que le train.
(Gemi trenden daha konforludur.)

Votre question est-elle plus difficile que celle-ci?
(Bu soru sizin sorunuzdan daha mı zordur?)

Le comparatif d'infériorité-Azlık bildiren kıyaslamalar ise sıfattan önce **"moins"** sonra **"que"** getirilmek suretiyle gerçekleştirilir.

La voiture est moins chère que la maison.
(Araba evden daha az pahalıdır.)

Mme Lelouche est moins riche que Mme Dubois.
(Mme Lelouche Mme Dubois'dan daha az zengindir.)

La Seine est moins longue que le Rhin.
(Sen nehri Ren nehrinden daha az uzundur.)

Le jardin est moins large que le stade.
(Bahçe staddan daha az geniştir.)

Fransızca'da üç sıfat kendi başlarına bizzat kıyaslama özelliklerine sahiptir. Bunlar: **"plus bon"** yerine kullanılan **"meilleur"** (daha iyi) **"plus petit"** yerine kullanılan **"moindre"** (daha küçük) ve **"plus méchand"**ın yerine söylenen **"pire"** (daha kötü) anlamına gelen sıfatlardır.

3. le degré supérlatif - enüstünlük derecesi

Superlatif iki şeyin en üstün düzeyde kıyaslanmasını belirten bir kıyaslamadır. **Le supérlatif relatif** ve **le supérlatif absolu** olmak üzere iki tür **supérlatif** vardır.

Le supérlatif relatif: Herhangi bir niteliğin başka bir varlık ve nesnelerle en üstün düzeyde yaptığı bir kıyaslamadır. Bu kıyaslama en üstünlük **(supériorité)** düzeyinde de olabilir. **Le supérlatif relatif** en üstünlük **(supériorité)** ya da en azlık **(infériorité)** belirten karşılaştırma sözcüğünden önce **(le, la, les, mon, ton, son, notre, votre, leur)** sözcüklerinin getirilmesiyle yapılır.

gros (büyük)
le plus gros (en büyük)

joli (güzel)
la moins jolie (en az güzel)

gracieux (nazik)
la plus gracieuse (en kibar)

intelligent (zeki)
le moins intelligent (en az zeki)

belle (güzel)
la plus belle (en güzel)

grand (büyük)
la moins grande (en az büyük)

bon (iyi)
le meilleur (en iyi)

mince (ince)
le moins mince (en ince)

méchant (kötü)
le pire (en kötü)

beau (yakışıklı)
le moins beau (en az yakışıklı)

Bu kıyaslamalarda bir kısmının **supériorité** (en üstünlük), bir kısmının ise **infériorité** (en azlık) anlamlarını belirttikleri görülmektedir. Herhangi bir varlığın niteliğini başka bir varlığın niteliğine göre en alt ya da en üst düzeyde kıyasladığı için; bu kıyaslamalar cümle içinde bir tamlama oluşturmuşlardır. Tamlama isimlerde gördüğümüz gibi **"de"** tanım sözcüğü ile yapılır.

L'aigle est le plus gros de tous les oiseaux.
(Kartal kuşların en büyüğüdür.)

Voici la fille la plus gracieuse que nous connaissons.
(İşte tanıdığımız en nazik kız.)

C'est la plus belle actrice du cinéma français.
(Bu Fransız sinemasının en güzel bayan oyuncusudur.)

Il est l'homme le meilleur de l'école.
(O, okulun en iyi insanıdır.)

Kızılırmak est le plus long fleuve de Turquie.
(Kızılırmak Türkiye'nin en uzun ırmağıdır.)

La plus belle ville du monde est Istanbul.
(Dünya'nın en güzel şehri İstanbul'dur.)

Son frère est le plus courageux de tous ses amis.
(Onun erkek kardeşi bütün dostlarından daha cesaretlidir.)

La Mer Noire n'est pas la plus grande mer de Turquie.
(Karadeniz Türkiye'nin en büyük denizi değildir.)

Filiz est l'étudiante la plus heureuse de la classe.
(Filiz sınıfın en mutlu öğrencisidir.)

Mme Sophie est la meilleure infirmière de l'hôpital.
(Mme Sophie hastanenin en iyi hemşiresidir.)

Le pire de tous les maux est l'ignorance.	Bütün kötülüklerin kaynağı cehalettir.
Il est le moins bel acteur du cinéma anglais.	İngiliz sinemasının en az yakışıklı oyuncusudur.
C'est l'arbre le moins court du jardin.	Bu, bahçenin en az kısa ağacıdır.
C'est n'est la ville la moins nombreuse de notre pays.	Bu, ülkemizin en az kalabalık şehri değildir.
Maman a mis sa plus belle robe.	Annem en güzel elbisesini giydi.
Mon père a mis son plus beau tricot.	Babam en güzel kazağını giydi.
Les élèves les plus laborieux ont reçu leurs cadeaux.	En çalışkan öğrenciler hediyelerini aldılar.
C'est notre moins beau sac.	Bu bizim en az güzel çantamızdır.

Le superlatif absolu diğer nesne ve varlıklarla kıyaslamaya girmeden herhangi bir varlığın niteliğini en üstün derecede açıklamayı sağlar. **Le superlatif absolu** sıfatın doğal (positif) durumundan önce **(très, bien, fort, extrémement, infini ment)**. vb. konulmak suretiyle gerçekleştirilir.

La morale est une très belle vertu.	Ahlak en güzel erdemdir.
Mr. Duval n'est pas très pauvre.	Mr. Duval çok yoksul değildir.
Ta soeur n'est-elle pas très riche?	Kız kardeşin çok zengin değil midir?
Son oncle est très intelligent.	Amcası çok zekidir.
Elle est bien heureuse.	O kız çok mutludur.
Il est bien content.	O erkek çok memnundur.
J'ai bien mangé aujourd'hui.	Bugün çok yemek yedim.

Nous sommes bien contents de vendre la voiture.	Arabayı sattığımız için çok memnunuz.
Nous avons payé cher.	Çok para ödedik.
Ce chat est fort petit.	Bu kedi çok küçüktür.
C'est un devoir extrémement difficile.	Bu ödev son derece zordur.
Il a trouvé une affaire extrêmement facile.	Son derece kolay bir iş buldu.
Est-ce un mur extrêmement fragile?	Bu son derece zayıf bir duvar mıdır?
C'est une ville extrémement belle.	Bu son derece güzel bir şehirdir.
C'est une usine infiniment belle.	Bu fabrika olabildiğince güzeldir.
Cette école est infiniment nombreuse.	Bu okul son derece kalabalıktır.
Voilà une plaine infiniment large.	İşte olabildiğince geniş bir ova.

la comparatif des adjectifs - sıfatların karşılaştırılması

fazlalık	supériorité	plus ..... que	-den daha ...
azlık	infériorité	moins .... que	-den daha az ...
eşitlik	égalité	aussi ..... que	-kadar ...

Noktalı yerlere **jeune** (genç) sıfatını koyduğumuz zaman

fazlalık	supériorité	plus jeune que	-den daha genç
azlık	infériorité	moins jeune que	-den daha azgenç
eşitlik	égalité	aussi jeune que	-kadar genç

olur.

ALIŞTIRMALAR - 6

A. Aşağıdaki cümleleri eşitlik bildiren " **aussi....que**" kıyaslamalı dereceleri kullanarak tek cümleler halinde yazınız.

Örnek: **Daniel est intelligent, Mireille est intelligente**
      Daniel est aussi intelligent que Mireille.

1. **Pierre est jeune, Paul est jeune.**   1. ....
2. **Paul est fort, Pierre est fort.**   2. ....
3. **L'arbre est haut, la maison est haute.** 3. ....

4. Le jardin n'est pas Grand, la maison est haute.
4. ....

5. Le livre est épais, le cahier est épais.
5. ....

B. Aşağıdaki Türkçe cümleleri Fransızca'ya çeviriniz.

1. Alphonse, Albert kadar zekidir.
1. ....
2. Sibel Nilgün kadar çalışkandır.
2. ....
3. Aslan fil kadar kuvvetlidir.
3. ....
4. Gökyüzü deniz kadar mavi midir?
4. ....

C. Aşağıdaki cümlelerde üstünlük bildiren **"plus… ..que"** kıyaslamalı dereceleri kullanarak tek cümleler halinde yazınız.

Örnek: **Le fruit est frais, les légumes n'est pas frais.**
Le fruit est plus frais que les légumes.

1. **Cette voiture est chère, la voiture de Colette n'est pas chère.**
1. ....
2. **Paris est Grand, Londres n'est pas.**
2. ....
3. **Filiz est joyeuse, Nilgün n'est pas.**
3. ....
4. **Mon père est vieux, maman n'est pas.**
4. ....
5. **Votre maison est neuve, la maison de mon oncle n'est pas neuve.**
5. ....

D . Aşağıdaki Türkçe cümleleri Fransızca'ya çeviriniz.

1. Okyanus denizden daha büyüktür.
1. ....
2. Tepe dağdan daha yüksek değildir.
2. ....
3. Sophie Marie'den daha gençtir.
3. ....
4. Bal şekerden daha tatlıdır.
4. ....
5. Türkiye Fransa'dan daha geniştir.
5. ....

E. Aşağıdaki cümleciklerde azlık bildiren "**moins….que**" kıyaslamalı dereceleri kullanarak tek cümle halinde yazınız.

Örnek: **La voiture n'est pas chère, la maison est chère.**
La voiture est moins chère que la mai

1. **Le stylo n'est pas long, le crayon est long.**
1. ....

2. La cravatte n'est pas bleue, la chemise est bleue.
3. La mer n'est pas large, l'océan est large.
4. Ma mère n'est pas vieille ma tante est vieille.
5. Le chien n'est pas aimable, le chat est aimable.

2. ....
3. ....
4. ....
5. ....

F. Aşağıdaki Türkçe cümleleri Fransızca'ya çeviriniz.

1. Elma erikten daha az ekşidir.
2. Pencere kapıdan daha az geniştir.
3. Dere ırmaktan daha az uzundur.
4. Öğrenciler daha az çalışkan değildirler.
5. Kız çocuğu erkek çocuktan daha az sarışın mı?

1. ....
2. ....
3. ....
4. ....
5. ....

G. Aşağıdaki sıfatların üstünlük **(supériorité)** enüstünlük **(superlatif)**, azlık **(inferiorité)** ve eşitlik **(égalité)** derecelerini yazınız.

Örnek: Grand: Plus Grand, Le plus Grand, Moins Grand, Aussi grand.

1. **Froid**:..............................
2. **Triste**...............................
3. **Content**............................
4. **Riche**...............................
5. **Court**...............................
6. **Difficile**............................

1. ....
2. ....
3. ....
4. ....
5. ....
6. ....

2. L'ADJECTIF POSSESSIF - İYELİK SIFATI

Bir varlığın herhangi bir varlığa ait olduğunu belirten sıfatlardır. Bu sıfatlarla birlikte mutlaka isim de kullanılır ve isimden önce gelirler. Önüne geldikleri isimle cins ve sayı bakımından uyuşurlar. İsim **féminin**se bu sıfat da **féminin**, isim **masculin**se sıfat da **masculin**, çoğul olursa sıfat da çoğul olur.

mon (benim) **masculin**
ton (senin) **masculin**
son (onun) **masculin**
notre (bizim) **masculin**
votre (sizin) **masculin**
leur (onların) **masculin**

ma (benim) **féminin**
ta (senin) **féminin**
sa (onun) **féminin**
notre (bizim) **féminin**
votre (sizin) **féminin**
leur (onların) **féminin**

Aynı iyelik sıfatlarının **féminin** (dişil), **masculin** (eril) çoğul şekilleri de vardır.

mes (benim) féminin-masculin çoğul
tes (senin) féminin-masculin çoğul
ses (onun) féminin-masculin çoğul
nos (bizim) féminin-masculin çoğul
vos (sizin) féminin-masculin çoğul
leurs (onların) féminin-masculin çoğul

Adjectif possessif'ler (iyelik sıfatları) isimlerden önce gelir ve hiçbir zaman bu sıfatlarla birlikte **article** (tanım sözcükleri) kullanılmaz.

mon chapeau (benim şapkam) **ma cravate** (benim kravatım)
ton jardin (senin bahçen) **ta mère** (senin annen)
son ballon (onun topu) **sa poupée** (onun oyuncak bebeği)

notre professeur (öğretmenimiz) **notre maison** (bizim evimiz)
votre sac (sizin çantanız) **votre tente** (sizin çadırınız)
leur père (onların babası) **leur fleur** (onların çiçeği)

mes frères (erkek kardeşlerim) **mes soeurs** (kız kardeşlerim)
tes fils (senin oğulların) **tes filles** (senin kızların)
ses oncles (onun amcaları) **ses tantes** (onun teyzeleri)

nos gendres (damatlarımız) **nos belles-filles** (gelinlerimiz)
vos beaux-frères **vos belles-soeurs**
(sizin kayınbiraderleriniz) (sizin baldızlarınız)
leurs canards (onların ördekleri) **leurs canes** (onların dişi ördekleri)

Mon livre est sur la table Kitabım masanın üstündedir.
Ma mère est allée au marché. Annem pazara gitti.

Ton serin chante bien. Senin kanaryan iyi ötüyor.
Ta cousine s'appelle Sevtap. Senin kuzeninin adı Sevtap'tır.

Son chat a mangé l'oiseau. Onun kedisi kuşu yedi.
Sa maison a trois étages. Onun evinin üç katı vardır.

Notre professeur parle français. Öğretmenimiz Fransızca konuşur.
Il entre dans notre jardin. O bizim bahçeye giriyor.
Leur chat monte sur l'arbre. Onların kedisi ağaca çıkıyor.
Mes parents vont au cinéma. Ebeveynlerim sinemaya gidiyorlar.
Elle regarde ses amis. O kız arkadaşlarına bakıyor.
Je vois tes journaux. Senin gazetelerini görüyorum.
Nous travaillons avec nos camarades. Arkadaşlarımızla çalışıyoruz.
Leurs soeurs sont allées au théatre. Onların kız kardeşleri tiyatroya gittiler.

Herhangi bir ünlü boşluğuna (**hiatus**) yol açmamak için, sesli bir harften ya da okunmayan bir "**h**" harfinden önce **ma, ta, sa** yerine **mon, ton, son** kullanılır.

Örneğin,

"**Pour ma amie**" yerine "**Pour mon ami**" olur.
"**Pour ta humeur**" yerine "**Pour ton humeur**" olur.
"**Pour sa étoffe**" yerine "**Pour son étoffe**" olur.

Adjectif possessif (iyelik sıfatı) "**ses**" ile **adjectif démonstratif** (işaret sıfatı olan) "**ces**"yi birbirine karıştırmamak gerekir. Nitekim "**Ses**" her zaman bir mülkiyet anlayışı ve düşüncesini taşır.

La mère caresse ses enfants avec ses mains.	Anne çocuğunu elleriyle okşamaktadır.
Il voit ses fautes avec ses yeux.	Hatalarını gözleriyle görmektedir.
Il se peigne avec ses peignes.	Taraklarıyla taranmaktadır.
Ses stylos sont sur ses livres.	Dolma kalemleri kitaplarının üstündedir.
Ses amis ne viennent pas avec ses frères.	Onun arkadaşları erkek kardeşleriyle gelmiyorlar.

Eğer sahip olanla sahip olunan nesne, varlık aynı cümlecik içinde yer alıyorsa, **adjectif possessif**'in yerine herhangi bir **article defini** (belirli tanım sözcüğü) kullanılır.

Il parle, la bouche ouverte.	O ağzı açık konuşuyor.
L'enfant va pied nu.	Çocuk ayağı yalınayak gidiyor.
Tu as mal à la tête.	Başın ağrıyor.
Vous vous êtes coupé les ongles.	Tırnaklarınızı kestiniz.

Fakat mülkiyet ilişkisini açıkça belli etmek ve anlatıma güç kazandırmak için **adjectif possessif** (mülkiyet sıfatı) kullanılır.

Le premier ministre, levant les mains les saluait le peuple.	Başbakan ellerini yükseğe kaldırarak halkı selamlıyordu.
Tournez vos yeux vers l'horizon pour voir le lever du soleil.	Güneşin doğuşunu görmek için gözlerinizi ufka doğru çeviriniz.

3. L'ADJECTİF DÉMONSTRATİF - İŞARET SIFATI

Varlıkların yerlerini işaret ederek belirten sıfatlara işaret sıfatları **(les adjectifs démonstratifs)** denir. Bu sıfatlar da önüne geldikleri isimlerle cins ve sayı bakımından uyuşurlar. Bu yüzden tekil, çoğul, **féminin-masculin adjectif demonstratif**'ler vardır.

Ce (bu) [masculin]
Cet (bu) [masculin]
Cette (bu) [féminin]

Ces (bunlar) [féminin]
Ces (bunlar) [masculin]

Bir varlığı işaret yoluyla belirtmeye yarayan bu sıfatlardan **(ce, cet) masculin** tekil, **(cette) féminin** tekil, **(ces) ise hem masculin** ve hem **féminin** isimlerden önce kullanılırlar.

Ce jardin n'est pas petit.	Bu bahçe küçük değildir.
Voyez-vous ce monsieur?	Bu bayı görüyor musunuz?
Est-ce un livre que tu lis?	Okuduğun bir kitap bu mu?
Ce village est loin.	Bu köy uzaktır.
Cette femme est sa soeur.	Bu kadın onun kız kardeşidir.
Connaissez-vous cette fille?	Bu kızı tanıyor musunuz?
Travaillez-vous dans cette usine?	Bu fabrikada mı çalışıyorsunuz?
J'aime bien cette ville.	Bu şehri çok seviyorum.
Ces canards nagent sur l'eau.	Bu ördekler suyun üzerinde yüzüyor.
Tu parles avec ces hommes.	Sen bu adamlarla konuşuyorsun.
Avez-vous vu ces villes?	Bu şehirleri gördünüz mü?
Les rues de ces villes sont belles.	Bu şehirlerin sokakları güzeldir.

Adjectif démonstratif **(ce)** sessiz ya da okunan bir **"h"** harfinden önce kullanılır. Fakat sesli harfle ya da okunmayan bir **"h"** harfinden önce **"ce"** yerine **"cet"** kullanılır.

Cet homme est gentil.	Bu adam kibardır.
Cet arbre n'est pas haut.	Bu ağaç uzun değildir.
Vous passerez la nuit dans cet hôtel.	Geceyi bu otelde geçireceksiniz.
Je vais mettre cet habit.	Bu elbiseyi şimdi giyeceğim.

İşaret sıfatlarının belirttiği varlıkların yakında ya da uzakta oldukları ise **"ci"** ve **"là"** hecelerinin yardımlarıyla belirtilir. Bunun için işaret sıfatıyla belirtilen varlığın isminden sonra yakındaysa **"ci"**, uzaktaysa **"là"** getirilir. Bu heceler sonuna geldikleri isimden (-) çizgisiyle ayrılır.

Ce stylo-ci (bu dolma kalem)   [kalem yakında]
Ce stylo-là (bu dolma kalem)   [kalem uzakta]

Cette montagne-ci (bu dağ)   [dağ yakında]
Cette montagne-là (bu dağ)   [dağ uzakta]

Ce livre-ci (bu kitap)   [kitap yakında]
Ce cahier-là (bu defter)   [defter uzakta]

4. L'ADJECTİF İNTERROGATİF - SORU SIFATI

Varlıkların durumlarını, sayılarını soru yoluyla açıklayan sıfatlara soru sıfatları denir. Bu sıfatlar da önüne geldikleri ismin cins ve sayısına göre **masculin féminin**, tekil-çoğul olmak üzere dört kısımdan meydana gelirler.

quel (masculin tekil)
quelle (féminin tekil)

quels (masculin çoğul)
quelles (féminin çoğul)

Bu soru sıfatlarının içinde bulunduğu cümleler ister doğrudan **(direct)**, ister dolaylı **(indirect)** yoldan söylensin birer soru cümlesidirler.

Doğrudan söylenen soru cümlelerinde soru sıfatlarının önüne geldiği isimlerden sonra **"est-ce que"** getirilir ya da özne ile fiilin yeri değiştirilir.

Quels repas est-ce que vous aimez?   Hangi yemekleri seversiniz?
Quelle chemise achetez-vous?   Hangi gömleği satın alıyorsunuz?
Quels romans lisez-vous?   Hangi romanları okursunuz?
Quelles fleurs mettez-vous dans le vase?   Vazonun içine hangi çiçekleri koyuyorsunuz?
Quel sac est-ce qu'il a oublié?   O, hangi çantayı unuttu?
Quelle voiture est-ce que tu as vue?   Hangi arabayı gördün?
Quels fruits as-tu mangé?   Hangi meyveleri yedin?
Quelles chansons est-ce que vous chantez?   Hangi şarkıları söylüyorsunuz?

Fakat soru sıfatlarıyla dolaylı **(indirect)** yoldan soru yapılan cümlelerde bu sıfatların önüne geldiği isimlerden sonraki fiil ile öznesi yer değiştirmez.

Il sait quel tricot tu as acheté.   O senin hangi kazağı aldığını biliyor.
Je veux savoir quelle montre tu as choisie.   Hangi saati seçtiğini bilmek isterdim.
Mon père me dira quels cadeaux il a apporté d'Angleterre.   Babam bana İngiltere'den hangi hediyeleri getirdiğini söyleyecek.

Soru sıfatlarının cümle içinde özne olarak bulunan isimlerle birlikte de kullanıldığı çoğu kez görülmektedir.

Quel chat est-il monté sur la chaise?   Sandalyenin üstüne hangi kedi çıktı.
Quelle fille est-elle entrée en classe?   Sınıfa hangi kız girdi?
Quelle est cette robe?   Bu elbise hangisidir?
Quels sont ces enfants?   Bu çocuklar hangileridir?
Quelles sont ces boutiques?   Bu dükkânlar hangileridir?

Soru sıfatlarının **l'adjectif exclamatif** (ünlem sıfatları) olarak da kullanıldığı görülür.

    quel malheur (ne felaket)!
    quelle chance (ne şans)!

    quelle belle fille (ne kadar güzel kız)!
    quel beau jour (ne kadar güzel gün)!

5. L'ADJECTİF NUMÉRAL - SAYI SIFATI

Varlıkların sayılarını belirtmek için isimlerle birlikte kullanılan sıfatlara **adjectif numéral** (sayı sıfatları) denir. Bu sıfatlar genellikle **invariable** (değişmez) sözcüklerdir.

Trois enfants jouent au ballon.   Üç çocuk top oynuyor.
Il voit six oiseaux sur le toit.   Çatının üstünde üç kuş görüyor.
Un quatrième paysan va aussi au champ.   Dördöncü bir köylü de tarlaya gidiyor.
Le troisième mois de l'année est mars.   Yılın üçüncü ayı marttır.

Fransızca'da sayı sıfatları başlıca iki kısma ayrılır.

a) **Les adjectifs numéraux cardinaux** (asıl sayı sıfatları).
b) **Les adjectifs numéraux ordinaux** (sıra sayı sıfatları).

Varlıkların adedini saymaya yarayan, sayılarını belirten sıfatlara asıl sayı **sıfatları (adjectifs cardinaux)** denir.

    un (bir)   **onze** (on bir)   **vingt et un** (yirmi bir)
    deux (iki)   **douze** (on iki)   **vingt-deux** (yirmi iki)
    trois (üç)   **treize** (on üç)   **vingt-trois** (yirmi üç)
    quatre (dört)   **quatorze** (on dört)   **vingt-quatre** (yirmi dört)

cinq (beş)	quinze (on beş)	vingt-cinq (yirmi beş)
six (altı)	seize (on altı)	vingt-six (yirmi altı)
sept (yedi)	dix-sept (on yedi)	vingt-sept (yirmi yedi)
huit (sekiz)	dix-huit (on sekiz)	vingt-huit (yirmi sekiz)
neuf (dokuz)	dix-neuf (on dokuz)	vingt-neuf (yirmi dokuz)
dix (on)	vingt (yirmi)	trente (otuz)

trente et un (otuz bir)
trente-deux (otuz iki)
trente-trois (otuz üç)

quarante (kırk)
quarante et un (kırk bir)
quarante-deux (kırk iki)

cinquante (elli)
cinquante et un (elli bir)
cinquante-deux (elli iki)
cinquante-trois (elli üç)

soixante (altmış)
soixante et un (altmış bir)
soixante-deux (altmış iki)
soixante-trois (altmış üç)

soixante-dix (yetmiş)
soixante et onze (yetmiş bir)
soixante-douze (yetmiş iki)
soixante-treize (yetmiş üç)

quatre-vingts (seksen)
quatre-vingt-un (seksen bir)
quatre-vingt-deux (seksen iki)
quatre-vingt-trois (seksen üç)

quatre-vingt-dix (doksan)
quatre-vingt-onze (doksan bir)
quatre vingt-douze (doksan iki)
quatre vingt-treize (doksan üç)
mille (bin)

cent (yüz)
cent un (yüz bir)
cent-deux (yüz iki)
cent-trois (yüz üç)
un million (bir milyon)

Vingt (yirmi) ve **cent** (yüz) asıl sayı sıfatları birden çok yirmiyi ve birden çok yüzü içerdikleri ve kendilerinden sonra sayı belirten başka bir sayı sıfatı olmadığı zaman "**s**" alırlar.

Cet homme a quatre-vingts ans.   Bu adam seksen yaşındadır.

Un oeuf coûte quatre-vingts livres.   Bir yumurta seksen liradır.

Deux cents voitures sont venues à la ville.   Şehre iki yüz araba gelmiştir.

Il ya six cents élèves dans cette école.   Bu okulda altıyüz öğrenci vardır.

Yukarıdaki cümlelerde **vingt** (yirmi) ve **cent** (yüz) sıfatları çoğul oldukları ve kendilerinden sonra herhangi bir sayı sıfatı gelmediği için "**s**" almışlardır. Aşağıdaki durumlarda ise "**s**" almamış şekillerini göreceğiz.

Cette femme a quatre vingt-deux ans.   Bu kadın seksen iki yaşındadır.

Il a parlé avec trois cent quatre personnes.	O, üç yüz dört kişi ile konuştu.
Neuf cent dix ouvriers travaillent à l'usine.	Fabrikada dokuz yüz on işçi çalışmaktadır.
Cinq cent cinquante voyageurs sont venus à l'aéroport.	Hava alanına beş yüz elli yolcu geldi.

Mille (bin) sayı sıfatı **invariable** (değişmeyen) bir sayı sıfatıdır. Her zaman görüldüğü gibi, hiç değişmeden yazılır.

Cette robe fait mille euros.	Bu elbise bin avrodur.
Dix mille spectateurs ont vu le concours.	On bin seyirci yarışı gördüler.

Ve anlamına gelen **"et"** bağlacı **vingt et un** (yirmi bir), **quarante et un** (kırk bir), **trente et un** (otuz bir) **cinquante et un** (elli bir), **soixante et un** (altmış bir) sayılarını söylerken kullanılır. Fakat **quatre vingt-un** (seksen bir) sayı sıfatında söylenmez.

Ça fait soixante et un livres.	Bu altmış bir lira yapar.
Il pèse quatre-vingt un kg.	O seksen bir kilodur.

Yetmiş sayısının **"soixante-dix"** ve yetmiş bir sayısı içinse **"soixante et onze"** denildiğini bilmek gerekmektedir.

Yüz bir için **"cent un"** ve bin bir için de **"mille un"** denilmektedir. Ancak "Yüz birlerin kitabı" **(Le livre des cent et un)** ve "Binbir gece" **(Les mille et une nuit)** adında edebiyat eserlerinin farklı yazıldığı görülmektedir.

Altı **(six)**, on **(dix)** sayılarının sonlarındaki **"x"** harfi sessiz bir harfle başlayan isimlerin önünde okunmaz. Sesli bir harfle başlayan isimlerin önünde ise **"z"** harfi gibi okunur.

Six livres (si livr) [altı kitap]
Dix bébés (di bebe) [on bebek]

Six édudiants (siz etüdian) [altı öğrenci]
Dix oiseaux (diz uazo) [on kuş]

Dix ve **six** sayı sıfatları yalnız olarak bulundukları zaman ya da cümle sonlarında bulundukları vakit **six** (sis), **dix** (dis) şeklinde okunurlar.

Sekiz **(huit)** sayı sıfatı sessiz harfle başlayan isimlerden önce (ü i), sesli harfle başlayan isimlerden önce ise (uit) olarak okunur. **Cinq** (beş) sayı sıfatı da sessiz bir harfle başlayan isimlerin önünde "sen" olarak okunmaktadır.

İsimlere bir sıralama, sınıflandırma anlamı vererek onları belirten sayılara **Les adjectifs numeraux ordinaux** (sıra sayı sıfatları) denir. Asıl sayı sıfatlarından sonra **"ième"** eki getirilerek yapılırlar.

Un	**unième** (birinci) [premier]
Deux	**le deuxiéme** (ikinci)
Trois	**troisième** (üçüncü)
Quatre	**quatrième** (dördüncü)
Cinq	**cinquième** (beşinci)
Six	**sixième** (altıncı)
Sept	**septième** (yedinci)
Huit	**huitième** (sekizinci)
Neuf	**neuvième** (dokuzuncu)
Dix	**dixième** (onuncu)

Görüldüğü gibi asıl sayı sıfatlarının sonuna **"ième"** eki getirilerek sıra sayı sıfatları denen Fransızca'daki **les adjectifs numéraux ordinaux**'lar elde edilmiştir. Ancak **"unième"** sayı sıfatı sadece **vingt et unième** (yirmi birinci) ve **trente et unième** (otuz birinci) sözcüklerinde kullanılmaktadır. Birinci anlamında bunun yerine **masculin** için **(premier) féminin** için **(première)** kullanılmaktadır.

Quatre (dört), **quatrième** (dördüncü) denilirken **"ième"** ekinden önce **"e"** düşmüştür. **Cinq** (beş), **cinquième** (beşinci) olurken **"ièm"** den önce **"u"** gelmiştir. Ayrıca **neuf** (dokuz), **neuvième** (dokuzuncu) söylenirken **"ième"**den önce **(f)** harfi **(v)** olmuştur.

6. L'ADJECTİF İNDÉFİNİ - BELGİSİZ SIFAT

Belgisiz sıfatlar önüne geldikleri varlıklara ad olan sözcükleri tam olarak değil de şu ya da bu şekilde belirten sözcüklerdir. Fransızca'da belli başlı belgisiz sıfatlar **(adjectif indéfini)** şunlardır: **aucun** (hiçbir), **autre** (başka), **certain** (belli, kesin), **chaque** (her), **maint** (birçok), **quel** (hangi), **quelque** (birkaç, biraz, aşağı yukarı), **tel** (böyle, öyle), **tout** (her, bütün) vb.

aucun - hiçbir

Bir belgisiz sıfat olan **Aucun** "hiçbir" anlamına gelmekte ve cümleye olumsuzluk anlamı kazandırmaktadır. Bu durumda cümlenin yüklemi olumsuz olarak yazılır.

Ancak bu tip olumsuz cümleler şayet **(ne ... pas)** ve **(ne ... point)** olumsuzluk zarflarıyla yapılmışsa, olumsuzluk zarflarının **(pas)** ve **(point)** kısımları kullanılmaz.

Aucun client n'a acheté de voiture.	Hiçbir müşteri araba satın almadı.
Ce soir aucun voisin ne va au théâtre.	Bu akşam hiçbir komşu tiyatroya gitmiyor.
Aucun garçon n'est allé au parc.	Hiçbir çocuk parka gitmedi.
Demain aucun marchand ne viendra au marché.	Yarın hiçbir satıcı pazara gelmeyecek.
Aucun bébé ne marche tout de suite.	Hiçbir bebek hemen yürümez.
Aucune femme n'est venue à la boutique.	Dükkâna hiçbir kadın gelmedi.
Aucune fille ne saute la corde dans le jardin.	Bahçede hiçbir kız ip atlamıyor.
Le matin aucune maison n'est fermée.	Sabahleyin hiçbir ev kapalı değildir.
Aujourd'hui aucune cheminée ne fume.	Bugün hiçbir baca tütmüyor.
Aucune rose n'est sans épine.	Hiçbir gül dikensiz olmaz.
Au jardin aucune tulipe n'a fleuri.	Bahçede hiçbir lale açmadı.
Je ne vois aucun chat sur le toit.	Çatıda hiçbir kedi görmüyorum.
Il n'aime aucune fruit.	O hiçbir sebzeyi sevmez.
Pierre ne quitte aucune de ses amies.	Pierre hiçbir arkadaşını terk etmez.
En été je ne ferme aucune fenêtre.	Yazın hiçbir pencere kapatmam.

Ancak **(ne ... plus)** ve **(ne ... jamais)** olumsuzluk zarflarıyla birlikte **aucun** kullanıldığında bu zarfların **(plus)** ve **(jamais)** kısımları olduğu gibi kalabilmektedir.

Je n'ai jamais vu aucune faute.	Asla hiçbir hata görmedim.
Aucune personne n'est jamais venue méchante au monde.	Hiçbir kimse dünyaya asla kötü bir insan olarak gelmemiştir.
Le matin il ne passe plus aucune voiture.	Sabahleyin artık araba geçmiyor.
Nous ne voyons plus aucun avion.	Artık hiçbir uçak görmüyoruz.

autre - başka

Bu belgisiz sıfat **(adjectif indéfini)** isimle birlikte kullanıldıkları zaman belgisiz sıfat olur ve "başka, diğer" anlamlarını taşır.

Donnez-moi un autre livre.	Bana başka bir kitap veriniz.
Je lirai un autre livre.	Başka bir kitap okuyacağım.
Les autres élèves attendent dans la cour.	Diğer öğrenciler avluda bekliyorlar.

Je ne vois pas d'autre moyen. Başka çare görmüyorum.
Tu parleras avec une autre amie. Başka bir arkadaşla konuşacaksın.

certain - belli, kesin

Bu belgisiz sıfat, "doğru olduğu kesin, sağlam, su götürmez" anlamına gelmektedir. Bir isimden ya da **être** fiilinden sonra geldiği zaman "emin, kesin" anlamlarını içerir.

Certains hommes ne sont pas gentils. Bazı insanlar kibar değildirler.
Les élèves se réunissent dans la cour certaines heures. Öğrenciler belli saatlerde avluda toplanırlar.
Tu es certain qu'il ira à Isparta? Isparta'ya gideceğinden emin misin?
Vous avez reçu un certain ordre. Muhakkak bir emir aldınız.
Au village certains paysans labourent la terre. Köyde bazı köylüler toprağı işlerler.
Certains étudiants aiment le cinéma. Bazı öğrenciler sinemayı severler.
Certains touristes voyagent par le bateau. Bazı turistler gemiyle yolculuk ederler.

chaque - her, her biri

Belgisiz sıfatlardan **chaque** "her, her biri" anlamlarına gelmektedir. İsimlerden sonra gelmesi gerektiğinde doğal şekli ile kullanılmaz. Örneğin, "bu paltoların her biri sana yirmi bin liraya mal olur" denilirken, **"Ces manteaux te coutent vingt mille livres chaque"** şeklinde söylersek yanlış, fakat **"Ces manteaux te coutent vingt mille livres chacun"** şeklinde söylersek doğru olur.

Chaque élève travaille sa leçon. Her öğrenci dersine çalışır.
Ses serviettes coûtent dix mille livres chacune. Onun çantalarının her biri on bin liradır.
Chaque pays tend à augmenter l'ex- portation. Her ülke ihracatı artırmayı amaç edinir.
Chaque année les étrangers viennent pour visiter notre pays. Her yıl yabancılar ülkemizi ziyaret etmek için gelirler.
Ces arbres mesurent trente mètres chacun. Bu ağaçların her birisi otuz metre gelmektedir.

même - aynı

Bu belgisiz sıfat ise "aynı" anlamına gelmektedir. Bir isim veya zamirden sonra "bizzat kendisi, -nın ta kendisi" anlamlarına gelir.

Il a toujours les mêmes sentiments.	O, her zaman aynı duyguları taşır.
Mon ami aime les mêmes romans.	Arkadaşım aynı romanları sever.
C'est le même repas, je ne le mange pas.	Bu aynı yemek, onu yemem.
Vous irez avec la même voiture.	Aynı arabayla gideceksiniz.
Vous faites encore le même devoir.	Yine aynı ödevi yapıyorsunuz.
Je ne raconte pas la même histoire.	Aynı öyküyü anlatmıyorum.
J'irai au bureau moi-même.	Büroya bizzat kendim gideceğim.
Nous travaillons nous-mêmes.	Bizzat kendimiz çalışıyoruz.
Il parlera avec le directeur lui-même.	O, müdürle bizzat kendisi konuşacak.
Ils visiteront le musée eux-mêmes.	Müzeye bizzat kendileri gidecekler.
Vous êtes venus ici vous-mêmes.	Buraya bizzat kendiniz geldiniz.

nul - hiçbir

Hiçbir, hiç önemi ve değeri olmayan, hükümsüz kalan anlamına gelen bu belgisiz sıfat da **"aucun"** sıfatı gibi cümleye olumsuzluk anlamı kazandırmaktadır. Bu belgisiz sıfat **"aucun"** sıfatının eşanlamlısı olup onunla aynı kuralların gereklerini yerine getirir.

Nitekim içinde **nul** sıfatı bulunan olumsuz cümleler eğer **(ne ... pas)** ve **(ne ... point)** olumsuzluk zarflarıyla yapılmışsa bu olumsuzluk zarflarının **(pas)** ve **(point)** kısımları kullanılmaz. Ancak **(ne ... plus)** ve **(ne ... jamais)** olumsuzluk zarflarıyla birlikte **"nul"** sıfatı kullanıldığı zaman bu zarfların **(plus)** ve **(jamais)** kısımları olduğu gibi kalabilmektedir.

Nulle saison n'est mauvaise.	Hiçbir mevsim kötü değildir.
Nul voyage n'est difficile pour lui.	Onun için hiçbir yolculuk zor değildir.
Ils n'aiment nul fruit.	O hiçbir meyve sevmez.
Ce matin nul visiteur n'est venu au bureau.	Bu sabah büroya hiçbir ziyaretçi gelmedi.
Nul bébé ne parle tout de suite.	Hiçbir bebek hemen konuşmaz.
Je ne vois nulle voiture sur la route.	Yolda hiçbir araba görmüyorum.
Vous n'avez écrit aucune lettre.	Hiçbir mektup yazmadınız.

plusieurs – birçok

Birçok anlamına gelen bu belgisiz sıfat önüne geldiği ismin çoğunluğunun, bir çoğunun ya da pek çoğunun durumunu, niteliğini belirtmeye yarar.

Mon ami connait plusieurs chanteurs.	Arkadaşım birçok şarkıcı tanıyor.

Aujourd'hui plusieurs pays sont developpés par l'exportation.	Bugün birçok ülke ihracat sayesinde kalkınmışlardır.
Je vois plusieurs journaux sur la table.	Masanın üzerinde birçok gazete görüyorum.
Plusieurs régions de notre pays ont le chemin de fer.	Ülkemizin birçok bölgesi demiryoluna sahiptir.
Plusieurs villes de Turquie ont un musée.	Türkiye'nin birçok şehrinde müze vardır.

quel - kim bilir, hangi, bilmem nasıl

Bu belgisiz sıfat soru sıfatına benzemektedir. Onun gibi eşlik ettiği isim ile cins ve sayı bakımından uyuşmaktadır. Bu benzerliklerine karşın yine de soru sıfatlarından ayrılan tarafları vardır. Nitekim soru sıfatlarından ayrı olarak adlandırılması ve incelenmesi de bu özelliğinden ileri gelmektedir. **"Quel"** belgisiz sıfatları cümle içinde "Allah bilir hangi, bilmem hangi, kimbilir hangi" anlamlarına gelmektedir.

Dieu sait quelle heure il est.	Kim bilir saat kaçtır.
Dieu sait quel enfant a cassé le vase.	Kim bilir hangi çocuk vazoyu kırdı.
L'auto ne marche plus je ne sais quelle panne s'est produit	Araba çalışmıyor, kim bilir hangi arıza belirdi.
Voici un sac sur le fauteuil je ne sais quelle femme l'a oublié.	İşte koltuğun üzerinde bir çanta, kimbilir hangi kadın unuttu.
La porte de la classe est ouverte je ne sais quel élève est venu.	Sınıfın kapısı açık, kimbilir hangi öğrenci geldi.
Il y a un âne devant le moulin Dieu sait quel paysan est venu au moulin.	Değirmenin önünde bir eşek var, kimbilir hangi köylü değirmene geldi.
Dieu sait quelle fille a dansé avec lui.	Kim bilir onunla hangi kız dans etti.

quelque - birkaç, biraz

Birkaç, biraz, aşağı yukarı anlamlarına gelen ve önüne geldiği isimlerle uyuşan bu belgisiz sıfatlar **(adjectif indéfini)** sonlarında **"e"** harfi olduğu için gerek **féminin** ve gerek **masculin** durumlarında aynı yazılır.

A quelques kilometres il ya une ville.	Birkaç kilometre ötede bir şehir var.

Aujourd'hui quelques navires sont entrés au port d'Istanbul.	Bugün İstanbul limanına birkaç gemi girdi.
Il a trouvé quelques bons livres.	Birkaç iyi kitap buldu.
Nous parlerons avec quelques amis.	Birkaç arkadaşla konuşacağız.
Ils ont visité quelques musées de la ville.	Şehrin birkaç müzesini gezdiler.
Je vois quelques nuages dans le ciel.	Gökyüzünde birkaç bulut görüyorum.
Nous partirons pour Ankara dans quelques jours.	Birkaç gün sonra Ankara'ya hareket edeceğiz.

Quelque eğer bir fiilden önce gelirse iki ayrı sözcük olarak yazılır. Bu durumda cins ve sayı bakımından fiilin öznesiyle uyuşur.

Quelque soit votre désir, parlez avec lui.	İsteğiniz ne olursa olsun onunla konuşunuz.
Quelle que soit votre préférence, regardez cette robe-là.	Tercihiniz ne olursa olsun şu elbiseye bakınız.

Eğer **"quelque"** belgisiz sıfatı **"et"** bağlacıyla birbirine bağlanan farklı cinsten iki ayrı ismi belirtiyorsa, **masculin** olarak yazılır.

Quelque soient sa maison et son adresse, tu le connais.	Evi ve adresi ne olursa olsun sen onu tanıyorsun.
Quelque soient son âge et son habilité, il peut réussir.	Yaşı ve becerisi ne olursa olsun başarabilir.

Belgisiz sıfat **"quelque"** birbirinin eşanlamlısı olan iki ismi belirtirse cins bakımından birinci isimle uyuşur.

Quelque soit son courage, son intrepidité, il est toujours prudent.	Cesareti ve gözüpekliği ne olursa olsun her zaman temkinlidir.
Quelque soit son devoir, sa fonction, cette pièce est nécessaire.	Görevi ve işlevi ne olursa olsun bu parça gereklidir.
Quelleque soit son expérience, son savoir, il doit faire attention.	Tecrübesi ve bilgisi ne olursa olsun dikkat etmesi gerekir.

Quelsque soient les tradictions et les usages, ils connaissent bien ce pays.	Gelenekleri ve görenekleri ne olursa olsun bu ülkeyi iyi tanıyorlar.

"quelque" belgisiz sıfatı "ou" bağlacıyla birlikte bulunan iki ismi belirtirse bu isimlerden sadece birincisiyle uyuşur.

Quelles que soient ses paroles ou ses comportements, il n'est pas gentil.	Söz ve davranışları ne olursa olsun kibar değildir.
Quels que soient ses comportements ou ses paroles, il est gentil.	Davranış ve sözleri ne olursa olsun kibardır.
Quelle que soit sa préférence ou son desir il peut écouter votre conseil.	Tercih veya isteği ne olursa olsun öğüdünüzü dinleyebilir.
Quel que soit son désir ou sa préféreceil peut écouter votre conseil.	İstek veya tercihi ne olursa olsun öğüdünüzü dinleyebilir.

Tel - böyle, öyle

Türkçede "böyle, öyle, böylesi, falan, filan" anlamlarına gelen bu belgisiz sıfat eşlik ettiği isimlerle cins ve sayı bakımından uyuşma sağlar.

Vous n'avez jamais attendu une telle réponse.	Hiçbir zaman böyle bir cevap beklemediniz.
J'admire toujours un tel voyage.	Böyle bir yolculuğa her zaman hayranım.
Tel soit le sujet du programme il le changera.	Programın konusu öyle olsa da onu değiştirecek.
Telles sont les traditions de ce pays vous pourrez les apprendre.	Bu ülkenin gelenekleri öyle olsada onları öğrenebileceksiniz.
Tel père tel fils.	Böyle babanın böyle çocuğu.

Tel sıfatının sonuna **(que)** getirilerek **tel que** (gibi) sözcüğü oluşturulur. Ayrıca **(tel)** ve **(que)** sözcüklerinin arasını açıp **(tel ... que)** buraya herhangi bir isim yerleştirdiğimiz zaman; **"öyle bir ... ki"** anlamına gelen söz dizisi oluşur.

J'ai tel frère que tu ne le connais pas.	Öyle bir erkek kardeşim var ki se onu tanımıyorsun.
C'était une telle fille que.	Bu öyle bir kızdı ki.
Il m'a offert une telle rose que.	Bana öyle bir gül sundu ki..
Je n'ai jamais vu un tel homme que lui.	Hiçbir zaman onun gibi bir insan görmedim.
Il faut accepter la vérité telle qu'elle est.	Gerçeği olduğu gibi kabul etmek gerekir.
Il y avait une telle pluie que nous ne pouvions rien voir.	Öyle bir yağmur var ki hiçbir şey göremiyoruz.
L'enfant avait une telle joie qu'il ne pouvait pas nous entendre.	Çocuk o kadar sevinçliydi ki bizi duyamıyordu.
Il a eu une telle peur qu'il a commencé à trembler.	Öyle bir korkuya kapıldı ki titremeye başlamıştı.
Nous avons une telle émotion que nous pouvions pleurer.	Öyle bir duyguya sahiptik ki ağlayabilirdik.

tout - bütün, her

Bütün ya da her anlamına gelen belgisiz sıfat **(adjectif indéfini) "tout"** herhangi bir eşya ve insan topluluğunun bütününden söz ettiği zaman sıfat görevini yüklenmiş olmaktadır. Birlikte bulunduğu isimle cins ve sayı bakımından uyuşur.

Est-ce que je vous attendrai à tout moment?	Her an ben sizi mi bekleyeceğim?
Il faut apprendre une langue étrangère à toute occasion.	Her fırsatta bir yabancı dil öğrenmek gerekir.
Dans le monde tout homme est mortel.	Dünyada her insan ölümlüdür.
Toute fleur est belle sur son rameau.	Her çiçek dalında güzeldir.

ALIŞTIRMALAR – 7

A Aşağıdaki deyişleri uygun iyelik sıfatlarını (**adjectifs possessifs**) kullanarak Fransızca'ya çeviriniz.

1. Benim büröm.
2. Arkadaşım.
3. Dostum.
4. Oğlun.
5. Kızınınız.
6. Babamız.
7. Defterleriniz.
8. Arabaları.
9. Ebeveyni.
10. Ailesi.

1. ....
2. ....
3. ....
4. ....
5. ....
6. ....
7. ....
8. ....
9. ....
10. ....

B . Aşağıdaki sözcüklerde doğru olarak kullanılan işaret sıfatlarının yanına **J** yanlış olarak kullanılanların yanına **F** harfi koyarak doğrusunu yazınız.

1. **Cette pomme**....................
2. **Cet homme**......................
3. **Ce enfants**......................
4. **Ce livre**..........................
5. **Cette sac**........................
6. **Ce fille**............................

1. ....
2. ....
3. ....
4. ....
5. ....
6. ....

C. Aşağıdaki cümlelerde boş bırakılan yerlere **aucun** ve **autre** belgisiz sıfatlarını (**adj. indéfini**) yazınız.

1. **Donnez-lui un**...........**livre.**
2. ....**bébé ne marche tout de suite.**
3. **Il n'a pas d'**............**moyen.**
4. **Vous ne parlerez avec**...........

1. ....
2. ....
3. ....
4. ....

D . Aşağıdaki Türkçe cümleleri Fransızca'ya çeviriniz.

1. Bazı öğrenciler çalışkan değildirler.

1. ....

2. Her yıl buraya kar yağmaz.

3. Her sabah aynı lokantada kahvaltı yaparız.

4. Bazı turistler bu otelde kalırlar.

5. Hiçbir kimse bunu kabul etmez.

6. Onun için hiçbir kapı kapalı değil.

7. Her gülün dikeni vardır.

8. Hiçbir gül dikensiz değildir.

9. Başka bir arkadaşla tanıştınız.

10. Belli saatlerde gelirler.

2. ....
3. ....
4. ....
5. ....
6. ....
7. ....
8. ....
9. ....
10. ....

E .Aşağıdaki Fransızca cümleleri Türkçeye çeviriniz.

1. **Vous irez avec la même voiture.**
2. **Vous faites encore la même devoir.**
3. **Chaque élève travaille sa leçon.**
4. **Certains femmes n'y iront pas.**
5. **Je ne vois nulle voiture sur la route.**
6. **Plusieurs pays developpent par l'exportation.**
7. **Je vois quelques nuages dans le ciel.**
8. **Je vous attendrai à tout moment.**
9. **Dans le monde tout homme est mortel.**
10. **Toute fleur est belle sur son rameau.**

1. ....
2. ....
3. ....
4. ....
5. ....
6. ....
7. ....
8. ....
9. ....
10. ....

LE PRONOM - ZAMİR

zamirin tanımı

Zamirler bir cümlede tekrardan kaçınmak için ismin yerine kullanılan ve isimle cins, sayı bakımından uyuşan sözcüklerdir.

Mme Duval écoute la chanson parce qu'elle aime beaucoup la musique.

Mme Duval şarkı dinliyor çünkü müziği çok seviyor.

cümlesinde çünkü anlamına gelen **"parce que"** sözcüğünden sonra gelen **(elle)** bir zamir olup yerini tuttuğu **Mme Duval** adının ikinci kez tekrarlanmaması için kullanılmıştır.

je (ben)
nous (biz)
ils (onlar)
le mien (benimki)
la sienne (onunki)
celle-ci (bu)
celui-là (o)
ceux-ci (bunlar)
me (ben)
te (sen)
lui (o, ona)
le, la (o)
leur (onlar)
eux (onlar)
en (ona, ondan)
tout (hepsi)
un autre (birisi)

que (ne)
qui (kim)
quoi (ne)
le quel (hangisi)
la quelle (hangisi)
que (ki o)
dont (ki o)
auquel (ki ona)
àlaquelle (ki ona)
aveclequel (ki onunla)
quiconque (kimki)
où (ki orada)
on (o)
personne (kimse)
rien (hiçbir şey)
nul (hiç kimse)
autrui (başkası)

Yukarıdaki sözcükler bundan sonraki sayfalarda açıklayacağımız zamirlerden, çeşitli kısımlara ayrılanlardan birkaç örnektir.

Altı çeşit zamir vardır:

1. **Le pronom personnel** (kişi zamiri)
2. **Le pronom possessif** (iyelik zamiri)
3. **Le pronom démonstratif** (işaret zamiri)
4. **Le pronom interrogatif** (soru zamiri)
5. **Le pronom indéfini** (belgisiz zamir)
6. **Le pronom relatif** (ilgi zamiri)

Anlatılan zamirlerin dışında başka sözcüklerden türetilmiş iki zamir çeşidi daha vardır. Bunlar;

- Zarflardan yapılan **"les pronoms adverbiaux"** (zarf niteliğindeki zamirler) ve
- **"les pronoms neutres"** (nötr zamirler) dir.

1. le pronom personnel - kişi zamiri

Kişi zamirleri herhangi bir kişiyi ya da bir insanı temsil eden zamirlerdir. Fransızcada fiil çekimlerinde kullanılan ve cümle içindeki görevi fiilin bildirdiği işi yapmış olması nedeniyle özne **(sujet)** olan **pronom personnel**'lerdir.

Je	ben
tu	sen
il	o
elle	o
nous	biz
vous	siz
ils	onlar
elles	onlar

Bu zamirlerin içinde sadece **(o)** anlamına gelenle **(onlar)** anlamına gelen zamirler ikişer çeşittir. **(o)** anlamına gelen zamir eğer yerini tuttuğu isim **masculin** tekilse **(il)**, **féminin** tekilse **(elle)** olarak yazılır. Nitekim **(onlar)** anlamına gelen zamir de **masculin** çoğul olursa **(ils)**; **féminin** çoğul olursa **(elles)** şeklinde yazılmaktadır. Diğer kişilerin yerlerini tutan zamirlerde **féminin** ya da **masculin** ayırımı yapılmadan hepsi için aynı zamirler kullanılır. Ancak çoğulları değişir.

Eğer **(o)** denilirken gerek insan gerek eşya ve hayvanlar için, **féminin** bir varlığın adından söz ediliyorsa ve bu ad tekilse **(elle)** kullanılır.

Elle marche devant la maison.	O, (o kız) evin önünde yürüyor.
Elle mange les herbes près de la rivière.	O (hayvan), ırmağın kenarında otları yemektedir.
Elle fleurit en été.	O (bitki), yazın çiçek açar.
Elle n'est pas très lourde.	O (eşya), çok ağır değildir.
Elles ne sont pas venues aujourd'hui.	Onlar (o kızlar) bugün gelmediler.
Elles sont dans la basse-cour.	Onlar (o hayvanlar) kümestedirler.
Elles ne sont pas en bois.	Onlar (o eşyalar) ağaçtan değildir.

Bu duruma göre **je** (ben), **tu** (sen), **il, elle** (o), **nous** (biz), **vous** (siz), **ils, elles** (onlar) anlamlarına gelen ve cümledeki görevi özne olan zamirlerdir.

Je suis professeur d'anglais.	İngilizce öğretmeniyim.
Tu es un paysan français.	Sen bir Fransız köylüsüsün.
Elle pense à son ami.	O (o kız), arkadaşını düşünüyor.
Il ne joue pas au ballon.	O (o erkek), top oynamıyor.
Nous ne parlerons pas le français ici.	Biz burada Fransızca konuşmayacağız.
Vous danserez avec les filles voisines.	Komşu kızlarla dans edeceksiniz.
Elles iront aujourd'hui au cinéma.	Onlar (kızlar) bugün sinemaya gidecekler.
Ils ne sont pas chez eux ce soir.	Onlar (erkekler) bu akşam evlerinde yokturlar.

Görüldüğü gibi yukarıdaki cümlelerde yüklemin bildirdiği işi yapan, yani özne olan kişilerin yerlerine zamirler getirilmiştir. Bu zamirlerin emirlerin dışında mutlaka belirtilmesi zorunluluğu vardır. Örneğin Türkçede "Ben konuşuyorum" cümlesini "konuşuyorum" biçiminde de söylersek, konuşanın "ben" olduğu anlaşılır. Oysa Fransızca'da bu böyle değildir. "Ben konuşuyorum" denilirken mutlaka (ben) zamirini kullanmak, yazmak zorunludur.

Kişi zamirlerinin bir kısmı ise cümlede tümleç olarak bulunmaktadır. Bu, zamirin yerini tuttuğu ismin, cümle içinde tümleç olduğunu göstermektedir. Bir isim cümle içinde tümleç ise yerine gelen zamirin de tümleç olacağı bundan anlaşılmaktadır. Fransızca'da tümleç anlamına gelen **"complément"** sözcüğünün zamirleri ilgilendiren iki çeşidi vardır. **Complément direct** ve **complément indirect**. **Complément direct** Türkçedeki düz tümlecin Fransızca'daki karşılığı, **Complément indirect** ise dolaylı tümlecin karşılığıdır. Daha basit bir tanımlama ile eğer Fransızca bir cümlede tümleç fiile herhangi bir edatla **(préposition)** bağlı değilse **complément direct**'tir. Buna karşın tümleç ile fiil arasında herhangi bir edat varsa tümleç dolaylı yani **complément indirect**'tir.

Zamir konusunda gerekli olan Türkçedeki düz tümleç ve dolaylı tümleç kavramlarının Fransızca'daki karşılığı olan **(complément direct)** ve **(complément indirect)** kavramları biraz daha açılarak üzerinde durmak gerekir. Zira bunlar öğrenildikten sonra bazı zamirlerin daha kolay anlaşılma olanağı vardır.

Filiz lit le journal.	Filiz gazete okuyor.
Pierre voit les papillons.	Pierre kelebekleri görüyor.

Yukarıdaki örnek cümlelerde gazete anlamına gelen **"journal"** ile kelebekler anlamına gelen **"papillons"** sözcükleri cümlelerin yüklemi olan **"lit"** ve **"voit"** sözcüklerine hiçbir edat **(préposition)** almadan bağlanmışlardır. Aralarındaki **"le"** ve **"les"** sözcüklerinin **préposition** değil **article** olduklarına dikkat etmek gerekmektedir. Bu durumda **"journal"** ve **"les papillons"** sözcükleri **complément direct**'tirler. Dolayısıyla yerlerine kullanılacak olan zamirler de **complément direct** olacaktır.

Il pense à son frère.	O erkek kardeşini düşünüyor.
Vous parlez à votre professeur.	Öğretmeninize söylüyorsunuz.

cümlelerindeki **"frère"** ve **"professeur"** sözcükleri fiile bir **préposition** ile bağlı olduğu için söz konusu sözcükler **complément indirect**'tirler.

Nitekim adı geçen sözcüklerin yerlerine zamir kullanmaya kalkıştığımızda kullanacak olduğumuz zamir de **complément direct** olacaktır.

Aşağıda **complément direct** olan kişi zamirlerinin tablosu görülmektedir.

me	beni,	bana
te	seni,	sana
le, la	onu,	ona
nous	bizi,	bize
vous	sizi,	size
les	onları,	onlara

Complément direct olan **pronom personnel**'ler (kişi zamirleri) Türkçedeki (-i) ve (-e) halindeki kişi zamirlerinin Fransızca'daki karşılığıdırlar. Bu zamirler özne olan kişi zamiriyle yüklem arasına konulur.

Metin ferme le livre.	Metin kitabı kapatıyor.
Metin le ferme.	Metin onu kapatıyor.
Le paysan coupe les blés.	Köylü buğdayları biçiyor.
Le paysan les coupe.	Köylü onları biçiyor.

Il me regarde.	O bana bakıyor.
Le maitre me voit.	Öğretmen beni görüyor.
Le garçon le ferme.	Garson onu kapatıyor.
Je vous regarde sur la photo.	Fotoğrafta sizi görüyorum.
Ma mère te connait.	Annem seni tanıyor.
Votre père le lit.	Babanız onu okuyor.
Les enfants nous voient.	Çocuklar bizi görüyorlar.
Ils nous attendent à l'école.	Bizi okulda bekliyorlar.
Nous vous regardons.	Size bakıyoruz.
Les enfants nous aiment.	Çocuklar bizi severler.
Mes frères vous écoutent.	Erkek kardeşlerim sizi dinliyorlar.
Ils les ferment maintenant.	Şimdi onları kapatıyorlar.

Yukarıdaki cümlelerde görüldüğü gibi kişi zamirleri özne ile yüklem arasına getirilmiştir. **Complément direct** (düz tümleç) olan kişi zamirlerinden (o) anlamına gelen iki zamir vardır. **Féminin** isimlerin yerini tutan ve aynı zamanda tekil olan **(la)**, **masculin** tekil isimlerin yerlerini tutan kişi zamiri ise **(le)** dür. (Onlar) anlamına gelen zamir hem **féminin** ve hem **masculin** çoğul isimlerin yerine gelen **(les)** kişi zamiridir. Bunları belirli tanımlıklarla karıştırmamak gerekir. Onlara benzerliği tamamıyla bir rastlantıdır.

Complément indirect olan kişi zamirleri cümlede **complément indirect** (dolaylı tümleç) olan isimlerin yerlerine gelen kişi zamirleri olduğuna değinmiştik.
Complément indirect olan kişi zamirleri daha çok (-e) halindedirler.
Complément indirect olan kişi zamirlerinin tablosu ise şöyledir:

me	bana
te	sana
lui	ona
nous	bize
vous	size
leur	onlara

Bu zamirler de cümlede **complément indirect** olan isimlerin yerlerine kullanılan zamirler olup, özne ile yüklem arasında yer alırlar.

Elle me donne un cadeau.	O bana bir hediye veriyor.
July me raconte une histoire.	July bana bir öykü anlatıyor.
Il te dit "bonjour".	Sana günaydın diyor.
Mon ami te donne un livre.	Arkadaşım sana bir kitap veriyor.
Ta mère lui montre une robe.	Annem ona bir elbise gösteriyor.
Il faut que tu lui offre le sac.	Ona bir çanta sunman gerekir.
Mon père nous achète une poule.	Babam bize bir tavuk satın alır.
Elle nous donne un chapeau.	O kız bize şapka veriyor.
Ils nous disent bonsoir.	Onlar bize iyi akşamlar diyor.
Je vous montre les photos.	Size fotoğrafları gösteriyorum.
Nous vous présenterons nos amis.	Size arkadaşlarımızı takdim edeceğiz.
Tu leur donnes un ordinateur portable.	Onlara bir dizüstü bilgisayar veriyorsun.

Belli kurallara bağlı kalmak koşuluyla **Pronoms personnels** (kişi zamirleri) bir cümlede yan yana bulunabilirler. Bazı kişi zamirleri ise bir başka kişi zamiriyle kesinlikle yan yana bulunmaz.

Je te le donne.	Onu sana veriyorum.
Il te le raconte.	O sana onu anlatıyor.
Votre père me la dit.	Babanız bana onu söyler.

Vous nous les montrez.	Siz bize onları gösterirsiniz.
Ils nous la laissent.	Onlar bize onu bırakırlar.
Vous nous le donnerez.	Siz bize onu vereceksiniz.
Tu me les montres.	Sen bana onları gösteriyorsun.
Elles vous les vendront.	O kızlar size onları satacaklar.

Bu örneklerden de anlaşılacağı gibi özne durumundaki kişi zamiri dahil çok kez üç adet zamir yan yana gelmiştir. Bu zamirlerin sırasına baktığımız zaman ilk özne olan zamir, daha sonra **complément indirect** olan kişi zamiri, üçüncü olarak **complément direct** olan kişi zamirinin geldiği görülmektedir.

Fakat yukarıdaki örnek cümlelerde üçüncü tekil ve üçüncü çoğul (ona, onlara) anlamlarındaki **complément indirect** kişi zamirine yer verilmemiştir. Çünkü bu kişi zamiri diğerlerinden farklı olarak **complément direct** olan kişi zamiriyle yan yana bulunduğu zaman önce **complément direct** durumundaki kişi zamiri sonra **(lui, leur)** gelmektedir.

Je le lui donne.	Onu ona veriyorum.
Vous les lui montrerez.	Onları ona göstereceksiniz.
Ils la lui présenteront.	Onlar onu ona sunacaklar.
Vous la leur raconterez.	Onu onlara anlatacaksınız.
Tu le leur offres.	Onu onlara sunuyorsun.
Elles les leur demanderont.	Onlar onları onlara soracaklar.
Nous la leur dirons.	Onu onlara söyleyeceğiz.

Bazen tümleç olan kişi zamirinin özne ile birlikte aynı kişiyi temsil ettikleri görülmektedir. Bunlara dönüşlü kişi zamirleri **(pronom réfléchis)** denir. Bunlar içinde bulunduğu cümlenin fiilinin edat alıp almamasına göre düz veya dolaylı tümleç olabilirler.

me	ben
te	sen
se	o
nous	biz
vous	siz
se	onlar

Dönüşlü kişi zamirleri **(pronom réfléchis)** çift zamirli fiillerin çekimlerinde kullanılır. Bunu çift zamirli fiillerin çekiminde, fiil konusunda ayrıntılı olarak göreceğiz. **Pronominal** fiillerde özne durumundaki bildiğimiz zamirlerden başka ikinci olarak bu zamirler getirilmektedir.

Vous vous promenez dans le jardin.	Bahçede geziniyorsunuz.
Ils se couchent à huit heures.	Onlar saat sekizde yatıyorlar.
Je me lève à sept heures.	Saat yedide kalkıyorum.

Nous nous peignons les cheveux.	Saçlarımızı tarıyoruz.
Tu ne te mets pas en colère.	Sinirlenmiyorsun.
Elle se brosse les cheveux.	O kız saçlarını fırçalıyor.
Il se lave avec de l'eau froide.	O soğuk su ile yıkanıyor.
Elles se cachent derrière la table.	Onlar masanın arkasına gizleniyorlar.
moi	ben
toi	sen
lui	o
elle	o (dişil)
nous	biz
vous	siz
eux	onlar
elles	onlar (dişil)

Yukarıdaki tabloda bulunan kişi zamirleri cümle içinde özne olabilirler. Dahası özne durumundaki kişi zamirini vurgulayan bir zamir olması nedeniyle özne sayılmaktadırlar.

Moi, j'irai au cinéma le soir.	Ben, akşamleyin sinemaya gideceğim
Toi, tu ne dis pas oui.	Sen, sen evet demiyorsun.
Lui, il parlera français.	O, o Fransızca konuşacaktır.
Elle, elle partira demain.	O, o yarın hareket edecektir.
Nous, nous les connaissons aussi.	Biz, biz de onları tanıyoruz.
Vous, vous voulez venir.	Siz, siz gelmek istiyorsunuz.
Eux, ils ne sont pas heureux.	Onlar, onlar mutlu değildirler.
Elles, elles labourent la terre.	Onlar, onlar toprağı işliyorlar.

Le pronom personnel accentué (vurgulu kişi zamirleri) yukarıdaki cümlelerde görüldüğü gibi özne olmasının yanında cümlede tümleç de olabilirler. Tümleç **(complément)** olması dolayısıyla bu kez yüklemden sonra yer alacaktır.

Il parlera avec moi.	O benimle konuşacak.
Elle travaille pour moi.	O benim için çalışıyor.
George ne te parle pas.	George sana söylemiyor.
Ta mère pense à toi.	Annen seni düşünüyor.
Il ira à Ankara avec lui.	O onunla Ankara'ya gidecektir.
J'écoute la musique avec lui.	Onunla müzik dinliyorum.
La porte est ouverte par nous.	Kapı bizim tarafımızdan açılıyor.
Elles préparent le repas pour nous.	Onlar (kızlar) bizim için yemek hazırlıyorlar.
Les devoirs ont été faits par vous.	Ödevler sizin tarafınızdan yapılmışlardır.
Nous vous parlerons turc.	Size Türkçe söyleyeceğiz.

Il prend un cadeau pour elle.
Nous ne sommes pas venus ici
pour eux.
Nous attendons ici, depuis le
matin, pour elles

O, onun (kız) için bir hediye alıyor.
Buraya biz onlar için gelmedik.

Sabahtan beri burada
onlar için bekliyoruz.

Yukarıda değindiğimiz bu vurgulu kişi zamirleri şu şekillerde de kullanılır. Bazen yalnız başlarına bir cümlecik oluştururlar.

Qui parle le français?
Moi.

Kim Fransızca konuşuyor?
Ben.

Qui conduit la voiture?
Lui.

Kim arabayı kullanıyor?
O.

Kıyaslama cümlelerinde **"que"**den sonra bu kişi zamirleri kullanılır.

Il est plus grand que moi.
**Mireille n'est pas aussi grosse
que toi.**
Il n'est pas plus gentil que lui.
Marie n'est pas aussi vieille qu'elles.

O benden daha büyüktür.
Mireille senin kadar şişman
değildir.
O, onun kadar kibar değildir.
Marie onlar kadar yaşlı değildir.

Vurgulu kişi zamiri emir kipindeki fiillerden sonra da kullanılır.

Donnez-moi un livre.
Lève-toi tôt.
Dis-lui bonsoir.
Lisez-nous le journal.
Couchez-vous à dix heures.

Bana bir kitap veriniz.
Erken kalk.
Ona iyi akşamlar de.
Bize gazete okuyunuz.
Saat onda yatınız.

Ancak bu kural **(en)** ve **(y)** zamirlerinden sonra geçerli değildir.

Donnez m'en (bana ondan veriniz).
Envoyez m'en
(bana ondan biraz gönderiniz).

Laissez m'y (beni oraya bırakınız).
Conduisez m'y
(beni oraya götürünüz.)

Tumturaklı bir söyleyiş için **"même"** sözcüğünden önce getirilir. Bu durumda vurgulu kişi zamirleri **(pronoms personnels accentués)** şu anlama gelirler:

Moi-même
Toi-même
Lui-même

bizzat ben
bizzat sen
bizzat o (eril)

Elle-même	bizzat o (dişil)
nous-même	bizzat biz
vous-même	bizzat siz
eux-même	bizzat onlar (eril)
elles-même	bizzat onlar (dişil)

soi - o

Kişi zamirinin kullanılışı ise şu şekilde olmaktadır. Bu zamir genellikle cümlede özne olarak **on, personne, il faut** vs. sözcükleri kullanıldığı zaman bu öznelerin yaptığı eyleme (fiile) bir edatla bağlanan tümleç görevini yüklenir. Hem insan hem de diğer varlıkların yerini tutar.

Chacun gagne pour soi.	Herkes kendisi için kazanır.
Personne ne travaille toujour pour soi.	İnsan her zaman kendisi için çalışmaz.
Il faut parler avec franchise de soi.	İnsanın içtenlikle kendisinden söz etmesi gerekir.
Tout le monde prend garde pour soi.	Herkes kendine dikkat eder.
On aime mieux mal parler de soi que de n'en pas parler du tout.	İnsanın kendisinden hiç söz etmemesinden yanlış söz etmesi daha iyidir. (La Rochefoucault)

en ve y kişi zamirleri

Bu zamirler cümlede özne olan zamirle yüklem arasında yer alırlar. **En** kişi zamiri miktarı verilmiş ya da miktarı belli olan nesnelerin yerine kullanılmaktadır.

Bir nesnenin miktarı Fransızca'da nesnenin başına herhangi bir sayı sıfatı getirerek ya da **article partitif** (miktar bildiren) tanım sözcüğü getirilerek belirtilir. Bu durumda **en** zamiri **complément direct**'tir, çünkü kendisinden önce fiile herhangi bir edatla bağlanmamıştır. Oysa fiile **(de)** edatıyla bağlanan bazı nesnelerin (tümleçlerin) yerine **en** kişi zamiri kullanılabilir. Bu durumda **en** zamiri **complément indirect**'tir.

Avez-vous des livres sur la table?	Masanın üzerinde kitaplarınız var mı?
Oui, j'en ai sur la table.	Evet, masanın üstünde onlardan benim var.
Veux-tu de la viande?	Et istiyor musunuz?
Oui, j'en veux bien.	Evet, ondan çok isterim.
Voulez-vous du vin?	Şarap ister misiniz?
Oui, j'en veux.	Evet, ondan isterim.

Prenez-vous du sel?	Tuz alır mısınız?
Oui, j'en prends.	Evet, ondan alırım.
Est-ce que tu bois de l'eau?	Su içer misin?
Oui, j'en bois.	Evet, ondan içerim.
Mangez-vous de la soupe?	Çorba içer misiniz?
Oui, nous en mangeons.	Evet, ondan içeriz.
Avez-vous besoin d'argent?	Paraya ihtiyacınız var mı?
Oui, nous en avons besoin.	Evet, ona ihtiyacımız var.
As-tu un chat?	Senin bir kedin var mı?
Oui, j'en ai un.	Evet, benim ondan bir tane var.
Est-ce qu'il a une tasse de café?	Onun bir kahve fincanı var mı?
Oui, il en a une.	Evet, onun ondan bir adet var.

Yukarıdaki cümlelerden de anlaşılacağı gibi **(en)** zamiri yükleme herhangi bir edatla bağlı olmayan nesnelerin yerlerine kullanılmışlardır. Bu yüzden **(en)** kişi zamiri burada **complément direct**'tir. Ancak aşağıdaki örneklerde görüldüğü gibi **(en)** zamiri yerine **d'elle**, **de lui** gibi kişi zamirleri de kullanılabilir.

Parlez-vous de vos amies?	Arkadaşlarınızdan söz ediyor musunuz?
Oui, je parle d'elles.	Evet, onlardan söz ediyorum.
Est-ce qu'il est content de lui?	O, ondan memnun mudur?
Non, il n'est pas content de lui.	Hayır, o, ondan memnun değildir.
Est-il a écouté de ses amies?	Arkadaşları tarafından dinlendi mi?
Oui, il a été écouté de ses amies.	Evet, o arkadaşları tarafından dinlendi.

"Y" pronom personnel'inin kullanılışı ise şu temel kuralları içerir. Bu zamir fiillere **"à"** edatıyla bağlı olan ve dolayısıyla **complément indirect** olan tümleçlerin yerlerine kullanılan bir kişi zamiridir.

Est-ce que tu prends tout à la blague?	Her şeyi şakaya mı alırsın?
Oui, j'y prends.	Evet, ona alırım.
Se bornent-elles à une robe?	Bir elbiseyle yetiniyorlar mı?
Oui, elles s'y bornent.	Evet, onlar onunla yetiniyorlar.
Est-ce qu'ils coopèrent à la paix?	Barışa katkıları oluyor mu?
Oui, ils y coopèrent.	Evet, onların ona katkısı oluyor.

Pensez-vous à vos amies?
Oui, j'y pense .

Arkadaşlarınızı düşünüyor musunuz?
Evet, onları düşünüyorum.

Adhérez vous à ces décisions?
Non, je n'y adhére pas.

Bu kararlara katılıyor musunuz?
Hayır, onlara katılmıyorum.

Pronom personnels (kişi zamirleri) lerin yerini tuttukları isimlere göre **féminin** ya da **masculin** olabilecekleri daha önce açıklanmıştı. Kişi zamirleri bir insanın veya bir hayvanın ya da bir eşyanın yerini tutmadığı zaman **"neutre"**dür. Yani cinsiyeti yoktur. Özne **neutre** olduğu zaman yerine kullanılan zamir **(il)** zamiridir.

Il fait chaud.
Il fait froid.

Hava sıcaktır.
Hava soğuktur.

Il pleut.
Il neige.

Yağmur yağıyor.
Kar yağıyor.

ALIŞTIRMALAR- 8

A. Aşağıda boş bırakılan yerlere parantez içindeki zamirlerden uygun olanları yazınız.

1. …….. suis professeur français (je, il, vous).
2. ………. marche devant la maison (ils, tu, elle).
3. ………ne sont pas venus (nous, elles, ils).
4. Sophie……..ferme (le, je, tu).
5. Mon ami …..voit (ils, me, elle).
6. Mes frères…écoutent (je, ils, vous).
7. Ma mère……montre une robe (lui, les, la).
8. Tu……racontes les histoires (ils, leur, je).
9. Nous……présenterons nos amis. (tu, elle, vous).
10. Les élèves parlent avec…. (ils, moi, elle).
11. Mes frères…….écoutent (je,les, le).

1. …………………………………
2. …………………………………
3. …………………………………
4. …………………………………
5. …………………………………
6. …………………………………
7. …………………………………
8. …………………………………
9. …………………………………
10. …………………………………
11. …………………………………

B. Aşağıdaki cümleleri Türkçeye çeviriniz.

1. Il fera froid demain.
2. Il est trois heures moins le quart.
3. Il fait chaud, il faut ouvrir la fenêtre.
4. Il faut finir les devoirs.

1. ....
2. ....
3. ....
4. ....

C. Cümlelerdeki dönüşlü fiillerde boş bırakılan yerlere uygun ikinci kişi zamirlerini yazınız.

1. Vous.......promenez dans la forêt.
2. Tu.............laves le visage.
3. Je.............brosse les cheveux.
4. Nous.........peignons les cheveux.
5. Tu.............réveilles le matin.
6. Elles ne......mettent pas en colère.
7. Ils.......couchent derrière les arbres.

1. ....
2. ....
3. ....
4. ....
5. ....
6. ....
7. ....

D. Aşağıdaki cümlelerde boş bırakılan yerlere uygun vurgulu (pekiştirmeli) kişi zamirlerini (**pronom personel accentué**) koyunuz.

1. Je veux travailler....................
2. Tu joues dans le jardin...............
3. Il écoute seulement..............
4. Tu ne viens pas.....................
5. Elle va à l'école.....................
6. Vous irez............................

1. ....
2. ....
3. ....
4. ....
5. ....
6. ....

E. Aşağıdaki Fransızca soruları (**en**) ve (**y**) zamirlerini kullanarak yanıtlayınız.

Örnek: **Avez-vous des stylo sur la table? - Oui j'en ai.**

1. **Veux-tu de la viande du mouton?**
2. **Y a-t-il un livre dans le sac?**
3. **Prenait-il du sel?**
4. **Boivent-ils de l'eau?**
5. **Avons-nous besoin d'argent?**
6. **Prends-tu tout à la blague?**
7. **Se bornent-elles une robe?**
8. **Coopèrent-ils à la paix?**

1. ....
2. ....
3. ....
4. ....
5. ....
6. ....
7. ....
8. ....

2. le pronom possessif - iyelik zamirleri

İyelik zamirleri yerini tuttukları ismin kime ait olduğunu belirtirler. Bu zamirler de yerini tuttukları isimlerle sayı ve cins bakımından uyuşurlar.

Singulier (tekil)

Masculin	Féminin	Türkçesi
le mien	la mienne	benimki
le tien	la tienne	seninki
le sien	la sienne	onunki
le nôtre	la nôtre	bizimki
le vôtre	la vôtre	sizinki
le leur	la leur	onlarınki

Yukarıdaki tabloda iyelik zamirlerinin **féminin-masculin** tekil durumda olanları görülmektedir. İyelik zamirlerinin **féminin-masculin** çoğul olanlar ise;

Pluriel (çoğul)

Masculin	Féminin	Türkçesi
les miens	les miennes	benimkiler
les tiens	les tiennes	seninkiler
les siens	les siennes	onunkiler
les nôtres	les nôtres	bizimkiler
les vôtres	les vôtres	sizinkiler
les leurs	les leurs	onlarınkiler

Pronom possessif'ler yerini tuttukları isimlerin yüklendikleri tüm görevleri üstlenebilirler. Özne ve tümleç olarak cümlede yerini alırlar. İyelik zamirlerini iyelik sıfatlarıyla (**mon, ton, son, notre, votre, leur**) karıştırmamak gerekir. İyelik sıfatlarındaki **notre** ve **votre** sözcüklerinde (o) üzerinde aksan olmayıp mutlaka bir isimden önce gelirler. Oysa iyelik zamirlerinin üzerinde hem aksan vardır hem de kendilerinden sonra isim gelmemektedir.

Aşağıdaki örneklerde iyelik sıfatlarıyla iyelik zamirlerinin nasıl kullanıldıkları anlatılmış ve ikisi arasındaki farka değinilmiştir.

C'est mon chapeau.	Bu benim şapkamdır.
C'est le mien.	Bu benimkidir.
Ce chapeau est le mien.	Bu şapka benimkidir.
Ton jardin est large.	Senin bahçen geniştir.
Le tien est large.	Seninki geniştir.
Son frère est parti pour Istanbul.	Onun erkek kardeşi İstanbul'a gitti.
Le sien est resté ici.	Onunki burada kaldı.
C'est notre maison.	Bu bizim evimizdir.
Cette maison est la nôtre.	Bu ev bizimkidir.
Notre livre est sur la table.	Bizim kitabımız masanın üzerindedir.
Le vôtre est dans la serviette.	Sizinki çantanın içindedir.
Ma mère aime les fleurs.	Annem çiçekleri sever.
La sienne les aime aussi.	Seninki de sever.
Nos amis lisent les journaux.	Arkadaşlarımız gazeteleri okuyorlar.
Les vôtres lisent les livres.	Sizinkiler kitapları okuyorlar.
Ce sont leurs foulards.	Bunlar onların boyun atkılarıdır.
Ce ne sont pas les leurs.	Bunlar onlarınkiler değildir.

Sıfat bir ismi belirttiğine göre yanına isim zorunlu olarak gelecektir. Bu nedenle iyelik sıfatlarından sonra örneklerden de anlaşılacağı gibi isimler gelmektedir. Ancak zamir ismin yerini tutan sözcük olması ve yanında ayrıca yerini tuttuğu ismin bulunmasına gerek kalmayacağı için iyelik zamirlerinden sonra isim kullanılmamıştır.

Tes camarades sont allés à Ankara.	Senin arkadaşların Ankara'ya gittiler.
Les siens iront à Amasya.	Onunkiler Amasya'ya gidecekler.
Tes robes sont chères.	Senin elbiselerin pahalıdır.
Les siennes sont plus chères que les tiennes.	Onunkiler seninkilerden daha pahalıdırlar.

3. les pronoms démonstratifs - işaret zamirleri

Varlıkların adlarının yerlerini işaret ederek tutan zamirlere işaret zamiri (**pronom démonstratif**) denir. İşaret zamirleri de **féminin-masculin** tekil ve **féminin - masculin** çoğul ile **neutre** (cinsiyetsiz) şekilleri vardır.

Singulier (tekil)

Masculin	Féminin	Neutre	Türkçesi
Celui	Celle	Ce	Bu, şu
Celui-ci	Celle-ci	Ceci	Bu, bunu
Celui-là	Celle-là	Cela	Şu, şunlar

Pluriel (Çoğul)

Masculin	Féminin	Neutre	Türkçesi
Ceux	Celles		Bunlar
Ceux-ci	Celles-ci	(ce)	Bunlar, bunları
Ceux-là	Celles-là		Şunlar, şunları

İşaret zamirleri yerini tuttukları isimlerin yerlerini işaret yoluyla belirttikleri için işaret sıfatları gibi isimlerden önce gelmezler. İşaret zamiriyle yerini belirttiği isim birlikte kullanılmaz. Aşağıdaki cümlelerde önce işaret sıfatı, sonra işaret zamiri kullanılarak aradaki fark vurgulanmıştır.

Ce stylo est sur le livre.
Celui de Nilgün est sous le cahier.

Bu dolmakalem kitabın üzerindedir.
Nilgün'ünki defterin altındadır.

Ce jardin n'est pas grand.
Celui de mon ami est grand.

Bu bahçe büyük değildir.
Arkadaşımınki büyüktür.

Cette porte est en bois.
Celle de la maison est en fer.

Bu kapı ağaçtandır.
Evinki demirdendir.

La jupe de la jeune fille est rose.
Celle de sa soeur est jaune.

Genç kızın eteği pembedir.
Onun kız kardeşininki sarıdır.

Ces verres sont pleins d'eau.	Bu bardaklar su doludur.
Ceux de mes parents sont pleins de vin.	Ebeveynleriminkiler şarap doludur.

Pronom démonstratif "celui", masculin tekil isimlerin yerlerini işaret yoluyla belirtir.

L'homme qui vient devant la maison est mon père.	Evin önünde gelen adam benim babamdır.
Celui qui va au cinéma est mon oncle.	Sinemaya giden amcamdır.
Je parle avec le garçon du restaurant.	Lokantanın garsonuyla konuşuyorum.
Il parle avec celui du café.	O kahveninkiyle konuşuyor.
Le tot de la maison est gris.	Evin çatısı gri renklidir.
Celui de l'école est rouge.	Okulunki kırmızıdır.
Le panier de Mme Marie est lourd.	Mme Marie'nin sepeti ağırdır.
Celui de Mme Sophie est léger.	Mme Sophie'ninki hafiftir.

Pronom démonstratif "celle", féminin tekil isimlerin yerlerini işaret yoluyla belirtirler.

La rue de la ville est large.	Şehrin caddesi geniştir.
Celle du village est étroite.	Köyünki dardır.
Il ne ferme pas la porte de la classe.	O sınıfın kapısını kapatmıyor.
Elle ne ferme pas celle de la maison.	O evinkini kapatmıyor.
Tu vois la femme qui va au bureau.	Büroya giden kadını görüyorsun.
Tu vois celle qui va à l'usine.	Fabrikaya gideni (bayan) görüyorsun.
La paysanne qui va au marché vendra des oeufs.	Pazara giden köylü kadın yumurta satacaktır.
Celle qui vient de la ville a acheté du sucre.	Şehirden gelen (bayan) şeker satın almış.
La chanteuse qui chante est anglaise.	Şarkı söyleyen kadın şarkıcı İngilizdir.
Celle qui ne chante pas les chansons anglaises est française.	İngiliz şarkıları söylemeyen Fransızdır.

"Celui" ve "Celle" pronom demonstratif lerin çoğulları "Ceux" ve "Celles"dir.

Vous voyez les jardins du Sud.	Güneyin bahçelerini görüyorsunuz.
Nous regardons ceux du Nord.	Biz kuzeyinkilere bakıyoruz.
La couleur des légumes est vert.	Sebzelerin rengi yeşildir.
Celles des fruits sont rouges.	Meyvelerinki kırmızıdır.
Les robes bleues sont à sa soeur.	Mavi elbiseler kız kardeşine aittir.
Celles qui sont brunes sont à maman.	Kahve renkli olanlar anneme aittir.

"Celui-ci" ve "Celui-là" işaret zamirleri ise çok yakındaki ve uzaktaki nesnelerin yerlerini işaret yoluyla belirten zamirlerdir. **Celui-ci**: yakın olan, **Celui là**: uzak olan varlığın yerini belirtir. İki kişi ya da iki cisimden söz edildiğinde, ikincisinin yerine; **masculin** ise, **"celui-ci"** **féminin**se **"celle-ci"** kullanılır. Bu isimlerin, birincisinin yerine kullanılması gereken işaret zamiri **masculin** se **"celui-là"** **féminin**se **"celle-là"** olur.

Sur la table il y a un livre et une tasse de café.	Masanın üzerinde bir kitap ve bir kahve fincanı vardır.
Celle-ci est à lui, celui-là est à moi.	Bu ona, şu bana aittir.
Quel stylo voulez-vous?	Hangi dolmakalemi istiyorsunuz?
Celui-ci ou celui-là?	Bunu mu yoksa şunu mu?
Hélène et Eugénie sont les actrices françaises.	Hélène ve Eugénie Fransız kadın oyuncularıdır.
Celle-ci a trente ans celle-là a trente deux ans.	Bu otuz yaşında şu otuz iki yaşındadır.
Balzac et Flaubert sont les écrivains XIXe siècle.	Balzac ve Flaubert XIX. yüzyıl yazarlarıdır.
Celui-ci a écrit "Mme Bovary", Celui-là a ecrit "Le Père Goriot".	Şu "Mme Bovary"yi o "Goriot Baba"yı yazmıştır.
Ahmet et Mehmet sont en vacence.	Ahmet ve Mehmet tatildedirler.
Celui-ci est parti pour la France, celui-là est parti pour l'Angleterre.	Şu Fransa'ya o İngiltere'ye hareket etti.

Pronom démonstratifs **"ceux-ci"**, **"celles-ci"** ve **"celles-là"** masculin féminin çoğul işaret zamirleri cümlede aşağıdaki gibi kullanılmaktadır.

Les vaches et les moutons sont prés des arbres.	İnekler ve koyunlar ağaçların yanındadır.
Ceux-ci mangent les herbes, celles-là boivent de l'eau.	Şunlar otları yiyor, onlar su içiyorlar.
Les ouvriers et les employés sont sortis de leurs maisons.	İşçiler ve memurlar evlerinden çıktılar.
Ceux-ci commencent à travailler à huit heures et demie, ceux-là commencent à neuf heures.	Şunlar saat sekiz buçukta çalışmaya başlıyorlar, onlar saat dokuzda başlıyorlar.

Pronoms démonstratif "ce, ceci, cela" neutre (cinsiyetsiz) işaret zamirleri olup cümlede şu şekilde kullanılırlar.

"Ce" işaret zamiri cümlede hem **sujet** (özne) hem de tümleç olabilir.

Ne jouez pas au jeu, c'est dangereux.	Ateşle oynamayınız tehlikelidir.
Aller à pied, c'est mieux.	Yaya gitmek, bu daha iyidir.
Le voilà, c'est Tunç.	İşte, Tunç bu.
Nous irons ce soir au théâtre c'est très amusant.	Bu akşam tiyatroya gideceğiz, bu çok eğlencelidir.
Les élèves marchent dans la rue, ce sont les élèves de notre école.	Öğrenciler sokakta yürüyorlar, bunlar bizim okulun öğrencileridir.
On entend du bruit, c'est la voix de mon père.	Bir gürültü duyuluyor, bu babamın sesidir.
Voici une femme qui tricote, c'est ma mère.	İşte örgü ören bir kadın, bu benim annemdir.
Est-ce que c'est un palais? Non, ce n'est pas un palais, c'est un hôtel.	Bu bir saray mıdır? Hayır, bu bir saray değildir, bu bir oteldir.

Yukarıdaki örneklerde **"ce"** işaret zamirleri özne **(sujet)** görevini yüklenmişlerdir. Cümle içinde **complément direct** (düz tümleç) de olabilirler.

Je voudrais savoir ce que vous faites.	Yaptığınız şeyi bilmek isterdim.
Il ne comprend pas ce qu'il dit.	O, onun söylediğini anlamıyor.
Puis-je voir ce que vous lisez?	Okuduğunuz şeyi görebilir miyim?
Nous voudrions savoir ce que vous cherchez.	Aradığınız şeyi bilmek isterdik.
Il a vu ce que tu as mangé.	Yediğin şeyi görmüş.
Elle sait ce que nous disons.	Söylediğiniz şeyi biliyor.
Dis-moi ce que tu écoutes là-bas.	Orada dinlediğin şeyi bana söyle.

Montre-lui ce que tu bois.	İçtiğin şeyi ona göster.
Avez-vous compris ce que je dis?	Söylediğim şeyi anladınız mı?

"Cela" işaret zamiri de cümlede hem özne ve hem de tümleç görevini yüklenerek sıradan bir isim gibi kullanılır.

Cela est important.	Bu önemlidir.
Cela veut dire: "je suis content."	Bu, ben memnunum anlamına gelir.
Cela peut devenir intéressant.	Bu ilginç olabilir.
Que pensez-vous à cela?	Bu konuda ne düşünüyorsunuz?
Il faut toujours travailler pour l'humanité, n'oubliez pas cela.	Daima insanlık için çalışmak gerekir, bunu unutmayınız.
Retenez bien cela, il faut être juste envers tout le monde.	Şunu aklınızda iyi tutun, herkese karşı adil olmak gerekir.

Pronom démonstratif (işaret zamiri) **"ceci"** gelecekte söylenecek ya da meydana gelecek bir olayı şimdiden bildirmeye yarayan bir işaret zamiridir.

"Je sais ceci que je ne sais rien"	"Bildiğim bir şey varsa o da hiçbir şey bilmediğimdir" (Sokrat).
Ceci doit être facile.	Bunun kolay olması gerekir.

Fransızca'da halk dilinde **(ceci, cela, ça)** yerine **"ce"** işaret zamirinin kullanıldığının bilinmesi gerekir.

Voilà ce que je vois.	İşte gördüğüm şey.
Voici ce que tu me demandes.	İşte benden istediğin şey.
Le temps, c'est de l'or.	Vakit altındır.

4. le pronom interrogatif - soru zamiri

İsimlerin yerlerini soru yoluyla tutan zamirlere soru zamirleri **(pronom inter rogatif)** denir. Fransızca'da iki çeşit soru zamiri vardır. İnsanlar için kullanılan **"qui"** (kim), hayvan ve eşyalar için kullanılan **"que"** ve **"quoi"** zamirleridir. Bunlardan başka insanlar ve hayvanlar ya da eşyalar için kullanılan soru zamirleri de vardır.

Qui	Kim
Que	Ne
Quoi	Ne
lequel	hangisi (eril)
laquelle	hangisi (dişil)
lesquels	hangileri (eril çoğul)
lesquelles	hangileri (dişil çoğul)

Qui soru zamiri sadece **féminin** ve **masculin** kişi isimlerinin yerlerini soru yoluyla belirten sözcüklerdir. Sadece insanlar için kullanılır ve cümlede özne olarak bulunur bu durumda fiilden önce gelir.

Bu zamirin önce özne olarak nasıl kullanıldığını görelim:

Qui va à Ankara?	Ankara'ya kim gidiyor?
Qui a mangé la pomme?	Elmayı kim yedi?
Qui vient chez nous ce soir?	Bu akşam bize kim geliyor?
Qui regarde le jardin?	Bahçeye kim bakıyor?
Qui écoute la chanson?	Şarkıyı kim dinliyor?
Qui sont ces jeunes hommes?	Bu delikanlılar kimdir?
Qui sont ces femmes?	Kim bu kadınlar?
Qui sont ces belles filles?	Kim bu güzel kızlar?
Qui est cette fille?	Kim bu kız?
Qui est ce garçon?	Kim bu çocuk (erkek)?
Qui lit le journal?	Gazeteyi kim okuyor?
Qui sonne la porte?	Kapıya kim vuruyor (çalıyor)?
Qui marchent devant la maison?	Evin önünde kim yürüyor?
Qui a parlé avec mon frère?	Erkek kardeşimle kim konuştu?
Qui a dit cela?	Bunu kim söyledi?
Qui a voulu danser avec lui?	Onunla kim dans etmek istedi?
Qui a vu ce film?	Bu filmi kim gördü?
Qui n'a pas lu ce livre?	Bu kitabı kim okumadı?
Oui viendra au marché?	Pazara kim gelecek?
Qui mangera le repas?	Yemeği kim yiyecek?

Qui ne verra pas le musée?
Qui restera à l'hôtel?
Qui ne veut pas aller au pied?

Müzeyi kim görmeyecek?
Otelde kimler kalacak?
Kim yürüyerek gitmek istemiyor?

"Qui" pronom interrogatif cümlede complément direct olarak da bulunur. Bu durumda "qui" den sonra gelen fiil inversion (fiil ile özne yer değiştirmesi) yapılır. Ya da "qui" den sonra "est-ce que" soru kalıbı getirilir. Aşağıda her iki şekilde cümleler göreceğiz.

Qui voyez-vous?
Qui est-ce que vous voyez?

Kimi görüyorsunuz?
Kimi görüyorsunuz?

Qui est-il?
Qui est-ce qu'il est?

O, kimdir?
O, kimdir?

Qui connait-il?
Qui est-ce qu'il connait?

O kimi tanıyor?
O kimi tanıyor?

Qui écoutes-tu?
Qui est-ce que tu écoutes?

Sen kimi dinliyorsun?
Sen kimi dinliyorsun?

Qui cherchez-vous?
Qui est-ce que vous cherchez?

Kimi arıyorsunuz?
Kimi arıyorsunuz?

"Qui" pronom interrogatif cümlede complément indirect olduğu zaman yani kendisinden önce "à, avec, de, par" edatları geldiğinde ya inversion yapılır ya da "qui"den sonra cümle aynen yazılır, anlamda hiçbir değişiklik olmaz.

À qui nous parlons?
À qui est ce livre?

Kiminle konuşuyoruz?
Bu kitap kime aittir?

À qui donnez-vous le livre?
À qui vous donnez le livre?

Kitabı kime veriyorsunuz?
Kitabı kime veriyorsunuz?

À qui dites-vous bonjour?
À qui vous dites "bonjour"?

Kime günaydın diyorsunuz?
Kime günaydın diyorsunuz?

Avec qui travaillez-vous la leçon?
Avec qui vous travaillez la leçon?

Kiminle ders çalışıyorsunuz?
Kiminle ders çalışıyorsunuz?

Avec qui parlez-vous devant la porte.
Avec qui vous parlez devant la porte?

Kapının önünde kiminle konuşuyorsunuz?
Kapının önünde kiminle konuşuyorsunuz?

Avec qui va-t-il en France?	Fransa'ya kiminle gidiyor?
Avec qui il va en France?	Fransa'ya kiminle gidiyor?
Avec qui avez-vous chanté hier soir?	Dün akşam kiminle şarkı söylediniz?
Avec qui vous avez chanté hier soir?	Dün akşam kiminle şarkı söylediniz?
Avec qui irez-vous à Istanbul?	İstanbul'a kiminle gideceksiniz?
Avec qui vous irez à Istanbul?	İstanbul'a kiminle gideceksiniz?
De qui êtes-vous content?	Kimden memnunsunuz?
De qui vous êtes content?	Kimden memnunsunuz?
De qui avez-vous besoin?	Kime ihtiyacınız var?
De qui vous avez besoin?	Kime ihtiyacınız var?
De qui ont-ils peur pour cela?	Bunun için kimden korkuyorlar?
De qui ils ont peur?	Bunun için kimden korkuyorlar?
Par qui cette maison est elle bâtie?	Bu ev kimin tarafından yapılmış?
Par quie cette maison est bâtie?	Bu ev kimin tarafından yapılmış?

"**Que**" pronom interrogatif'i (soru zamiri) cümlede hiçbir zaman özne olarak bulunmaz. Ya **complément direct** ya da **complément indirect** olarak cümlede yerini alır. Ancak **complément direct** (düz tümleç) olduğu zaman "**que**"; **complément indirect** (dolaylı tümleç) olduğu zaman "**quoi**" olarak yazılır.

"**Que**" cümlede **complément direct** (düz tümleç) olduğunda kendisinden sonra gelen (ardıl) fiil **inversion** durumunda yazılır veya fiilden önce "**est-ce que**" soru kalıbı getirilir. Bu iki değişik yazım biçiminde de anlam değişmez.

Que veux-tu manger du repas?	Yemek yemek için ne istiyorsun?
Qu'est-ce que tu veux manger au repas?	Yemek yemek için ne istiyorsun?
Que voyez-vous sur l'arbre de notre jardin?	Bizim bahçenin ağacının üzerinde ne görüyorsunuz?
Qu'est-ce que vous voyez sur l'arbre de notre jardin?	Bizim bahçenin ağacının üzerinde ne görüyorsunuz?
Qu'avez-vous mangé au restaurant?	Lokantada ne yediniz?
Qu'est-ce que vous avez mangé au restaurant?	Lokantada ne yediniz?

Que regardons-nous à l'horizon?	Ufukta neye bakıyoruz?
Qu'est-ce que nous voyons à l'horizon?	Ufukta ne görüyoruz?

"que" pronom interrogatif cümlede **complément indirect** (dolaylı tümleç) olduğu zaman **"quoi"** olarak yazılır.

À quoi pensez-vous?	Ne düşünüyorsunuz?
À quoi sert la chaise?	Sandalye neye yarar?
Avec quoi marchez-vous?	Ne ile yürüyorsunuz?
Avec quoi vous marchez?	Ne ile yürüyorsunuz?
Avec quoi mangent-ils?	Ne ile yemek yerler?
Avec quoi'ils mangent?	Ne ile yemek yerler?
Avec quoi les oiseaux volent?	Kuşlar ne ile uçarlar?
Avec quoi les oiseaux volentils?	Kuşlar ne ile uçarlar?
Avec quoi est-ce que je vois?	Neyle görürüm?
Avec quoi voyons-nous?	Neyle görürüz?
De quoi avons-nous besoin?	Neye ihtiyacımız var?
De quoi nous avons besoin?	Neye ihtiyacımız var?
De quoi sont-ils avidés?	Onlar neye susamışlar?
De quoi ont-ils envié?	Onlar neye susamışlar?
De quoi se désiste-il?	O neden vazgeçiyor?
De quoi est-ce qu'il se désiste?	O neden vazgeçiyor?
De quoi faites-vous cadeau à votre amie?	Arkadaşınıza ne armağan ediyorsunuz?
De quoi est-ce que vous faites cadeau à votre amie?	Arkadaşınıza ne armağan ediyorsunuz?

Que soru zamirinden sonra fiilleri mastar **(infinitif)** olarak getirdiğimiz zaman daha çok günlük konuşma dilinde gerekli olan ve sıkça söylenen soru cümleleri oluşur.

Que manger?	Ne yemeli?
Que travailler?	Ne çalışmalı?
Que dire?	Ne konuşmalı?
Que boire?	Ne içmeli?

Başka bir soru zamiri ile **"quel"** soru sıfatının başına belirli tanım sözcükleri getirilerek yapılan soru zamirleridir. Yerini tuttuğu ismin **féminin-masculin** tekil çoğul olma durumuna göre bu tanım sözcüklerini alarak soru zamirlerinin **"lequel, laquelle, lesquels, lesquelles"** (hangi, hangileri) anlamını taşıyan çeşitlerini meydana getirirler.

Lequel de vos camarades est	Arkadaşlarınızdan hangisi geldi?
Lequel de vos livres est cher?	Kitaplarınızdan hangisi pahalıdır?
Lequel de vos fils s'appelle Cemil?	Oğullarınızdan hangisinin adı Cemil'dir?
Lequel de mes crayons est court?	Benim kalemlerimden hangisi kısadır?
Lequel de vos sacs est en cuir?	Çantalarınızdan hangisi deridendir?

Yukarıdaki soru zamirleri **masculin** tekil isimlerin yerlerine kullanılanlardır. **Féminin** tekil isimlerin yerlerine kullanılan **"le"** yerine **"la"** önekinin getirilmesiyle yapılır.

Laquelle de ces filles s'appelle Nilgün?	Bu kızlardan hangisinin adı Nilgün?
Laquelle de ses portes est grise?	Onun kapılarından hangisi gridir?
Laquelle de leurs villes est grande?	Onların şehirlerinden hangisi büyüktür?
Laquelle de ces tables est basse?	Bu masaların hangisi alçaktır?
Laquelle de ces robes est à vous?	Bu elbiselerin hangisi size aittir?
De laquelle de ces villes êtes-vous venus?	Bu şehirlerin hangisinden geldiniz?
De laquelle de ces maisons es-tu sorti?	Bu evlerin hangisinden çıktın?
Par laquelle de ces portes sortez-vous?	Bu kapıların hangisinden çıkıyorsunuz?
Par lequel de ces avions irez-vous en France?	Bu uçaklardan hangisiyle Fransa'ya gideceksiniz?
Dans laquelle de ces villes allez-vous?	Bu şehirlerin hangisine gidiyorsunuz?

Masculin çoğul soru zamirlerinden "hangileri" anlamına gelen **"lesquels"** ise aynı cins ve sayıdaki soru sıfatının başına **"les"** tanım sözcüğünün getirilmesiyle yapılan bir zamirdir.

Lesquels de ces enfants sont à vous?	Bu çocuklardan hangileri sizindir?
Lesquels de ces arbres sont hauts?	Bu ağaçlardan hangileri yüksektir?
Lesquels de ces hommes sont français?	Bu adamlardan hangileri Fransızdır?
Lesquels de ces villages sont loin d'ici?	Bu köylerden hangileri buraya uzaktır?

Lesquels de mes parents sont venus ici?	Ebeveynlerimden hangileri buraya geldiler?
Je veux savoir lesquels viendront ce soir?	Bu akşam hangilerinin geleceğini bilmek istiyorum.
Par lesquels de ces avions partiront-ils en Angleterre?	Bu uçakların hangileriyle İngiltere'ye hareket edecekler?
Pour lesquels travailles-tu?	Hangileri için çalışıyorsun?

Féminin çoğul soru zamirlerinden "hangileri" anlamına gelen **"lesquelles"** ise aynı cins ve sayıdaki soru sıfatının önüne **"les"** tanım sözcüğünün getirilmesi ile yapılan bir zamirdir.

Lesquelles de tes robes sont en laine?	Elbiselerinin hangileri yündendir?
Lesquelles de ces villes sont en france?	Bu şehirlerin hangileri Fransa'ya aittir?
Lesquelles de ses filles sont les élèves de notre école?	Bu kızların hangileri bizim okulun öğrencileridir?
Lesquelles de ses amies sont allées chez eux?	Onun arkadaşlarından hangileri evlerine gittiler?
Lesquelles de ces usines produisent les machines?	Bu fabrikalardan hangileri makine üretirler?
Lesquelles de ces femmes sont infirmières?	Bu kadınlardan hangileri hemşiredirler?
Pour lesquelles de ces villes tu partiras le soir?	Akşamleyin bu şehirlerden hangileri için hareket edeceksin?
Pour lesquelles de ses filles faites-vous des gateaux?	Bu kızlardan hangileri için pasta yapıyorsunuz?
Dans lesquelles de ces villes passerezvouz vos vacances?	Bu şehirlerden hangisinde tatilinizi geçireceksiniz?
A lesquelles de ces écoles est-ce qu'il ira cette année?	O bu sene bu okullardan hangisine gidecek?
Par lesquelles de ces portes est-ce que les élèves sortiront pendant la recréation?	Teneffüs sırasında öğrenciler bu kapılardan hangisinden dışarı çıkacaklar?

Avec lesquelles de ces femmes parlez-vous français?	Bu kadınların hangileriyle Fransızca konuşacaksınız?
Avec lesquelles de ces étudiantes est-ce que vous travaillerez la leçon?	Bu öğrencilerden hangileriyle ders çalışacaksınız?

5. le pronom indéfini - belgisiz zamir

Varlıkların yerlerini tutan ve onları şöyle böyle belirten sözcüklere belgisiz zamir (**le pronom indéfini**) denir. Bu zamirler varlıkları açık ve net olarak belirtmeyen sözcüklerdir. Bu sözcükler cümle içinde özne (**sujet**) ve tümleç (**complément**) görevini üslenirler.

"**On**" (insan, o) anlamına gelen **pronom indéfini** özne olarak cümle içinde bulunur. Tümleç olarak cümlede yer almaz.

On entend le bruit.	Gürültü duyuluyor.
Il faut que l'on soit heureux.	İnsanın mutlu olması gerekir.
On a parlé depuis le matin.	Sabahtan beri konuşuldu.
Cet enfant est très joyeux si on le regarde il commence à rire.	Bu çocuk çok neşeli, ona baktığınız zaman hemen gülmeye başlıyor.
On a peu de temps pour aller.	Gitmek için çok az zamanı var.
On va au cinéma dans l'apres midi.	Öğleden sonra sinemaya gidilir.
Le soir on s'est réuni autour de la table.	Akşamleyin masanın etrafında oturulur.
On ferme la porte quand il fait froid.	Hava soğuk olduğu zaman kapı kapatılır.

Aşağıdaki **pronom indéfinis**'ler hem **sujet** (özne) hem **complément** (tümleç) olarak çeşitli cümleler içinde kullanılmış olarak bulunmaktadırlar.

Certains ne sont pas partis pour la ville.	Bazıları şehre hareket etmemişlerdir.
Certains n'aiment pas se promener.	Bazıları gezmeyi sevmezler.
Certains ont visité la mosquée.	Bazıları camiyi gezdiler.
Certains n'ont pas vu le musée.	Bazıları müzeyi görmediler.
Certains verront les monuments historiques.	Bazıları tarihi yapıtları görecekler.

"**Certains**" belgisiz zamiri cümle içinde tümleç olarak da bulunur.

Nous voyons certains près de la fenétre.	Pencerenin kenarında bazıların görüyoruz.

"Plusieurs" belgisiz zamiri özne olarak cümledeki yerini aldığı zaman birçokları anlamına gelir.

Plusieurs ne vont pas au café.	Birçokları kahveye gitmezler.
Plusieurs ne parlent pas la langue étrangère.	Birçokları yabancı dil bilmezler.
Plusieurs aiment voir les pays étrangers.	Birçokları yabancı ülkeleri görmeyi severler.
Plusieurs restent toujours chez eux pendant les vacances.	Birçokları tatilde kendi evinde kalırlar.
Plusieurs aiment les fruits.	Birçokları meyve severler.
Plusieurs peuvent réparer son auto.	Birçokları otosunu kendisi onarır.
Plusieurs sont venus au bord de la mer.	Birçokları deniz kenarına geldiler.

"Plusieurs" belgisiz zamiri **complément** (tümleç) olarak cümlede bulunabilir.

Tu parles français avec plusieurs.	Sen birçokları ile Fransızca konuşursun.
Meral connait plusieurs ici.	Meral burada birçoklarını tanıyor.
Il travaille la leçon avec plusieurs.	O birçoklarıyla ders çalışıyor.
Nous avons lu plusieurs de ces écrivains.	Bu yazarların pek çoklarını biz okuduk.
Mes amies ont connu plusieurs Français.	Arkadaşlarım Fransızların birçoğunu tanıdılar.

"Personne" kimse anlamına gelen bu belgisiz zamiri cümle içinde bulunduğu zaman olumsuzluk zarfı **(ne)** den önce gelir ve **"ne"** yü izleyen fiilden sonra **"pas"** hiçbir zaman gelmez.

Personne n'est venu ici.	Buraya kimse gelmedi.
Personne ne sait tout ce qui se passe autour de lui.	Kimsenin onun etrafında ne olup bittiğinden haberi yoktu.
Personne n'ira cette année à la campagne pour la vacance.	Bu yıl tatil için kimse kıra gitmeyecek.
Personne n'a acheté cette auto.	Bu arabayı kimse satın almadı.
Personne ne dit bonjour ce matin.	Kimse bu sabah günaydın demiyor.

Yukarıdaki cümlelerde **"personne"** belgisiz zamiri hep özne durumunda görülmektedir. Oysa bu zamir diğer belgisiz zamirler gibi tümleç olarak da cümlede bulunabilir.

Je ne connais personne dans cette ville.	Bu şehirde kimseyi tanımıyorum.
Vous ne parlez avec personne.	Kimseyle konuşmuyorsunuz.
Vouz n'avez besoin de personne.	Kimseye ihtiyacınız yok.

Mes voisins ne connaissent personne.	Komşularım kimseyi tanımıyorlar.
Pierre ne voit personne dans la rue.	Pierre sokakta kimseyi görmüyor.
Maman ne se moque de personne.	Annem kimseyle alay etmez.
Les enfants polis ne se battent avec personne.	Terbiyeli çocuklar kimseyle kavga yapmazlar.

"Rien" (hiçbir şey) anlamına gelen bir belgisiz zamir olup, bu zamirin öznesi ya da tümleci durumunda bulunduğu fiilden önce **(ne)** olumsuzluk zarfı getirilir, ancak fiilden sonra **(pas)** olumsuzluk zarfı getirilmez.

Rien n'est facile.	Hiçbir şey kolay değildir.
Rien ne sera à lui.	Hiçbir şey ona ait olmayacak.
Rien ne lui fait mal.	Hiçbir şey onu rahatsız etmez.
Rien n'a été mauvais pour lui.	Onun için hiçbir şey kötü olmadı.
Rien n'a fleuri dans ce jardin.	Bu bahçede hiçbir şey çiçek açmadı.

Tümleç olduğu zaman belgisiz zamir **"rien"** (yine hiçbir şey) anlamına gelerek içinde bulunduğu fiilden önce **(ne)** olumsuzluk zarfı getirilir, fakat fiilden sonra **(pas)** olumsuzluk zarfı getirilmez.

Je ne lis rien ce soir.	Bu akşam hiçbir şey okumuyorum.
Vous ne dites rien sur ce roman.	Bu roman hakkında hiçbir şey söylemiyorsun.
Il ne ferme rien quand il entre à la maison.	Eve girerken hiçbir şeyi kapatmıyor.
Mon père ne fait rien pendant les vacances.	Babam tatil sırasında hiçbir şey yapmıyor.
Nos voisins n'ont besoin de rien.	Komşularımızın hiçbir şeye ihtiyaçları yoktur.
Les enfants ne font rien dans le jardin.	Çocuklar bahçede hiçbir şey yapmıyorlar.

"Chacun" herkes anlamına gelen bu belgisiz zamir cümlede **sujet** (özne) olarak bulunur.

Chacun travaille pour soi.	Herkes kendisi için çalışır.
Chacun d'eux est allé chez lui.	Onlardan her biri kendi evine gitti.
Chacun a été reçu à la salle.	Herkes salonda kabul edildi.
Chagun est contente de lui.	Herkes ondan memnundur.

"Chacun" belgisiz zamiri cümlede tümleç olarak da bulunabilir.

Le directeur a reçu tout le monde chacun à son tour.	Müdür herkesi kendi sırasına göre kabul etti.
Ils parlent français avec chacun de vous.	O sizin her birinizle Fransızca konuşur.

"**Tout**" belgisiz zamiri de (hep ve hepsi) anlamlarına gelerek cümlede gerek özne, gerek tümleç olarak bulunmaktadır. Özne ve tümleç olarak cümlede şu şekilde yer alır.

Tout vous va bien.	Size hepsi yakışıyor.
Tous sont allés au bureau.	Hepsi büroya gitti.
Tous me regardaient quand je passais près de la route.	Yolun kenarından geçerken hepsi bana bakıyordu.
C'est tout.	Hepsi bu kadar.
Tout est dit par lui.	Onun tarafından her şey söylendi.
Elles sont toutes à l'école.	Onların hepsi okuldadır.
Tous ne sont pas venus aujourd'hui.	Bugün hepsi gelmedi.
Tout le monde est content	Herkes memnundur.

Bunlardan başka **personne**, **un autre**, **l'un l'autre**, **les uns les autres**, **l'un à l'autre**, **quiconque** (hiç kimse, başka birisi, birbiri, biribirlerini, birbirini, her kimse) belgisiz zamirleri de vardır. Bu zamirlerde diğerleri gibi cümle içinde gerek özne, gerek tümleç olarak görev yaparlar.

Personne n'est allé au marché.	Kimse pazara gitmedi.
Personne n'aura de besoin d'eux.	Hiç kimsenin onlara ihtiyacı yoktur.
Aujourd'hui un autre est venu au village.	Bugün köye başka birisi geldi.
J'ai vu une autre femme sous l'arbre.	Ağacın altında başka bir kadın gördüm.
Mon père parle avec un autre	Babam birisiyle konuşuyor.
L'amour et la vengeance s'excluent l'un l'autre.	Aşk ve kin birbirleriyle bağdaşmaz.

6. le pronom relatif - ilgi zamiri

Bu zamir bir cümlenin içinde bulunan herhangi bir yan cümleciği kendisinden önce gelen cümleciğin içindeki bir isme ya da zamire bağlayan bir zamirdir. **Pronom relatif**'ler adı üzerinde zamir oldukları için yerini tuttukları isimlerin cins ve sayısına sahiptirler. Ancak ilgi zamirlerinin bir kısmı **invariable** (değişmez) olmaları nedeniyle **féminin-masculin** ve tekil-çoğul durumlarında yazılış bakımından herhangi bir fark görülmez. Buna karşın **variable** (değişken) ilgi zamirleri yerini tuttukları isimlerin cins ve sayısına göre farklı biçimlerde yazılırlar.

Fransızca'da **invariable** (değişmeyen) ilgi zamirleri **(qui, que, dont, où)** ister tekil **féminin-masculin** isimlerin, ister çoğul **féminin-masculin** isimlerin yerini tutsun, hiçbir zaman değişmezler ve hep aynı yazılırlar.

Oysa değişken **(variable)** ilgi zamirleri yerini tuttukları isimlerin cins ve sayısına göre değişik biçimlerde yazılırlar.

Variable (değişken) **pronom relatif**'ler şunlardır:

Tekil

masculin	féminin
lequel	laquelle
auquel	à laquelle
duquel	de laquelle

Çoğul

masculin	féminin
lesquels	lesquelles
auxquels	auxquelles
desquels	desquelles

Yukarıdaki ilgi zamirlerinden önce **dans**, **par**, **avec**, **sur**, **sous**, **près** vb. gibi edatların gelmesiyle de çeşitli ilgi zamirleri oluşur:

dans lequel
par lesquels
avec lequel

dans laquelle
par lesquelles
avec laquelle

qui

Pronom relatif (ilgi zamiri) **"qui"** bir cümlede özne görevini yüklenir. Şu örneklerle bir cümlede **"qui"** ilgi zamirinin nasıl yer aldığını görelim.

Fermez la porte, la porte est ouverte.   Kapıyı kapatınız, kapı açıktır.

Bu cümlede iki cümlecik bulunmaktadır. Birincisi "kapıyı kapatınız" diğeri ise "kapı açıktır" cümleciğidir. Her iki cümlecikte de kapı ismi bulunduğundan ikinci cümlecikteki "kapı" sözcüğünün yerine ilgi zamiri olan **(qui)** koyduğumuzda;

Fermez la porte qui est ouverte.   Açık olan kapıyı kapatınız.

anlamında tam bir cümle meydana gelir. Bu cümlede **"qui"** kapı adının yerini tuttuğu için cümlede özne görevini yüklenmektedir. Nitekim bütün **"qui"** ilgi zamirlerinin cümledeki görevleri **sujet** (özne) olur.

Regardez ce garçon, il marche.   Bu erkek çocuğa bakınız, o yürüyor.
Regardez ce garçon qui marche.   Yürüyen bu erkek çocuğa bakınız.

Lisez le livre, il est sur la table.   Kitabı okuyunuz, kitap masanın üzerindedir.
Lisez le livre qui est sur la table.   Masanın üzerinde olan kitabı okuyunuz.

Je vois l'homme, l'homme vient.   Adamı görüyorum, adam geliyor.
Je vois l'homme qui vient.   Gelen adamı görüyorum.

Yukarıdaki cümlelerde **"qui"** kendisinden önceki isimlerin yerlerini tutmuş ve iki cümleciği birbirine bağlamıştır.

Özne durumundaki ilgi zamiri **"qui"** bazen herhangi bir tamlama durumunda bulunan bir cümleciğin yerini de tutabilir.

Je connais le frère de Mireille, il est médecin.   Mireille'in erkek kardeşini tanıyorum, o doktordur.
Je connais le frère de Mireille qui est médecin.   Mireille'in doktor olan erkek kardeşini tanıyorum.

Il travaille avec la soeur de Mehmet, elle est laborieuse.   O Mehmet'in kız kardeşiyle çalışıyor, o çalışkandır.
Il travaille avec la soeur de Mehmet qui est laborieuse.   O Mehmet'in çalışkan olan kız kardeşi ile çalışıyor.

Les paysans labourent la terre, ils se lèvent de bonne heure.   Köylüler toprağı işlerler, onlar erken kalkarlar.
Les paysans qui se lèvent de bonne heure labourent la terre.   Erken kalkan köylüler toprağı işliyorlar.

Je vais chez le coiffeur, le coiffeur est adroit.   Kuaföre gidiyorum, kuaför beceriklidir.
Je vais chez le coiffeur qui est adroit.   Becerikli olan kuaföre gidiyorum.

Avez-vous vu le chien de notre voisin? Le chien est très joli.	Komşumuzun köpeğini gördünüz mü? Köpek güzeldir.
Avez-vous vu le chien de notre voisin qui est très joli?	Komşumuzun güzel olan köpeğini gördünüz mü?
Mon père a un rasoir, il rase bien.	Babamın bir tıraş makinesi var, iyi kesiyor.
Mon père a un rasoir qui rase bien.	Babamın iyi kesen bir tıraş makinesi var.

que

Bu ilgi zamiri bir isimden ya da bu ismi tamamlayan bir sıfattan sonra gelir. **Que** ilgi zamirinin cümledeki görevi düz tümleç **(complément direct)** olur.

Voici un cahier; je le vois.	İşte bir defter; onu görüyorum.

Yukarıdaki cümle içinde iki cümlecik **(proposition)** vardır. Bu cümleciklerden birisi **"voici un cahier"** diğeri ise **"je le vois"**dır. Her iki cümleciği birbirine bağlayacak dolayısıyla görevi düz tümleç olan **"que"** ilgi zamiri getirdiğimiz zaman:

Voici un cahier que je vois.	İşte gördüğüm bir defter.

cümlesi oluşacaktır. Burada **"que"** ilgi zamiri cümledeki görevi düz tümleç olan **"cahier"** sözcüğünün yerini tutarak iki cümleciği birbirine bağlayan bir ilgi zamiri görünümünü sergilemektedir.

Voici une rose, tu la prends.	İşte bir gül, sen onu alıyorsun.
Voici une rose que tu prends.	İşte senin aldığın bir gül.
Voici un journal, je le lis.	İşte bir gazete ben onu okuyorum.
Voici un journal que je lis.	İşte okuduğum bir gazete.
Voilà une photo, nous la regardons.	İşte bir fotoğraf biz ona bakıyoruz.
Voilà une photo que nous regardons.	İşte baktığımız bir fotoğraf.
Voici un homme, tu le vois.	İşte bir adam, sen onu görüyorsun.
Voici un homme que tu connais.	İşte senin tanıdığın adam.
Voilà une rue, il la connait.	İşte bir cadde, o onu tanıyor.
Voilà une rue qu'il connait.	İşte onun tanıdığı (bildiği) bir cadde.
Voici une pomme, tu la manges.	İşte bir elma, sen onu yiyorsun.
Voici une pomme que tu manges.	İşte senin yediğin bir elma.

Yukarıdaki cümlelerde anlatılmak istenen, önce ilgi zamiri kullanılmadan, sonra ilgi zamiri **"que"** kullanılarak yazılan cümlelerle belirtilmiştir. Bu cümlelerde ilgi zamiri, **"voici"** ve **"voilà"** (işte) sözcükleriyle başlayan bir yan cümleciği temel cümleye bağlamıştır. İlgi zamiri ismi tamlayan bir sıfattan sonra da kullanılabilir.

L'oiseau noir que nous avons vu.	Gördüğümüz siyah kuş.
La maison jaune que je regarde.	Baktığım sarı ev.
Voici le livre bleu que tu lis.	İşte okuduğun mavi kitap.
La table que vous ne portez pas est lourde.	Taşımadığınız masa ağırdır.
La mer que Mireille regarde est tranquille.	Mireille'in baktığı deniz durgundur.
Les fleurs que mon ami aime sont magnifiques.	Arkadaşımın sevdiği çiçekler görkemlidir.
La leçon que je travaille est facile.	Çalıştığım ders kolaydır.

Yukarıdaki cümlelerde ilgi zamiri **"que"** bir sıfattan sonra gelmesine rağmen sıfatın nitelediği ismin yerini tutmaktadır. **Pronom relatif**'ler (ilgi zamirleri) isim tamlamalarından sonra da gelebilirler.

Le chat de Sevtap que je ne vois pas.	Sevtap'ın görmediğim kedisi.
La porte de la maison que je ne peux pas ouvrir.	Evin açamadığım (açmakta güçlük çektiğim) kapısı.
Le directeur de l'école que les élèves ne connaissent pas.	Okulun öğrencilerin tanımadığı müdürü.
Le grand arbre du jardin que vous voyez.	Bahçenin gördüğünüz büyük ağacı.
Les villes du pays que nous visiterons.	Ziyaret edeceğimiz ülkenin şehirleri.
Le livre d'Ahmet que vous lisez.	Ahmet'in okuduğunuz kitabı.

Yukarıdaki cümlelerde ilgi zamiri **"que"** kendisinden önce gelen **"Sevtap, l'école, jardin, Ahmet)** isimlerinin yerini değil; bu isimlerden önce gelen **"le chat, la porte, le directeur, l'arbre, le livre)** sözcüklerinin yerini tutmaktadır. Çünkü **"que"** ilgi zamirinden önce gelen isimler sadece tamlamayı oluşturan ve tamlayan isim olduğundan (bk. isim tamlaması konusu) burada ilgi zamiri tamlanan isimlerin yerine gelmektedir.

"Que" ilgi zamiriyle yapılan cümlelerin **avoir** yardımcı fiiliyle çekilen bileşik zamanlarında **"participe passé"**ler bu ilgi zamiriyle cins ve sayı bakımından uyuşurlar.

Nous vous donnerons des chaises, nous avons reparé ces chaises.	Size sandalyeler vereceğiz, bu sandalyeleri tamir ettik.
Nous vous dennerons des chaises que nous avons reparées.	Size tamir ettiğimiz sandalyeleri vereceğiz.
Je lui donnerai la robe que j'ai achetée.	Ona satın aldığım elbiseyi vereceğim.
Paris est la ville de France, tu as vu cette ville.	Paris Fransa'nın şehridir, sen bu şehri gördün.
La ville de France que tu as vue est Paris.	Fransa'nın senin gördüğün şehri Paris'tir.

İçinde **pronom relatif** (ilgi zamiri) bulunan bir cümlecik başka bir temel cümlenin öznesi olabilir.

L'homme que tu as vu dans la rue est son père.	Sokakta gördüğün adam onun babasıdır.
La voiture de Daniel que son père a achetée est blanche.	Daniel'in babasının satın aldığı arabasının rengi beyazdır.
Le mur du jardin que le maçon avait fait l'année dernière n'est pas très bas.	Geçen sene duvarcı ustasının yaptığı bahçenin duvarı çok alçak Değildir.
La soeur de Nilgün que ma mère connait est très gentille.	Nilgün'ün annemin tanıdığı kız kardeşi çok kibardır.

İçinde **"que"** pronom relatif'i (ilgi zamiri) bulunan bir cümlecik başka bir temel cümleciğin tümleci olabilir.

J'ai un livre que vous avez lu.	Sizin önceden okumuş olduğunuz bir kitabım var.
Maman a acheté une jupe que vous avez aimée.	Annem sizin sevdiğiniz bir etek satın aldı.
Est-ce que vous avez vu la robe que ma soeur avait cousue?	Siz benim kız kardeşimin dikmiş olduğu elbiseyi gördünüz mü?

Est-ce que tu as écouté la chanson que la chanteuse française a chantée?	Fransız şarkıcının söylediği şarkıyı dinledin mi?

Bir cümledeki görevi gerek özne, gerek tümleç olan yan cümlelerin içinde birden fazla **pronom relatif** (ilgi zamiri) bulunabilir. Bu durumda ikinci ilgi zamirinin önüne **"et"** (ve), ya da **"mais"** (fakat) sözcükleri getirilir.

Le livre que j'ai lu et que je vous ai donné est très amusant.	Okuduğum ve size verdiğim kitap çok eğlendiricidir.
Le cheval du paysan que tu vois et que j'aime marche dans le jardin.	Köylünün senin gördüğün ve benim çok sevdiğim atı bahçede yürüyor.
Je ne connaissais pas la ville que tu avait visitée et que ma mére avait aimée.	Senin ziyaret ettiğin ve annemin sevdiği şehri ben tanımıyordum.
Nous ne pouvons aller cette année au pays que maman aime mais que papa ne préfére pas voir.	Bu yıl annemin çok sevdiği ama babamın görmeyi tercih etmediği ülkeye gidemiyoruz.

Bir cümlede **pronom relatif "que"**den başka **conjonction** (bağlaç) olan **"que"** de bulunabilir. Bağlaç olan **"que"** nün görevi sadece iki cümle ya da cümleciği birbirine bağlamaktır. Bu sözcükler herhangi bir ismin yerini tutmazlar. (Bak. **Conjonction** [bağlaç] konusu.)

dont

İlgi zamiri, eğer cümlede **complément indirect** (dolaylı tümleç) olan bir ismin yerini tutuyorsa, burada kullanacağımız **"dont" pronom relatif**' tir. Ancak **"dont"** ilgi zamirinin yapısında **"de"** edatı saklı bulunduğundan bu zamirin yerini tuttuğu isim, fiile mutlaka **"de"** edatı **(préposition)** ile bağlı olmalı veya başka bir isimle tamlama oluşturmalı ya da passif bir fiilin sözde öznesinin tümleci veya bir sıfatın tamlamasını oluşturan isimler olmalıdır.

Tu as lu le livre, tu m'as parlé de ce livre.	Sen kitabı okudun, bu kitaptan bana söz ettin.
Tu as lu le livre dont tu m'as parlé.	Bana sözünü ettiğin kitabı okudun.
Nous connaissons la famille, il est sorti de cette famille.	Aileyi tanıyoruz, o bu aileden çıkmıştır.

Nous connaissons la famille dont il est sorti. Onun çıktığı aileyi tanıyoruz.

Yukarıdaki cümlelerde **"le livre"** (kitap) ve **"la famille"** (aile) isimleri fiile **"de"** edatı ile bağlı bulunduklarından adı geçen isimlerin yerlerine **"dont"** ilgi zamirinin kullanıldığı görülmektedir. Bir başka isimle tamlama oluşturan tamlanan isimlerin yerlerine kullanılan **pronom relatif** (ilgi zamiri) ise yine **"dont"** ilgi zamiridir.

Je ferme la fenêtre de la maison. Evin penceresini kapatıyorum.
La maison dont je ferme la fenêtre est à mon voisin. Penceresini kapattığım ev komşunun evidir.

Mon fils aime les roses du jardin. Oğlum bahçenin güllerini sever.
Le jardin dont mon fils aime les roses est à ma tante. Oğlumun güllerini sevdiği bahçe halamın bahçesidir.

Voilà une fille vient, son frère est mon élève. İşte bir kız çocuğu geliyor, erkek kardeşi benim öğrencimdir.
Voilà une fille dont le frère est mon élève vient. İşte kardeşi benim öğrencim olan bir kız çocuğu geliyor.

Je vois le port de la ville, la ville est Istanbul. Şehrin limanını görüyorum, şehir İstanbul'dur.
La ville dont je vois le port est Istanbul. Limanını gördüğüm şehir İstanbul'dur.

Yukarıdaki cümlelerde **"dont"** ilgi zamirinin yerlerini tuttuğu isimler cümlede isim tamlaması durumunda bulunmaktadır. Bir **passif** (edilgen) cümlenin tümleci durumundaki ismin yerine kullanılan ilgi zamiri de **"dont"** ilgi zamiridir.

Les rues sont ruinées par l'orage, l'orage ne cesse jamais. Sokaklar fırtınadan dolayı harap olmuş, fırtına hiç dinmiyor.
L'orage par lequel les rues sont ruinées ne cesse pas. Caddeleri harap eden fırtına hiç dinmiyor.

Le jardin a été couvert de fleurs, les fleurs couvrent toute la terre. Bahçe çiçeklerle kaplanmış, çiçekler tüm toprağı örtmektedirler.
Les fleurs dont le jardin a été couvert couvrent toute la terre. Bahçeyi kaplayan çiçekler tüm toprağı örtmektedirler.

İlgi zamiri **"dont"** cümledeki görevi tümleç olan bir sıfat tamlaması durumundaki ismin yerine de kullanılır.

J'ai lu ce livre, je suis enchanté de ce livre. Bu kitabı okudum, bu kitaptan büyülendim.

J'ai lu ce livre dont je suis enchanté.	Büyülendiğim bu kitabı okudum.
il a passé ses vacances à la mer, il est heureux de cette vacance.	O tatilini deniz kenarında geçirdi, bu tatilden sevinç duymaktadır.
il a passé à la mer ces vacances dont il est heureux.	O denizde geçirdiği tatilden sevinç duymaktadır.

où

Où ilgi zamiri **(pronom relatif)** bir cümlede görevi yer belirten zarf tümleci **(complément circonstanciel de lieu)** ve zaman belirten zarf tümleci **(complément circonstanciel de temps)** olan isimlerin yerini tutan bir zamirdir. **Féminin masculin**, tekil ve çoğul aynı yazılır.

Regardez cette maison, je vis dans ette maison.	Bu eve bakın ben bu evde yaşıyorum.

Bu cümledeki ev sözcüğünü ikinci cümlede tekrar etmeden cümlede temel cümlenin fiilinden önce **"Où"** ilgi zamiri **(pronom relatif'i)** kullandığımız zaman cümle:

Regardez cette maison où je vis.	Yaşadığım bu eve bakınız.
Savez-vous la ville où il habite?	Onun oturduğu şehri biliyor musunuz?
Il va au bureau où ton frère travaille.	O kardeşinin çalıştığı büroya gidiyor.
J'aime Paris, c'est la ville où je vivais depuis longtemps.	Paris'i severim bu benim uzun zamandır yaşadığım şehirdir.
Le parc où nous nous promenons est grand.	Gezinti yaptığımız park büyüktür.
Le pays où mon cousin fait ses études est la France.	Kuzenimin öğrenimini yaptığı ülke Fransa'dır.
L'hôtel où les touristes habitent est trés confortable.	Turistlerin kaldıkları otel çok konforludur.
La salle à manger, c'est le lieu où la famille mange le repas.	Yemek odası ailenin yemek yediği yerdir.

Yukarıda içinde ilgi zamiri **"où"** bulunan cümlelerde görevi yer bildiren zarf tümleci olan isimlerin, yerine bu zamirin kullanıldığı görülmektedir. **"Où"** ilgi zamiri zaman belirten zarf tümleci görevini yüklenen isimlerin yerlerine de kullanılır.

Le jour où j'irai à Ankara est lundi.	Ankara'ya gideceğim gün pazartesidir.
Mercredi est le jour où nous travaillerons la leçon avec Ali.	Çarşamba bizim Ali ile ders çalışacağımız gündür.

XIX. ème siècle est l'époque où Pasteur avait vécu.	XIX. asır Pasteur'ün yaşamış olduğu dönemdir.
J'aime beaucoup la semaine dernière où nous sommes allés à Giresun.	Giresun'a gitmiş olduğumuz geçen haftayı çok seviyorum.
Le mois où mon ami est né, c'est mars.	Arkadaşımın doğduğu ay marttır.
L'heure où vous irez à la maison.	Eve gideceğiniz saat.

Gördüğümüz bu **pronom relatifler**in tekil-çoğul; **féminin-masculin** durumlarda değişmediğini söz konusu durumların her birinde aynı yazıldıkları görülür. Nitekim değişmeyen **(invariable)** olan bu ilgi zamirlerine **"neutre"** (cinssiz) denilmesinin önemi buradan kaynaklanmaktadır. **Invariable** ilgi zamirlerinden başka **variable** (değişken) ilgi zamirlerinin varlığı **pronom relatif**ler konusuna girerken vurgulanmıştı. Bu ilgi zamirlerinin bir başka adı da **pronom relatif composé**'dir. **Féminin-masculin**; tekil-çoğul gibi ayrı ayrı şekilleri olan bu ilgi zamirleri cümlede değişik görev yüklenen isimlerin yerlerine kullanılır.

lequel

Cümlede **masculin**-tekil isimlerin yerini tutan bu ilgi zamiri **(à)** ve **(de)** ön takılarından başka bütün diğer ön takılarla birlikte kullanılırlar.

"lequel" ilgi zamirinden önce **"à"** ve **"de"** ön takıların dışında diğer ön takılar getirilir.

Je voyais le train par lequel il irait à Gebze.	Onun Gebze'ye gideceği treni görüyordum.
Il a mis sur la table le crayon avec lequel il écrira une lettre.	Bir mektup yazacağı kalemi masanın üzerine koydu.
Nous avons apporté dans la chambre le lit sans lequel mon fils ne peut pas dormir.	Oğlumun, olmaksızın uyuyamayacağı yatağı odaya taşıdık.

laquelle

Cümlede **féminin**-tekil isimlerin yerlerini tutan bu ilgi zamiri de **"laquel"** ilgi zamiri gibi **(à)** ve **(de)** ön takılarından başka diğer bütün ön takılarla birlikte kullanılır.

Il a fermé la porte de la maison par laquelle il est sorti.	Dışarı çıktığı evin kapısını kapattı.
L'oiseau a deux ailes avec lesquelles il vole.	Kuşun uçtuğu iki kanadı vardır.

Mon père a une machine à écrire, sans laquelle il ne peut pas travailler.	Babamın olmaksızın yazı yazamadığı bir yazı makinesi vardır.

auquel

Bu ilgi zamiri **"lequel" masculin** tekil ilgi zamirinin **(à)** öneki almış halidir.

Le jugement auquel l'avocat doit aller aura lieu aujourd'hui.	Avukatın gitmesi gereken duruşma bugün yapılacaktır.
Le cinéma auquel mes amies iront ce soir commencera à huit heures.	Arkadaşlarımın gidecekleri sinema bu akşam saat sekizde başlayacak.
Le voyage auquel nous participerons aura lieu en été.	Katılacağımız yolculuk yazın yapılacaktır.
Le spectacle auquel tu invites sera en retard.	Senin davetli olduğun sahne geç başlayacak.

à laquelle

"à laquelle" pronom relatif (ilgi zamiri) **"laquelle"**e **(à)** öneki eklenmiş halidir.

La réunion à laquelle tu as participé a eu lieu la semaine dernière.	Senin katıldığın toplantı geçen hafta yapıldı.
La cérémonie à laquelle je devrais assister aura lieu demain.	Katılmak zorunda olacağım tören yarın yapılacak.
La négociation à laquelle les spécialistes doivent assister aura lieu samedi.	Uzmanların katılmaları gereken görüşme cumartesi günü yapılacak.

duquel, de laquelle

Duquel ve **de laquelle** ilgi zamiri **(pronom relatif)**i **"dont"** ilgi zamirinin kullanıldığı yerlerde kullanılmaktadır. Anlam ve aldığı yere göre **"dont"**dan hiçbir farkı yoktur. Aralarındaki tek fark; **dont** ilgi zamiri cinssiz **(neutre)**, **duquel** ve **de laquelle**'in ise **variable** (değişken) oluşudur.

Nous voyons le chapeau duquel tu es content.	Senin memnun kaldığın şapkayı görüyoruz.

Mes amies étaient au cinéma duquel nous sommes sortis.	Arkadaşlarım bizim çıktığımız sinemadaydılar.
Les vendeurs ont obtenu le salaire duquel ils ont eu besoin.	Satıcılar ihtiyacı olan ücreti elde ettiler.
Ma mère a acheté le tricot duquel vous m'avez parlé hier.	Sizin bana dün sözünü ettiğiniz kazağı annem satın aldı.
La maison de laquelle il est sorti est à son père.	Onun çıktığı ev babasına aittir.
Elle a chanté la chanson de laquelle nous avons envie d'écouter.	Dinlemeyi arzuladığımız şarkıyı o kadın söyledi.
Ne me donnez pas la robe de laquelle personne n'est content.	Kimsenin memnun kalmadığı elbiseyi bana vermeyiniz.
La maison de laquelle il est issu est le Bourbon.	Onun geldiği hanedan Bourbon hanedanıdır.

Pronom relatif (ilgi zamiri) **lesquels, lesquelles (de)** ve **(à)** öneklerinin dışındaki **(avec, pour, par, dans)** vb. gibi önekleri alan ve **masculin**-çoğul ile **féminin**-çoğul isimlerin yerlerine kullanılan ilgi zamirleridir.

Les enfants avec lesquels mon fils jouait étaient devant la maison.	Oğlumun oynadığı çocuklar evin önündeydiler.
Les hommes avec lesquels je parle sont les amis de mon père.	Konuştuğum adamlar babamın arkadaşlarıdırlar.
Les élèves pour lesquels leurs professeurs travaillent n'écoutent pas la leçon.	Öğretmenlerinin kendileri için çalıştığı öğrenciler dersi dinlemiyorlar.
Mes parents pour lesquels j'ai acheté des cadeaux sont très heureux.	Kendileri için hediyeler satın aldığım ebeveynlerim çok mutludurlar.
Les avions par lesquels nous sommes allés en Allemagne sont à la France.	Bizim Almanya'ya gittiğimiz uçaklar Fransa'ya aittir.
Les cinémas dans lesquels il y avait trop de spectateurs sont grands.	İçinde fazla seyircisi bulunan sinemalar büyüktür.

Sur la table il ya des tasses de café dans lesquelles se trouvent du sucre.	Masanın üzerinde içinde şeker bulunan kahve fincanları vardır.
Les maisons sur lesquelles les cheminées fument sont les maisons de notre village.	Üzerinde bacaları tüten evler bizim köyün evleridirler.
Les fleurs sur lesquelles les papillons volaient étaient les oeillets.	Üzerinde kelebeklerin uçuştuğu çiçekler karanfillerdir.
Les portes par lesquelles les élèves sont sortis sont à droite.	Öğrencilerin dışarı çıktıkları kapı sağ taraftadır.
Les fenêtres par lesquelles je regarde les arbres sont à gauche.	Ağaçlara baktığım pencereler sol taraftadır.
Mes filles pour lesquelles nous avons acheté des cadeaux sont très intelligentes.	Kendileri için hediyeler satın aldığımız kızlarım çok zekidirler.
Les femmes avec lesquelles nous sommes partis pour l'école sont nos voisines.	Birlikte okula hareket ettiğimiz kadınlar bizim komşularımızdırlar.

Yukarıdaki ilgi zamiri **"lesquels"** ve **"lesquelles"**in **(à)** ve **(de)** önekleri almadan diğer önekler (edatlar) ile cümlede kullanılmış halleri görülmektedir. Aşağıdaki örnek cümlelerde ise **"lesquels"** ve **"lesquelles"** ilgi zamirlerinin **(à)** önekiyle birleşerek oluşturduğu **"auquels"** ve **"auxquelles"** ilgi zamiri **(pronom relatif)**lerin kullanılışı gösterilmiştir.

Les hommes auxquels nous avons parlé sont des médecins de l'hôpital.	Konuştuğumuz adamlar hastanenin doktorudurlar.
Les garçons auxquels je donne le livre sont mes frères. paysans.	Kitap verdiğim erkek çocuklar kardeşimdirler.
Les animaux auxquels vous donnez l'herbe sont aux	Ot verdiğiniz hayvanlar köylülere aittirler.
Les hommes auxquels il présente une demande sont les directeurs.	Onun dilekçe verdiği adamlar müdürlerdir.

Les filles auxquelles tu as parlé sont mes soeurs.	Senin konuştuğun kız çocukları benim kardeşlerimdir.
Les femmes auxquelles il offre le cadeau sont les infirmières.	Onun hediye verdiği kadınlar hemşiredirler.
Les questions auxquelles j'ai répondu ne sont pas très difficiles.	Benim yanıtladığım sorular çok zor değildirler.
Les poules auxquelles vous donnez de la pâtée ne sont pas dans le jardin.	Yem verdiğiniz tavuklar bahçede değildirler.

Yukarıdaki cümlelerde bulunan ilgi zamiri "**auxquels**" ve "**auxquelles**" (**à**) önekiyle oluşan **pronom relatif**'lerdir. Aynı zamirler (**de**) öneki alarak ilgi zamiri oluştururlar. Böylece **masculin** -çoğul isimlerin yerlerini tutan ilgi zamirleri "**desquels**" **féminin** –çoğul isimlerin yerlerini tutan ise "**desquelles**" **pronom relatif** leridir.

Les stylos desquels nous avons besoin ne sont pas dans la table.	İhtiyacımız olan kalemler masanın içinde değildirler.
Nous sommes allés à la campagne avec nos amis desquels nous sommes contents.	Kendilerinden memnun kaldığımız arkadaşlarımızla kıra gittik.
Les chagrins de notre voisins desquels nous avons jugé, nous font mal.	Komşumuzun gözümüzde canlandırdığımız üzüntüleri bizi rahatsız ediyor.
Les ressources desquelles nous avons fait l'inventaire ne sont pas suffisantes pour un nouvel investissement.	Sayımını (dökümünü) yaptığımız kaynaklar yeni bir yatırım için yeterli değildir.
Les neiges desquelles la montagne était couverte restaient jusqu'au mois de mai.	Dağın dolup taştığı karlar mayıs ayına kadar orada kalırdı.

Pronom (zamir) konusunda gördüğümüz altı çeşit zamirin dışında başka sözcük bölüklerinden yararlanarak oluşturulmuş iki çeşit zamir daha vardır. Bunlardan birisi zarf durumunda bulunan (**en**) ile (**y**) zamirleridir. Bunlara **les pronoms adverbiaux** (zarf nitelikli zamirler) denir. Diğeri ise belirli bir şahsın yerini tutmayan cinssiz (**neutre**) durumundaki zamirlerdir. Bunlara da **les pronoms neutres** (cinssiz zamirler) denir.

les pronoms adverbiaux - zarf nitelikli zamirler

Bu zamirlere zarf nitelikli zamir denilmesinin nedeni zarf durumundaki söz- cüklerden oluşmasıdır. Bu sözcüklerden birisi **"en"** diğeri ise **"y"** dir. Kullanılışları bakımından **pronom personnel** (kişi zamirlerinden) hiçbir farkı yoktur. **Pronom personnel**'ler gibi özne durumundaki sözcük ile fiil'in (yüklemin) arasında yer alırlar. **Pronom personnel**'lerden farkı bu zamirlerin yerini tutmuş olduğu isimlerin cins ve sayısına göre uyuşmamasıdır.

en

"En" zarf nitelikli zamiri cümlede **complément indirect** görevindeki ve cümlenin yüklemine sadece **(de)** edatıyla bağlı ve yer adı olan sözcüklerin yerine, kullanılan bir zarf zamiridir.

    Ils viennent d'Angleterre.   Onlar İngiltere'den geliyorlar.

cümlesinde İngiltere'den anlamına gelen yer adının yerine **(de)** edatıyla yükleme bağlanmış olduğu için **(en)** zarf nitelikli zamiri getirdiğimiz zaman;

    Ils en viennent.   Onlar oradan geliyorlar.
    Tu viens d'Istanbul.   Sen İstanbul'dan geliyorsun.
    Tu en viens.   Sen oradan geliyorsun.

    Il était au bureau, il vient de sortir du bureau.   Bürodaydı, biraz önce bürodan çıktı.
    Il était au bureau, il vient en sortir.   Bürodaydı az önce oradan çıktı.

    Le chat tombe de l'arbre.   Kedi ağaçtan düşüyor.
    Il en tombe.   O, ondan düşüyor.

    Les bateaux s'éloignent du port.   Gemiler limandan ayrıldılar.
    Les bateaux s'en éloignent.   Gemiler oradan ayrıldılar.

y

"Y" zarf nitelikli zamiri ise cümlede **complément indirect** görevindeki ve fiile **(à, dans, sur** vb.) edatlarla bağlı olan yer adlarının yerine kullanılan bir zamirdir. Bu zamir de yerini tuttuğu isim ister **féminin**, **masculin** tekil-çoğul olsun, ister olmasın hiçbir zaman değişmez. **"Y"** zamiri **pronom personnel**' ler gibi cümlenin fiili ile öznesinin arasında yer alır.

    Nous allons à Nice.   Nice'e gidiyoruz.
    Nous y allons.   Oraya gidiyoruz.

Les étudiants vont au cinéma.	Öğrenciler sinemaya gidiyorlar.
Les étudiants y vont.	Öğrenciler oraya gidiyorlar.
Mes amies sont dans cette école.	Arkadaşlarım bu okuldadır.
Mes amies y sont.	Arkadaşlarım oradadırlar.
L'armoire est dans cette chambre.	Dolap bu odadadır.
L'armoire y est.	Dolap oradadır.
Vous avez ajouté une préface au livre.	Kitaba bir önsöz eklediniz.
Vous y avez ajouté une préface.	Siz ona bir önsöz eklediniz.

Aller fiilinin **futur** ve **conditionnel** zamanlarında fiilin çekimli hallerinin başlarında **(i)** sesi olduğundan, gereksiz ses tekrarlarına engel olmak açısından **"y"** zarf nitelikli zamirinin kullanılması gerekmez. Kullanıldığı zaman yanlış olur.

Örneğin, **Ils iront à Isparta**.	Onlar Isparta'ya gidecekler.

cümlesinde cümlenin fiili olan **aller** fiili **futur** (gelecek zaman) olduğu için Isparta yer adının yerini tutacak olan **"y"** zarf nitelikli zamiri burada kullanılamayacağı için, onlar oraya gidecekler denilirken,

Ils iront.	Onlar oraya gidecekler.

biçiminde yazılması zorunludur.

Est-ce que vous iriez au théâtre?	Tiyatroya gidecek miydiniz?
Non, nous n'irons pas.	Hayır oraya gitmeyeceğiz.
J'irai à l'école après-midi.	Öğleden sonra okula gideceğim.
J'irai après-midi.	Öğleden sonra oraya gideceğim.

les pronoms neutres - cinssiz zamirler

Belirli bir ismin yerini tutmayan cinssiz zamirlere **les pronoms neutres** denir. Fransızca'da sadece üçüncü kişisi çekilen ve zamiri **(il)** olarak belirtilen (**Pleuvoir**, **neiger**, **faire chaud**, **faire froid**, **falloir** vb.) fiillerin başındaki **(il)** zamiri ne bir kişinin ne de bir cismin yerini tutmaktadır. Bunlara söz konusu özelliğinden dolayı cinssiz **(neutre)** zamirler denir.

Il fait froid aujourd'hui.	Bugün hava soğuktur.
Il a fait chaud cet été.	Bu yaz hava sıcak yaptı.

Il pleut depuis le matin.   Sabahtan beri yağmur yağıyor.
Il neige.   Kar yağıyor.

Il fait clair.   Hava açık.
Il fait beau.   Hava güzel.

Il fait mauvais.   Hava kötü.
Il fait noir.   Hava karardı.

Il peut.   Yağmur yağıyor.
Il est dix heures.   Saat ondur.

Yukarıdaki cümlelerdeki **"il"** zamiri herhangi bir **masculin** tekil üçüncü kişi değil, kişisiz fiillerin başına gelen cinssiz bir zamirdir.

ALIŞTIRMALAR - 9

A. Aşağıdaki Fransızca cümleleri iyelik zamirleri (**pronom possessif**) kullanarak değiştiriniz.

Örnek: **C'est mon chapeau : C'est le mien**

1. Ton jardin est magnifique.
2. Son frère a douz ans.
3. Sa soeur n'est pas là.
4. Notre voiture n'est pas neuve.
5. Notre camarade est venu.
6. Votre ami est intelligent.
7. Ta fleur est sur la table.
8. Tes fleurs sont dans le vase.
9. Le père d'Ahmet est parti pour la France

1. ....
2. ....
3. ....
4. ....
5. ....
6. ....
7. ....
8. ....
9. ....

B. Aşağıda karışık olarak verilen sözcüklerden soru cümleleri oluşturunuz.

Örnek: **a / qui / la pomme / mangé   :   qui a mangé la pomme?**

1. Voulu/ avec / qui / il / a / danse............................
2. Vient / nous / ce /chez / qui /soir............................
3. Est / ce/ a qui/ livre............................

1. ....
2. ....
3. ....

4. Vous /avec /qui / la leçon/ travaillez..............
5. De qui / content/ êtes/vous..............
6. Veux / que / manger/ tu/ pour/manger..............
7. Que / sur/ le toit/ vous/ voyez..............
8. Quoi /pensez/ à/ vous..............
9. De/ avons/ besoin/ quoi/ nous..............
10. S'appelle/laquelle/ces/de/filles/ Nilgün/t-elle..............

4. ....
5. ....
6. ....
7. ....
8. ....
9. ....
10. ....

C . Aşağıdaki cümlelerde boş bırakılan yerlere uygun **on** yada **certains** belgisiz zamirlerini (**pronom indéfini**) yazınız.

1. Il faut que l'......soit heureux..............
2. ....a parlé depuis le matin..............
3. ......va au cinéma après midi..............
4. Le soir....s'est réuni ici..............
5. ....ne sont pas allés au bureau..............
6. ....n'ont pas vu le musée..............
7. Nous voyons.......pres de la fenêtre..............

1. ....
2. ....
3. ....
4. ....
5. ....
6. ....
7. ....

D. Aşağıdaki cümlelerde boş bırakılan yerlere **qui** ve **que** ilgi zamirlerinden (pronom relatif) uygun olanları yazınız.

1. Ouvrez la porte. ....est fermée.
2. Regardez cette fille .... marche.
3. Voci un cahier.................... je vois.
4. Je connais le frère de Mireille....... est médecin.

1. ....
2. ....
3. ....
4. ....

5. Voici un journal…..je lis depuis le matin.
6. C'est une pomme ………..… tu aimeras.beaucoup.

E .Aşağıdaki Fransızca cümleleri Türkçeye çeviriniz.

1. Je connais le frère de Mireille qui est avocat.
2. Lisez le roman qui est sur la t able.
3. La table que vous voyez n'est pas lourde.
4. Vous voyez l'homme qui vient chez lui.
5. Je connais plusieurs hommes qui vient ici.
6. Ceux que vous connaissez vivent en France.
7. La femme qui vient chez-nous est ma tante.
8. La ville de France que tu as vu etait Lille.

LE VERBE - FİİL

Fiilin tanımı

Herhangi bir kişi ya da bir şeyin yaptığı bir işi, bir oluşu, bir hareketi bildiren sözcüklere fiil (eylem, yüklem) denir. Fiiller aynı zamanda bu kişi ve şeylere yapılan işi, oluşu ve hareketi de belirtirler.

Bu işi, hareketi ve eylemi belirtirken fiiller hareketin, işin yapıldığı zamanı da belirtirler. Her oluş ve hareket evrende cereyan edeceğine göre bunun yapıldığı bir zamanın olacağı ve olduğu doğaldır. Bir işin bir hareketin, bir oluşun ne zaman yapıldığının tespiti fiilin zamanını öğrenmemizi sağlar.

Parler	konuşmak
Lire	okumak
Finir	bitirmek

Ils mangent le repas.   Onlar yemek yiyorlar.
Je suis sorti.   Dışarı çıktım.
Tu viens de boire.   Az önce içtin.

Vous avez une robe jaune.   Sarı bir elbiseniz var.
Il ira à l'usine.   O, fabrikaya gidecek.
Nous ne prendrons pas de café.   Kahve, içmeyeceğiz.
Il peut aller ce soir.   O, bu akşam gidebilir.
La porte est fermée par moi.   Kapı benim tarafımdan kapatılıyor.
La fille est intelligente.   Kız çocuğu zekidir.

Bu cümlelerdeki fiillerin hepsi de değişik iş, oluş ve hareketleri belirtmişlerdi. Böylece öznenin yaptığı işi ve durumunu göstermektedir.

Fiillerin yapısı

Fiillerin sınıflandırılmasına geçmeden önce bir fiilin Fransızcada yapısını bilmenin yararı vardır.

Fransızcada bütün fiiller **radical** (kök) ve **terminaison**'dan (sonek) meydana gelmiştir.

Radical (kök) fiilin, fiil tarafından bildirilen temel düşünceyi belirten kısmıdır.

    Le chanteur chante une chanson   Şarkıcı bir Fransız şarkısı söylüyor.
    française.

Le chanteur chantera une chanson.	Şarkıcı bir şarkı söyleyecek.
Le chanteur chantait une chanson.	Şarkıcı bir şarkı söylüyordu.

Yukarıdaki her üç cümlede de "**chante**" kısmı fiilin kökü olması nedeniyle aynı kalmıştır. Kök kısmı, fiil hangi zamanda olursa olsun değişmemektedir. Ancak istisna olarak bazı fiillerin köklerinde sesli harf değişimi görülebilmektedir. Bunların sayısı çok azdır.

Terminaison (sonek) fiillerin sonunda yer alan ve değişebilen eklerdir. Fiillerin sonekleri onların sayısını, kaçıncı kişi olduklarını, kiplerini ve zamanlarını belirtirler.

Fransızcada fiiller soneklerine göre üç kısma ayrılırlar.

1. Sonu **(-er)** ile biten birinci grup fiiller,
2. Sonu **(-ir)** ile biten ikinci grup fiiller,
3. Sonu **(-re)**, **(-ir)**, **(-oir)** ile biten üçüncü grup fiiller.

Fiillerin soneklerine göre üç gruba ayrıldıklarını belirttikten sonra her grubun kendine özgü kurallarına ve özelliklerine geçmeden, fiilleri içeren genel kurallara değinmek gerekir.

Fiiller sayı olarak tekil ve çoğul olmak üzere iki kısımdan ibarettir. Öznesi tekil olan fiil tekil, öznesi çoğul olan fiil çoğuldur.

Ils ferment la porte de la maison.	Evin kapısını kapatıyorlar.
Nous regardons le tableau.	Tabloya bakıyoruz.
Vous parlez avec le professeur.	Öğretmenle konuşuyorsunuz.
Les enfants jouent dans le jardin.	Çocuklar bahçede oynuyorlar.
Les oiseaux volent sur la campagne.	Kuşlar kırların üzerinde uçuyorlar.

Yukarıdaki cümlelerde yüklemlerin dile getirdiği işleri yapan özneler çoğul oldukları için fiiller de çoğul yazılmışlardır.

C'est le chat de mon voisin.	Bu benim komşumun kedisidir.
Ma mére ne va pas au marché.	Annem pazara gitmiyor.
L'arbre de notre jardin est haut.	Bizim bahçenin ağacı uzundur.
Je suis un étudiant.	Ben bir öğrenciyim.
Il ne montre pas son ami qui est devant la maison.	O evin önünde olan arkadaşını göstermiyor.
Ton frère viendra demain.	Onun erkek kardeşi yarın gelecek.

Yukarıdaki cümlelerde ise özneler tekil oldukları için fiiller de tekildir. Fiilin öznesi birden çok olduğunda fiil de çoğul olur.

Metin, Paul, Jean sont venus au cinéma.	Metin, Paul, Jean, sinemaya geldiler.
La mère, le père sont courageux pour ses enfants.	Anne ve baba çocukları için cesaretlidirler.
Mon oncle, son professeur et notre voisin n'iront pas à la ville.	Benim amcam, onun öğretmeni ve bizim komşumuz şehre gitmeyecekler.

Görüldüğü gibi öznenin tekil olmasına rağmen birden çok özne olduğu için fiiller çoğul olarak yazılmıştır. Değişik şahıslardan birden çok özne olduğu zaman, bir önceki anlatılan kurala göre fiilin çoğul olması gerekmektedir. Ancak bu durumda fiilin her zaman birinci çoğul kişiye uygun olarak yazılma zorunluluğu vardır. Birinci kişinin her zaman diğer kişilere göre üstünlüğü vardır.

Lui, Mireille, Angélique, Georges et moi resterons ici.	O, Mireille, Angélique, Georges ve ben burada kalacağız.
Filiz, sa mère, ma tante et moi irons au supermarché.	Filiz, annem, teyzem ve ben süpermarkete gideceğiz.

İkinci kişinin de üçüncü kişiye göre üstünlüğü vardır. Bir cümlede özne durumunda hem ikinci ve hem üçüncü kişi bulunuyorsa, bu durumda cümlenin fiili ikinci kişilere göre yazılmak zorundadır.

Lui, les enfants et toi parlerez turc avec moi.	O, çocuklar ve sen benimle Türkçe konuşacaksınız.
Sa soeur, son frère et toi est-ce que vous pensez à venir chez-nous?	Onun kız kardeşi, erkek kardeşi ve sen bize gelmeyi düşünüyor musunuz?

Yukarıdaki cümlelerde fiilin bildirdiği işleri yapan özne durumunda tekil ve çoğul olmak üzere üç kişi vardır. Bu kişilerden kendisi konuşan kişi birinci tekil, kendileri konuşan kişiler ise birinci çoğul kişilerdir.

Je regarde la fenêtre de la boutique.	Dükkânın penceresine bakıyorum.
Je ne vois pas la voiture.	Arabayı görmüyorum.
J'ai lu le livre de mon ami.	Arkadaşımın kitabını okudum.
Nous mangeons la soupe.	Çorbayı içiyoruz.
Nous venons de la ville.	Şehirden geliyoruz.
Nous ne parlons pas avec ses amis.	Onun arkadaşlarıyla konuşmuyoruz.

Kendisine söylenen kişi üçüncü tekil, kendilerine söylenen kişiler ise ikinci çoğul kişilerdir.

Tu racontes les histoires.	Sen öyküler anlatıyorsun.
Tu vas à l'école maintenant.	Sen şimdi okula gidiyorsun.
Tu partiras pour la France.	Fransa'ya hareket edeceksin.
Vous attendez ses enfants.	Onun çocuklarını bekliyorsunuz.
Vous aimez les enfants.	Siz çocukları seviyorsunuz.
Vous n'irez pas à Istanbul.	Siz İstanbul'a gitmeyeceksiniz.

Kendisinden söz edilen kişi üçüncü tekil, kendilerinden söz edilen kişiler ise üçüncü çoğul kişilerdir.

Il connait l'auteur de ce livre.	O, bu kitabın yazarını tanıyor.
Il ne finit pas son devoir.	O, ödevini bitirmiyor.
Elle a une serviette brune.	Onun kahverengi bir çantası var.
Ils ont dépense assez d'argent pour cela.	Bunun için yeteri kadar para harcadılar.
Elles peuvent venir avec leurs pères.	Onlar (kızlar) babalarıyla gelebilir.
Ils ne volent pas sur les toits.	Onlar çatıların üzerinde uçmuyorlar.

Fiillerin bildirdiği işi, oluşu yapan kişilerin cümledeki görevi öznedir. Özne belirli kişilerin yerlerini tutan kişi zamirleri olabileceği gibi bu kişi ya da şeyler de özne olabilir.

Les hommes ne sont pas ingrats.	İnsanlar nankör değildirler.
Philippe fait son service militaire.	Philippe askerlik görevini yapıyor.
Ma soeur est allée au bureau de poste.	Kız kardeşim postaneye gitti.
Ses camarades sont restés à la ville.	Arkadaşları şehirde kaldılar.

FİİLLERDE ÇATI

Fransızca'da çatıları bakımından dört çeşit fiil vardır:

1. **Actifs** (etken) fiiller.
2. **Passifs** (edilgen) fiiller.
3. **Pronominaux** (dönüşlü) fiiller.
4. **Impersonnels** (kişisi olmayan) fiiller.

1. verbes actifs - etken fiiller

Fransızca bir cümlede fiilin bildirdiği işi yapan özne ise, bir başka deyişle eğer cümlenin öznesi varsa bu cümlenin fiili **actif**'tir(etken).

Il lit son journal.	O gazetesini okuyor.
Nous écoutons une chanson française.	Fransızca bir şarkı dinliyoruz.
Elles dansent avec leurs pères.	O kızlar babalarıyla dans ediyorlar.
Je ferme la porte de la classe.	Sınıfın kapısını kapatıyorum.
Mon oncle répare sa voiture.	Amcam arabasını onarıyor.
Les maçons font les murs des maisons.	Duvarcı ustaları evlerin duvarlarını yapıyorlar.

Actif (etken) fiiller cümlede **transitif** (geçişli) ve **intransitif** (geçişsiz) olabilirler.

Eğer öznenin yaptığı iş herhangi bir **complément direct** üzerine geçerse fiil **transitif direct**'tir (doğrudan geçişli).

Vous lisez le livre.	Kitabı okuyorsunuz.
Tu aimes ta grand-mère.	Büyük anneni seviyorsun.
Je vois les bateaux.	Gemileri görüyorum.
Il dessine une fleur.	O bir çiçek resmi yapıyor.
Elle ouvre la fenêtre.	O pencereyi açıyor.

Eğer öznenin yaptığı iş herhangi bir **complément indirect** üzerine geçerse fiil **transitif indirect**'tir (dolaylı geçişli).

Vous pensez à votre mère.	Annenizi düşünüyorsunuz.
Ils ont bénéficié des avantages.	Avantajlardan yararlandılar.
Les inspecteurs ont enquêté sur les examens.	Müfettişler sınavlar hakkında soruşturma açtılar.
Nous raffolons de la chanson.	Biz şarkıya bayılıyoruz.

Cümlede nesnesi olmayan fiillere geçişsiz **(intransitif)** fiiller denir. Geçişsiz fiiller nesne almadan herhangi bir düşünceyi, bir duyguyu dile getiren fiillerdir.

Les chiennes aboient au bord de la rivière.	Köpekler derenin kenarında havlıyorlar.
L'avion atterrit.	Uçak iniyor.
Les moutons bêlent.	Koyunlar meliyorlar.
Les cheveux de mon frère sent.	Erkek kardeşimin saçları **blondis**kumrallaşıyor.
Le bateau a chaviré dans la mer.	Gemi denizde alabora oldu.

Les familles demeurent dans cette maison.	Aileler bu evin içinde kalıyorlar.
Les enfants descendent l'un après l'autre	Çocuklar bir bir iniyorlar.
Deux amis vont sans s'arrêter.	İki arkadaş durmaksızın gidiyorlar.

2. verbes passifs - edilgen fiiller

Bir cümlede özne başkası tarafından yapılan bir işi kabul etmek zorundaysa fiil **passif**'tir. **Passif** fiilin bulunduğu bir cümlede asıl işi yapan özne değildir. Özne **(sujet) complément**'ın yaptığı işten etkilenerek bu işi kabul etmek durumunda kalmıştır. **Passif** fiilin bulunduğu cümlelere **passif cümle**, öznesine de sözde özne denir. **Actif** (etken) bir cümlenin **complément direct** (düz tümleci) özne olarak değiştirilerek **passif** (edilgen) duruma getirilir. Buradan sadece **complément direct**'i (düz tümleç) olan fiillerin **passif** (edilgen) yapılabileceği anlaşılır. **Actif** fiilin zamanına göre "**être**" fiilinin zamanı alınır ve sonuna aynı fiilin **participe passé**'si getirilerek cümle **passif** cümle haline çevrilir.

Ma mère prépare le repas.	Annem yemek hazırlıyor.
Le repas est preparé par ma mère.	Yemek annem tarafından hazırlanıyor.
L'élève ferme la porte de la classe.	Öğrenci sınıfın kapısını kapatıyor.
La porte de la classe est fermée par l'élève.	Sınıfın kapısı öğrenci tarafından kapatılıyor.
Les touristes ont visité la ville.	Turistler şehri gezdiler.
La ville a été visitée par les touristes.	Şehir turistler tarafından gezildi.
Le chat mange le poisson.	Kedi balığı yiyor.
Le poisson est mangé par le chat.	Balık kedi tarafından yeniliyor.
La mère aime ses enfants.	Anne çocuklarını sever.
Les enfants sont aimés par mère.	Çocuklar anneleri tarafından seviliyor.
La police a vu le voleur dans la rue.	Polis sokakta hırsızı gördü.
Le voleur a été vu par la police dans la rue.	Hırsız sokakta polis tarafından görüldü.
Mon père lira le journal.	Babam gazeteyi okuyacak.
Le journal sera lu par mon père.	Gazete babam tarafından okunacaktır.

Le berger appellera les moutons. Çoban koyunları çağıracak.
Les moutons seront appelés Koyunlar çoban tarafından çağrılacak.
par le berger.

Görüldüğü gibi **actif** (etken) fiiller hangi zamanlarda bulunuyorsa **"être"** fiilinin de bu zamanı çekilir, sonuna edilgen yapılacak fiilin **participe passé**'si getirildikten sonra **"par"** edatı, nihayet yüklemin bildirdiği işi yapan kişi ya da cisim yazılır.
Etken olan herhangi bir fiilin **participe passé**'sinin başına mastar halinde **"être"** fiili getirildiğinde bu fiilin edilgen mastarı elde edilmiş olur.

être vu	görülmek
être fermé	kapatılmak
être appelé	çağrılmak
être visité	ziyaret edilmek
être caressé	okşanmak
être aimé	sevilmek
être fini	bitirilmek
être ouvert	açılmak
être reçu	kabul edilmek

3. verbe pronominal - dönüşlü fiiller

Bir fiilin bildirdiği işi yapan özne kendi yaptığı işten yine kendisi etkileniyorsa bu çeşit fiillere dönüşlü **(pronominal)** fiil denir. Fransızca'da **pronominal** fiiller çift zamirlidirler. Bir başka açıdan iki tane zamiri olan fiillere **pronominal** fiil denilmektedir. Bu zamirlerden birincisi özne diğeri **complément**'dır.
Bu iki **pronom** (zamir) şunlardır.

je	me	nous	nous
tu	te	vous	vous
il	se	ils	se

Yukarıda yan yana bulunan zamirlerden birincilerin görevi **sujet** (özne), ikincilerin görevleri ise **complément**'dır (tümleç).

Je me lève tôt le matin. Sabahleyin erken kalkarım.
Vous vous couchez à dix heures. Saat onda yatıyorsunuz.
Ils se promènent dans le jardin. Onlar bahçede geziyorlar.
Nous nous habillons. Giyiniyoruz.
Tu te repose sur le banc. Bankın üzerinde dinleniyorsun.
Il se trompe souvent. Sık sık yanılıyor.

İki çeşit **pronominal** (dönüşlü) fiil vardır. Bunlardan birincisi **(Les pronominaux refléchis)** ikincisi ise **les pronominaux réciproques**'tur. **Les pronominaux refléchis**, işi ve hareketi aynı kişi ve cismin kabullendiği çift zamirli fiillerdir.

Il se coupe les ongles.	O tırnaklarını kesiyor.
Il se blesse le bras.	Kolunu yaralıyor.
Tu te brosses les dents.	Dişlerini fırçalıyorsun.

Bir işin ve hareketin iki ya da daha çok özne tarafından karşılıklı olarak birlikte yapıldığını gösteren **pronominal** fiillere **(les pronominaux réciproques)** denir.

Ils se sont blessés les mains.	Onlar ellerini yaraladılar.
Vous vous trompez trop.	Siz çok yanılıyorsunuz.
Nous nous coupons les cheveux.	Saçlarımızı kesiyoruz.

4. Impersonnels (kişisi olmayan) fiiller

Sadece üçüncü tekil kişisi olan fiillere **(impersonnels fiiller)** denir.

il pleut (yağmur yağıyor)	**il neige** (kar yağıyor)
il tonne (gök gürlüyor)	**il importe** (önemlidir)

Örneklerden de anlaşılacağı gibi **impersonnels** fiiller sadece üçüncü tekil kişi ile çekilmektedirler. Buradaki **(il)** üçüncü tekil **masculin** kişi değil **neutre** (cinssiz) ve hiç bir kişinin yerini tutmayan bir zamirdir. Bu çeşit fiillere sadece 3. tekil kişi zamiriyle çekildikleri için **les verbes impersonnels** de denir. Üçüncü tekil kişiden başka bir kişiyle çekilmedikleri için bu fiillerin emir zamanları yoktur.

LES MODES DU VERBES - FİİLLERDE KİP

Kip fiilin belirttiği işi açıklama biçimidir. Fransızca'da altı çeşit kip vardır.

1. **le mode indicatif** = bildirme kipi
2. **le mode conditionnel** = şart kipi
3. **le mode impératif** = emir kipi
4. **le mode subjonctif** = dilek kipi
5. **le mode infinitif** = mastar kipi
6. **le mode participe** = ortaç kipi

1. le mode indicatif - bildirme kipi

Bildirme kipi herhangi bir eylemin, hareketin ve oluşun önceden, şu anda yapıldığını veya gelecekte yapılacağını belirtir.

Le cheval a mangé l'avoine.	At yulafı yedi.
La mère a caressé son enfant.	Anne çocuğunu okşadı.
Les voitures ont passé sur la route.	Arabalar yoldan geçtiler.
Les hommes ont parlé avec mon père.	Adamlar babamla konuştular.
Le pigeon vole sur la maison.	Güvercin evin üstünde uçuyor.
La fille marche sur le trottoir.	Kız çocuğu kaldırımda yürüyor.
Les enfants jouent sous l'arbre.	Çocuklar ağacın altında oynuyorlar.
Les touristes visitent la mosquée.	Turistler camiyi ziyaret ediyorlar.
Le paysan vendra des oeufs au marché.	Köylü pazarda yumurta satacak.
La femme achètera une robe.	Kadın bir elbise satın alacak.
Les bateaux iront à İstanbul.	Gemiler İstanbul'a gidecekler.
Les ouvriers travailleront sur le pont.	İşçiler köprüde çalışacaklar.

2. le mode conditionnel - şart kipi

Şart kipi herhangi bir koşula bağlıymış gibi görünen bir işi, hareketi ve olayı belirtir.

Si j'avais d'argent, je ferais un tour d'Europe.	Param olsaydı bir Avrupa gezisi yapardım.
Votre mère viendrait chez-elle, si vous étiez là.	Siz orada olsaydınız anneniz ona gelirdi.
Si vous aviez le temps, vous iriez en France.	Eğer vaktiniz varsa Fransa'ya gideceksiniz.

Yukarıdaki örnek cümlelerden de görüldüğü gibi koşul bildiren yan cümlecik her zaman hemen hemen **"si"** bağlacıyla başlar. Bir şart cümlesi, birisi yan, diğeri temel olmak üzere iki cümlecikten oluşur.

3. le mode impératif - emir kipi

Emir kipi daha çok bir emri, zaman zaman bir öğüdü, bazen de bir ricayı belirtir.

Venez! Travaillez!	Geliniz! Çalışınız!

Marchez! Arrêtez-vous!	Yürüyünüz! Durunuz!
Ramassez-les, mettez-les sur la table!	Onları toplayınız, onları masanın üzerine koyunuz!
Ne mange pas la pomme verte!	Olmamış elmayı yeme!
Ne te promène pas sur les fleurs!	Çiçeklerin üzerinde gezinme!
Lisez bien s'il vous plaît.	Lütfen iyi okuyunuz!
Allez avec lui maintenant.	Şimdi onunla gidiniz!
Faites les gateaux s'il vous plait.	Lütfen pasta yapınız!

4. le mode subjonctif - dilek kipi

Dilek kipi başka bir işe, oluşa, harekete bağlı olan eylemi, işi, oluşu, hareketi açıklar.

Il faut que je travaille beaucoup.	Çok çalışmam gerekiyor.
Il faut que je sois à l'usine.	Fabrikada olmam gerekir.
Tu veux que tu sois gentil.	Kibar olmanı istiyorsun.
Je voudrais que vous ayez une voiture.	Sizin bir arabanız olmasını isterdim.
Il a peur que je sois en retard.	Geç kalmamdan korkuyor.
Nous attendons que tu finisse ce devoir.	Bu ödevi bitirmenizi bekliyoruz.
Vous ne croyez pas que je conduise l'auto.	Benim otomobil kullandığıma inanmıyorsunuz.

Subjonctif (dilek) kipi aynı zamanda bir kuşku **(doute)** kipidir. Bu kip ne şekilde kullanılırsa kullanılsın cümlede her zaman bir şüphe anlamı uyandırır.

Il n'est pas sûr que vous ayez besoin d'argent.	O sizin paraya ihtiyacınız olduğundan tamamen emin değil.
Ils ont pensé que nous serions à Ankara à huit heures.	Bizim saat sekizde Ankara'da olacağımızı düşündüler.
Je ne suis pas content que tu sois pauvre.	Senin yoksul olmandan memnun değilim.
Elles ne croient pas que nous ayons de la chance.	Onlar bizim şanslı olduğumuza inanmıyorlar.

Subjonctif (dilek) kipinin bulunduğu cümle her ne kadar bir temel cümle gibi görülse de her zaman bir yan cümledir **(proposition subordonnées)**. **Subjonctif** kipi bir duyguyu, bir dileği belirten fiiller ve **impersonnel** (tek kişili) fiillerle birlikte kullanılır. Ayrıca **afin que, pour que, après que, quoique** vb. gibi **locutions conjonctives**'lerden sonraki fiiller de **subjonctif** olarak kullanılırlar.

5. le mode infinitif - mastar kipi

Bu kip belirsiz olarak kesin ve yalın bir işi, hareketi ve eylemi dile getirir. Bu durumda söz konusu işi, hareketi ve oluşu fiil mastar olarak açıklamaktadır.

Venir, voir le Bosphore c'est mieux que partir pour la France en été.
Gelip Boğaziçi'ni görmek, yazın Fransa'ya gitmekten daha iyidir.

Parler vite est aussi facile que parler lentement.
Hızlı konuşmak yavaş konuşmak kadar kolaydır.

6. le mode participe - ortaç kipi

Ortaç kipi adından da anlaşılacağı gibi, bir işi, bir oluşu bir hareketi bildirmekle birlikte aynı zamanda bir sıfat-fiilden meydana gelmiştir. Ortaç kipinin fiilden oluşmuş bir sıfat olduğunu söylemek doğru ve yerinde bir tanımdır.

Nous avons vu des enfants couchés sur leurs lits.
Yataklarının üzerine yatmış çocukları gördük.

Les élèves obéissants sont très gentils.
Söz dinler öğrenciler çok kibardırlar.

Yukarıdaki örnek cümlelerdeki **couchés** ve ikinci cümledeki **obéissants** söz- cükleri ortaç kipinden olup her ikisi de fiilden oluşmuş sıfatlardır. Ortaç kipinin Fransızca'da iki zamanı vardır.

1. **participe présent** = şimdiki zamanlı ortaç kipi
2. **participe passé** = geçmiş zamanlı ortaç kipi

1. **participe présent** (şimdiki zamanlı ortaç kipi), fiil kökünün sonuna **"ant"** ekinin getirilmesiyle yapılır.

venant = qui vient = gelen,
chantant = qui chante = şarkı söyleyen

fermant = qui ferme = kapatan,
finissant = qui finit = bitiren

anlamlarına gelen **participe présent**'lar cümlede ise şu şekillerde bulunurlar.

Nous avons vu les hommes venant de la ville.
Şehirden gelen adamları gördük.

Mon ami est entré à la maison en fermant la porte.
Arkadaşım kapıyı kapatarak eve girdi.

Les élèves ont attendu leur professeur en finissant leurs travaux.　　Öğrenciler çalışmasını bitiren öğretmenlerini beklediler.

Yukarıdaki cümlelerdeki **participe présent**'ların başına ayrıca **en** getirilerek **gérondif** adı verilen şekil oluşmuştur. **En parlant, en lisant, en allant, en regardant** (konuşarak, okuyarak, giderek, bakarak) **participe présent**'ları **gérondif** durumdadırlar. Bu durumda **participe présent** değişmezdir **(invariable)**.

Le professeur venait en parlant avec le directeur.　　Öğretmen müdürle konuşarak geliyordu.
Mon père écoutait la musique en lisant le journal.　　Babam gazete okuyarak müzik dinliyordu.
Les touristes regardaient les monuments historiques en allant au musée.　　Turistler müzeye giderek tarihi yapıtlara bakıyorlardı.
Le chat marche dans le jardin en regardant l'oiseau.　　Kedi kuşa bakarak bahçede yürüyor.

2. participe passé (geçmiş zamanlı ortaç kipi) fiilin bir geçmiş zaman şekli olmasının yanında aynı zamanda bir sıfattır.

Fiilin bir geçmiş zaman şekli olarak **être** ve **avoir** fiilleriyle **passé composé** (birleşik geçmiş zaman) ve diğer birleşik zamanların yapılmasında kullanılır.

J'ai lu le journal de mon frère.　　Erkek kardeşimin gazetesini okudum.
Vous avez écrit une lettre.　　Bir mektup yazdınız.
Tu es sorti de la maison à dix heures.　　Saat onda evden çıktın.
Vous êtes allés au marché à huit heures.　　Saat sekizde pazara gittiniz.
Vouz êtiez tombés en allant sur le trottoir.　　Kaldırımda giderken siz düşmüştünüz.
Quand il est entré, nous avions parlé de nos vacances.　　O içeri girdiği zaman tatilimizden söz etmiştik.

Görüldüğü gibi yukarıdaki cümlelerde **participe passé**'ler fiilin bir geçmiş zaman şekli olarak kullanılmışlardır. Sıfat olarak yer aldıkları zaman cümlede şu şekilde bulunurlar.

Les lettres lues.　　Okunmuş mektuplar.
Les branches coupées.　　Kesilmiş dallar.
La pomme tombée.　　Düşmüş elma.
Le livre usé.　　Yıpranmış kitap.

LE TEMPS DES VERBES - FİİLLERDE ZAMAN

Fiillerde zaman fiilin belirttiği işin, oluşun, hareketin yapıldığı anı, zamanı gösterir. Yapılmış olan bütün iş, oluş ve hareketler geçmişi **(le passé)**; yapılmakta olan bütün iş, oluş, hareketler şimdiki zamanı **(le présent)** ve yapılacak olan bütün iş, oluş, hareketler ise gelecek zamanı **(futur)** ilgilendirirler.

le present - şimdiki zaman

Eğer bir oluş, iş ve hareket kendisinden söz edildiği zaman yapılmakta ise, bu işi, oluşu ve hareketi bildiren fiilin zamanı şimdiki zaman **(le présent)** kullanılır. Her kipin kendine özgü **présent**'ı vardır. **Indicatif présent**, **subjonctif présent** gibi.

Ils viennent de l'école.	Onlar okuldan geliyorlar.
Les paysans vont au marché.	Köylüler pazara gidiyorlar.
Les oiseaux ne volent pas la nuit.	Kuşlar gece uçmazlar.
Les ouvriers sortent de l'usine.	İşçiler fabrikadan çıkıyorlar.
Les touristes font des achats.	Turistler alış veriş yapıyorlar.

Yukarıdaki örnek cümlelerdeki fiillerin zamanları **indicatif** kipinin şimdiki zamanı olmasından ötürü şu anda yapılmaktadır.

le passé - geçmiş zaman

Geçmişte yapılmış olan bir işin, oluşun ve hareketin dile getirilmesinde bu zaman kullanılır. Geçmiş zamanın beş ayrı bölümü vardır.

1. **Le passé simple** (basit geçmiş zaman): Bu geçmiş zaman daha çok edebi ve tarihsel bir yazıda, roman ve hikâye dilinde kullanılır. Geçmişe mal olmuş herhangi bir işin, oluşun ve hareketin dile getirilmesinde kullanılır.

Ils voulurent fonder une ville près de la rivière.	Irmağın kenarına bir şehir kurmak istediler.
Nous avons conquis İstanbul pendant la moitié de quinzième siècle	Biz İstanbul'u on beşinci yüzyılın yarısında ele geçirdik.
Les écrivains français ont écrit assez de romans au XIX. siècle.	Fransız yazarları XIX. yüzyılda yeteri kadar roman yazdılar.

2. **Le passé composé** (bileşik geçmiş zaman): Bu geçmiş zaman haberleşme yazışmalarıyla, konuşma dilinde her zaman kullanılan bir zamandır.

J'ai vu les arbres verts du jardin.	Bahçenin yeşil ağaçlarını gördüm.
Ils ont pris le ballon pour jouer.	Oynamak için top aldılar.
Nous nous sommes promenés au bord de la mer.	Deniz kıyısında dolaştık.
Elle n'est pas allée en Italie, en été.	O kız yazın İtalya'ya gitmedi.
Tu as écrit une lettre à ta soeur.	Kız kardeşine bir mektup yazdın.

3. **L'imparfait** (şimdiki zaman hikâyesi): Yapılan işin ve hareketin, oluşun kendisinden söz ettiğimiz zamandan önce yapılmasına rağmen geçmişte yapılan diğer iş, oluş ve hareketlere göre hâlâ devam eden işi, oluşu ve hareketi belirtmeye yarayan bir geçmiş zamandır.

Il fermait la porte de la boutique.	Dükkânın kapısını kapatıyordu.
Nous nous couchions à dix heures.	Saat onda yatıyorduk.
Vous lisiez les journaux français.	Fransızca gazeteleri okuyordunuz.
Elles ne venaient pas au théâtre à huit heures.	O kızlar saat sekizde tiyatroya gelmiyorlardı.
Est-ce que vous écoutiez la musique?	Siz müzik dinliyor muydunuz?
J'aimais beaucoup mon chat.	Kedimi çok seviyordum.

4. **le plus-que-parfait** - geçmiş zamanın hikâyesi: Fiilin belirttiği iş, oluş ve hareket yapılmış olduğunda buna koşut olarak bir başka iş, oluş ve hareket geçmişte bitmişse bu geçmiş zaman kullanılır.

Les professeurs avaient étudié cette leçon avant que nous arrivions.	Öğretmenler bu dersi biz gelmeden önce işlemişlerdi.
L'avion avait atteri à trois heures.	Uçak saat üçte inmişti.
L'enfant avait parlé avec sa mère.	Çocuk annesiyle konuşmuştu.
Il avait lu le roman qu'il avait acheté. Il avait mangé le gâteau.	Satın aldığı romanı okumuştu. Pastayı yemişti.
Nous étions allés à Aksaray après midi.	Öğleden sonra Aksaray'a gitmiştik.
J'étais partis pour Ankara au mois de Mai.	Mayıs ayında Ankara'ya gitmiştim.

5. **Le passé anterieur** (önceki geçmiş zaman): Fiil tarafından belirtilen bir iş, oluş ve hareketin yine aynı şekilde yapılan bir başka iş, oluş ve hareketi bildiren fiilden önce bu zaman kullanılır. Yani geçmişte yapılan bir iş, oluş ve hareketi yine geç-

mişte yapılan bir başka iş, oluş ve hareketten önce yapıldığını göstermek için fiilin zamanı olarak bu geçmiş zaman kullanılır.

Dès que les élèves furent allés à l'école, il a commencé à pleuvoir.	Çocuklar okula gider gitmez yağmur yağmaya başladı.
Le soir, quand j'eus écouté la musique, j'ai dormi.	Akşam müzik dinlediğim sırada uyudum.
Hier, quand ma fille eut regardé la TV, nous avons lu le journal.	Dün kızım TV'ye bakarken biz kitap okuduk.
L'année dernière quand nous fûmes allés en France, ils sont àllés en Italie.	Geçen yıl biz Fransa'ya giderken onlar İtalya'ya gitmişlerdi.
La semaine dernière quand vous eûtes fait des achats, il n'a rien acheté.	Siz geçen hafta alış veriş yaptığınız zaman o hiçbir şey satın almadı.

le futur - gelecek zaman

Gelecekte yapılacak eylemleri belirtirken kullanılan bir zamandır. Tıpkı geçmiş zaman gibi uzun bir zaman sürecini içermesinden ötürü iki kısma ayrılmaktadır.

1. **Le futur simple** (basit gelecek zaman): Bu zaman bir işin, oluşun ve hareketin gelecekte yapılacağını basit olarak belirten bir zamandır.

Nous n'attendrons pas nos amis jusqu'à deux heures.	Saat ikiye kadar arkadaşlarımızı beklemeyeceğiz.
Vous ne finirez pas vos devoirs.	Ödevlerinizi bitirmeyeceksiniz.
Est-ce que nous irons à Istanbul?	İstanbul'a gidecek miyiz?
Les étrangères viendront au mois de juillet.	Yabancılar Temmuz ayında gelecekler.
Il sera à six heures chez lui.	O saat altıda evinde olacaktır.

2. **Le futur antérieur** (bir önceki gelecek zaman): Bu zaman gelecekte yapılacak bir eylemin yine gelecekte yapılacak eylemden önce olacağını gösterir.

Quand j'aurai mangé le repas, j'irai au cinéma.	Yemeğimi yedikten sonra sinemaya gideceğim.
Quand mon fils aura travaillé sa leçon nous nous promenerons avec ma famille.	Oğlum dersini çalıştığı zaman ailemle gezmeye gideceğiz.

Quand j'aurai entendu la voix charmante d'Angélique à la conversation téléphonique je serai heureux.

Telefonda Angélique'in büyüleyici sesini duyunca mutlu olacağım.

VERBES AUXILIAIRES - YARDIMCI FİİLLER

Fransızca'da başlıca iki adet yardımcı fiil vardır. Bunlar **"avoir"** ve **"être"** yardımcı fiilleridir. Ancak bu iki fiil yalnız olarak kullanıldıkları zaman yardımcı fiil değildir. Bu durumda **"avoir"** sahip olmak, **"être"** olmak anlamlarına gelmektedir. Bu iki yardımcı fiilin **indicatif présent** (şimdiki zaman) şekli şu şekildedir.

avoir	Être
j'ai	je suis
tu as	tu es
il a	il est
elle a	elle est
on a	on est
nous avons	nous sômmes
vous avez	vous êtes
ils ont	ils sont
elles ont	elles sont

Avoir ve **être** yardımcı fiilleri diğer fiillerin bileşik zamanlarının çekimine yardımcı olmaktadırlar. Bütün **pronominal** (çift zamirli) fiiller ile aşağıdaki on dört fiilin birleşik zamanlarının çekiminde yardımcılık görevini yerine getiren **être** fiilidir.

Aller (gitmek)
Venir (gelmek)
Entrer (girmek)
Arriver (varmak)
Partir (hareket etmek)
Sortir (çıkmak)
Rester (kalmak)

Monter (yukarı çıkmak)
Descendre (inmek)
Mourir (ölmek)
Retourner (dönmek)
Naître (doğmak)
Rentrer (dönmek)
Tomber (düşmek)

Yukarıdaki on dört fiilin dışındaki bütün fiillerin bileşik zamanları ise **avoir** fiilinin yardımıyla çekilirler. Bileşik zamanları birer örnekle şu şekilde gösterebiliriz:

avoir fiilinin yardımıyla çekilen
Le passé composé
(bileşik geçmiş zaman)

J'ai marché (yürüdüm)
tu as marché (yürüdün)
il a marché (yürüdü)
elle a marché (o kız yürüdü)
nous avons marché (yürüdük)
vous avez marché (yürüdünüz)
ils ont marché (yürüdüler)
elles ont marché (kızlar yürüdüler)

être fiilinin yardımıyla çekilen
Le passé composé
(bileşik geçmiş zaman)

je suis venu (geldim)
tu es venu (geldin)
il est venu (geldi)
elle est venue (o kız geldi)
nous sommes venus (geldik)
vous êtes venus (geldiniz)
ils sont venus (geldiler)
elles sont venues (kızlar geldiler)

Le plus-que-parfait (geçmiş zamanın hikâyesi):

J'avais parlé (konuşmuştum)
tu avais parlé (konuşmuştun)
il avait parlé (konuşmuştu)
elle avait parlé (o kız konuşmuştu)
nous avions parlé (konuşmuştuk)
vous aviez parlé (konuşmuştunuz)
ils avaient parlé (konuşmuşlardı)
elles avaient parlé (konuşmuşlardı)

j'étais allé (gitmiştim)
tu étais allé (gitmiştin)
il était allé (gitmişti)
elle était allée (gitmişti)
nous étions allés (gitmiştik)
vous étiez allés (gitmiştiniz)
ils étaient allés (gitmişlerdi)
elles étaient allées (gitmişlerdi)

Le passé antérieur (önceki geçmiş zaman):

j'eus fini (bitirmiş oldum)
tu eus fini (bitirmiş oldun)
il eut fini (bitirmiş oldu)
nous eûmes fini
(bitirmiş olduk)
vous eûtes fini
(bitirmiş oldunuz)
ils eurent fini
(bitirmiş oldular)
elles eurent fini
(bitirmiş oldular)

je fus parti (hareket etmiş oldum)
tu fus parti (hareket etmiş oldun)
il fut parti (hareket etmiş oldu)
nous fûmes partis
(hareket etmiş olduk)
vous fûtes partis
(hareket etmiş oldunuz)
ils furent partis
(hareket etmiş oldular)
elles furent parties
(hareket etmiş oldular)

Le futur antérieur (bir önceki gelecek zaman):

j'aurai vu (görmüş olacağım)
tu auras vu (görmüş olacaksın)
il aura vu (görmüş olacak)
elle aura vu (görmüş olacak)

je serai sorti (çıkmış olacağım)
tu seras sorti (çıkmış olacaksın)
il sera sorti (çıkmış olacak)
elle sera sortie (çıkmış olacak)

nous aurons vu
(görmüş olacağız)
vous aurez vu
(görmüş olacaksınız)
ils auront vu
(görmüş olacaklar)
elles auront vu
(görmüş olacaklar)

nous serons sortis
(çıkmış olacağız)
vous serez sortis
(çıkmış olacaksınız)
ils seront sortis
(çıkmış olacaklar)
elles seront sorties
(çıkmış olacaklar)

İçinde yardımcı fiil bulunan herhangi bir cümleyi soru yapmak için, Fransızca'da soru kalıbı olan **"est-ce que"**nün cümlenin başına getirilmesinden başka yardımcı fiilin zamiriyle fiilin yerini değiştirmek suretiyle de soru şekli yapılır.

affirmatif (olumlu)	Interrogatif (soru)
j'ai	ai-je?
tu as	as-tu?
il a	a-t-il?
elle a	a-t-elle?
on a	a-t-on?
nous avons	avons-nous?
vous avez	avez-vous?
ils ont	ont-ils?
elles ont	ont-elles?
je suis	suis-je?
tu es	es-tu?
il est	est-il?
elle est	est-elle?
on est	est-on?
nous sommes	sommes-nous?
vous êtes	êtes-vous?
ils sont	sont-ils?
elles sont	sont-elles?

İçinde yardımcı fiil bulunan herhangi bir cümlenin fiilini olumsuz yapmak için yardımcı fiil **"ne ... pas**, **ne ... plus**, **ne ... jamais**, vb." gibi olumsuzluk zarflarının arasına getirilir.

affirmatif (olumlu)	négatif (olumsuz)
j'ai lu	je n'ai pas lu
tu as choisi	tu n'as pas choisi
il aura mangé	il n'aura pas mangé
nous eûmes chanté	nous n'eûmes pas chanté
vous aviez regardé	Vous n'aviez pas regardé
ils ont été	ils n'ont jamais été
je suis né	je ne suis pas né
tu seras venu	tu ne seras plus venu
elle fut restée	elle ne fut jamais restée
nous serons entrés	nous ne serons plus entrés
ils sont arrivés	ils ne sont pas arrivés

Avoir ve **être** yardımcı fiillerinden başka yardımcı fiil olabilen bazı fiiller de vardır. Bunlar kullanıldıkları yere göre bazen yardımcı fiil görevini yerine getirirler. Bu fiiller **semi-auxiliaire** (yarı-yardımcı) fiil görevini üslenirler.

Söz konusu fiiller şunlardır: **Aller** (gitmek), **venir** (gelmek), **devoir** (mecbur olmak), **pouvoir** (yapabilmek, edebilmek), **faire** (yapmak).

Bu fiillerin de diğer yardımcı fiillerle birlikte ayrıntılı olarak incelendiğinde özellikleri görülecektir.

Avoir ve **être** yardımcı fiilleri birçok zamanın yapılmasında kullanıldığı için bu iki fiilin temel yardımcı fiil oldukları konumuzun başında anlatılmıştır. Bu yardımcı fiillerden başka yardımcı fiil görevini yüklenen diğer fiiller ise, sadece bir çekim şeklinin ya da herhangi bir deyimin oluşmasını sağlamaktadırlar. Bu yardımcı fiiller birlikte kullanıldıkları fiillerin asıl anlamlarında değişiklik yaparak, onların başka anlamlarda kullanılmalarına yol açar. Söz konusu bu fiiller yardımcı fiil görevlerinden başka yukarıda parantez içinde belirtilen asıl anlamlarıyla olağan bir fiil olarak da sıkça kullanılırlar.

être

Konumuzun başında sadece **indicatif présent**'ı şematik olarak belirtilen **être** yardımcı fiilinin diğer zamanları şu şekildedir.

Aşağıdaki şemalarda **être** fiilinin şimdiki zaman, geçmiş zaman, gelecek zaman, şimdiki zamanın hikâyesi çekimlerinin olumlu, olumsuz ve soru şekilleri görülmektedir. Türkçe karşılıklarındaki noktalı yerler herhangi bir sözcüğün buraya gelebileceğini göstermek içindir. Bu fiilin Türkçe karşılığını öğrenirken iyelik sıfatlarının anlamlarıyla karıştırmamaya dikkat edilmelidir. Zira **je suis** "ben .... im" denilirken; noktalı yere **"avocat"** sözcüğünü getirdiğimizde ben avukatım anlamına gelir. "Benim avukatım" anlamına gelmemektedir. "Benim avukatım" olması için sıfatlar konusunda açıklandığı gibi **"mon avocat"** olarak söylenmesi gerekir. Türkçe karşılıklarda, şema içindeki im, sin, dur, iz, siniz vb. lerin Türkçe ses uyumuna göre

um, üm, sun, sün, dur, dür, dır, iz, uz, üz, sınız, siniz, sunuz, dır, dur vb. olabileceğinin hatırlanması gerekir.

Aşağıdaki tabloda **être** fiilinin olumlu olarak şahıs zamirleriyle çekimi görülmektedir. Nitekim Fransızcada fiil çekimlerinde emir kipi hariç bütün şahısların başında o şahsı belirten kişi zamiri bulunmaktadır. Türkçede kişiyi belirten zamir fiilin çekimli halinin sonuna eklendiği halde Fransızcada çekimin başında mutlaka kişiyi belirten zamiri vurgulama zorunluluğu vardır.

şimdiki zaman

olumlu

olumlu şekli	anlamı
je suis	ben ...... im
tu es	sen ...... sin
il est	o ...... dur
elle est	o ...... dur
nous sommes	biz ...... iz
vous êtes	siz ...... siniz
ils sont	onlar ...... dır
elles sont	onlar ...... dır

Yukarıdaki tabloda **être** fiilinin olumlu şeklinin bütün kişi zamirleriyle kullanılışı bulunmaktadır. Bu fiilin olumsuz, soru, olumsuz soru şekilleri ise yine tablolar halinde verilmektedir.

olumsuz

olumsuz şekli	anlamı
je ne suis pas	ben ...... değilim
tu n'es pas	sen ...... değilsin
il n'est pas	o ...... değildir
elle n'est pas	o ...... değildir
nous ne sommes pas	biz ...... değiliz
vous n'êtes pas	siz ...... değilsiniz
ils ne sont pas	onlar ...... değildirler
elles ne sont pas	onlar ...... değildirler

soru

soru şekli	anlamı
suis-je?	ben ...... miyim?
es-tu?	sen ...... misin?
est-il?	o ...... mudur?
est-elle?	o ...... mudur?
sommes-nous?	biz ...... miyiz?
êtes-vous?	siz ...... misiniz?
sont-ils?	onlar ...... mıdırlar?
sont-elles?	onlar ...... mıdırlar?

olumsuz soru

olumlu şekli	olumsuz şekli	anlamı
suis-je?	ne suis-je pas?	ben ...... değil miyim?
es-tu?	n'es-tu pas?	sen ...... değil misin?
est-il?	n'est-elle pas?	o ....değil midir?
est-elle?	n'est-il pas?	o .... değil midir?
sommes-nous?	ne sommes-nous pas?	biz ...... değil miyiz?
êtes-vous?	n'êtes-vous pas?	siz ...... değil misiniz?
sont-ils?	ne sont-il pas?	onlar .... değil midirler?
sont-elles?	ne sont-elles pas?	onlar .... değil midirler?

geçmiş zaman

olumlu

olumlu şekli	anlamı
j'ai été	ben .... oldum
tu as été	sen .... oldun
il a été	o .... oldu
elle a été	o .... oldu
on a été	o ....oldu
nous avons été	biz .... olduk
vous avez été	siz .... oldunuz
ils ont été	onlar .... oldular
elles ont été	onlar .... oldular

olumlu soru

soru şekli	anlamı
ai-je été	ben .... oldu muyum?
as-tu été	sen .... oldun mu?
a-t-il été	o .... oldu mu?
a-t-elle été	o .... oldu mu?
avons-nous été	biz .... olduk mu?
avez-vous été	siz .... oldunuz mu?
ont-ils été	onlar .... oldular mı?
ont-elles été	onlar .... oldular mı?

olumsuz soru

olumsuz şekli	anlamı
n'ai-je pas été	ben .... olmadım mı?
n'as-tu pas été	sen .... olmadın mı?
n'a-t-il pas été	o .... olmadı mı?
n'a-t-elle pas été	o .... olmadı mı?
n'avons-nous pas été	biz .... olmadık mı?
n'avez-vous pas été	siz .... olmadınız mı?
n'ont-ils pas été	onlar .... olmadılar mı?
n'ont-elles pas été	onlar ..... olmadılar mı?

olumsuz

olumsuz	anlamı
je n'ai pas été	ben ...... olmadım
tu n'as pas été	sen ...... olmadın
il n'a pas été	o ...... olmadı
elle n'a pas été	o ...... olmadı
on n'a pas été	o ...... olmadı
nous n'avons pas été	biz ...... olmadık
vous n'avez pas été	siz ...... olmadınız
ils n'ont pas été	onlar ...... olmadılar
elles n'ont pas été	onlar ...... olmadılar

Bu fiil bunların dışında diğer bütün zamanlarla da çekilir. Bu zamanlardan çok kullanılanlardan birisi de **imparfait**'dir (şimdiki zamanın hikâyesi). "Olmak" (**être**) fiilinin **imparfait** zamanının olumlu, olumlu soru, olumsuz, olumsuz soru şekilleri aşağıdaki tablolarda olduğu gibidir.

şimdiki zamanın hikâyesi

olumlu

olumlu şekli	anlamı
j'étais	ben ...... idim
tu étais	Sen ...... idin
il était	o ...... idi
elle était	o ...... idi
nous étions	biz ...... idik
vous étiez	siz ...... idiniz
ils étaient	onlar ...... idiler
elles étaient	onlar ...... idiler

olumlu soru

olumlu şekli	anlamı
étais-je	ben ...... miydim?
étais-tu	sen ...... miydin?
était-il	o ...... muydu?
était-elle	o ...... muydu?
étions-nous	biz ...... miydik?
étiez-vous	siz ...... miydiniz?
étaient-ils	onlar ...... mıydılar?
étaient-elles	onlar ...... mıydılar?

olumsuz

olumsuz şekli	anlamı
je n'étais pas	ben ...... değildim
tu n'étais pas	sen ...... değildin
il n'était pas	o ...... değildi
elle n'était pas	o ...... değildi
nous n'étions pas	biz ...... değildik
vous n'étiez pas	siz ...... değildiniz
ils n'étaient pas	onlar ...... değildiler
elles n'étaient pas	onlar ...... değildiler

olumsuz soru

soru şekli	anlamı
n'étais-je pas?	ben ...... değil miydim?
n'étais-tu pas?	sen ...... değil miydin?
n'était-il pas?	o ...... değil miydi?
n'était-elle pas?	o ...... değil miydi?
n'étions-nous pas?	biz ...... değil miydik?
n'étiez-vous pas?	siz ...... değil miydiniz?
n'étaient-ils pas?	onlar ...... değil miydiler?
n'étaient-elles pas?	onlar ...... değil miydiler?

Fransızca **être** fiilinin gerek yardımcı ve gerek olağan bir fiil olarak başlıca zamanlarının çekimleri yukarıdaki tablolarda görüldüğü gibidir. Bu fiilin hem yardımcı ve hem de olağan bir fiil olarak cümle içinde kullanılışları aşağıda yer almaktadır.

yardımcı fiil olarak être

1. Fransızcada **être** fiili konumuzun başında belirttiğimiz on dört fiilin birleşik geçmiş zamanının çekiminde yardımcı fiil olarak kullanılır.

Je suis allé à Ankara, l'année dernière.	Geçen sene Ankara'ya gittim.
Nous sommes venus à deux heures.	Saat ikide geldik.
Vous êtes partis pour Istanbul.	İstanbul'a hareket ettiniz.
Ils sont sortis de la maison.	Evden çıktılar.
Elles sont nées au mois de Mai.	Mayıs ayında doğdular.
Tu es venu chez-nous.	Bize geldin.
Vous êtes entrés au restaurant.	Lokantaya girdiniz.

2. **Passif**-edilgen cümlelerde **participe passé** (geçmiş zaman ortacından) önce edilgen fiilin zamanına uygun olarak yer alır.

Nous sommes appelés par lui.	Onun tarafından çağrılıyoruz.
Ils sont ramassés par mon frère.	Erkek kardeşim tarafından toplanıyorlar.
Vous avez été visités chez-eux.	Onlara davet edildiniz.

C'est par moi que tu as été vu.	Benim tarafımdan görüldün.
Ils ne seront pas acceptés.	Onlar kabul edilmeyecekler.
Je serai invité chez mon ami.	Arkadaşıma davet edileceğim.
On a fermé la porte.	Kapı kapatıldı.
Vous ne lirez pas ce livre.	Siz kitabı okumayacaksınız.
Le stylo est cassé par l'élève.	Kalem öğrenci tarafından kırıldı.
Le devoir n'est pas fait.	Ödev yapılmıyor.
C'est le maçon qui fera le mur.	Duvar usta tarafından yapılacaktır.
Les fenêtres seront ouvertes.	Pencereler açılmış olacak.
C'est elle qui a chanté la chanson.	Şarkı o kız tarafından söylendi.
Les oeufs sont vendus par les paysans.	Yumurtalar köylüler tarafından satıldılar.

"être" yardımcı fiiliyle bileşik zamanlarını çeken fiillerin **plus-que-parfait** geçmiş zamanın hikâyesi şekillerini içeren cümlelerde être yardımcı fiili kullanılır.

Hier j'étais venu à deux heures.	Dün saat ikide gelmiştim.
Les enfants n'etaient pas allés dans le jardin.	Çocuklar bahçeye gitmemişlerdi.
Mon ami n'etait pas sorti de l'école.	Arkadaşım okuldan çıkmamıştı.
Sa soeur était partie pour la France.	Onun kız kardeşi Fransa'ya hareket etmişti.
Mes parents n'étaient pas restés ici.	Ebeveynlerim burada kalmamışlardı.
Le chat était monté sur l'arbre.	Kedi ağacın üstüne çıkmıştı.
Les concurrents étaient arrivés au but.	Yarışmacılar hedefe ulaşmışlardı.
Il n'était pas entré au bureau.	Büroya girmemişti.
Elle était sortie par la porte.	Kapıdan çıkmıştı.
Les touristes étaient descendus du bateau.	Turistler gemiden inmişlerdi.

"être" yardımcı fiiliyle birleşik zamanlarını yapan fiillerin **le passé antérieur** (önceki geçmiş zaman) şekillerini içeren cümlelerde être yardımcı fiili kullanılır.

Les oiseaux furent allés vers l'horizon.	Kuşlar ufka doğru gitmiş oldular.

Mon père fut venu une fois.	Babam bir kez gelmiş oldu.
Les voitures ne furent pas entrées dans la rue.	Arabalar sokağa girmemiş olmuşlar.
Les feuilles furent tombés en automne.	Yapraklar sonbaharda dökülmüş oldular.
La fille fut sortie par la porte.	Kız kapıdan çıkmış oldu.
L'avion ne fut pas parti pour Ankara.	Uçak Ankara için hareket etmemiş oldu.
Nous fûmes allés au cinéma.	Sinemaya gitmiş olduk.
Vous ne fûtes pas retournés.	Siz dönmüş olmadınız.
Ils ont vécu avant le Moyen age.	Onlar Ortaçağ'dan önce yaşadılar.
Les soldats furent restés fidèles au serment pour sauver leur patrie.	Askerler vatanlarını kurtarmak için yeminlerine sadık kalmış oldular.
Il est mort après Jésus-Christ pendant la guerre civile à Rome.	O, M.S. Roma'daki iç savaşlar sırasında öldü.

Bu fiil ile bileşik zamanlarını yapan fiillerin **le futur antérieur** (bir önceki gelecek zaman) şeklini kapsayan cümlelerde yardımcı fiil olarak yer alır.

Quand je serai sorti de la maison vous irez au théâtre.	Ben evden çıktığım zaman siz tiyatroya gideceksiniz.
Vous ferez vos devoirs lorsque je serai venu à trois heures.	Ben saat üçte geleceğim zaman ödevlerinizi yapmış olacaksınız.
Quand les élèves seront sortis par la porte, la cloche sonnera tout de suite.	Öğrenciler kapıdan çıkınca hemen zil çalacak.
Quand la voiture sera venue, nous irons chez nous.	Araba gelince evimize gideceğiz.
Quand mon père sera allé au marché il achetera des pommes.	Babam pazara gidince elma satın alacak.

Bileşik geçmiş zaman **(le passé composé)** zamanını **étre** fiiliyle yapan çift zamirli **(pronominaux)** fiillerin **passé composé** zamanlarının çekiminde yardımcı fiil olarak yer alır.

Les enfants se sont couchés à huit heures.	Çocuklar saat sekizde yattılar.
Avec quoi est-ce que vous vous êtes lavés?	Siz ne ile yıkandınız?
Je me suis promené dans la fôret.	Ben ormanda gezindim.

Vous vous êtes levés à sept heures.	Siz saat yedide kalktınız.
Il s'est habillé et il est allé a l'école.	Giyindi ve okula gitti.
La fille s'est peignée devant la Fenêtre.	Kız pencerenin önünde tarandı.
Les touristes se sont essuyé le visage.	Turistler yüzlerini kuruladılar.
Mon père ne s'est pas rasé à la maison.	Babam evde tıraş olmadı.
Nous nous sommes réveillés tôt le matin.	Sabahleyin biz erken uyandık.

olağan fiil olarak **être**

Bir kişi veya cismin oluşunu ve durumunu belirtmek için kullanılan cümlelerde yer alır.

Cet homme est mon professeur.	Bu adam benim öğretmenimdir.
Cette fille n'est pas ta soeur.	Bu kız senin kız kardeşin değildir.
Les enfants sont joyeux.	Çocuklar neşelidirler.
Les oiseaux seront sur les toits.	Kuşlar çatıların üzerinde olacaklar.
Le stylo est sur la table.	Dolmakalem masanın üzerindedir.
Les arbres sont verts en été.	Yazın ağaçlar yeşildirler.
Le chien est devant la maison.	Köpek evin önündedir.
La rose est une fleur magnifique.	Gül görkemli bir çiçektir.
La porte est ouverte depuis le matin.	Kapı sabahtan beri açıktır.
Ils sont français, vous êtes turcs.	Onlar Fransızdır, siz Türksünüz.
Je suis content de vous voir ici.	Sizi burada görmekten memnunum.
La robe de ma mère est rouge.	Annemin elbisesi kırmızıdır.
Metin et Nilgün sont venus chez-nous.	Metin ve Nilgün bize geldiler.

Herhangi bir kişi ve eşyanın ya da bir cismin oluşunu, durumunu işaret sıfatları veya işaret zamirleriyle birlikte kullanılarak belirtmeye yarar.

C'est mon stylo bleu.	Bu benim mavi dolmakalemimdir.
Ce livre est à moi.	Bu kitap bana aittir.
Ce n'est pas votre sac.	Bu sizin çantanız değildir.
Ce sont mes amis fières.	Bunlar benim sadık dostlarımdır.
Ces chats sont sur les arbres.	Bu kediler ağacın üzerindedirler.
Cette rose est à elle.	Bu gül o kıza aittir.
Ce n'est pas ma robe jaune.	Bu benim sarı elbisem değildir.
Voici deux chemises, celle-ci est la sienne.	İşte iki gömlek. Buradaki onunkidir.

Bu fiil ile yapılan birçok eylem deyimi **(locution verbale)** vardır. Bu deyimlerle **être** şu değişik anlamları vermektedir.

Nous sommes de la Turquie.	Biz Türkiye'liyiz.
Vous êtes de cette famille.	Siz bu ailedensiniz.
Nous sommes en Mai.	Biz mayıs ayındayız.
Je suis pour cette équipe.	Ben bu takımdan yanayım.
Te es contre nous.	Sen bize karşısın.
Nous sommes à nos travaux.	Biz işimizle meşgulüz.
Cela est à faire tout de suite.	Onun hemen yapılması gerekir.
Ce n'est pas à moi de penser.	Düşünme sırası bende değildir.
Ce n'est pas à vous de partir.	Gitme sırası sizde değil.

ALIŞTIRMALAR-10

A. Aşağıdaki yardımcı (auxiliaires) **être** ve **avoir** fiillerinin **présent de l'indicatif** (şimd.zaman) çekimlerinin olumsuz şeklini yazınız.

Örnek: **est :n'est pas   avons : n'avons pas**

1. je suis..................   1. ....
   Tu as.....................
2. Vous êtes..............   2. ....
   Il a........................
3. Ils sont................   3. ....
   Elle a...................
4. Elles sont.............   4. ....
   Nous avons..........

B. Aşağıdaki yarı yardımcı **(semie- auxiliaires)** aller, venir, pouvoir, devoir fiillerinin **présent de l'ind.**(şimd.zaman) çekimlerinin olumsuz soru şekillerini yazınız.

1. Tu vas...............................   1. ....
   Je puis.............................
2. Nous allons.......................   2. ....
   Il peut..............................
3. Ils vonnt..........................   3. ....
   Elles peuvent....................
4. Je viens...........................   4. ....
   Tu dois............................
5. Vous venez......................   5. ....
   Nous devons....................

6. Elles viennent..................... 6. ....
   Ils doivent...........................

C. Aşağıdaki cümlelerin olumsuz **(négatif)** şekillerini yazınız.

1. J'ai une maison au bord de la mer......................................
2. Ils sont les hospitaliers de vous.......................................
3. Vous avez fini vos devoirs.............................
4. Elle est venue chez-elle ce matin.....................................
5. Les étudiants vont a l'université...........................
6. Les Fermiers doivent travailler.............................
7. Ils peuvent venir chez-nous............
8. Tu viens de parler de lui...................
9. Tu as besoin d'une voiture neuve..................................
10. Il est né a İstanbul.................

1. ....
2. ....
3. ....
4. ....
5. ....
6. ....
7. ....
8. ....
9. ....
10. ....

D. Aşağıdaki üçüncü grup fiillerin geçmiş zaman ortaçlarını(**participe passé**) yazınız.

1. Venir.................Vendre............
   Connaître..........Peindre...........
2. Cueiller..............Faire...............
   Croire................Rire............
3. Boire.................Mettre..............
   Plaire................Naître..............
4. Lre....................Voir................
   Pouvoir............ Conduire ....
5. Devoir...............Rompre...........
   Savoir................Vouloir...........

1. ....
2. ....
3. ....
4. ....
5. ....

avoir

Avoir yardımcı fiilinin bir yardımcı fiil olarak çekimini tablolar halinde göreceğiz. Olağan bir fiil olarak çekimleri ise fiillerin sınıflandırılması yapılırken ileride görülecektir.

şimdiki zaman

olumlu

olumlu şekli	anlamı
j'ai	benim var
tu as	senin var
il a	onun var
elle a	onun var
nous avons	bizim var
vous avez	sizin var
ils ont	onların var
elles ont	onların var

Yukarıdaki tabloda **avoir** fiilinin olumlu şeklinin bütün kişi zamirleriyle kullanılışı görülmektedir. Bu fiilin olumsuz, soru, olumsuz soru şekilleri ise şöyledir.

olumsuz

olumsuz şekli	anlamı
je n'ai pas	benim yok
tu n'as pas	senin yok
il n'a pas	onun yok
elle n'a pas	onun yok
nous n'avons pas	bizim yok
vous n'avez pas	sizin yok
ils n'ont pas	onların yok
elles n'ont pas	onların yok

soru

soru şekli	anlamı
ai-je?	benim var mı?
as-tu?	senin var mı?
a-t-il?	onun var mı?
a-t-elle?	onun var mı?
avons-nous?	bizim var mı?
avez-vous?	sizin var mı?
ont-ils?	onların var mı?
ont-elles?	onların var mı?

olumsuz soru

olumlu şekli	olumsuz şekli	anlamı
ai-je?	n'ai-je pas?	benim yok mu?
as-tu?	n'as-tu pas?	senin yok mu?
a-t-il?	n'a-t-il pas?	onun yok mu?
a-t-elle?	n'a-t-elle pas?	onun yok mu?
avons-nous?	n'avons-nous pas?	bizim yok mu?
avez-ous?	n'avez-vous pas?	sizin yok mu?
ont-ils?	n'ont-ils pas?	onların yok mu?
ont-elles?	n'ont-elles pas?	onların yok mu?

geçmiş zaman

olumlu

olumlu şekli	anlamı
j'ai eu	ben sahip oldum
tu as eu	sen sahip oldun
il a eu	o sahip oldu
elle a eu	o sahip oldu
nous avons eu	biz sahip olduk
vous avez eu	siz sahip oldunuz
ils ont eu	onlar sahip oldular
elles ont eu	onlar sahip oldular

olumlu soru

soru şekli	anlamı
ai-je eu?	ben sahip oldu muyum?
as-tu eu?	sen sahip oldun mu?
a-t-il eu?	o sahip oldu mu?
a-t-elle eu?	o sahip oldu mu?
avons-nous eu?	biz sahip olduk mu?
avez-vous eu?	siz sahip oldunuz mu?
ont-ils eu?	onlar sahip oldular mı?
ont-elles eu?	onlar sahip oldular mı?

olumsuz soru

olumsuz şekli	anlamı
n'ai-je pas eu?	ben sahip olmadı mıyım?
n'as-tu pas eu?	sen sahip olmadın mı?
n'a-t-il pas eu?	o sahip olmadı mı?
n'a-t-elle pas eu?	o sahip olmadı mı?
n'avons-nous pas eu?	biz sahip olmadık mı?
n'avez-vous pas eu?	siz sahip olmadınız mı?
n'ont-ils pas eu?	onlar sahip olmadılar mı?
n'ont-elles pas eu?	onlar sahip olmadılar mı?

olumsuz

olumsuz	anlamı
je n'ai pas eu	ben sahip olmadım
tu n'as pas eu	sen sahip olmadın
il n'a pas eu	o sahip olmadı
elle n'a pas eu	o sahip olmadı
nous n'avons pas eu	biz sahip olmadık
vous n'avez pas eu	siz sahip olmadınız
ils n'ont pas eu	onlar sahip olmadılar
elles n'ont pas eu	onlar sahip olmadılar

Avoir fiilinin burada sadece bir yardımcı fiil olarak gerekli olan zamanlarına yer verilmeye çalışılmıştır. Bu fiilin bütün zamanlarının çekilişlerine ilerde ayrıntılı olarak yer verilecektir. Yardımcı fiil olarak bilinmesi gereken çekimlerden birisi de **imparfait**'dir (şimdiki zamanın hikâyesi). Bu fiilin **imparfait** zamanının olumlu, olumlu soru, olumsuz, olumsuz soru şekilleri aşağıdaki tablolarda olduğu gibidir.

şimdiki zamanın hikâyesi

olumlu

olumlu şekli	anlamı
j'avais	benim vardı
tu avais	senin vardı
il avait	onun vardı
elle avait	onun vardı
nous avions	bizim vardı
vous aviez	sizin vardı
ils avaient	onların vardı
elles avaient	onların vardı

olumlu soru

olumlu şekli	anlamı
avais-je?	benim var mıydı?
avais-tu?	senin var mıydı?
avait-il?	onun var mıydı?
avait-elle?	onun var mıydı?
avions-nous?	bizim var mıydı?
aviez-vous?	sizin var mıydı?
avaient-ils?	onların var mıydı?
avaient-elles?	onların var mıydı?

olumsuz

olumsuz şekli	anlamı
je n'avais pas	benim yoktu
tu n'avais pas	senin yoktu
il n'avait pas	onun yoktu
elle n'avait pas	onun yoktu
nous n'avions pas	bizim yoktu
vous n'aviez pas	sizin yoktu
ils n'avaient pas	onların yoktu
elles n'avaient pas	onların yoktu

olumsuz soru

soru şekli	anlamı
n'avais-je pas?	benim yok muydu?
n'avais-tu pas?	senin yok muydu?
n'avait-il pas?	onun yok muydu?
n'avait-elle pas?	onun yok muydu?
n'avions-nous pas?	bizim yok muydu?
n'aviez-vous pas?	sizin yok muydu?
n'avaient-ils pas?	onların yok muydu?
n'avaient-elles pas?	onların yok muydu?

Avoir fiilinin hem bir yardımcı fiil ve hem de olağan bir fiil olarak cümle içinde kullanılışları ise aşağıdaki cümlelerde yer almıştır.

yardımcı fiil olarak **avoir**

1. **Avoir** fiili, fiilerin **le passé composé** (bileşik geçmiş) zamanlarının çekiminde yardımcı fiil olarak yer alır.

J'ai fait mon devoir.	Ben ödevimi yaptım.
Tu as mangé le repas.	Yemeği yedin.
Vous n'avez pas vu le film.	Filmi görmediniz.
Ils n'ont pas regardé les oiseaux.	Onlar kuşlara bakmadılar.
Les journalistes ont vu l'accident.	Gazeteciler kazayı gördüler.
Elle n'a pas chanté une chanson italienne.	O, bir İtalyanca şarkı söylemedi.
Les ouvrières ont travaillé aujourd'hui.	Kadın işçiler bugün çalıştılar.
Mon père a ouvert son bureau.	Babam bürosunu açtı.
Il a nagé dans la piscine de sa maison.	O evinin yüzme havuzunda yüzdü.
Les enfants ont joué au balon devant l'école.	Çocuklar okulun önünde top oynadılar.
Ma mère nous a donné un cadeau.	Annem bize bir hediye verdi.

2. Bileşik zamanlardan **plus-que-parfait** (bileşik geçmiş zamanın hikâyesi) şeklini kapsayan cümlelerde yardımcı fiil olarak bulunur.

Ils avaient parlé avec mon ami.	Onlar arkadaşımla konuşmuşlardı.
J'avais attendu ici depuis le matin.	Burada sabahtan beri beklemiştim.
Tu lui avais écrit une lettre.	Ona bir mektup yazmıştın.
Vous aviez commencé à parler.	Konuşmaya başlamıştınız.
Il n'avait pas dit son nom.	O, adını söylememişti.
Nous avions decidé de venir tôt.	Erken gelmeye karar vermiştik.
Elle n'avait pas eu froid.	O üşümemişti.
Elles avaient connu celui qui vient.	Onlar geleni tanımışlardı.
Mon frère n'avait pas lu ce livre avant moi.	Erkek kardeşim bu kitabı benden önce okumamıştı.
Sa mère avait vu cette robe.	Annem bu elbiseyi görmüştü.
Avaient-ils choisi ce cadeau?	Onlar bu hediyeyi mi seçmişlerdi?
Avais-tu aimé cette ville?	Bu şehri sevmiş miydiniz?

Avoir fiiliyle birleşik zamanlarını yapan fiillerin **le passé antérieur** (önceki geçmiş) zamanlarını kapsayan cümlelerde **avoir** fiili, yardımcı fiil olarak yer alır.

J'eus fini mes devoirs.	Ben ödevlerimi bitirmiş oldum.

Ses amis eurent fermé leurs Livres.	Arkadaşları kitaplarını kapatmış oldular.
Les professeurs eurent raconté la leçon.	Öğretmenler dersi anlatmış oldular.
Il eut bu de l'eau.	O suyu içmiş oldu.
Nous n'eûmes pas fait le gâteau.	Pasta yapmamış olduk.
Tu eus dit ce proverbe.	Sen bu atasözünü söylemiş oldun.
Elle n'eut pas chanté cette chanson.	O bu şarkıyı söylememiş oldu.
Vous n'eûtes jamais connu cet homme.	Siz hiçbir zaman bu adamı tanımış olmadınız.
Les étrangères eurent vu l'année dernière cette ville.	Yabancılar geçen yıl bu şehri görmüş oldular.
Est-ce que vous eûmes connu ce pays?	Bu ülkeyi tanımış olmuş muydunuz?
Est-ce que les enfants eurent la dormi nuit dernière.	Geçtiğimiz gece çocuklar uyku uyumuş olmuşlar mıydı?

Görüldüğü gibi **le passé antérieur** (önceki geçmiş) zamanı içeren cümlelerin Türkçelerine fazladan bir ek fiil (oldu) eklenmiştir. Söz konusu fiiller eklenmeden cümlenin Türkçe söylenişinin daha akıcı olacağı kesindir. Ancak bu ek fiile yer verilmesinin nedeni önceki geçmiş zamanla, **plus-que-parfait** (bileşik geçmiş) zaman arasındaki Türkçe söyleyişi ayırt etmek içindir.

Avoir fiiliyle birleşik zamanlarını yapan fiillerin **le futur antérieur** (bir önceki gelecek) zamanlarını içeren cümlelerde yardımcı fiil olarak bulunur.

Vous aurez parlé avec les touristes.	Turistlerle konuşmuş olacaksınız.
Auront-ils connu ces animaux?	Bu hayvanları tanımış olacaklar mı?
Aurez-vous attendu les autos?	Arabaları beklemiş olacak mısınız?
Est-ce que vous n'aurez pas vu les musées?	Müzeleri görmüş olmayacak mısınız?
Je n'aurai pas voulu la réponse.	Cevap istemiş olmayacağım.
Il n'aura pas regardé la boutique.	Dükkâna bakmış olmayacak.
Tu auras préféré un cadeau pour elle.	Onun için bir hediye tercih etmiş olacaksın.
Nous aurons pensé à nos parents.	Ebeveynlerimizi düşünmüş olacağız.
Les arbres auront grandi dans le jardin.	Bahçede ağaçlar büyümüş olacaklar.
Le cordonnier aura reparé les chaussures.	Ayakkabıcı ayakkabıları tamir etmiş olacak.
J'aurai envoyé une lettre à elle.	Ona bir mektup göndermiş olacağım.
Elle aura choisi une fleur blanche.	Beyaz bir çiçek seçmiş olacak.

Passif (edilgen) cümlelerde edilgen fiilin birleşik zamanlarında **être** fiilinden önce gelir.

La porte a été fermée par l'élève.	Kapı öğrenci tarafından kapatılmıştır.
Les troupeaux ont été appelés par le berger.	Sürüler çoban tarafından çağrılmışlardır.
L'école a été ouverte à huit heures.	Okul saat sekizde açılmıştır.
La lettre a été écrite par eux.	Mektup onlar tarafından yazılmıştır.
La voiture a été tirée par le cheval.	Araba at tarafından çekilmiştir.

olağan fiil olarak **avoir**

Nous avons un bon chat.	Bizim güzel bir kedimiz var.
Je n'ai pas de frère.	Erkek kardeşim yoktur.
Avez-vous besoin d'argent?	Paraya ihtiyacınız var mı?
Ils n'ont pas vu les hôtels.	Onlar otelleri görmediler.
Les touristes ont préféré voir les pays Amérique du Sud.	Turistler Güney Amerika ülkelerini görmeyi tercih ettiler.
Il n'a pas vu les pays du Nord.	O Kuzey ülkelerini görmedi.
Si j'avais de l'argent, j'irai au Japon.	Param olsaydı Japonya'ya giderdim.
Quand j'aurai acheté la voiture, je ferai un tour de l'Europe.	Araba satın aldığım zaman bir Avrupa gezisi yapacağım.
J'ai eu envie de voir mes amis.	Arkadaşlarımı görmeyi arzuladım.

"**à**" préposition'u (edatı) almış bir mastarın önüne gereklilik, zorunluluk dile getirir. Fiilin belirttiği işin, oluşun, eylemin ve hareketin yapılmasının zorunlu olduğunu açıklar. Bu yönüyle **devoir** (mecbur olmak, gerekmek) fiiline çok benzemesine karşın, anlam ve eylemin oluş biçimine göre, bu fiilden tamamen ayrıdır. Nitekim **avoir** fiiliyle yapılan zorunluluk, işi söyleyenin iradesi ve isteği dışında elinde olmayan koşulların, dış faktörlerin gerektirdiği bir zorunluluk olarak göz önüne alınmalıdır.

Nous avons à écrire cette lettre.	Bu mektubu yazmak zorunda kalıyoruz.
J'ai du me réveiller à six heures.	Saat altıda kalkmak zorunda kaldım.
L'auto a eu à être en retard aujour-d'hui.	Bugün otomobil gecikmek zorunda kaldı.
Ils ont à éffacer le tableau.	Yazı tahtasını silmek zorundadırlar.
Elle doit attendre son ami.	Arkadaşını beklemek zorundadır.
Tu as à lire le livre.	Kitabı okumak zorundasın.
Mon ami n'avait pas à écouter cette musique.	Arkadaşım bu müziği dinlemek zorunda değildi.

Je n'aurai pas à acheter de chaussures car les miennes sout en bon état.	Ayakkabı almak zorunda kalmayacağım çünkü benimkiler kullanılabilir durumda.
Ils auront à rester à Siirt.	Onlar Siirt'de kalmak zorunda olacaklar.

Avoir fiilinin **ne .... que** kalıbının noktalı kısmında yerini alarak **(à)** edatı almış bir mastardan önce geldiğinde "...cağı şey ...... mak olmak" anlamlarına geldiği görülmektedir.

Il n'a qu'à travailler ce soir.	Bu akşam onun yapacağı çalışmaktır.
Je n'ai qu'à parler avec le directeur.	Yapacağım müdürle konuşmaktır.
Vous n'avez qu'à regarder la TV.	Sizin yapacağınız şey TV'ye bakmaktır.
L'enfant n'a qu'à travailler la leçon.	Çocuğun yapacağı şey ders çalışmaktır.
Il n'a qu'à manger le gâteau.	Onun yiyeceği şey pastadır.
Nous n'avons qu'à acheter une serviette.	Satın alacağımız şey bir çantadır.
Elle n'a qu'à écouter la musique.	Onun dinleyeceği şey müziktir.
Il n'a qu'à danser avec son amie.	Onun yapacağı şey arkadaşıyla dans etmektir.
Je n'ai qu'à voir le Bosphore.	Yapacağım şey Boğazı görmektir.

Özne durumundaki kişi zamiri belirsiz **(pronom pérsonnel indéfinie)**, yani **masculin** (tekil) [il] ile **avoir** fiilinin çekimli halinin arasına **(y)** getirdiğimiz zaman "vardır" anlamına gelen bir cümle kalıbı ortaya çıkar.

Il y a un vase sur la table.	Masanın üzerinde bir vazo vardır.
Il y a un bateau à l'horizon.	Ufukta bir gemi var.
Il n'y a pas de livre dans la serviette.	Çantada kitap yoktur.
Y a-t-il des voyageurs devant l'hôtel?	Otelin önünde yolcular var mı?
Il n'y a pas d'hommes sur le pont du bateau.	Geminin güvertesinin üzerinde adamlar yoktur.
Il n'y avait personne près de la voiture.	Arabanın yanında kimse yoktur.
Y a-t-il des animaux sous l'arbre.	Ağacın altında hayvanlar var mı?
Y a-t-il plusieurs étrangères au bord de la Méditerranée cette année.	Bu sene Akdeniz kıyısında çok yabancılar var mıydı?
Combien de personnes y a-t-il devant la maison?	Evin önünde kaç kişi vardır?
Il y avait assez d'argent dans le porte-monnaie.	Cüzdanın içinde yeteri kadar para vardır.

Il y a un chateau sur la montagne.   Dağın üzerinde bir şato vardır.
Il n'y a pas de fleur dans le vase.   Vazonun içinde çiçek yoktur.

Avoir fiilinden sonra (**froid, chaud, envie de, chance, raison, tord, peur, mal à, le droit de** vb.) parantez içinde bulunan isimler geldiği zaman üşümek, sıcaklamak, arzu etmek, şanslı olmak, haklı olmak, haksız olmak, korkmak, rahatsız olmak vb. anlamlarına gelen deyimler meydana gelir.

Avoir froid.   Üşümek.
Il fait trés froid aujourd'hui j'ai   Bugün hava çok soğuk üşüyorum.
froid.

Avoir chaud.   Sıcaklamak.
Le soleil brille, il fait chaud,   Güneş parıldıyor, hava sıcak, sıcak-
nous avons chaud.   lıyoruz.

Avoir envie de...   Arzu etmek.
Nous avons envie de nous   Deniz kıyısında bir gezinti yapmayı
promener au bord de la mer.   arzuluyoruz.

Avoir de la chance.   Şanslı olmak.
Ils ont de la chance parce qu'ils   Onlar ikinci defa Japonya'ya gittikleri
vont pour la deuxième fois au   için şanslıdırlar.
Japon.

Avoir raison.   Haklı olmak.
Tu as raison, tu ne veux pas   Sinemaya gitmek istemiyorsun
aller au cinéma.   haklısın.

Avoir tort.   Haksız olmak.
Il ne vient pas chez vous, ils   Onlar size gelmiyorlar, haksızdırlar.
ont tort.

Avoir peur.   Korkmak.
Tu ne peux pas passer devant   Sen köylünün evinin önünden geçe-
la maison du paysan, parce   mezsin çünkü köpekten korkarsın.
que tu as peur du chien.

Avoir mal à ...   (bir yerinden) rahatsız olmak
J'ai mal aux dents.   Dişlerimden rahatsızım.

Avoir le droit de ...   ... hakkına sahip olmak.
Il a le droit de voter.   O, oy kullanma hakkına sahiptir.

Fransızca'da **verbe auxiliaire** (yardımcı fiil) dediğimiz **être** ve **avoir** fiilinden başka, olağan fiil olmalarına rağmen bazı zamanların ve fiil şekillerinin çekilmesinde tıpkı bir yardımcı fiil gibi görev yapan beş fiil vardır. Bu fiiller yüklendikleri görev bakımından **semi-auxiliaire** (yarı yardımcı fiil) görevini üstlenmişlerdir.

ALIŞTIRMALAR -11

A. Aşağıdaki cümleleri Fransızca'ya çeviriniz.

1. Eviniz var mı?
2. Bir kız bir erkek kardeşim var.
3. Okulun çok geniş bir bahçesi var.
4. Hiç defterim yok.
5. Onların hiç paraları yok.
6. Sophie'nin mor elbisesi ve beyaz eteği var.
7. Üç yıl önce kırmızı bir arabam vardı.
8. Çantam yok mu?
9. Evde bir kedileri var.
10. Küçük bir dükkânım vardı.

1. ......
2. ......
3. ......
4. ......
5. ......
6. ......
7. ......
8. ......
9. ......
10. ......

B. Aşağıdaki deyişleri Türkçeye çeviriniz.

1. **Avoir les cheveux blancs.**
2. **Avoir chaud.**
3. **Avoir froid.**
4. **Avoir beau dire.**
5. **Avoir encore qulqu'un.**
6. **Avoir à faire.**
7. **Avoir raison.**
8. **Avoir raison de quelqu'un.**
9. **En avoir à.**
10. **Avoir tord.**
11. **En avoir contre.**
12. **Avoir du mérite.**
13. **Avoir faim.**
14. **Avoir peur.**
15. **Avoir pour.**
16. **Avoir le droit.**
17. **Avoir envie de.**
18. **Avoir chance.**

1. ......
2. ......
3. ......
4. ......
5. ......
6. ......
7. ......
8. ......
9. ......
10. ......
11. ......
12. ......
13. ......
14. ......
15. ......
16. ......
17. ......
18. ......

19. **Avoir mal à.** 19. ....

20. **Avoir mal chance.** 20. ....

C. Aşağıdaki cümleleri Türkçeye çeviriniz.

1. **Je ne porte pas man manteau, je n'ai pas froid aujourd'hui.** 1. ....
2. **Mr. Gustave a deux voiture il n'a pas à acheter une autre.** 2. ....
3. **Mr. Flaubert a les cheveux blancs il a vieilli.** 3. ....
4. **Aujourd'hui j'ai chaud, il fait très chaud.** 4. ....
5. **Vous avez beau dire ils ne nous écoutent pas.** 5. ....
6. **J'ai froid il faut porter le tricot en laine.** 6. ....
7. **Tu as raison j'ai à étudier ma leçon avant l'examen.** 7. ....
8. **Vous avez tord, ce livre est à moi.** 8. ....
9. **Elle en a contre les supporteurs des équipes foot-ball.** 9. ....
10. **Nous avons faim, il faut entrer ce restaurant.** 10. ....

D. Aşağıdaki deyişleri Türkçeye çeviriniz.

1. **Etre à quelqu'un.** 1. ....
2. **Etre de.** 2. ....
3. **Etre en deuil.** 3. ....
4. **Etre en blanc..** 4. ....
5. **Etre pour.** 5. ....
6. **Etre tout à qn.** 6. ....
7. **N'être plus.** 7. ....
8. **En êtes-vous là.** 8. ....
9. **En etre pour sa peine.** 9. ....
10. **Etre malade.** 10. ....

E. Aşağıdaki cümleleri Fransızca'ya çeviriniz.

1. Bu araba bana ait değildir.
2. Buraya gelen yabancılar Parislidir.
3. Beyazlar giyinmiş bir kız görüyorum.
4. Uşaklar kıralın hizmetine hazırdır.
5. Bu tarihi yapıt 19.yy'dan kalmadır mimarı artık hayatta değildir.
6. Zahmeti yanına kâr kalıyor.
7. Müdürümüz bugün hastadır.
8. O kadın yastadır, zira yakında kocasını kaybetti.

1. ....
2. ....
3. ....
4. ....
5. ....

6. ....
7. ....
8. ....

aller

Aller (gitmek) fiili olağan bir fiil olarak gitmek anlamının yanı sıra, yakın gelecek zaman **(futur proche)** çekiminde yardımcı fiil görevini yüklenmektedir. Önce **aller** fiilinin diğer yardımcı fiillerde gördüğümüz zamanlarının çekimini gördükten sonra, gerek yardımcı ve gerek olağan bir fiil olarak cümlede nasıl yer aldığı gözden geçirilecektir.

şimdiki zaman

olumlu

olumlu şekil	anlamı
je vais	ben gidiyorum
tu vas	sen gidiyorsun
il va	o gidiyor
elle va	o gidiyor
nous allons	biz gidiyoruz
vous allez	siz gidiyorsunuz
ils vont	onlar gidiyorlar
elles vont	onlar gidiyorlar

olumsuz

olumsuz şekli	anlamı
je ne vais pas	ben gitmiyorum
tu ne vas pas	sen gitmiyorsun
il ne va pas	o gitmiyor
elle ne va pas	o gitmiyor
nous n'allons pas	biz gitmiyoruz
vous n'allez pas	siz gitmiyorsunuz
ils ne vont pas	onlar gitmiyorlar
elles ne vont pas	onlar gitmiyorlar

soru

soru şekli	anlamı
est-ce que je vais?	ben gidiyor muyum?
vas-tu?	sen gidiyor musun?
va-t-il?	o gidiyor mu?
va-t-elle?	o gidiyor mu?
allons-nous?	biz gidiyor muyuz?
allez-vous?	siz gidiyor musunuz?
vont-ils?	onlar gidiyorlar mı?
vont-elles?	onlar gidiyorlar mı?

olumsuz soru

olumlu şekli	olumsuz şekli	anlamı
est-ce que je vais?	est-ce que je ne vais pas?	ben gitmiyor muyum?
vas-tu?	ne vas-tu pas?	sen gitmiyor musun?
va-t-il?	ne va-t-il pas?	o gitmiyor mu?
va-t-elle?	ne va-t-elle pas?	o gitmiyor mu?
allons-nous?	n'allons-nous pas?	biz gitmiyor muyuz?
allez-vous?	n'allez-vous pas?	siz gitmiyor musunuz?
vont-ils?	ne vont-ils pas?	onlar gitmiyor mu?
vont-elles?	ne vont-elles pas?	onlar gitmiyor mu?

geçmiş zaman

olumlu

olumlu şekli	anlamı
je suis allé	ben gittim
tu es allé	sen gittin
il est allé	o gitti
elle est allés	o gitti
nous sommes allés	biz gittik
vous êtes allés	siz gittiniz
ils sont allés	onlar gittiler
elles sont allées	onlar gittiler

olumlu soru

soru şekli	anlamı
suis-je allé?	ben gittim mi?
es-tu allé?	sen gittin mi?
est-il allée?	o gitti mi?
est-elle allé?	o gitti mi?
sommes-nous allés?	biz gittik mi?
êtes-vous allés?	siz gittiniz mi?
sont-ils allés?	onlar gittiler mi?
sont-elles allées?	onlar gittiler mi?

olumsuz soru

olumsuz şekli	anlamı
ne suis-je pas allé?	ben gitmedim mi?
n'es-tu pas allé?	sen gitmedin mi?
n'est-Il pas allé?	o gitmedi mi?
n'est-elle pas allée?	o gitmedi mi?
ne sommes-nous pas allés?	biz gitmedik mi?
n'êtes-vous pas allés?	siz gitmediniz mi?
ne sont-ils pas allés?	onlar gitmediler mi?
no sont-elles pas allées?	onlar gitmediler mi?

Aller fiili **passe composé** zamanını **être** fiilinin yardımıyla çekmiş olması nedeniyle, geçmiş zamanında ve diğer bileşik zamanlarında **être** fiilinin yer aldığı görülmektedir.

olumsuz

olumsuz	anlamı
je ne suis pas allé	ben gitmedim
tu n'es pas allé	sen gitmedin
il n'est pas allé	o gitmedi
elle n'est pas allée	o gitmedi
nous ne sommes pas allés	biz gitmedik
vous n'êtes pas allés	siz gitmediniz
ils ne sont pas allés	onlar gitmediler
elles ne sont pas allées	onlar gitmediler

Fransızcada çok kullanılan bir zaman olması nedeniyle, **avoir** ve **être** yardımcı fiillerinde olduğu gibi, **aller** fiilinin de şimdiki zamanın hikâyesi **(imparfait)** zamanına bir göz atmak gerekmektedir.

şimdiki zamanın hikâyesi

olumlu

olumlu şekil	anlamı
j'allais	ben gidiyordum
tu allais	sen gidiyordun
il allait	o gidiyordu
elle allait	o gidiyordu
nous allions	biz gidiyorduk
vous alliez	siz gidiyordunuz
ils allaient	onlar gidiyorlardı
elles allaient	onlar gidiyorlardı

olumlu soru

olumlu şekli	anlamı
est-ce que j'allais?	ben gidiyor muydum?
allais-tu?	sen gidiyor muydun?
allait-il?	o gidiyor muydu?
allait-elle?	o gidiyor muydu?
allions-nous?	biz gidiyor muyduk?
alliez-vous?	siz gidiyor muydunuz?
allaient-ils?	onlar gidiyorlar mıydı?
allaient-elles?	onlar gidiyorlar mıydı?

olumsuz

olumsuz şekli	anlamı
je n'allais pas	ben gitmiyordum
tu n'allais pas	sen gitmiyordun
il n'allait pas	o gitmiyordu
elle n'allait pas	o gitmiyordu
nous n'allions pas	biz gitmiyorduk
vous n'alliez pas	siz gitmiyordunuz
ils n'allaient pas	onlar gitmiyorlardı
elles n'allaient pas	onlar gitmiyorlardı

Aller fiilinin diğer zamanlarına üçüncü grup fiiller konusunu işlerken ayrıca değinilecektir. **Aller** fiilinin gerek olağan gerek bir yardımcı fiil olarak cümle içinde kullanılışları ise aşağıdaki cümlelerde görülmektedir.

yardımcı fiil olarak **aller**

Aller fiilinin şimdiki zamanından **(indicatif présent)** sonra herhangi bir fiil mastar olarak getirildiğinde bu fiilin yakın gelecek **(futur proche)** zamanı çekilmiş olur. Burada **aller** fiili, fiillerin **futur proche** zamanının çekiminde yardımcı fiil görevini üstlendiği anlaşılmaktadır.

Je vais fermer la porte de la chambre.	Şimdi odanın kapısını kapatacağım.
Vous allez mettre votre manteau.	Az sonra paltonuzu giyeceksiniz.
Elle va parler avec vous.	O şimdi sizinle konuşacaktır.
Ils vont jouer au ballon devant la maison.	Onlar biraz sonra evin önünde top oynayacaklardır.
Nous allons sortir de l'école.	Biraz sonra okuldan çıkacağız.
Tu ne vas pas venir avec nous?	Şimdi bizimle gelmeyecek misin?
Je vais faire mes devoirs.	Az sonra ödevlerimi yapacağım.
Mon père va acheter une cravate.	Babam az sonra bir kravat satın alacak.
Le chat va manger le poisson.	Kedi biraz sonra balığı yiyecek.
L'oiseau ne va pas voler au-dessus le jardin.	Kuş hemen bahçenin üzerinde uçmayacak.
Maman va faire un gâteau pour nous.	Annem şimdi bizim için pasta yapacak.
Sa mère va mettre le linge dans la machine à laver.	Onun annesi çamaşırı şimdi makinenin içine koyacak.

Yukarıdaki cümlelerde görüldüğü gibi **futur proche** (yakın gelecek) zamanı ile yapılan gelecek zamanda fiilin bildirdiği iş, oluş, hareket az sonra meydana gelmektedir. Bu nedenle Fransızca cümlelerde olmadığı halde, **futur proche** bulunan cümlenin Türkçesine "az sonra, şimdi, biraz sonra" gibi sözcükler eklenmiştir.

olağan fiil olarak **aller**

Ils vont au théâtre.	Tiyatroya gidiyorlar.
Elles ne vont pas à la ville.	Kızlar şehre gitmiyorlar.
Mes amis ne vont pas à la mer.	Arkadaşlarım denize gitmiyorlar.
Les bateaux vont au port d'Istanbul.	Gemiler İstanbul limanı'na gidiyorlar.
Les employés vont aux bureaux.	Görevliler çalışma bürolarına gidiyorlar.
Le lion va dans la fôret.	Aslan ormana gidiyor.
Les touristes iront à l'hôtel pour passer la nuit.	Turistler geceyi geçirmek için otele gidecekler.
Mes parents ne vont pas au cinéma.	Ebeveynlerim sinemaya gitmiyorlar.

Nos voisins n'iront pas à Istanbul.	Komşularımız İstanbul'a gitmeyecekler.
Les voitures iront par la droite.	Arabalar sağdan gidecekler.
Cette fille va à son école.	Kız okuluna gidiyor.
Le paysan va au marché.	Köylü pazara gidiyor.

Diğer yardımcı fiillerde olduğu gibi **aller** fiiliyle de yapılan birçok deyimler vardır. Bu deyimlerle birlikte **aller** fiili; "varmak, erişmek, yürüyerek gitmek, durumunda olmak, çalışmak, yakışmak" vb. anlamlarına gelmektedir.

Cette route va à Marseille.	Bu yol Marsilya'ya gider.
Le sentier ne va pas à la mer.	Patika denize gitmez.
Les hommes vont à pied au village.	Adamlar köye yürüyerek gidiyorlar.
Il va à pied à l'école.	O, okula yürüyerek gidiyor.
Cette tour va jusqu'au ciel.	Kule gökyüzüne kadar erişiyor.
Les branches de l'arbre vont jusqu'à terre.	Ağacın dalları yere kadar erişiyordu.
Comment vas-tu?	Nasılsın?
Comment allez-vous?	Nasılsınız?
Ma mère va bien.	Annem iyi.
Le veston lui va bien.	Ceket ona iyi yakışıyor.
Ce foulard lui va bien.	Bu fular ona yakışıyor.
La robe que ma mère a achetée hier lui va bien.	Dün aldığı elbise anneme iyi yakışıyor.

Aller contre qn-qch.

Birine-bir şeye karşı olmak.

Nous allons contre nos amis pour ce sujet.	Bu konuda arkadaşlarımıza karşıyız.
Ils vont contre les membres de commission.	Onlar komisyon üyelerine karşıdırlar.
Il va contre l'ambassadeur qui n'est pas venu au bal.	O baloya gelmeyen büyük elçiye karşı tavır alıyor.
Je suis allé contre les hommes qui crachent sur la route.	Yola tüküren insanlara karşı oldum.

Aller à l'aventure.

Maceraya atılmak.

Tu vas à l'aventure.	Maceraya atılıyorsun.
Si tu vas avec la voiture, je croyais que tu allais à l'aventure.	Arabayla gidersen kendini maceraya attığına inanırım.
Aller à la rencontre de ...:	Birini karşılamaya gitmek.

Nous allons à la rencontre de nos parents.
Vous irez à la rencontre des touristes.
Ses oncles iront à la rencontre de ses voisins.

Ebeveynlerimizi karşılamaya gidiyoruz.
Siz turistleri karşılamaya gideceksiniz.
Onun amcaları komşularını karşılamaya gidecekler.

ALIŞTIRMALAR-12

A. Aşağıdaki cümleleri Türkçeye çeviriniz.

1. Je vais fermer la porte de la chambre.
2. Vous n'allez pas metre votre manteau.
3. Ils vont jouer au balon devant la maison.
4. Tu ne vas pas venir avec nous.
5. L'oiseau ne va pas voler sur l'arbre.
6. Elle va faire un gâteau pour eux.
7. Les bateaux vont au port d'İzmir.
8. Nous n'allons pas aller au théâtre.
9. Sa mère va metre le linge dans la machine à laver
10. Le chat ne va pas manger le poisson.

1. ....
2. ....
3. ....
4. ....
5. ....
6. ....
7. ....
8. ....
9. ....
10. ....

B. Aşağıdaki cümleleri Fransızca'ya çeviriniz.

1. Annem konukları karşılamaya gitti.
2. Böyle düşünürseniz kendinizi serüvene atarsınız.
3. Sokakta gürültü yapan insanlara karşıyım.
4. Annemin bugün satın aldığı giysi ona yakışıyor.
5. Ebeveynlerim iyidirler.
6. Makine çalışıyor.
7. Bilgisayarım çalışmıyor.
8. Nasılsınız?

1. ....
2. ....
3. ....
4. ....
5. ....
6. ....
7. ....
8. ....

9. İnsanlar evlerine yaya gittiler. 9. ....
10. Patika denize gitmez. 10. ....

C. Aşağıdaki cümleleri Türkçeye çeviriniz.

1. **Cette route ne vas pas à Pamukkale.** 1. ....
2. **Nous sommes allés à pied au marché.** 2. ....
3. **Comment vont-ils?** 3. ....
4. **Vous allez bien je crois.** 4. ....
5. **Ce foulard ne vous va pas bien.** 5. ....

venir

Venir (gelmek) fiili olağan bir fiil olarak gelmek anlamına geldiği gibi, bir yarı yardımcı fiil olarak da diğer fiillerin yakın geçmiş **(passé récent)** zamanlarının çekiminde yer almaktadır. **Venir** fiilinin yardımcı fiil olarak bulunduğu zaman kullanılan zamanlarının çekimini tabloda belirttikten sonra, gerek yardımcı ve gerek olağan bir fiil olarak cümlede nasıl kullanıldığı görülecektir.

şimdiki zaman

olumlu

olumlu şekil	anlamı
je viens	ben geliyorum
tu viens	sen geliyorsun
il vient	o geliyor
elle vient	o geliyor
nous venons	biz geliyoruz
vous venez	siz geliyorsunuz
ils viennent	onlar geliyorlar
elles viennent	onlar geliyorlar

Tabloda **venir** fiilinin olumlu şeklinin kişi zamirleriyle çekimi görülmektedir. Bu fiilin olumsuz, soru, olumsuz soru, şekilleri ise şu şekildedir.

olumsuz

olumsuz şekli	anlamı
je ne viens pas	ben gelmiyorum
tu ne viens pas	sen gelmiyorsun
il ne vient pas	o gelmiyor
elle ne vient pas	o gelmiyor
nous ne venons pas	biz gelmiyoruz
vous ne venez pas	siz gelmiyorsunuz
ils ne viennent pas	onlar gelmiyorlar
elles ne viennent pas	onlar gelmiyorlar

soru

soru şekli	anlamı
est-ce que je viens?	ben geliyor muyum?
viens-tu?	sen geliyor musun?
vient-il?	o geliyor mu?
vient-elle?	o geliyor mu?
venons-nous?	biz geliyor muyuz?
venez-vous?	siz geliyor musunuz?
viennent-ils?	onlar geliyorlar mı?
viennent-elles?	onlar geliyorlar mı?

olumsuz soru

olumlu şekli	olumsuz şekli	anlamı
est-ce que je viens?	est-ce que je ne viens pas?	ben gitmiyor muyum?
viens-tu?	ne viens-tu pas?	sen gitmiyor musun?
vient-il?	ne vient-il pas?	o gitmiyor mu?
vient-elle?	ne vient-elle pas?	o gitmiyor mu?
venons-nous?	ne venons-nous pas?	biz gitmiyor muyuz?
venez-vous?	ne venez-vous pas?	siz gitmiyor musunuz?
viennent-ils?	ne viennent-ils pas?	onlar gitmiyorlar mı?
viennent-elles?	ne viennent-elles pas?	onlar gitmiyorlar mı?

geçmiş zaman

olumlu

olumlu şekli	anlamı
je suis venu	ben geldim
tu es venu	sen geldin
il est venu	o geldi
elle est venue	o geldi
nous sommes venus	biz geldik
vous êtes venus	siz geldiniz
ils sont venus	onlar geldiler
elles sont venues	onlar geldiler

olumlu soru

soru şekli	anlamı
suis-je venu?	ben geldim mi?
es-tu venu?	sen geldin mi?
est-il venu?	o geldi mi?
est-elle venue?	o geldi mi?
sommes-nous venus?	biz geldik mi?
êtes-vous venus?	siz geldiniz mi?
sont-ils venus?	onlar geldiler mi?
sont-elles venues?	onlar geldiler mi?

olumsuz soru

olumsuz soru sekli	anlamı
ne suis-je pas venu?	ben gelmedim mi?
n'es-tu pas venu?	sen gelmedin mi?
n'est-il pas venu?	o gelmedi mi?
n'est-elle pas venue?	o gelmedi mi?
ne sommes-nous pas venus?	biz gelmedik mi?
n'êtes-vous pas venus?	siz gelmediniz mi?
ne sont-ils pas venus?	onlar gelmediler mi?
ne sont-elles pas venues?	onlar gelmediler mi?

Venir fiili **passé composé** (bileşik geçmiş) zamanını **être** fiilinin yardımıyla çekmiş olması geçmiş zaman ve diğer bileşik zamanlarında **être** fiilinin yer aldığı görülmektedir.

olumsuz

olumsuz	anlamı
je ne suis pas venu	ben gelmedim
tu n'es pas venu	sen gelmedin
il n'est pas venu	o gelmedi
elle n'est pas venue	o gelmedi
nous ne sommes pas venus	biz gelmedik
vous n'êtes pas venus	siz gelmediniz
ils ne sont pas venus	onlar gelmediler
elles ne sont pas venues	onlar gelmediler

Fransızca'da fazla kullanılan bir zaman olmasından ötürü diğer yardımcı fiilerde olduğu gibi **venir** fiilinin de şimdiki zamanın hikâyesi **(imparfait)** zamanına da göz atmak gerekmektedir.

şimdiki zamanın hikâyesi

olumlu

olumlu şekli	anlamı
je venais	ben geliyordum
tu venais	sen geliyordun
il venait	o geliyordu
elle venait	o geliyordu
nous venions	biz geliyorduk
vous veniez	siz geliyordunuz
ils venaient	onlar geliyorlardı
elles venaient	onlar geliyorlardı

olumlu soru

olumlu şekli	anlamı
venais-je	ben geliyor muydum?
venais-tu?	sen geliyor muydun?
venait-il?	o geliyor muydu?
venait-elle?	o geliyor muydu?
venions-nous?	biz geliyor muyduk?
veniez-vous?	siz geliyor muydunuz?
venaient-ils?	onlar geliyorlar mıydı?
venaient-elles?	onlar geliyorlar mıydı?

olumsuz

olumsuz şekli	anlamı
je ne venais pas	ben gelmiyordum
tu ne venais pas	sen gelmiyordun
il ne venait pas	o gelmiyordu
elle ne venait pas	o gelmiyordu
nous ne venions pas	biz gelmiyorduk
vous ne veniez pas	siz gelmiyordunuz
ils ne venaient pas	onlar gelmiyorlardı
elles ne venaient pas	onlar gelmiyorlardı

Venir fiilinin de diğer zamanlarına üçüncü grup fiillerin konusunu işlerken ayrıca değinileceğini belirtmek gerekir. **Venir** fiilinin gerek yardımcı gerek olağan bir fiil olarak kullanılışı aşağıdaki cümlelerde görüldüğü gibidir.

yardımcı fiil olarak venir

Venir fiilinin şimdiki zaman **(indicatif présent)** zamanının çekiminden sonra **de** edatı **(préposition'**u) almış şeklinden sonra getirilen mastar halindeki fiil zaman olarak yakın geçmiş zaman **(passé récent)** olur. Bu geçmiş zamanda fiilin bildirdiği iş, oluş, hareket kısa bir zaman önce yapılmış olup henüz aradan önemli sayılacak bir zaman geçmiş değildir. Çok kısa bir süre önce yapılan işleri ve hareketleri yakın geçmiş zaman ile dile getirmek daha uygundur.

Vous venez de finir vos travaux.	Çalışmanızı biraz önce bitirdiniz.
Je viens de raconter une histoire.	Az önce bir öykü anlattım.
Le paysan vient de mettre les noisettes dans le sac.	Köylü fındıkları çantaya biraz önce koydu.
Le médecin vient de venir à l'hôpital.	Doktor hastaneye biraz önce geldi.
Ils viennent de manger leur repas.	Onlar yemeğini az önce yediler.
Le ministre des affaires étrangères vient de parler à la télévision.	Az önce Dışişleri bakanı televizyon da konuştu.
Le juge vient d'interroger le prisonnier.	Hakim az evvel tutukluyu sorguladı.
Le mécanicien vient de réparer l'auto.	Tamirci arabayı az önce tamir etti.
Il vient de prendre du café.	O biraz önce kahve içti.
Tu ne viens pas de prendre le thé.	Sen az evvel çay içmedin.
Je viens d'écrire une lettre à ma mère.	Az evvel anneme bir mektup yazdım.
Nous ne venons pas d'écouter la musique.	Biz az önce müzik dinlemedik.
Vous venez de regarder l'image.	Siz az önce resme baktınız.

Yukarıdaki cümlelerde olduğu gibi **passé récent** (yakın geçmiş) zaman ile yapılan geçmiş zamanda iş, oluş, hareket çok az bir süre önce meydana gelmiştir.

olağan fiil olarak venir

Il vient de l'école.	O, okuldan geliyor.
Les bateaux viennent du Nord.	Gemiler kuzeyden geliyorlar.
Mon oncle viendra chez-nous ce soir.	Amcam bu akşam bize gelecek.

Son frère ne vient jamais au cinéma.
Ils ne sont pas venus dans cette ville.
Vous êtes venus à dix heures.

Onun erkek kardeşi hiçbir zaman sinemaya gelmiyor.
Onlar bu şehre gelmediler.
Siz saat onda geldiniz.

ALIŞTIRMALAR -13

A. Aşağıdaki cümleleri Türkçeye çeviriniz.

1. Je viens de raconter une histoire.
2. Les ouvriers viennent de finir leur travaux.
3. Vous ne venez pas de regarder l'image.
4. Nous venons d'écouter la musique.
5. Il vient de prendre du thé.
6. Le mécanicien vient de reparer l'auto.
7. Le médecin vient de partir maintenant.
8. Elle vient d'écrire une message à son ami.
9. L'agent de police vient d'interroger le prisonnier.
10. Le premier ministre vient de parler aux peuple.

1. ....
2. ....
3. ....
4. ....
5. ....
6. ....
7. ....
8. ....
9. ....
10. ....

B. Aşağıdaki cümleleri Fransızca'ya çeviriniz.

1. Biraz önce çay içtik.
2. Şimdi onlarla konuştuk.
3. Çocuklar biraz önce yemeklerini yediler.
4. O(kız) biraz önce size ne anlattı?
5. Şimdi İngilizce konuştum.
6. Suyu biraz önce içtin.
7. Kardeşim biraz önce yüzdü.
8. Şimdi arkadaşımla bahçede gezindik.

1. ....
2. ....
3. ....
4. ....
5. ....
6. ....
7. ....
8. ....

pouvoir

Pouvoir (muktedir olmak, yapabilmek) fiili mastar halindeki fiillerin önüne gelerek bu fiillere yetenek, izin ve olasılık anlamlarını verir. Geçmiş zaman ortacı **(pu)** olan **pouvoir** fiili yardımcı fiil olmasının dışında olağan bir fiil olarak pek kullanılmaz. **Pouvoir** fiilinin de bir yardımcı fiil olarak en çok kullanılan zamanlarının çekimini görelim.

şimdiki zaman

olumlu

olumlu şekli	anlamı
je peux	benim elimden gelir
tu peux	senin elinden gelir
il peut	onun elinden gelir
elle peut	onun elinden gelir
nous pouvons	bizim elimizden gelir
vous pouvez	sizin elinizden gelir
ils peuvent	onların elinden gelir
elles peuvent	onların elinden gelir

olumsuz

olumsuz şekli	anlamı
je ne peux pas	elimden gelmez
tu ne peux pas	elinden gelmez
il ne peut pas	onun elinden gelmez
elle ne peut pas	onun elinden gelmez
nous ne pouvons pas	elimizden gelmez
vous ne pouvez pas	elinizden gelmez
ils ne peuvent pas	onların elinden gelmez
elles ne peuvent pas	onların elinden gelmez

soru

soru şekli	anlamı
puis-je?	benim elimden gelir mi?
peux-tu?	senin elinden gelir mi?
peut-il?	onun elinden gelir mi?
peut-elle?	onun elinden gelir mi?
pouvons-nous?	bizim elimizden gelir mi?
pouvez-vous?	sizin elinizden gelir mi?
peuvent-ils?	onların elinden gelir mi?
peuvent-elles?	onların elinden gelir mi?

geçmiş zaman

olumlu

olumlu şekli	anlamı
j'ai pu	benim elimden geldi
tu as pu	senin elinden geldi
il a pu	onun elinden geldi
elle a pu	onun elinden geldi
nous avons pu	bizim elimizden geldi
vous avez pu	sizin elinizden geldi
ils ont pu	onların elinden geldi
elles ont pu	onların elinden geldi

olumsuz

olumsuz şekli	anlamı
je n'ai pas pu	benim elimden gelmedi
tu n'as pas pu	senin elinden gelmedi
il n'a pas pu	onun elinden gelmedi
elle n'a pas pu	onun elinden gelmedi
nous n'avons pas pu	bizim elimizden gelmedi
vous n'avez pas pu	sizin elinizden gelmedi
ils n'ont pas pu	onların elinden gelmedi
elles n'ont pas pu	onların elinden aelmedi

soru

olumlu soru	anlamı
ai-je pu?	benim elimden geldi mi?
as-tu pu?	senin elinden geldi mi?
a-t-il pu?	onun elinden geldi mi?
a-t-elle pu?	onun elinden geldi mi?
avons-nous pu?	bizim elimizden geldi mi?
avez-vous pu?	sizin elinizden geldi mi?
ont-ils pu?	onların elinden geldi mi?
ont-elles pu?	onların elinden geldi mi?

Fransızca'da fazla kullanılan bir zaman olması nedeniyle yararlı olacağı düşü- nülerek bu fiilde de şimdiki zamanın hikâyesine yer verilmiştir. **Pouvoir** fiilinin şimdiki zamanın olumlu birinci tekil kişisi **"je peux"** olduğu halde aynı zamanın soru şeklinin birinci tekil kişisinde fiil ile özne durumundaki zamirin yer değiştirmesi sayesinde soru yapıldığında **peux**'nün **puis** olarak değiştiğine dikkat edilmelidir.

şimdiki zamanın hikâyesi

olumlu

olumlu şekli	anlamı
je pouvais	benim elimden gelirdi
tu pouvais	senin elinden gelirdi
il pouvait	onun elinden gelirdi
elle pouvait	onun elinden gelirdi
nous pouvions	bizim elimizden gelirdi
vous pouviez	sizin elinizden gelirdi
ils pouvaient	onların elinden gelirdi
elles pouvaient	onların elinden gelirdi

soru

olumlu şekli	anlamı
pouvais-je?	elimden gelir miydi?
pouvais-tu?	senin elinden gelir miydi?
pouvait-il?	onun elinden gelir miydi?
pouvait-elle?	onun elinden gelir miydi?
pouvions-nous?	bizim elimizden gelir miydi?
pouviez-vous?	sizin elinizden gelir miydi?
pouvaient-ils?	onların elinden gelir miydi?
pouvaient-elles?	onların elinden gelir miydi?

olumsuz

olumsuz şekli	anlamı
je ne pouvais pas	elimden gelmezdi
tu ne pouvais pas	senin elinden gelmezdi
il ne pouvait pas	onun elinden gelmezdi
elle ne pouvait pas	onun elinden gelmezdi
nous ne pouvions pas	bizim elimizden gelmezdi
vous ne pouviez pas	sizin elinizden gelmezdi
ils ne pouvaient pas	onların elinden gelmezdi
elles ne pouvaient pas	onların elinden gelmezdi

Pouvoir fiili yardımcı fiil olarak hemen hemen bütün zamanlarıyla kullanıldığından, gelecek zamanına da aşağıdaki tablolarda yer verilmiştir. **Pouvoir** fiilinin olumsuz şekilerinde bazen **"ne ...... pas"** olumsuzluk zarfının **'"pas"** kısmının kullanılmadığı görülür.

Je ne peux vous regarder.　　Sizi göremiyorum.
Vous ne pouvez porter cette table.　Bu masayı taşıyamazsınız.
Il ne peut venir seul.　　O yalnız gelemez.

gelecek zaman

olumlu

olumlu şekli	anlamı
je pourrai	benim elimden gelecek
tu pourras	senin elinden gelecek
il pourra	onun elinden gelecek
elle pourra	onun elinden gelecek
nous pourrons	bizim elimizden gelecek
vous pourrez	sizin elinizden gelecek
ils pourront	onların elinden gelecek
elles pourront	onların elinden gelecek

olumsuz

olumsuz şekli	anlamı
je ne pourrai pas	elimden gelmeyecek
tu ne pourras pas	senin elinden gelmeyecek
il ne pourra pas	onun elinden gelmeyecek
elle ne pourra pas	onun elinden gelmeyecek
nous ne pourrons pas	bizim elimizden gelmeyecek
vous ne pourrez pas	sizin elinizden gelmeyecek
ils ne pourront pas	onların elinden gelmeyecek
elles ne pourront pas	onların elinden gelmeyecek

soru

soru şekli	anlamı
pourrai-je?	benim elimden gelecek mi?
pourras-tu?	senin elinden gelecek mi?
pourra-t-il?	onun elinden gelecek mi?
pourra-t-elle?	onun elinden gelecek mi?
pourrons-nous?	bizim elimizden gelecek mi?
pourrez-vous?	sizin elinizden gelecek mi?
pourront-ils?	onların elinden gelecek mi?
pourront-elles?	onların elinden gelecek mi?

Pouvoir fiilinin yardımcı fiil olarak özellikle izin belirten anlamında çok kullanıldığı için **conditionnel présent** zamanının sadece olumlu şekli aşağıdaki tabloda verilmiştir.

je pourrais	benim elimden gelecekti
tu pourrais	senin elinden gelecekti
il pourrait	onun elinden gelecekti
elle pourrait	onun elinden gelecekti
nous pourrions	bizim elimizden gelecekti
vous pourriez	sizin elinizden gelecekti
ils pourraient	onların elinden gelecekti
elles pourraient	onların elinden gelecekti

yardımcı fiil olarak **pouvoir**

Herhangi bir fiilin dile getirdiği işin yapılabilmesi için gerek duyulan yetenek ve gücün var olduğunu belirtmede kullanılan **pouvoir** fiili mastar halindeki fiilin önünde yer alır.

Je peux porter cette armoire.   Bu dolabı taşıyabilirim.
Il peut apprendre anglais.   O İngilizce öğrenebilir.

Örneklerde taşıma kuvvetine sahip olmakla, öğrenme kabiliyetine sahip olmak belirtilmektedir.

Je peux nager dans la mer.   Denizde yüzebilirim.
Tu peux monter sur l'arbre.   Ağaca tırmanabilirsin.
Vous pouvez ouvrir les fenêtres.   Pencereleri açabilirsiniz.
Mireille peut parler espagnole.   Mireille İspanyolca konuşabilir.
Les autos peuvent monter sur la colline.   Arabalar tepeye çıkabilirler.
Elle peut voir son chat.   O kedisini görebilir.
Il peut toucher le plafond.   O tavana dokunabilir.
Vous pouvez prendre du café.   Kahve içebilirsiniz.
Je peux vous connaitre.   Sizi tanıyabilirim.
Ils peuvent porter la table.   Masayı taşıyabilirler.
Peut-elle ouvrir la porte?   Kapıyı açabilir mi?
Le cordonnier peut réparer les chaussures.   Ayakkabıcı ayakkabıyı tamir edebilir.
Nous pourrons lire ces livres.   Bu kitapları okuyabileceğiz.
Ils peuvent aller en Allemagne pendant deux jours.   İki günde Almanya'ya gidebilirler.

Tu pourras lire ce roman.	Bu romanı okuyabileceksin.
Je pourrai me soigner dans une semaine.	Bir hafta sonra iyileşebileceğim.
Marie pourra trouver les fleurs dans le jardin.	Marie bahçede çiçekleri bulabilecektir.
Nous pouvons le voir demain.	Yarın onu görebiliriz.
Tu peux aller à Ankara dans deux jours.	İki gün sonra Ankara'ya gidebilirsin.
Le maçon peut faire le mur.	Usta duvarı yapabilir.

Geçmişte herhangi bir oluşun, işin, hareketin yapılabilmesi için gereken güç ve yeteneğin **imparfait** zamanıyla ya da geçmiş zamanlarda dile getirilebilir. Ancak eylemin, işin, oluşun devam etme özelliği varsa **imparfait** zamanını kullanmak gerektiğinin unutulmaması gerekir.

Filiz pouvait apprendre anglais.	Filiz İngilizce öğrenebilirdi.
Mon camarade ne pouvait pas venir avec vous.	Arkadaşım sizinle gelemezdi.
Les élèves pouvaient travailler leurs leçons avec leurs professeurs.	Öğrenciler öğretmenleriyle birlikte derslerine çalışabilirlerdi.
Il pouvait réussir l'examen.	O sınavı başarabilirdi.
Ils pouvaient venir ici sans vous.	Siz olmadan buraya gelebilirlerdi.
Vous pouviez fermer la porte du jardin.	Bahçenin kapısını kapatabilirdiniz.
Tu ne pouvais pas raconter au directeur ce que vous m'aviez raconté.	Bana anlattıklarınızı müdüre anlatamazdınız.
Nous avons pu chanter pendant nos vacances.	Tatillerimiz sırasında şarkı söyleyebildik.
Ils ont pu jouer avec leurs amis.	Onlar arkadaşlarıyla oynayabildiler.
J'ai pu nager en été dans la mer.	Yazın denizde yüzebildim.
Le directeur a pu venir à la réunion.	Müdür toplantıya gelebildi.
Notre exportation a pu augmenter.	İhracatımız artabildi.

Nous avons pu réussir l'examen pour entrer à l'université.	Üniversiteye girmek için sınavı başarabildik.
Les voyageurs ont pu visiter notre ville.	Yolcular şehrimizi gezebildiler.
Est-ce que le chat pouvait monter cet arbre.	Kedi bu ağaca tırmanabilir miydi?
A-t-il pu acheter une robe à la boutique?	Dükkândan bir elbise satın alabildi mi?
Il a pu vendre sa vieille voiture.	Eski arabasını satabildi.
Aujourd'hui il est malade, il n'a pas pu venir à l'école.	Bugün hastadır, okula gelemedi.
Elle ne pouvait pas aller seule au cinéma quand elle était jeune.	O gençken sinemaya yalnız gidemezdi.

Bazı şart cümlelerinde eğer temel cümlede **pouvoir** fiili kullanılmışsa yan cümlenin fiilinin zamanına göre **pouvoir** fiili şimdiki zaman, **futur, futur proche, conditionel présent, futur antérieur** olabilir.

Si vous restez ici, je peux travailler mes leçons.	Eğer siz burada kalırsanız, derslerime çalışabilirim.
Si j'ai chaud, tu peux ouvrir la fenêtre.	Eğer sıcaklarsam, pencereyi açabilirsin.
Si les étrangères viennent à l'hôtel, ils peuvent les montrer les cartes touristiques de notre pays.	Eğer otele yabancılar gelirse, onlara ülkemizin turistik yerlerinin resimlerini gösterebilirler.
S'il fait beau, je pourrai aller au parc.	Hava iyi olursa parka gidebileceğim.
Si vous allez au cinéma, je pourrai venir avec vous.	Sinemaya giderseniz sizinle gelebileceğim.
Si les ouvriers viennent avec l'auto ils vont pouvoir.	Eğer işçiler arabayla gelirlerse hemen çalışmaya başlayabilecekler.
Si les touristes viennent au musée, ils vont visiter les oeuvres historiques.	Eğer turistler müzeye gelirlerse az sonra tarihi eserleri ziyaret edebilecekler.

Si je me lève à sept heures, je vais pouvoir aller à l'école à huit heures	Sabahleyin saat yedide kalkarsam, saat sekizde okula gidebileceğim.

Yukarıdaki cümlelerde yan cümlenin fiili şimdiki zaman olduğunda; temel cümledeki **pouvoir** fiili **présent** (şimdiki zaman), **futur** (gelecek zaman), **futur proche** (yakın gelecek zaman) olabilmektedir. Yan cümlenin fiili **imparfait** (şimdiki zamanın hikâyesi) olduğu zaman, temel cümlenin fiili **conditionnel présent** (şart kipinin şimdiki zamanı) olacağından, temel cümlenin fiili olarak **pouvoir** örnek alınıp söz konusu zamanla ilgili örnek cümleler şu şekilde oluşturulabilir.

Si j'avais de l'argent, je pourrais faire un voyage au Japon.	Eğer param olsaydı Japonya'ya bir yolculuk yapabilirdim.
Si je prenais un congé pour assister au festival, je pourrais être heureux.	Eğer festivale katılmak için izin alsaydım, memnun olurdum.
Si les oiseaux volaient sur le champ, ils pourraient entendre leur voix.	Kuşlar eğer tarlanın üzerinden uçsalardı, onlar kuşların seslerini duyabilirlerdi.
Si ma femme voulait acheter cette robe, elle pourrait me demander si elle me plait.	Eğer karım bu elbiseyi satın almak isteseydi bunun benim hoşuma gidip gitmediğini sorabilirdi.
S'il pleuvait, je pourrais venir chez vous.	Yağmur yağarsa size gelebilirdim.
Si les polices avaient vu l'accident, j'aurais pu prendre mes pertes.	Eğer polis kazayı görmüş olsaydı zararımı almış olabilecektim.
Si les paysannes avaient cultivé assez des légumes, elles auraient pu vendre au marché.	Eğer köylü kadınlar sebze yetiştirselerdi pazarda satabilirlerdi.
Si vous aviez pu connaitre ce pays, vous auriez pu y aller seul.	Eğer bu ülkeyi tanımış olsaydınız, oraya yalnız gidebilirdiniz.
Si j'avais bu de l'eau, je n'aurais pas pu être malade.	Eğer su içmiş olsaydım, hasta olmayabilecektim.

Yukarıdaki cümlelerde değişik şekillerde **pouvoir** fiilinin gerek kabiliyet ve gerek güç, kuvvet belirtmede kullanılışı görülmektedir. Bu fiil ayrıca izin gösterme anlamlarında da değişik zamanların uygulanmasıyla kullanıldığı aşağıdaki örnek cümlelerde görülmektedir.

Puis-je prendre votre chaise?	Sandelyenizi alabilir miyim?
Puis-je vous poser une questions?	Size bir soru sorabilir miyim?
Pouvez-vous me dire ce que vous faites.	Ne yaptığınızı bana söyleyebilir misiniz?
Est-ce qu'il peut venir avec moi?	O benimle gelebilir mi?
Puis-je commencer à travailler à dix heures?	Saat onda çalışmaya başlayabilir miyim?
Pouvez-vous venir chez-nous aujourd'hui?	Bugün bize gelebilir misiniz?
Est-ce que ta mère peut te donner la permission de venir avec nous?	Annen sana bizimle gelebilmen için izin verebilir mi?
Oui, vous pouvez aller chez eux.	Evet onlara gidebilirsiniz.
Tu peux acheter ce livre, je l'aime.	Bu kitabı satın alabilirsin, ben onu seviyorum.
Peux-tu me donner votre journal?	Gazetenizi bana verebilir misiniz?
Est-ce que vous ne pouvez pas visiter les monuments historiques?	Tarihi yapıları gezemez misiniz?
Pouvez-vous ouvrir la boutique à huit heures?	Dükkânı saat sekizde açabilir misiniz?
Elle peut chanter dans la maison.	Evde şarkı söyleyebilir.
Monsieur pouvez-vous me dire où est-ce que j'aurais pu trouver un restaurant?	Beyefendi nerede bir lokanta bulabileceğimi bana söyleyebilir misiniz?
Madame, excusez-moi s'il vous plait, pouvez-vous me montrer le bureau de tourisme.	Bayan, özür dilerim lütfen bana turizm bürosunu gösterebilir misiniz?
Nous pouvons nous reposer ici quand nous sommes fatigués.	Yorulduğumuz zaman burada dinlenebiliriz.
Pouvons-nous attendre près de vous?	Yanınızda bekleyebilir miyim?

Puis-je regarder votre passeport?	Pasaportunuza bakabilir miyim?
Est-ce qu'ils peuvent venir sans leurs parents?	Onlar ebeveynleri olmadan gelebilirlerler mi?
Pouvez-vous me donner votre sac?	Çantanızı bana verebilir misiniz?
Peut-elle écouter la musique avec vous?	Sizinle müzik dinleyebilir mi?
Peuvent-ils manger le repas sous l'arbre du jardin?	Bahçedeki ağacın altında yemek yiyebilirler mi?
Est-ce qu'il fait froid maman, puis-je mettre mon manteau?	Anneciğim, hava soğuk mu paltomu giyebilir miyim?

Yukarıdaki cümlelerde **pouvoir** yardımcı fiiliyle izin gösterme anlamlarına sahip cümlelerin yer aldığı görülmektedir. Aşağıda ise olasılık anlamını içeren cümlelerde **pouvoir** filinin kullanılışı bulunmaktadır. Bir oluşun, hareketin ve durumun olmasını, olasılık çerçevesi içinde **pouvoir** fiiliyle anlatmak mümkündür.

Un menuisier adroit peut faire cette table en un jour.	Becerikli bir marangoz bu masayı bir günde yapabilir.
Vous pouvez réussir l'examen.	Sınavı kazanabilirsiniz.
Il peut devenir un bon avocat.	İyi bir avukat olabilir.
Notre ville peut être un lieu touristiques.	Şehrimiz turistik bir yer olabilir.
Cet avion peut y arriver dans deux heures.	Bu uçak oraya iki saatte varabilir.
Le train pouvait venir ici avant midi.	Tren buraya öğleden önce gelebilir.
Nous pouvons trouver ici un restaurant.	Burada bir lokanta bulabiliriz.
Elles ne peuvent pas être chez elles à trois heures.	Onlar saat üçte evlerinde olmayabilirler.
Il peut dormir maintenant.	O şimdi uyuyabilir.

Les enfants peuvent jouer dans le jardin maintenant.	Çocuklar şimdi bahçede oynayabilirler.
Cet été il peut faire très chaud.	Bu yaz hava çok sıcak olabilir.
Est-ce que le directeur peut se trouver dans son bureau?	Müdür yerinde olabilir mi?
Il peut apprendre l'espagnol en Espagne.	O, İspanyolcayı İspanya'da öğrenebilir.
L'enfant peut manger le gâteau.	Çocuk pastayı yiyebilir.
Puis-je cacher votre chapeau?	Sizin şapkanızı saklamış olabilir miyim?

ALIŞTIRMALAR – 14

A. Aşağıdaki cümleleri Türkçeye çeviriniz.

1. Je ne peux vous voir.
2. Vous ne pouvez partir aujourd'hui.
3. Marie porra trouver les fleurs
4. Il peut aller en France dans une semain.
5. Le maçon a pu faire le mur
6. Nous avons pu porter la table
7. Elle peut ouvrir la porte de la maison.
8. Ils pourront lire leurs romans jusqu'à la semaine dernière.
9. Mon frère ne pouvait pas venir avec vous
10. Tu pouvais réussir l'examin.

1. ....
2. ....
3. ....
4. ....
5. ....
6. ....
7. ....
8. ....
9. ....
10. ....

B. Aşağıdaki cümleleri Fransızca'ya çeviriniz.

1. Bana bir soru sorabilir misiniz?
2. Sıcaklarsam pencereyi açabilirim.
3. Hava güzel olursa gezebileceğiz.
4. Sinemaya giderseniz ben de sizinle gelebileceğim.
5. Eski otosunu satabilecek.

1. ....
2. ....
3. ....
4. ....
5. ....

6. Yolcular şehri ziyaret edebildiler.
7. Gemi saat onda hareket edebilecek.
8. Ziyaretçiler toplantıya katılabildiler.
9. Yazın denizde yüzebilecek.
10. Herkes bir yabancı dil öğrenebilir.
11. Şemsiye almalıyız yağmur yağabilir.
12. Saat tamam gidebiliriz.

6. ....
7. ....
8. ....
9. ....
10. ....
11. ....
12. ....

C. Aşağıdaki cümlelerdeki boşluklara **pouvoir** (edebilmek) fiilinin uygun zaman ve şekillerini yazınız.

1. Eugène est très petite, elle……..jouer seule.
2. Cette valise est légère, il ……porter facilement.
3. Ömer est très intelligent, il……parler trois langues.
4. ………vous conduir la voiture? Oui j'ai le permis de conduir.
5. Personne……..courir 50 km.pendant 40 minutes.
6. Il est maigre, .il ……..monter l'arbre.
7. Il sont très jeunes … ……….. danser beaucoup.
8. Vous êtes vieux, vous……………..rester seule.

1. ....
2. ....
3. ....
4. ....
5. ....
6. ....
7. ....
8. ....

D. Aşağıdaki cümlelerdeki boşlukları **Pouvoir** (edebilmek) fiilinin uygun çekimleriyle doldurunuz.

1. Il n'a……………..réussir son examin.
2. Les fermiers……………produire les blés cette année.
3. Je……………parler Français avec vous.
4. Ma petite soeur ne…………aller seule au magasin.
5. C'est votre manteau tu…………..le metre, il fait froid.
6. Si vous ne………faire vos travaux, vous ne…venir.

1. ....
2. ....
3. ....
4. ....
5. ....
6. ....

Devoir

Devoir fiili diğer fiillerin önüne gelerek bu fiillerin dile getirdikleri işi, oluşu ve hareketin yapılmasının gerekli ve zorunlu olduğunu belirten bir yarı yardımcı fiildir. Diğer fiillerin sahip olduğu bütün zamanlarla çekilebilir ve cümledeki yerini alabilir. Yardımcı fiil olarak "zorunda olmak, mecbur olmak" anlamına gelir. Olağan bir fiil olarak ise "borçlu olmak, bir şeyi yapmayı kendisi için borç bilmek" anlamlarına gelir.

Devoir fiilinin yardımcı fiil olarak Türkçe dilbilgisi açısından yorumlandığında gereklilik kipinin Fransızca'daki koşutu olduğunu belirtmek daha isabetli olacaktır. Bu anlamda **devoir** fiili gerekliliği dile getirilecek olan mastar halindeki fiilden önce yer alır.

Gerekliliği dile getiren fiilin bildirdiği iş, oluş ve hareket, süreç içinde hangi zamanda yapılmışsa söz konusu zamanın çekimi **devoir** fiili üzerinde yapılır. Diğer fiil mastar halinde kalır. Bu durumda **devoir** fiilinin tek görevi **"-meli -malı"** takılarını yansıtan "mecbur olmak, zorunda olmak" anlamlarına gelmektir.

Devoir fiili yardımcı fiil olarak bütün zamanları kapsadığına göre en çok kullanılan birkaç zamanının çekimi aşağıda verilmiştir.

şimdiki zaman

olumlu

olumlu şekli	anlamı
je dois	ben mecburum
tu dois	sen mecbursun
il doit	o mecbur
elle doit	o mecbur
nous devons	biz mecburuz
vous devez	siz mecbursunuz
ils doivent	onlar mecburdurlar
elles doivent	onlar mecburdurlar

Devoir fiilinin yardımcı fiil olarak anlamı her ne kadar **"...-meli, ...-malı"** olsa da sözcük olarak anlamı" zorunda olmak, mecbur olmak" olduğu için çekimlerde anlamı yazılırken "mecbur olmak, ya da zorunda olmak" şeklinde yazılarak anlatılmaya çalışılmıştır.

olumsuz

olumsuz şekli	anlamı
je ne dois pas	ben zorunda değilim
tu ne dois pas	sen zorunda değilsin
il ne doit pas	o zorunda değil
elle ne doit pas	o zorunda değil
nous ne devons pas	biz zorunda değiliz
vous ne devez pas	siz zorunda değilsiniz
ils ne doivent pas	onlar zorunda değildirler
elles ne doivent pas	onlar zorunda değildirler

soru

soru şekli	anlamı
dois-je (est-ce que je dois)?	ben mecbur muyum?
dois-tu?	sen mecbur musun?
doit-il?	o mecbur mu?
doit-elle?	o mecbur mu?
devons-nous?	biz mecbur muyuz?
devez-vous?	siz mecbur musunuz?
doivent-ils?	onlar mecbur mudurlar?
doivent-elles?	onlar mecbur mudurlar?

Devoir (zorunda olmak, mecbur olmak) fiilinin belirttiği gereklilik eyleminin dile getirilmesi zaman içinde, gerek geçmişte, gerek gelecekte ve gerek şimdi cereyan edebileceği için, bu fiil bütün zamanlarda çekilir. Nitekim geçmiş zamanı da şöyledir.

geçmiş zaman

olumlu

olumlu	anlamı
j'ai du	ben mecbur oldum
tu as du	sen mecbur oldun
il a du	o mecbur oldu
elle a du	o mecbur oldu
nous avons du	biz mecbur olduk
vous avez du	siz mecbur oldunuz
ils ont du	onlar mecbur oldular
elles ont du	onlar mecbur oldular

soru

soru şekli	anlamı
ai-je du?	mecbur oldu muyum?
as-tu du?	sen mecbur oldun mu?
a-t-il du?	o mecbur oldu mu?
a-t-elle du?	o mecbur oldu mu?
avons-nous du?	biz mecbur olduk mu?
avez-vous du?	siz mecbur oldunuz mu?
ont-ils du?	onlar mecbur oldular mı?
ont-elles du?	onlar mecbur oldular mı?

olumsuz

olumsuz şekli	anlamı
je n'ai pas du	ben mecbur olmadım
tu n'as pas du	sen mecbur olmadın
il n'a pas du	o mecbur olmadı
elle n'a pas du	o mecbur olmadı
nous n'avons pas du	biz mecbur olmadık
vous n'avez pas du	siz mecbur olmadınız
ils n'ont pas du	onlar mecbur olmadılar
elles n'ont pas du	onlar mecbur olmadılar

şimdiki zamanın hikâyesi

olumlu

olumlu şekli	anlamı
je devais	ben mecbur oluyordum
tu devais	sen mecbur oluyordun
il devait	o mecbur oluyordu
elle devait	o mecbur oluyordu
nous devions	biz mecbur oluyorduk
vous deviez	siz mecbur oluyordunuz
ils devaient	onlar mecbur oluyorlardı
elles devaient	onlar mecbur oluyorlardı

Devoir fiilinin **imparfait** (şimdiki zamanının hikâyesi) zamanına değindikten sonra, gelecek zamanının çekimi de yeni bir tabloda gösterilmiştir.

gelecek zaman

olumlu

olumlu şekli	anlamı
je devrai	ben mecbur olacağım
tu devras	sen mecbur olacaksın
il devra	o mecbur olacak
elle devra	o mecbur olacak
nous devrons	biz mecbur olacağız
vous devrez	siz mecbur olacaksınız
ils devront	onlar mecbur olacaklar
elles devront	onlar mecbur olacaklar

olumsuz

olumsuz şekli	anlamı
je ne devrai pas	ben mecbur olmayacağım
tu ne devras pas	sen mecbur olmayacaksın
il ne devra pas	o mecbur olmayacak
elle ne devra pas	o mecbur olmayacak
nous ne devrons pas	biz mecbur olmayacağız
vous ne devrez pas	siz mecbur olmayacaksınız
ils ne devront pas	onlar mecbur olmayacaklar
elles ne devront pas	onlar mecbur olmayacaklar

soru

soru şekli	anlamı
devrai-jè?	ben mecbur olacak mıyım?
devras-tu?	sen mecbur olacak mısın?
devra-t-il?	o mecbur olacak mı?
devra-t-elle?	o mecbur olacak mı?
devrons-nous?	biz mecbur olacak mıyız?
devrez-vous?	siz mecbur olacak mısınız?
devront-ils?	onlar mecbur olacaklar mı?
devront-elles?	onlar mecbur olacaklar mı?

yardımcı fiil olarak devoir fiilinin kullanılışı

Devoir yardımcı fiil olarak mastar halindeki bir fiilin önünde çekimli halde bulunur ve "-meli, -malı" ya da "-mek--mak zorunda olmak" veya "-e - -a mecbur olmak" anlamlarına gelir.

Je dois voir mon ami.	Arkadaşımı görmeliyim.
Vous devez fermer la porte.	Kapıyı kapatmalısınız.
Ils doivent venir à l'école.	Okula gelmelidirler.
Elle doit attendre sa mère, ici.	Burada annesini beklemelidir.
Tu dois me donner votre adresse.	Bana adresini vermelisin.
Il doit se promener dans le jardin.	Bahçede gezinmelidir.
Elles doivent travailler beaucoup.	Çok çalışmalıdırlar.
Mes parents doivent venir aujourd'hui.	Ebeveynlerim bugün gelmelidirler.
Les trains doivent partir à dix heures.	Trenler saat onda hareket etmelidirler.
L'enfant doit manger le repas.	Çocuk yemeği yemelidir.
Mon fils doit aller au cinéma avec moi.	Oğlum benimle sinemaya gitmelidir.
Tu dois me montrer ton passeport.	Bana pasaportunu göstermelisin.
Nous devons lire le journal.	Gazeteyi okumalıyız.
Ils doivent se raser le matin.	Sabahları tıraş olmaları gerekir.

Yukarıda içinde **devoir** fiili bulunan cümlelerde, fiil **"-meli, -malı"** şeklinde Türkçeye çevrilmiştir. Aşağıdaki cümlelerde ise "zorunda olmak ve mecbur olmak" şeklinde yazılsa da değişmez. Burada söz konusu değişiklik sadece Fransızca'da bir fiil ile dile getirilen eylemin, Türkçe'de birçok fiille dile getirilmesidir.

Les femmes doivent laver le linge.	Kadınlar çamaşırları yıkamak zorundadırlar.
Mon frère ne doit pas aller au théâtre.	Erkek kardeşim tiyatroya gitme zorunda değildir.
Nous ne devons pas mettre nos manteaux.	Paltolarımızı giymek zorunda değiliz.
Je dois parler le français avec lui.	Onunla Fransızca konuşmaya mecburum.
Dois-tu venir avec moi?	Benimle gelmek zorunda mısın?
Elles doivent visiter cette ville.	Bu şehri gezmek zorundadırlar.
Elle doit acheter une robe jaune.	Sarı bir elbise satın almak zorundadır.
Les touristes doivent attendre le bateau.	Turistler gemiyi beklemek mecburiyetindedirler.
Elle a du parler avec le directeur.	O müdürle konuşmak zorunda kaldı.
Les garçons ne doivent pas rester à la maison, le dimanche.	Pazar günü erkek çocuklar evde kalmak zorunda değildirler.
Mon professeur n'a pas du me poser des questions.	Öğretmenim bana birkaç soru sormak zorunda kalmadı.
Je devais lui écrire une lettre.	Ona bir mektup yazmak zorunda kalıyordum.
Elles ne devaient pas écouter cette chanson.	Onlar bu şarkıyı dinlemek zorunda değildiler.
Elle devra aider sa mère à faire des gâteaux.	O kız annesinin pasta yapmasına yardım etmek zorunda kalacak.
Ils devront venir en Turquie, en hiver.	Onlar kışın Türkiye'ye gelmek zorunda kalacaklar.

Devoir fiiliyle soru şeklini uygulayarak yapılan zorunluluk cümleleri ise şu anlamları içerirler.

Devez-vous visiter la ville?	Şehri ziyaret etmek zorunda mısın?
Dois-tu apprendre l'allemand?	Almanca öğrenmek zorunda mısın?
Est-ce que les étrangères doivent montrer leurs passeports?	Yabancılar pasaportlarını göstermek zorunda mıdırlar?
La fille doit-elle mettre son manteau?	Kız çocuğu mantosunu giymek zorunda mıdır?
Les garçons et les filles ne doivent pas mettre leurs manteaux, quand il fait chaud.	Hava sıcak olduğu zaman kız ve erkek çocuklar paltolarını giymek mecburiyetinde değildirler.
Est-ce que le médecin doit venir à l'hôpital aujourd'hui?	Doktor bugün hastaneye gelmek mecburiyetinde midir?
Doit-il se réveiller à huit heures?	O, saat sekizde kalkmak zorunda mıdır?

A-t-il du manger la soupe à six heures?	Saat altıda çorbayı içmek zorundamı kaldı?
Avez-vous du aller chez lui ce soir?	Bu akşam ona gitmek zorunda mı kaldınız?
Oui, ils ont du y aller ce soir.	Evet, bu akşam oraya gitmek zorunda kaldılar.
Les voyageurs devront-ils montrer leurs valises à la douane?	Yolcular bavullarını gümrükte göstermek zorunda kalacaklar mı?
Oui, ils devront les montrer.	Evet, onları göstermek zorunda kalacaklar.
Devrez-vous lire ce livre?	Bu kitabı okumak zorunda kalacak mısınız?

Devoir fiili bazen olumsuz olarak kullanıldığında uyulması gereken bir zorunlu yasağı dile getirmektedir.

Il ne doit pas toucher le feu.	Ateşe dokunmamalıdır.
Les gens ne doivent pas mentir.	İnsanlar yalan söylememelidirler.
Les élèves ne doivent pas faire de bruit dans la classe.	Öğrenciler sınıfta gürültü yapmamalıdırlar.
Les gens ne doivent pas traverser la route lorsque le feu rouge est allumé.	Kırmızı ışık yandığında insanlar yolu geçmemelidirler.
Il a mal à la gorge, il ne devrait pas fumer.	O boğazından rahatsızdır, sigara içmemeliydi.
Ici la mer est sale, nous ne devrons pas nager ici.	Burada deniz kirli, burada yüzmek zorunda kalmayacağız.

Herhangi bir konuda tahminde bulunarak, varsayımlara göre sonuca varmak için bir takım duygu, düşünce, oluş ve hareketleri dile getirmek için **devoir** fiilinden yararlanılabilir.

Ils ont marché depuis le matin, ils doivent être fatigués.	Sabahtan beri yürüdüler yorgun olmak zorundadırlar.
Mon frère travaillait beaucoup, il doit réussir l'examen.	Kardeşim çok çalıştı sınavı başarmak zorundadır.
Il veut un verre d'eau, il doit avoir soif.	Bir bardak su istiyor susamış olmalıdır.
Vous voulez manger le repas, vous devez avoir faim.	Yemek yemek istiyorsunuz acıkmış olmalısınız.
Une voiture est venue devant la maison, il doit être ton père.	Evin önüne bir araba geldi baban olmalıdır.
Philippe est parti pour Istanbul, il doit arriver maintenant à Ankara.	Philippe İstanbul'a hareket etti, şimdi Ankara'ya varmış olmalıdır.

Il n'est pas chez lui, il doit aller au théâtre.
Ma soeur a réussi l'examen, elle a du travailler beaucoup.
Elle mange la pomme, elle devait l'aimer.
Ils ont ouvert la porte de la classe, ils ont du avoir chaud.
Les élèves ont bien répondu aux questions, il ont du bien écouter leur professeur.

Evinde yok tiyatroya gitmiş olmalıdır.
Kız kardeşim sınavı kazandı çok ders çalışmış olmalıdır.
O kız elma yiyor onu seviyor olmalıdır.
Sınıfın kapısını açtılar, sıcaklamış olmalıdırlar.
Öğrenciler soruları iyi yanıtladılar, öğretmenlerini iyi dinlemiş olmalıdırlar.

faire

Faire (yapmak) fiili Fransızca'da yapmak anlamının yanı sıra cümle içinde bazen fiilleri ettirgen yapmak için yarı yardımcı fiil görevini üstlenir. Bu durumda ettirgen durumdaki fiilin mastarından önce **faire** fiili getirilir. Zamanı ise ettirgen fiilin söz konusu zamanıdır. Ettirgen yani başkasına yaptırılan iş, oluş, hareket ve olayın anlatılması için önce **faire** fiilinin çekimli hali daha sonra söz konusu fiilin **infinitif**'i (mastarı), nihayet tümleç **(complément)** getirilir.

Faire fiili de yüklendiği görev bakımından bir yarı yardımcı fiil sayılabileceğinden diğer benzer fiiller gibi en çok kullanılan zamanlarına değinilecektir.

şimdiki zaman

olumlu

olumlu şekli	anlamı
je fais	yapıyorum
tu fais	yapıyorsun
il fait	yapıyor
elle fait	yapıyor
nous faisons	yapıyoruz
vous faites	yapıyorsunuz
ils font	yapıyorlar
elles font	yapıyorlar

olumsuz

olumsuz şekli	anlamı
je ne fais pas	yapmıyorum
tu ne fais pas	yapmıyorsun
il ne fait pas	yapmıyor
elle ne fait pas	yapmıyor
nous ne faisons pas	yapmıyoruz
vous ne faites pas	yapmıyorsunuz
ils ne font pas	yapmıyorlar
elles ne font pas	yapmıyorlar

soru

soru şekli	anlamı
est-ce que je fais?	yapıyor muyum?
fais-tu?	yapıyor musun?
fait-il?	yapıyor mu?
fait-elle?	yapıyor mu?
faisons-nous?	yapıyor muyuz?
faites-vous?	yapıyor musunuz?
font-ils?	yapıyorlar mı?
font-elles?	yapıyorlar mı?

geçmiş zaman

olumlu

olumlu şekli	anlamı
j'ai fait	ben yaptım
tu as fait	sen yaptın
il a fait	o yaptı
elle a fait	o yaptı
nous avons fait	biz yaptık
vous avez fait	siz yaptınız
ils ont fait	onlar yaptılar
elles ont fait	onlar yaptılar

soru

soru şekli	anlamı
ai-je fait?	yaptım mı?
as-tu fait?	yaptın mı?
a-t-il fait?	yaptı mı?
a-t-elle fait?	yaptı mı?
avons-nous fait?	yaptık mı?
avez-vous fait?	yaptınız mı?
ont-ils fait?	yaptılar mı?
ont-elles fait?	yaptılar mı?

olumsuz

olumsuz şekli	anlamı
je n'ai pas fait	ben yapmadım
tu n'as pas fait	sen yapmadın
il n'a pas fait	o yapmadı
elle n'a pas fait	o yapmadı
nous n'avons pas fait	biz yapmadık
vous n'avez pas fait	siz yapmadınız
ils n'ont pas fait	onlar yapmadılar
elles n'ont pas fait	onlar yapmadılar

şimdiki zamanın hikâyesi

olumlu

olumlu şekli	anlamı
je faisais	ben yapıyordum
tu faisais	sen yapıyordun
il faisait	o yapıyordu
elle faisait	o yapıyordu
nous faisions	biz yapıyorduk
vous faisiez	siz yapıyordunuz
ils faisaient	onlar yapıyorlardı
elles faisaient	onlar yapıyorlardı

olumsuz

olumsuz şekli	anlamı
je ne faisais pas	ben yapmıyordum
tu ne faisais pas	sen yapmıyordun
il ne faisait pas	o yapmıyordu
elle ne faisait pas	o yapmıyordu
nous ne faisions pas	biz yapmıyorduk
vous ne faisiez pas	siz yapmıyordunuz
ils ne faisaient pas	onlar yapmıyorlardı
elles ne faisaient pas	onlar yapmıyorlardı

soru

soru şekli	anlamı
est-ce que je faisais?	ben yapıyor muydum?
faisais-tu?	sen yapıyor muydun?
faisait-il?	o yapıyor muydu?
faisait-elle?	o yapıyor muydu?
faisions-nous?	biz yapıyor muyduk?
faisiez-vous?	siz yapıyor muydunuz?
faisaient-ils?	onlar yapıyorlar mıydı?
faisaient-elles?	onlar yapıyorlar mıydı?

gelecek zaman

olumlu

olumlu şekli	anlamı
je ferai	ben yapacağım
tu feras	sen yapacaksın
il fera	o yapacak
elle fera	o yapacak
nous ferons	biz yapacağız
vous ferez	siz yapacaksınız
ils feront	onlar yapacaklar
elles feront	onlar yapacaklar

soru

soru şekli	anlamı
ferai-je?	ben yapacak mıyım?
feras-tu?	sen yapacak mısın?
fera-t-il?	o yapacak mı?
fera-t-elle?	o yapacak mı?
ferons-nous?	biz yapacak mıyız?
ferez-vous?	siz yapacak mısınız?
feront-ils?	onlar yapacaklar mı?
feront-elles?	onlar yapacaklar mı?

ettirgen kullanımda **faire**

Bu anlamda **faire** fiili ettirgen olarak kullanılacak fiilin mastarından önce yer alır. Tümleç (**complément**) daha sonra konulur. Aşağıdaki cümlelerde ettirgen fiilden önce faire fiili yarı yardımcı fiil olarak görevini yerine getirmektedir.

Je fais venir mes disques de chansons.	Benim şarkı plaklarımı getirtirim.
Je faisais repasser mon pantalon.	Pantolonumu ütületiyordum.
Je ne faisais pas laver ma chemise.	Gömleğimi yıkatmıyordum.
Est-ce que je faisais appeler mon ami?	Arkadaşımı çağırtıyor muydum?
Ferai-je préparer le repas?	Yemeği hazırlatacak mıydım?
Est-ce que tu fais reparer la machine?	Makineyi tamir ettiriyor musun?
Tu ne fais pas mettre le paquet sur la table.	Paketi masanın üzerine koydurtmuyorsun.
Faisais-tu écrire une lettre à votre voisin qui se trouve en France?	Fransa'da bulunan komşunuza bir mektup yazdırtıyor muydun?
Non, tu ne feras pas porter le panier.	Hayır, pazar çantasını sen taşıtmayacaksın.
Tu feras visiter la ville.	Şehri gezdirteceksin.
Il ne fait pas apporter un cadeau.	O bir hediye getirtmiyor.
Il ne faisait pas lire son livre.	O kitabını okutturmuyordu.
Est-ce qu'elle fera balayer la classe?	Sınıfı süpürttürecek mi?
Nous avons fait vendre notre voiture.	Arabamızı sattırdık.
Faisons-nous préparer les papiers?	Kâğıtları hazırlatıyor muyuz?
Nous ne faisions pas fermer la fenêtre.	Pencereyi kapattırmıyorduk.
Ferons-nous ouvrir la porte du bureau?	Büronun kapısını açtıracak mıyız?
Est-ce que nous ferons effacer le tableau?	Yazı tahtasını sildirtecek miyiz?
Ferons-nous attendre les valises ici?	Bavulları burada beklettirecek miyiz?
Nous avons fait acheter un kilo de raisin.	Bir kilo üzüm satın aldırttık.
Vous faites faire un bouquet de fleur.	Bir buket çiçek yaptırtıyorsunuz.
Ferez-vous choisir les fruits?	Meyveleri seçtirecek misiniz?
Vous ne ferez pas raconter une histoire?	Hikâye anlattırmayacak mısınız?

Est-ce que vous faisiez dessiner?	Resim yaptırtıyor muydunuz?
Avez-vous fait rire les enfants?	Çocukları güldürttünüz mü?
Est-ce qu'ils font téléphoner à leurs mères?	Annelerine telefon ettirdiler mi?
Ils ont fait chercher leurs amis.	Onlar arkadaşlarını arattırdılar.
Feront-ils cultiver les légumes?	Sebzeleri yetiştirtecekler mi?
Faisaient-ils travailler les ouvriers pour construire le pont?	Köprü inşaatı için işçi çalıştırıyorlar-mıydı?

Bazen **faire** fiilinin ettirgen mastar fiille birlikte mastar durumunda da bulunabilir. Bu, genellikle **faire** fiilinin **devoir** yarı yardımcı fiilinden sonra geldiği ve **futur proche** (yakın gelecek) zaman ya da **pouvoir** (olabilmek) fiiliyle kullanılması gereken durumlarda söz konusu olmaktadır. Aşağıdaki cümlelerde **faire** fiili ettirgen fiille birlikte mastar halinde görülmektedir.

Je dois faire envoyer le cadeau à mon camarade.	Arkadaşıma hediye göndertmeliyim.
Il ne doit pas vous faire attendre ici.	Sizi burada bekletmemelidir.
Vous ne devez pas faire jouer les enfants devant le bibliothèque.	Çocukları kütüphanenin önünde oynattırmamalısınız.
Tu ne dois pas faire venir les animaux dans le jardin.	Hayvanları bahçeye getirtmemelisin.
Je vais faire manger la soupe aux enfants.	Şimdi çocuklara çorba yedirteceğim.
Est-ce que vous allez faire regarder les valises?	Biraz sonra hemen bavullara baktıracak mısınız?
Allez-vous faire écouter la musique?	Biraz sonra müzik dinlettirecek misiniz?
Est-ce qu'ils vont faire peindre les murs de l'école?	Biraz sonra okulun duvarlarını boyattıracaklar mı?
Il va faire trouver une place.	O biraz sonra bir yer buldurtacaktır.
Tu vas faire oublier son devoir.	Az sonra onun görevini unutturacaksın.
Elles vont faire préparer leur thé.	Onlar çayı hazırlatacaklar.
Je ne vais pas faire reparer sa montre.	Onun saatini tamir ettirmeyeceğim.
Ils viennent de faire visiter le lac.	Biraz önce gölü gezdirttiler.
Je viens de faire nager les enfants dans la mer.	Çocukları biraz önce denizde yüzdürdüm.
Il vient de faire venir son frère.	O erkek kardeşini biraz önce getirtti.
Vous venez de faire mettre les livres à leurs places.	Kitapları biraz önce yerlerine yerleştirdiniz.
Nous venons de faire abattre les vieux murs de notre jardin.	Biraz önce bizim bahçenin eski duvarlarını yıktırdık.
Je peux vous faire abonner à notre journal.	Sizi gazetemize abone yaptırabilirim.

Vous ne pouvez pas nous faire aimer les fruits aigres.	Bize ekşi meyveleri sevdiremezsiniz.
Tu peux faire pousser la table devant la fenêtre.	Masayı pencerenin önüne hareket ettirtebilirsin.
Est-ce qu'ils peuvent faire annuler les places?	Onlar yerleri iptal ettirebilirler mi?

olağan fiil olarak **faire**

Faire fiili olağan bir fiil olarak şu anlamlarda cümle içinde kullanılırlar. Olağan fiil olarak genel anlamda "yapmak" anlamında kullanılan **faire** fiilinin daha başka anlamları da taşıdığı görülmektedir.

Nous faisons notre devoir.	Ödevlerimizi yapıyoruz.
Vous faites vos leçons vous-mêmes.	Derslerinizi bizzat kendiniz yapıyorsunuz.
Faites-vous seul votre vêtement?	Elbisenizi yalnız mı dikiyorsunuz?
Maman fera un salade pour le diner.	Annem akşam yemeği için salata yapacak.
Le maçon a fait un mur au cave de la maison.	Duvarcı evin bodrumuna bir duvar yaptı.

Faire fiilinin bazen "olmak" anlamına da geldiği görülmektedir.

Tu feras un bon professeur.	Sen iyi bir öğretmen olacaksın.
Il fera un avocat intelligent.	O zeki bir avukat olacaktır.
Vous ferez de bons compatriotes pour votre pays.	Siz ülkeniz için iyi yurttaşlar olacaksınız.

Aşağıdaki cümlelerde **faire** fiilinin olağan bir fiil olarak değişik anlamlarda kullanıldığı görülmektedir.

Il a fait son service militaire à Ankara.	O askerliğini Ankara'da yapmıştır.
Mon père fait de l'accordéon une fois par semaine.	Babam haftada bir akordeon çalmaktadır.
Ils ont fait l'Asie pendant le mois de Mai.	Onlar mayıs ayında Asya'yı gezdiler.
Le chemin fait dix kilomètres.	Yol on kilometre çeker.
Ce manteau fait soixante livres.	Bu paltonun fiyatı atmış liradır.
Un kilo d'orange fait huit livres.	Bir kilo portakal sekiz liradır.
Trois et trois font six.	Üç üç daha altı yapar.
Quatre et six ne font pas neuf.	Dört altı daha dokuz etmez.

Faire de qn ... :	Birini ... yapmak.
Le bonheur avait fait de lui un homme orgueilleux.	Mutluluk onu gururlu bir insan yapmıştı.
La triomphe a fait du roi un homme sans pitié.	Zafer kralı acımasız bir insan yapmıştı.
Faire de qch ... :	Bir şeyi ... durumuna getirmek.
On a fait de ce vieux batiment un grand hôtel.	Bu eski bina büyük bir otel durumuna getirilmiştir.
Ma mère fait de cette robe usée une bonne jupe.	Annem bu eski elbiseden güzel bir etek yapar.
Mon père fait de ce fauteuil un lit.	Babam bu koltuktan bir yatak yapar.
Il fait ...	Hava...... dır.
Il fait froid aujourd'hui.	Bugün hava soğuktur.
Il ne faisait pas chaud hier soir.	Dün akşam hava sıcak değildi.
Il a fait beau au mois de Mai.	Mayıs ayında hava güzel oldu.
Il fera claire demain.	Yarın hava açık olacak.
Il fait froid, mets ton manteau!	Hava soğuk, paltonu giy.

ALIŞTIRMALAR - 15

A. Aşağıdaki cümleleri Türkçeye çeviriniz.

1. **Je dois partir pour İtalie**
2. **Vous devez fermer la porte.**
3. **Tu ne dois pas me donner votre adresse.**
4. **René devra lui montrer son passeport.**
5. **Ils devront lire le roman que j'avais acheté pour eux.**
6. **Nous devrons manger nos repas à midi.**
7. **Elle ne devra pas attendre jusqu'à ce que tu serais venu.**
8. **Vous ne devrez pas acheter cette voiture qu'il vous avait montrés.**
9. **Je n'ai pas du marcher à pied.**
10. **Elles ne devaient pas y rester la semain dernière.**

1. ....
2. ....
3. ....
4. ....
5. ....
6. ....
7. ....
8. ....
9. ....
10. ....

B. Aşağıdaki cümleleri Fransızca'ya çeviriniz.

1. Kardeşim sizinle sinemaya gitmelidir.
2. Ziyaretçiler limanda gemiyi beklemek zorunda kalacaklar.
3. Satın aldığı evi görmek zorunda kaldın.
4. Mavi bir etek satın almak zorunda kaldı.
5. Müzeyi gezmek zorunda mısınız?
6. Saat yedide uyanmak zorunda mı kaldı?
7. Arkadaşım sınavı başardı çünkü çok çalışmak zorunda kalmıştı.
8. Sakin olmalısınız.
9. Geç kalmamalısınız.
10. Çok çalışkan olmalısınız.

1. ....
2. ....
3. ....
4. ....
5. ....
6. ....
7. ....
8. ....
9. ....
10. ....

C. Aşağıdaki cümlelerdeki boşlukları **Devoir** (zorunda olmak, mecbur olmak) fiilinin uygun çekimleriyle tamamlayınız.

1. Elle....................obéir aux parents.
2. Tu ne....................pas aller ce matin.
3. Le père d'Arlette.........finir son devoir.
4. Je ne ....pas écouter la musique.
5. Ils................nous attendre jusqu'a le soir.
6. Vous ne............pas marcher très vite.
7. Nous.............être prudent.
8. Les enfants............jouer dans le jardin.

1. ....
2. ....
3. ....
4. ....
5. ....
6. ....
7. ....
8. ....

D. Aşağıdaki cümleleri Fransızca'ya çeviriniz.

1. Biletlerini iptal ettirebileceksin.
2. Pantolonumu ütületmeyeceğim.
3. Saat kaçta kitapları getirtiyorsunuz?
4. Size biletlerinizi hemen verdittirecek.
5. Çocukları güldürdünüz mü?

1. ....
2. ....
3. ....
4. ....
5. ....

E. Aşağıdaki cümleleri Türkçeye çeviriniz.

1. Je ne faisais pas laver ma chemise.
2. Vous faites faire un bouqet de fleur.
3. Ils ont fait chercher leurs amis.
4. Tu feras acheter un kilo de raisin.
5. Jean n'a pas fait raconter une histoire.
6. Le paysan faire venir les animaux aux étables.

1. ....
2. ....
3. ....
4. ....
5. ....
6. ....

F. Aşağıdaki cümle ve deyişlerin Türkçelerini yazınız.

1. Il fera un bon professeur.
2. Vous ferez un avocat intelligent.
3. Faire le service militaire.
4. Le chemin fait dix kilomètres.
5. Ce manteau fait cent euros.
6. Trois et trois font six.
7. Il fait froid.
8. Il fait beau.

1. ....
2. ....
3. ....
4. ....
5. ....
6. ....
7. ....
8. ....

DES CONJUGAISONS - FİİL ÇEKİMLERİ

Yardımcı fiilleri **(verbes auxiliaires)** gördükten sonra, Fransızca'da fiil çekimleri konusunu ayrıntılı olarak incelemek için kısaca fiillerin aldığı mastar eklerine göre başlıca üç gruba ayrıldıkları noktasından hareket ederek, bu grupları aşağıdaki şekilde sınıflandırılmak gerekir.

1. BİRİNCİ GRUP FİİLLER - LE VERBE DU PREMIER GROUPE
(mastarlarının sonu **-er** ile biten fiiller)

2. İKİNCİ GRUP FİİLLER - LE VERBE DU DEUXIÈME GROUPE
(mastarlarının sonu **-ir** ile biten fiiller)

3. ÜÇÜNCÜ GRUP FİİLLER - LE VERBE DU TROISIÈME GROUPE
(mastarlarının sonu **-re**, **-ir**, **-oir** ile biten fiiller)

Fransızca'daki bütün zamanları bu gruplar çerçevesinde ele alıp aralarındaki farkları belirtilerek çekimlerin daha kolay anlaşılması sağlanmış olacaktır. (bkz. Fono Yayınları Fransızcada Fiil Çekimleri ve Kullanılış Yerleri) Fransızca'da mevcut 8000 fiilden 4500'ü hemen hemen en çok kullanılan fiillerdendir. Bu 4500 fiilin 4000'i birinci grup diğer 500'ü ise ikinci ve üçüncü grup fiiller sınıfına girmektedir.

conjugaison négative - fiillerin olumsuz çekimi

Hangi zamanda olursa olsun Fransızca'da fiilleri olumsuz çekmek için aşağıdaki olumsuzluk belirten zarflardan (**adverbes de négations**'lardan) yararlanılır. Bu olumsuzluk zarfları şunlardır:

Ne .... pas.
Ne .... plus.
Ne .... jamais.
Ne .... point.
Ne .... rien.
Ne .... guère.

Yukarıdaki olumsuzluk zarflarının ilk kısmı (**ne**) fiillerde hemen özneden sonra gelir. Bu özne gerek bir isim gerek bir zamir olabilir. Hangisi olursa olsun **"ne"** her zaman özneden sonra yer alır. Olumsuzluk zarflarının ikinci kısımları (**pas**, **point**, **jamais** vb.) ise basit zamanlarda hemen fiilden sonra yer alır. Birleşik zamanlarda ise olumsuz yapılan yardımcı fiil olacağı için olumsuzluk zarfının ikinci kısmı ortaç durumundaki fiilden önce gelir. Her ikisini birer örnekle aşağıdaki şekilde açıklayabiliriz.

Basit zamanlı fiillerde	Bileşik zamanlı fiillerde
Je ne regarde pas	Je n'ai pas lu
Vous ne dites rien	Il n'a rien dit
Elles ne viendront jamais	Tu n'avais plus chanté
Tu ne comprends guère	Vous n'avez point travaillé
Ils ne travaillent plus	Elles n'ont guère lu

Olumsuzluk zarfları, çift zamirli (**pronominal**) fiillerin basit zamanlarında ikinci zamirlerden önce (**ne**) fiilden sonra ise (**pas**) getirilerek yerini alır. Bileşik zamanlarında ise ikinci zamirden önce yine (**ne**) zarfı ve **être** fiilinin söz konusu çekiminden sonra olumsuzluk zarfının ikinci kısmı (**pas**, **jamais** vb.) getirilerek uygulanır.

Basit zamanlı pronominal fiillerde	Bileşik zamanlı pronominal fiillerde
Tu ne te promènes pas.	Tu ne t'es pas promené.
Il ne se lève jamais.	Nous ne nous sommes pas appelés.
Nous ne nous couchions guère.	Il ne s'est guère levé.
Je ne me brosse plus.	Je ne me suis plus couché.
Elle ne se peigne pas du tout.	Elles ne se sont pas peignées.

Bu olumsuzluk zarfları **passif** (edilgen) fiillerin basit zamanlarında ise sadece **être** fiilinin olumsuz şekle getirilmesiyle yapılır. Bu durumda özneden sonra **(ne) être** fiilinden sonra **(pas, jamais,** vb.**)** getirilir. Bileşik zamanlarda ise **avoir** yardımcı fiili bu olumsuzluk zarflarının arasına alınarak fiili **pasif** (edilgen) yapan **être** fiilinin ortacı daha sonra konulur.

Örnek:

Basit zamanlı edilgen fiillerde	Bileşik zamanlı edilgen fiillerde
je ne suis pas invité.	Je n'aurai pas été appelé.
vous n'êtes jamais vus.	Il n'aura jamais été invité.
il n'est pas appelé.	Vous n'aurez pas été vus.
elle n'est plus connue.	Nous n'aurons plus été connus.
nous ne sommes guère aimés.	Elle n'aura guère été negligée.

Fiillerin **infinitif présent** şekillerinde olumsuzluk zarfları **infinitif présent**' larından önce yan yana yer alır, **infinitif passé**'lerinde ise yardımcı fiil ile geçmiş zaman ortacı **(participe passé)** arasına konur. Örnek:

infinitif présent ile olumsuzluk	infinitif passé ile olumsuzluk
ne pas venir.	n'avoir pas chanter.
ne pas parler.	n'avoir jamais voir.
ne jamais écouter.	n'avoir pas regarder.
ne rien dire.	n'avoir plus travailler.
ne guère choisir.	n'être guère aller.

Emir kipinde ise olumsuzluk zarflarının (ne) kısmı her zaman fiilden önce konulur. İkinci kısmı (pas, jamais vb.) ise fiilden sonra getirilir. Emir kipinin geçmiş zamanında yardımcı fiil olumsuzluk zarflarının arasına alınır. Sonra geçmiş zaman ortacı (participe passé) konur. Örnek:

impératif présent	impératif passé
ne viens pas.	n'ayez pas parlé.
ne te promène point.	ne soyez jamais allés.
ne parlons guère.	n'ayons pas pris.
n'allons jamais.	ne soyons guère venus.
ne faites rien.	n'ayez rien fait.

conjugaison interrogative - fiillerin soru şeklinde çekimi

Fransızcada bir fiili soru şeklinde belirtmek için, eğer fiil basit zamanda ise kişi zamiri ile fiil yer değiştirerek (inversion) soru yapılır. Birleşik zamanda ise bu işlem yardımcı fiile uygulanır, **participe passé** daha sonra konulur. Örnek:

basit zamanlarda soru şekli	birleşik zamanlarda soru şekli
parles-tu?	as-tu parlé?
venez-vous?	êtes-vous venus?
regardent-ils?	ont-ils regardé?
irez-vous?	êtes-vous allés?
finissent-elles?	ont-elles fini?

Birinci tekil kişilerinde fiillerin soru şekilleri ahenksiz olup kulağa hoş gelmediği durumlarda fiillerin soru şekilleri daha değişik yapılır. Bu durumlarda fiil ile kişi zamirinin yerinde hiçbir değişiklik yapılmaz sadece başa **"est-ce que"** soru kalıbı getirilir. Örnek:

    Est-ce que je regarde?   Bakıyor muyum?
    Est-ce que j'apprends?   Öğreniyor muyum?
    Est-ce que je parle?   Konuşuyor muyum?

Yukarıdaki üç örnekte kişi zamiriyle fiilin yerlerini değiştirerek **inversion** yoluyla soru yaptığımız takdirde **regarde-je**, **apprends-je**, **parle-je** gibi kulağa hoş gelmeyen zor ve ahenksiz bir söyleyiş tarzı ortaya çıkacağından bu kişilere özgü çekimlerin soru şekilleri **"est-ce que"** soru kalıbıyla yapılır. İstenildiği zaman diğer kişilerin de **"est-ce que"** ile soru yapılabileceğini belirtmek gerekir.

Fransızcada üçüncü tekil kişilerde fiillerin sesli harflerle **(voyelles)** bittiği durumlarda soru şekillerini **"est-ce que"** ile değil de kişi zamiriyle fiilin yer değiştirmesi suretiyle yapıldığında araya iki (-) çizgisiyle ayrılmış bir **-t-** kaynaştırma harfi konulur.

Örnek:

Parle-t-il?	Konuşuyor mu?
Travaille-t-elle?	Çalışıyor mu?
Regarde-t-elle?	Bakıyor mu?
Mange-t-il?	Yiyor mu?
Porte-t-il?	Taşıyor mu?

Öznenin zamir değil de bir isim olduğu durumlarda ise ismin **féminin**, **masculin** olma durumlarına göre ismin yerine geçecek olan zamir fiilden sonra gelir.

Örnek:

Pierre parle-t-il?	Pierre konuşuyor mu?
Mireille regarde-t-elle?	Mireille bakıyor mu?
Le chat vient-il?	Kedi geliyor mu?
La bouteille d'eau est-elle ici?	Su şişesi burada mıdır?
Cet homme est-il ton père?	Bu adam senin baban mıdır?

Çift zamirli **(pronominal)** fiillerin soru şekilleri basit zamanlarında **complément** olan zamiri baş tarafa, yani normal çekimdeki ikinci zamir başa, özne durumundaki birinci zamir ise sonda yer alır. Bileşik zamanlarında ise yine **complément** olan kişi zamiri başa, özne durumundaki zamir ise yardımcı fiil **(être)** ile geçmiş zaman ortacı **(participe passé)** arasına konur.

Örnek:

basit zamanlı çift zamirli fiillerde soru	bileşik zamanlı çift zamirli fiillerde soru
Te leves-tu?	Me suis-je levé?
Se couche-t-il?	S'est-il couché?
Nous promenons-nous?	Nous sommes-nous promenés?
Vous réveillez-vous?	Vous êtes-vous reveillés?
S'appellent-ils?	Se sont-ils appelés?

conjugaison interrogative-négative - fiillerin olumsuz-soru çekimi

Fransızca'da fiillerin soru şekillerinin başına olumsuzluk zarflarının **(ne)** kısmı, sonuna da ikinci **(pas, jamais, plus** vb.) kısımları getirilerek yapılır. Birleşik zamanlarında ise aynı işlem yardımcı fiile uygulanır geçmiş zaman ortacı **(participe passé)** daha sonra yer alır. Örnek:

basit zamanlı fiillerde olumsuz soru	bileşik zamanlı fiillerde olumsuz soru.
Ne parlez-vous pas?	N'ai-je pas fait?
Ne venez-vous jamais?	N'es-tu jamais venu?
Ne regardes-tu pas?	N'avez-vous plus lu?
Ne trouve-t-il pas?	N'ont-elles pas travaillé?
Ne finissent-ils plus?	Ne sont-ils pas allés?

Pronominal (çift zamirli) fiillerin soru şekilleri ise basit zamanlarında yine soru şeklinin başına olumsuzluk zarflarının ilk kısmı **(ne)** sonuna da olumsuzluk zarflarının ikinci **(pas, jamais,** vd.) kısımları getirilerek yapılır. Bileşik zamanlarında ise bileşik zamanlı fiillerin soru şekillerinin baş tarafına olumsuzluk zarfının **(ne)** kısmı, yardımcı fiilin sonuna da olumsuzluk zarflarının ikinci kısımlarını oluşturan **(pas, plus, jamais, guère)** ekleri getirilerek olumsuz soru şekilleri yapılmaktadır. **Participe passé** (geçmiş zaman ortacı) daha sonra yer almaktadır.

Örnek:

çift zamirli fiillerin basit zamanlarının olumsuz sorusu	çift zamirli fiillerin bileşik zamanlarının olumsuz sorusu
Ne te leves-tu pas?	Ne me suis-je pas levé?
Ne se promène-t-il pas?	Ne t'es-tu jamais repenti?
Ne nous couchons-nous plus?	Ne se sont-ils pas promenés?
Ne me réveillais-je pas?	Ne vous êtes-vous guère appelés?
Ne se peignent-ils jamais?	Ne nous sommes-nous jamais levés?
Ne vous brossez-vous pas?	Ne se sont-elles plus peignées?

birinci grup fiillerin çekimleriyle ilgili yazım özellikleri

1. Avancer (ilerlemek), **prononcer** (telaffuz etmek), **commencer** (başlamak) gibi mastarlarının sonu **-cer** ekiyle biten fiillerin çekimleri sırasında **(o)** seslisinin önüne **(ce)** harfi geldiğinde, bu harfin **(s)** okunması için **(c)** harfinin altına bir **cedille** (,) işareti getirilir. Örnek:

Nous commençons à parler.	Konuşmaya başlıyoruz.
Nous avançons vers la porte.	Kapıya doğru ilerliyoruz.
Nous prononçons les lettres.	Harfleri telaffuz ediyoruz.

Yukarıdaki cümlelerde görüldüğü gibi söz konusu fiillerin birinci çoğul kişilerinde **(o)** harfinden önce gelen **(c)** harflerinin **(k)** değil **(s)** okunmasını belirtmek için altına **(,)** **cedille** işareti konulmuştur.

2. Manger (yemek), **menager** (idare etmek), **partager** (paylaşmak) gibi mastarlarının sonu **-ger** ekiyle biten birinci grup fiiller çekim sırasında **(a)** ve **(o)** sesli harflerinin önüne **(g)** harfi geldiği zaman bu harfin **(j)** okunması için **(g)** harfinden sonra bir **(e)** harfi konulmaktadır.

Örnek:

Nous mangeons nos repas ici.	Yemeklerimizi burada yiyoruz.
Nous mangeâmes notre gâteaux.	Pastalarımızı yedik.
Nous partageons notre repas avec lui.	Yemeğimizi onunla paylaşıyoruz.
Nous ne partageâmes pas nos jouets.	Oyuncaklarımızı paylaşmadık.

Yukarıdaki cümlelerde görüldüğü gibi birinci çoğul kişilerdeki **(o)** ve **(a)** harflerinden önce gelen **(g)** harfini **(j)** okutmak için kendisinden sonra bir **(e)** harfi konmuştur.

3. Appeler (çağırmak), **jeter** (atmak) gibi mastarlarının sonu **-eler** ve **-eter** ile biten fiillerin bu eklerindeki **(l)** ve **(t)** harfleri çekim sırasında okunmayan bir sonekten önce geldiği zaman çift **(ll)** ve çift **(tt)** şekline dönüştüğü görülmektedir. Örnek:

J'appelle mon frère pour jouer.	Oyun oynamak için kardeşimi çağırıyorum.
Tu appelles ta soeur à table.	Kız kardeşini masaya çağırıyorsun.
Il appelle son ami pour manger.	Arkadaşını yemeğe çağırıyor.
Nous appelons nos amis.	Arkadaşlarımızı çağırıyoruz.
Vous appelez vos frères.	Erkek kardeşlerinizi çağırıyorsunuz.
Vous nous appelez.	Siz bizi çağırıyorsunuz.

Yukarıdaki örnek cümlelerde, ilk üç örnekte okunmayan soneklerden önce gelen (l) harfi çift (ll) olmuştur. Son üç örnek cümlede ise (l) harfi okunan soneklerden önce geldikleri için tek (l) olarak kalmıştır.

Je jette le ballon vers lui.   Topu ona doğru atıyorum.
Tu jettes le papier dans la corbeille.   Sen kâğıdı sepetin içine atıyorsun.
Il nous jette la fleur.   O bize çiçek atıyor.
Nous jetons les fleurs.   Biz çiçek atıyoruz.
Vous nous jetez une craie.   Siz bize bir tebeşir atıyorsunuz.

Yukarıdaki ilk üç örnek cümlede okunmayan soneklerden önce gelen (t) harfi çift (tt) olmuştur. Son iki örnek cümlede ise (t) harfi okunan soneklerden önce geldiği için (t) olarak kalmıştır.

4. **Acheter** (satın almak), **lever** (kaldırmak) gibi mastarlarının sonu **-eter** ve **-ever** ile biten fiiller çekimleri sırasında bu eklerdeki ilk (e) harfi okunmayan bir sonekten önce geldiği zaman üzerinde (è) **accent grave** alır.

Örnek:

J'achète une chemise bleue.   Yeşil bir gömlek satın alıyorum.
Tu n'achètes pas un livre.   Bir kitap satın almıyorsun.
Il achète un bouquet de fleurs.   Bir demet çiçek satın alıyor.
Nous achetons nos règles.   Cetvellerimizi satın alıyoruz.
Vous achetez une voiture rouge.   Kırmızı bir araba satın alıyorsunuz.

Yukarıdaki ilk üç örnekte okunmayan sonekten önce gelen (e) harfinin üzerine (è) **accent grave** konulduğu; son iki örnekte ise okunan bir sonekten önce geldiği için de **accent grave** almadığı görülmektedir. **Lever** (kaldırmak) fiili için de aynı durum söz konusudur.

Je soulève la table lourde.   Ağır masayı kaldırıyorum.
Tu lèves les enfants le matin.   Sabahleyin çocukları kaldırıyorsun.
Il lève la chaise de la classe.   Sınıfın sandalyesini kaldırıyor.
Nous ne levons pas les sacs.   Çantaları kaldırmıyoruz.
Vous levez les valises.   Bavulları kaldırıyorsunuz.

5. **Amener** (götürmek; getirmek), **soulever** (kaldırmak, ayaklandırmak) gibi mastarlarının son hecelerinden önce (e) harfi gelen fiillerin şimdiki zamanlarında bu (e) harfinin üzerine bir **accent grave (è)** konulmaktadır.

J'amène ici mes amis.   Buraya arkadaşlarımı getiriyorum.
Tu amènes votre frère aussi.   Erkek kardeşini de götürüyorsun.
Il emmène les enfants au cinéma.   Çocukları sinemaya götürüyor.
Amène-moi le livre.   Kitabı bana getir.

6. **Espérer** (ümit etmek), **protéger** (korumak) vb. gibi mastarlarının son hecelerinden önce **(é)** harfi gelen fiillerin şimdiki zamanlarının çekiminde bu harfin üzerindeki **accent aigu, accent grave** olarak değişir. Ancak **futur** ve **conditionnel présent** zamanlarında ise **accent aigu** olarak kalır.

J'espère un prix.	Bir ödül umuyorum.
Tu espères des cadeaux.	Sen hediyeler umuyorsun.
Nous espèrons un geste d'elle.	Ondan bir davranış umuyoruz.
Elle espère te voir.	Seni görmeyi umuyor.
Je protège mes livres.	Kitaplarımı saklıyorum.
Tu protèges les peintures.	Resimleri koruyorsun.

Ancak **futur** ve **conditionnel présent** zamanlarında yine **accent aigu** olarak kalmaktadır.

J'espérerai vous dire.	Size söylemeyi ümit edeceğim.
Tu espéreras vous attendre.	Size beklemeyi umut edecek.
Nous espérerions des cadeaux.	Hediyeler ümit edebilirdik.
Ils espéreront les voir.	Onları görmeyi ümit edebilirlerdi.

7. **Payer** (ödemek) bütün şahıslarda **(y)** harfini muhafaza edebilir ya da bu **(y)** harfi yerine okunmayan soneklerden önce **(i)** harfi gelebilir. Örnek:

Je paye mes dettes ce mois.	Bu ay borçlarımı ödüyorum.
Tu ne payes pas tes dettes.	Sen borçlarını ödemiyorsun.
Il paye sa cotisation.	O aidatını ödüyor.
Nous payons nos billets.	Bilet paralarımızı ödüyoruz.
Vous ne payez pas cette faute.	Siz bu hatanın cezasını çekmiyorsunuz.
Ils payent leurs dettes à leur pays.	Onlar ülkelerine olan borçlarını ödüyorlar.

Yukarıdaki örnek cümlelerde bütün şahısların çekimlerinde **Payer** fiilinin **(y)** harfi yerini korumuştur. Nitekim söz konusu **(y)** harfi okunmayan soneklerden önce **(i)** harfine yerini bırakabilir. Birinci ve ikinci çoğul kişilerde okunan son eklerden önce geldiği için **(y)** harfi değişmeden yerinde kalmak zorundadır.

Örnek:

Je paie à cette caisse.	Bu kasaya para ödüyorum.
Tu ne paies pas par acomptes.	Sen taksitle ödemiyorsun.
Il paie rubis sur l'ongle.	O parayı tıkır tıkır ödüyor.
Vous nous payez le lundi.	Siz bize ödemeyi pazartesi günü yapıyorsunuz.

8. Nettoyer (temizlemek), **essuyer** (silmek, kurulamak) gibi mastarları **-oyer** ve **-uyer** takılarıyla biten fiillerin, bu mastar takılarındaki **(y)** harfi okunmayan bir sonekten önce geldiği zaman **(i)** harfi olarak değişir. Örnek:

Je nettoie les chambres de la maison aujourd'hui.	Bugün evin odalarını temizliyorum.
Tu nettoies la voiture.	Sen arabayı temizliyorsun.
Est-ce qu'il ne nettoie pas le bureau?	O büroyu temizlemiyor mu?
Nous ne nettoyons pas les tapis.	Halıları temizlemiyoruz.
Nettoyez-vous le plancher?	Döşemeyi temizliyor musunuz?
Ils ne nettoient pas les escaliers.	Onlar merdivenleri temizlemiyorlar.
Je n'essuie pas les chaises.	Sandalyeleri silmiyorum.
Tu essuies les mains des enfants.	Çocukların ellerini siliyorsun.
Elle essuie les linges.	O çamaşırları kuruluyor.
Nous essuyons les fenêtres.	Pencereleri kuruluyoruz.
Vous n'essuyez pas les murs.	Duvarları silmiyorsunuz.
Ils essuient les tables.	Onlar masaları siliyorlar.

LES VERBES DU PREMIER GROUPE - BİRİNCİ GRUP FİİLLER

Mastarları **-er** takısıyla biten fiiller Fransızca'da birinci gruba giren fiillerdir. Ancak sonları **-er** takısıyla bitmesine rağmen, **aller** (gitmek), **envoyer** (göndermek) fiilleri birinci grup değildir. Birinci grup fiil takısı alan, fakat bu grubun çekim kurallarına uymayan istisnası olan düzensiz fiillerdir.

travailler : çalışmak
jouer : oynamak
regarder : bakmak
nager : yüzmek
s'habiller : giyinmek
oublier : unutmak

fermer : kapatmak
montrer : göstermek
chanter : şarkı söylemek
se reposer : dinlenmek
commencer : başlamak
manger : yemek

gibi Fransızca'da dört bin civarında fiil **-er** takısıyla biterek birinci grup fiilleri oluştururlar. Bu gruba giren fiillerin hepsi de birinci gruba özgü kurallara sahiptirler.

Birinci grup fiillerin **participe passé** (geçmiş zaman ortaçları) mastar takısı olan **-er** atıldıktan sonra bu takının yerine **-e** getirilerek yapılır.

penser : pensé
commencer : commencé
écouter : écouté
jouer : joué
porter : porté

parler : parlé
appeler : appelé
trouver : trouvé
aimer : aimé
adorer : adoré

Birinci grup fiillerin **participe présent** (şimdiki zaman ortaçları) şekilleri fiil kökünün **(radicale)** sonuna **-ant** takısının eklenmesiyle oluşturulur.

Chanter : chant + ant	: **chantant** (şarkı söyleyen)
travailler : travaill + ant	: **travaillant** (çalışan)
entrer : entr + ant	: **entrant** (giren)
étudier : etudi + ant	: **étudiant** (inceleyen)
espèrer : espér + ant	: **espérant** (ümit eden)
fermer : ferm + ant	: **fermant** (kapatan)

LES VERBES DU DEUXIEME GROUPE - İKİNCİ GRUP FİİLLER

Mastarları **-ir** takısıyla biten fiiller ikinci gruba giren fiillerdir. Bu gruba giren çok az düzensiz fiil vardır. **Bénir** (Dua etmek, kutsamak, sevinmek, şükretmek) fiilinin iki çeşit **participe passé**'si (geçmiş zaman ortacı) vardır. Bunlardan **"bénit"** dinsel anlama geldiği zaman kullanılır, sevinmek anlamında kullanıldığında ise **"béni"** olarak değişir. Örnek:

Il met de l'eau bénite dans la bouteille.	O şişenin içine kutsanmış su koyuyor.
Les enfants sont benis par leurs mères.	Çocuklar anneleri tarafından sevindirilirler.

Fleurir (çiçek açmak) anlamında bir fiil olup mecaz anlamda (mutlu olmak) kullanıldığı zaman çekimlerinde baştaki iki harften **(fl)** sonra **(o)** harfiyle yazılır **(florissaient)** gibi. Örnek:

Les élèves florissent a l'ecole.	Öğrenciler okulda mutludurlar.
Le cerisier de notre jardin fleurit.	Bizim bahçenin kiraz ağacı çiçek açıyor.

İkinci grup fiillerden **haïr** (nefret etmek) **présent de l'indicatif** (şimdiki zaman) ile **impératif** (emir) kipinin tekil kişilerinde **(i)** üzerine iki nokta **(trema)** almaz.

Il hait l'alcool.	O alkolden nefret eder.
Je hais la paresse.	Tembellikten tiksinirim.
Tu hais les souris.	Sen farelerden tiksinirsin.

İkinci grup fiillerden olan yukarıdaki iki fiil bu grubun genel kurallarının dışında göstermiş olduğu özellikler açıklanmıştır. İkinci grup fiiller mastar ekleri **–ir** ile biten fiillerdir. Fransızca'da bu fiillerin sayısı üç yüz elli civarındadır. Aşağıda ikinci grup fiillerden bir kısmı gösterilmiştir.

> **punir**: cezalandırmak.
> **réussir** : başarmak.
> **remplir** : doldurmak.
> **grandir** : büyümek.
> **haïr** : nefret etmek.
> **finir** : bitirmek.
> **rougir** : kızarmak.
> **choisir** : seçmek.
> **fleurir** : çiçek açmak.
> **palir**: solmak.

Yukarıdaki ikinci grup fiiller bu grubun genel kurallarına göre çekilirler. Ancak mastarlarının sonekleri **-ir** ile bitmesine ve ikinci gurup fiiller gibi görünmesine rağmen bu guruba giren fiiller gibi çekilmeyen fiiller de vardır. Bu fiiller sonları **-ir** sonekiyle bittiği halde, sanki birinci gurup fiiller gibi çekilirler. Söz konusu özelliğe sahip olan fiiller; **saillir** (dışa doğru taşmak), **tressaillir** (ürpermek, yüreği hoplamak), **assaillir** (baskın yapmak, saldırmak), **couvrir** (kaplamak, örtmek), **offrir** (sunmak, vermek), **ouvrir** (açmak), **cueillir** (toplamak) fiilleridir. Bu fiillerin birinci grup fiillerden farklı tarafı **passé simple** (basit geçmiş zaman) ve **participe passé**'lerinin (geçmiş zaman ortaçlarının) farklı olmasıdır. Aşağıda sonu **-ir** ekiyle biten ancak çekimleri birinci grup fiilleri anımsatan **ouvrir** (açmak) fiilinin **indicatif** zamanın çekimleri görülmektedir.

INDICATIF

présent

J'ouvre (açıyorum)
Tu ouvres (sen açıyorsun)
Il ouvre (o açıyor)
Nous ouvrons (biz açıyoruz)
Vous ouvrez (siz açıyorsunuz)
Ils ouvrent (onlar açıyorlar)

passé composé

J'ai ouvert (ben açtım)
Tu as ouvert (sen açtın)
Il a ouvert (o açtı)
Nous avons ouvert (biz açtık)
Vous avez ouvert (siz açtınız)
Ils ont ouvert (onlar açtılar)

imparfait

J'ouvrais (açıyordum)
Tu ouvrais (açıyordun)
Il ouvrait (açıyordu)
Nous ouvrions (açıyorduk)
Vous ouvriez (açıyordunuz)
Ils ouvraient (açıyorlardı)

plus-que-parfait

J'avais ouvert (açmıştım)
Tu avais ouvert (açmıştın)
Il avait ouvert (açmıştı)
Nous avions ouvert (biz açmıştık)
Vous aviez ouvert (açmıştınız)
Ils avaient ouvert (onlar açmışlardı)

passé simple

J'ouvris (açtım)
Tu ouvris (açtın)
Il ouvrit (açtı)
Nous ouvrîmes (açtık)
Vous ouvrîtes (açtınız)
Ils ouvrirent (açtılar)

passé antérieur

J'eus ouvert (açmış oldum)
Tu eus ouvert (sen açmış oldun)
Il eut ouvert (o açmış oldu)
Nous eûmes ouvert (açmış olduk)
Vous eûtes ouvert (açmış oldunuz)
Ils eurent ouvert (açmış oldular)

futur simple

J'ouvrirai (açacağım)
Tu ouvriras (açacaksın)
Il ouvrira (açacak)
Nous ouvrirons (açacağız)
Vous ouvrirez (açacaksınız)
Ils ouvriront (açacaklar)

futur antérieur

J'aurai ouvert (açmış olacağım)
Tu auras ouvert (açmış olacaksın)
Il aura ouvert (açmış olacak)
Nous aurons ouvert (açmış olacağız)
Vous aurez ouvert (açmış olacaksınız)
Ils auront ouvert (açmış olacaklar)

Mastar ekleri **-ir** olan pek çok fiilin **indicatif présent**, **impératif**, zamanlarının tekil kişilerinde fiil köklerinin son sessiz harfleri düşmektedir. Bunun yerine; birinci tekil kişi için **-s**, ikinci tekil için **-s** üçüncü tekil için **-t**, takılarını alırlar. Bu fiiller; **dormir** (uyumak), **mentir** (yalan söylemek), **partir** (hareket etmek) **servir** (hizmet, yardım etmek), **sortir** (çıkmak), **bouillir** (kaynamak) fiilleridir. **Bouillir** fiilindeki fiil köküne ait gibi görünen **i** harfi fiilin köküne ait değil **ll** harflerini yumuşatmakla görevli olan bir seslidir. Sonları **-ir** mastar ekiyle biten ancak bu kurala göre çekilen fiillerden birisiyle ilgili örnek aşağıda şema halinde gösterilmiştir.

INDICATIF

présent

Je sors (çıkıyorum)
Tu sors (çıkıyorsun)
Il sort (çıkıyor)
Nous sortons (çıkıyoruz)
Vous sortez (çıkıyorsunuz)
Ils sortent (çıkıyorlar)

passé composé

Je suis sorti (çıktım)
Tu es sorti (çıktın)
Il est sorti (çıktı)
Nous sommes sortis (çıktık)
Vous êtes sortis (çıktınız)
Ils sont sortis (çıktılar)

imparfait

Je sortais (çıkıyordum)
Tu sortais (çıkıyordun)
Il sortait (çıkıyordu)
Nous sortions (çıkıyorduk)
Vous sortiez (çıkıyordunuz)
Ils sortaient (çıkıyorlardı)

plus-que-parfait

J'étais sorti (çıkmıştım)
Tu étais sorti (çıkmıştın)
Il était sorti (çıkmıştı)
Nous étions sortis (çıkmıştık)
Vous étiez sortis (çıkmıştınız)
Ils étaient sortis (çıkmışlardı)

passé simple

Je sortis (çıktım)
Tu sortis (çıktın)
Il sortit (çıktı)
Nous sortimes (çıktık)
Vous sortites (çıktınız)
Ils sortirent (çıktılar)

passé antérieur

Je fus sorti (çıkmışım)
Tu fus sorti (çıkmışsın)
Il fut sorti (çıkmış)
Nous fûmes sortis (çıkmışız)
Vous fûtes sortis (çıkmışsınız)
Ils furent sortis (çıkmışlar)

futur simple

Je sortirai (çıkacağım)
Tu sortiras (çıkacaksın)
Il sortira (çıkacak)
Nous sortirons (çıkacağız)
Vous sortirez (çıkacaksınız)
Ils sortiront (çıkacaklar)

futur antérieur

Je serai sorti (çıkmış olacağım)
Tu seras sorti (çıkmış olacaksın)
Il sera sorti (çıkmış olacak)
Nous serons sortis (çıkmış olacağız)
Vous serez sortis (çıkmış olacaksınız)
Ils seront sortis (çıkmış olacaklar)

Sonları **-ir** ile biten ancak ikinci gruba girmeyen **courir** (koşmak), **quérir** (aramak), **acquerir** (elde etmek, kazanmak), **conquérir** (kazanmak, fethetmek), **requerir** (istemek, dilemek), **mourir** (ölmek) gibi fiiller **futur** ve **conditionnel** zamanlarında mastar ekinden önceki **(r)** sessiz harfi çift **(rr)** harfine dönüşür.

Bu fiillerden herhangi birisinin söz konusu iki zamanla ilgili çekimi aşağıda görülmektedir.

futur simple

Je courrai (koşacağım)
Tu courras (koşacaksın)
Il courra (koşacak)
Nous courrons (koşacağız)
Vous courrez (koşacaksınız)
Ils courront (koşacaklar)

conditionnel présent

Je courrais (koşacaktım)
Tu courrais (koşacaktın)
Il courrait (koşacaktı)
Nous courrions (koşacaktık)
Vous courriez (koşacaktınız)
Ils courraient (koşacaklardı)

Bunlardan başka mastar ekleri **-ir** ekiyle bitip de bazı çekimlerinde kökleri tamamen değişen fiillerde vardır. Bunlar şimdiki zaman, emir ve istek kipi (**subjonctif présent**) zamanlarında fiil kökleri tamamen değişen **acquérir, conquérir, requérir, s'enquérir** (-in üzerinde bilgi edinmek), **mourir** fiilleridir.

présent	impératif (emir)	subjonctif présent
J'acquiers		que j'acquière
Tu acquiers	acquiers	que tu acquières
Il acquiert		qu'il acquière
Nous acquérons	acquerons	que nous acquérions
Vous acquérez	acquerez	que vous acquériez
Ils acquièrent		qu'ils acquièrent

Bu fiilin **participe passé**'si (geçmiş zaman ortacı) ise **acquis** olarak yazılır. **Mourir** (ölmek) fiilinin de şimdiki zamanı (**je meurs, tu meurs, il meurt**), **subjonctif** zamanı ise (**que je meure, que tu meures, qu'il meure**) olarak çekilir. **Mourir** fiilinin **participe passé**'si ise **mort** olarak yazılır.

NOT: **Saillir** fiili suyun taşması anlamında kullanıldığı zaman ikinci gurup fiiller sınıfına girerek tıpkı **finir** vb. gibi ikinci grup fiillere benzer şekillerde çekilir. Ancak suyun dışında herhangi bir şeyin dışarı doğru çıkıntı yaparak taşması anlamında kullanıldığı zaman yukarıda gördüğümüz gibi **Ouvrir, offrir** vb. fiillerin çekim kurallarına bağlı kalarak çekilir.

Ressortir, yetkisinde olmak anlamında kullanıldığı zaman çekiminde **-iss** çekim eki alır. Ancak yeniden çıkmak anlamında ise **sortir** fiili gibi çekilir.

LES VERBES DU TROISIEME GROUPE
ÜÇÜNCÜ GRUP FİİLLER

Mastarları **-re, -ir, -oir** takılarıyla biten fiiller üçüncü grup fiillerdir. Fransızca'da iki yüz civarında fiil üçüncü gruba dahil fiillerdir.

venir: gelmek
partir : hareket etmek
lire : okumak
rire : gülmek

rompre: kırmak, koparmak
connaître : tanımak
faire : yapmak
peindre : boyamak

croire : inanmak
mettre : koymak, bırakmak
cueillir : toplamak
vendre : satmak
pouvoir: muktedir olmak
ouvrir : açmak
devoir : mecbur olmak
voir : görmek
descendre : inmek

plaire: hoşa gitmek, beğenilmek
savoir: bilmek
conduire : (araba) kullanmak
boire : içmek
faire : yapmak
naître: doğmak
nuire : zarar vermek
répondre : cevap vermek

Yukarıdaki fiiller üçüncü gruba giren fiillerin bir kısmını oluşturmaktadır. Üçüncü gruba giren fiillerin **participe présent**'ları (şimdiki zaman ortaçları) fiil kökünün sonuna **-ant** eki getirilerek yapılır.

Devoir = dev + ant = devant (mecbur olan)
Rire = ri + ant = riant (gülen)
Entendre = entend + ant = entendant (işiten)
Sortir = sort + ant = sortant (çıkan)

LES VERBES REGULIERS - DÜZENLİ FİİLLER

Fransızca'da fiiller çekilirken mastar eklerinin dışındaki fiil kökleri bazı fiillerde hiç değişmemekle birlikte bir kısım fiillerde değişmektedir. Çekimler sırasında fiil kökleri değişmeyen ve kurallara uygun ekler alan fiillere düzenli **(réguliers)** fiiller denir. Daha önce de değindiğimiz gibi **aller** (gitmek) ve **envoyer** (göndermek) fiillerinin dışında -ER ile biten diğer birinci grup fiillerle -ir ile sonuçlanan ve ikinci grup fiillerin kurallarına uyan diğer fiiller ve -dre, -ir, -oir mastar ekleriyle biten üçüncü grup fiiller düzenli fiillerdir. Düzenli fiillerin öğrenilmesi kurallara uymaları nedeniyle daha kolaydır.

LES VERBES IRRÉGULIERS - DÜZENSİZ FİİLLER

Yukarıdaki düzenli fiillerden başka Fransızca'da çekimleri sırasında kökleri değişikliğe uğrayan fiiller de vardır. Bu fiillere düzensiz fiiller **(verbes irréguliers)** denir. Düzensiz fiillerin aldığı takılar da düzensiz olur.

Birinci grup fiiller gibi **-er** ile biten **aller, envoyer** fiilleri birinci grup fiillerin çekim kuralına uymayan ve düzenli takılar almayan düzensiz fiillerdir.

İkinci grup fiiller gibi **-ir** takısıyla biten fakat ikinci grup fiillerin çekim kuralına uymayan **saillir, offrir, ouvrir, cueillir, bouillir, sortir, partir, dormir, mentir, courir, acquerir, conquerir, mourir** fiilleri düzensiz fiillerdir.

Üçüncü grup fiillerden bir kısım fiiller bu grupta benzer kurallar çerçevesinde çekilmeyen ve çekim sırasında fiil kökleriyle aldığı ekleri değişen **pouvoir**, **mettre**, **boire**, **avoir** gibi fiiller düzensiz fiillerdir.

Birinci, ikinci, üçüncü grup düzenli ve düzensiz fiiller bütün özellik ve istisnalarıyla birlikte genel olarak kısaca belirtilmiştir. Bundan sonra açıklanacak olan fiillerde zaman konusunda çeşitli zamanlar fiillerin gruplarına özgü kurallarıyla tanımlanacaklardır.

CONJUGAISON DES TEMPS DANS LES VERBES
FİİLLERDE ZAMAN ÇEKİMİ

Fiillerin bir oluş, bir hareket, bir iş ve bir eylem bildirdikleri daha önce açıklanmıştı. Fiiller bu eylemleri belirtirlerken aynı zamanda zaman içinde ne vakit yapıldıklarını da gösterirler. Sözgelimi bir işin, oluşun ve hareketin önceden mi yapılmış olduğu, şimdi mi yapılmakta, yoksa gelecekte mi yapılacağı fiilin yapısında uygulanan birtakım değişikliklerle belirtilir. Fiillerin söz konusu durumları açıklamak için aldıkları şekillere fiillerin zamanları denir.

Fransızca'da zamanları işlerken Türkçede olduğu gibi önce fiiller iki ana başlık altında değerlendirilir.

1. Basit zamanlar **(les temps simples)**
2. Birleşik zamanlar **(les temps composés)**

Basit zamanlar, fiilin köküne değişik ekler (takılar) getirmekle yapılır. Fransızca'da: şimdiki zaman **(le présent)**, **l'imparfait** (şimdiki zamanın hikâyesi), **le passé simple** (basit geçmiş zaman), **le futur simple** (basit gelecek zaman), **conditionnel présent** (şart şimdiki zamanı), **impératif** (emir), **subjonctif présent** (dilek kipinin şimdiki zamanı), **subjonctif imparfait** (dilek kipinin hikâyesi), **infinitif présent** (fiilin basit mastarı), **participe présent** (şimdiki zaman ortacı) fiillerin basit zamanlarına giren zamanlardır.

Birleşik zamanlara ise şu zamanlar girerler: **Le passé composé** (birleşik geçmiş zaman), **le plus-que-parfait** (birleşik geçmiş zamanın hikâyesi), **le passé antérieur** (önceki geçmiş zaman), **le futur antérieur** (sonraki gelecek zaman), **le conditionnel passé** (şart birleşik geçmiş zamanı), **impératif passé** (emir birleşik zamanı), **le subjonctif passé** (istek birleşik geçmiş zaman), **le subjonctif plus-que-parfait** (istek birleşik zamanın hikâyesi), **infinitif passé** (fiillinin birleşik mastarı), **le participe passé** (fiilin geçmiş zaman ortacı).

Fransızca'da fiillerde zamanlar belirtilirken her üç gruba giren fiillerle düzensiz fiillerin yukarıda verilen zamanlarını açıklamak gerekmektedir.

Fiiller konusuna girerken ayrıntılı olarak belirtildiği gibi, fiillerde zamanların ayrıca kipler çerçevesinde anlatılacağını vurgulamak gerekmektedir. Fransızcada başlıca altı çeşit kip vardır. Bunlar **Indicatif** (haber kipi), **Conditionel** (şart), **Impératif** (emir), **Subjonctif** (istek), **Infinitif** (mastar), **Participe** (ortaç) kipleridirler.

Fiillerde zamanlar ele alınırlarken **Indicatif** (haber kipine) giren zamanlar şöyle sıralanır:

Le présent (şimdiki zaman)
L'imparfait (şimdiki zamanın hikâyesi)
Le passé simple (basit geçmiş zaman)
Le passé composé (bileşik geçmiş zaman)
Le plus-que-parfait (bileşik geçmiş zamanın hikâyesi)
Le passé antérieur (önceki geçmiş zaman)
Le futur simple (basit gelecek zaman)
Le futur antérieur (önceki gelecek zaman)

Conditionel (şart kipi) bünyesinde ele alınacak zamanlar ise:

Le conditionnel présent (şart şimdiki zamanı)
Le conditionnel passé (şart bileşik geçmiş zamanı)

Impératif (emir) kipinin çerçevesi içinde ise:

L'impératif présent (emir kipinin basit şimdiki zaman şekli)
L'impératif passé (emir kipinin birleşik geçmiş zaman şekli)

Subjonctif (dilek kipine) giren zamanlar da:

Le subjonctif présent (dilek kipinin şimdiki zamanı)
Le subjonctif imparfait (dilek kipinin şimdiki zamanının hikâyesi)
Le subjonctif passé (dilek kipinin birleşik geçmiş zamanı)
Le subjonctif plus-que- parfait (dilek kipinin birleşik geçmiş zamanının hikâyesi)

Infinitif (mastar) kipine giren ise:

L'infinitif présent ve
L'infinitif passé'dir.

Participe (ortaç kipine) girenler de:
Le participe présent (şimdiki zaman ortacı) ve
Le participe passé'dir (geçmiş zaman ortacı)

ALIŞTIRMALAR-16

A. Aşağıdaki cümleleri Fransızca'ya çeviriniz.

1. Ağaçlara bakmıyorum.
2. Sizinle konuşmuyorum.
3. Daha ders çalışmak istemiyor.
4. Artık şarkı dinlemiyoruz.
5. Hiçbir zaman onlar(kız) buraya gelmeyecekler.
6. Asla gitmiyoruz.
7. Sen hiç çalışmıyorsun.
8. Hiç konuşamıyorum.
9. Sabahtan beri hiçbir şey yemediniz.
10. Bu konuda hiçbir şey hatırlamıyorum.
11. Pek iyi değilim.
12. Bu adamı pek görmediniz.

1. ....
2. ....
3. ....
4. ....
5. ....
6. ....
7. ....
8. ....
9. ....
10. ....
11. ....
12. ....

B. Aşağıdaki Fransızca cümleleri Türkçeye çeviriniz.

1. **Ils pensent à ne pas travailler la leçon.**
2. **C'est mieux de ne pas parler.**
3. **J'ai décidé de ne rien dire.**
4. **Vous avez préféré ne jamais venir à cette ville.**
5. **Nous comrenons ne guère faire un voyage sans l'interprète.**
6. **Ne regarde pas au soleil.**
7. **Ne te promène pas sur la rive sans chapeau.**
8. **N'allons jamais à Uludağ sans skis.**
9. **Ne soyez guère venus ici au mois de Mars.**
10. **N'ayez pas parlé avant qu'il n'est pas venu.**

1. ....
2. ....
3. ....
4. ....
5. ....
6. ....
7. ....
8. ....
9. ....
10. ....

C. Aşağıdaki fiillerin soru şekillerini **(forme interrogatif)** şekillerini yazınız.

1. **je parle.**
2. **Vous venez.**
3. **Ils regardent.**

1. ....
2. ....
3. ....

247

4. Vous irez.
5. Elles finissent.
6. Tu as montré.
7. Nous sommes venus.
8. Ils ont marché.
9. Il parle.
10. Elle travaille.
11. Il porte.
12. Elle choisit.
13. Louis regarde.
14. Michel écoute son père.

4. ....
5. ....
6. ....
7. ....
8. ....
9. ....
10. ....
11. ....
12. ....
13. ....
14. ....

LE PRÉSENT - ŞİMDİKİ ZAMAN

Sözün söylenmekte olduğu, henüz devam ettiği, şu anda söz konusu olduğu işi, oluşu ve eylemleri belirtmede şimdiki zaman kullanılır. Fransızcada gerek birinci gerek ikinci ve üçüncü grup fiillerde şimdiki zaman gruplara özgü ayrı kurallarla yapılır. **Irrégulier** (düzensiz) fiillerde ise durum daha da değişiktir. Bu fiillerin sayısı sınırlı olduğu için zamanları öğrenmede kural dışı olmaları herhangi bir zorluğa yol açmamaktadır.

le présent de l'indicatif - birinci grup fiillerde şimdiki zaman

Birinci grup fiillerde **présent de l'indicatif** (haber kipinin şimdiki zamanını) çekerken, birinci grup fiilin mastar takısı olan **(-er)** takısı kaldırılır. Kalan fiil kökü alınarak bu kökün sonuna her şahıs için uygun şimdiki zaman çekim ekleri getirilir. Bu zaman ekleri her şahıs için şu şekilde tespit edilmiştir.

1. Tekil kişi için **(-e)**
2. Tekil kişi için **(-es)**
3. Tekil kişi için **(-e)**

1. Çoğul kişi için **(-ons)**
2. Çoğul kişi için **(-ez)**
3. Çoğul kişi için **(-ent)**

Chanter (şarkı söylemek) fiili örnek olarak alındığı zaman, sonundaki mastar eki olan **-er** takısını attıktan sonra geriye **(chant)** fiil kökü kalır. Bu fiil kökünün sonuna yukarıda belirtilen takılar getirilerek birinci grup fiillerde **Le présent de l'indicatif** (haber kipinin şimdiki zamanı) gerçekleştirilmiş olur.

özne	fiil kökü	zaman eki	şimdiki zaman şekli
Je	chant	-e	chante
Tu	chant	-es	chantes
Il, elle	chant	-e	chante
Nous	chant	-ons	chantons
Vous	chant	-ez	chantez
Ils, elles	chant	-ent	chantent

Je chante une chanson française.
Fransızca bir şarkı söylüyorum.

Vous regardez le toit de la maison.
Evin çatısına bakıyorsunuz.

Ils ne ferment pas la porte de la classe.
Onlar sınıfın kapısını kapatmıyorlar.

Tu travailles beaucoup.
Çok çalışıyorsun.

Elle parle de ses vacances.
O kız tatilinden söz ediyor.

Il nage en été avec ses amis.
Yazın arkadaşlarıyla birlikte yüzer.

Vous écoutez le disque que j'aime.
Benim sevdiğim plağı dinliyorsunuz.

Aiment-ils jouer au foot-ball?
Futbol oynamayı seviyorlar mı?

Elles ramassent les mûres sur les gazons.
Kadınlar çimlerin üzerlerinde dut topluyorlar.

Fransızcadaki **présent de l'indicatif** Türkçe'deki hem haber kipinin şimdiki zamanı ve hem de geniş zamanın karşılığıdır. Bu nedenle Fransızcadaki **Présent de l'indicatif** ile çekilmiş bir fiili Türkçeye çevirirken geniş zaman olarak da söyleyebiliriz.

Ils ne parlent pas souvent pendant la leçon.
Onlar daha çok ders sırasında konuşmazlar.

Mon frère achète une voiture.
Kardeşim bir araba satın alır.

Il ne fume pas à la maison.
O evde sigara içmez.

Elle prépare le repas à sept heures.
O yemeği saat yedide hazırlar.

Elles ne décident pas de venir au marché le lundi.
Onlar pazartesi günü pazara gelmeye karar vermezler.

Ils préfèrent rester avec leurs amis.
Onlar arkadaşlarıyla kalmayı tercih ederler.

Les hommes ne jouent pas aux cartes dans les cafés.	Erkekler kahvelerde kâğıt oynamazlar.
Les paysans vendent les noisettes au marché.	Köylüler fındıkları pazarda satarlar.
On ne mange pas beaucoup de pain en été.	Yazın fazla ekmek yenmez.
Nous aimons manger les fruits.	Biz meyve yemeyi severiz.

ALIŞTIRMALAR -17

A. Aşağıdaki cümleleri Fransızca'ya çeviriniz.

1. Benois sokakta yürüyor.
2. Kardeşim bir Fransızca şarkı söylüyor.
3. O(kız)evin penceresini kapatıyor.
4. Evin çatısına bakmıyoruz.
5. Tatillerinden söz ediyor mu?
6. Müzik dinlemeyi seviyorlar mı?
7. Sevmediğimi müziği dinlemiyoruz.
8. Altı yıldır sigara içmiyorsun.
9. Akşam yemeğini hazırlıyor musunuz?
10. Meyve yemeyi seviyor musun?

1. ....
2. ....
3. ....
4. ....
5. ....
6. ....
7. ....
8. ....
9. ....
10. ....

B. Aşağıdaki cümleleri Türkçeye çeviriniz.

1. Bernard ne parle pas pendant la leçon.
2. Les paysans vendent les noisettes au marché.
3. Il ne décide pas de venir ce matin.
4. Je nage en été avec mes amis.
5. Les gens qui sont parasseux jouent aux cartes aux cafés.
6. On ne mange pas toujours la même chose.
7. Fermez-vous la porte du bureau?
8. Parlons-nous de nos amis qui nous plaisent?
9. Personne ne fume depuis de long temps.
10. Manges-tu votre repas?

1. ....
2. ....
3. ....
4. ....
5. ....
6. ....
7. ....
8. ....
9. ....
10. ....

C. Aşağıdaki cümlelerde birinci grup fiillerin köklerine uygun **e-es-ons-ez-ent** şimdiki zaman-**présent de l'Indicatif** eklerini getirerek yeniden yazınız.

1. Vous parl…………de votre vacance.
2. Ils ne mang………… pas de la viande.
3. Yves pens…………-t- il à ses parents?
4. Prépar…………………-vous vos devoirs?
5. Tu aim………. regarder par la fenêtre.
6. Elle chant……..une chanson anglaise.
7. Je décid……………de venir avec vous.
8. Nous ne fum…………………… jamais.
9. Elles ne port…………………… pas son sac.
10. Les élèves écout……..leurs maitres.

1. ……………………………………………
2. ……………………………………………
3. ……………………………………………
4. ……………………………………………
5. ……………………………………………
6. ……………………………………………
7. ……………………………………………
8. ……………………………………………
9. ……………………………………………
10. ……………………………………………

D. Aşağıdaki cümlelerin fiillerini olumsuz soru- **forme interrogative négative** şekline dönüştürerek yeniden yazınız.

1. Mon père travaille avec vous.
2. Les enfants passent devant la maison.
3. Tu restes ici jusqu'à ce qu'il vient.
4. Vous parlez deux langues étrangères.
5. Il raconte une histoire très intéressante.
6. Elle joue avec la fille de Notre voisin.
7. André achète une belle maison.
8. Nous aimons beaucoup les oiseaux.
9. Ils préférent rester chez –eux.
10. Elle commence à l'école cette année.

1. ……………………………………………
2. ……………………………………………
3. ……………………………………………
4. ……………………………………………
5. ……………………………………………
6. ……………………………………………
7. ……………………………………………
8. ……………………………………………
9. ……………………………………………
10. ……………………………………………

ikinci grup fiillerde şimdiki zaman

İkinci grup fiillerde (**-ir**) şimdiki zaman (**présent de l'indicatif**) çekilirken, mastarın sonundaki **-ir** takısı kaldırılır. Geriye kalan kısım, fiilin kökü olarak alınır. Bu kökün sonuna her şahıs için ikinci grup fiillere özgü şimdiki zaman takıları getirilir. Bu takılar şunlardır:

1. Tekil kişi içiri (**-is**)
2. Tekil kişi için (**-is**)
3. Tekil kişi için (**-it**)

1. Çoğul kişi için (**-issons**)
2. Çoğul kişi için (**-issez**)
3. Çoğul kişi için (**-issent**)

Choisir (seçmek) fiili örnek olarak alındığı zaman, sonundaki **-ir** takısını attı- ğımızda (**chois...**) biçiminde kök kalmaktadır. Bu kökün sonlarına her şahsın kendisiyle ilgili şimdiki zaman ekini getirdiğimizde **Présent de l'indicatif** (haber kipinin şimdiki zamanı) oluşturulur.

özne	fiil kökü eki	zaman	şimdiki zaman şekli
Je	chois	-is	choisis
Tu	chois	-is	choisis
Il, elle	chois	-it	choisit
Nous	chois	-issons	choisissons
Vous	chois	-issez	choisissez
Elles, ils	chois	-issent	choisissent

Nous finissons nos devoirs.
Je réussis les examens d'été.
Elle choisit une robe bleue.
Tu assourdis les visiteurs,
fermez la radio.
L'avion n'atterrit pas à dix heures.
Nous vous avertissons maintenant.
Finissez-vous votre roman?
Vous ne réussissez pas
répondre à sa question.
Elles ne définissent pas les adjectifs.
Ils démolissent le vieux mur.
Le meunisier démolit la table.

Ödevlerimizi bitiriyoruz.
Yaz sınavlarını başarıyorum.
Mavi bir elbise seçiyor.
Misafirlerin kulağını sağır ediyorsun,
radyoyu kapatınız.
Uçak saat onda inmiyor.
Biz şimdi sizi uyarıyoruz.
Romanınızı bitiriyor musunuz?
Onun sorusuna cevap vermeyi başaramıyorsunuz.
Onlar sıfatların tanımını yapmıyorlar.
Onlar eski duvarı yıkıyorlar.
Marangoz masanın cilasını gideriyor.

Fransızcadaki **présent de l'indicatif** (haber kipinin şimdiki zamanı) Türkçede hem şimdiki ve hem de geniş zamanın karşılığıdır. Bu yüzden Fransızca'da **Présent de l'indicatif** olarak çekilen bir fiil Türkçeye çevrilirken hem şimdiki zaman (yukarıdaki örneklerde olduğu gibi), hem de geniş zaman olarak çevrilir. Aşağıdaki örneklerde ise **Présent de l'indicatif** (haber kipinin şimdiki zamanı) şekilleriyle birlikte, geniş zamanla çekilmiş fiillerin Türkçe karşılıkları görülmektedir.

Elles finissent leurs leçons à midi.	Öğle vakti derslerini bitirirler.
Ils ne choisissent pas les repas.	Onlar yemek seçmezler.
Je durcis ma voix quand je parle.	Konuşurken sesimi sertleştiririm.
La neige blanchit la terre.	Kar toprağı beyazlatır.
Les femmes lavent le linge et elles le blanchissent.	Kadınlar çamaşırları yıkarlar ve onları beyazlatırlar.

ALIŞTIRMALAR-18

A. Aşağıdaki cümleleri Türkçeye çeviriniz.

1. **Finissez-vous vos travaux?**
2. **Je choisis les choses que je veux acheter.**
3. **Tu ne durcis pas ta voix quand tu es en colère.**
4. **Olivier réussit ses examens.**
5. **Ils nous avertissent pour ne pas nous arrêter ici.**
6. **L'avion n'atterrit pas à dix heures.**
7. **Vous ne blanchissez pas le linge.**
8. **Nous ne définissons pas les adjectifs avant les articles.**
9. **Elle ne choisit pas son devoir.**
10. **Il démolit le vieux mur.**

1. ....
2. ....
3. ....
4. ....
5. ....
6. ....
7. ....
8. ....
9. ....
10. ....

B. Aşağıdaki cümleleri Fransızcaya çeviriniz.

1. Öğrenciler ödevlerini bitirmiyorlar.
2. Marangoz masanın cilasını gidermiyor.
3. O(kız) üniversite sınavlarını başarıyor.

1. ....
2. ....
3. ....

4. Seçtiğiniz kitap bu mudur?
5. Onun sorusuna yanıt vermeyi başarmıyorsunuz.
6. Bu kitabı seçmiyorum.
7. Sen bu giysiyi mi seçiyorsun?
8. Gürültünüzle insanları sersem ediyorsunuz.
9. Çalışmalarımızı şimdi bitirmiyoruz.
10. Onlar(kız) bu giysileri seçiyorlar.

4. ....
5. ....
6. ....
7. ....
8. ....
9. ....
10. ....

C. Aşağıdaki cümlelerdeki boşluklara ikinci grup fiillerin köklerine uygun is-it issons issez-issent şimdiki zaman –présent de l'indicatif eklerini getirerek doldurunuz.

1. **Vous fin.........votre travaux.**
2. **Je chois.....mes livres.**
3. **Les élèves reus....les examens.**
4. **Nous n'assourd.....pas les visiteurs.**
5. **Tu démol.....ce grand mur.**
6. **Pierre nous avert....**
7. **Maman réun.........ses enfants.**
8. **Vous ne chois...pas votre préférance.**
9. **Ils ne noirc....pas la maison.**
10. **Nous blanch........nos linges.**
11. **Il ne rav.......pas son honneur.**
12. **Nous sais.........une grande occasion.**

1. ....
2. ....
3. ....
4. ....
5. ....
6. ....
7. ....
8. ....
9. ....
10. ....
11. ....
12. ....

üçüncü grup fiillerde şimdiki zaman

(-re) ile biten 3. grup fiillerde şimdiki zaman şu şekilde yapılır. Bu fiillerde de **(-er)** takısı atılır. Kalan fiilin köküne aşağıdaki ekler getirilir.

1. Tekil için **(-s)**
2. Tekil için **(-s)**
3. Tekil için **(-)**
1. Çoğul için **(-ons)**
2. Çoğul için **(-ez)**
3. Çoğul için **(-ent)**

(**-re**) ile biten üçüncü grup fiillerde şimdiki zaman (**présent de l'indicatif**) zamanında (**-re**) takısı atılır. "**rendre**" (geri vermek) fiilini örnek olarak aldığımızda, fiil kökünü oluşturan (**rend**) kısmının sonuna söz konusu zaman eklerinin getirilmesiyle **le présent de l'indicatif** (haber kipinin şimdiki zamanı) çekilmiş olur.

özne	fiil kökü	zaman eki	şimdiki zaman şekli
je	rend	-s	rends
tu	rend	-s	rends
il, elle	rend	rend	rend
nous	rend	-ons	rendons
vous	rend	-ez	rendez
ils, elles	rend	-ent	rendent

Nous entendons les voix des oiseaux.	Kuşların seslerini duyuyoruz.
Je rends les cahiers de mon frère.	Kardeşimin defterlerini geri veriyorum.
Ils répondent aux questions.	Onlar sorulara cevap veriyorlar.
Vous entendez les bruits des enfants.	Çocukların gürültülerini işitiyorsunuz.
Tu vends les légumes au marché.	Sen sebzeleri pazarda satıyorsun.
Elle confond mes idées.	O, düşüncelerimi karmakarışık ediyor.
Il ne tord pas le fer de la fenêtre.	O pencerenin demirini bükemiyor.
Je ne défends pas un tel homme.	Böyle bir adamı savunmuyorum.
Les journalistes ne démordent pas de leur décision.	Gazeteciler kararlarından vazgeçmiyorlar.
Les élèves descendent de l'auto.	Öğrenciler arabadan inerler.
La fleur épand une bon odeur dans la maison.	Çiçek evin içine güzel bir koku yayar.

(**-indre**) ve (**-soudre**) sonekleriyle biten aşağıdaki üçüncü grup fiillerin (**le présent de l'indicatif**) haber kipinin şimdiki zamanları ise şu şekilde çekilmektedir.

feindre (kendini ... imiş gibi göstermek)	craindre (korkmak)
je feins	je crains
tu feins	tu crains
il feint	il craint
nous feignons	nous craignons
vous feignez	vous craignez
ils feignent	ils craignent

joindre (bitiştirmek)	absoudre (affetmek)
je joins	j'absous
tu joins	tu absous
il joint	il absout
nous joignons	nous absolvons
vous joignez	vous absolvez
ils joignent	ils absolvent

Yukarıda haber kipinin şimdiki zamanı, çekilen (**-indre**) ve (**-soudre**) ekleriyle biten üçüncü grup fiillerden bir kısmında ise (**-dre**) eklerinin atılıp yerlerine (**-s, -s, -t**) ekleri getirilerek yapılmıştır. Çoğullarında ise (**n**) harfinden önce (**g**) harfi ayrıca ilave edilmiştir.

(**-tre**) sonekleriyle biten üçüncü grup fiillerin **le présent de l'indicatif** -haber kipinin şimdiki zamanları da aşağıdaki gibi yapılır.

mettre (koymak)	battre (dövmek, vurmak)
je mets	je bats
tu mets	tu bats
il met	il bat
nous mettons	nous battons
vous mettez	vous battez
ils mettent	ils battent

paraître (öyle görünmek)	croître (büyümek, gelişmek)
je parais	je croîs
tu parais	tu croîs
il paraît	il croît
nous paraissons	nous croissons
vous paraissez	vous croissez
ils paraissent	ils croissent

Paraître ve **croître** fiillerinin **présent de l'indicatif** zamanlarında **(t)** harfinden önce gelen **(î) accent circonflex** almaktadır. Ancak **croître** fiilinde bütün tekil kişilerde **(î)** üzerinde **croire** fiiliyle karıştırmamak için **accent circonflexe** vardır.

Üçüncü grup fiillerden **(-tre)** mastar ekleriyle biten **admettre** (kabul etmek), **soumettre** (egemenliği altına almak), **transmettre** (ulaştırmak, iletmek), **omettre** (unutmak, es geçmek), **abattre** (devirmek, yıkmak) **combattre** (savaşmak), **naitre** (doğmak), **connaitre** (tanımak), **apparaitre** (görünmek, belirmek), **decroître** (azalmak, eksilmek) fiillerinin hepsi de yukarıda haber kipinin şimdiki zamanını çektiğimiz fiillerin benzerleri gibi çekilirler.

haber kipinin şimdiki zamanının kullanıldığı yerler:

1. Daha çok konuşulduğu anda yapılmakta olan bir eylemi anlatmak için kullanılır.

Les journalistes regardent les avions.	Gazeteciler uçağa bakıyorlar.
La fille ne parle pas japonais.	O kız Japonca konuşmuyor.
Ma mère lave le linge au bord de la rivièré.	Annem ırmağın kenarında çamaşır yıkıyor.
Il aime sa voiture maintenant.	O şimdi arabasını seviyor.
Le boucher vend de la viande.	Kasap et satıyor.
Le garçon écrit une lettre à sa mère.	Çocuk annesine mektup yazıyor.
Il attend l'auto devant la maison.	Evin önünde araba bekliyor.
Les animaux mangent les herbes sur les gazons au bord de la rivière.	Hayvanlar derenin kenarındaki çayırlarda otluyorlar.

Nous finissons nos travaux maintenant.

Şimdi çalışmamızı bitiriyoruz.

2. Haber kipinin şimdiki zamanı aynı zamanda hep aynı şekilde cereyan eden, olağan, alışılmış olayları anlatmak için kullanılır.

Je me lève toujours à sept heures.

Her gün saat yedide kalkarım.

Il part pour Ankara une fois par mois.

Ayda bir defa Ankara'ya gider.

Il fait ses devoirs quand il revient de l'école.

Okuldan döndüğü zaman ödevlerine çalışır.

Il paie toujours les salaires des ouvriers au commencement du mois.

O, işçilerin ücretini her zaman ayın başında öder.

Chaque jour j'achète les journaux à huit heures.

Gazeteleri her gün saat sekizde alırım.

Nous commençons à travailler à neuf heures.

Biz çalışmaya saat dokuzda başlıyoruz.

L'avion de Londres attérrit toujours après-midi.

Londra uçağı her gün öğleden sonra havalimanına iner.

3. **Présent de l'indicatif** (haber kipinin şimdiki zamanı) devamlı gerçek olan olayların dile getirilmesinde kullanılır.

Le soleil éclaire la terre.

Güneş Dünya'yı aydınlatır.

L'année a douze mois.

Sene on iki aya sahiptir.

La lune éclaire la terre pendant la nuit.

Ay geceleyin dünya'yı aydınlatır.

La lune tourne autour de la terre.

Ay Dünya'nın etrafında döner.

La terre finit son tour autour du soleil pendant trois cent soixante cinq jours.

Dünya Güneş'in etrafındaki dönüşünü üç yüz altmış beş günde tamamlar.

4. Yakın bir gelecekte yapılması düşünülen eylemler de haber kipinin şimdiki zamanıyla anlatılır.

Nous allons à Istanbul ce soir à dix heures.

Bu akşam saat onda İstanbul'a gidiyoruz.

Qu'est-ce que vous lisez demain?	Yarın ne okuyorsunuz?
Elle vient la semaine prochaine.	Gelecek hafta geliyor.
Il finit son devoir ce soir.	Bu akşam ödevini bitiriyor.
Vous allez chez lui ce soir.	Bu akşam ona gidiyorsunuz.
Je vais cette semaine au cinéma.	Bu hafta sinemaya gidiyorum.
L'auto part aujourd'hui dans trois heures.	Otobüs bugün üç saat sonra hareket ediyor.

5. Atasözü, özdeyiş gibi birtakım öğütler veren sözlerde de fiiller haber kipinin şimdiki zamanında kullanılır.

Autres temps, autres moeurs.	Ayrı zaman, ayrı töre.
Le chat part, les souris dansent.	Kedi gider, fareler cirit atar.
Dis-moi qui tu hantes, je te dirai qui tu es.	Bana arkadaşını söyle sana kim olduğunu söyleyeyim.

6. Geçmişteki daha çok eski bir olaya canlılık kazandırmak söz konusu edildiğinde haber kipinin şimdiki zamanı kullanılır.

Soliman le Magnifique fait la Méditerranée comme un lac d'Ottoman. François I. er le roi de France lui demande d'aider pour son pays contre ses ennemis. Soliman le Magnifique accepte sa demande avec plaisir. Ainsi les relations entre les deux pays commencèrent au XVIème siécle.	Muhteşem Süleyman Akdeniz'i bir Osmanlı gölü yaptı. Fransa kralı I. François düşmanlarına karşı ondan ülkesi için kendisine yardım etmesini istedi. Muhteşem Süleyman memnunlukla kabul etti. Böylece iki ülke arasındaki ilişkiler XVI. Yüzyıl'da başladı.

ALIŞTIRMALAR-19

A. Üçüncü grup fiilleri kullanarak yapılan aşağıdaki cümleleri Fransızca'ya çevriniz.

1. Kuşların seslerini işitiyorsunuz.   1. ....

2. Ayşe kızkardeşinin kitabını geri veriyor.   2. ....
3. Onların sorularını yanıtlıyorsunuz.   3. ....
4. Fındıkları pazarda satıyor musunuz?   4. ....
5. Arkadaşlarımızı durakta bekliyoruz.   5. ....
6. Sizin gibi bir insanı savunmuyorum.   6. ....
7. Büyükler küçükleri affederler.   7. ....
8. O(kız)mavi elbisesini giyiyor.   8. ....
9. Köpeği dövmüyorlar.   9. ....
10. Mutlu görünüyorsunuz.   10. ....
11. Ay günden güne büyüyor.   11. ....
12. Bu iki ülke şimdi savaşmıyorlar.   12. ....

B. Üçüncü grup fiillerle yapılan aşağıdaki Fransızca cümleleri Türkçeye çeviriniz.

1. **Nous entendons les bruits des enfants.**   1. ....
2. **Je réponds à vos questions.**   2. ....
3. **Vous rendez le livre de mon père.**   3. ....
4. **Tu vends les pommes au marché.**   4. ....
5. **Les ouvriers ne dordent pas les fers.**   5. ....
6. **Il ne défend pas son frère.**   6. ....
7. **Elle paraît comme une fée.**   7. ....
8. **Nous connaissons l'homme qui vient au magasin.**   8. ....
9. **Au printemps les verdures croissent le jour en jour.**   9. ....
10. **Il ne transmettent pas la lettre aux établissement où il avait travailleé.**   10. ....

C. Aşağıdaki cümlelerde bulunan üçüncü grup fiillerin köklerine uygun şimdiki zaman eklerini getirerek doldurunuz.

1. **Je répond**..........**à vos questions.**   1. ....
2. **Vous rend**...............**le journal.**   2. ....
3. **Nous confond**.............**nos idées.**   3. ....
4. **Les hommes parai**........**comme ouvrier.**   4. ....
5. **Les affaires du magasin croiss**..........   5. ....
6. **Tu ne met**..............**pas ta chemise.**   6. ....

260

D. Aşağıdaki cümleleri olumsuz soru-**forme interrogative négative** yapınız.

1. **Vous vendez les fruits au marché.**
2. **Michel répond à ses questions.**
3. **Je tords le fer.**
4. **Vous connaissez cette homme.**
5. **Nous entendons les chansons.**
6. **Ils défendent leurs amis.**
7. **Anne Marie met son manteau.**
8. **Il paraît intelligent.**
9. **Cet école croît toujours.**
10. **Tu admets leurs appels.**

1. ....
2. ....
3. ....
4. ....
5. ....
6. ....
7. ....
8. ....
9. ....
10. ....

L'IMPARFAIT - ŞİMDİKİ ZAMANIN HİKÂYESİ

Fransızca'da **indicatif** (haber) kipinin **imparfait** (şimdiki zaman hikâyesi) zamanı geçmiş ve henüz sona ermemiş bir olayın dile getirilmesinde kullanılır. **Imparfait** zamanı da her fiil grubunun kendine özgü kuralları çerçevesinde çekilir. **Présent de l'indicatif**'te olduğu gibi üçüncü gruba giren fiillerin **imparfait** zamanları ise bu grubun kendi aralarında mastar eklerine göre oluşturdukları kümelere özgü kurallar çerçevesinde ele alınmaktadır.

birinci grup fiillerde **imparfait**

Birinci grup fiillerin **l'imparfait de l'indicatif** (haber kipinin şimdiki zamanının hikâyesi) zamanını oluşturmak için mastar ekindeki **-er** takısı atıldıktan sonra kalan fiil köküne her şahsın kendisiyle ilgili **imparfait** eklerinin getirilmesiyle yapılır. Bu imparfait ekleri ise şunlardır:

1. Tekil için -ais
2. Tekil için -ais
3. Tekil için -ait

1. Çoğul için -ions
2. Çoğul için -iez
3. Çoğul için –aient

Regarder (bakmak) fiilini örnek olarak aldığımızda, sonundaki mastar takısı olan **-er** ekini attıktan sonra, **regard** fiil kökünün sonuna yukarıdaki kişi eklerini getirdiğimiz zaman **imparfait** zamanı oluşur.

özne	fiil kökü	zaman eki	imparfait şekli
Je	Regard	ais	Regardais
Tu	Regard	ais	Regardais
Il	Regard	ait	Regardait
Nous	Regard	ions	Regardions
Vous	Regard	iez	Regardiez
Ils	Regard	aient	Regardaient

Nous fermions la porte de l'armoire. — Dolabın kapısını kapatıyorduk.

Ils ne répétaient pas la même chanson. — Onlar aynı şarkıyı tekrarlamıyorlardı.

Tu montrais les oiseaux sur le toit. — Çatıdaki kuşları gösteriyordun.

La fille achetait une belle robe. — Kız güzel bir elbise satın alıyordu.

Ma mère pensait à moi. — Annem beni düşünüyordu.

Les bateaux passaient sous le pont de Bosphore. — Gemiler Boğaz köprüsünün altından geçiyorlardı.

Sa soeur préparait le repas dans la cuisine. — Kız kardeşi mutfakta yemek hazırlıyordu.

Nous ne dessinions pas un arbre. — Bir ağaç resmi yapmıyorduk.

Les voyageurs montaient sur le bateau. — Yolcular gemiye çıkıyorlardı.

Les oiseaux volaient plus vite, car il faisait mauvais. — Kuşlar çok hızlı uçuyorlardı, zira hava kötüdür.

Ses amis achetaient un cadeau pour lui. — Arkadaşları onun için bir hediye satın alıyorlardı.

Il me donnait ses livres amusants. — O eğlendirici kitaplarını bana veriyordu.

Les touristes passaient devant la boutique de notre voisin. — Turistler komşumuzun dükkânının önünden geçiyorlardı.

Les artistes parlaient avec les spectateurs.   Sanatçılar dinleyicilerle konuşuyorlardı.

Je n'appelais pas mon frère.   Erkek kardeşimi çağırmıyordum.

ALIŞTIRMALAR-20

A. Aşağıdaki cümleleri Fransızca'ya çeviriniz.

1. Adam dükkânının kapısını kapatıyordu.
2. Sen öğretmeni dinlemiyordun.
3. Onlarla birlikte şarkılar söylüyorduk.
4. Bu arabayı satın alıyordum.
5. Siz pencereden bakmıyordunuz.
6. Gemiler Boğaz köprüsünün altından geçiyorlardı.
7. Filiz sana bir hediye veriyordu.
8. Turistler ülkelerinden söz ediyorlardı.
9. Annem yemeği hazırlıyordu.
10. Aynı öyküyü tekrarlıyordu.

1. ....
2. ....
3. ....
4. ....
5. ....
6. ....
7. ....
8. ....
9. ....
10. ....

B. Aşağıdaki cümleleri Türkçeye çeviriniz.

1. **Vous n'appeliez pas votre oncle.**
2. **Je donnais un bouquet de fleur à ma mère.**
3. **Les oiseaux ne volaient pas plus vite que l'avion.**
4. **Benoît n'aimait pas le foot-ball.**
5. **Tu répétais la même chanson.**
6. **Il me donnait les livres amusants.**
7. **Nous ne nagions pas au mois de mais.**
8. **Elle regardait la mer.**

1. ....
2. ....
3. ....
4. ....
5. ....
6. ....
7. ....
8. ....

C. Aşağıdaki cümlelerde birinci grup fiillerin köklerinden sonra bırakılan boşluklara uygun **ais-ait-ions-iez-aient** şimdiki zamanın hikayesi (**Imparfait**) eklerini getiriniz.

1. Tu regard............le chat.
2. Maman n'achèt............pas un kilo de domate.
3. Nous parl.............de nos camarades.
4. Elle me donn....................mon sac.
5. Je desin......................une maison.
6. Les étudiants ne pass........pas devant le magasin.
7. Tu chant.................bien.
8. Mon père achèt................cette voiture.
9. Vous ferm..............la porte de la boutique.
10. Elle prépar..........les repas.

1. ....
2. ....
3. ....
4. ....
5. ....
6. ....
7. ....
8. ....
9. ....
10. ....

ikinci grup fiillerde l'imparfait de l'indicatif

İkinci grup fiillerin **l'imparfait de l'indicatif** (haber kipinin şimdiki zamanının hikâyesi) zamanının yapılması için mastarların sonundaki **-ir** ekinin atılmasından sonra her şahısla ilgili olan ikinci grup fiillerin **imparfait** ekleri getirilir. Böylece ikinci grup fiillerin **imparfait** (haber kipinin şimdiki zamanının hikâyesi) zamanı yapılır. İkinci grup fiillerde **imparfait** ekleri şöyledir.

1. Tekil kişi için -issais
2. Tekil kişi için -issais
3. Tekil kişi için -issait

1. Çoğul kişi için -issions
2. Çoğul kişi için -issiez
3. Çoğul kişi için -issaient

Finir (bitirmek) fiilinin örnek alınmasıyla sonundaki **-ir** takısının kaldırıldığını görelim. Geri kalan fiil kökü **(fin...)** sonuna yukarıdaki eklerin getirilmesiyle ikinci grup fiillerin **l'imparfait de l'indicatif** (haber kipinin şimdiki zamanın hikâyesi) zamanı oluşur.

özne	fiil kökü	zaman eki	imparfait şekli
Je	Fin	-issais	Finissais
Tu	Fin	-issais	Finissais
Il	Fin	-issait	Finissait
nous	Fin	-issions	Finissions
vous	Fin	-issiez	Finissiez
Ils	Fin	-issaient	Finissaient

Nous finissions nos devoirs à dix heures.	Ödevlerimizi saat onda bitiriyorduk.
Vous ne réussissiez pas les examens du lycée.	Siz lise sınavlarını başaramıyordunuz.
Les filles remplissaient leur sacs avec des fleurs.	Kızlar çantalarını çiçeklerle dolduruyorlardı.
Je ne choisissais pas un livre français pour lui.	Onun için Fransızca bir kitap seçmiyordum.
En été, les fruits rougissaient sur ses branches, sous le soleil.	Yazın güneşin altında, meyveler dallarının üzerinde kızarıyorlardı.
Il neigeait et la terre blanchissait.	Kar yağıyor ve yer beyazlaşıyordu.
Tu ne finissais pas ton repas.	Sen yemeğini bitirmiyordun.
L'avion d'Istanbul atterrissait à sept heures.	İstanbul uçağı saat yedide iniyordu.
Je n'avertissais pas les enfants qui n'obéissent pas à leurs parents.	Ebeveynlerini dinlemeyen çocukları uyarmıyordum.

üçüncü grup fiillerde **imparfait**

Üçüncü grup (**-re**, **-oir**, **-ir**) mastar ekleriyle biten fiillerin **l'imparfait de l'indicatif** zamanlarının çekimi için, söz konusu fiillerin **le présent de l'indicatif** (haber kipinin şimdiki zamanın hikayesi zamanı) şeklinin birinci çoğul kişisinin çekiminden yararlanılır. Bunun için birinci çoğul kişi çekimindeki (**-ons**) takısı atılır kalan kısım üçüncü grup fiillerin haber kipinin şimdiki zamanın hikâyesinin çekimi için fiil kökü olarak kabul edilir. Bu kökün sonuna **l'imparfait ekleri** getirilir. Getirilecek olan ekler birinci ve ikinci gruptaki **imparfait eklerinin** aynısıdır. **Entendre** (işitmek) fiilini örnek olarak aldığımızda, bu fiilin şimdiki zaman birinci çoğul şeklinin **(nous entendons)** olduğunu biliyoruz. Buradaki **entendons** şeklinin sonundaki **-ons** takısını attığımızda geriye kalan "**entend**" fiil kökü olarak alındığında söz konusu **imparfait** eklerini bu kökün sonuna getirerek üçüncü grup fiillerin **l'imparfait de l'indicatif** (haber kipinin şimdiki zaman hikâyesi) zamanı çekilmiş olur.

özne	fiil kökü	zaman eki	imparfait şekli
je	entend	-ais	entendais
tu	entend	-ais	entendais
il	entend	-ait	entendait
nous	entend	-ions	entendions
vous	entend	-iez	entendiez
ils	entend	-aient	entendaient

Nous ne rendions pas les livres. — Kitapları iade etmiyorduk.

Son professeur entendait un bruit. — Onun öğretmeni bir gürültü duyuyordu.

Les enfants ne disaient rien à leurs parents. — Çocuklar ebeveynlerine bir şey söylemiyorlardı.

Je ne faisais pas mes devoirs avant le diner. — Akşam yemeğinden önce ödevlerimi yapmıyordum.

Nous ne buvions pas du vin. — Biz şarap içmiyorduk.

Ils buvaient de l'eau pendant le repas. — Onlar yemek sırasında su içiyorlardı.

Les voyageurs écrivaient des lettres sur la table. — Yolcular masanın üzerinde mektup yazıyorlardı.

Ils prenaient paroles pour parler des problèmes de leur ville. — Şehirlerinin sorunlarından söz etmek için söz alıyorlardı.

Les journalistes conduisaient leurs autos pour arriver à leurs bureaux. — Gazeteciler bürolarına varmak için çok hızlı araba kullanıyorlardı.

IMPARFAIT - ŞİMDİKİ ZAMANIN HİKÂYESİ

kullanıldığı yerler

1. **Imparfait** geçmişteki bir olayın dile getirilmesinde kullanılabilir. Bu durumda **imparfait** geçmişte, bir süre yapılan olayı anlatır.

Autrefois je travaillais à Izmir.	Bir zamanlar İzmir'de çalışıyordum.
Dans son enfance il jouait avec les animaux qui se trouvaient dans la ferme de mon oncle.	O, çocukluğunda amcamın çiftliğinde bulunan hayvanlarla oynuyordu.
Avant de finir ses études, son père habitait à Istanbul.	Öğrenimini bitirmeden önce babası İstanbul'da oturuyordu.

2. **Imparfait** devam etmekte olan, bitmeyen ve böylece tamamlanmamış bir olayın anlatılmasını vurgulamakta kullanılır.

Ma soeur travaillait sa leçon, en même temps elle regardait TV.	Kız kardeşim dersine çalışıyor ve aynı zamanda TV'ye bakıyordu.
Quand les visiteurs sont venus chez nous je lisais le journal.	Misafirler bize geldiğinde ben gazete okuyordum.
Quand les enfants sont allés à l'école il était au bureau.	Çocuklar okula gittiği zaman o bürodaydı.
Quand mon père est venu j'écrivais une lettre.	Babam geldiği zaman ben bir mektup yazıyordum.

3. **Imparfait** aynı zamanda herhangi bir şeyin betimlemesini yaparken kullanılan bir zamandır.

Un petit torrent tombait à terre parmi les arbres quand je passais par le sentier tout proche de ce torrent, j'aimais beaucoup entendre les chansons des oiseaux et les murmures des eaux qui tombaient à terre. C'était la petite cascade de notre jardin qui se trouve devant notre maison.	Küçük bir sel, ağaçların arasından yere düşüyordu, bu suyun hemen yanı başındaki patikadan geçerken, kuş seslerini ve yere düşen suların gürültüsünü dinlemeyi çok severdim. Bu bizim evin önünde bulunan bahçemizin küçük çağlayanıydı.

4. **Imparfait** aynı zamanda alışılmış olayların dile getirilmesinde de kullanılır.

Au mois de juillet nous allions en vacances.	Temmuz ayında biz tatile gidiyorduk.
En hiver généralement nous mangions nos repas, le soir à huit heures.	Kışın genellikle akşamleyin yemeğimizi saat sekizde yiyorduk.
Le matin il prenait toujours une douche.	Her gün sabahları duş alırdı.
Nous nous couchions en hiver à onze heures.	Kışın saat on birde yatıyorduk.
Nous lisions notre journal avant le petit déjeuner.	Biz gazetemizi sabah kahvaltısından önce okuyorduk.
Le lundi, vous alliez à pied jusqu'à l'arrêt.	Pazartesi günleri siz durağa kadar yürüyerek gidiyordunuz.
Tu te levais à sept heures et demi le matin.	Sen sabahları saat yedi buçukta kalkıyordun.

ALIŞTIRMALAR -21

A. Aşağıdaki cümlelerdeki boşlukları parantez içindeki fiilin **Imparfai**t (Şimdiki zamanın hikayesi) zamanını kullanarak yazınız.

Örnek: Nous..........(finir) nos devoirs à dix heures.
Nous finissions nos devoirs à dix heures.

1. Vous ne ....(réussir) pas les examins de l'université.
2. André..............(remplir) son sac avec des fleurs.
3. Les étudiants.............(choisir) un livre français.
4. En été les cerices.........(rougir) anvers le soleil.
5. Je................ (obéir) à mes parents.
6. Elle ne...........(avertir) pas son ami

1. ....
2. ....
3. ....
4. ....
5. ....
6. ....

B. Aşağıdaki Türkçe cümleleri Fransızcaya çeviriniz.

1. Çalışmalarımızı öğleden sonra bitiriyorduk.
2. Sınavlarınızı başaramıyordunuz.
3. İnsanlar birbirlerini uyarıyorlardı.
4. Bu gömleği seçmiyordum.

1. ....
2. ....
3. ....
4. ....

5. Kız annesinin yanında iyileşiyordu. 5. ....
6. Berlin uçağı saat onda iniyordu. 6. ....

C. Aşağıdaki cümlelerde boş bırakılan yerlere parantez içindeki fiillerin uygun **Imparfait** zamanlarını yazınız.

1. **Tu ne** ......(rendre) pas ton stylo. 1. ....
2. **Nous**........(dire) la vérité. 2. ....
3. **Elle**....(écrire) une lettre a son père. 3. ....
4. **Vous** ...(boire) de l'eau avec le repas. 4. ....
5. **Ils**.....(lire) leur livres. 5. ....

LE PASSÉ SIMPLE - GEÇMİŞ ZAMAN

Fransızca'da iki çeşit geçmiş zaman vardır. Bunlardan birisi **le passé simple de l'indicatif** (haber kipinin geçmiş zamanı), diğeri ise yine haber kipinin bileşik geçmiş zamanı **(le passé composé)** dediğimiz geçmiş zamandır. Bu geçmiş zamanlardan **le passé simple** (haber kipinin basit geçmiş zamanı) hiçbir surette konuşma dilinde kullanılmaz. Geçmişteki olayları dile getirir. Bu olaylar, geçmişte belli bir zamanda olup bitmiş, şimdiki, içinde bulunulan zamanla hiçbir ilişkisi olmayan olaylardır. Bu nedenle **passé simple** daha çok tarihsel olayların anlatılması yazı ve edebiyat dilinde kullanılan bir zamandır.

birinci grup fiillerde **passé simple**

Birinci grup **(-er)** ile biten fiillerde **passé simple** zamanının oluşturulması için fiilin mastar eki olan **-er** takısı kaldırıldıktan sonra, kalan kısım fiilin **passé simple** zamanının çekimi için kök olarak alınır. Bu kökün sonuna her kişiyle ilgili **passé simple** ekleri getirilerek **passé simple** zamanı yapılmış olur. Bu ekler şunlardır:

1. Tekil kişi için **-ai**
2. Tekil kişi için **-as**
3. Tekil kişi için **-a**

1. Çoğul kişi için **-âmes**
2. Çoğul kişi için **-âtes**
3. Çoğul kişi için **-èrent**

Jeter (atmak) filini örnek olarak aldığımızda mastar eki olan **-er** takısının kaldırılması sonucunda oluşan **(jet-)** fiil kökünün sonuna kişilerle ilgili **passé simple** eklerinin getirilmesiyle birlikte, bu fiilin **passé simple** zamanının nasıl oluştuğu aşağıdaki şemada açık olarak görülmektedir.

özne	fiil kökü	zaman eki	passé simple şekli
je	jet	-ai	jetai
tu	jet	-as	jetas
il	jet	-a	jeta
nous	jet	-âmes	jetâmes
vous	jet	-âtes	jetâtes
ils	jet	-èrent	jetèrent

Les armées de Rome restèrent en Europe.
Roma orduları Avrupa'da kaldılar.

Il ferma la porte de la boutique et il commença à courir vers la route.
Dükkânın kapısını kapattı ve sokağa doğru koşmaya başladı.

Nous marchâmes au bord de la mer mais les enfants nagèrent sur les eaux bleues, et nous retournâmes chez nous à cinq heures.
Deniz kenarına yürüdük ama, çocuklar mavi suların üstünde yüzdüler ve saat beşte evimize döndük.

Ils pensèrent à leurs parents, ils jouèrent un peu de temps dans la cour et les heures du congè terminèrent ainsi.
Ebeveynlerini düşündüler, az bir süre avluda oynadılar ve izin saatleri böylece sona erdi.

ikinci grup fiillerde **passé simple**

İkinci grup **(-ir)** fiillerde **passé simple** zamanının yapılması için, fiilin mastar takısı olan **-ir** takısı kaldırıldıktan sonra, kalan kısım ikinci grup fiillerin **passé simple** zamanının çekimi için kök olarak alınır. Bu kökün sonuna her kişi için uygun olan **passé simple** zamanının ikinci grup fiillere özgü ekleri getirilir, böylece ikinci grup fiillerde **passé simple** zamanı oluşturulur. İkinci grup fiillerin **passé simple** ekleri şunlardır:

1. Tekil kişi için **-is**
2. Tekil kişi için **-is**
3. Tekil kişi için **-it**

1. Çoğul kişi için **-îmes**
2. Çoğul kişi için **-îtes**
3. Çoğul kişi için **-irent**

Finir (bitirmek) fiili örnek olarak alındığında, bu fiilin sonundaki mastar takısı olan ikinci grup fiillere özgü **-ir** takısının kaldırılması sonucu kalan **fin-** fiil kökü olarak alınır ve bu fiil kökünün sonuna her kişiye ait olan ikinci grup fiillerin **passé simple** ekleri getirilir. Böylece ikinci grup fiillerin **passé simple** (haber kipinin basit geçmiş zamanı) oluşturulmuş olur. Bu zamanın yapılışı aşağıdaki şemada açık olarak belirtilmiştir.

özne	fiil kökü	zaman eki	passé simple şekli
je	fin	-is	finis
tu	fin	-is	finis
il	fin	-it	finit
nous	fin	-îmes	finîmes
vous	fin	-îtes	finîtes
ils	fin	-irent	finirent

İkinci grup fiillerin **passé simple** zamanlarıyla yapılmış örnek cümleler aşağıda verilmiştir. İkinci grup fiillerin birinci, ikinci, üçüncü tekil kişileri gerek **(présent de l'indicatif)** zamanında gerek **(passé simple)** zamanında aynı takılarla bitmiş olması ve tamamen birbirine benzemeleri, herhangi bir karışıklığa neden olmamalıdır. Zira **(passé simple)** zamanının nerede kullanılacağı bilindikten ve şimdiki zamanla aralarındaki farkın kavranılmasından sonra, böyle bir karmaşıklık kendiliğinden ortadan kalkacaktır.

Les malades guérirent et il se rejouirent de rencontrer un tel médecin.	Hastalar iyileştiler ve böyle bir doktorla karşılaştıkları için sevindiler.
Les élèves réussirent les examens, ils allèrent en vacance.	Öğrenciler sınavları başardılar ve tatile çıktılar.
Mimar Sinan bâtit la plupart des monuments historiques de notre pays.	Ülkemizin tarihi eserlerinin birçoğunu Mimar Sinan yapmıştır.
Nous finîmes nos travaux et nous réussimes à construire un pont sur la rivière.	Çalışmalarımızı bitirdik ve ırmağın üzerine bir köprü kurmayı başardık.

üçüncü grup fiillerde **passé simple**

Üçüncü grup fiiller diğer zamanlarda olduğu gibi (**passé simple**) zamanında da farklılıklar göstermektedir. Bu gruba giren fiillerin (**passé simple**) zamanları çekilirken kendi aralarında kümeleştikleri görülür. Söz konusu kümeleri ya fiillerin mastar ekleri ya da geçmiş zaman ortaçları vb. belirler. Örneğin mastarlarının sonları **-dre** ile biten üçüncü grup fiillerle, mastarları **-ir** ekiyle biten bir kısım üçüncü grup fiiller (**passé simple**) zamanlarını, bu fiillerin mastarlarının sonlarındaki **-re** ve **-ir** takıları atıldıktan sonra kalan fiil kökünün sonuna tıpkı ikinci grup fiillerde olduğu gibi (**passé simple**) zaman eki olan (**-is**, **-is**, **-it**, **-îmes**, **-îtes**, **-irent**) ekleri getirilerek yapılır.

Rendre fiilini **-re** ile biten fiillere örnek olarak aldığımızda, sonundaki **-re** takısını kaldırdıktan sonra kalan **rend** kısmı fiil kökü olarak değerlendirilir. Bu kökün sonuna söz konusu eklerin getirilmesiyle, mastarları **dre** ekleriyle biten bir kısım fiillerin (**passé simple**) zamanları oluşturulur.

özne	fiil kökü	zaman eki	passé simple şekli
je	rend	-is	rendis
tu	rend	-is	rendis
il	rend	-it	rendit
nous	rend	-îmes	rendîmes
vous	rend	-îtes	rendîtes
ils	rend	-irent	rendirent

Aynı şekilde sonları **-ir** ile biten fakat üçüncü grup fiillere giren bir kısım fiillerin (**passé simple**) zamanı yukarıda belirtildiği gibi yapılmaktadır. Bu fiillere **sentir** (hissetmek) fiilinin örnek gösterildiğinde alacağı durum aşağıdaki şemada gösterilmiştir.

özne	fiil kökü	zaman eki	passé simple şekli
je	sent	-is	sentis
tu	sent	-is	sentis
il	sent	-it	sentit
nous	sent	-îmes	sentîmes
vous	sent	-îtes	sentîtes
ils	sent	-irent	sentirent

Ancak **venir** (gelmek), **tenir** (tutmak), **mourir** (ölmek), **courir** (koşmak), **conquérir** (ele geçirmek) fiillerinin mastar ekleri **-ir** ile bitmesine rağmen **(passé simple)** zamanları yukarıdaki kurala uymamaktadır. Bu fiillerin **(passé simple)** zamanları ise aşağıda belirtilmiştir.

venir (gelmek)	tenir (tutmak)	mourir (ölmek)
je vins	je tins	je mourus
tu vins	tu tins	tu mourus
il vint	il tint	il mourut
nous vinmes	nous tinmes	nous mourûmes
vous vintes	vous tintes	vous mourûtes
ils vinrent	ils tinrent	ils moururent

courir (koşmak)	conquerir (ele geçirmek)
je courus	je conquis
tu courus	tu conquis
il courut	il conquit
nous courûmes	nous conquîmes
vous courûtes	vous conquîtes
ils coururent	ils conquirent

Avoir (sahip olmak), **croire** (inanmak), **devoir** (mecbur olmak), **boire** (içmek), **falloir** (lazım gelmek), **vouloir** (istemek), **connaître** (tanımak), **vivre** (yaşamak), **recevoir** (almak, kabul etmek), **savoir** (bilmek) vb. gibi **(participe passé**'leri) [geçmiş zaman ortaçları] **-u** harfiyle biten fiillerin **(passé simple**'leri) ise söz konusu **participe passé**'lerin sonlarına şu eklerin getirilmesiyle yapılır.

-s

-s

-t

-mes

-tes

-rent

Bunun için **vouloir** (istemek) fiilini örnek olarak alırsak, bu fiilin **participe passé**'si **voulu** olduğuna göre **passé simple** zamanı aşağıdaki gibidir.

özne	participe passé	zaman eki	passé simple şekli
je	voulu	-s	voulus
tu	voulu	-s	voulus
il	voulu	-t	voulut
nous	voulu	-mes	voulûmes
vous	voulu	-tes	voulûtes
ils	voulu	-rent	voulurent

Bunlardan başka bazı **irrégulier** (düzensiz) fiillerin **passé simple** zamanları ise şöyledir:

être (olmak)	voir (görmek)	naitre (doğmak)
je fus	je vis	je naquis
tu fus	tu vis	tu naquis
il fut	il vit	il naquit
nous fûmes	nous vîmes	nous naquîmes
vous fûtes	vous vîtes	vous naquîtes
ils furent	ils virent	ils naquirent

faire (yapmak)	avoir (sahip olmak)	dire (söylemek)
je fis	j'eus	je dis
tu fis	tu eus	tu dis
il fit	il eut	il dit
nous fîmes	nous eûmes	nous dîmes
vous fîtes	vous eûtes	vous dîtes
ils firent	ils eurent	ils dirent

mettre (koymak)	écrire (yazmak)	croitre (gelişmek)
je mis	j'écrivis	je crûs
tu mis	tu écrivis	tu crûs
il mit	il écrivit	il crût
nous mîmes	nous écrîvimes	nous crûmes
vous mîtes	vous écrivites	vous crûtes
ils mirent	ils écrivirent	ils crûrent

Croitre (gelişmek artmak) fiilinin **passé simple** (haber kipinin basit geçmiş) zamanı çekilirken **u** harfinin üzerine **Croire** (inanmak) fiiliyle karışmaması için **accent circonflexe** konur. Yalnız birinci ve ikinci çoğul kişilerdeki **accent circonflexe** diğer fiillerin **passé simple** zamanlarında bulunan **accent**'lardandır.

Croire (inanmak) fiilinin **passé simple** zamanı ise aşağıdaki gibidir.

    croire
    je crus
    tu crus
    il crut
    nous crûmes
    vous crûtes
    ils crurent

ALIŞTIRMALAR – 22

A. Aşağıdaki cümlelerde boşluklara 1.grup fiil köklerine uygun **passé simple** (dili geçmiş zaman) ekleri olan **ai-as-a-âmes-âtes-èrent** yazınız.

1. Nilgün ferm......................la porte.
2. Je rest........................à la maison.
3. Nous ne jet.....................pas un coup d'oeil sur la fenêtre.
4. Nos voisins pens.............leurs enfants.
5. Tu march.......................sur le pont.
6. Elle ne chant..................pas parce qu'elle avait été malade.
7. Vous parl........................de votre camarade.

1. ....
2. ....
3. ....
4. ....
5. ....
6. ....
7. ....

8. Ils ne racont.................pas une histoire.
9. Elles ne regard...............pas les fleurs qu'ils avaient acheté pour elles.
10. Je ne nag. ....pas dans cette piscine.

8. ....
9. ....
10. ....

B. Aşağıdaki Türkçe cümleleri **Passé Simple** kullanarak Fransızca'ya çeviriniz.

1. Arkadaşlarım şimdi burada kaldılar.
2. Deniz kenarında yürüdük.
3. Bu romanı sevmedik.
4. Öğretmenlerinden söz etmedin.
5. Vitrine bir göz attınız.
6. Çocuklar avluda oynadılar.
7. Arabanın kapısını kapattım.
8. Annesi hep çocuklarını düşündü.
9. Dün Paris'e vardı.
10. Geçen ay fabrikada çalışmadım.

1. ....
2. ....
3. ....
4. ....
5. ....
6. ....
7. ....
8. ....
9. ....
10. ....

C. Aşağıdaki cümlelerde bulunan boşluklara ikinci grup fiil köklerine uygun **passé simple** ekleri olan **is- it-îmes-îtes-irent** eklerini getiriniz.

1. Vous fin.............vos devoirs.
2. Les médecins guer............leurs malades.
3. Il réuss..............la concoure.
4. Nous ne fin......pas notre repas.
5. Je rempl............. une tasse de café.

1. ....
2. ....
3. ....
4. ....
5. ....

D. Aşağıdaki üçüncü grup fiillerin köklerine uygun **is-it-îmes-îtes-irent passé simple** eklerini getiriniz.

1. Je rend..............
2. Tu rend..............
3. Il(elle) rend.........
4. Nous rend.........
5. Vous rend.........
6. Ils(elles) rend.....
7. Je sent..............

1. ....
2. ....
3. ....
4. ....
5. ....
6. ....
7. ....

8. Tu sent............
9. Il/Elle sent.........
10. Nous sent..........
11. Vous sent..........
12. Ils/Elles sent......

8. ....
9. ....
10. ....
11. ....
12. ....

E .Aşağıdaki Fransızca cümleleri Türkçeye çeviriniz.

1. Ils eurent une maison neuve.
2. Nous eûmes pas froid.
3. Tu eus chaud.
4. Je voulus un verre du thé.
5. Les clients voulurent voir les chemises.
6. Je fus très content.
7. Tu fus heureux.
8. Nous fûmes gentils.
9. Vous ne fûtes pas ici le mois dernier.
10. Nous vîmes un musée intéressant.

1. ....
2. ....
3. ....
4. ....
5. ....
6. ....
7. ....
8. ....
9. ....
10. ....

LE FUTUR - GELECEK ZAMAN

Le futur simple de l'indicatif (haber kipinin basit gelecek) zamanı fiilin bildirdiği eylemin gelecekte yapılacağını belirtir. Olayın geçmişte yapılmadığını şu anda da yapılmamakta olduğunu, ne varki gelecekte yapılacağını belirten zamandır.

birinci grup fiillerde gelecek zaman

Birinci grup, mastarlarının sonları **-er** takısıyla biten fiillerde gelecek zaman, mastarlarından sonra her şahsın (kişinin) kendisine ait olan **futur simple** (gelecek zaman) çekim ekleri getirilerek yapılır. Bu zaman ekleri şunlardır.

1. Tekil kişi için **-ai**
2. Tekil kişi için **-as**
3. Tekil kişi için **-a**

1. Çoğul kişi için **-ons**
2. Çoğul kişi için **-ez**
3. Çoğul kişi için **–ont**

Bu çekim eklerinin haber kipinin basit gelecek zaman (futur simple) yapılırken fiilin mastarlarının sonundan hiçbir takı kaldırmadan, doğrudan doğruya mastarın sonuna getirildiğine dikkat edilmelidir. Örneğin, birinci grup fiillerin gelecek zamanının yapılması için **compter** (saymak, hesap etmek) fiili örnek olarak alındığı zaman söz konusu **futur simple** eklerini, aşağıdaki şemada belirtildiği gibi mastarın sonuna getirilerek yapıldığı görülmektedir.

özne	fiilin mastarı	zaman eki	gelecek zaman şekli
je	compter	-ai	compterai
tu	compter	-as	compteras
il	compter	-a	comptera
nous	compter	-ons	compterons
vous	compter	-ez	compterez
ils	compter	-ont	compteront

Elle ne parlera pas de leurs examens. — Onların sınavlarından söz etmeyecek.

Vous passerez sur le pont Mirabeau. — Mirabeau köprüsü'nün üzerinden geçeceksiniz.

Ils visiteront l'Arc de Triomphe à Paris. — Onlar Paris'te l'Arc de Triomphe'u ziyaret edecekler.

Il écoutera la chanson française après le diner. — Akşam yemeğinden sonra fransızca şarkı dinleyecek.

Nous ne regarderons pas TV, ce soir. — Bu akşam TV seyretmeyeceğiz.

Les touristes achéteront des tapis turcs. — Turistler Türk halıları satın alacaklar.

Tu couperas les vieilles branches de l'arbre. — Ağacın eski dallarını keseceksin.

Vous sauterez à la corde avec des filles de mon voisin. — Komşumun kızlarıyla ip atlayacaksınız.

Tu ne porteras plus ta serviette, parce qu'elle te géne. — Daha çantanı taşımayacaksın, çünkü o seni rahatsız ediyor.

Ma mère aimera bien ses fils et ses belles-filles.	Annem gelinlerini ve oğullarını çok sevecek.
La pomme tombera à terre.	Elma yere düşecektir.
Il neigera cette nuit, il fait très froid.	Hava çok soğuk, bu gece kar yağacak.

Fransızca'da bir fiilin **futur simple** (haber kipinin basit gelecek) zamanını kolayca kavramak için fiilin mastarını ve her kişisinin alacağı zaman ekinin iyi bilinmesi gerekir.

Bütün birinci grup fiillerin **futur simple**'leri yukarıda belirtildiği gibi çekilmektedir. Ancak mastarlarının sonu **-er** takısıyla bitmesine ve birinci grup fiil olmalarına rağmen, mastarlarının sonları **-eler** ve **-eter** takılarıyla biten fiillerin **futur simple**'leri şu şekilde yapılır. Bu fiillerin sonlarındaki **-l** ve **-t** harfleri iki **-ll** ve iki **-tt** biçimine dönüşerek gelecek zamanları oluşur. Örnek:

appeler (çağırmak)	jeter (atmak)
j'appellerai	je jetterai
tu appelleras	tu jetteras
il appellera	il jettera
nous appellerons	nous jetterons
vous appellerez	vous jetterez
ils appelleront	ils jetteront

Birinci grup fiiller gibi **-er** takısıyla bitmesine rağmen **irrégulier** (düzensiz) fiillerden sayılan **aller** (gitmek) ve **envoyer** (göndermek) fiillerinin **futur simple** (gelecek zamanları) ise farklıdır. Zira bu iki fiilin istisna (ayrıcalıklı) özelliği olduğu önceden belirtilmişti. Bu iki fiilin **futur simple** (haber kipinin basit gelecek) zamanı şu şekilde çekilmektedir. **Futur simple** zaman ekleri aynı olmasına karşın fiilin gövdesinin değiştiğine dikkat edilmesi gerekir.

aller (gitmek)	envoyer (göndermek)
j'irai	j'enverrai
tu iras	tu enverras
il ira	il enverra
nous irons	nous enverrons
vous irez	vous enverrez
ils iront	ils enverront

ALIŞTIRMALAR -23

A. Aşağıdaki cümlelerdeki boşluklara 1.grup fiillerin köklerine uygun **ai- as-a-ons -ez-ont** basit gelecek zaman (**futur simple**) eklerini yazınız.

1. Vous visiter..............l'Arc de Triomphe à Paris.
2. Il ne regerder...............pas la télévision maintenant.
3. Les touristes français acheter..........des tapis turcs.
4. Nous ne porter............ pas nos bagages.
5. Tu passer...............sur le pont Mirabeau.
6. Elle ne nous parler..........pas de ses souvenir de Paris.
7. Cet hiver je crois qu'il ne neiger...................pas.
8. Le père appeler.................son enfant.
9. Je couper.....................les vieilles branches de l'arbre.
10. Elles ne jeter....................un coup d'oeil sur ses bagages.

1. ....
2. ....
3. ....
4. ....
5. ....
6. ....
7. ....
8. ....
9. ....
10. ....

B. Aşağıdaki cümlelerin fiillerini **futur simple** (basit gelecek zaman) yaparak yanıtlayınız.

1. Vas- tu au bord de la rivière?
2. Allons-nous à la maison de mon oncle?
3. Va-t-il à la banque?
4. Allez- vous à Ankara la semaine prochaine?
5. Vont-ils à la ville?
6. Vont-elles au jardin pour sauter à la corde?
7. Est-ce que j'envois une message à mon frère?
8. Envois-tu une lettre chez-lui?
9. Envoit-il un cadeau?
10. Envoyons- nous les enfants à la cmpagne?

1. ....
2. ....
3. ....
4. ....
5. ....
6. ....
7. ....
8. ....
9. ....
10. ....

C. Aşağıdaki cümleleri olumsuz yapınız.

1. Elle parlera avec les étrangers.
2. Les filles sauteront à la corde avec ses amis.
3. Ma mère écoutera la chanson française.
4. Les touristes visiteront la Tour Eifel.
5. Vous regarderez la mer.

1. ....
2. ....
3. ....
4. ....
5. ....

ikinci grup fiillerde gelecek zaman

İkinci grup (-ir) fiillerin futur simple (basit gelecek) zamanlarının çekimi ile birinci grup fiillerinki arasında kural bakımından hiçbir fark yoktur. İkinci grup fiillerin mastar takıları olan (-ir) ekinden sonra her şahıs için gereken futur simple ekleri getirilir. Birinci grup fiillerdeki futur eklerinin benzeri olan bu takılar şunlardır:

1. Tekil kişi için **-ai**
2. Tekil kişi için **-as**
3. Tekil kişi için **–a**

1. Çoğul kişi için **-ons**
2. Çoğul kişi için **-ez**
3. Çoğul kişi için **-ont**

İkinci grup fiillerin **futur simple** (basit gelecek) zamanı için **réussir** (başarmak) fiili örnek alındığı zaman, fiilin mastarının sonuna her şahıs için gerekli **futur simple** takıları getirilerek aşağıdaki şemada görüldüğü gibi gelecek zaman oluşur.

özne	fiilin mastarı	zaman eki	gelecek zaman şekli
Je	Réussir	-ai	Réussirai
Tu	Réussir	-as	Réussiras
İl	Réussir	-a	Réussira
Nous	Réussir	-ons	Réussirons
Vous	Réussir	-ez	Réussirez
Ils	Réussir	-ont	Réussiront

Ils choisiront des cadeaux pour leurs parents.	Ebeveynleri için hediyeler seçecekler.
Est-ce que cet enfant finira son repas avant toi?	Bu çocuk yemeğini senden önce mi bitirecek?
Il fait froid, la neige tombe, la terre blanchira dans quelques heures.	Hava soğuk, kar yağıyor, birkaç saat sonra yeryüzü beyazlayacak.
Le ciel sera bleu et les étoiles paliront.	Gökyüzü mavileşecek ve yıldızlar sönecek.
Les cerises rougiront en été, au mois de juin.	Kirazlar yazın, haziran ayında kızaracaklar.
Tu choisiras un bon livre pour lui.	Onun için güzel bir kitap seçeceksin.
Elle choisira des fleurs dans le jardin.	O kız bahçede çiçekler seçecek.
Le professeur punira les élèves paresseux.	Öğretmen tembel öğrencileri cezalandıracak.

İkinci grup fiiller gibi **-ir** takılarıyla bitmesine rağmen ikinci grup olmayan, fiiller de vardır. Bunlar **sentir** (hissetmek), **dormir** (uyumak), **partir** (hareket etmek), **sortir** (çıkmak) vb. fiilleridir. Bu fiiller de **futur simple**'lerini ikinci grup fiiller gibi oluştururlar.

Mastar takıları **-dre** ve **-re** ile biten **entendre** (işitmek), **rendre** (geri vermek) vb. ve **dire**, **mettre** vb. gibi üçüncü gruba giren bir kısım fiillerin **futur simple** (basit gelecek) zamanları yapılırken; fiillerin sonundaki **-e** harfi kaldırıldıktan sonra **futur** takıları getirilerek söz konusu gelecek zamanları yapılır.

entendre (işitmek)	lire (okumak)	mettre (koymak)
j'entendrai	je lirai	je mettrai
tu entendras	tu liras	tu mettras
il entendra	il lira	il mettra
nous entendrons	nous lirons	nous mettrons
vous entendrez	vous lirez	vous mettrez
ils entendront	İls liront	ils mettront

Bazı düzensiz **(irrégulier)** fiillerin gelecek zamanları **(futur simple)** ise aşağıda görüldüğü gibi çekilmektedir. Örneğin **tenir**, **venir**, **convenir** gibi bu fiillere benzer fiillerin gelecek zamanları şu şekilde çekilmektedir.

tenir (tutmak)
je tiendrai
tu tiendras
il tiendra
nous tiendrons
vous tiendrez
ils tiendront

mourir (ölmek)	**devoir** (mecbur olmak)	**faire** (yapmak)
je mourrai	je devrai	je ferai
tu mourras	tu devras	tu feras
il mourra	il devra	il fera
nous mourrons	nous devrons	nous ferons
vous mourrez	vous devrez	vous ferez
ils mourront	İls devront	ils feront

pouvoir (muktedir olmak)	**savoir** (bilmek)	**vouloir** (istemek)
je pourrai	je saurai	je voudrai
tu pourras	tu sauras	tu voudras
il pourra	il saura	il voudra
nous pourrons	nous saurons	nous voudrons
vous pourrez	vous saurez	vous voudrez
il pourront	ils sauront	ils voudront

cueillir (toplamak)	**recevoir** (kabul etmek)	**valoir** (değerinde olmak)
je cueillerai	je recevrai	je vaudrai
tu cueilleras	tu recevras	tu vaudras
il cueillera	İl recevra	il vaudra
nous cueillerons	nous recevrons	nous vaudrons
vous cueillerez	vous recevrez	vous vaudrez
ils cueilleront	ils recevront	ils vaudront

Yukarıdaki fiillerle ilgili birçok örnek aşağıdaki cümlelerde görülmektedir:

Il s'est soigné, il ne mourra pas.   İyileşti, ölmeyecek.

Vous ne devrez pas aller avec lui.	Onunla gitmeye mecbur olmayacaksınız.
Il fera beau aujourd'hui.	Bugün hava güzel olacak.
Je ferai mon service militaire au mois d'Octobre.	Ben askerliğimi ekim ayında yapacağım.
Il pourra parler le français.	O, Fransızca konuşabilecek.
Angélique saura sa leçon.	Angélique dersini bilecek.
Nous voudrons visiter la ville.	Şehri ziyaret etmek isteyeceğiz.
Vous ne voudrez pas acheter cette robe.	Bu elbiseyi satın almak istemeyeceksiniz.
Les filles cueilleront des fleurs dans les prairies.	Kızlar çayırlarda çiçek toplayacaklar.

ALIŞTIRMALAR - 24

A. Aşağıdaki cümlelerde boş bırakılan ikinci grup fiillerin köklerine uygun **futur simple** (basit gelecek zaman) ekleri olan **ai-as-a-ons-ez-ont** ekleri getiriniz.

1. Les jeunes choisir..........des cadeaux pour leurs parents.
2. Le juge punir..........les contrebandiers.
3. L'étoile palir......cette nuit dans le ciel.
4. Finir.......- vous vos devoirs?
5. Nous choisir.......une chanson Anglaise pour écouter.
6. Il a commancé á neiger et toute la nature blanchir....
7. Tu travailles beaucoup je crois que tu réussir...........
8. Vous saisir..... une occasion cette fois.
9. Elles ne remplir.......pas leurs paniers.
10. Les mères avertir........les enfants.

1. ....
2. ....
3. ....
4. ....
5. ....
6. ....
7. ....
8. ....
9. ....
10. ....

B. Aşağıdaki cümlelerdeki fiilleri basit gelecek zaman **(futur simple)** kullanarak yanıtlayınız.

1. Est-ce que j'attends un train?
2. Entendez-vous les bruits des oiseaux?
3. Lis-tu un roman?
4. Lisons-nous le journal qu'il apporte?

1. ....
2. ....
3. ....
4. ....

5. **Mettez-vous vos robes?**
6. **Tient-il sa parole.**
7. **Meurent-ils de fatiguer?**
8. **Devons-nous se reposer ici.**
9. **Doivent-ils venir ce soir?**
10. **Puis-je voir les musées?**
11. **Pouvons-nous chanter une chansons?**
12. **Peuvent-ils jouer au jardin?**

5. ....
6. ....
7. ....
8. ....
9. ....
10. ....
11. ....
12. ....

C. Aşağıdaki cümleleri Fransızca'ya çeviriniz.

1. Öğrenciler zannederim sınavlarını başarabilecekler.
2. Benim için güzel bir hediye seçecek.
3. Gelecek yıl askerlik görevini yapacak.
4. İngilizce konuşabileceğiz.
5. Onlar kütüphaneyi ziyaret edecekler.
6. Bu arabayı satın almak istemeyeceğim.
7. Yarın hava güzel olmayacak.
8. Kızı geldi çok mutlu olacak.

1. ....
2. ....
3. ....
4. ....
5. ....
6. ....
7. ....
8. ....

LE PASSÉ COMPOSÉ - HABER KİPİNİN BİRLEŞİK GEÇMİŞ ZAMANI

Fransızca'da iki çeşit geçmiş zaman olduğuna **passé simple** (basit geçmiş zaman) konusu işlenirken değinilmişti. Bunlardan bir tanesi de **passé composé** (birleşik geçmiş zaman) zamanıdır. **Passé simple**'in konuşma dilinde kullanılmadığını, sadece yazı ve edebi dilde kullanıldığı açıklanmıştı. **Passé composé** ise konuşma dilinde ve yazı dilinde kullanılır.

Le passé composé (birleşik geçmiş zaman) geçmişte, tamamen sona eren bir olayın ya da şimdiki yani içinde bulunulan zamanla, herhangi bir duyarlılığı olan geçmişteki bir olayın dile getirilmesinde, gerek yazı ve gerek konuşma dilinde kullanılan bir zamandır.

Passé composé (haber kipinin birleşik dili geçmiş zamanı) birleşik zaman olması nedeniyle mutlaka bir başka yardımcı fiil ile oluşmaktadır. Fransızcada **passé composé** çekiminde yardımcı olan iki fiil vardır. Bu fiiller **avoir** (sahip olmak), **étre** (olmak) fiilleridir.

birinci grup fiillerde **passé composé**

Birinci grup (sonu **-er** ile biten) fiillerde **passé composé** (geçmiş zaman) için şu özelliklerin yerine gelmesi gerekir.

Önce geçmiş zamanı çekilecek birinci grup fiilin hangi yardımcı fiil (**avoir** ya da **être**) ile çekileceği tespit edilecek, sonra geçmiş zamanı çekilecek olan fiilin **participe passé** (geçmiş zaman ortacı) şekli alınacaktır.

Fransızca'da **tomber** (düşmek), **entrer** (girmek), **arriver** (varmak, ulaşmak), **monter** (çıkmak, yükselmek), **rester** (kalmak), **retourner** (dönmek, döndürmek), **rentrer** (dönmek) anlamına gelen birinci grup fiiller **passé composé**'lerinin çekiminde **être** yardımcı fiiliyle bu zamanlarını oluştururlar. Bu fiillerin dışındaki bütün birinci grup düzenli fiiller, (**pronominal** fiiller hariç) geçmiş zamanlarını **avoir** fiilinin yardımıyla yaparlar.

Bütün **pronominal** (çift zamirli) fiiller de **passé composé**'lerini **être** fiilinin yardımıyla yapmaları nedeniyle; çift zamirli birinci grup fiiller birleşik geçmiş zamanlarını (**passé composé**'lerini) **être** fiiliyle yaparlar.

Yukarıda belirtilen fiillerden başka bütün birinci grup fiillerin **passé composé**'leri avoir fiilinin yardımıyla yapılır. Bunun için birinci grup fiilin sonundaki **-r** harfi kaldırıldıktan sonra, kalan kısım alınır, sonundaki **-e** harfinin üzerine bir **accent aigu (é)** konulur, ortaya çıkan şekil birinci grup fiilin **participe passé**'sidir. Passé composé çekimi için önce **passé composé**'si çekilecek olan fiilin yardımcı fiilinin **présent de l'indicatif** zamanı çekilir, çekimin her kişisinin sonuna da **passé composé**'sini çekmek istediğimiz fiilin **participe passé** (geçmiş zaman ortacı) getirilir, böylece birinci grup fiillerden **avoir** fiilinin yardımıyla **passé composé** (geçmiş zamanı), çekilen fiillerin söz konusu zamanı oluşur. Aşağıdaki örnekte bu durum görülmektedir.

Manger (yemek) fiilinin örnek olarak alındığını kabul ettiğimizde iki öğeye gereksinim duyulmaktadır.

1. Fiilin **passé composé**'sinde hangi yardımcı fiilden yararlanılacağı,

2. Fiilin **participe passé**'sinin nasıl olduğunun bilinmesi gerekmektedir. Bu iki sorunun yanıtı yukarıdaki açıklamalara dikkat edildikten sonra kolaydır.

Fiilin söz konusu zamanı **avoir** fiiliyle oluşturulacaktır. **Participe passé**'si (geçmiş zaman ortacı) da birinci grup fiil olduğu için yukarıdaki açıklamalarda belirtildiği gibi **mangé**'dir. Bu açıklamalardan sonra **avoir** fiilinin yardımıyla **passé composé**'leri çekilecek olan fiillerin **passé composé** zamanlarının çekimi zor olmayacaktır.

j'ai mangé
tu as mangé
il a mangé
elle a mangé
nous avons mangé
vous avez mangé
ils ont mangé
elles ont mangé

Aşağıda **passé composé**'lerini **avoir** fiiliyle yapan birinci grup fiillerle ilgili örnek cümleler bulunmaktadır.

Nous avons répété les mêmes paroles avec eux.	Onlarla aynı sözleri tekrarladık.
Ils n'ont pas préparé leurs devoirs avant le repas.	Onlar yemekten önce ödevlerini hazırlamadılar.
Les oiseaux ont volé vers les montagnes.	Kuşlar dağlara doğru uçtular.
Tu as raconté une belle histoire.	Sen güzel bir öykü anlattın.
Elle a parlé de votre pays.	O kız senin ülkenden söz etti.
Nous n'avons pas aimé les films.	Filmleri sevmedik.
Vous n'avez pas rencontré notre professeur devant l'école.	Okulun önünde öğretmenimize rastlamadınız.
Il a passé ici à deux heures, il a acheté un journal et il a marché vite.	Saat ikide buradan geçti bir gazete satın aldı ve hızla yürüdü.
Le garçon a vu les billets au marché.	Erkek çocuk misketleri pazarda gördü.
Mon père n'a pas apporté de cadeau pour Metin.	Babam Metin için hediye getirmedi.
Le chanteur a chanté une chanson turque.	Sanatçı bir Türkçe şarkı söyledi.
Le paysan a coupé les branches du pommier.	Köylü elma ağacının dallarını budadı.
La mère a lavé ses enfants avant de les envoyer à l'école.	Anne çocuklarını okula göndermeden önce onları yıkadı.

Les touristes français ont visité
notre ville au mois de juillet.

Fransız turistler şehrimizi temmuz
ayında ziyaret ettiler.

Elles ont pensé à leurs enfants.

O kadınlar çocuklarını düşündüler.

Yukarıdaki cümlelerde fiiller **passé composé**'lerini **avoir** fiili ile yapan birinci grup fiillere birkaç örnek oluşturmaktadır.

Yukarıda açıklandığı gibi birinci grup fiillerden altı fiil **passé composé**'lerini **être** fiiliyle yaparlar. Bu fiiller, **passé composé**'leri çekilirken yardımcı fiil olarak **être** fiilini alır. Bunun için önce **être** fiilinin **présent de l'indicatif** (haber kipinin şimdiki zamanı) çekilir. Sonuna **passé composé**'si yapılacak fiilin **participe passé**'si (geçmiş zaman ortacı) getirilir. Böylece söz konusu fiillerin **passé composé** şekli oluşturulur.

Passé composé'sini **être** fiilinin yardımıyla yapan birinci grup fiillerden **(entrer, arriver, monter, rester, retourner, rentrer)** birisi örnek alındığında **passé composé** (geçmiş zaman) şekilleri şöyledir:

je suis monté
tu es monté
il est monté
elle est montée
nous sommes montés
vous êtes montés
ils sont montés
elles sont montées

Passé composé'lerini **être** fiilinin yardımıyla yapan fiillerin **participe passé**'leri (geçmiş zaman ortaçları) özneyle cins ve sayı bakımından uyuşurlar. Yani özne **féminin** ise **participe passé** de **féminin** olur. Bu durumda sonuna bir **(e)** harfi daha gelir. Eğer özne çoğulsa **participe passé** de çoğul olur. Bu durumda **participe passé e** harfinden sonra bir de **s** harfi alır. **Avoir** fiili ile **passé com- posé**'lerini yapan fiillerde bu durum söz konusu değildir.

Passé composé'lerini **être** fiilinin yardımıyla yapan birinci grup fiilleri kapsayan örnek cümleler aşağıda görülmektedir.

Nous sommes entrés à l'école,
le matin à huit heures.

Sabahleyin okula saat sekizde
girdik.

Il est monté sur le toit de la
maison.

O evin çatısına çıktı.

Elle est montée sur le trottoir.	O kız kaldırımın üstüne çıktı.
L'homme n'est pas entré au bureau.	Adam büroya girmedi.
Les voyageurs sont restés à l'hôtel.	Yolcular otelde kaldılar.
Le train est arrivé à la gare, le matin à sept heures et demie.	Tren sabahleyin saat yedi buçukta gara vardı.
La voiture est arrivée à Istanbul à dix heures moins le quart.	Araba İstanbul'a saat ona çeyrek kala vardı.
Combien de jours est-ce que les étrangères sont restées dans cette ville?	Yabancılar bu şehirde kaç gün kaldılar?
Les élèves sont rentrés à leur école, le premier jour de septembre.	Öğrenciler okula eylülün birinci günü döndüler.
Les poules sont retournées, elles sont restées au jardin depuis le matin.	Tavuklar dönmüşler sabahtan beri bahçede kalmışlar.

Yukarıda belirtilen fiillerden başka bütün çift zamirli birinci grup fiiller **passé composé**'lerini **être** fiilinin yardımıyla çekerler. Çift zamirli bütün fiiller **passé composé**'lerini **être** fiilinin yardımıyla yaptıkları için önce fiilin her iki zamiri yazılır. Sonra yardımcı fiil ve daha sonra **passé composé** (geçmiş zamanı) çekilecek olan fiilin **participe passé** (geçmiş zaman ortacı) getirilir. Burada da yardımcı fiil **être** olduğu için **participe passé** cins ve sayı bakımından özneyle uyuşur.

Bunun için **se réveiller** (uyanmak) fiilini örnek olarak aldığımızda aşağıdaki çekim ortaya çıkar.

  je me suis réveillé
  tu t'es réveillé
  il s'est réveillé
  elle s'est réveillée
  nous nous sommes réveillés
  vous vous êtes réveillés
  ils se sont réveillés
  elles se sont réveillées

Les enfants se sont couchés à huit heures moins le quart.	Çocuklar saat sekize çeyrek kala yattılar.

Mireille s'est réveillée tôt le matin.	Mireille sabahleyin erken uyandı.
Je me suis levé retard, je ne me sens pas bien, est-ce que je suis malade?	Geç kalktım, kendimi iyi hissetmiyorum yoksa hasta mıyım?
Les femmes se sont brossés les cheveux avant de sortir de la maison.	Kadınlar evden çıkmadan önce saçlarını fırçaladılar.
Il s'est habillé et il est parti dans la rue.	Giyindi ve sokağa hareket etti.
Ma fille s'est peignée, elle a pris sa serviette et elle est allée à l'école avec mon fils.	Kızım saçını taradı, çantasını aldı ve oğlum ile birlikte okula gitti.
Ils se sont promenés au bord de la mer.	Onlar deniz kenarında gezindiler.
Nous nous sommes occupés à lire des livres pendant le voyage.	Yolculuk sırasında kitap okumakla vakit geçirdik.

ikinci grup fiillerde **passé composé**

İkinci grup **(-ir)** mastar takısıyla biten fiillerde **passé composé** (geçmiş zaman) birinci grup fiillerdeki geçerli olan kurala göre yapılmaktadır. Ancak birinci grup fiillerin mastar takıları **-er** olduğu için **-r** harfinin kaldırılmasından sonra geçmiş zaman ortacı **(participe passé) é** harfinin üzerine **accent** ekleyerek yapılmaktaydı. İkinci grup fiillerde ise geçmiş zaman ortacı **(participe passé)** fiilinin mastarının sonundaki **-r** harfini kaldırdıktan sonra geriye kalan kısımdan ibarettir.

Örneğin;

Finir (bitirmek) fiilinin **passé composé** (geçmiş zaman) şeklinin çekimi için daha önceden açıklanmış olduğu gibi önce bu fiilin hangi yardımcı fiille çekileceği ve **participe passé**'si gerekli olmaktadır.

İkinci grup fiillerin, çift zamirli fiillerin dışında hepsi **passé composé**'lerini **avoir** fiiliyle yapmaktadırlar. **Venir, sortir, partir, mourir,** gibi fiillerin her ne kadar mastar takıları ikinci grup fiiller gibi bitmesine rağmen bu fiiller ikinci grup değildir, sonları **-ir** takısıyla biten üçüncü grup fiillerdir.

Finir (bitirmek) fiilinin **participe passé**'si **(fini)** ve **avoir** fiiliyle **passé composé**'sini yapacağına göre ikinci grup fiillerin (çift zamirliler hariç) haber kipinin birleşik geçmiş zamanı **(passé composé)** şekli aşağıdaki gibidir.

J'ai fini
Tu as fini
Il a fini
Elle a fini
Nous avons fini
Vous avez fini
Ils ont fini
Elles ont fini

Il a fini son devoir une heure et demie avant le déjeuner.	O ödevini yemekten önce saat bir buçukta bitirdi.
Les élèves ont réussi leurs examens, ont le droit de partir en vacance.	Öğrenciler sınavlarını başardılar, **ils** tatile gitme haklarına sahiptirler.
Filiz n'a pas sali ses chaussures.	Filiz ayakkabılarını kirletmemiş.
La petite Mireille a bien blanchi les linges, elle le a bien lavé.	Küçük Mireille çamaşırları iyi beyazlattı, o onları güzel yıkadı.
La neige a blanchi la terre, toute la nature est comme une couverture blanche.	Kar yeri beyazlattı, tüm doğa sanki beyaz bir örtü gibi.
Les fruits ont jauni sous la chaleur de la saison d'été.	Meyveler yaz mevsimi sıcağının altında sarardılar.
Le juge a puni le voleur.	Hâkim hırsızı cezalandırdı.

İkinci grup fiillerin hepsi **passé composé**'lerini çift zamirli fiiller hariç **avoir** fiilinin yardımıyla yapar. İkinci grup çift zamirliler ise belirtildiği gibi **être** fiilinin yardımıyla **passé composé**'lerini yaparlar. **Participe passé** şekilleri yine aynı kurala göre alınmakta ve birinci grup çift zamirli fiiller gibi çekilmektedirler. **Se réunir** (bir araya toplanmak) fiilini örnek olarak alırsak, **passé composé** zamanı aşağıdaki gibidir.

je me suis réuni
tu t'es réuni
il s'est réuni
elle s'est réunie
nous nous sommes réunis
vous vous êtes réunis
ils se sont réunis
elles se sont réunies

üçüncü grup fiillerde passé composé

Üçüncü grup fiillerden **venir** (gelmek), **sortir** (dışarı çıkmak), **partir** (hareket etmek), **descendre** (inmek), **mourir** (ölmek), **naitre** (doğmak) ve düzensiz **aller** (gitmek) gibi **être** fiiliyle **passé composé**'lerini yapan fiillerle üçüncü grup çift zamirli fiillerin dışındaki bütün üçüncü grup fiiller **passé composé** (haber kipinin birleşik geçmiş) zamanlarını **avoir** fiilinin yardımıyla çekerler. Bunun için **passé composé**'leri çekilecek olan fiillerin **participe passé**'lerini bilmek gerekmektedir. Zira üçüncü grup fiillerin **participe passé**'leri için birinci ve ikinci grup fiiller gibi belli bir kural yoktur. Sadece bu gruba giren ve ortak benzerlikleri dolayısıyla aralarında bölükler oluşturan bir kısım fiillerin **participe passé**'leri birbirine benzerler.

Mastar takıları **sortir**, **partir**, **sentir** gibi **-ir** ile biten bir kısım fiillerin **participe passé**'leri sonlarındaki **-r** harfinin kaldırılması sonucu oluşur.

Venir (gelmek) fiiliyle bu fiile benzer fiillerin **participe passé**'leri ise **(venu)** şeklinde yazılmaktadır.

Sonları **entendre**, **attendre**, **répondre**, **vendre** gibi **-dre** mastar takılarıyla biten fiillerin **participe passé**'leri ise söz konusu bu fiillerin sonlarındaki **-dre** takısının kaldırılarak yerlerine **-du** takısının getirilmesiyle yapılır.

Üçüncü grup fiillerden bir kısmının **participe passé**'leri aşağıda belirtilmiştir.

fiilin mastarı	anlamı	participe passé'si
venir	gelmek	venu
cueiller	koparmak	vueilli
boire	içmek	bu
lire	okumak	lu
devoir	mecbur olmak	du
vendre	satmak	vendu
faire	yapmak	fait
metre	koymak	mis
voir	görmek	vu
rompre	kırmak	rompu
connaître	tanımak	connu
croire	inanmak	cru
plaire	beğenisini kazanmak	clu
pouvoir	muktedir olmak	cu

savoir	bilmek	su
peindre	boyamak, betimlemek	peint
rire	gülmek	ri
naître	doğmak	né
conduire	kullanmak, götürmek	conduit
vouloir	istemek	voulu

Bunlardan başka **être** ve **avoir** fiilleri de **passé composé** zamanlarını **avoir** fiilinin yardımıyla yaparlar ve **être** fiilinin **participe passé**'si **(été) avoir** fiilinin **participe passé**'si ise **(eu)** dür.

Yukarıda yapılan örnek cümlelerde görüldüğü gibi sadece **être** fiilinin yardımıyla **passé composé** zamanlarını çeken fiillerin **participe passé**'leri özne ile uyuşurlar. **Avoir** fiiliyle geçmiş zamanını yapan fiillerin **participe passé**'leri özne ile uyuşmazlar.

Sadece fiilin **complément direct** olan nesnesi **participe passé**'den önce gelirse **avoir** fiiliyle çekilen **participe passé**'ler kendinden önce gelen **complément direct** ile uyuşurlar.

Est-ce que les chats ont mangé les poissons?
Oui ils les ont mangés.

Kediler balıkları yediler mi?

Evet onlar onları yediler.

Avez-vous vu Sophie?
Oui, je l'ai vue.

Sophie'yi gördünüz mü?
Evet, ben onu gördüm.

Est-ce que vous avez vu les fleurs blanches qui sont sur la table?
Oui, nous les avons vues sur la table.

Masanın üzerindeki beyaz çiçekleri gördünüz mü?

Evet, biz onları masanın üzerinde gördük.

As-tu pris la chemise rouge?
Non, je n'en ai pas pris.

Kırmızı bir gömlek aldın mı?
Hayır, ben onu almadım.

A-t-elle lu le journal?
Oui, elle l'a lu.

O kız gazete okudu mu?
Evet, o, onu okudu.

Est-ce qu'elle a acheté la robe?
Oui, elle l'a achetée.

O, elbise satın aldı mı?
Evet, o onu satın aldı.

Est-ce qu'elles ont écouté les chansons?
Oui, ils les ont écoutées.

Onlar şarkılar dinlediler mi?

Evet, onlar onları dinlediler.

Yukarıdaki örnek cümlelerde görüldüğü gibi **complément direct** (düz tümleç) **participe passé**'den önce geldiği için **participe passé** ile cins ve sayı bakımından uyuşmuşlardır.

Passé composé (birleşik geçmiş zaman) ile ilgili örnek cümleler aşağıdaki örneklerde sunulmuştur. **Passé composé** zamanı **passé simple** gibi sınırlı bir zaman değildir. Hem yazı ve hem de konuşma dilinde kullanılabilir. Fransızcada en çok kullanılan bir geçmiş zamandır.

Avez-vous visité la ville monsieur?	Şehri gördünüz mü beyefendi?
Est-ce qu'ils ont voyagé par le train?	Trenle mi yolculuk ettiler?
Non, nous n'avons pas bien dormi dans la voiture, il faisait froid.	Hayır, arabanın içinde iyi uyumadık, hava soğuktu.
La fille a travaillé sa leçon avant de venir au cinéma.	Kız sinemaya gelmeden önce dersine çalıştı.
Georges n'est pas allé à Paris cette année.	Georges bu sene Paris'e gitmedi.
Nous nous sommes promenés dans la forêt de Fontainebleau.	Biz Fontainebleau ormanında gezinti yaptık.
Un Bon nombre de touristes ont visité notre pays cette été.	Bu yaz ülkemizi yeteri kadar turist ziyaret etti.
Ahmet est venu chez nous avec sa soeur.	Ahmet kız kardeşiyle bize geldi.
Le frère de Filiz est parti pour Ankara ce soir.	Filiz'in erkek kardeşi bu akşam Ankara'ya hareket etti.
Deux jeunes hommes sont allés vers la rue.	İki delikanlı sokağa doğru gittiler.
Ils n'ont pas préparé le repas.	Onlar yemeği hazırlamadılar.
Elles se sont réveillées le matin à six heures pour se lever tôt.	Onlar erken kalkmak için saat altıda uyandılar.
Je me suis brossé les dents.	Dişlerimi fırçaladım.

Il s'est lavé les mains avant de manger le repas.	Yemek yemeden önce ellerini yıkadı.
Vous vous êtes allés à Adana hier.	Dün Adana'ya gittiniz.
Les avions ont attérri à Esenboga.	Uçaklar Esenboğa'ya indiler.
Le bateau Marseille est entré au Port d'Istanbul.	Marsilya gemisi İstanbul Limanı'na girdi.

ALIŞTIRMALAR- 25

A. Aşağıdaki cümlelerde **participe passé**'lerden önceki boşluklara uygun yardımcı fiillerin çekimli hallerini yazarak cümleleri tamamlayınız.

Örnek: Je.......aimé ce livre.
J'ai aimé ce livre.

Vous............monté sur le toit
Vous êtes montés sur le toit.

1. **Vous** ....aimé ce film.
2. **Il**............................sorti de la boutique.
3. **Nous**............................entrés au magasin.
4. **Nous**........................acheté un cahier épais.
5. **Elles**........restées avec ses parents depuis deux ans.
6. **Ils**......................retournés de La France.
7. **Nous**.................entrés á l'école.
8. **Les voyageurs ne**..............pas montés sur le bateau.

1. ....
2. ....
3. ....
4. ....
5. ....
6. ....
7. ....
8. ....

B. Aşağıdaki cümleleri Türkçeye çeviriniz.

1. Il a fermé ses yeux avant qu'il avait parlé.
2. Elle a répété les mêmes paroles avec eux.
3. J'ai passé mon vacance á la ville où je suis né.

1. ....
2. ....
3. ....

4. Elles n'ont pas visité ce pays en hiver.
5. Ils n'ontpas préparé leurs affaires avantqu'ilssont partis pour la ville.
6. Il a fait froid.
7. Il n'avait pas eu de chance.
8. Nous n'avons pas eu besoin de fruits.
9. Vous n'avez pas eu chaud il a fait beau.
10. Vous avez été heureux cette année.

4. ....
5. ....
6. ....
7. ....
8. ....
9. ....
10. ....

C. Aşağıdaki Türkçe cümleleri Fransızcaya çeviriniz.

1. Sabahleyin saat yedide uyandık.
2. Kızkardeşim saat sekizde
3. Onlar geç kalkmadılar.
4. Misafirler orman kenarında gezindiler.
5. Siz burada yokken okumakla meşgul oldum.
6. Gitmeden önce kadınlar saçlarını fırçaladılar.
7. Hakim hırsızı cezalandırdı.
8. Mireille çamaşırı güzel yıkadı ve onu beyazlattı.
9. Ödevlerimizi bitirdik ve TV izlemeye başladık.
10. Çok çalıştılar ve sınavları başardılar.
11. Sizi hep uyardık ama bizi dinlemediniz.
12. Siz burada toplandınız fakat arkadaşları görmediniz.

1. ....
2. ....
3. ....
4. ....
5. ....
6. ....
7. ....
8. ....
9. ....
10. ....
11. ....
12. ....

D. Aşağıdaki 3. grup fiillerin geçmiş zaman ortaçlarını -**participe passée**'lerini yazınız.

1. Venir.
2. Cueillir.
3. Boire.
4. Lire.
5. Devoir.
6. Vendre.
7. Faire.
8. Metre.
9. Voir.

1. ....
2. ....
3. ....
4. ....
5. ....
6. ....
7. ....
8. ....
9. ....

10. **Rompre.**　　　　　　　　10. ....
11. **Connaitre.**　　　　　　　11. ....
12. **Croire.**　　　　　　　　　12. ....
13. **Plaire.**　　　　　　　　　13. ....
14. **Pouvoir.**　　　　　　　　14. ....
15. **Savoir.**　　　　　　　　　15. ....
16. **Peindre.**　　　　　　　　16. ....
17. **Rire.**　　　　　　　　　　17. ....
18. **Naître.**　　　　　　　　　18. ....
19. **Conduire.**　　　　　　　　19. ....
20. **Valoir.**　　　　　　　　　20. ....

E. Aşağıdaki tabloda **avoir** ve **être** yardımcı fiillerinin **passé composé**-dili geçmiş zamanlarının eksik bırakılan kısımlarını doldurunuz.

1. Vous.........................été content.　　　1. ....
2. Je..............................eu de la chance.　　　2. ....
3. Ils ne..................pas eu besoin de nous.　　　3. ....
4. Nous.................été malade au mois dernier.　　　4. ....
5. Elles..........été heureuse quand elles nous avaient vus.　　　5. ....
6. Tu..................eu chaud, il a fait chaud.　　　6. ....
7. Il ....été obligé de quitter le bureau.　　　7. ....
8. Elle ne...............pas eu mal au bras.　　　8. ....

LE PLUS-QUE-PARFAIT - BİRLEŞİK GEÇMİŞ ZAMANIN HİKAYESİ

Plus que parfait bir iş ve oluşun geçmişte yapıldığını belirtmekle birlikte aynı zamanda bu iş ve oluşun geçmişte yapılarak tamamen bittiğini belirtir. Bu zamana pratik olarak geçmişin geçmiş zamanı denilebilir.

birinci grup fiillerde plus-que-parfait

Birinci grup, mastar takıları **-er** ile biten fiillerin **plus-que-parfait** zamanlarının yapılması şu temellere dayanır.

Bu zaman için fiillerin daha önce belirtilen **passé composé** (birleşik geçmiş zaman) şeklinden yararlanılır. **Passé composé** zamanındaki yardımcı fiilin **imparfait** olarak yazıldığı takdirde birinci grup fiillerde **plus-que-parfait** zamanı kendiliğinden oluşacaktır.

Örneğin **toucher** (dokunmak) fiilinin **plus-que-parfait** zamanı için hemen **passé composé** şekli olan

j'ai touché
tu as touché
il a touché
elle a touché

nous avons touché
vous avez touché
ils ont touché
elles ont touché

çekimi hatırlanmalıdır. Yukarıdaki çekimde yardımcı fiil **avoir** şimdiki zamandır. Böylece görülen çekim **toucher** fiilinin geçmiş zamanını oluşturmaktadır.

Ancak **plus-que-parfait** yapmak istendiğinde fiil (yardımcı) şimdiki zaman değil **imparfait** olacaktır. Bu durumda aynı fiilin **(toucher)** söz konusu zamanı şöyle olacaktır.

j'avais touché
tu avais touché
il avait touché
elle avait touché

nous avions touché
vous aviez touché
ils avaient touché
elles avaient touché

Passé composé'lerini **être** fiiliyle yapan **entrer, arriver, monter, rester, retourner, tomber, rentrer** gibi birinci grup fiillerle, birinci grup çift zamirli fiiller **passé composé** zamanlarında **être** fiilinin yardımıyla oluşturdukları için; **plus que-parfait** zamanlarında da yardımcı fiil olarak **être** fiilini alacaklardır. Dolayısıyla **plus-que-parfait**'lerini meydana getirirken de **être** fiilinin **imparfait** zamanıyla söz konusu zamanı oluşturacaklardır.

j'étais arrivé
tu étais arrivé
il était arrivé
elle était arrivée

nous étions arrivés
vous étiez arrivés
ils étaient arrivés
elles étaient arrivées

Birinci grup fiillerde **plus-que-parfait** zamanıyla yapılmış örnek cümleler aşağıda bulunmaktadır. Bunlar gözden geçirildiğinde **plus-que-parfait** zamanı daha kolay kavranılacak ve istenildiğinde söz konusu zamanı içeren cümleler rahatça kurulabilecektir.

Nous avions visité le musée, il faut que nous regardions le Bazar.   Müzeyi ziyaret etmiştik, Kapalıçarşı'ya bakmamız gerekir.

Les gens avaient passé ici, ils n'ont pas trouvé votre sac.	İnsanlar buraya uğramışlardı, onlar sizin çantanızı bulmadılar.
Il est à moi, j'avais acheté hier ce livre bleue.	O, bana aittir, bu mavi kitabı dün satın almıştım.
Daniel a réussi l'examen, parce qu'il avait bien travaillé.	Daniel sınavı başardı, çünkü o iyi çalışmıştı.
Il m'a rendu mon livre que je lui avais donné la semaine dernière.	O, kendisine geçen hafta vermiş olduğum kitabı bana iade etti.
Nous avions fermé la porte du jardin, les poules ne pouvaient pas y entrer.	Bahçenin kapısını kapatmıştık, tavuklar oraya giremezler.
Nous étions entrés à la maison à dix heures moins le quart.	Saat ona çeyrek kala eve girmiştik.
Le train était arrivé à Marseille, mais ses parents ne sont pas encore venus, il était triste.	Tren Marsilya'ya varmıştı, fakat onun ebeveynleri henüz gelmemişler, üzgündü.
L'enfant était monté à l'arbre il avait commencé à couper les pommes.	Çocuk ağaca çıkmıştı, elmaları koparmaya başlamıştı.
Nous étions restés deux années dans cette belle ville.	Bu güzel şehirde iki yıl kalmıştık.
Tu t'étais couché à sept heures le soir.	Akşamleyin saat yedide yatmıştın.
Ils s'étaient promenés avec ses amis.	O arkadaşlarıyla gezinmişti.

Mastar takıları **-er** ile bitmesine rağmen birinci grup fiil sayılmayan bu grubun **irrégulier** (düzensiz) fiili olan **aller** (gitmek) fiilinin **plus-que-parfait** zamanı aşağıdaki gibi çekilmektedir.

aller (gitmek)

j'étais allé
tu étais allé
ıl était allé
elle était allées
nous étions allés

vous étiez allés
ils étaient allés
elles étaient allées

Plus-que-parfait zamanı da bir birleşik zaman olduğu için, birleşik zamanlarını **être** fiiliyle yapan bütün fiillerin **participe passé**'leri özne ile cins ve sayı bakımından uyuşacakları için; **plus-que-parfait** zamanında **participe passé**'ler eğer yardımcı fiil **être** ise özne ile uyuşurlar.

ikinci grup fiillerde plus-que-parfait

İkinci grup, mastar takıları **-ir** ile biten fiillerin **plus-que-parfait** zamanları ise şu şekilde yapılmaktadır:
İkinci grup fiillerin **plus-que-parfait** zamanları için geçerli olan kural birinci grup fiillerinki ile tamamen aynıdır. Bu gruba giren fiillerin **passé composé** (haber kipinin birleşik geçmiş) zamanını bildikten sonra buradan hareket edilerek, söz konusu **plus-que-parfait** zamanı gerçekleştirilmiş olur. Zira **passé composé** zamanındaki yardımcı fiil şimdiki zaman, **plus-que-parfait** zamanında ise **imparfait** olacaktır.
Ancak **passé composé**'lerini **être** fiiliyle yapan ikinci grup fiiller ile çift zamirli fiillerin **plus-que-parfait**'lerinde **être** yardımcı fiilinin **imparfait** zamanından sonra **plus-que-parfait** zamanı çekilecek olan fiilin **participe passé** (geçmiş zaman ortacı) getirilerek bu zaman oluşur.

Örneğin **choisir** (seçmek) fiilini örnek olarak aldığımızda, bu fiilin **passé composé** zamanı olan

j'ai choisi   nous avons choisi
tu as choisi   vous avez choisi
il a choisi   ils ont choisi
elle a choisi   elles ont choisi

geçmiş zamanı görülmektedir. Burada fiilin **passé composé** zamanı çekildiği için yardımcı fiil şimdiki zamandır. Fakat **plus-que-parfait** yapılmak istendiğinde, fiilin yardımcı fiilinin zamanı, şimdiki zaman değil **imparfait** olacaktır. Böylece **choisir** fiilinin **plus-que-parfait** zamanı şu şekilde oluşacaktır.

j'avais choisi   nous avions choisi
tu avais choisi   vous aviez choisi
il avait choisi   ils avaient choisi
elle avait choisi   elles avaient choisi

Passé composé'lerini **être** fiiliyle yapan ikinci grup çift zamirli fiiller ile bu gruptan **passé composé**'lerini **être** fiiliyle yapan fiillerin **plus-que-parfait**'leri de yardımcı fiil **être** fiilinin **imparfait** zamanının yapılmasından sonra plus-que-parfait zamanı çekilecek olan fiilin **participe passé**'si getirilerek bu zaman oluşturulur. Her ne kadar çift zamirli fiillerin dışında **passé composé**'lerini **être** fiiliyle yapan ikinci grup fiil yoksa da; ikinci grup çift zamirli fiillerin **plus-que parfait** zamanlarını çekme olanağı mevcuttur.

Aşağıdaki tabloda bu konuda bir örnek görülmektedir.

Je m'étais réuni	Toplanmıştım.
Tu t'étais réuni	Toplanmıştın.
Il s'était réuni	Toplanmıştı.
Elle s'était réunie	Toplanmıştı.
Nous nous étions réunis	Toplanmıştık.
Vous vous éties réunis	Toplanmıştınız.
Ils s'étaient réunis	Toplanmışlardı.
Elles s'étaient réunies	Toplanmışlardı.

İkinci grup fiiller ile **plus-que-parfait** zamanını içeren örnek cümleler aşağıda bulunmaktadır. Bu cümlelerin, söz konusu zamanı pratik olarak kavramak için yararlı olacağı kaçınılmazdır.

Les ministres s'étaient réunis à Rome.   Bakanlar Roma'da toplanmışlardı.
J'avais beaucoup maigri quand j'étais malades.   Ben hasta olduğum zaman çok zayıflamıştım.
Vous vous étiez enfouis dans les foin.   Samanların içine gizlenmiştiniz.

üçüncü grup fiillerde **plus-que-parfait**

Üçüncü grup fiillerin tümü için şu genel kuraldan hareket edilerek **plus-que parfait** zamanları oluşturulur.
Üçüncü grup fiillerin hangi yardımcı fiil ile **passé composé**'lerini yapıyorlarsa, o yardımcı fiilin **imparfait** zamanı çekildikten sonra üçüncü grup fiilin **participe passé**'si getirilerek **plus-que-parfait** zamanı gerçekleştirilir.
Bu gruba giren çift zamirli fiiller ile **aller, venir, sortir, partir, descendre, mourir, naître,** fiillerinin **plus-que-parfait**'leri **être** fiiliyle diğerleri ise **avoir** fiiliyle yapılır.

Aşağıdaki örnek cümlelerde üçüncü grup fiillerin **plus-que-parfait** zamanlarıyla ilgili cümleler bulunmaktadır.

J'étais allé hier au cinéma.   Dün sinemaya gitmiştim.
Le garçon était sorti de l'école.   Çocuk okuldan çıkmıştı.

Nous n'avions pas vu les pigeons.	Biz güvercinleri görmemiştik.
Les étrangères avaient bu de l'eau.	Yabancılar su içmişlerdi.
Les voyageurs étaient partis pour Side.	Yolcular Side'ye hareket etmişlerdi.
Vous n'étiez pas sortis par la porte.	Siz kapıdan çıkmamıştınız.
Aviez-vous entendu les voix des étudiants?	Öğrencilerin seslerini duymuş muydunuz?
Le train était arrivé à la gare.	Tren istasyona ulaşmıştı.
Les élèves étaient allés à l'école.	Öğrenciler okula gitmişlerdi.
Mon père avait lu le journal du jour.	Babam günün gazetelerini okumuştu.
Ils nous avaient attendus dans cette ville.	Onlar bizi bu şehirde beklemişlerdi.
J'étais allé en France l'année dernière.	Geçen sene Fransa'ya gitmiştim.
J'avais voulu parler avec vous eur.	Beyefendi sizinle konuşmak monsi- istemiştim.
Quand tu m'a parlé de ton frère je l'avais connu.	Sen bana kardeşinden söz ettiğin zaman, ben onu tanımıştım.
Quand il est venu chez-nous, je lui ai donné ce cadeau.	O bize geldiği zaman ben ona bu hediyeyi vermiştim.

ALIŞTIRMALAR - 26

A. Aşağıdaki cümlelerin **Passé Composé** (dili geçmiş) zaman olan fiillerin zamanlarını **plus-que-parfait**'ye (Bileşik geçmiş zamanın hikayesi) dönüştürünüz.

Örnek: Georges a réussi l'examin   Georges avait réussi l'examin.

1. Il n'ont pas trouvé leur sac.
2. Vous avez visité la Mosquée Bleue.
3. Tu as acheté ce livre au mois dernier.
4. J'ai fermé la porte de la cuisine.
5. Nous sommes entrés ensemble au bureau de mon oncle.
6. Il n'est pas monté sur la table.
7. Elles ne sont pas restées dans cette ville.

1. ....
2. ....
3. ....
4. ....
5. ....
6. ....
7. ....

8. Je me suis couché à six heures du soir.
9. Nous ne sommes pas nous réveillés à une heure et demie.
10. Tu t'es promené parmis les arbres de cette forêt avec vos amis.

8. ....
9. ....
10. ....

B. Aşağıdaki cümleleri Fransızca'ya çeviriniz.

1. Gittiğimiz tren Marsilya'ya varmıştı.
2. Misafirler geldiklerinde sen yatmıştın.
3. Annem bu gazeteyi okumamıştı.
4. Dün arkadaşlarımızla futbol maçına gitmiştik.
5. Babamla buraya sizinle konuşmak için gelmiştim.
6. Fransız şair Charle Péguy 1.Dünya Savaşı'nda cephede ölmüştü.
7. Öğrenciler gürültülerini duymamışlardı.
8. Turistler Akdeniz'e hareket etmemişlerdi.
9. Geçen yıl Fransa'ya gitmişlerdi.
10. Sabahleyin saat yedide kalkmışlardı.

1. ....
2. ....
3. ....
4. ....
5. ....
6. ....
7. ....
8. ....
9. ....
10. ....

C. Fiilleri **plus-que** parfait yaparak aşağıdaki soruları yanıtlayınız.

1. Etais-je allé au cinéma? (Oui) ....
2. Etions-nous venus avec la voiture? (Non).....
3. Aviez-vous regardé le vase qui était sous la table? (Oui)...
4. Savez-vous que Max Jacop auteur français était mort au Camp de Drancy en 1944? (Oui).....
5. Jacques Décour écrivain français était-il fusilé en 1942? (Oui)....
6. Avait-il connu cet homme. (Non)......
7. Avaient-elles pensé la même chose avec vous? (Non)......
8. Avions-nous commencé à l'école avec lui? (Oui)......
9. Avait-il lu le journal? (Non) ....
10. Avais-tu entendu leur voix? (Oui)......

1. ....
2. ....
3. ....
4. ....
5. ....
6. ....
7. ....
8. ....
9. ....
10. ....

LE PASSÉ ANTÉRIEUR - ÖNCEKİ GEÇMİŞ ZAMAN

Le passé antérieur geçmişteki bir olayın yine geçmişteki bir başka olaydan önce belirtilmesinde kullanılır. Bu zamana da geçmişin geçmiş zamanı denilebilir. Ancak bu zaman modern Fransızca'da hemen hemen hiç kullanılmaz.

Le passé antérieur daha çok **quand**, **lorsque**, **des que** gibi zaman belirten bağlaçlardan sonraki yan cümleciklerde (**propositions subordonnées**) kullanılır. Ancak **le passé antérieur**'ün bazen bir temel cümlede (**proposition principale**) ya da bir bağımsız cümlede (**proposition indépendante**) kullanıldığı olur. Bu durumda fiile **bientôt**, **lente** vb. gibi zaman zarfları eşlik eder.

Le passé antérieur zamanı da yardımcı bir fiil ile çekilen birleşik bir zamandır. **Passé composé** zamanlarını **avoir** fiiliyle yapan fiillerin **passé antérieur**'leri ise **avoir** fiilinin yardımıyla yapılır. Ancak **passé antérieur** zamanının çekiminde yardımcı fiilin **passé simple** şeklinde olduğu ve çekilecek fiilin de **participe passé** (geçmiş zaman ortacı) getirilerek **passé antérieur** zamanının yapıldığı görülmektedir.

birinci grup fiillerde passé antérieur

Birinci grup fiillerden birleşik zamanlarını **être** fiiliyle yapan **entrer**, **arriver**, **monter**, **rester**, **retourner**, **rentrer** ve **tomber** fiilleri ile çift zamirli fiillerin dışındaki bütün fiiller birleşik zamanlarını **avoir** yardımcı fiiliyle yaptıkları için, bu fiillerin **passé antérieur** zamanlarını yaparken **avoir** fiilinin **passé simple**, bu zamanla çekilecek olan fiilin de **participe passé** (geçmiş zaman ortacı) şeklinin getirilmesiyle oluşturulur.

Aimer (sevmek) fiili örnek verilerek birinci grup fiillerinin **passé antérieur** zamanının çekimini görelim.

J'eus	aimé.	Sevmiş oldum.
Tu eus	aimé.	Sevmiş oldun.
Il eut	aimé.	Sevmiş oldu.
Elle eut	aimé.	Sevmiş oldu.
Nous eûmes	aimé.	Sevmiş olduk.
Vous eûtes	aimé.	Sevmiş oldunuz.
Ils eurént	aimé.	Sevmiş oldular.
Elles eurent	aimé.	Sevmiş oldular.

Yukarıdaki örnek fiilde görüldüğü gibi **passé antérieur** çekilişinde yardımcı fiilin **passé simple**, çekimi yapılacak olan fiilin de **participe passé** (geçmiş zaman ortacı) şeklinde yazıldığı görülmektedir.

Birleşik zamanlarını **être** fiilinin yardımıyla yapan bir kısım fiillerle çift zamirli fiillerin **passé antérieur** zamanlarında ise yardımcı fiil **être** fiili olduğu için bu fiilin **passé simple** zamanından sonra çekimi yapılacak fiilin **participe passé**'si getirilerek söz konusu zaman oluşturulur. Bu fiillerle ilgili bir örneği ise **rester** (kalmak) fiiliyle şu şekilde belirtilebilir.

Je fus	resté.	Kalmış oldum.
Tu fus	resté.	Kalmış oldun.
Il fut	resté.	Kalmış oldu.
Elle fut	restée.	Kalmış oldu.
Nous fûmes	restés.	Kalmış olduk.
Vous fûtes	restés.	Kalmış oldunuz.
Ils furent	restés.	Kalmış oldular.
Elles furent	restées.	Kalmış oldular.

Yardımcı fiili **être** fiili olan fiillerin **passé antérieur**'leri, yukarıdaki örnekte görüldüğü gibi **être** yardımcı fiilinin **passé simple** zamanı ve **passé antérieur** zamanı yapılacak olan fiilin ise **participe passé** şekli getirilerek yapılmıştır.

Çift zamirli fiillerin yardımcı fiili **être** fiili olduğu için bu fiillerin **passé antérieur** zamanı da şöyle olacaktır: **se lever** (kalkmak) fiilini örnek alacak olursak;

Je me fus	**levé.**	Kalkmış oldum.
Tu te fus	**levé.**	Kalkmış oldun.
Il se fut	**levé.**	Kalkmış oldu.
Elle se fut	**levée.**	Kalkmış oldu.
Nous nous fûmes	**levés.**	Kalkmış olduk.
Vous vous fûtes	**levés.**	Kalkmış oldunuz.
Ils se furent	**levés.**	Kalkmış oldular.
Elles se furent	**levées.**	Kalkmış oldular.

Birleşik zamanlarını **être** fiiliyle yapan fiillerin **participe passé**'leri özne ile cins ve sayı bakımından uyuşacakları için yukarıdaki örnek çekimlerinde **passé antérieur** zamanını **être** fiiliyle yapan **participe passé**'lerin özne ile hem cins ve hem de sayı bakımından uyuştukları görülmektedir.

Passé antérieur zamanı ile yapılmış örnek cümleler aşağıda görülmektedir. Bu örneklerde **passé antérieur** zamanının tanımında olduğu gibi zaman bildiren bağlaçlardan sonraki yan cümleciklerin kullanılışları bulunmaktadır. Bundan başka zaman zarflarıyla birlikte temel ve bağımsız cümlecikler kullanılışları da örnek cümlelerde bulunmaktadır. Bu cümleler sadece birinci grup fiilleri kapsamaktadır. Diğer grupla ilgili olanlar daha sonra verilecektir.

Ouand j'eus fermé la porte la leçon commença. Ben kapıyı kapattığım zaman ders başlamıştı.

Dès que les élèves furent entrés dans la coure, la cloche sonna.	Öğrenciler avludan içeri girer girmez zil çaldı.
Quand il fut arrivé à Ankara, leur parents y vinrent avec la voiture	O Ankara'ya vardığı zaman ebeveynleri arabayla oraya geldiler.
Quand on eut mangé le repas on parla avec les visiteurs.	Yemek yendikten sonra ziyaretçilerle konuşuldu.
Lorsque les hommes eurent travaillé sur le pont, les autos ne passèrent pas sur la route.	Adamlar köprünün üzerinde çalıştıkları zaman arabalar yolun üzerinden geçmediler.
Les paysans ramassèrent les noisettes quand il eut plu.	Köylüler yağmur yağınca fındıkları topladılar.
Nous nous fûmes promenés sur les gazons dès que nous eûmes eu congé.	İzin alır almaz çimenler üzerinde gezindik.
Ahmet commença à regarder la TV dès qu'il se fût rendu de l'école.	Ahmet okuldan döner dönmez televizyona bakmaya başladı.
Lors que les professeurs eurent donné les leçons, les élèves travaillèrent.	Öğretmenler ders verdikleri zaman öğrenciler çalıştılar.
Dès que le bateau fut entré au port les voyageurs montèrent sur le pont.	Gemi limana girer girmez, yolcular güvertenin üzerine çıktılar.
Lors qu'il eut eu chaud, les touristes vinrent à notre pays.	Havalar ısınınca turistler ülkemize geldiler.

ikinci grup fiillerde **passé antérieur**

İkinci grup fiillerde **passé antérieur** birinci grup fiillerdeki kurala bağlı kalarak yapılır. İkinci grup fiillerin **participe passé** (geçmiş zaman ortacı) şekli birinci grup fiillerden farklı olduğu için, birinci grup fiillerin **passé antérieur** zamanı ile ikinci grup fiillerinki arasındaki tek fark **participe passé**'lerden kaynaklanmaktadır. Bunun dışında başka bir fark yoktur. Zira **passé antérieur** için belirtilen kurallar sadece herhangi bir gruba özgü değil, bütün fiilleri ilgilendiren genel kurallardır. Buna rağmen, bu zaman açıklanırken, fiillerin gruplara ayrılarak anlatılmış olması daha net olarak öğrenilmesi gereksiniminden kaynaklanmaktadır.

Buna göre ikinci grup fiillerden **punir** (cezalandırmak) fiilinin örnek olarak alınmasından sonra, bu gruba giren fiillerin **passé antérieur**'leri aşağıdaki şemada görüldüğü gibi çekilir.

J'eus	puni.	Cezalanmış oldum.
Tu eus	puni.	Cezalanmış oldun.
Il eut	puni.	Cezalanmış oldu.
Elle eut	puni.	Cezalanmış oldu.
Nous eûmes	puni.	Cezalanmış olduk.
Vous eûtes	puni.	Cezalanmış oldunuz.
Ils eurent	puni.	Cezalanmış oldular.
Elles eurent	puni.	Cezalanmış oldular.

Görüldüğü gibi **passé antérieur**'ü yapılacak olan fiilin birinci grup fiillerde olduğu gibi **participe passé** şekli alınmış ve yardımcı fiilin **passé simple** ile çekilmiş şeklinin sonuna eklenmiştir. Böylece ikinci grup fiillerde birleşik zamanını **avoir** fiili ile yapan fiillerin **passé antérieur** zamanları çekilmiştir.

Birleşik zamanlarını ikinci grup fiillerde çift zamirli fiillerin dışında **être** fiiliyle yapan ikinci grup fiil bulunmadığı için, burada sadece ikinci grup çift zamirli fiillerden söz edilecektir. Hiçbir grup ayırımı yapılmadan bütün çift zamirli fiiller birleşik zamanlarını **être** fiiliyle yapacakları için ikinci grup çift zamirli fiillerin **passé antérieur** zamanları da **être** fiilinin **passé simple** zamanından sonra çift zamirli fiilin **participe passé**'sinin getirilmesiyle yapılır. Buna örnek olarak **se répentir** (pişman olmak) fiili alındığında, **passé antérieur** zamanı aşağıdaki şemada görüldüğü gibidir.

Çift zamirli fiillerin söz konusu zamanı **être** fiilinin yardımıyla yapılmış olmasından ötürü **participe passé** özne ile cins ve sayı bakımından uyuşur. Bu nedenle çoğul şahıslarda **participe passé** bir **(s)** ve öznenin **feminin** olması durumlarında da **participe passé** ayrıca bir **(e)** harfi daha alır.

Je me fus	repenti.	Pişman olmuş oldum.
Tu te fus	repenti.	Pişman olmuş oldun.
Il se fut	repenti.	Pişman olmuş oldu.
Elle se fut	repentie.	Pişman olmuş oldu.
Nous nous fûmes	repentis.	Pişman olmuş olduk.
Vous vous fûtes	repentis.	Pişman olmuş oldunuz.
Ils se furent	repentis.	Pişman olmuş oldular.
Elles se furent	repenties.	Pişman olmuş oldular.

İkinci grup fiillerin **passé antérieur** zamanlarını içeren örnek cümleler aşağıda bulunmaktadır. Bu cümlelerde söz konusu zamanın, zaman belirten bazı bağlaçlardan sonraki yan cümleciklerde ya da fiile eşlik eden zarfların içinde bulunduğu temel ve bağımsız cümleciklerde kullanıldığı görülmektedir.

Dès que nous eûmes fini notre devoir nous allâmes au cinéma.	Ödevimizi bitirir bitirmez sinemaya gittik.
Nous choisimes un cadeau lorsque vous eûtes réussi vos examens.	Siz sınavlarınızı başardığınız zaman bir hediye seçtik.
L'homme a pleuré quand le juge l'eut puni.	Hakim adamı cezalandırdığı zaman adam ağladı.
Mon père m'excusa lorsque je me fus repenti de ne pas porter mon manteau.	Paltomu giymediğime pişman olduğum zaman babam beni affetti.
Ma soeur fut heureuse quand j'eus choisi une robe pour elle.	Kendisi için bir elbise seçtiğimde kız kardeşim mutlu oldu.
Dès que l'enfant eut sali ses pieds sa mère les lava avec le savon.	Çocuk ayağını kirletir kirletmez annesi onları sabunla yıkadı.
La terre eut bientôt blanchi.	Az sonra yeryüzü beyazlaşmış oldu.
Les étrangères eurent choisi leurs places.	Yabancılar yerlerini seçmiş oldular.
Les étudiants eurent fini leurs leçons.	Öğrenciler derslerini bitirmiş oldular.
Les enfants eurent obéi à leurs professeurs.	Çocuklar öğretmenlerinin sözlerini dinlediler.

üçüncü grup fiillerde passé antérieur

Üçüncü grup fiillerin kurala dayalı **participe passé**'leri olmadığı için, bu gruba giren fiillerin **passé composé** zamanında gerekli olan **participe passé**'leri **passé antérieur** zamanı için de geçerlidir. **Participe passé**'lerin tespitinden sonra söz konusu zamanı yapmak çok kolaydır. Nitekim diğer gruplardaki yöntemin benzeri bu gruba giren fiiller için de uygulanır. Şöyle ki; **passé antérieur**'ü çekilecek olan üçüncü grup ya da düzensiz fiilin **participe passé** (geçmiş zaman ortacı) şekli alınır ve birleşik zamanı hangi yardımcı fiille yapılıyorsa, bu yardımcı fiilin **passé simple** (basit geçmiş) zamanından sonra getirilerek **passé antérieur** (önceki geçmiş) zamanı çekilmiş olur. **Passé composé** zamanı anlatılırken üçüncü grup fiillerin **participe passé** (geçmiş zaman ortaçları) şekilleri verildiği için ayrıca burada anlatılmayacaktır. Ancak üçüncü grup bir fiil diğer zamanlarda olduğu gibi örnek olarak çekilecektir.

Buna örnek olarak **entendre** (işitmek) fiili alındığında aşağıda görülen çekim oluşacaktır.

Entendre fiilinin **participe passé** şekli "**entendu**" ve yardımcı fiili de **avoir** olduğuna göre **passé antérieur** zamanı yukarıdaki açıklamada olduğu gibi şu şekildedir.

yardımcı fiil	participe passé	passé antérieur şekli
j'eus	entendu	j'eus entendu
tu eus	entendu	tu eus entendu
il eut	entendu	il eut entendu
nous eûmes	entendu	nous eûmes entendu
vous eûtes	entendu	vous eûtes entendu
ils eurent	entendu	ils eurent entendu

Birleşik zamanını **être** fiiliyle yapan üçüncü grup fiiller de çoktur denilebilir. Bu fiiller doğal olarak **passé antérieur** zamanlarını **être** fiilinin yardımıyla yapar. Bunlardan sadece birisi örnek olarak alındığında; **être** fiiliyle birleşik zamanlarını yapan fiillerin **participe passé**'leri özne ile cins ve sayı bakımından uyuşacakları için, **passé antérieur** zamanında yardımcı fiil **être** ise **participe passé** burada da özne ile aynı özellikleri nedeniyle uyuşacaktır.

Söz konusu fiiller için **sortir** (çıkmak) fiili örnek alındığında **passé antérieur** zamanı şu şekilde olacaktır.

yardımcı fiil	participe passé	passé antérieur şekli
je fus	sorti	je fus sorti
tu fus	sorti	tu fus sorti
il fut	sorti	il fut sorti
elle fut	sortie	elle fut sortie
nous fûmes	sortis	nous fûmes sortis
vous fûtes	sortis	vous futes sortis
ils furent	sortis	ils furent sortis
elles furent	sorties	elles furent sorties

Üçüncü grup fiillerin **passé antérieur** zamanlarıyla ilgili örnek cümleler aşağıda bulunmaktadır.

Dès que j'eus vu les voyageurs nous sommes sortis de la boutique.	Ben yolcuları görür görmez dükkândan çıktık.
Pierre et Philippe sont venus à l'école dès que la choche eut sonneé.	Pierre ve Philippe zil çalar çalmaz okula geldiler.
Lorsque mes camarades furent allés au cinéma je suis resté à la maison.	Arkadaşlarım sinemaya gittikleri zaman ben evde kaldım.
Dès que la pluie eut commencé les hommes sont entrés aux cafés.	Yağmur başlar başlamaz adamlar kahvelere doldular.
Lorsque le soleil se fut couché, les lampes de la rue ont éclairé les feñêtres de la maison.	Güneş batar batmaz sokak lambaları evin pencerelerini aydınlattılar.
Quand les enfants eurent entendu les voix de leurs mères, ils ont commencé à courir vers la maison.	Çocuklar annelerinin seslerini duydukları zaman eve doğru koşmaya başladılar.
Quand j'eus lu le journal, ma femme a préparé le repas.	Gazeteyi okuduğum zaman karım yemeği hazırladı.
Ils sont venus au village lorsqu'il eut fait chaud.	Hava sıcak olduğu zaman onlar köye geldiler.

ALIŞTIRMALAR - 27

A. Aşağıdaki cümlelerdeki fiillerin **passé antérieure** (önceki geçmiş zaman) olmaları için **avoir** yardımcı fiilinin (**eus- eut-eûmes-eûtes-eurent**) ekleriyle **être** yardımcı fiilinin (**fus- fut-fûmes-fûtes- furent**) eklerinden uygun olanları getirerek boşlukları doldurunuz.

Örnek. Je....fermé le livre.   J'eus fermé le livre.

1. Vous................. chanté une chanson.
2. Dés que le bateau............entré au port.

1. ....
2. ....

3. Ils ne……………pas doné leur cadeau.
4. Les ouvriers………..travaillé sur le pont.
5. Tu ne…………..… pas allé sans auto.
6. Nous………..restés deux jours à la ville.
7. ………………-vous fini vos affaires?
8. Elles………..venues hier à huit heures.
9. Lorsqu'il…….eu chaud il sortirent au dehors.
10. Elle………………..mangé son repas.
11. Je me………………levé à 7 heures.
12. Vous vous………….réveillés le matin.
13. Lorsqu'il ………..fini ses devoirs ils partirent pour la mer.
14. Elle ne……………pas choisi un cadeau pour sa soeur.
15. Les élèves obéi à…………….leurs parents.
16. Nous ne…………………pas entendu les bruits des feuilles.
17. Tu…………………lu le journal d'aujourd'hui.
18. Les professeurs………sortis de l'école quand la cloche sonnèrent.
19. Quand elles……………..venues au village.
20. Il…………..fait chaud.
21. Il………su qu'elle fût venue.

3. …………………………………………
4. …………………………………………
5. …………………………………………
6. …………………………………………
7. …………………………………………
8. …………………………………………
9. …………………………………………
10. …………………………………………
11. …………………………………………
12. …………………………………………
13. …………………………………………
14. …………………………………………
15. …………………………………………
16. …………………………………………
17. …………………………………………
18. …………………………………………
19. …………………………………………
20. …………………………………………
21. …………………………………………

B. Aşağıdaki cümleleri Türkçeye çeviriniz.

1. Vous eûtes regardé les images.
2. J'eus terminé mes devoirs.
3. Nous n'eûmes pas écouté la musique.
4. Tu n'eus pas choisi une réponse.
5. Elle eut entendu la voix de sa mère.
6. Ils eurent connu l'homme qui vient.

1. …………………………………………
2. …………………………………………
3. …………………………………………
4. …………………………………………
5. …………………………………………
6. …………………………………………

7. Elles ne furent pas allées au cinéma.
8. Vous fûtes entrés à la maison quand nous sortirent de la boutique.
9. Je fus parti pour l'école lorsque tu étais devant le magasin.
10. Nous ne fûmes pas venus encore une fois ici.

7. ....
8. ....
9. ....
10. ....

C. Aşağıdaki cümleleri Fransızca'ya çeviriniz.

1. Kapıyı kapattığım zaman ders başlamış oldu.
2. Öğrenciler avluya girmiş olur olmaz zil çaldı.
3. Yemekler yenmiş olunca ziyaretçilerle konuşuldu.
4. Yağmur yağmış olduğunda köylüler fındık topladılar.
5. Ahmet okuldan dönmüş olur olmaz TV izlemeye başladı.
6. Gemi limana girmiş olur olmaz yolcular güverteye çıktılar.
7. İzne çıkar çıkmaz çayırlar üzerinde gezinmiş olduk.
8. Hava sıcak olduğunda turistler ülkemize geldiler.

1. ....
2. ....
3. ....
4. ....
5. ....
6. ....
7. ....
8. ....

LE FUTUR ANTERIEUR - ÖNCEKİ GELECEK ZAMAN

Bundan önce gelecek zaman olarak **futur simple** (basit gelecek) zaman ve **aller** fiilinin yardımıyla yapılan **futur proche** (yakın gelecek) zamanı görmüştük. Bu iki gelecek zamanın dışında önceki gelecek zaman diye adlandırılan **futur antérieur**'ü göreceğiz.

Futur antérieur gelecekteki herhangi bir olaydan önce, gelecekte söz konusu olan bir olayı belirtir.

Bu zamanın yapılması için, diğer birleşik zamanlarda olduğu gibi önce fiilin **participe passé** şekli ve daha sonra yardımcı fiilin **futur simple** (basit gelecek) zamanı alınır. Buradan yardımcı fiili **avoir** olan fiillerin **futur antérieur**'leri **avoir** fiilinin **futur simple** zamanıyla; **être** fiilinin yardımıyla çekilen fiillerinki ise **être** fiilinin **futur simple** zamanıyla yapıldığı kuralına rağmen, diğer zamanları öğrenirken fiillerin ayrı ayrı gruplar halinde ele alındığı gibi, bu zamanı da öğrenirken her gruba giren fiillerin **futur antérieur**'leri ayrı ayrı işlenecektir.

birinci grup fiillerde futur antérieur

Birinci grup fiillerden birleşik zamanlarını **avoir** fiiliyle yapan fiillerin **participe passé**'leri alındıktan sonra, yardımcı fiilin **futur simple** zamanı çekilir ve **participe passé** yardımcı fiilin sonuna getirilerek birinci grup fiillerin **futur antérieur** zamanları oluşur.

Négliger (ihmal etmek) fiili örnek alındığında, birinci grup fiil olduğu için **participe passé** şekli **"négligé"**dir. Bu durumda:

yardımcı fiil	geçmiş zaman ortacı	önceki gelecek zaman
j'aurai	négligé	j'aurai négligé
tu auras	négligé	tu auras négligé
il aura	négligé	il aura négligé
elle aura	négligé	elle aura négligé
nous aurons	négligé	nous aurons négligé
vous aurez	négligé	vous aurez négligé
ils auront	négligé	ils auront négligé
elles auront	négligé	elles auront négligé

Burada **"négliger"** fiilinin **futur antérieur** zamanında fiilin birinci kişi (tekil) için anlamı "ben ihmal etmiş olacağım"dır. Diğer kişiler de buna göre "sen ihmal etmiş olacaksın, o ihmal etmiş olacak, vb." anlamlarına gelecektir.

Avoir yardımcı fiili ile **futur antérieur** zamanını yapan fiillerle ilgili örnek cümleler aşağıda görülmektedir. "Olmak" **(être)** yardımcı fiiliyle çekilen fiillerle ilgili örnek cümleler daha sonra verilecektir.

Quand les oiseaux auront volé sur la maison, les enfants joueront dans le jardin.

Kuşlar evin üzerinde uçtukları zaman çocuklar bahçede oyun oynayacaklar.

Nous acheterons des cadeaux quand nos amis auront changé de classe.

Arkadaşlarımız sınıfı geçtikleri zaman hediyeler satın alacağız.

Nous mangerons la soupe aussitôt que ma mère aura préparé le repas.

Annem yemeği hazırlar hazırlamaz çorbayı içeceğiz.

Je nagerai dans la mer quand le soleil aura brillé au bord de la mer.	Deniz kıyısında güneş parladığı zaman denizde yüzeceğim.
Nous visiterons la ville lorsque la pluie aura quitté les quartiers.	Yağmur mahalleleri terk edince şehri gezeceğiz.
Dès que la chanteuse suisse aura commencé à chanter, les spectateurs l'écouteront.	İsviçreli şarkıcı şarkı söylemeye başlar başlamaz seyirciler onu dinleyecekler.
Les voyageurs parleront avec la police quand ils auront passé devant le bureau de douane.	Gümrük bürosunun önüne geçtikleri zaman yolcular polisle konuşacaklardır.
Mon frère achetera une belle chemise quand il aura trouvé un magasin dans cette rue.	Bu sokakta bir mağaza bulduğu zaman kardeşim güzel bir gömlek satın alacaktır.
Ma mère te donnera un livre quand tu auras travaillé tes leçons.	Sen derslerine çalıştığın zaman annem sana bir kitap verecek.
Dès que j'aurai téléphoné à ma soeur elle décidera de venir chez ma tante.	Kız kardeşime ben telefon eder etmez o, teyzeme gelmeye karar verecektir.
Quand les touristes auront aimé notre pays ils reviendront encore l'année prochaine.	Turistler ülkemizi sevince, gelecek yıl da geleceklerdir.

Çift zamirli birinci grup fiillerle, **entrer** (girmek), **arriver** (varmak, ulaşmak), **tomber** (düşmek), **monter** (çıkmak), **rester** (kalmak), **retourner** (dönmek) ve **rentrer** (tekrar dönmek) gibi fiiller birleşik zamanlarını **être** fiiliyle yapmaktadırlar.

Aşağıda bununla ilgili olarak çift zamirli birinci grup bir fiilin **futur antérieur** zamanı görülmektedir.

Bunun için **se promener** (gezinmek) fiili örnek alındığında:

Je me serai promené.	Gezinmiş olacağım.
Tu te seras promené.	Gezinmiş olacaksın.
Il se sera promené.	Gezinmiş olacak.
Elle se sera promenée.	Gezinmiş olacak.
Nous nous serons promenés.	Gezinmiş olacağız.
Vous vous serez promenés.	Gezinmiş olacaksınız.
Ils se seront promenés.	Gezinmiş olacaklar.
Elles se seront promenées.	Gezinmiş olacaklar.

Çift zamirli birinci grup fiillerden başka, yukarıda belirtilen ve birleşik zamanlarını **être** fiili ile yapan bir kısım fiillerin **futur antérieur** zamanı için **rester** (kalmak) fiili örnek olarak alındığında aşağıdaki çekim ortaya çıkar.

Je serai resté.	Kalmış olacağım.
Tu seras resté.	Kalmış olacaksın.
Il sera resté.	Kalmış olacak.
Elle sera restée.	Kalmış olacak.
Nous serons restés.	Kalmış olacağız.
Vous serez restés.	Kalmış olacaksınız.
Ils seront restés.	Kalmış olacaklar.
Elles sèront restés.	Kalmış olacaklar.

Yukarıdaki her iki fiilin **futur antérieur** zamanlarının çekiminde görüldüğü gibi fiilin **participe passé**'leri (geçmiş zaman ortaçlar) özne ile cins ve sayı bakımından yardımcı fiil **être** fiili olduğu için uyuşmaktadır.

Aşağıdaki örnek cümlelerde **futur antérieur**'lerini **être** fiiliyle yapan birinci grup fiiller bulunmaktadır. Bir kısım cümlelerde çift zamirli **(pronominal)** fiiller de yer almaktadır.

Quand nous serons arrivés à Ankara il sera huit heures.	Ankara'ya vardığımız zaman saat sekiz olacak.
Les étudiants travailleront leurs leçons quand le professeur sera entré dans la classe.	Öğretmen sınıfa girince öğrenciler derslerine çalışacaktır.
Dès que le directeur sera entré à l'école la cloche sonnera.	Müdür okula girer girmez zil çalacak.
Lorsque la neige sera tombée, il fera froid.	Kar yağınca hava soğuk olacak.
Les feuilles voleront dans le jardin quand elles seront tombées sur la terre.	Yere düşünce yapraklar bahçede uçacaklardır.
L'oiseau s'envolera aussitôt que le chat sera monté sur l'arbre.	Kedi ağaca çıkar çıkmaz kuş uçacaktır.
Le matin, dès qu'ils se seront réveillés à sept heures, ils viendront à la gare.	Onlar sabahleyin saat yedide uyanır uyanmaz gara gelecekler.
Il fera beau lors que je me serai promené au Bosphore.	Boğazda gezeceğim zaman hava güzel olacak.

ikinci grup fiillerde futur antérieur

İkinci grup **(-ir)** fiillerin **futur antérieur** zamanları için uygulanan kural diğer gruptaki fiillerden farklı değildir. Nitekim bu gruba giren fiillerin de önce yardımcı fiilin **futur simple** zamanı, daha sonra **futur antérieur** zamanı çekilecek olan fiilin ise **participe passé** (geçmiş zaman ortacı) getirilir. Ancak burada **passé composé** zamanında olduğu gibi farklı olan **participe passé**'dir. Zira ikinci grup fiillerin **participe passé**'leri birinci grup fiillerinkinden farklı olmalarına rağmen hepsi de birbirine benzemektedir. İkinci grup fiillerin mastarlarının sonundaki **(-r)** harfinin kaldırılmasıyla oluşan şeklinin, bu fiillerin **participe passé**'leri olduğu önceden açıklanmıştı.

İkinci grup fiillerden çift zamirlilerin dışında, birleşik zamanlarını **être** fiili ile yapan fiil bulunmadığından, burada sadece **futur antérieur**'lerini **avoir** fiili ile yapan ikinci grup fiiller ve çift zamirli ikinci grup fiillerin **futur antérieur** zamanları gösterilecektir.

İkinci grup fiillerin **futur antérieur** zamanları için örnek olarak **Punir** (cezalandırmak) fiili alındığında aşağıdaki çekim tablosu oluşur.

J'aurai	puni.	Cezalandırmış olacağım.
Tu auras	puni.	Cezalandırmış olacaksın.
Il aura	puni.	Cezalandırmış olacak.
Elle aura	puni.	Cezalandırmış olacak.
Nous aurons	puni.	Cezalandırmış olacağız.
Vous aurez	puni.	Cezalandırmış olacaksınız.
Ils auront	puni.	Cezalandırmış olacaklar.
Elles auront	puni.	Cezalandırmış olacaklar.

İkinci grup çift zamirli fiillerin **futur antérieur** zamanları için aşağıda görülen çekim tablosu meydana gelir. Çift zamirli **(pronominaux)** fiiller birleşik zamanlarını **être** fiiliyle yaptıkları için bu fiillerin söz konusu zamanları **être** fiiliyle yapılır.

Bunun için **se réunir** (toplanmak) fiili örnek olarak alındığında aşağıdaki çekim tablosu görülür.

Je me serai	réuni.	Toplanmış olacağım.
Tu te seras	réuni.	Toplanmış olacaksın.
Il se sera	réuni.	Toplanmış olacak.
Elle se sera	réunie.	Toplanmış olacak.

Nous nous serons	réunis.	Toplanmış olacağız.
Vous vous serez	réunis.	Toplanmış olacaksınız.
Ils se seront	réunis.	Toplanmış olacaklar.
Elles se seront	réunies.	Toplanmış olacaklar.

Bu fiil de **être** yardımcı fiiliyle çekildiği için **participe passé**'ler özne ile cins ve sayı bakımından uyuşmuştur.

İkinci grup fiillerin **futur antérieur** zamanlarını kapsayan örnek cümleler ise aşağıda bulunmaktadır. Bu cümlelerde gerek çift zamirli ve gerek diğer ikinci grup fiillerin söz konusu zamanları bulunmaktadır.

Quand les élèves auront réussi leurs examens, ils recevront des cadeaux.	Öğrenciler sınavlarını başardıkları zaman hediyeler alacaklar.
Les élèves commenceront à travailler lorsque le professeur les aura punis pour leur paresse.	Öğretmen ders çalışmadıkları için öğrencileri cezalandırdığı zaman onlar çalışmaya başlayacaklardır.
Je serai très heureux quand mon père aura chosi un livre pour moi.	Babam benim için bir kitap seçtiği zaman çok mutlu olacağım.
Vous irez à Giresun dès que vous aurez réussi les examens.	Sınavları başarır başarmaz Giresun'a gideceksiniz.
Nous viendrons chez vous dès qu'il aura fini son devoir.	O, ödevini bitirir bitirmez size geleceğiz.
Quand ils auront pali de peur ils entreront dans la maison.	Korkudan benizleri atınca eve girecekler.
Nous couperons les raisins quand ils auront rougi en été.	Üzümler kızarınca yazın toplayacağız.
Vous viendrez aussi ici lorsque vous vous aurez regretté de rester ua camp.	Kampta kaldığınıza pişman olunca siz de buraya geleceksiniz.
Les parents aimeront leurs enfants quand ils auront obéi à leurs maitres.	Öğretmenlerine itaat edince çocukları ebeveynleri seveceklerdir.

üçüncü grup fiillerde **futur antérieur**

Üçüncü grup fiillerde de **futur antérieur** zamanının çekimi diğer gruptaki fiillerin çekimine benzemektedir. Ancak üçüncü gruba giren fiillerin **participe passé**'leri birbirlerine benzemedikleri için bu gruba giren fiillerin **participe passé**'lerini **passé composé** zamanında olduğu gibi bilmek gerekmektedir. Nitekim üçüncü grup fiillerden çeşitli yönleriyle aralarında benzerlikler bulunan bir kısım fiillerin **participe passé**'lerinin diğerlerinkinden farklı olduğunu daha önce görmüştük.

Üçüncü grup ya da düzensiz fiiller birleşik zamanlarını hangi yardımcı fiille yapıyorlarsa o yardımcı fiilin **futur simple** zamanından sonra **futur antérieur**'ü çekilecek olan fiilin **participe passé**'si getirilerek bu zaman oluşturulur.

Bunun için **"voir"** fiilini örnek olarak alalım ve **futur antérieur** zamanını aşağıdaki şemada görüldüğü gibi çekildiğine dikkat edelim.

J'aurai vu	Görmüş olacağım.
Tu auras vu	Görmüş olacaksın.
Il aura vu	O görmüş olacak.
Elle aura vu	O görmüş olacak.
Nous aurons vu	Biz görmüş olacağız.
Vous aurez vu	Siz görmüş olacaksınız.
Ils auront vu	Onlar görmüş olacaklar.
Elles auront vu	Onlar görmüş olacaklar.

Yukarıda üçüncü grup bir fiil olan **voir** (görmek) fiili birleşik zamanını **avoir** fiiliyle yaptığı için **futur antérieur**'ü de **avoir** fiiliyle çekilmiştir.

Aşağıdaki tabloda ise **futur antérieur**'ünü **être** fiilinin yardımıyla yapan örnek bir fiilin çekimi görülmektedir. Bunun için **sortir** (çıkmak) fiili örnek alınmıştır.

Je serai sorti.	Çıkmış olacağım.
Tu seras sorti.	Çıkmış olacaksın.
Il sera sorti.	Çıkmış olacak.
Elle sera sortie.	Çıkmış olacak.
Nous serons sortis.	Çıkmış olacağız.
Vous serez sortis.	Çıkmış olacaksınız.
Ils seront sortis.	Çıkmış olacaklar.
Elles seront sorties.	Çıkmış olacaklar.

Diğer grup fiillerde olduğu gibi **futur antérieur** zamanlarını **être** fiiliyle yapan fiillerin **participe passé**'leri cins ve sayı bakımından özne ile uyuşurlar.

Üçüncü grup ve düzensiz fiillerin **futur antérieur** zamanlarını kapsayan örnek cümleler aşağıda görülmektedir.

Dès que les oiseaux auront volé vers le Sud, l'hiver viendra.	Kuşlar güneye uçar uçmaz kış mevsimi gelecek.
Lors que les filles seront venues au magasin, elles n'acheteront pas les tricots.	Kızlar mağazaya geldikleri zaman kazakları satın almayacaklar.
La femme ira chez elle quand elle aura entendu la voix de son enfant.	Kadın çocuğunun sesini duyduğu zaman evine gidecektir.
Quand j'aurai voulu aller à Ankara j'irai en train.	Ankara'ya gitmek istediğim zaman trenle gideceğim.

ALIŞTIRMALAR - 28

A. Aşağıdaki cümlelerdeki boşluklara **avoir** yardımcı fiiliyle **future antérieure** (önceki gelecek) zamanını yapan fiillere özgü **aurai-auras- aura- aurons-aurez auront** çekimlerinden uygun olanları yazınız.

1. **Ils**..................passé devant la maison.
2. **Les oiseaux n'**.....pas volé sur les arbres.
3. **Nilgün**...............trouvé une boutique dans cette rue.
4. **Nous**.......................... parlé de vos souvenirs.
5. **Les étudiants**................. choisi leurs branches.
6. **Il**..........................réussi son examin.
7. **Vous**........................aimé cette fleur.
8. **Tu n'**.......................pas vu son oncle.
9. **J'**..................pris mes billetlts.
10. **Le professeur n'**.................pas puni les élèves.

1. ....
2. ....
3. ....
4. ....
5. ....
6. ....
7. ....
8. ....
9. ....
10. ....

B. Aşağıdaki cümleleri Fransızca'ya çeviriniz.

1. Sizi gördüğümüz zaman hava güzel olacak.
2. Evde olacağım zaman müzik dinleyeceğim.
3. Öğrenciler çok çalışırlarsa ödüller almış olacaklar.
4. Kuşlar Güneye uçar uçmaz kış gelmiş olacak.
5. Babam benim için bir kitap alınca siz de onu okumuş olacaksınız.
6. Bu roman kaybolunca onu okumuş olamayacaksınız.
7. Kuşu bulur bulmaz onu çok sevmiş olacağız.
8. Doktora gösterirsen kolundan rahatsız olmayacaksın.
9. O (kız) bu hediyeyi görünce inanıyorum ki onu çok sevmiş olacak.
10. O (erkek) ödevlerini ihmal ederse sınavları başaramamış olacaktır.

1. ....
2. ....
3. ....
4. ....
5. ....
6. ....
7. ....
8. ....
9. ....
10. ....

C. Aşağıdaki cümlelerdeki boşlukları **être** yardımcı fiiliyle **futur antérieur** (önceki gelecek) zamanını yapan fiillere özgü **serai- sera- serons- serez- seront** çekimlerinden uygun olanları yazınız.

1. je...................allé.
2. Ils ne......................pas tombés.
3. Nous......................sortis de la boutique.
4. Vous ne...................pas venus.
5. L'avion.............arrivé à İstanbul.
6. Elles....................parties.
7. Tu te..............promené.
8. Les gens se................levés à six heures.
9. Ils se ....réunis ici.
10. Je me.............réveillé à cette heures.

1. ....
2. ....
3. ....
4. ....
5. ....
6. ....
7. ....
8. ....
9. ....
10. ....

D. Aşağıdaki cümleleri Türkçeye çeviriniz.

1. Je n'aurai pas travaillé dès que mes amis seront venus.
2. Tu auras eu chaud quand il aura fait beau.
3. Les parents auront aimé leurs enfants quand ils auront obéi à lui.
4. Ils auront obéi à leur maître.
5. Il se sera levé sept heures si son frère se sera réveillé
6. Nous n'aurons pas pris nos billets car ils ne seront pas venus ici.
7. Vous ne serez pas allés à l'école demain.
8. Aujourd'hui il n'aura pas du rester à la maison parcequ'il aura fait beau.
9. Elles seront sorties de la banque si elles auront pu finir leurs affaires.

1. ....
2. ....
3. ....
4. ....
5. ....
6. ....
7. ....
8. ....
9. ....

LE CONDITIONNEL PRESENT - ŞART ŞİMDİKİ ZAMANI

Şart **(conditionnel)** kipinin herhangi bir şarta bağlı olan eylemleri belirttiği önceden kiplerin tanımı yapılırken açıklanmıştı. Ayrıca **conditionnel** kipi **"conditionnel présent"** ve **"conditionnel passé"** olmak üzere iki kısma ayrılmaktadır.

Conditionnel présent (şart şimdiki zamanı) şimdiki ya da gelecekte söz konusu olan bir eylemin, şimdiye ve geleceğe bağlı olarak belirtilmesini sağlayan bir zamandır.

Conditionnel présent birinci ve ikinci grup fiillerde mastarlarının sonuna aşağıdaki eklerin getirilmesiyle yapılır:

1. Tekil kişi için **-ais**
2. Tekil kişi için **-ais**
3. Tekil kişi için **-ait**

1. Çoğul kişi için **-ions**
2. Çoğul kişi için **-iez**
3. Çoğul kişi için **-aient**

Birinci grup fiillerin **conditionnel présent** zamanının çekimi için **regarder** (bakmak) fiili örnek alındığında aşağıda görüldüğü gibi bir çekim tablosu oluşur.

özne	mastar	zaman eki	şart şimdiki zamanı
je	regarder	-ais	je regarderais
tu	regarder	-ais	tu regarderais
il	regarder	-ait	il regarderait
elle	regarder	-ait	elle regarderait
nous	regarder	-ions	nous regarderions
vous	regarder	-iez	vous regarderiez
ils	regarder	-aient	ils regarderaient
elles	regarder	-aient	elles regarderaient

Birinci ve ikinci grup fiillerin **conditionnel présent** zamanlarının kolay kavranabilmesi için önce fiilin mastarının ve daha sonra fiilin kişisini, dolayısıyla söz konusu kişilere ait **conditionnel présent** zamanlarının ekini bilmek gerekir.

özne	mastar	zaman eki	şart şimdiki zamanı
je	choisir	-ais	je choisirais
tu	choisir	-ais	tu choisirais
il	choisir	-ait	il choisirait
elle	choisir	-ait	elle choisirait
nous	choisir	-ions	nous choisirions
vous	choisir	-iez	vous choisiriez
ils	choisir	-aient	ils choisiraient
elles	choisir	-aient	elles choisiraient

Yukarıdaki tablolarda gerek birinci ve gerek ikinci grup fiillerin **conditionnel présent** zamanlarında ve gerekse daha sonra açıklanacak üçüncü grup fiillerin aynı zamanlarında birinci tekil kişinin söyleniş biçimiyle **futur simple** zamanlarının söyleniş biçimi arasında değişiklik ayırt edilememektedir. Herhangi bir karışıklığa meydan vermemek için birinci tekil kişi **conditionnel présent** zamanından söz edildiğinde aynı zamanın birinci çoğul kişisini de vurgulamak gerekir. Cümle içinde zaten hangi zaman olduğu açıkça anlaşılmaktadır.

Aşağıdaki örnek cümlelerde **conditionnel présent** zamanının cümle içinde kullanılışları bulunmaktadır.

Vous donneriez la réponse aux questions du professeur.	Siz öğretmenin sorularına yanıt verecektiniz.
Je finirais mes devoirs et je parlerais avec mes amis devant la maison.	Ödevlerimi bitirecek ve arkadaşlarımla evin önünde konuşacaktım.
J'acheterais une chemise bleue.	Mavi bir gömlek satın alacaktım.
Ma soeur ne choisirait pas les fleurs.	Kız kardeşim çiçekleri seçmeyecekti.
Ils puniraient les élèves paresseux.	Onlar tembel öğrencileri cezalandıracaktı.
Il fermerait la porte de la boutique.	O, dükkânın kapısını kapatacaktı.
Vous montreriez une place pour les visiteurs.	Ziyaretçiler için bir yer gösterecektiniz.
Les enfants termineraient leurs travaux.	Çocuklar çalışmalarını bitirirlerdi.

Yukarıdaki cümlelerin Türkçe karşılıklarından anlaşılacağı gibi örnek cümlelerdeki **conditionnel présent** zamanındaki fiilleri "-cekti, -caktı, vb." biçiminde Türkçeye çevrildikleri görülmektedir. Ancak son örnek cümlede olduğu gibi "-ardım, -erdi, -lardı, vb." biçiminde de Türkçeye çevrilebilir.

Koşul (şart) belirten bağlaçla başlayan cümleciğin fiili **imparfait** olursa temel cümleciğin fiili ise **conditionnel présent** olur. Bununla ilgili örnek cümleler de aşağıda bulunmaktadır.

Si j'avais de l'argent j'acheterais une maison.	Param olsaydı bir ev satın alırdım.
Si vous fermiez la fenêtre, la poussière n'entrerait pas dans la maison.	Eğer pencereyi kapatsaydınız evin içine toz girmeyecekti.
Si les voyageurs avaient faim, ils finiraient leurs repas.	Eğer yolcular aç olsalardı yemeklerini bitirirlerdi.
Je parlerais espagnol si j'allais en Espagne cet été.	Bu yaz İspanya'ya gitseydim İspanyolca konuşurdum.

Si les élèves travaillaient bien, ils reussiraient les examens.

Eğer öğrenciler iyi çalışırlarsa sınavları başarırlardı.

Elle penserait à sa mère si elle ne recevait pas sa lettre.

Eğer onun mektubunu almasaydı annesini düşünürdü.

üçüncü grup fiillerde **conditionnel présent**

Birinci ve ikinci grup fiillerde **conditionnel présent**, mastarların sonuna bu zamanın eklerini getirmekle yapılıyordu. Fakat üçüncü grup fiillerle düzensiz **(irrégulier)** fiillerin **conditionnel présent** zamanı biraz daha farklıdır. Zaman ekleri değişmekle beraber bu ekler bazı üçüncü grup ve düzensiz fiillerin diğer gruplarda olduğu gibi mastarlarının sonuna gelerek adı geçen zamanı meydana getirirler. Bazı fiillerde ise fiilin belli bir kısmının ya da gövdesinin sonuna gelerek **conditionnel présent** zamanları oluşur. Ama bunların yanında bütün üçüncü grup ve düzensiz fiillerin **conditionnel présent** zamanları için kolay ve pratik olan bir yol vardır. **Futur simple** zamanını öğrenirken düzensiz ve üçüncü grup fiillerin hepsinin de gelecek zamanlarına değinilmişti. Bu zamandan yararlanarak üçüncü grup fiillerin **conditionnel présent** zamanlarını öğrenmek mümkündür. Bu gruba giren fiillerin **futur simple** eklerinin atılarak yerlerine her kişiye ait olan aşağıdaki **conditionnel présent** eklerinin getirilmesiyle yapılır.

Voir (görmek) fiili örnek olarak alındığında, bu fiilin **futur simple** zamanının **je verrai** (göreceğim) olduğu gelecek zaman konusunda belirtilmişti. Yukarıda yapılan açıklamaya göre "**voir**" fiilinin bu kişisine ait **futur** eki **-ai** olduğuna göre, ekin kaldırılmasıyla kalan kök "**verr-**" dir. Buna aynı zamanda fiilin **futur simple** kökü adı verilir. Kısaca başka bir tanımla, üçüncü ve düzensiz fiillerin **conditionnel présent** zamanlarını çekmek için söz konusu fiillerin **futur** köklerinin sonuna **conditionnel présent** eklerinin getirilmesiyle bu zaman oluşur. Bu çekim aşağıdaki tabloda şematik olarak görülmektedir.

zamir	gelecek zaman kökü	conditionnel présent zaman eki	conditionnel présent şekli
je	verr...	-ais	je verrais
tu	verr...	-ais	tu verrais
il	verr...	-ait	il verrait
elle	verr...	-ait	elle verrait
nous	verr...	-ions	nous verrions
vous	verr...	-iez	vous verriez
ils	verr...	-aient	ils verraient
elles	verr...	-aient	elles verraient

Aşağıda bazı üçüncü grup düzensiz fiillerin **conditionnel présent** zamanlarının çekimleri verilmiştir. Dikkat edildiğinde bunların çekimleri yukarıda yapılan açıklamalara uymaktadır.

aller (gitmek)	vouloir (istemek)
j'irais	je voudrais
tu irais	tu voudrais
il irait	il voudrait
elle irait	elle voudrait
nous irions	nous voudrions
vous iriez	vous voudriez
ils iraient	ils voudraient
elles iraient	elles voudraient

faire (yapmak)	mouvoir (kımıldatmak)
je ferais	je mouvrais
tu ferais	tu mouvrais
il ferait	il mouvrait
elle ferait	elle mouvrait
nous ferions	nous mouvrions
vous feriez	vous mouvriez
ils feraient	ils mouvraient
elles feraient	elles mouvraient

venir (gelmek)	recevoir (kabul etmek)
je viendrais	je recevrais
tu viendrais	tu recevrais
il viendrait	il recevrait
elle viendrait	elle recevrait
nous viendrions	nous recevrions
vous viendriez	vous recevriez
ils viendraient	ils recevraient
elles viendraient	elles recevraient

Savoir (bilmek)	pouvoir (muktedir olmak)
je saurais	je pourrais
tu saurais	tu pourrais
il saurait	il pourrait
elle saurait	elle pourrait
nous saurions	nous pourrions
vous sauriez	vous pourriez
ils sauraient	ils pourraient
elles sauraient	elles pourraient

dire (söylemek)	lire (okumak)
je dirais	je lirais
tu dirais	tu lirais
il dirait	il lirait
elle dirait	ella lirait
nous dirions	nous lirions
vous diriez	vous liriez
ils diraient	ils liraient
elles diraient	elles liraient

Nous serions heureux de votre joie.	Sevincinizden mutlu olurduk.
Nous travaillerions nos leçons ce soir.	Bu akşam derslerimize çalışacaktık.
Il jouerait à la balle devant le jardin.	Bahçenin önünde top oynayacaktı.
Elles voudraient parler français avec les étrangères.	O yabancılarla Fransızca konuşmak isterdi.
S'il faisait chaud nous nagerions dans la mer.	Hava sıcak olsaydı denizde yüzerdik.
Si j'étais le médecin je serais à l'hôpital.	Eğer doktor olsaydım hastanede olurdum.

Si vous vouliez nous irions à Ankara.	Siz isteseydiniz Ankara'ya giderdik.
Si mon ami venait ici, il tiendrait sa parole.	Eğer arkadaşım buraya gelseydi sözünü tutardı.
Si tu avais une auto tu partirais pour la Bursa.	Eğer araban olsaydı Bursa'ya hareket ederdin.
Nous nous promenerions aujourd'hui s'il faisait beau.	Hava güzel olsaydı bugün gezecektik.
Si je savais votre adresse je vous enverrais une lettre.	Eğer adresinizi bilseydim size bir mektup gönderecektim.

Yukarıdaki örnek cümlelerde üçüncü ve düzensiz fiillerin **conditionnel présent** zamanları bulunmaktadır. Bu cümlelerin daha çok koşul belirten **si** bağlacıyla başladığı ve bir kısmının da bir arzuyu, isteği belirten cümleler olduğu görülmektedir. Bir dileği ya da bir izni belirten durumlarda **pouvoir** (muktedir olmak) fiilinin **conditionnel présent** zamanının kullanıldığı ise şu örnek cümlelerle açıklanabilir.

Monsieur je voudrais aller au bureau de poste, pourriez-vous me montrer la route?	Beyefendi postaneye gitmek isterdim, bana yolu gösterebilir miydiniz?
Est-ce que tu pourrais venir avec moi?	Benimle gelebilir miydin?
Pourriez-vous me montrer la Mosquée Bleue?	Bana Sultanahmet Camiisi'ni gösterebilir miydiniz?
Pourraient-ils réussir leurs examens?	Sınavlarını başarabilirler miydi?

ALIŞTIRMALAR - 29

A. Aşağıdaki cümlelerde fiillerden sonra boş bırakılan yerlere **conditionel présent** (şart şimdiki zaman) zamanına özgü **ais- ait- ions-iez aient** takılarını yazınız.

Örnek: **Je regarder**.........**les collines de la montagne**.
      Je regarderais les collines de la montagne.

1. **Nous aimer**.........**nos voisins.**   1. ....

2. **Vous penser**..........**votre mère si elle ne vous téléphonait pas.**   2. ....

3. Ils ne punir......pas les enfants pour qu'ils ne viennent pas.
4. Les voyageurs rester.........ici jusqu' à demain.
5. J'acheter............une machine à lavage pour le cadeau.
6. Elle ne parler..............pas l'Anglais si elle apprenait Français.
7. Tu lui donner.............un bouquet de fleur.
8. Ton père finir............... son travaux.
9. Il choisir..................... sa chemise.
10. Les acteurs finir.........leurs rôles.

3. ....
4. ....
5. ....
6. ....
7. ....
8. ....
9. ....
10. ....

B. Aşağıdaki cümleleri Fransızca'ya çeviriniz.

1. Onlar arkadaşlarının sorularına yanıt vereceklerdi.
2. Çalışmalarınızı bitirecektiniz.
3. Param olsaydı bir ev satın alacaktım.
4. Öğrenciler iyi çalışırlarsa sınavları başaracaklardı.
5. Üşürsek pencereyi kapatacaktık.
6. Kalemin olsaydı yazacaktın.
7. Onun şansı olsaydı para kazanacaktı.
8. Turistler gelselerdi siz onlara yer gösterecektiniz

1. ....
2. ....
3. ....
4. ....
5. ....
6. ....
7. ....
8. ....

C. Aşağıdaki cümlelerde boş bırakılan yerlere parantez içindeki 3.grup fiillerin şart şimdiki zamanına(**conditionel présent**) uygun çekimleri yazınız.

1. Je...................... (voir) ma mère aujourd'hui.
2. Il............................. (aller) au café.
3. Si vous étiez le médecin vous...............(être) à l'hopital.
4. Si nous avions faim nous.............(vouloir) le repas.
5. Si les étudiants travaillaient, ils...........(venir) à l'école.
6. Vous....... (faire) un tour du monde si vous aviez de l'argent.
7. Tu croyais qu'il........... (savoir) son adresse.
8. Si elle avait le permis de conduire elle. (pouvoir) conduire l'auto.

1. ....
2. ....
3. ....
4. ....
5. ....
6. ....
7. ....
8. ....

9. Si votre frère avait un roman il................le (lire).
10. Mireille était riche elle.............(avoir) cette voiture.

9. ....
10. ....

D. Aşağıdaki Fransızca cümleleri Türkçeye çeviriniz.

1. Pourriez-vous me montrer le magasin de son ami?
2. Si je savais votre adresse je vous enverrais une lettre.
3. Si j'avais froid je mettrais mon manteau.
4. Mr.Pourriez-vous me dire où est le bureau de tourisme?
5. Si elle était ici, elle voudrait faire la connaissance avec vous.
6. Les visiteurs iraient à Ankara demain matin.
7. Si vous acceptez ce cadeau nous serions heureux.
8. Si tu ne voulais pas je ne dirais pas la même réponse.
9. S'il ne neigeait pas il ferait beau.
10. Il fesait beau lendemain nous nous promenerions dans le jardin.

1. ....
2. ....
3. ....
4. ....
5. ....
6. ....
7. ....
8. ....
9. ....
10. ....

LE CONDITIONNEL PASSÉ - ŞART GEÇMİŞ ZAMANI

Conditionnel passé (şart geçmiş) zamanı iki kısma ayrılır. Bunlardan birisi **conditionnel passé 1. ère forme** (şart geçmiş zamanı 1. şekli) ve diğeri de **conditionnel passé 2. ème forme** (şart geçmiş zamanı 2. şekil)dir. Her ikisi de **conditionnel passé** zamanını oluşturdukları için aşağıdaki oluş, iş ve hareketleri dile getirirler.

Conditionnel passé zamanları henüz gerçekleşmemiş bir koşula bağlı olan bir işi-hareketi ve eylemi dile getirmede kullanılan bir zamandır.

Conditionnel passé zamanı henüz gerçekleşmeyen bir koşula bağlı olan bir işi, oluşu ve hareketi açıkladıkları için herhangi bir özlem ve sitemi dile getirirler.

Conditionnel passé aynı zamanda geçmişle ilgili olan bir ünlemin dile getirilmesinde kullanılır.

Her iki **conditionnel passé** zamanlarının çekimleri anlatıldıktan sonra yukarıdaki açıklamalarla ilgili örnek cümleler verilecektir.

conditionnel passé 1.ère forme - şart geçmiş zamanı 1. şekli

Conditionnel passé 1.ère forme'un çekimi için yine diğer birleşik zamanlarda olduğu gibi iki önemli unsura gereksinme vardır. Bunlardan birisi yardımcı fiil, diğeri de söz konusu zamanı çekilecek olan fiilin **participe passé** şeklidir. Yardımcı fiil tıpkı diğer zamanlardaki gibi **avoir** fiili ile **être** fiilidir.

Yardımcı fiil olarak **avoir** fiilinden yararlanan fiillerin **conditionnel passé 1.ère forme** zamanlarını yapmak için yardımcı fiil **avoir**'ın; **être** fiili ile yapanlarda ise **être** fiilinin **conditionnel présent** zamanından sonra **conditionnel passé** zamanı çekilecek fiilin **participe passé** şekli getirilir. Böylece fiillerin **conditionnel passé 1.ère forme** (şart geçmiş zaman 1. şekil) zamanı çekilmiş olur.

Aşağıdaki tabloda bununla ilgili bir örnek çekim görülmektedir.

zamir	yardımcı fiil	participe passé	conditionnel passé 1.ère forme
je	aurais	terminé	j'aurais temriné
tu	aurais	terminé	tu aurais temriné
il	aurait	terminé	il aurait temriné
elle	aurait	terminé	elle aurait terminé
nous	aurions	terminé	nous aurions terminé
vous	auriez	terminé	vous auriez terminé
ils	auraient	terminé	ils auraient terminé
elles	auraient	terminé	elles auraient terminé

Yukarıdaki tabloda görülen yardımcı fiili **avoir** olan fiillerin **conditionnel passé I.ère forme** şekillerine örnek bir çekimdir. Yardımcı fiili **être** olan fiillerinkilerin çekimi ise aşağıdaki tabloda görülmektedir.

Bunun için yardımcı fiil olarak **être** fiilinden yararlanan **venir** (gelmek) fiilini örnek alalım. Diğer birleşik zamanlarda olduğu gibi **être** fiili ile çekilen fiillerin **participe passé**'ler özne ile cins ve sayı bakımından uyuşacakları için **participe passé**'ler çoğul kişilerde ve öznenin **féminin** olması durumlarında farklı olarak sonlarında **e** ya da **-es** ve **-s** harflerini almaktadır.

venir: gelmek

Je serais venu	Gelmiş olacaktım.
Tu serais venu	Gelmiş olacaktın.
Il serait venu	Gelmiş olacaktı.
Elle serait venue	Gelmiş olacaktı.
Nous serions venus	Gelmiş olacaktık.
Vous seriez venus	Gelmiş olacaktınız.
Ils seraient venus	Gelmiş olacaklardı.
Elles seraient venues	Gelmiş olacaklardı.

Le conditionnel passé 2.ème forme, yardımcı fiil **avoir** ise bu fiilin **eusse** şekli, eğer yardımcı fiil **être** ise bu fiilin fusse şeklinden sonra **participe passé** getirilerek yapılır. Ancak, bu zaman Fransızca'da konuşma dilinde pek kullanılmaz. Birer örnek verilecek olursa şu şekilde çekilecektir.

Avoir fiiliyle çekilen bir fiil olarak **voir** (bakmak) örnek olarak alındığında **conditionnel passé 2.ème forme** şu şekilde oluşur.

j'eusse vu	Görmüş olacaktım.
tu eusses vu	Görmüş olacaktın.
il eût vu	Görmüş olacaktı.
elle eût vu	Görmüş olacaktı.
nous eussions vu	Görmüş olacaktık.
vous eussiez vu	Görmüş olacaktınız.
ils eussent vu	Görmüş olacaktılar.
elles eussent vu	Görmüş olacaktılar.

"Olmak" **(être)** fiilinin yardımıyla **conditionnel passé 2.ème forme** zamanını çeken fiillere örnek olarak da **sortir** (çıkmak) fiilini örnek olarak alalım.

sortir: çıkmak

Je fusse sorti	Çıkmış olacaktım.
Tu fusses sorti	Çıkmış olacaktın.
Il fût sorti	Çıkmış olacaktı.
Elle fût sortie	Çıkmış olacaktı.
Nous fussions sortis	Çıkmış olacaktı.
Vous fussiez sortis	Çıkmış olacaktık.
Ils fussent sortis	Çıkmış olacaktınız.
Elles fussent sorties	Çıkmış olacaklardı.

Subjonctif kipini işlerken de göreceğimiz gibi **conditionnel passé 2.ème forme** zamanı ile **subjonctif plus-que-parfait** zamanının çekimi arasında hiçbir fark bulunmamaktadır.

Conditionnel passé zamanlarına özgü çekim kuralları çok belirgin olduğu için, gruplar ayrı ayrı ele alınarak bu zamanın çekimi anlatılmamış, bütün fiiller için geçerli genel kuralların anlatılmasıyla yetinilmiştir.

Si mon frère avait fait son devoir, il aurait joué au balon.	Eğer kardeşim ödevini bitirseydi, top oynamış olacaktı.
Si les élèves s'étaient levés tôt, ils auraient pris l'auto.	Eğer öğrenciler erken kalksalardı otobüse binmiş olacaklardı.
Si la neige avait couvert la terre, elle aurait eu une couleur blanche.	Eğer kar yeryüzünü kaplasaydı yeryüzü beyaz bir renge sahip olacaktı.
Si tu avais saisi l'occasion, tu aurais acheté une voiture.	Eğer sen fırsatı yakalasaydın, bir araba satın almış olacaktın.
Si vous aviez réussi les examens, nous vous aurions offert un cadeau.	Eğer siz sınavları başarsaydınız biz size bir hediye vermiş olacaktık.
Si le cheval avait mangé le foin, il ne serait pas allé dans le jardin.	Eğer at kuru otu yeseydi bahçeye gitmemiş olacaktı.

Bu örnek cümlelerin dışında konumuzun başında da belirttiğimiz gibi **conditionnel passé** gerçekleşmemiş bir koşula bağlı olan eylemin, işin, oluşun belirtilmesinde kullanılır. Bununla ilgili örnek cümleler şöyledir:

S'il avait fait froid aujourd'hui, j'aurais mis mon manteau.	Bugün hava soğuk olsaydı paltomu giymiş olacaktım.
S'il avait plu, nous aurions pris nos parapluies.	Yağmur yağmış olsaydı şemsiyelerimizi almış olacaktık.
Si le voyageur avait voulu se reposer à l'hôtel, il n'aurait pas dormi dans sa voiture.	Eğer yolcu otelde dinlenmek isteseydi, arabasının içinde uyumuş olmayacaktı.
Si le médecin était venu, le malade n'aurait pas mal au bras.	Eğer doktor gelseydi hasta kolundan rahatsız olmayacaktı.

Eğer cümle içinde şart sadece **si** bağlacıyla değil, herhangi bir cümlecikle belirtilirse **préposition principale**'in (temel cümle) fiili bu durumda da **conditionnel passé** olur.

J'ai travaillé avec ma soeur, sinon je n'aurais pas réussi mes examens.	Kız kardeşimle çalıştım, yoksa sınavlarımı başarmamış olacaktım.

Not: **Passé antérieur** zamanının 3. tekil kişilerinde yardımcı fiillerde **accent** almayan şekilleriyle **conditionnel passé 2.ème forme**'da aynı yardımcı fiillerin birbirine benzemesi sonucunda herhangi bir karışıklığa yol açmamak için **-u** harflerinin üzerine **accent cireconflexe** konmuştur.

ALIŞTIRMALAR - 30

A. Aşağıdaki fiilleri **Conditionel passé** (şart geçmiş zamanı) yapmak için noktalı yerlere uygun yardımcı fiilleri getiriniz.

1. Je....................terminé.
2. Tu....................fini.
3. Nous....................entrés.
4. Ils....................choisi.
5. Il....................fait.
6. Elle ....partie.
7. Vous....................parlé
8. Elles....................vu.
9. Je....................allé.
10. Tu....................venu.

1. ....
2. ....
3. ....
4. ....
5. ....
6. ....
7. ....
8. ....
9. ....
10. ....

B. Aşağıdaki cümleleri Türkçeye çeviriniz.

1. Ils auraient montré les films aux spéctateurs.
2. Les hommes n'auraient pas vu ceux qui étaient venus.
3. Si j'étais allé hier, je serais venu aujourd'hui.
4. Si les filles n'étaient pas venues, leurs mères n'auraient pas pu les trouver.
5. Tu étais très gentil, tu aurais respecté à lui.
6. J'étais très fatigué j'aurais du réussir.
7. Paul avait attendu depuis le matin, Pierre serait arrivé jusqu'à ce moment.
8. Quand serait-il allé?
9. Nous avions fait notre service militaire.
10. Si les élèves s'étaient levés à sept heures İls auraient pris leurs petits déjeuner.

1. ....
2. ....
3. ....
4. ....
5. ....
6. ....
7. ....
8. ....
9. ....
10. ....

C. Aşağıdaki cümleleri Fransızca'ya çeviriniz.

1. Hava güzel olsaydı onlar gezinti yapmış olacaklardı.
2. Sınavları başarsaydık bize bir hediye sunmuş olacaklardı.
3. Bugün hava sıcak olsaydı kazağımı giymemiş olacaktım.
4. Dün hava güzel olsaydı parka gidecektik.
5. Onlar size gelseydiler bugün burada olmayacaktınız.
6. Sizi görmeseydim arabayı durdurmayacaktım.
7. Yağmur yağmamış olsaydı, buraya girmemiş olacaklardı.
8. Ödevlerini bitirmiş olsalardı, ip atlamış olacaklardı.
9. O sinemaya gitmiş olsaydı, arkadaşını görmemiş olacaktı.
10. Gemi limana girmemiş olsaydı, yükleri almamış olacaktı.

1. ....
2. ....
3. ....
4. ....
5. ....
6. ....
7. ....
8. ....
9. ....
10. ....

D. Aşağıda karışık verilen sözcüklerden birer cümle oluşturunuz.

1. étaient/ parties/auraient/ maintenant/ été/elles/en Allemagne/si elles.
2. si Georges/ un peu/ d'argent/ il aurait/ avait/acheté/ cette maison
3. pouvait/ rire/ si elle/ un peu/ elle serait/ été heureuse.
4. son parapluie/il aurait/ s'il aurait/porté/ plut.
5. si j'aurais/cet homme/fait/ la connaissance/ aveclui/connu/j'aurais

1. ....
2. ....
3. ....
4. ....
5. ....

334

LE SUBJONCTIF PRESENT - DİLEK KİPİNİN ŞİMDİKİ ZAMANI

Le subjonctif présent (dilek kipinin şimdiki) zamanı herhangi bir işi, oluşu ve hareketi ve eylemi kesin değil de kuşkulu bir durumda gösteren bir zamandır. Ancak **subjonctif** kipi zaten bir isteği, arzuyu, dileği, kuşku ve üzüntüyü dile getirir. **Subjonctif**'in diğer zamanlarında olduğu gibi **subjonctif présent** zamanında da fiilin şahıs zamirlerinden önce iki cümleciği birbirine bağlamakla görevli olan **"que"** bağlacı getirilir. **Le subjonctif présent** genellikle esas bir fiile bağlı olarak yan cümleciklerde kullanılır.

Subjonctif présent zamanı her grup fiil için ayrı ayrı çekimlere sahip olduğu için, birinci, ikinci ve üçüncü grup fiiller ayrı ayrı ele alınarak inceleneceklerdir.

birinci grup fiillerde subjonctif présent

Birinci grup (sonları **-er** ile biten) fiillerin **subjonctif présent** zamanlarını çekerken bu fiillerin mastarlarının sonlarındaki **-er** takısı kaldırıldıktan sonra kalan kısmın sonuna aşağıdaki **subjonctif présent** ekleri getirilerek yapılır. Bu ekler şunlardır:

1. tekil kişi için **-e**
2. tekil kişi için **-es**
3. tekil kişi için **-e**

1. çoğul kişi için **-ions**
2. çoğul kişi için **-iez**
3. çoğul kişi için **-ent**

Bunun için birinci grup bir fiil olan **porter** (taşımak) fiili örnek alındığında aşağıdaki çekim tablosu ortaya çıkar.

özne	fiil kökü	zaman eki	subjonctif présent
je	port	-e	que je porte
tu	port	-es	que tu portes
il	port	-e	qu'il porte
elle	port	-e	qu'elle porte
nous	port	-ions	que nous portions
vous	port	-iez	que vous portiez
ils	port	-ent	qu'ils portent
elles	port	-ent	qu'elles portent

Aşağıdaki örnek cümlelerde **subjonctif présent** zamanının cümle içinde kullanılışları görülmektedir. Bu cümlelerde sadece birinci grup fiillerin söz konusu zamanı verilmiştir. Diğer gruplarla ilgili cümleler ise bu grupların **subjonctif présent** zamanları açıklanırken verilecektir.

Subjonctif présent zamanıyla ilgili örnek cümleler verilmeden bu zamanla ilgili şu önemli kuralların bilinmesi gerekmektedir:

Bir cümlede eğer yan cümleciğin **(proposition subordonnée)** fiili **subjonctif présent** olursa, temel cümleciğin fiili **indicatif présent**, **futur simple**, ya da **impératif présent** olur.

Il faut que nous mangions le repas à huit heures ce soir.	Bu akşam saat sekizde yemek yememiz gerekir.
Il faudra que vous fermiez la porte de la classe.	Sınıfın kapısını kapatmanız gerekecektir.
Je veux que tu parles bien français.	Ben senin iyi Fransızca konuşmanı istiyorum.
Nous voudrions que tu étudies le mathématiques ce matin.	Bu sabah matematik çalışmanı isteyecektik.
Ils sont content que je prépare le repas ce soir.	Onlar benim bu akşam yemeği hazırlamamdan memnundurlar.
Elle attend que tu aimes les fleurs.	O kız senin çiçekleri sevmeni bekliyor.
Il fallait que nous terminions nos leçons à dix heures.	Derslerimizi saat onda bitirmemiz gerekiyordu.
Il faut que je téléphone à la gare pour avoir la place.	Yere sahip olmak için gara telefon etmem gerekir.
Il ne faut pas que vous fermiez la fenêtre pour que nous changions l'air.	Hava almamız için pencereyi kapatmamanız gerekir.

Subjonctif présent herhangi bir fiilden sonra kullanıldığı zaman soru anlamına geldiği görülmektedir. Bununla ilgili örnek cümleler ise şunlardır.

Voulez-vous que je ferme la porte?	Kapıyı kapatmamı istiyor musunuz?
Préférez-vous que nous restions ici?	Bizim burada kalmamızı tercih ediyor musunuz?

Pense-t-il qu'il oublie son sac?	O, onun çantasını unuttuğunu düşünüyor mu?
Est-ce que tu sais qu'elle roule plus lentement?	Sen onun yavaş araba kullandığını mı biliyorsun?
Croyez-vous que les touristes restent deux semaines dans cette ville?	Siz turistlerin bu şehirde iki hafta kalacaklarına inanıyor musunuz?

Bir kısım bağ sözlerinden **(locutions conjonctives)** sonra fiilin **subjonctif** olması gerekmektedir. Bu nedenle aynı bağ sözlerinden sonra **subjonctif présent** zamanı da kullanılmaktadır. Bununla ilgili birinci grup fiillere örnek cümleler aşağıda bulunmaktadır.

Notre voisin partira pour Allemagne pour qu'il gagne sa vie.	Komşumuz hayatını kazanmak için Almanya'ya gidecek.
Il vient au bord de la mer a fin qu'il nage.	O yüzmek amacıyla deniz kenarına gelir.
Ma soeur écoute la musique avant qu'elle travaille.	Kız kardeşim çalışmaya başlamadan önce müzik dinler.
Nous attendons ici jusqu'à ce qu'il raconte son histoire.	O öyküsünü anlatıncaya kadar biz burada bekleriz.

Yukarıdaki cümlelerde **pour que**, **à fin que**, **avant que**, **jusqu'à ce que** ve **bien que** bağ sözcüklerinden sonra gelen fiillerin **subjonctif** zamanda kullanıldıkları görülmektedir.

ikinci grup fiillerde **subjonctif présent**

İkinci grup yani mastar takıları **-ir** ekiyle biten fiillerin **subjonctif présent** zamanlarının çekimi için bu fiillerin sonlarındaki mastar takıları olan **-ir** ekleri kaldırılır. Bunun yerlerine ikinci grup fiillere özgü olan **subjonctif présent** ekleri getirilir. Bu fiillere eklenecek olan zaman ekleri şunlardır:

1. tekil kişi için **-isse**
2. tekil kişi için **-isses**
3. tekil kişi için **-isse**

1. çoğul kişi için **-issions**
2. çoğul kişi için **-issiez**
3. çoğul kişi için **-issent**

Bunun için ikinci grup bir fiil olan **finir** (bitirmek) fiili örnek olarak alındığında çekim kurala göre şu şekilde olacaktır.

zamir	fiil kökü	zaman eki	subjonctif présent
je	fin	-isse	que je finisse
tu	fin	-isses	que tu finisses
il	fin	-isse	qu'il finisse
elle	fin	-isse	qu'elle finisse
nous	fin	-issions	que nous finissions
vous	fin	-issiez	que vous finissiez
ils	fin	-issent	qu'ils finissent
elles	fin	-issent	qu'elles finissent

Birinci grup fiillerin **subjonctif présent** zamanlarında **subjonctif** zamanlarının özelliklerine değinildiği için burada sadece ikinci grup fiillerin de anlam bakımından aynı özelliklere sahip olduğunu söylemekle yetinilecektir. Ancak ikinci grup fiilleri kapsayan örnek cümleler verilecektir. Bu cümleler genelde ikinci grup fiillerin bütün **subjonctif présent** özelliklerine sahip olan cümlelerdir.

Il faut que je finisse mon devoir à dix heures.

Saat onda ödevimi bitirmem gerekmektedir.

Il faut que vous réussissiez les examens avant de partir pour les vacances.

Tatil için hareket etmeden önce sizin sınavları başarmanız gerekir.

Nous sommes heureux que vous choisissiez cette robe pour votre mère.

Bu elbiseyi anneniz için seçmiş olmanızdan memnunuz.

Il sera content que tu finisses ton travail.

Çalışmanı bitirmenden o memnun olacaktır.

Il faudra qu'il les punisse maintenant.

Onun, onları şimdi cezalandırması gerekecektir.

Yukarıdaki örnek cümlelerden de anlaşılacağı gibi temel cümlenin **subjonctif présent** olabilmesi için yan cümlenin fiilinin **indicatif présent**, **futur simple** ya da **impératif présent** olması gerekmektedir.

üçüncü grup fiillerde subjonctif présent

Üçüncü grup fiiller mastar takıları bakımından düzensizlik gösterdikleri için bu fiillerin **subjonctif présent** zamanları için kesin bir kural olmamakla beraber diğer zamanlarda olduğu gibi mastar takıları birbirlerine benzeyen fiiller için birer örnek vererek diğer benzerlerinin de buna göre çekileceği gösterilecektir. Düzensiz **(irrégulier)** fiillerin **subjonctif présent** zamanları ise olabildiğince tek tek çekilerek anlatılmaya çalışılacaktır.

Mastar takıları **-dre** ile biten üçüncü grup fiillerin **subjonctif présent** zamanları için **attendre** (beklemek) fiilinin örnek alınması sonucu buna benzer takılarla sonuçlanan fiillerin **subjonctif présent**'ları şu şekilde olacaktır. Yalnız mastar takıları **-dre** ile biten **prendre** (almak), **comprendre** (anlamak), **apprendre** (öğrenmek) fiillerinin söz konusu zamanları daha değişiktir. Bunlarla ilgili örnekler ise bir sonraki alıştırmada gösterilecektir.

attendre (beklemek)
que j'attende
que tu attendes
qu'il attende
qu'elle attende
que nous attendions
que vous attendiez
qu'ils attendent
qu'elles attendent

Yine mastar takıları **-dre** takısıyla biten fiillerden **prendre** (almak) fiilini örnek göstererek yukarıda değinilen fiillerin **subjonctif présent** zamanları öğrenilmiş olacaktır.

prendre (almak)
que je prenne
que tu prennes
qu'il prenne
qu'elle prenne
que nous prenions
que vous preniez
qu'ils prennent
qu'elles prennent

Tenir (tutmak), **appartenir** (ait olmak), **contenir** (kapsamak) vb. fiillere örnek olarak **venir (gelmek)** fiili alındığında buna benzer fiillerin **subjonctif présent** zamanları öğrenilmiş olacaktır.

venir (gelmek)
que je vienne
que tu viennes
qu'il vienne
qu'elle vienne
que nous venions
que vous veniez
qu'ils viennent
qu'elles viennent

sortir (çıkmak)	devoir (mecbur olmak)
que je sorte	que je doive
que tu sortes	que tu doives
qu'il sorte	qu'il doive
qu'elle sorte	qu'elle doive
que nous sortions	que nous devions
que vous sortiez	que vous deviez
qu'ils sortent	qu'ils doivent
qu'elles sortent	qu'elles doivent

voir (görmek)	pouvoir (muktedir olmak)
que je voie	que je puisse
que tu voies	que tu puisses
qu'il voie	qu'il puisse
qu'elle voie	qu'elle puisse
que nous voyions	que nous puissions
que vous voyiez	que vous puissiez
qu'ils voient	qu'ils puissent
qu'elles voient	qu'elles puissent

rompre (kırmak, koparmak)	**atteindre** (ulaşmak, varmak)
que je rompe	que j'atteigne
que tu rompes	que tu atteignes
qu'il rompe	qu'il atteigne
qu'elle rompe	qu'elle atteigne
que nous rompions	que nous atteignions
que vous rompiez	que vous atteigniez
qu'ils rompent	qu'ils atteignent
qu'elles rompent	qu'elles atteignent

faire (yapmak)	**connaître** (tanımak)
que je fasse	que je connaisse
que tu fasses	que tu connaisses
qu'il fasse	qu'il connaisse
qu'elle fasse	qu'elle connaisse
que nous fassions	que nous connaissions
que vous fassiez	que vous connaissiez
qu'ils fassent	qu'ils connaissent
qu'elles fassent	qu'elles connaissent

mettre (koymak)	**naître** (doğmak)
que je mette	que je naisse
que tu mettes	que tu naisses
qu'il mette	qu'il naisse
qu'elle mette	qu'elle naisse
que nous mettions	que nous naissions
que vous mettiez	que vous naissiez
qu'ils mettent	qu'ils naissent
qu'elles mettent	qu'elles naissent

croire (inanmak, zannetmek)	dire (söylemek)
que je croie	que je dise
que tu croies	que tu dises
qu'il croie	qu'il dise
qu'elle croie	qu'elle dise
que nous croyions	que nous disions
que vous croyiez	que vous disiez
qu'ils croient	qu'ils disent
qu'elles croient	qu'elles disent

boire (içmek)	savoir (bilmek)
que je boive	que je sache
que tu boives	que tu saches
qu'il boive	qu'il sache
qu'elle boive	qu'elle sache
que nous buvions	que nous sachions
que vous buviez	que vous sachiez
qu'ils boivent	qu'ils sachent
qu'elles boivent	qu'elles sachent

écrire (yazmak)	conduire (götürmek, sürmek)
que j'écrive	que je conduise
que tu écrives	que tu conduises
qu'il écrive	qu'il conduise
qu'elle écrive	qu'elle conduise
que nous écrivions	que nous conduisions
que vous écriviez	que vous conduisiez
qu'ils écrivent	qu'ils conduisent
qu'elles écrivent	qu'elles conduisent

avoir (sahip olmak)	être (olmak)
que j'aie	que je sois
que tu aies	que tu sois
qu'il ait	qu'il soit
qu'elle ait	qu'elle soit
que nous ayons	que nous soyons
que vous ayez	que vous soyez
qu'ils aient	qu'ils soient
qu'elles aient	qu'elles soient

aller (gitmek)	vouloir (istemek)
que j'aille	que je veuille
que tu ailles	que tu veuilles
qu'il aille	qu'il veuille
qu'elle aile	qu'elle veuille
que nous allions	que nous voulions
que vous alliez	que vous vouliez
qu'ils aillent	qu'ils veuillent
qu'elles aillent	qu'elles veuillent

plaire (hoşa gitmek)	valoir (değerinde olmak)
que je plaise	que je vaille
que tu plaises	que tu vailles
qu'il plaise	qu'il vaille
qu'elle plaise	qu'elle vaille
que nous plaisions	que nous valions
que vous plaisiez	que vous valiez
qu'ils plaisent	qu'ils vaillent
qu'elles plaisent	qu'elles vaillent

mourir (ölmek)	vivre (yaşamak)
que je meure	que je vive
que tu meures	que tu vives
qu'il meure	qu'il vive
qu'elle meure	qu'elle vive
que nous mourions	que nous vivions
que vous mouriez	que vous viviez
qu'elles meurent	qu'ils vivent
qu'ils meurent	qu'elles vivent

Üçüncü grup ve düzensiz fiillerin **subjonctif présent** zamanlarının çekimlerinden sonra bu fiilleri kapsayan örnek cümleler ise aşağıda görülmektedir. Bu örneklerde **subjonctif présent** cümlelerin kurala uygunluğuna dikkat edilmelidir. Nitekim temel cümlenin **subjonctif présent** olması için yan cümlenin fiili ya şimdiki zaman, ya **futur** ya da şimdiki zaman emir kipi olmalıdır.

Il faut que nous partions pour Ankara.	Ankara'ya gitmemiz gerekmektedir.
Il faudra que nous venions chez vous ce soir.	Bu akşam size gelmemiz gerekecektir.
Il faudra qu'elle fasse son devoir chez elle.	O kızın ödevini evinde yapması gerekecektir.
Il vient au marché pour qu'il voie les fruits de saisons.	O, mevsimin meyvelerini görmek için pazara geliyor.
La femme se levera tôt le matin pour qu'il conduise sa fille à l'école.	Kadın kızını okula götürmek için sabahleyin erken kalkacak.
Les ouvrières viennent à l'arrêt le matin pour qu'elles puissent travailler à l'usine et elles y vont avec les autobus.	Bayan işçiler fabrikada çalışabilmek için sabahleyin durağa geliyorlar ve otobüslerle fabrikaya gidiyorlar.
Il achétera des peintures pour qu'il peinte le mur de sa maison.	O evinin duvarlarını boyamak için boya satın alacak.
Notre professeur nous donne le livre pour que nous écrivions le texte.	Öğretmenimiz parçayı yazmamız için kitabı bize veriyor.

Les oiseaux volent au dessus notre maison a fin qu'ils se posent sur le toit.
Kuşlar çatıya konmak amacıyla bizim evin üzerinde uçuyorlar.

Il ne mange pas le repas avant qu'il boive de l'eau.
O su içmeden önce yemek yemiyor.

Le bateau entre au Bosphore Bien qu'il fait mauvais.
Havanın kötü olmasına rağmen gemi Boğaza giriyor.

ALIŞTIRMALAR - 31

A. Aşağıdaki 1.ve 2. grup fiillerin mastar köklerinden sonraki boşluklara **subjonctif présent** 'a (dilek kipinin şimdiki zamanı) özgü **e-es- ions- iez- ent** ile **isse- isses- issions-issiez-issent-** eklerinden uygun olanları yazınız.

1. Je regard................................
   :que je regard.......................
2. Tu ferm.................................
   :que tu ferm.........................
3. Il mang.................................
   :qu'il mang...........................
4. Elle tomb..............................
   :qu'elle tomb........................
5. Nous entr.............................
   :que nous entr.....................
6. Vous étudi............................
   : que vous étudi...................
7. Ils port.................................
   :qu'il port.............................
8. Elles préfér..........................
   :qu'elles préfér....................
9. Je réuss..............................
   :que je réuss.......................
10. Tu fin.................................
    : que tu fin.........................
11. Il pun.................................
    : qu'il pun..........................
12. Elle chois..........................
    : qu'elle hois.....................
13. Nous avert........................
    : que nous avert................
14. Vous sais..........................
    : que vous sais..................
15. Elles assourd....................
    : qu'elles assourd..............
16. Ils démol..........................
    : qu'ils démol....................

1. ....
2. ....
3. ....
4. ....
5. ....
6. ....
7. ....
8. ....
9. ....
10. ....
11. ....
12. ....
13. ....
14. ....
15. ....
16. ....

B. Aşağıdaki cümleleri Türkçe'ye çeviriniz.

1. Il faut qu'il regarde le train.
2. Nous voulons que vous parliez turc.
3. Son père voudra qu'il étudie la littérature française.
4. Elle sera contente que nous préparions le petit déjeuner.
5. Paulette attend que tu lui donnes un bouquet de fleur.
6. Il faut que nous téléphonions nos parents.
7. Vous voulez qu'il rentre à la maison à huit heures.
8. Pense-t-il que vous ne l'aimiez pas.
9. Crois-tu que les gens ne finissent pas leurs devoir.
10. Il faut que les étudiants réussissent les examins.
11. Nous ne venons pas au bord de la rivière
12. Sa soeur nécoute pas la musique avant qu'elle ne travaille pas.
13. Les voyageurs attendront à la gare jusqu'à ce que le train arrive.
14. Je serai heureux pour que tu ne punisse pas les animaux.
15. Je ne suis pas venu pour que je parle avec vous.

1. ....
2. ....
3. ....
4. ....
5. ....
6. ....
7. ....
8. ....
9. ....
10. ....
11. ....
12. ....
13. ....
14. ....
15. ....

C. Aşağıdaki cümlelei Fransızcaya çeviriniz.

1. Sizi beklemem için burada bulunuyorsunuz.
2. Öğrencilerin seslerini duymamamız gerekir.
3. Saat sekiz kahvaltı yapmamız lâzım.
4. Biletinizi almadan önce onları görmeniz gerekir.
5. Sizin gelmenizi isteyecekler.
6. Onların gelmesini çok istiyorsun.
7. Onun saat sekizde çıkması gerekir.
8. Sizi göreyim diye buraya geldim.
9. Onun, ödevlerini kütüphanede yapması gerek.
10. Fransızcayı iyi konuşabileyim diye yazın Fransa'ya gideceğim.

1. ....
2. ....
3. ....
4. ....
5. ....
6. ....
7. ....
8. ....
9. ....
10. ....

11. Yağmur yağıyor mantosunu giymesi gerekecek.
12. Hasta olmayasınız diye dışarı çıkmamanız gerek.
13. Saat dokuz buçukta Ankara'ya gitmeleri gerekir.

11. ....
12. ....
13. ....

D. Etre ve **Avoir** fiillerinin **subjonctif présent** zamanlarını çekiniz.

1. ....
2. ....
3. ....
4. ....
5. ....
6. ....

LE SUBJONCTIF PASSÉ - DİLEK KİPİNİN GEÇMİŞ ZAMANI

Subjonctif passé (dilek kipinin geçmiş) zamanı fiilin **participe passé** şeklinde önce birleşik zamanını hangi yardımcı fiil ile yapıyorsa, o yardımcı fiilin **subjonctif présent** zamanı getirilerek yapılmaktadır. Nitekim yardımcı fiili **avoir** olan fiiller **avoir** fiilinin **subjonctif présent**'ı; yardımcı fiil olarak birleşik zamanlarını **être** fiiliyle yapan fiiller ise **être** fiilinin **subjonctif présent**'ından sonra **participe passé**'lerinin eklenmesiyle **subjonctif passé** zamanlarını oluştururlar. Aşağıdaki örnek fiillerde bu durum gösterilmektedir. **Regarder** (bakmak) fiilinin örnek alındığında **subjonctif passé** zamanı şu şekilde olacaktır.

yardımcı fiilin **subjonctif présent** zamanı	fiilin **participe passé**'si	fiilin **subjonctif passé** zamanı
que j'aie	regardé	que j'aie regardé
que tu aies	regardé	que tu aies regardé
qu'il ait	regardé	qu'il ait regardé
qu'elle ait	regardé	qu'elle ait regardé
que nous ayons	regardé	que nous ayons regardé
que vous ayez	ragerdé	que vous ayez regardé
qu'ils aient	regardé	qu'ils aient regardé
qu'elles aient	regardé	qu'elles aient regardé

Yardımcı fiil olarak **être** fiiliyle birleşik zamanlarını yapan fiillerin **subjonctif passé** zamanları ise yardımcı fiil **être**'in **subjonctif présent** zamanından sonra söz konusu zamanı çekilecek olan fiilin **participe passé** şekli getirilir. Ancak birleşik zamanlarını **être** fiili ile yapan fiillerin **participe passé**'leri özne ile uyuşacağından burada da **participe passé** özne ile cins ve sayı bakımından doğal olarak uyuşacaktır. Bunun için **rester** (kalmak) fiili örnek olarak alındığında aşağıdaki çekim ortaya çıkacaktır.

yardımcı fiilin **subjonctif présent** zamanı	fiilin **participe passé**'si	fiilin **subjonctif passé** zamanı
que je sois	resté	que je sois resté
que tu sois	resté	que tu sois resté
qu'il soit	resté	qu'il soit resté
qu'elle soit	resté	qu'elle soit restée
que nous soyons	resté	que nous soyons restés
que vous soyez	resté	que vous soyez restés
qu'ils soient	resté	qu'ils soient restés
qu'elles soient	resté	qu'elles soient restées

NOT: Bir cümlede temel cümlenin fiili **subjonctif passé** olduğu zaman yan cümlenin fiili ise **indicatif présent** (haber kipinin şimdiki) zamanı olur. Temel cümlenin fiilinin belirttiği eylem, iş, oluş ve hareket bu durumda önceden yapılmıştır. Aşağıdaki örnek cümlelerde temel cümlelerdeki fiillerin **subjonctif passé** zamanlarında verildiği ve yan cümlenin de doğal olarak **présent de l'indicatif** (haber kipi şimdiki zaman) durumunda bulunduğu görülmektedir.

Je ne veux pas que vous soyez montés à cet arbre.
Sizin bu ağaca çıkmış olmanızı istemiyorum.

Votre mère ne pense pas que tu sois venu hier.
Anneniz senin dün gelmiş olmanı düşünmüyor.

L'avocat croit que tu aies écrit une lettre au directeur.
Avukat senin müdüre bir mektup yazmış olduğuna inanıyor.

Il faut que les élèves aient travaillé leurs leçons avant de jouer.
Öğrencilerin oynamadan önce derslerine çalışmış olmaları gerekmektedir.

Son père lui donne un livre avant qu'il ait acheté un roman policier.
O bir polisiye romanı satın almış olmadan önce babası ona bir kitap verir.

Il ne faut pas que nous soyons allés sans nos parents.

Ebeveynlerimiz yanımızda olmaksızın gitmiş olmamız gerekmez.

Je ne crois pas que vous ayez oublié votre sac au bureau.

Ben sizin çantanızı büroda unutmuş olduğunuzu zannetmiyorum.

Elle n'aime pas que vous ayez fini votre histoire.

O kız sizin hikâyenizi bitirmiş olmanızı sevmiyor.

Il attend que tu sois venu hier.

O senin dün gelmiş olmanı bekliyor.

Nous ne venons pas chez vous jusqu'à ce que vous ayez fini vos devoirs.

Ödevlerinizi bitirmiş oluncaya kadar size gelmiyoruz.

Elle veut que les enfants aient cueilli des fleurs dans le jardin.

O çocukların bahçede çiçek toplamış olmalarını istiyor.

ALIŞTIRMALAR - 32

A. Aşağıdaki cümleciklerdeki boşlukları parentez içindeki fiillerin **subjonctif passé** (dilek kipinin geçmiş zamanı) zamanını yazarak doldurunuz.

1. que je.......................(fermer) la porte de la voiture.
2. que tu.........................(avoir) l'examin de baccalauréat.
3. qu'elle...........................(partir) pour son pays.
4. qu'il ne............................pas (venir) au magasin.
5. que nous..................(choisir) une maison neuve.
6. que vous ne.............pas (aller) avant qu'ils ne soient pas venus.
7. qu'ils...................................(laborurer) les terres fertiles.
8. qu'elles..(entrer) à l'école.

1. ....
2. ....
3. ....
4. ....
5. ....
6. ....
7. ....
8. ....

B. Aşağıdaki cümleleri Türkçeye çeviriniz.

1. Il ne veut pas que vous soyez allés à İzmir.
2. Je pense que tu aies réussi l'examin.

1. ....
2. ....

3. Elle croyait que son père ne soit pas venu aujourd'hui.
4. Il faut que nous ayons écouté les chanteuses françaises.
5. Son oncle lui done un livre avant qu'il ait acheté un roman policier.
6. Vous avez fini vos travaux après qu'ils vous aient aidés.
7. Elles n'iront pas au cinéma avant que leur amie ne soient pas venus.
8. Ils ne pourront sortir de la maison sinonque nous ne soyons pas restés
9. Il attend que tu sois parti pour l'usine.
10. Elle n'aime pas que vous ayez fini votre histoire.

3. ....
4. ....
5. ....
6. ....
7. ....
8. ....
9. ....
10. ....

C. Aşağıdaki cümleleri Fransızca'ya çeviriniz.

1. Ağaca çıkmış olmamızı istemiyor.
2. Annem senin sabahleyin gelmiş olmanı düşünmüyor.
3. Öğretmen sizin konu üzerinde iyi çalıştığınıza inanıyor.
4. Çantalarını büroda unutmuş olduklarını zannetmiyorum.
5. O (kız) teyzesinin bu sabah gelmiş olmasını bekledi.

1. ....
2. ....
3. ....
4. ....
5. ....

IMPÉRATIF - EMİR KİPİ

Fransızca'da emir kipi bir emri, bir öneriyi, ricayı, bir temenniyi belirtir. Sadece üç şahısla çekilir. Şahısları, çekim sırasında zamirleri yazılmaz ve söylenmez. Bu şahıslar ikinci tekil, birinci çoğul ve ikinci çoğul kişilerdir.

Imperatif kipinin iki zamanı mevcuttur. Bunlar: **présent** ve **passé**'dir.

impératif présent

Impératif présent şu an, içinde bulunulan an için verilen bir emirdir. Fiillerin **impératif présent**'larını çekmek için **être** ve **avoir** fiillerinin dışında bütün fiillerin **indicatif présent**'ından (şimdiki zaman haber kipi) yararlanılır. Bu zamanların ikinci tekil, birinci çoğul, ikinci çoğul şahıslarının çekimleri fiilleriyle birlikte alınır. Zamirleri kaldırılır kalan kısım bu fiillerin **impératif présent** zamanlarını oluşturur. Sadece birinci grup fiillerden ikinci tekil kişide bulunan sonlarındaki **-s** harfi kaldırılır.

Örneğin, **marcher** (yürümek) fiilinin **impératif présent** zamanı için **indicatif présent** zamanını yazalım.

indicatif présent	impératif présent
Tu marches	Marche
Nous marchons	Marchons
Vous marchez	Marchez

Diğer ikinci ya da üçüncü grup fiillerdeki ikinci tekil kişideki **-s** harfi kalır. Bu fiiller için de iki örnek verelim. Örnek olarak **choisir** (seçmek) ve **boir** (içmek) fiillerini inceleyelim.

indicatif présent	impératif présent
Tu choisis	Choisis
Nous choisissons	Choisissons
Vous choisissez	Choisissez
Tu bois	Bois
Nous buvons	Buvons
Vous buvez	Buvez

Ancak **aller** (gitmek) fiili için bir istisna (ayrıcalık) durum vardır. Bu fiilin **impératif présent** zamanında ikinci tekil kişideki **-s** harfi de kalkmaktadır.

indicatif présent	impératif présent
Tu vas	Va
Nous allons	Allons
Vous allez	Allez

Ancak bazı söyleniş durumlarında kulağa hoş gelmesi açısından gerek birinci grup fiillerle gerek **aller** fiilinin ikinci tekil kişilerine **-s** harfi eklendiği görülmektedir. Hangi durumlarda **-s** harfi eklendiği ise aşağıdaki birkaç örnekte görülmektedir.

Manges-en mon enfant.   Çocuğum biraz ondan ye.
Rentres-y.   Oraya tekrar gir.
Vas-y.   Oraya git.

Avoir ve **être** fiillerinin **impératif présent** zamanlarının ise daha değişik olduğunu konumuzun başında belirtmiştik. Bu fiillerin söz konusu zamanları ise aşağıdaki gibi çekilecektir.

Avoir	Être
Aie	Sois
Ayons	Soyons
Ayez	Soyez

Impératif présent zamanı şu anda yapılması gereken bir emirle gelecekte yapılması gereken bir emri belirtmeye yarar.

Marchez vite devant la porte.   Kapının önünden çabuk yürüyünüz.
Reculez.   Arkaya doğru ilerleyiniz.

Lis, le livre qui est sur la table.   Masanın üzerindeki kitabı oku.
Ne lis pas celui qui est dans le tiroir.   Çekmecenin içinde olanı okuma.

Demain, allez à Trabzon.   Yarın Trabzon'a gidiniz.
Faites vos devoirs, le soir.   Akşama ödevlerinizi yapınız.

Viens, la semaine prochaine.   Gelecek hafta gel.
Ne le lui donne pas après midi.   Öğleden sonra onu ona verme.

Impératif présent zamanı aynı zamanda bir ricayı da belirtir. Bununla ilgili örnek cümleler aşağıda görülmektedir.

Prenez un livre pour nous.	Bizim için bir kitap alınız.
Donnez-moi un kilo de raisin.	Bana bir kilo üzüm veriniz.
Faites-nous un gâteau.	Bize bir pasta yapınız.
Raconte-nous une histoir.	Bize bir hikâye anlatınız.
Écrivez-moi une lettre.	Bana bir mektup yazınız.
Chante une chanson française pour lui.	Onun için Fransızca bir şarkı söyle.

Impératif présent aynı zamanda bir yasağın dile getirilmesine yarar. Bunun için örnek cümleler ise şöyle söylenebilir.

Ne mangez pas dans la rue.	Sokakta yemeyiniz.
Ne le lui donne pas mon adresse.	Adresimi ona vermeyiniz.
Ne fumez pas dans les autos.	Otomobillerde sigara içmeyiniz.
Ne parlez pas pendant la leçon.	Ders sırasında konuşmayınız.
Ne sortons pas de cette rue.	Bu sokaktan çıkmayalım.
Ne restons pas à la ville en été.	Yazın şehirde kalmayalım.

Impératif présent zamanı aynı zamanda bir cesaret ve gözüpeklik belirtmeye yarar bunun için de şu örnek cümleler verilebilir.

Travaillons. Aimons nos travaux.	Çalışalım. İşimizi sevelim.
Marchons, courons vers la rivière.	Yürüyelim, ırmağa doğru koşalım.
Venez, portons les blessés à l'hôpital.	Geliniz yaralıları hastaneye taşıyalım.

impératif passé

Impératif passé zamanı bir eylemin başka bir eylemden önce belirtilmesine yarayan bir zamandır. Bu eylem (iş, oluş, hareket) diğer iş, oluş ve hareketten önce yapılmış olduğu için ancak **impératif passé** zamanıyla belirtilebilir.

Impératif passé zamanları tıpkı **subjonctif passé** zamanı gibi çekilir. Ancak "**que**" kullanılmadan yazılır. Nitekim **impératif passé** zamanının çekilmesi için yardımcı fiilin **subjonctif présent** zamanından sonra **impératif passé** zamanı çekilecek olan fiilin **participe passé** şekli getirilir. Diğer **impératif** zamanında (**impératif présent**) olduğu gibi bu **impératif passé** zamanında da fiilin zamiri kullanılmaz. **Avoir** ve **être** yardımcı fiiliyle **impératif passé** zamanlarını yapan fiillere birer örnek verecek olursak aşağıdaki çekimler ortaya çıkacaktır.

Avoir fiilini yardımcı olarak alan fiillerin bu zamanını çekmek için **finir** (bitirmek) fiilini örnek olarak alalım.

Aie fini.	Bitirmiş ol.
Ayons fini.	Bitirmiş olalım.
Ayez fini.	Bitirmiş olunuz.

Yardımcı fiil olarak **être** fiilini alan fiillerin **impératif passé** zamanını çekmek için **naitre** (doğmak) fiilini örnek olarak alalım.

Sois né.	Doğmuş ol.
Soyons né.	Doğmuş olalım.
Soyez né.	Doğmuş olunuz.

ALIŞTIRMALAR – 33

A. .Aşağıdaki **1.** ve **2.**grup fiillerin **Impératif** (emir) çekimlerini yazınız.

1. **Regarder.**
2. **Marcher.**
3. **Finir.**
4. **Punir.**
5. **Choisir.**

1. ....
2. ....
3. ....
4. ....
5. ....

B. Aşağıdaki cümlelerde boş bırakılan yerleri parantez içindeki fiillerin uygun **impératif** (emir) çekimlerini yazınız.

1. ....(marcher) plus vite que possible.
2. Filiz................(regarder) le tableau s'il vous plaît.
3. Les élèves.............(travailler) pour que vous réussiez.
4. Mes amis! ....(finir) nos études.
5. Les frères! ne.............(punir) pas les animaux.

1. ....
2. ....
3. ....
4. ....
5. ....

6. **Les femmes**.................(aller) en avant!
7. **Toi, l'enfant**.................(entrer) á l'intérieure de la cour.
8. **Mes camarades ne**.........(choisir) pas les amis méchants.
9. **Pierre**.................(venir) ici.
10. **Mon fils**.............(obéir) ton professeur.

6. ....
7. ....
8. ....
9. ....
10. ....

C. Aşağıdaki fiillerin impératif (emir) çekimlerini yazınız.

1. **Avoir.**
2. **Etre.**
3. **Aller.**
4. **Attendre.**
5. **Voir.**
6. **Venir.**
7. **Lire.**
8. **Rire.**
9. **Metre.**
10. **Ouvrir.**
11. **Connaître.**
12. **Savoir.**
13. **Boire.**
14. **Faire.**
15. **Répondre.**

1. ....
2. ....
3. ....
4. ....
5. ....
6. ....
7. ....
8. ....
9. ....
10. ....
11. ....
12. ....
13. ....
14. ....
15. ....

D. Aşağıdaki cümleleri Fransızca'ya çeviriniz.

1. Çabuk yürüyelim! Eve doğru koşalım!
2. Gençler! Çok çalışınız!
3. Burada sigara içmeyiniz! Yasaktır!
4. Buradan çıkma! Çocuğum, kapı orada.!
5. Gürültü yapmayalım! İçeride hasta var!
6. Bana mümkün olduğu kadar çabuk yanıt ver!
7. Hava çok sıcak pencereleri açalım!
8. Günlük gazeteleri okuyalım!
9. Seni bekleyeceğim yarın sabah saat onda gel!

1. ....
2. ....
3. ....
4. ....
5. ....
6. ....
7. ....
8. ....
9. ....

10. Bu akşam gitme kal! Yarın birlikte gidelim!   10. ....

E. Aşağıdaki fiillerin **impératif passé** (geçmişteki emir) çekimlerini yazınız.

1. **Regarder.**   1. ....
2. **Choisir.**   2. ....
3. **Voir.**   3. ....
4. **Attendre.**   4. ....
5. **Lire.**   5. ....
6. **Rire.**   6. ....
7. **Metre.**   7. ....
8. **Ouvrir.**   8. ....
9. **Connaître.**   9. ....
10. **Savoir.**   10. ....
11. **Boire.**   11. ....
12. **Faire.**   12. ....
13. **Aller.**   13. ....
14. **Venir.**   14. ....
15. **Partir.**   15. ....
16. **Sortir.**   16. ....
17. **Entrer.**   17. ....
18. **Naître.**   18. ....

F. Aşağıdaki cümleleri Fransızca'ya çeviriniz.

1. Pencereden bakmış olma!   1. ....
2. Görevlerimizi seçmiş olalım!   2. ....
3. Hataları görmüş olmayınız lütfen!   3. ....
4. Durakta beklemiş olma! Hava soğuk.   4. ....
5. Senin için getirdiğim romanları okumuş ol!   5. ....
6. Kızmamış olalım! Büyükler affeder.   6. ....
7. Yolu açmış olalım, başlayın!   7. ....
8. Büyüklerine itaat etmiş ol!   8. ....
9. Bu atasözlerini bilmiş ol!   9. ....
10. Kirli suları içmemiş olunuz!   10. ....
11. Küçük bir gezi yapmış olalım!   11. ....
12. Yalnız oraya gitmemiş ol!   12. ....

INFINITIF - MASTAR KİPİ

Infinitif kipinin kişisi ve tekil çoğulu yoktur. Sadece genel bir durumun hareketini, işini ve oluşunu belirtir. **Infinitif** (mastar) ismin bütün işlevlerine sahiptir.

Infinitif (mastar) cümlede özne ve yüklem olabilir.

Vivre avec les membres de la famille est un bon sentiment.	Aile üyeleriyle yaşamak güzel bir duygudur.
Il est utile pour les étudiants de lire pendant les vacances.	Tatilde kitap okumak öğrenciler için yararlıdır.
Voir sa pauvreté me dérange beaucoup.	Onun sefilliğini görmek beni çok rahatsız ediyor.
Il n'est pas facile de travailler pendant les temps froids.	Soğuk havada çalışmak kolay değildir.

Yukarıdaki cümlelerde **infinitif** (mastar) özne **(sujet)** olarak kullanılmıştır. Aşağıdaki cümlelerde ise **atribut** (yüklem) olarak kullanıldığı görülmektedir.

Ecrire n'est pas travailler.	Yazmak çalışmak değildir.
Se reposer n'est pas travailler	Dinlenmek çalışmak değildir.
Marcher est se promener.	Yürümek gezmektir.
Chanter n'est pas parler.	Şarkı söylemek konuşmak değildir.

Infinitif (mastar) aynı zamanda bir tümleç olabilir. Bununla ilgili örnek aşağıda görülmektedir.

Il veut voir les animaux d'Afrique.	O, Afrika'nın hayvanlarını görmek istiyor.
Il faut travailler pour les autres.	Başkaları için çalışmak gerekir.

Infinitif (mastar) **complément du nom** (ismin tümleci) olabilir. Aşağıdaki örnekte **infinitif**'in ismin tümleci olduğunu gösterir tamlamalar bulunmaktadır.

La salle à manger.	Yemek salonu.
Un verre à boire.	Bir su bardağı.
Une machine à écrire.	Bir yazı makinesi.

La porte d'éntrée.
La table à manger.

Giriş kapısı.
Yemek masası.

Infinitif herhangi bir sıfatın tümleci **(complément d'adjectif)** olabilir. Bununla ilgili örnekler de aşağıda görüldüğü gibidir.

    Je suis heureux de vous rendre visite.   Sizi ziyaret etmekten mutluyum.

    Vous êtes content de venir   Siz gelmekten memnunsunuz.

    Il est facile à lire.   Onun okunması kolaydır.

    Il n'est pas difficile d'étudier.   İncelenmesi zor değildir.

Infinitif de (mastar) **complément**'a sahip olabilir.

    prendre la parole   söz almak
    écouter la musique   müzik dinlemek
    regarder le tableau noir   kara tahtaya bakmak
    se promener au bord de la rivière   ırmağın kenarında gezinmek
    finir les devoirs   ödevleri bitirmek

Bazen **infinitif**'ler kendilerinden önce bir **article** alarak her yönüyle tam bir isim işlevine sahip olurlar.

    Le lever de la lune me plait beaucoup.   Ayın doğuşu çok hoşuma gidiyor.

    Le travailler et le lire sont utiles pour les gens.   Çalışmak ve okumak insanlar için yararlıdır.

    Il est nécessaire pour nous de voir et d'écouter la nature.   Doğayı görmek ve duymak bizim için gereklidir.

Infinitif (mastar) kipinin iki zamanı vardır. Bu zamanlar şunlardır:

    1. **l'infinitif présent.** (Mastar kipinin şimdiki zamanı.)

    2. **l'infinitif passé.** (Mastar kipinin geçmiş zamanı.)

L'infinitif présent (mastar kipinin şimdiki zamanı), fiillerin bildiğimiz çekimsiz (yalın) hallerine denir. Bu durumda fiil yalnız başına bulunmakta, herhangi bir süredeşliliği ve eşzamanlılığı belirtmektedir. Bununla ilgili örnekler aşağıda görülmektedir.

Il commence à étudier la leçon.	O ders çalışmaya başlıyor.
Nous ne devons pas marcher vite.	Çabuk yürümek zorunda değiliz.
Ils ne peuvent pas voir sans les lunettes.	Onlar gözlükleri olmaksızın göremezler.
Nous nous amusons à écouter la musique.	Biz müzik dinleyerek eğleniyoruz.
Il veut partir pour la forêt en été.	O yazın ormana hareket etmek istiyor.

Infinitif passé ise herhangi bir öncelik ilişkisini anlatmayı belirtir. **Infinitif passé**'de asıl fiil **participe passé** durumunda bulunarak birleşik zamanlarını çektiği yardımcı fiilin mastarının sonuna gelerek **infinitif passé**'sini oluşturur. Infinitif passé ile ilgili örnekler aşağıdaki cümlelerde görülmektedir.

Je suis allé à l'école aprés avoir parlé avec mon père.	Babamla konuştuktan sonra okula gittim.
Il a travaillé sa leçon après étre revenu de l'école.	O, okuldan geldikten sonra dersine çalıştı.
Nous partirons pour la France après avoir reçu nos passeport.	Pasaportlarımızı aldıktan sonra Fransa'ya gideceğiz.
Elle ne danse pas après avoir vu ses amies.	O arkadaşlarını gördükten sonra dans etmiyor.

Infinitif'lerin başına bazen soru zamir ve zarfları gelerek herhangi bir endişe ve korkuyu dile getiren bir soru mastarı olmuştur.

Que faire maintenant?	Şimdi ne yapmalı?
Que lire?	Ne okumalı?
Que dire?	Ne söylemeli?
Que voir?	Ne görmeli?
Pour qui travailler?	Kimin için çalışmalı?
A qui penser?	Kimi düşünmeli?
A qui donner?	Kime vermeli?
Où aller aujourd'hui?	Bugün nereye gitmeli?
Où s'asseoir dans la salle de conférence?	Konferans salonunda nereye oturmalı?

Infinitif (mastar) **impératif** (emir) kipi gibi bir emir de belirtir.

Prendre le vase après avoir mis la fleur sur la table, mettre de l'eau dans le vase.	Çiçeği masanın üzerine koyduktan sonra vazoyu al, vazonun içine biraz su koy.
Le soir lire le livre, écrire le devoir, regarder la télévision, manger le repas, écouter la musique, dormir à huit heures. C'est tout. Ça ne me plait pas.	Akşamleyin kitap oku, ödevini yaz, televizyona bak, yemeğini ye, müzik dinle, saat sekizde uyu. Hepsi bu. Bu hoşuma gitmiyor.

Yukarıdaki cümlelerde **infinitif'**ler (mastarlar) **impératif** (emir) görevini yaparlar. Bunlardan başka **infinitif'**ler bazen **passif** (edilgen) anlama sahip olmaktadırlar. Bununla ilgili olarak şu örnekleri vermek mümkündür.

Une pomme bonne à manger après le diner.	Akşam yemeğinden sonra yemesi güzel bir elma.
Une cassette à écouter pendant le voyage.	Yolculuk sırasında dinlenir bir kaset.

İki fiil yan yana geldiğinde mutlaka ikincisi mastar olarak bulunur. Şöyle ki:

Je ne veux pas aller au cinéma.	Sinemaya gitmek istemiyorum.
Vous ne pouvez pas choisir le gâteau.	Pastayı seçemezsiniz.
Elles doivent se réveiller le matin.	Sabahleyin uyanmak zorundadırlar.
Les spectateurs vont applaudir les artistes.	Seyirciler sanatçıları alkışlayacaklar.

Ancak ikiden çok **infinitif** yan yana gelmez. Bu durumlarda cümle yapısını aşağıda görüldüğü gibi kurmak gerekir.

Tu ne crois pas pouvoir aller regarder la cascade de Manavgat.	Sen Manavgat çağlayanına bakmak için gidebileceğine inanmıyorsun.

Yukarıdaki Fransızca cümlede "Sen Manavgat çağlayanına bakmak için gidebileceğine inanmıyorsun" demek istenmiştir. Fakat yukardaki kurala göre bu Fransızca cümlede ikiden fazla mastar **(infinitif)** yan yana geldiği için cümle yanlıştır. Bu cümlenin doğrusu şu şekilde olmalıdır:

Tu ne crois pas que tu puisse aller regarder la cascade de Manavgat.

ALIŞTIRMALAR - 34

A. Aşağıdaki cümlelerde fiil mastarlarının (yalın hallerinin):
  -**sujet** (özne) olarak kulanıldıkları cümlenin sonundaki parantez içine **S**
  -**atribut** (yüklem) " " " " " " **A**
  -**complément du nom** (isim tümleci) " " " " " **CN**
  -**complément d'adjectif** (sıfat tümleci) " " " " **CA**
harflerini yazınız.

1. Voire la mer bleue est magnifique
2. Il n'est pas facile à lire
3. Vivre avec les membres de la famille est un bon sentiment
4. Le parler n'est pas utile toujours
5. Donnez –lui un vere à boire)
6. Vous êtes content de nous rendre visite
7. Nous sommes heureux de vivre ici
8. La salle à manger me plait beaucoup
9. Le dormir et le manger sont indispensables pour les gens
10. Elle veut écouter la musique amusante

1. ....
2. ....
3. ....
4. ....
5. ....
6. ....
7. ....
8. ....
9. ....
10. ....

B. Aşağıdaki cümlelerde bulunan fiillerin mastarlarının **infinitif** (mastar kipinin şimdiki zamanı) olarak kullanılanların **infinitif présent**; mastar kipinin geçmiş zamanı olarak kullanılan cümlelerin karşısına ise **infinitif passé** yazınız.

Örnek:Vous aimez beaucoup écouter la musique.........(Infinitif présent)

1. Il ira au jardin après avoir mangé le repas. (Infinitif passé)
2. Nous commançons à étudier nos leçons.
3. Vous ne pouvez pas travailler sans lui.
4. Tu es allé á l'école après avoir fait votre petit déjeuner.
5. Je partirai pour Italie après être venu de la France.
6. Elles doivent obéir á leurs parents.
7. Ils ne veulent pas se lever tôt le matin.

1. ....
2. ....
3. ....
4. ....
5. ....
6. ....
7. ....

8. Je reviendrai á l'usine après avoir mangé le repas .
8. ....
9. Il va aller au magasin.
9. ....

C. Aşağıdaki cümleleri Türkçeye çeviriniz.

1. La machine ne marche plus, que faire maintenant?
1. ....
2. Nous sommes chez-nous , que lire?
2. ....
3. Il fait la même chose, que dire?
3. ....
4. Pour qui travailler?
4. ....
5. Pour qui y aller?
5. ....
6. A qui parler maintenant?
6. ....
7. Dites-moi s'il vous plait à penser?
7. ....
8. A qui donner ce sac sais-tu?
8. ....
9. Où aller demain?
9. ....
10. Où se promener?
10. ....

D. Aşağıdaki Türkçe emir cümlelerin fiillerini mastar **(infinitif)** kullanmak koşuluyla Fransızca'ya çeviriniz.

1. Sabahleyin kahvaltını yaptıktan sonra okula git!
1. ....
2. Çiçeği masanın üzerine koyduktan sonra vazoyu al ve içine biraz su koy.
2. ....
3. Bahçede çalış ve ağaçların uzun dallarını kes.
3. ....
4. Onunla konuş ve birlikte gel.
4. ....
5. Olabildiğince hızlı yürü, yağmur yağacak.
5. ....

LE PARTICIPE - ORTAÇ KİPİ

Ortaç kipi **(le participe)** fiilden oluşmuş bir sıfattır. İki türü vardır.

1. **Le participe présent** (şimdiki zaman ortacı)

2. **Le participe passé** (geçmiş zaman ortacı)

le participe présent - şimdiki zaman ortacı

Participe présent (şimdiki zaman ortacı) **ant** takısını alır ve her zaman **invariable** (değişmez) bir yapısı vardır. Örneğin, bir **participe présent**'ın oluşması için birkaç fiil hariç hepsinin **indicatif présent** zamanlarının birinci çoğul şahıslarının sadece fiili alınır. Sonundaki **"ons"** eki kaldırıldıktan sonra kalan kısmın sonuna **"ant"** eki getirilerek gerçekleştirilir.

Aşağıda herhangi bir fiilden **participe présent** (şimdiki ortaç) nasıl oluştuğu görülmektedir. Örnek olarak **couper** (kesmek) fiili alındığında:

Présent de l'indicatif 1. çoğul kişisi: **"nous coupons"** dur. Zamirini ve sonundaki **"ons"** takısı kaldırıldığında **"coup-"** kalmaktadır. Bunun sonuna ise **"ant"** eki geldiğinde **"coupant"** olarak **participe présent** (şimdiki zaman) ortacı elde edilir.

Participe présent'dan önce **"en"** gelerek **gérondif** denilen değişmez bir deyim meydana getirdiği aşağıdaki örnek cümlelerde görülmektedir. Bu durumda **participe present**'dan oluşan deyim cümlede tümleç işlevini üstlenmektedir.

La poule marche en mangeant les blés sur la terre.	Tavuk yerdeki buğdayları yiyerek yürüyor.
Le bateau venait de Samsun en passant sous le pont de Bosphore.	Gemi boğaz köprüsünün altından geçerek Samsun'dan geliyordu.

participe passé - geçmiş zaman ortacı

Participe passé (geçmiş zaman ortacı) fiillerden meydana gelen bir şekil olup fiillerin birleşik zamanlarının çekiminde kullanıldığı gibi başka işlevlere de sahiptir. Ancak bu işlevleri belirtmeden önce **participe passé**'lerin nasıl yapıldığına değinmek gerekir.

Birinci grup fiillerde **participe passé**'ler mastar takılarının sonlarındaki **-er** takısı kaldırıldıktan sonra kalan fiil kökünün sonuna **-é'** takısı getirilerek yapılır.
İkinci grup fiillerde ise fiillerin sonlarındaki mastar takıları olan **-ir** eki atıldıktan sonra **-i** getirilir.

Üçüncü grup fiillerin **participe passé**'leri ise çok farklıdır. Bunlar fiillerin birleşik zamanları, özellikle **passé composé** zamanları çekilirken ayrıntılı olarak anlatılmıştı. Üçüncü grup fiillerin **participe passé**'leri genellikle **-u, -is, -it** takılarıyla bitmektedir. Aşağıdaki örneklerde birinci, ikinci ve üçüncü grup fiillerin **participe passé**'leri için birkaç örnek görülmektedir.

regarde, choisi, mis, vu, dit, fait, entendu, voulu, pu

Participe passé'lerin cümlede kullanılışları sırasında uyum sağladıkları birkaç önemli kural vardır. Bu kurallar örneklerle birlikte şu şekilde belirtilebilir.

Yardımcı fiil ile birlikte kullanılmadığı zaman **participe passé** birlikte bulunduğu (eşlik ettiği, nitelediği) isimle cins ve sayı bakımından uyuşur.

les portes fermées	kapalı kapılar
le livre ouvert	açık kitap
les oiseaux volés	uçmuş kuşlar
les robes achetées	satın alınmış elbiseler
les fruits choisis	seçilmiş meyveler
les paroles dites	söylenen sözler
la chanson entendue	işitilen şarkı
les fourchettes mises sur la table	masanın üzerine konulmuş çatallar

Yukarıdaki örneklerde **participe passé**'nin işlevi **épithète** (sıfat fiil)'dir. **Participe passé**'ler bir cümlede yüklem olarak **(atribut)** bulunabilirler. **Atribut** durumundaki **participe passé**'ler, **être, se trouver, tomber** vb. gibi fiillerle kullanıldıklarında **atribut**'sü oldukları isimle uyuşurlar.

Nous sommes allés.	Biz gittik.
Ils ne sont pas venus.	Onlar gelmediler.
Les hommes se sont arrêtés.	Adamlar durdular.
La fille se trouve réjouie pendant son anniversaire.	Kız doğum günü sırasında çok sevinmiş bulunuyor.

Impersonnel (kişisiz) fiillerde **participe passé** hakiki özne ile değil sözde özne ile uyuşur. Aşağıdaki cümlelerde bununla ilgili birkaç örnek bulunmaktadır.

Il est arrivé la chance.	Şans tuttu.
Il était survenu la pluie.	Yağmur çıkmıştı.

Avoir yardımcı fiili ile kullanılan **participe passé**'lerde **participe passé**'den önce eğer **complément direct** geliyorsa **complément direct** olan isimle **participe passé** uyuşur.

Vous avez vu les livres mais vous ne les avez pas lus.	Siz kitapları gördünüz ama onları okumadınız.
Metin a rencontré Mireille mais il ne l'a pas invitée.	Metin Mireille'ye rastladı ama onu davet etmedi.
Ils ont fermé les portes de la classe, ils ne les ont pas ouvertes.	Onlar sınıfın kapısını kapadılar onları açmadılar.

Çift zamirli **(pronominaux)** fiiller bileşik zamanlarını **être** fiilleriyle çektikleri için rastlantı sonucu **pronominal** olan fiiller de birleşik zamanlarını **être** fiilinin yardımıyla çektikleri için bu fiillerin **participe passé**'leri de özne ile uyuşurlar.

zamanların şematik sıralanışı

Zamanların çekimlerini açıklamalı örneklerle geniş olarak gördükten sonra bunları temel başlıklar ve kısaca çekimlerinin tanımının özetinin verilmesi, fiil konusunda bilinmesi gerekenlerin kontrolü açısından gerekli görülmüştür. Bunun için her kipe giren zamanlar sırasıyla özetlenmiştir.

indicatif - bildirme kipi

1. **Indicatif présent**: Mastar takısı kaldırılarak yerine her şahsın kendisine özgü olan şimdiki zaman (haber kipi) ekleri getirilir. Bu ekler **-e**, **-es**, **-e**, **-ons**, **-ez**, **-ent**' den ibarettir.

2. **Imparfait** (şimdiki zamanın hikâyesi): Genellikle fiillerin şimdiki zamanının birinci çoğul kişisinin **-ons** takısı atıldıktan sonra kalan kısmın sonuna **imparfait** eklerinin **(-ais**, **-ais**, **-ait**, **-ions**, **-iez**, **-aient)** getirilmesiyle yapılır. Bazı fiillerin (örneğin, **être**) **imparfait** zamanları ise daha farklı olmaktadırlar.

3. **Passé simple** (haber kipinin geçmiş) zamanı: Daha çok yazı dilinde kullanılan, konuşma dilinde hiç kullanılmayan bir geçmiş zamandır. Birinci grup ve ikinci grup fiillerde mastar takıları atıldıktan sonra **passé simple** takılarının getirilmesiyle yapılır. Birinci grup fiiller ve ikinci grup fiiller için ayrı **passé simple** ekleri vardır. Bunlar ilgili konuda daha önce ayrıntılarıyla anlatılmıştı. Üçüncü grup fiillerle düzensiz fiillerin **passé** simple zamanları ise daha değişik oldukları yine konumuzda anlatılmıştı.

4. **Futur simple** (haber kipinin basit gelecek) zamanı: Bu zaman birinci ve ikinci grup fiillerde mastarların sonuna **futur** eklerinin getirilmesiyle, üçüncü grup fiillerde de **futur** köklerinin sonlarına **futur** eklerinin getirilmesiyle yapılır.

5. **Passé composé** (dili geçmiş zaman): Fiilin **participe passé** şeklinin, yardımcı fiilin şimdiki zamanının sonuna getirilmesiyle yapılır. Çift zamirli **(pronominal)** fiiller ile bu zamanın anlatıldığı bölümde **être** fiilinin yardımıyla **passé composé** zamanını yapan fiiller verilmiştir.

6. **Plus-que-parfait** (geçmiş zamanın hikâyesi) zamanı: Bu zaman da tıpkı **passé composé**'de olduğu gibi fiilin **participe passé**'si yardımcı fiilin **imparfait** zamanının sonuna getirilerek yapılır. Yardımcı fiili **avoir** olanların **plus-que-parfait** zamanları **avoir**, **être** fiilinin yardımıyla birleşik zamanlarını çeken fiillerin **plus-que-parfait** zamanları ise **être** fiilinin imparfait zamanın sonuna **participe passé**'nin getirilmesiyle yapılır.

7. **Passé antérieur** (önceki geçmiş) zamanı: Yardımcı fiillerin **passé simple** zamanından sonra asıl fiilin **participe passé** şeklinin getirilrmesiyle yapılan bir geçmiş zamandır.

8. **Futur antérieur** (önceki gelecek) zaman: Yardımcı fiilin **futur simple** zamanından sonra **futur antérieur**'ü çekilecek fiilin **participe passé**'si getirilir.

conditionnel - şart kipi

1. **Conditionnel présent** (şart şimdiki) zamanı: Şart şimdiki zamanı **(conditionnel présent) futur simple** gibi birinci ve ikinci grup fiillerde mastar takılarından sonra **conditionnel présent** eklerinin getirilmesiyle yapılır. Üçüncü grup fiillerde ise **futur** köklerinin sonlarına bu eklerin getirilmesiyle oluşturulan bir zamandır.

2. **Conditionnel passé 1.ère forme** (conditionnel passé 1. şekil) zamanı: Yardımcı fiilin **conditionnel passé** zamanından sonra **conditionnel passé 1.ère forme** zamanı çekilecek olan fiilin **participe passé** zamanı getirilerek yapılır.

3. **Conditionnel passe 2.ème forme** (conditionnel passé 2. şekil) zamanı yardımcı fiillerin **(être, avoir) subjonctif imparfait** zamanından sonra söz konusu zamanı çekilecek olan fiilin **participe passé** şeklinin getirilmesiyle oluşur.

subjonctif - dilek kipi

1. Subjonctif présent (dilek kipinin şimdiki zamanı): Birinci, ikinci grup fiillerin mastar takıları atılıp, kalan kısım fiil kökü olarak alındıktan sonra **subjonctif présent** ekleri olan, **-e, -es, -e, -ions, -iez, -ent, -isse, -isses, -isse, -issions, -issiez, -issent** takıları getirilerek **subj. prés.** oluşturulmasına karşın fiil kökleri değişiktir. Bununla ilgili açıklamalar **subjonctif présent** bölümünde geniş olarak örneklerle anlatılmıştır. **Subjonctif** zamanlarının hangisi olursa olsun hepsinin de başlarında "**que**" bulunur.

2. Subjonctif imparfait (dilek kipinin hikâyesi) zamanı birinci grup fiillerde mastar takıları atıldıktan sonra kalan kısım kök olarak alınarak sonlarına birinci grup fiiller için gereken **subjonctif imparfait** ekleri getirilir. Bu ekler şunlardır: **-asse, -asses, -ât, -assions, -assiez, -assent**. İkinci grup fiillerde ise aynı yöntem uygulanır. Ancak ek olarak, ikinci grup fiillerle ilgili **subjonctif imparfait** ekleri getirilir. Bunlar **-isse, -isses, -isse, -issions, -issiez, -issent** ekleridir. Üçüncü grup fiillerde ise **subjonctif imparfait** zamanı değişiklikler içermesine rağmen takıları aynıdır. Bunlarla ilgili geniş açıklamalar **subjonctif imparfait** zamanının anlatıldığı bölümde geniş olarak verilmiştir.

3. Subjonctif passé (dilek kipinin geçmiş zamanı): Yardımcı fiillerin (**être** ve **avoir**) **subjonctif présent** zamanlarının sonuna söz konusu zamanı çekilecek fiilin **participe passé**'si getirilerek elde edilir.

4. Subjonctif plus-que-parfait zamanı: Yardımcı fiillerin (**être, avoir**) **subjonctif imparfait** zamanlarından sonra söz konusu çekimi yapılacak olan fiillerin **participe passé** şekillerinin getirilmesi suretiyle meydana gelir.

participe - ortaç kipi

Participe présent ve **participe passé** olmak üzere iki çeşittir.

infinitif - mastar kipi

Infinitif (mastar) kipi de **infinitif présent** ve **infinitif passé** olmak üzere iki kısma ayrılır.

impératif - emir kipi

Impératif (emir) kipi de iki kısma ayrılmaktadır: **impératif présent, impératif passé**

Fillerin kipleri hakkında kısa bir özetten sonra, içinde birçok cümlecik bulunan cümlelerde yan cümlecikle temel cümleciğin fiilleri arasındaki ilişkiye değinilmesi yararlı olacaktır. Aşağıda yan cümlecik ile temel cümleciğin fiilleri arasındaki ilişkinin zaman uyuşumu bakımından üzerinde durulmuştur.

fiillerin yan cümlecik ve temel cümlecikteki durumlarına göre zamanları

1. **Si** ile başlayan bir yan cümleciğin **(proposition subordonnée)** fiili şimdiki zaman **(indicatif présent)** olursa temel cümleciğin **(proposition principale)** fiili;

a) **Indicatif présent**
b) **Futur proche**
c) **Futur** olabilir.

Si j'attends à l'usine je verrai mon ami.	Fabrikada beklersem arkadaşımı göreceğim.
Si vous ne mettez pas votre manteau vous aurez froid.	Eğer paltonuzu giymezseniz üşürsünüz.
Si je peux finir mon devoir je vais aller à l'épicerie.	Eğer ödevimi bitirebilirsem hemen bakkala gideceğim.

2. Yine şart bildiren **si** ile başlayan yan cümleciğin fiili **imparfait** olursa temel cümleciğin fiili **conditionnel présent** olur.

Si vous aviez de l'argent, vous feriez un voyage en Europe.	Eğer paranız olsaydı Avrupa'ya bir yolculuk yapardınız.

3. Şart belirten **si** ile başlayan yan cümleciğin fiilinin zamanı **plus-que-parfait** olursa, **proposition principale**'in (temel cümle) fiili **conditionel passé** olur.

Si vous aviez eu de l'argent, vous auriez fait un voyage en Europe.	Eğer paranız olmuş olsaydı Avrupa'ya bir yolculuk yapmış olacaktınız.

4. **Quand, lorsque, dès que, aussitôt que** gibi bağ sözcükleriyle başlayan yan cümlelerin fiilleri **passé antérieur** (önceki geçmiş zaman) olursa, temel cümlenin fiili **passé simple** ya da **passé composé** (geçmiş zaman) olur.

Quand les voyageurs eurent montré leurs passeports, ils passèrent la douane.	Yolcular pasaportlarını gösterdikten sonra gümrüğü geçtiler.

Yukarıdaki örnekten de anlaşılacağı gibi **passé antérieur** geçmişte yapılan bir olaydan önce yapıldığı için önceki geçmiş zamanı adıyla da adlandırılabilir.

5. **Quand, lorsque, dès que, aussitôt que** gibi sözcüklerle başlayan bir yan cümleciğin fiili **futur antérieur** olduğu zaman temel cümleciğin **(proposition principale)** fiili ise **futur simple** olur. Burada **futur antérieur** zamanı gelecekte yapılacak bir olaydan önce yapılacak bir olayı belirtme özelliğinden dolayı önceki gelecek zaman adıyla da anılır.

    Quand j'aurai écouté la musique,   Ben müzik dinleyeceğim zaman sen
    tu ne parleras pas.   konuşmayacaksın.

6. **Subjonctif** zamanları genellikle yan cümlecikleri içermektedir. Bunun için şu önemli kuralları sıralayabiliriz.

a. **Proposition principale** (temel cümleciğin) fiili **présent de l'indicatif** olursa yan cümleciğin **(proposition subordonnée)** fiili **subjonctif présent** olur. Bu durumda olay henüz yapılmamıştır.

    Tu veux qu'il parle.   Sen o konuşsun istiyorsun.
    Je ne veux pas que tu travailles.   Senin çalışmanı istemiyorum.

b. **Proposition principale** (temel cümleciğin) fiili **présent de l'indicatif** olduğu zaman **proposition subordonnée** (yan cümleciğin) fiili **subjonctif passé** olabilir. Bu durumda iş önceden yapılmıştır.

    Tu veux qu'il ait mangé son   Sen, o çıkmadan önce yemeğini
    repas avant de sortir.   yemiş olsun istiyorsun.

c. **Proposition principale** (temel cümleciğin) fiilinin haber kipinin herhangi bir geçmiş zamanıyla çekilirse, yan cümlenin fiili **subjonctif imparfait** olur. Bu durumda da olay henüz yapılmamıştır.

    Je voulais qu'il nettoie la classe.   Ben onun sınıfı temizlemiş olmasını
        istiyordum.

d. **Proposition principale**'in (temel cümleciğin) fiili haber kipinin herhangi bir geçmiş zamanıyla çekildiği zaman yan cümleciğin fiilinin **subjonctif plus-que-parfait** zamanında olduğu görülebilir. Ancak bu son iki çekim şekli Fransızca'da pek kullanılmayan zamanlardır. Sadece eski edebi yazılarda görülebilir.

ALIŞTIRMALAR - 35

A. Aşağıdaki Fransızca cümleleri Türkçe'ye çeviriniz.

1. Les ouvriers viennent chez-eux en parlant.
2. Les paysans labourent la tere en dansant.
3. Nous nous sommes réveillés en voyant le soleil qui se lève à l'horizon.
4. Le garçon étudie son devoir en regardant TV.
5. Le bateau venait d'Espagne en entrant au port.
6. Ma soeur allait à Notre voisin en parlant avec ma mère.
7. Les petits oiseaux passaient en volant sur le toit.
8. Il s'est assi sur sa chaise en riant.
9. Ils ont attendu en parlant entre eux.
10. J'ai taché de répondre en pansant la réponse.

1. ....
2. ....
3. ....
4. ....
5. ....
6. ....
7. ....
8. ....
9. ....
10. ....

B. Aşağıdaki cümlelerde noktalı yerlere parantez içindeki fiillerin geçmiş zaman ortaçlarını **(participe passé)** yazınız.

1. Les fenêtres................(fermer) sont ouvertes par les gens.
2. Ils ont............................(voir) leur père près des arbres.
3. Tu n'es pas..............(aller) au cinéma.
4. Les livres..............(choisir) se trouvent sur la table.
5. J'ai...................(acheter) un ordinateur portable.
6. Vous n' êtes pas............(venir) à neuf heures moins le quart.
7. Nous n'avons pas..................... (avoir) de chance.
8. Elle m'a doné ses livres .... (lire).
9. Il a ....(pleuvoir).
10. Il n'est pas (arriver) la chance.
11. Toutes les portes étaient ....(fermer) pour lui.

1. ....
2. ....
3. ....
4. ....
5. ....
6. ....
7. ....
8. ....
9. ....
10. ....
11. ....

12. Elle ne s'était pas .... (réveiller) pour se lever tôt.

12. ....

C. Aşağıdaki cümlelerde yan cümleciğin **(proposition subordnnée)** ayraç içindeki fiilinin zamanını, temel cümleciğin **(proposition principale)** fiilinin zamanına uygun olarak noktalı yerlere yazınız.

1. Si je..................(prendre) le café, je me reposerai un peu.
2. Il fait froid, si nous ne................. mettre nos tricots, nous pouvons avoir froid.
3. Si nous.........................(inviter) nos voisins ils vont nous visiter.
4. Si tu..........(aller) en France vous verrez la maison de Lamartine.
5. Si les ouvriers...........(travailler) strictement ils gagneront beaucoup d'argent.
6. Mes professeurs vont entrer en classe si la cloche..........(sonner).
7. Si nous...............(avoir) un peu d'argent nous pourrions faire un tour du monde.
8. Si mon grand père............(être) chez-lui il viendrait chez-nous.
9. Si le gardien............(veiller) sur la ferme, il ne perdrait pas le cheval.
10. Si les touristes ne......(venir) pas par avion ils vendraient avec le train.
11. Il neigerait s'il...(faire) froid ....
12. Si vous...(avoir) de chance vous auriez une voiture neuve.
13. Si tu........(venir)au bord du lac, tu aurais vu les canots.
14. Si la fille ne..........pas (voir) sa mère elle serait allée seule.
15. Si je..(réussir) mes examins je serais entré à l'université.

1. ....
2. ....
3. ....
4. ....
5. ....
6. ....
7. ....
8. ....
9. ....
10. ....
11. ....
12. ....
13. ....
14. ....
15. ....

D. Aşağıdaki cümleleri Fransızca'ya çeviriniz.

1. Kardeşim bilgisayarını satın aldıktan sonra çalışmaya başladılar.
2. Yağmur yağmaya başlar başlamaz eve koştular.
3. Babası onun için bir hediye alınca çok mutlu oldu.

1. ....
2. ....
3. ....

4. Konuşur konuşmaz ağlamaya koyuldu.
5. Yolculuk başladığında onlar hazır olmamışlardı.
6. Ankara'ya hareket ettiğmizde siz İstanbul'daydınız.
7. O tiyatroya gittiğinde, sen roman okudun.
8. Jean Istanbul'a gelir gelmez Boğaziçi'ne gitti.

4. ....
5. ....
6. ....
7. ....
8. ....

LES MOTS INVARIABLES – DEĞİŞMEYEN SÖZCÜKLER

Buraya kadar işlenilen sözcük çeşitleri **variable** (değişken) sözcüklerdir. Fakat Fransızca'da **variable** (değişken) sözcüklerin yanında **invariable** (değişmeyen) sözcüklerin de bulunduğunu kitabımızın ilk kısmında anlatmıştık. **Variable** sözcük türlerinin incelenmesinden sonra **invariable** sözcüklerden olan **adverbe** (zarf), **préposition** (edat), **conjonction** (bağlaç), **interjection**'lar (ünlem) incelenecektir.

L'ADVERBE - ZARF

Bir fiilin, bir sıfatın ya da başka bir zarfın anlamında değişiklik yapan, nerede, nasıl, ne zaman sorularına cümlede yanıt olabilen değişmez sözcüklere **adverbe** (zarf) denir.

- **demain** : yarın
- **hier** : dün
- **jamais** : asla, hiçbir zaman
- **toujours** : devamlı
- **ici** : burada
- **là** : orada
- **loin** : uzak
- **devant** : önünde
- **près** : yanında
- **autour** : etrafında
- **dehors** : dışarıda
- **dedans** : içeride
- **proche** : yakın
- **trop** : çok
- **assez** : yeterli

- **peu** : az
- **beaucoup** : çok
- **seulement** : sadece
- **tellement** : okadar ki
- **encore** : hâlâ
- **bien** : iyi
- **mal** : kötü
- **ainsi** : böylece
- **volantiers** : memnuniyetle
- **doucement** : yavaşça, tatlıca
- **franchement** : samimice, içtenlikle
- **naturellement** : doğal olarak
- **aussi** : kadar
- **quand** : ne zaman

Yukarıda belli başlı zarflar verilmiştir. Zarflar genel olarak bir tek sözcükten meydana gelen kelimelerdir. Bazı zarflar ise birden çok sözcüklerden de meydana gelmiş olabilir. Bunlara daha çok **locution adverbiale** (zarftan oluşma deyim) denir.

- **sans cesse** : durmaksızın
- **a peu près** : hemen hemen
- **au lieu de** : yerine

- **tout à fait** : tamamen
- **au milieu de** : ortasında
- **pour ainsi dire** : sanki adeta, tıpkı

Zarflar anlamları bakımından başlıca dört bölüme ayrılırlar. Bunlar şu bölümlerden meydana gelmiştir.

1. adverbe de temps - zaman zarfı

Zarfların belirttiği belli başlı temel fikirlerden birisi zaman fikridir. Zaman belirten zarflara zaman zarfları **(adverbes de temps)** adı verilir.

Bu zarflar, **aujourd'hui, demain, tantôt, alors, jamais, toujours, quelquefois, hier** vb.'dir. Aşağıdaki cümlelerde **adverbes de temps** kullanılmıştır.

Les enfants finiront leurs devoirs demain à trois heures.	Çocuklar ödevlerini yarın saat üçte bitirecekler.
Aujourd'hui nous irons au bord de la mer et nous nagerons.	Bugün biz deniz kıyısına gideceğiz ve yüzeceğiz.
Demain mon oncle partira pour la France.	Yarın amcam Fransa'ya hareket edecektir.
Notre professeur nous donnera un cadeau après - midi.	Öğretmenimiz bize öğleden sonra hediye verecektir.
Je ne vois jamais de cordonnier dans cette rue.	Bu sokakta asla bir ayakkabı tamircisi görmüyorum.
Nous avons visité le musée plusieurs fois par jour.	Bir günde birkaç kez müzeyi gezdik.
Vous avez vu hier le frère de Metin.	Siz dün Metin'in kardeşini gördünüz.
Il a mangé son repas le matin.	O yemeğini sabahleyin yedi.

2. adverbe de lieu - yer zarfı

Zarfların belirttiği fikirlerden birisi de yer kavramıdır. Bunlara yer belirttikleri için yer zarfları **(adverbe de lieu)** denir.

Yer belirten zarflar ise şunlardan ibarettir: **Ici, là, où, y, ailleurs, alentour, loin, partout, dessous, dehors, devant, sous, là-bas, près, autour, en bas, à gauche, en haut** vb.

Yer zarflarının cümlede nasıl kullanıldıklarına ait örnek cümleler aşağıda görülmektedir.

Je ne peux pas voir mon chat ici.	Ben burada kedimi göremiyorum.
Nous avons vu ces fleurs ailleurs.	Bu çiçekleri başka yerlerde de gördük.

La voiture vient de la rue vers là bas, à gauche de cette maison.	Araba sokaktan oraya doğru, bu evin soluna geliyor.
Vous serez demain aux alentours de la ville.	Yarın şehrin yakınlarında olacaksınız.
Il y a un chat sous la table qui se trouve dans la salle.	Salonda bulunan masanın altında bir kedi vardır.
Vous ne sortirez pas au dehors pendant le froid, car vous avez mal au poumon.	Soğuk havada dışarı çıkmayacaksınız, zira siz ciğerlerinizden rahatsızsınız.
Il y a de grands arbres autour du jardin.	Bahçenin etrafında uzun ağaçlar vardır.

3. adverbe de quantité - nicelik zarfı

Fiilin, sıfatın, zarfın anlamlarını nicelik olarak değiştiren zarflara denir. Bu zarflar şunlardan ibarettir: **Assez, trop, peu, beaucoup, davantage, combien, seulement, très, encore, si, tellement, tant** vb. Aşağıdaki örnek cümlelerde nitelik zarflarının nasıl kullanıldıkları görülmektedir.

Dans la tasse il y a assez de café.	Fincanın içinde yeteri kadar kahve var.
Je ne gagne pas trop d'argent.	Çok para kazanmıyorum.
Donnez lui un peu d'eau.	Ona biraz su ver.
Il y a beaucoup de livres sur la table.	Masanın üzerinde çok kitap vardır.
Aujourd'hui ils ont travaillé davantage.	Onlar bugün çok çalıştılar.
Combien de pommes y a-t-il dans le panier?	Sepetin içinde ne kadar elma vardır?
Ils ont passé seulement une semaine à la ville.	Onlar şehirde sadece bir hafta geçirdiler.
Il travaille seulement pour gagner sa vie.	O sadece hayatını kazanmak için çalışıyor.
Je suis très heureux de vous voir ici.	Sizi burada görmekten çok mutluyum.

Vous êtes très intelligent.	Siz çok zekisiniz.
Je ferai un gâteau encore une fois.	Bir kez daha pasta yapacağım.
Nous avons encore froid.	Hâlâ üşüyoruz.
Ce n'est pas à elle? Si, c'est à elle.	Bu ona ait değil mi? Evet, ona ait.
C'est une ville si belle.	Bu, o kadar güzel bir şehirdir.
Ne marchez pas si vite.	Çok hızlı yürümeyiniz.
Jale vous aime tant ma tante.	Jale sizi çok seviyor halacığım.
Vous ne pouvez pas répondre à cette questions, tellement elle est difficile.	Siz bu soruyu cevaplandıramazsınız, o çok zor.
J'ai tellement mal aux dents, je veux aller chez le dentiste.	Dişlerim çok ağrıyor, dişçiye gitmek istiyorum.

4. adverbe de manière - durum zarfı

İşin, eylemin, oluşun nasıl yapıldığını belirten zarflara durum zarfı (**adverbe de manière**) denir. Bu zarfların anlaşılması için fiilden önce nasıl sorusu sorulur.

Örneğin, **bien**, **légèrement**, **doucement** vb. sözcükleri birer **adverbe de manière**'dirler (durum zarfı).

Cette fille travaille bien sa leçon.	Bu kız dersine iyi çalışıyor.
Il vient lentement vers nous.	O yavaşça bize doğru geliyor.
Soudain je l'ai vu derrière le mur.	Aniden onu duvarın arkasında gördüm.
La machine marche bien à l'usine.	Fabrikada makine iyi çalışıyor.
Ce maçon fait maladroitement le mur.	Bu işçi duvarı acemice örüyor.
Il viendra surement aujourd'hui.	O mutlaka bugün gelecek.

Pek çok durum zarfları **féminin** tekil niteleme sıfatlarına **ment** takısının getirilmesiyle yapılır. Eski Fransızca'da **ment** durum anlamına gelen **féminin** bir sözcüktü.

sıfat	durum zarfı	anlamı
basse	bassement	alçakça
belle	bellement	güzelce
douce	doucement	yavaşça
fraiche	fraichement	soğuk olarak
glorieuse	glorieusement	şerefle
longue	longuement	uzun uzadıya
mutuelle	mutuellement	karşılıklı
sote	sottement	aptalca
tendre	tendrement	sevecenlikle

Ancak **féminin** işareti olan son **e** harfiyle birlikte sonlarında iki sesli olan **féminin** sıfatlardan **adverbe de manière** (durum zarfları) yapılırken **féminin** sıfatın sonundaki **e** harfi kalkar.

vraie	vraiment	gerçekten
hardie	hardiment	yüreklilikle, cesaretle
absolue	absolument	salt olarak, mutlaka

Sonları **ant** ve **ent** takılarıyla biten sıfatların **féminin**leri doğal olarak **e** seslisini alarak yapmalarına rağmen bu sıfatlardan durum zarfları yapılırken **ant** ve **ent** takılarının yerine **amment** ve **emment** ekleri getirilerek oluşturulur.

fréquent	fréquemment	sık sık
savant	savamment	bilgince
courant	couramment	rahatça, kolayca
négligent	négligemment	baştan savma
prudent	prudemment	özenle
violent	violemment	zorla, şiddetli

Fakat **lent** (yavaş) zarfının **lentement** (yavaşça) olarak durum zarfını oluşturması bu kuralın bir istisnasıdır.

Yukarıdaki durum zarflarından anlaşıldığına göre bu zarfların bir çoğunun **adjectif qualificatif** (niteleme sıfatları)'lerden yapıldığı görülmektedir. Ancak bütün niteleme sıfatlarından durum zarflarının yapılacağı görüşüne kapılmak çok yanlıştır. Her niteleme sıfatından durum zarfı **(adverbe de manière)** yapılmaz.

Aynı zamanda konumuzun başında da gördüğümüz gibi **ment** ekiyle sonuçlanmayan **adverbe de manière**'ler de vardır. Örneğin; **bien, mal, volontiers, mieux** vb. gibi.

Aynı zamanda bazı **adjectif qualificatif**'ler (niteleme sıfatları) **adverbe de manière** (durum zarfları) olarak kullanılabilmektedir. Örneğin;

parler bien	iyi konuşmak
lire juste	doğru okumak
écrire correctement	doğru yazmak
vendre cher	pahalı satmak
crier haut	yüksek sesle bağırmak

Yer zarfı olan **là** sözcüğünü article ve zamir **(pronom)** olan **la**'dan ayırt etmek için üzerine bir **(à) accent grave** konulur.

Y zamir olduğu gibi bazen zarf da olabilmektedir. Bununla ilgili örnek cümleler aşağıda bulunmaktadır.

Nous sommes allés à Trabzon, nous y avons vu le pavillon d'Atatürk.	Trabzon'a gittik, orada Atatürk köşkü'nü gördük.
Il vient de France, j'y suis allé l'année dernière.	O, Fransa'dan geliyor, ben oraya geçen sene gittim.

ALIŞTIRMALAR – 36

A. Aşağıdaki zaman zarflarının (**adverbes de temps**)Türkçe karşılıklarını yazınız.

1. **Aujourd'hui:** 1. ....
2. **Lendemain:**   2. ....
3. **Tantôt:**   3. ....
4. **Après-midi:** 4. ....
5. **Hier:**   5. ....
6. **Demain:**   6. ....
7. **Alors:**   7. ....
8. **Jamais:**   8. ....
9. **Toujours:**   9. ....
10. **Quelquefois:** 10. ....

B. Aşağıdaki yer zarflarının (**adverbe de lieu**) Fransızca karşılıklarını yazınız.

1. Burada:
2. Orada:
3. Ki orada:
4. Oraya:
5. Başka yerlerde:
6. Çevresinde:
7. Uzak:
8. Her tarafta:
9. Üzerinde:
10. Dışarıda:
11. Altında:
12. Orda:
13. Yanında, dibinde:
14. Aşağısında:
15. Solunda:
16. Arkasında:
17. Önünde:
18. Yukarıda:
19. Sağında:
20. İçinde:

1. ....
2. ....
3. ....
4. ....
5. ....
6. ....
7. ....
8. ....
9. ....
10. ....
11. ....
12. ....
13. ....
14. ....
15. ....
16. ....
17. ....
18. ....
19. ....
20. ....

C. Aşağıdaki nicelik zarflarının (**adverbe de quantité**) Türkçe karşılıklarını yazınız.

1. **Assez:**
2. **Trop:**
3. **Peu:**
4. **Beaucoup:**
5. **Davantage:**
6. **Combien:**
7. **Seulement:**
8. **Très:**
9. **Encore:**
10. **Si:**
11. **Tellement:**
12. **Tant:**

1. ....
2. ....
3. ....
4. ....
5. ....
6. ....
7. ....
8. ....
9. ....
10. ....
11. ....
12. ....

D. Aşağıdaki sıfatlardan durum zarfları **(adverbe de manière)** yapınız.

1. Basse:
2. Belle:
3. Douce:
4. Fraiche:
5. Glorieuse:
6. Long:
7. Mutuelle:
8. Sote:
9. Tendre:
10. Gentille:

1. ......
2. ......
3. ......
4. ......
5. ......
6. ......
7. ......
8. ......
9. ......
10. ......

E. Sonları **(E)** ile biten ancak durum zarfı **(adverbe de manière)** türetilirken **E** harfi kalktıktan sonra durum zarfı eki alan aşağıdaki sıfatlardan durum zarfları oluşturunuz.

1. Vraie:
2. Hardie:
3. Absolue:

1. ......
2. ......
3. ......

F. Aşağıdaki sonları **ant** ve **ent** takılarıyla biten sıfatlardan bu takıların atılarak yerlerine **amment** ve **emment** takıları getirerek durum zarfları türetiniz.

1. Fréquent:
2. Savant:
3. Courant:
4. Negligent:
5. Prudent:
6. Violent:

1. ......
2. ......
3. ......
4. ......
5. ......
6. ......

G. Ment takısı almayan dört durum zarfı **(adverbe de manière)** yazınız.

1. ......
2. ......
3. ......
4. ......

H. Aşağıdaki cümlelerdeki boşluklara ayraç içinde verilen sıfat ve zarf seçeneklerinden uygun olanları yazınız.

Örnek: **Paul parle avec la voix**...............**(basse/ bassement)**.
   Paul parle avec la voix basse.

Paul parle................................**(basse/bassement)**.
Paul parle bassement.

Mireille est une fille..........................**(belle/ bellement)**

1. Mireille est..................   1. ....
....
2. La femme marche avec les   2. ....
   pas............(douce/ doucement)
3. La femme marche.........................   3. ....
4. Je voudrais boire jus d'orange   4. ....
   ....(fraiche/ fraichement)
5. Je voudrais boire   5. ....
   ....
6. Le père de mon ami est un homme   6. ....
   me........(tendre/ tendrement)
7. Le père de mon ami   7. ....
   est...
8. C'est une idée................(savant/   8. ....
   savamment)
9. C'est ....   9. ....
   ....
10. C'est une réponse.........(négligent/   10. ....
    négligemment)
11. C'est..   11. ....

locution adverbiale - zarflardan yapılmış deyim

Birden çok bazı sözcüklerin bir araya gelerek oluşturdukları zarf görevini gören sözcük grubuna **locution adverbiale** denir.

     à contre-coeur: istemeye istemeye   **au-dessus:** üzerinde
     à peu près: hemen hemen   **ne ... jamais:** asla
     pour ainsi dire: adeta, tıpkı   **tout à fait:** tamamen

Bu **locution adverbiale** cümle içinde aşağıdaki örneklerde görüldüğü gibi kullanılabilir.

     Il a parlé avec elle à contrecoeur.   O, onunla istemeye istemeye konuştu.

     Mon livre est sous le sac, mets   Benim kitabım çantanın altında,
     le tien au-dessus.   seninkini üzerine koy.

J'ai quitté Istanbul à regret.	Üzülerek İstanbul'u terk ettim.
Les voyageurs sont allés avec le bateau à regret.	Yolcular üzülerek gemiyle gittiler.
Il a neigé à contretemps.	Beklenmedik bir kar yağdı.
Aujourd'hui les visiteurs sont venus chez vous à contretemps.	Bugün size beklenmedik anda ziyaretçiler geldi.
Nous sommes allés jusqu'à la forêt à peu près à dix kilomètrés du village.	Köyden hemen hemen on kilometre ormana kadar gittik.
Le printemps est venu pour ainsi dire la nature est comme un tapis vert et blanc.	İlkbahar geldi tabiat adeta yeşil ve beyaz bir halı gibidir.
Nous ne voulons jamais rester ici.	Asla burada kalmak istemiyoruz.
Elles ne se promeneront jamais pendant leurs examens.	O kızlar hiçbir zaman sınavları sırasında gezmeyeceklerdir.
Hier, elle a changé son manteau. Ce soir il fait vraiment froid.	Dün o paltosunu değiştirdi. Bu akşam hava gerçekten soğuk.

adverbes d'affirmation

Locution adverbiale'lerden başka bazı zarflar herhangi bir şeyin onaylanmasını belirtirler. Bu zarflar şunlardır: **Oui**, **certes**, **certainement**, **assurément**, **vraiment**, **si** vb. Bunların da cümle içinde kullanılışları aşağıda görülmektedir.

Avez-vous commencé à moissonner du blé?	Buğdayları biçmeye başladınız mı?
Oui, nous avons commencé hier.	Evet, dün başladık.
Est-ce qu'elle chantera ce soir?	Bu akşam o şarkı söyleyecek mi?
Oui, la chanteuse que tu connais va chanter maintenant.	Evet, senin tanıdığın şarkıcı şimdi şarkı söyleyecek.
Certes ils viendront cet après midi à cinq heures.	Hiç kuşku yok ki onlar bu akşam saat beşte gelecekler.

Certes, vous pourrez réussir cet examen.	Hiç şüphe yok ki siz bu sınavı başarabileceksiniz.
Vous irez certainement à la campagne cette année.	Hiç kuşku yok ki bu sene siz köye gideceksiniz.
Nous ne voulons surement rester ici jusqu'à dix heures.	Biz saat ona kadar elbette burada kalmak istemiyoruz.
Nous écouterons certainement la musique ce soir.	Biz bu akşam elbette müzik dinleyeceğiz.
Mes amis sont vraiment venus ce matin.	Gerçekten arkadaşlarım bu sabah geldiler.
Je ne vous connaissais pas vraiment.	Gerçekten sizi tanımıyorum.
Demain, vous verrez vraiment le directeur de l'école.	Yarın gerçekten okulun müdürünü göreceksiniz.

adverbes de comparaison - kıyaslama zarfları

Sıfatlarda olduğu gibi zamirler için de kıyaslama söz konusudur. Burada kıyaslama belirten sözcükler; **aussi, moins, plus, autant** sözcükleridir.

Comment une fille aussi intelligente n'a-t-elle pas réussi l'examen?	Bu kadar zeki bir kız nasıl olur da sınavı başarmadı?
Comment une voiture aussi vieille roule-t-elle jusqu'à ce moment dans votre pays, je ne le comprend pas.	Nasıl olur da bu kadar eski bir araba ülkenizde bu zamana kadar çalışıyor, bunu anlamıyorum.
Vous écoutez moins la chanson.	Siz daha az şarkı dinliyorsunuz.
Il mange moins.	O daha az yemek yiyor.
Les petites filles de notre quartier sautent moins à la corde.	Bizim mahallenin küçük kızları daha az ip atlıyorlar.
Je me sens plus vieux, vous êtes jeunes.	Kendimi çok yaşlı hissediyorum, siz gençsiniz

Ce sont plus dangereux, ils peuvent tomber sur la tête des gens.	Bunlar çok tehlikelidirler, insanların başlarının üzerine düşebilirler.
Je parle français autant que je peux.	Elimden geldiği kadar Fransızca konuşuyorum.
Elle boit de l'eau autant que son frère.	O kız erkek kardeşi kadar su içiyor.

adverbes de négation - olumsuzluk zarfları

Fransızca'da fiilleri olumsuz yapmada kullanılan bir kısım zarflar da vardır. Bunlar **ne ... pas**, **ne ... jamais**, ile hayır anlamına gelen **non** ile **nullement** (hiçbir zaman), **pas du tout** (tamamen hepsi değil), **pas** (yok) anlamlarına gelen zarflara olumsuzluk belirttiklerinden **adverbes de négations** (olumsuzluk bildiren zarflar) denir. Aşağıda bunlarla ilgili birkaç örnek cümle görülmektedir.

Vous ne voyez pas les oiseaux sur le toit de la maison de notre voisin.	Siz bizim komşumuzun evinin üzerindeki kuşları görmüyorsunuz.
Il ne regarde pas les images sur le tableau qui est sur le mur.	O duvarın üzerindeki tablodaki resimlere bakmıyor.
Ils ne pensent pas à venir chez eux.	Onlara gelmeyi düşünmüyorlar.
Mon père ne fume jamais.	Babam asla sigara içmez.
Son oncle ne met jamais de tricot en hiver.	Onun amcası kışın asla kazak giymez.
Est-ce que vous irez au marché? Non, nous n'y irons pas aujourd'hui.	Pazara gidecek misiniz? Hayır, bugün oraya gitmeyeceğiz.
Fument-ils dans la chambre? Non, ils ne fument jamais.	Onlar odada sigara içiyorlar mı? Hayır, asla içmezler.
Ils ne sont nullement content de lui.	Ondan hiçbir zaman memnun değildirler.
Elles ne sont nullement gentilles envers lui.	Onlar, ona karşı hiçbir zaman nazik değildirler.

Je ne comprends pas du tout.	Tamamen anlamıyorum.
Vous ne savez pas du tout.	Tamamen, hepsini bilmiyorsunuz.
Pas de fromage à l'épicerie.	Bakkalda peynir yok.
Pas de billet pour ce soir au cinéma.	Sinemada bu akşam için bilet yok.
Pas de pain à la boulangerie.	Fırında ekmek yok.

adverbes d'interrogation - soru zarfları

Fiilin dile getirdiği işi, oluşu ve eylemi soru yoluyla tamamlayan zarflara **adverbe d'interrogation** (soru zarfları) denir. Bunlar **où** (nerede), **quand** (ne zaman), **comment** (nasıl), **combien** (ne kadar), **pourquoi** (niçin), **si** (-mediği, -madığı) zarflarıdır.

Où est-ce que les feuilles sont tombées en automne?	Sonbaharda yapraklar nereye dökülmüşlerdir?
Où vas-tu aujourd'hui?	Bugün nereye gidiyorsun?
Où vont-elles lundi?	Pazartesi nereye gidiyorlar?
Où est-ce que vous habitiez?	Siz nerede oturuyordunuz?
Où sont-ils partis?	Onlar nereye hareket ettiler?
Quand allez-vous à Ankara?	Ne zaman Ankara'ya gidiyorsunuz?
Quand finirez-vous vos devoirs?	Ödevlerinizi ne zaman bitireceksiniz?
Quand les enfants viendront ils à l'école?	Çocuklar ne zaman okula gelecekler?
Je vous demande quand vous irez au bureau.	Büroya ne zaman gideceğinizi size soruyorum.
Comment est-ce que vous faites ces gâteaux délicieux?	Bu tatlı pastaları nasıl yapıyorsunuz?
Comment est-ce qu'ils travailleront avec ces outiles?	Bu aletlerle nasıl çalışacaklar?

Comment viendront-ils à la maison sous cette pluie?	Bu yağmurun altında eve nasıl gelecekler?
Il me demande comment je pouvais répondre cette question?	O bana bu soruya nasıl cevap verebileceğimi soruyor.
Combien de jours y a -t-il dans un mois?	Bir ayda kaç gün vardır?
Combien de saisons y a -t-il dans une année?	Bir yılda kaç mevsim vardır?
Combien fait ce tableau?	Bu tablonun fiyatı ne kadardır?
Combien de livres y a-t-il dans le sac?	Çantanın içinde kaç tane kitap vardır?
Pourquoi est-ce que tu ne veux pas travailler votre leçon?	Niçin dersinize çalışmak istemiyorsunuz?
Pourquoi sont-elles allées à la campagne quand il faisait froid?	Niçin hava soğukken köye giderlerdi?
Il me demande pourquoi je reste ici.	Burada niçin kaldığımı bana soruyor.
Je vous demande si vous faites vos devoirs?	Size ödevlerinizi yapıp yapmadığınızı soruyorum.
Je ne sais pas si nous lisions le journal.	Gazeteyi okuyup okumadığımızı bilmiyorum.
Il ne sait pas si vous connaissez cet homme?	O sizin bu adamı tanıyıp tanımadığınızı bilmiyor.

COMPARAISON DES ADVERBES - ZARFLARIN KIYASLAMASI

Zarfların da sıfatlarda olduğu gibi kıyaslaması yapılır. Fakat zarfların kıyaslaması doğal olarak sıfatlarınkinden biraz farklı olmaktadır. Sıfatlar gibi zarfların da **comparatif** ve **supérlatif** (üstünlük ve enüstünlük) dereceleri vardır.

le comparatif des adverbes - zarfların üstünlük dereceleri

Zarfların üstünlük dereceleri de sıfatlarda olduğu gibi bir tür kıyaslamadır. Bu kıyaslama üstünlük **(comparatif)** derecesini belirten **plus** sözcüğü ile yapılmaktadır. Daha çok bir durum zarfından önce bu **plus** sözcüğü getirilerek yapılır.

Örneğin, **facilement** (yavaşça) anlamına gelen durum zarfı örnek olarak alındığında kıyaslama şöyle olmaktadır:

plus facilement   daha yavaşça

Bununla ilgili birkaç örnek cümle aşağıda görülmektedir.

Il venait à l'école plus lentement.	O okula daha yavaşça geliyordu.
Je ne sais pas nettement son nom.	Onun adını kesin olarak bilmiyorum.
Les arbres sont alignés le long de la route plus longuement.	Ağaçlar yolun kıyısında çok uzunca bir şekilde sıralanmışlar.
Les étudiants travaillent plus activement pendant les examens.	Sınavlar sırasında öğrenciler çok canlı olarak ders çalışırlar.
Les femmes marchent plus ucement dans le coridor.	Kadınlar koridorda çok yavaşça doyürürler.
Ils parlent plus franchement entre eux.	Onlar aralarında çok içten konuşuyorlar.
Les gens doivent savoir plus naturelement les interêts de l'humanité.	İnsanlar çok doğal olarak bütün insanlığın çıkarlarını bilmek zorundadırlar.

le superlatif des adverbes - zarfların en üstünlük dereceleri

Zarfların enüstünlük derecelerinin yapılması için yine daha çok **adverbe de manière** (durum zarflarında) önce **supérlatif** (enüstünlük) derecesini belirten **le plus** sözcükleri getirilir. Böylece zarfların en üstünlük dereceleri yapılır. Bunun için örnek olarak bir durum zarfı olan **légèrement** alındığı zaman zarfın **supérlatif** (en üstünlük) şekli şu şekilde olur:

le plus légèrement :	En hafif olarak (çok hafif olarak)
le plus tardivement :	En geç olarak (çok geç olarak)
le plus naturellement :	En doğal olarak (çok doğal olarak)
le plus glorieusement :	En onurlu biçimde (çok onurlu biçimde)

En üstünlük derecesini belirten zarflarla ilgili örnek cümleler ise aşağıda bulunmaktadır.

La voiture va le plus vitement.	Araba en hızlı biçimde gidiyor.
C'est moi qui vient le plus lentement.	En yavaşça gelen benim.
Il est un élève qui travaille le plus prudemment.	O, en dikkatli çalışan bir öğrencidir.
Les chanteurs qui chantent le plus facilement sont les chanteurs jeunes.	En kolayca şarkı söyleyen şarkıcılar genç şarkıcılardır.
Il parle le plus hautment	O, çok hızlıca konuşur.
Georges ne marche pas le plus lentement.	En yavaşça Georges yürümez.
Pierre est venu le plus tard aujourd'hui à l'école.	Bugün okula en geç Pierre geldi.
Mon ami danse le plus discrètement.	Arkadaşım çok ağırbaşlı dans eder.
Le professeur étudie le plus attendivement.	Öğretmen daha dikkatlice çalışır.

Ancak **plus bien** yerine **mieux**, **plus mal** yerine ise **pis** kullanılması zorunlu bir kuraldır. Örneğin: "Bu adam daha iyi konuşuyor" cümlesindeki daha iyi anlamında kullanılacak olan **"plus bien"** sözcüğünün yerine **"mieux"** kullanılacağı için cümlenin doğrusu; **Cet homme parle mieux**'dür. Aşağıda bununla ilgili örnek cümleler bulunmaktadır.

Cette fille ne parle pas mieux français.	Bu kız daha iyi Fransızca bilmiyor.
Le malade va mieux aujourd'hui.	Hasta bugün daha iyidir.
Il reste mieux dans sa place propre.	O, kendi yerinde daha iyi duruyor.
Ma mère travaille mieux dans la cuisine avec ma soeur.	Annem kız kardeşimle mutfakta daha iyi çalışıyor.
Les touristes aiment mieux cette mer.	Turistler bu denizi daha iyi seviyorlar.
La voiture marche mieux aujourd'hui.	Araba bugün daha iyi gidiyor.
Les ouvriers ont travaillé mieux.	İşçiler daha iyi çalıştılar.
Mireille écrit mieux sa lettre avec ce stylo.	Mireille bu kalemle mektubunu daha iyi yazıyor.
Ce manteau me va mieux.	Bu palto bana daha iyi yakışıyor.
Il est mieux.	O en iyisidir.
Elle chante tant mieux.	O kız ne kadar güzel şarkı söylüyor.

Plus bien yerine **mieux**'nün kullanıldığı yukarıdaki örnek cümlelerde görülmektedir. **Plus mal** "daha kötü" yerine ise **"pis"** kullanılması gerekmektedir. Bununla ilgili örnek cümleler ise aşağıda gösterilmiştir.

Il travaille pis aujourd'hui.	O bugün daha kötü çalışıyor.
Elle ne voit pas pis maintenant.	O şimdi daha kötü görmüyor.
Les élèves marchent pis devant l'école.	Öğrenciler okulun önünde daha kötü yürüyorlar.
Les enfants ne jouent pas pis avec ses amis.	Çocuklar arkadaşlarıyla daha kötü oynamıyorlar.
Il vous va pis, ne l'achetez pas.	O size daha kötü gidiyor, onu satın almayınız.

Cette robe lui va pis, elle ne la veut pas acheter.	Bu elbise ona daha kötü gidiyor, o onu satın almak istemiyor.

Supérlatif'ler ise **supérlatif relatif** ve **supérlatif absolu** olmak üzere iki kısma ayrılırlar.

Supérlatif relatif'ler şu zarflardır: **Le mieux** (en iyisi), **le pis** (en kötüsü) **le moins** (en azı) gibi.

Aller au restaurant pour manger c'est le mieux ce soir.	Yemek yemek için bu akşam lokantaya gitmek en iyisidir.
Parler lentement avec les amis au cinéma c'est le mieux.	Sinemada arkadaşlarla yavaş konuşmak en iyisidir.
Venir à l'usine à huit heures c'est le mieux.	En iyisi fabrikaya saat sekizde gelmektir.
Travailler avec le professeur, c'est le mieux maintenant.	Şimdi öğretmenle çalışmak en iyisidir.
Aller au bureau sous cette pluie, c'est le pis.	Bu yağmurun altında büroya gitmek çok kötüdür.
Nager est le pis pendant cette chaleur.	Bu sıcaklıkta denize girmek en kötüsüdür.
Conduire la voiture en hiver est le pis.	Kışın araba kullanmak en kötüsüdür.
Entendre la mort d'un ami est le pis pour les gens.	Bir dostun ölümünü duymak insanlar için çok kötüdür.
Marcher dans la rue est le pis quand il neige.	Kar yağarken sokakta yürümek en kötüsüdür.

Supérlatif absolu'ler ise herhangi bir durum zarfından önce **très**, vb. sözcüklerinin getirilmesiyle yapılan **supérlatif**'lerdir. Bununla ilgili örnek cümleler aşağıda bulunmaktadır.

Örneğin, **très peu, trés bien, trés mal** birer **supérlatif absolu**'dürler.

Tu parles très bien français.	Sen çok güzel Fransızca konuşursun.
Vous ne parlez pas très mal italien.	Siz çok kötü İtalyanca konuşmuyorsunuz.

Elles ont mangé très peu pommes.	Onlar çok az elma yediler.
Ils ont ramassé très peu pierre.	Onlar çok az taş topladılar.

fonctions de l'adverbe - zarfın işlevleri

Zarfların da diğer sözcük türleri gibi cümle içinde yüklendiği bir takım işlevler vardır. Zarflar (adverbes) cümlede üç önemli işlevi yerine getirirler.

1. **Adverbes** (zarflar) cümlede **sujet** (özne) olabilir.
2. **Adverbes** (zarflar) cümlede **complément** (tümleç) olabilir.
3. **Adverbes** (zarflar) cümlede **atribut** (yüklem) olabilir.

1. Zarflar cümle içinde işi, eylemi ve hareketi yapan kişi (özne) **sujet** olabilir. Bununla ilgili örnek cümleleri şu şekilde vermek mümkündür.

Peu n'est pas suffisant pour lui.	Az onun için yeterli değildir.
C'est trés necessaire pour lui.	Onun için çok gereklidir.

2. Zarflar cümlede **complément direct** de olabilirler.

Il avait beaucoup de stylos.	Onun çok dolmakalemi vardı.
Ce paysan a eu trop de moutons.	Bu köylünün çok koyunu oldu.
Cette femme a vu beaucoup de villes.	Bu kadın çok şehir gördü.
Mon père a acheté assez de livres.	Babam yeteri kadar kitap satın aldı.
Les voyageurs ont trouvé assez de places dans l'avion.	Yolcular uçakta yeteri kadar yer buldular.

3. Zarflar cümle içinde **atribut** (yüklem) işlevi de görürler. Bununla ilgili örnek cümleler aşağıda bulunmaktadır. Cümlede zarflar **atribut** olmaları nedeniyle sonda yer alırlar.

J'ai vu un film qui est bien.	Ben iyi olan bir film gördüm.
Aujourd'hui tu as rencontré une rivière qui est jolie.	Bugün sen güzel olan bir ırmağa rastladın.
Les enfants travaillent bien.	Çocuklar iyi çalışıyorlar.
La robe que ma mère avait achetée pour ma soeur lui va bien.	Annemin kız kardeşim için satın aldığı elbise ona iyi yakışıyor.
Vous irez à l'école demain.	Siz okula yarın gideceksiniz.
Ils ne partiront pas pour Ankara le lundi matin.	Onlar Ankara'ya pazartesi sabah hareket etmeyecekler.

Bir çeşit **locution adverbiale** olan **"ne ... que"** fiillerle birlikte kullanılarak "sadece" **(seulement)** anlamına gelen bir kısıtlamayı dile getirir.

Je ne parle qu' avec mes amis.	Ben sadece arkadaşlarımla konuşuyorum.
Vous n'avez qu'un sac.	Sizin sadece bir çantanız var.
Ils n'attendent que ses voisins.	Onlar sadece komşularını bekliyorlar.
Elles ne lisent que les journaux.	Onlar sadece gazeteleri okuyorlar.
Daniel ne visitera que le musée.	Daniel sadece müzeyi gezecek.
Elle ne prépare que le repas.	O sadece yemeği hazırlıyor.
Il ne regarde que les paysages de la montagne.	O sadece dağın manzarasına bakıyor.
Les visiteurs ne resteront que dans l'hôtel.	Otelde sadece ziyaretçiler kalacaklar.
Ils ne trouvent que leurs camarades.	Onlar sadece arkadaşlarını buluyorlar.
Les enfants ne jouent que dans le jardin.	Çocuklar sadece bahçede oynuyorlar.
Ma mère ne prendra que de pomme au marché.	Annem pazardan sadece elma satın alacak.
Mon frère n'écrit qu'une lettre ce soir.	Kardeşim bu akşam sadece bir mektup yazacak.
Elle n'écoute que le professeur dans la classe.	O sınıfta sadece öğretmeni dinliyor.

ALIŞTIRMALAR - 37

A. Aşağıdaki zarflardan oluşmuş deyimlerin **(locution adverbiale)** Türkçelerini yazınız.

1. **À contre-coeur:**   1. ....
2. **À peu près:**   2. ....
3. **Pour ainsi dire:**   3. ....
4. **Au-dessus:**   4. ....

B. Aşağıdaki onaylama zarflarının **(adverbes d'affirmation)** Fransızca karşılıklarını yazınız.

1. **Evet:**   1. ....
2. **Kuşkusuz:**   2. ....
3. **Kesinlikle:**   3. ....
4. **Gerçekten:**   4. ....
5. **Elbette:**   5. ....

C. Aşağıda içinde **aussi, moins, plus, autant** kıyaslama zarfları (**adverbe de comparaison**) bulunan cümleleri Türkçeye çeviriniz.

1. Je n'ai jamais vu une fille aussi intelligente.
2. Il travaille moins.
3. Elle mange moins.
4. Nous avons dansé plus hier.
5. Il y avait autant d'homme dans la rue.

1. ....
2. ....
3. ....
4. ....
5. ....

D. Aşağıdaki sorulara **ne.......pas** olumsuzluk zarfını (**adverbes de négation**) kullanarak yanıtlayınız.

Örnek: **Parlez- vous Anglais? Non je ne parle pas Anglais**.

1. Voit- il les oiseaux sur le toit?
2. Votre père fume-t-il?
3. Finissez- vous vos devoirs?
4. Ont-ils réussi les examins
5. Est-elle allé à Bursa?

1. ....
2. ....
3. ....
4. ....
5. ....

E. Aşağıdaki soruları **ne...... Jamais** olumsuzluk zarfını (**adverbe de né- gation**) kullanarak yanıtlayınız.

1. Etes-vous allés en Espagne?
2. Aime-t-elle la musique arabe?
3. Etes-vous content de lui?
4. As-tu vu Charles?
5. Ai-je pu faire un tour du monde?

1. ....
2. ....
3. ....
4. ....
5. ....

F. Aşağıdaki cümlelerdeki boşluklara **Où** veya **Combien** soru zarflarından (**adverbe d'interrogation**) uygun olanlarla doldurunuz.

1. ....irez- vous demain? J'irai à İzmir.
2. ....de personne y a-t-il dans l'avion Il y a trois cent personne.
3. ....fait ce tableau?   Ce la fait 50 Euros.
4. ....sont-ils partis?   Ils sont partis pour la France.
5. ....avait-elle joué?.........Elle avait joué dans le jardin.
6. ....des livres y a-t-il dans la serviette?.................Il y en a deux.

1. ....
2. ....
3. ....
4. ....
5. ....
6. ....

G. Aşağıdaki cümlelerde boş bırakılan yerleri **Quand , Comment , Pourqoi** soru zarflarından **(adverbe d'interrogation)** uygun olanları yazınız.

1. ....êtes-vous venus á la ville?   1. ....
   Lundi je suis venu.
2. ....travaillez-vous avec ces outi-   2. ....
   les? Nous travaillons bien.
3. ....seront-ils ici? Ils seront ici   3. ....
   le mois prochaine.
4. ....est-tu venu á la maison? Je   4. ....
   suis venu au pied.
5. ....se sent-il bien? Il se sent   5. ....
   bien.
6. ....avez-vous mangé? Nous   6. ....
   avons mangé au restaurant.
7. ......étudiez-vous vos etudes?   7. ....
   Nous étudions á la bibliothèque.
8. ....porte-il son parapluie?   8. ....
   Parce qu'il va pleuvoir.
9. ....se reposez-vous ici.?   9. ....
   Parce que nous avons été fatigué.
10. ....es-tu triste?   10. ....
    Parce que je suis malade.

H. Aşağıdaki üstünlük derecesi belirten zarfları Türkçeye çeviriniz.

1. **Plus facilement:**   1. ....
2. **Plus lentement:**   2. ....
3. **Plus largement:**   3. ....
4. **Plus nettement:**   4. ....
5. **Plus naturellement:**   5. ....
6. **Plus franchement:**   6. ....
7. **Plus activement:**   7. ....

I. Aşağıda en üstünlük dereceleri belirten zarfları Fransızca'ya çeviriniz.

1. En hafif olarak: 1. ....
2. En şereflice: 2. ....
3. En özenlice: 3. ....
4. En kolayca: 4. ....
5. En hızlıca: 5. ....
6. En yavaşça: 6. ....

LES PRÉPOSITIONS - EDATLAR

La préposition (edat) herhangi bir sözcüğün yanında bulunarak anlam kazanan, yalnız başına bir anlamı olmayan, ancak cümle içinde anlama kavuşan **invariable** sözcüklerdir.

Belli başlı edatlar şunlardır:

à : -ye, -ya; -de, -da
de : -den, -dan; -nın, -nin
dans : içinde; -de, -da
chez : -de, -da; -ye, -ya
sur : üzerinde
sous : altında
devant : önünde
en : -de, -da; -ye, -ya
depuis : -den beri, -den itibaren
avant : önce
après : sonra
pendant : esnasında
avec : ile
par : ile, tarafından
au moyen : yoluyla
de : -den
pour : için
malgré : rağmen
à cause de : -den dolayı
proche : yakınında

vers : -e doğru
àfin de : amacıyla
sauf : hariç
entre : arasında
contre : karşı
anvers : karşı
parmi : arasında
sans : -sız, -siz
selon : göre
voici : işte
voilà : işte
à la faveur de : -in yararına
à force de : zorla
au lieu de : yerine
autour de : etrafında
en face de : karşısında
grace à : -in sayesinde
jusqu'à : -e kadar
loin de : uzağında
quant à : -e gelince

Yukarıdaki edatları Fransızca'da anlamlarına göre bir kısım gruplara ayırmak mümkündür. Fakat bir grupta yer alan **préposition** (edat) diğer grupta da kolayca yer alabilmektedir. Bu nedenle önce edatların anlamlarına göre bir sınıflandırılması yapıldıktan sonra, örnek cümlelerle açıklama yolu seçilecektir. Bundan sonra en çok kullanılan **locution prépositives**'lerin (edatlardan oluşan deyimlerin) listesi verilecek ve bunlarla ilgili örnekler değişik cümlelerle açıklanacaktır.

Edatlar anlamlarına göre şu çeşitlere ayrılırlar:

1. Dolaylı tümleç olan edatlar
2. Yüklem olarak bulunan edatlar
3. Yer bildiren tümleç olarak kullanılan edatlar
4. Zaman tümleci olarak kullanılan edatlar
5. Durum bildiren tümleçler olarak kullanılan edatlar
6. Neden belirten tümleçler olarak kullanılan edatlar

7. Amaç belirten tümleç olarak kullanılan edatlar
8. Sınırlama belirten sözcük olarak kullanılan edatlar
9. Deyim olarak kullanılan edatlar.

Yukarıdaki sıralamadan da anlaşılacağı gibi edatlar anlamlarına göre cümle içinde birçok işlevlerde bulunmaktadırlar. Bunlar sırasıyla incelendiğinde temel işlevleri daha iyi anlaşılacaktır.

1. dolaylı tümleç olarak kullanılan edatlar

Bunlar Fransızca'da çok kullanılan (**de**, **à**) edatlarıdır. Cümle içinde kullanılışları ise şu şekilde olmaktadır.

Les touristes ont parlé de leur voyage en Asie.	Turistler Asya'ya yaptıkları yolculuktan söz ettiler.
Les paysans sont sortis de leur village.	Köylüler köylerinden çıktılar.
Mon oncle est venu d'Istanbul ce matin.	Amcam bu sabah İstanbul'dan geldi.
Il est sorti de l'école.	O, okuldan çıktı.
Nous pensons toujours à notre parents.	Her zaman ebeveynlerimizi düşünüyoruz.
Vous commencez à lire votre journal.	Siz gazetenizi okumaya başlıyorsunuz.
Il lui parlera, puis il ira au cinéma.	O, ona söyleyecek ve sonra sinemaya gidecek.
Elles se dévouent à travailler pour leurs enfants.	Onlar çocukları için çalışmaya kendilerini adıyorlar.

2. yüklem olarak kullanılan edatlar

Bunlar daha çok cümlenin sonunda yer alarak yüklem görevinde bulunan edatlardır. Cümledeki işlevi **complément d'atribution**'dur. Gerekli örnekler şu şekilde verilebilir:

Cet homme donne toujour un cadeau à quelqu'un.	Bu adam her zaman birisine bir hediye veriyor.

Je porte des livres pour quelqu'un.	Birisi için kitap taşıyorum.
Vous cueillirez des fleurs pour quelqu'un.	Siz birisi için çiçekler toplayacaksınız.
Avez-vous acheté quelque chose pour quelqu'un?	Birisi için bir şeyler satın aldınız mı?
Je prépare le repas pour quelqu'un.	Birisi için yemek hazırlıyorum.
Vous chantez la chanson pour quelqu'un.	Siz birisi için şarkı söylüyorsunuz.

3. yer bildiren tümleç olarak kullanılan edatlar

Bu edatlar genellikle; **à**, **de**, **dans**, **chez**, **sur**, **sous**, **devant**, **derrière** vb. gibi yer belirten edatlardır. Cümle içinde kullanılışları ise şu şekilde olur.

à edatı genellikle yer belirtme anlamında kullanıldığı zaman herhangi bir yerde bulunuşu belirtir. Evde, okulda, kasabada, köyde, şehirde, büroda gibi yer bildiren bütün durumlarda daha çok bu **préposition** kullanılmaktadır. Örneğin:

à la classe	sınıfta
à l'école	okulda
à la maison	evde
à la ville	şehirde
à la chambre	odada
à la terre	yerde

Article konusunda daha önceden görüldüğü gibi **à** edatı **le** tanımlığı ile birleşerek **à + le = au** olması nedeniyle, **masculin** sözcüklerden önce **à** edatının **au** olarak yazılması bu kuralın gereğidir.

au bureau	büroda
au cinéma	sinemada
au café	kahvede
au village	köyde
à Istanbul	İstanbul'da
à Ankara	Ankara'da

Bunlarla ilgili örnek cümleler ise şu şekilde verilebilir. **Article** konusunda değinildiği gibi **"à"** edatıyla **"le"** tanım sözcüğünün birleşmesi sonucu **au** sözcüğünün oluştuğunun hatırlanması aşağıdaki örnekleri daha iyi kavrama açısından yararlıdır.

Les visiteurs sont restés dans la ville.	Ziyaretçiler şehirde kaldılar.
Le bateau a passé deux jours à Istanbul.	Gemi İstanbul'da iki gün geçirdi.
Les ouvrières sont à l'usine.	İşçiler fabrikadadırlar.
Les élèves écoutent leur professeur en classe.	Öğrenciler öğretmenlerini sınıfta dinliyorlar.
Ils parleront avec le directeur à l'école.	Onlar müdürle okulda konuşacaklar.
Nous prendrons le thé à la maison.	Çayı evde içeceğiz.
Mon père vous attend au bureau.	Babam sizi büroda bekliyor.
Ma mère est chez le coiffeur avec son amie Mme Durant.	Annem arkadaşı Bayan Durant ile kuaförtedir.
Les enfants sont avec leur père au parc.	Çocuklar babalarıyla parktadırlar.
Elles se sont reposées à la maison.	Onlar evde dinlendiler.
Les voyageurs ont passé une semaine dans notre ville.	Yolcular şehrimizde bir hafta geçirdiler.
Les enfants ont fini leurs devoirs à l'école?	Çocuklar ödevlerini okulda bitirdiler.
Ils ont joué aujourd'hui à la maison.	Onlar bugün evde oynadılar.
Les filles ont décidé de rester à la maison de notre grand-mère.	Kızlar bizim büyük annemizin evinde kalmaya karar verdiler.

"à" edatının yer bildirirken, aynı zamanda yön belirttiği durumlar da olmaktadır. Örneğin bundan önce verilen örneklerde sözcükler aynı edatlarla şu anlamlara geliyorlardı.

à la classe	sınıfa
à l'école	okula
à la maison	eve
à la ville	şehre
à la chambre	odaya
à la terre	yere
à la boucherie	kasaba
au bureau	büroya
au cinéma	sinemaya
au café	kahveye
au village	köye
à Adana	Adana'ya
à Ankara	Ankara'ya

Aynı edatlarla yön belirten örnek cümlelerse şu şekilde yapılmaktadır. Aşağıdaki örnek cümlelerde **"à" préposition**'unun **"le"** ve **"les" article**'iyle birleşerek **"au"** ve **"aux"** olduğuna dikkat edilmesi gerekir.

Les élèves vont en classe.	Öğrenciler sınıfa gidiyorlar.
Le professeur va à l'école.	Öğretmen okula gidiyor.
Les infirmières viennent aux hôpitals.	Hemşireler hastanelere geliyorlar.
Les oiseaux volent au ciel.	Kuşlar gökyüzüne doğru uçuyorlar.
Les autos viennent aux villages.	Arabalar köylere geliyorlar.
Le bateau entre aux ports.	Gemi limanlara giriyor.
Mon petit frère est allé au cinéma.	Küçük kardeşim sinemaya gitti.
Son père a fait tomber son sac aux Jardins	Onun babası çantasını bahçelerde düşürdü.
La femme va à la boulangerie.	Kadın fırına gidiyor.
Les facteurs entrent au bureau.	Postacılar büroya giriyorlar.
Nous irons ce soir au cinéma.	Bu akşam sinemaya gideceğiz.

"**de**" edatı yer belirten **préposition** olarak da kullanılır. Evden, okuldan, şehirden, kasabadan, odadan, yerden, sinemadan vb. anlamlarına gelmektedir.

de la classe	sınıftan
de l'école	okuldan
de la maison	evden
de la ville	şehirden
de la chambre	odadan
de la terre	yerden
de la boulangerie	fırından
d'Istanbul	İstanbul'dan
de Bursa	Bursa'dan

Yer bildiren **de** edatı **article** konusunda görüldüğü gibi **le** tanım sözcüğü ile birleşerek **du** olarak da yazılmaktadır. Ayrıca **les** tanım sözcüğüyle birleşince **des** olarak yazıldığının hatırlanması gerekir. Buna göre şu örnekler ortaya çıkmaktadır.

du bureau	bürodan
du cinéma	sinemadan
du café	kahveden
du village	köyden
des bureaux	bürolardan
des cafés	kahvelerden
des cinémas	sinemalardan
des maisons	evlerden
des villes	şehirlerden

Bu edatlarla aşağıda görüldüğü gibi örnek cümleler yapmak mümkündür.

Les paysans viennent de la ville.	Köylüler şehirden geliyorlar.
Mes parents sortent de la maison.	Ebeveynlerimiz evden çıktılar.
Les ouvriers sont sortis de l'usine.	İşçiler fabrikadan çıktılar.
Ma soeur est venue d'Istanbul.	Kız kardeşim İstanbul'dan geldi.
Les spectateurs sont sortis du cinéma.	Seyirciler sinemadan çıktılar.
Les touristes sont descendus des bateaux.	Turistler gemilerden indiler.
Mon père a acheté du pain de la boulangerie.	Babam fırından ekmek satın aldı.

"**dans**" içinde anlamına gelen bu edat ise, yer bildirmesine rağmen isimlerle birlikte **article**'lerden önce kullanılır.

dans la classe	sınıfta (içinde)
dans l'usine	fabrikada (")
dans la forêt	ormanda (")
dans le village	köyde (")
dans la maison	evde (")
dans le bureau	büroda (")
dans le palais	sarayda (")
dans le café	kahvede (")
dans la boutique	dükkânda (")

Les bancs sont dans la classe.	Sıralar sınıftadırlar.
Les machines se trouvent dans l'usine.	Makineler fabrikada bulunuyorlar.
Les grands arbres sont dans la forêt.	Uzun ağaçlar ormandadır.
Il y a aussi des arbres dans le parc.	Parkta ağaçlar da vardır.
Il y a une roche volcanique dans notre village.	Bizim köyde volkanik bir kaya vardır.
Mon père travaille aujourd'hui dans le bureau.	Babam bugün büroda çalışıyor.
Dans le café les hommes sont assis depuis le matin.	Adamlar sabahtan beri kahvede oturuyorlar.
Les enfants sont dans la chambre.	Çocuklar odadadırlar.
Les poissons nagent dans la mer.	Balıklar denizde yüzerler.
Aujourd'hui les nuages se trouvent dans le ciel.	Bugün gökyüzünde bulutlar bulunuyor.
Mes livres ne sont pas dans mon sac.	Benim kitaplarım çantamda değildir.
Les clients sont encore dans la boutique.	Müşteriler hala dükkânın içindedirler.

"chez" edatı "birinin evinde, evine; -in memleketinde; -lere, -lara -in devrinde, zamanında" anlamlarına gelmektedir.

Vous allez chez vous.	Evinize gidiyorsunuz.
Allez-vous chez eux?	Onlara gidiyor musunuz?
Il va plevoir, allons chez nous.	Yağmur yağacak evimize gidelim.
Les bergers rentrent chez eux.	Çobanlar evlerine dönüyorlar.
Chez les Turcs, l'hospitalité est une tradition nationale.	Türklerde misafirperverlik ulusal bir gelenektir.
Chez les Anglais, le football est un sport national depuis le dix neuvième siecle.	İngilizlerde futbol ondokuzuncu yüzyıldan beri ulusal bir spordur.
Chez les anciens Turcs on savait forger le fer.	Eski Türklerde demiri dövme işi biliniyordu.

Sur edatı "üzerine, üstüne; üzerinde, üstünde" anlamına gelir.

Je vois un vase de fleur sur la table.	Masanın üzerinde bir çiçek vazosu görüyorum.
Ma fille a mis le livre français sur la serviette.	Kızım Fransızca kitabını çantanın üstüne koydu.
Il y avait de la neige sur la montagne.	Dağın üstünde kar vardı.
Voyez-vous l'oiseau qui est sur le toit?	Çatının üstündeki kuşu görüyor musunuz?
Un pigeon vole sur l'arbre qui est devant la maison.	Evin önündeki ağacın üzerinde bir güvercin uçuyor.
Les voitures passent plus vite sur le pont du Bosphore.	Arabalar Boğaz Köprüsü'nün üzerinde çok hızlı geçiyorlar.
Le stylo n'est pas sur le livre.	Dolmakalem kitabın üstünde değildir.
La chemise de papa est sur la table.	Babamın gömleği masanın üstündedir.
La robe de ma mère est sur celle de ma soeur.	Annemin elbisesi kız kardeşiminkinin üstündedir.

"**sous**" edatı bir şeyin altında anlamına gelmekle beraber herhangi bir eşyanın ve cismin başka bir cismin altında bulunduğunu belirtir.

Nous voulons nous asseoir sous l'arbre.	Ağacın altında oturmak istiyoruz.
Les touristes se reposaient sous la tente.	Turistler çadırın altında dinleniyorlardı.
Nous avons marché sous la pluie depuis le matin.	Sabahtan beri yağmurun altında yürüdük.
Le bateau long passe sous le pont du Bosphore.	Uzun gemi Boğaz Köprüsü'nün altından geçiyor.
Il y a un chat sous la table.	Masanın altında bir kedi vardır.
Le berger dort sous sa tente.	Çoban çadırının altında uyuyor.
Il y a une cave sous la maison.	Evin altında bir bodrum katı vardır.
La serviette de Filiz est sous celle de mon frère.	Filiz'in çantası erkek kardeşiminkinin altındadır.

Devant edatı bir şeyin önünde anlamına gelmekte ve herhangi bir eşyanın ve cismin başka bir cismin ve eşyanın önünde olduğunu belirtmektedir.

Il y a une rivière devant la montagne.	Dağın önünde bir nehir vardır.
Je vois une maison devant le musée.	Müzenin önünde bir ev görüyorum.
Le médecin attend son ami devant l'hôpital.	Doktor hastanenin önünde arkadaşını bekliyor.
Le directeur parle avec un homme devant son bureau.	Müdür bürosunun önünde bir adamla konuşuyor.
Le petit enfant marche devant sa mère.	Küçük çocuk annesinin önünde yürüyor.
Les touristes prennent la photo vant les mosquées historiques.	Turistler tarihi camilerin önünde **de-**fotoğraf çekiyorlar.
Il y a une bonne maison devant le jardin.	Bahçenin önünde güzel bir ev vardır.

Vous avez attendu vos amis devant l'école.	Siz arkadaşlarınızı okulun önünde beklediniz.
Le professeur fait le cours devant le tableau.	Öğretmen dersi yazı tahtasının önünde anlatıyor.

Derrière edatı da "arkasında" anlamına gelir ve herhangi bir şeyin bir başka şeyin arkasında olduğunu belirtir.

Il y a une ville moderne derrière cette montagne.	Bu dağın arkasında modern bir şehir vardır.
Je ne vois rien derrière la maison.	Evin arkasında hiçbir şey görmüyorum.
Les oiseaux volent derrière les arbres.	Kuşlar ağaçların arkasında uçuyorlar.
Le chat est derrière la chaise.	Kedi sandalyenin arkasındadır.
Le tableau noir est derrière le maitre.	Yazı tahtası öğretmenin arkasındadır.
Le musée est derrière cette mosquée.	Müze bu caminin arkasındadır.
L'hôtel n'est pas derrière cette route.	Otel bu sokağın arkasında değildir.
Les infirmières sont derrière l'hôpital.	Hemşireler hastanenin arkasındadır.
Les vaches du paysan sont derrière la ferme.	Köylünün inekleri çiftliğin arkasındadır.
La voiture de mon oncle est derrière cette boutique.	Amcamın arabası bu dükkânın arkasındadır.

4. zaman bildiren tümleç olarak kullanılan edatlar

Bu edatlar **à, en, depuis, avant, après, pendant, durant** gibi zaman belirten edatlardır. Cümlede kullanılışları ise şöyledir:

"à" edatının genellikle zaman belirtme anlamında kullanıldığı zaman herhangi bir olayın yapıldığı saati vb. açıkladığı görülür.

Je viendrai aujourd'hui le matin à dix heures.	Bu sabah saat onda geleceğim.
Les fonctionnaires viendront au bureau à neuf heures et demie.	Görevliler daireye saat dokuz buçukta gelecekler.
Metin se réveillera ce matin à huit heures et quart pour aller à Ankara.	Metin bu sabah saat sekizi çeyrek geçe Ankara'ya gitmek için kalkacak.
Mon père partira pour Adana le soir à sept heures.	Bu akşam babam saat yedide Adana'ya hareket edecek.
Mon ami viendra chez nous à six heures.	Arkadaşım saat altıda bize gelecek.
Nous visiterons les musées à onze heures avec mon ami français.	Bugün saat on birde Fransız arkadaşımla müzeleri gezeceğiz.
Les touristes seront à l'hôtel à trois heures.	Turistler saat üçte otelde olacaklar.
Les étrangères qui ont visité notre ville partiront en France à une heure.	Şehrimizi ziyaret eden yabancılar saat birde Fransa'ya hareket edecekler.
Le bateau entrera à huit heures au port d'Istanbul.	Gemi saat sekizde İstanbul limanına girecek.

"en" edatı ise à edatı gibi hem içinde hem yön bildirmede hem de zaman belirtmede kullanılır.

Nous ne sommes pas en avril. **Nous sommes en juin.**	Nisan ayında değiliz. Haziran ayındayız.
Nous sommes en automne. **Nous ne sommes pas en hiver.**	Sonbahar mevsimindeyiz. Kış mevsiminde değiliz.
En hiver il fera très froid. **En automne les arbres seront jaunes.**	Kışın hava çok soğuk olacak. Sonbaharda ağaçlar sararacaklar.
En été toute la nature est belle. **En hiver j'aime les montagnes blanches.**	Yazın bütün doğa güzeldir. Kışın beyaz dağları severim.

Depuis edatı ise "-den beri; -den" anlamlarına gelir ve zaman belirtir. Bununla ilgili örnek cümleler ise şunlardır:

Nous venons avec lui depuis l'école.	Okuldan beri onunla birlikte geliyoruz.
Vous avez connu son ami depuis trois mois.	Siz onun arkadaşını üç aydan beri tanıdınız.
Je ne suis pas ici depuis deux jours.	İki günden beri burada değilim.
Il neige depuis le matin.	Sabahtan beri kar yağıyor.
Nous marchons depuis trois heures.	Saat üçten beri yürüyoruz.
Ils ont attendu ici depuis le matin.	Sabahtan beri burada beklediler.
Ils n'ont rien mangé depuis dix heures.	Saat ondan beri hiçbir şey yemediler.
Depuis mars il n'est pas ici.	Marttan beri o burada yoktur.
Nous avons marché depuis le village jusqu'à la ville.	Biz köyden şehire kadar yürüdük.
Depuis le premier jour du mois d'avril jusqu'à la fin de mai nous resterons dans cette ville pour travailler.	Nisan ayının ilk gününden itibaren mayıs ayının sonuna kadar çalışmak için bu şehirde kalacağız.
Il neige d'Ankara à Bolu.	Ankara'dan Bolu'ya kadar kar yağıyor.
Pourquoi est-ce que vous attendez ici depuis trois heures?	Üç saattir burada niçin bekliyorsunuz?

Avant edatı herhangi bir şeyin bir başka şeyden önce olduğunu belirtmede kullanılır.

Les pêcheurs iront en mer avant le coucher du soleil.	Balıkçılar güneşin batmasından önce denize açılacaklar.
Aujourd'hui j'irai à l'école avant mon ami.	Bugün arkadaşımdan önce okula gideceğim.

Il est parti pour l'hôpital avant de faire le petit déjeuner.	O kahvaltı yapmadan önce hastaneye hareket etti.
Il faut lire le journal avant de faire le petit déjeuner.	Kahvaltı yapmadan önce gazeteyi okumak gerekir.
Avant tout il faut travailler beaucoup pour réussir les examens.	Sınavlarda başarılı olmak için her şeyden önce iyi çalışmak gerekir.
Il faut parler avec le directeur avant de venir ici.	Buraya gelmeden önce müdürle konuşmak gerekir.

Après "-den sonra, -dikten sonra, -den sonraki" anlamlarına gelir. Bu edat herhangi bir şeyin başka bir şeyden sonra yapıldığını belirtir. Bununla ilgili örnek cümleler aşağıda görülmektedir.

Les touristes viendront après mars.	Turistler Mart ayından sonra gelecekler.
Je nagerai après quatre heures.	Saat dörtten sonra denize gireceğim.
Après avoir fait son devoir il se promenera au parc.	Ödevini yaptıktan sonra parkta gezecek.
Vous mangerez vos repas après le bain.	Siz banyodan sonra yemeğinizi yiyeceksiniz.
Nous pourrons aller au cinéma après le diner.	Akşam yemeğinden sonra sinemaya gidebileceğiz.
Ils iront à Antalya après juin.	Hazirandan sonra Antalya'ya gidecekler.
Il viendra ici dans quelques minutes.	Birkaç dakika sonra buraya gelecek.
Après avoir vu son père, il ira en France.	Babasını gördükten sonra Fransa'ya gidecek.
Il commencera à travailler après avoir passé ses vacances à Bodrum.	Tatilini Bodrum'da geçirdikten sonra çalışmaya başlayacak.
Nous partirons aujourd'hui à Fethiye après avoir fait nos valises.	Bavullarımızı hazırladıktan sonra bugün Fethiye'ye hareket edeceğiz.

Pendant edatı "sırasında, esnasında, -leyin, boyunca" anlamlarına gelerek bir şeyin başka bir şeyin yapılması sırasında gerçekleştiğini dile getirir.

Ils conduisaient pendant la nuit et ils dormaient le jour.	Geceleyin araba kullanıyorlar ve gündüz uyuyorlardı.
En été, pendant la nuit les parcs qui se trouvent au bord de la mer sont pleins de gens.	Yazın, geceleyin deniz kenarında bulunan parklar insanlarla dolup taşıyor.

5. durum bildiren tümleç olarak kullanılan edatlar

Bu edatlar **à, en, avec, de, par, au moyen de, sans** edatlarından ibaret olup cümle içinde kullanılışları aşağıdaki örnek cümlelerde görülmektedir.

"à" edatı aynı zamanda durum tümleci olarak kullanılan bir edattır. Bu şekilde kullanıldığında cümlede çeşitli yerlere gelerek birtakım anlamlar meydana getirir.

Nous avons marché pas à pas dans le jardin.	Bahçede adım adım yürüdük.
Il a parlé avec son ami face à face.	O arkadaşıyla yüz yüze konuştu.
Nous avons un méthode à nous.	Kendimize özgü bir yöntemimiz var.
Il est difficile à lire.	Onun okunması zordur.
Ce probléme n'est pas facile à résoudre.	Bu problemin çözülmesi kolay değildir.

Avec edatı "ile, birlikte, gibi, karşı, yüzünden" anlamlarına gelir. Bununla ilgili örnek cümleler ise aşağıda görülmektedir.

Nous avons parlé avec notre mère.	Annemizle konuştuk.
Il est allé avec son père.	O babasıyla gitti.
Vous vous promenez avec vos amis au bord de la rivière.	Arkadaşlarınızla deniz kenarında geziniyorsunuz.
Ils ont porté les valises avec les porteurs.	Valizleri yük taşıyıcılarıyla birlikte taşıdılar.
Il a travaillé avec sa soeur.	O kız kardeşiyle çalıştı.

Nous avons moissonné du blé avec les paysans.	Köylüler ile buğday hasadı yaptık.
Nous avons lutté avec plusieurs lutteurs.	Bir sürü güreşçiye karşı güreştik.

"par" edatı ...den, ...yoluyla, anlamlarında kullanıldığı zaman durum bildiren bir edat tümlecidir.

Nous avons passé par la porte.	Kapıdan geçtik.
Les français ont voyagé par mer.	Fransızlar deniz yoluyla seyahat ettiler.
Nous irons à Göreme par la route.	Göreme'ye karayoluyla gideceğiz.
Vous êtes allés en France par air.	Fransa'ya hava yoluyla gittiniz.
Les médecins ont travaillé par le silence.	Doktorlar sessizce çalıştılar.
Les étudiants ont fait leurs devoirs par la force.	Öğrenciler ödevlerini zorla yaptılar.

Sans edatı "-sız, -siz, -si olmayan; olmasaydı, -meksizin" anlamlarına gelir.

Il est allé au bureau sans parapluie.	Büroya şemsiyesiz gitti.
Il est venu sans son frère.	Yanında erkek kardeşi olmaksızın geldi.
Sa tante est une femme sans pareille.	Onun teyzesi benzeri olmayan bir kadındır.
Elle est allée au marché sans panier.	Çantasız pazara gitti.
Nous ne sommes pas venus sans fleur.	Çiçeksiz gelmedik.
Sans ce défaut elle serait une bonne infirmière.	Bu hatası olmasaydı iyi bir hemşire olacaktı.

Elle ne peut pas étudier la leçon sans écouter da la musique.	O müzik dinlemeksizin ders çalışamıyor.
Elle mange sans du pain.	O ekmek yemeden yemek yiyor.
Nous venons sans attendre.	Biz beklemeksizin geliyoruz.
Il travaillait sans être fatigué.	O yorulmaksızın çalışıyordu.
Elle part sans téléphoner.	O telefon etmeden gidiyor.
Nous nous amusons sans danser.	Biz dans etmeden eğleniyoruz.
Vous chantez sans attendre.	Beklemeden şarkı söylüyorsunuz.

6. neden bildiren tümleç olarak kullanılan edatlar

Par, **pour**, **de**, **malgré**, **à cause**, **dans**, **sur** edatları bu tür edatların başlıcalarıdır. Bu edatların cümle içinde kullanılışları aşağıdaki açıklamalardan sonra birer birer verilmektedir.

Par edatı "-den dolayı, nedeniyle" anlamına gelir.

Il est très triste de la maladie de son père.	O babasının hastalığı nedeniyle çok üzgündür.
Notre camarade est fatigué par son travail.	Arkadaşımız işi nedeniyle yorgundur.
Nous avons quitté cette ville par le froid.	Bu şehri soğuk yüzünden terk ettik.
Les médecins peuvent être attendus, par leurs malades.	Doktorlar hastaları tarafından bekletilebilmektedir.
Elle n'est pas heureuse à cause du malheur de son amie.	O kadın arkadaşının mutsuzluğu yüzünden mutlu değildir.
Nous sommes timides par la maladresse de notre camarade.	Arkadaşımızın beceriksizliği yüzünden çekingeniz.

Pour edatı "için, uğruna, yerine, adına" anlamına gelir.

Les élèves travailleront pour changer de classe.	Öğrenciler sınıfı geçmek için çalışacaklar.

Les gens travailleront pour gagner leur vie.	İnsanlar hayatlarını kazanmak için çalışacaklar.
Il faut étudier pour bien apprendre.	İyi öğrenmek için çalışmak gerekir.
Les savants travaillent pour le succès.	Bilim adamları başarı uğruna çalışıyorlar.
Les parents veulent acheter les habits pour leurs enfants.	Ebeveynler çocukları için giysiler satın almak istiyorlar.
Je vais parler pour mon père.	Ben babamın yerine konuşacağım.
Vous allez prendre pour votre fils.	Oğlunuz için alacaksınız.
La maison est restaurée pour le tourisme.	Ev turizm nedeniyle onarılmış.
Il est tombé à cause de son imprudence.	O tedbirsizliği nedeniyle düştü.
L'école est fermée pour les vacances.	Okul tatil nedeniyle kapanmıştır.
Le couturier est venu aujourd'hui à sa boutique pour ses clientes.	Bayan terzisi müşterileri için bugün dükkânına geldi.

Malgré edatı "rağmen, karşın; yine de; göz önüne almaksızın" anlamlarına gelir.

Il est venu à l'école malgré la pluie.	Yağmura rağmen okula geldi.
Il a lu le livre malgré son ami.	Arkadaşına rağmen bu kitabı okudu.
Nous avons beaucoup nagé malgré le vent.	Rüzgâra rağmen çok yüzdük.
Nous irons à la montagne pour faire du ski malgré le froid.	Soğuğa rağmen kayak yapmak için dağa gideceğiz.
Les enfants ont joué dans le jardin malgré la poussière.	Çocuklar tozlara rağmen bahçede oynadılar.
Il n'a pas fait ce devoir malgré son frère.	Erkek kardeşine aldırmayarak bu ödevi yapmadı.

Il n'est pas venu malgré les visiteurs étrangères.	Yabancı ziyaretçilere rağmen o bugün gelmedi.
Malgré la neige, elle est partie pour le village de son père.	O kız kara aldırmaksızın babasının köyüne hareket etti.
Ils ont froid malgré le soleil.	Güneşe rağmen onlar üşüyorlar.
Vous êtes venus ici malgré tout	Her şeye rağmen yine de geldiniz.

"à cause de" edatı "yüzünden, nedeniyle, dolayı, ötürü" anlamına gelir.

Nous ne sommes pas allés aujourd'hui au cinéma à cause de la maladie de notre voisin.	Bugün komşumuzun hastalığı dolayısıyla sinemaya gitmedik.
Il a quitté ses amis à cause de ses vacances.	Tatili yüzünden arkadaşlarını terk etti.
Le directeur n'est pas venu à l'usine à cause des visiteurs français.	Fransız misafirler nedeniyle müdür bugün fabrikaya gelmedi.
Nous ne pouvons pas sortir à cause de la pluie.	Yağmur nedeniyle dışarı çıkamıyoruz.
Les voitures ne marchent pas bien à cause de la neige.	Kar nedeniyle arabalar iyi çalışmıyorlar.
Ils ne chantent pas à cause de la maladie de leur ami.	Arkadaşlarının rahatsızlığı yüzünden şarkı söylemiyorlar.
J'ai perdu mon stylo à cause de mon imprudence.	Dikkatsizliğimin yüzünden dolmakalemimi kaybettim.
Les médecins ne sont pas venus ici à cause de leurs malades.	Doktorlar hastaları nedeniyle buraya gelmediler.
Il a travaillé depuis le matin à cause de son examen.	O sınavları yüzünden sabahtan beri çalıştı.

Sur edatı aynı zamanda neden bildiren bir edattır. Bu durumda "-e bakarak, -e göre, konusunda" anlamlarına gelmektedir.

Il ne faut pas connaître les gens sur leurs race.	İnsanları ırklarına göre tanımamak gerekir.

Ne meprisez pas votre frère pour sa faute seule.	Kardeşinizi sadece bir hatasına bakarak küçük düşürmeyiniz.
Je vais discuter d'un problème avec mon ami.	Arkadaşımla bir sorun üzerinde tartışacağım.
Il nous posera des questions sur ce sujet.	O bize bu konu hakkında sorular soracak.

7. amaç bildiren tümleç olarak kullanılan edatlar

Bazı edatlar herhangi bir amaca, gayeye ulaşmayı belirtiler, fiillerle kullanılırlar. Bu edatlar ise; **à**, **pour**, **vers**, **en vue de**, **afin de** gibi edatlardır.

Pour edatı herhangi bir amaca ulaşılmasını belirten anlamlarda da kullanılır.

Il travaillera pour réussir ses examens.	O sınavlarını başarmak için çalışacak.
Il lui faut un escalier pour monter sur le toit.	Çatıya çıkması için ona bir merdiven gerekmektedir.
Nous devons gagner de l'argent pour avoir une maison.	Bir eve sahip olmak için para kazanmamız gerekir.
Les commerçants doivent faire l'exportation pour le développement du pays.	Ülkenin kalkınması için tüccarların ihracat yapmaları gerekir.
Les paysans vendront les légumes pour acheter des provisions.	Köylüler erzak satın almak için sebze satacaklardır.
Il n'ira pas à la ville pour voir son ami.	O arkadaşını görmek için şehre gitmeyecek.
Son ami laboure la terre pour cultiver du blé.	Onun arkadaşı buğday yetiştirmek için toprağı işliyor.

Vers edatı "-e doğru" anlamına gelir.

Nous pensons aller jusqu'à la fin de la route.	Yolun ucuna doğru gitmeyi düşünüyoruz.
L'enfant a commencé à marcher vers sa mère.	Çocuk annesine doğru yürümeye başladı.

Il a regardé vers ses amis.	O arkadaşlarına doğru baktı.
Ils avançaient vers le milieu de la rivière.	Irmağın ortasına doğru ilerliyorlardı.

En vue de edatı "amacıyla, gayesiyle" anlamına gelir.

Les touristes sont venus à notre ville en vue de voir les monuments historiques.	Turistler şehrimize tarihi eserleri görmek amacıyla gelmişlerdir.
Les fermiers sont allés au bureau d'agriculture en vue de savoir la date de moisson.	Çiftçiler hasat tarihini öğrenmek amacıyla ziraat odasına gittiler.
Nous avons acheté deux billets en vue de partir pour Bursa.	Bursa'ya hareket etmek amacıyla iki bilet satın aldık.
Le médecin a écrit le médicament en vue de soigner le malade.	Hastayı tedavi etmek amacıyla doktor ilaç yazdı.

Afin de edatı "amacıyla, için" anlamlarına gelir.

Je suis allé à la maison afin de voir mes parents.	Ebeveynlerimi görürüm diye eve gittim.
Les filles sont sorties de la maison afin de sauter à la corde.	Kızlar ip atlamak için evden çıktılar.
Les étrangères sont parties pour l'hôtel afin de se reposer.	Yabancılar dinlenmek için otele hareket ettiler.
Les touristes français sont allés à Bodrum afin de passer leur vacances.	Fransız turistler tatillerini geçirmek amacıyla Bodrum'a gittiler.
Mireille est restée à la maison afin de travailler sa leçon.	Mireille dersine çalışmak amacıyla evinde kaldı.
Nous irons au cinéma ce soir afin de voir un nouveau film.	Bu akşam yeni bir film görmek amacıyla sinemaya gideceğiz.

LOCUTION PRÉPOSITIVES - EDATLARDAN OLUŞAN DEYİMLER

İki ya da daha fazla edatın bir araya gelerek bir deyim oluşturduğu görülür. Bu deyimler cümle içinde fiillerle birlikte kullanıldığında değişik anlamlar kazanarak işlevlerini sürdürürler. Belli başlı **locution prépositives** (edatlardan oluşan deyimler) şunlardır:

à cause de	: nedeniyle, yüzünden
à force de	: sayesinde
afin de	: amacıyla
à la faveur de	: yararlanarak, yararı sayesinde
au lieu de	: yerinde, yerine
au dessus de	: üzerinde
à côté de	: tarafında, yanında
au prix de	: pahasına
au milieu de	: ortasında
auprès de	: yakınında, yanında
en face de	: karşısında, karşı karşıya
autour de	: etrafında, çevresinde
grace à	: sayesinde
quant à	: -e gelince
proche de	: yakınında

Yukarıdaki edatlardan oluşan deyimler Fransızcada en çok kullanılan deyimlerdir. Bu edatlardan daha önceki örnek cümlelerde değinilmeyenlerle ilgili cümleler aşağıda bulunmaktadır. Bu cümlelerde her edat yalnız olarak ele alınmıştır.

à force de

Bu edat "-in sayesinde, yapa yapa" anlamlarına gelmektedir.

Le cordonnier a réparé les chaussures à force de son travail.	Ayakkabıcı çalışması sayesinde ayakkabıyı tamir etti.
A force de parler avec les étrangères, il a bien appris le français.	Yabancılarla konuşması sayesinde iyi Fransızca öğrendi.
A force de travailler nous avons fait un jardin devant notre maison.	Evimizin önüne çalışa çalışa bir bahçe yaptık.
A force de lire les journaux français ils ont bien appris le français.	Onlar Fransızca gazete okuya okuya iyi Fransızca öğrendier.

à la faveur de

Herhangi bir şeyin sayesinde ya da ondan yararlanılarak, anlamlarını dile getirmede kullanılan bu edatla ilgili örnek cümleler aşağıda görülmektedir.

Les marchands sont venus dans notre quartier à la faveur du marché.	Satıcılar pazardan yararlanarak bizim mahalleye geldiler.
Vous irez à Istanbul à la faveur du congés.	Siz izin sayesinde İstanbul'a gideceksiniz.
Cette année les paysans ont moissonné trop de blé à la faveur de la pluie.	Bu sene köylüler yağmurun sayesinde iyi buğday hasadı yaptılar.
L'année prochaine nous ferons l'investissement touristique à la faveur des bénéfices du tourisme.	Gelecek sene turizm gelirleri sayesinde turistik yatırımlar yapacağız.

au lieu de

"Herhangi bir şeyin yerine, yerinde" anlamlarında kullanılan bu edatla ilgili cümleler ise şu şekilde yapılmaktadır.

Il faut mettre le livre sur la table au lieu de son cahier.	Masanın üzerine onun defteri yerine kitabı bırakmak gerekir.
Il faut écrire la lettre "y" devant la voyelle "a" au lieu de "i".	A sesli harfinin önünde bazen **"i"** yerine **"y"** yazmak gerekir.
Nous avons écouté la musique au lieu de regarder la télévision.	Televizyona bakacak yerde müzik dinledik.
Enfants, travaillez vos leçons au lieu de parler entre vous.	Çocuklar, aranızda konuşacak yerde derslerinize çalışınız.
Nous irons à la mer au lieu de jouer au football sous le soleil.	Güneşin altında futbol oynayacak yerde denize gideceğiz.
Son ami est venu au lieu de lui.	Onun yerine arkadaşı geldi.
Il faut rire au lieu de pleurer.	Ağlayacak yerde gülmek gerekir.
Les bateaux entreront au port au lieu de partir pour l'Europe.	Gemiler Avrupa'ya gidecek yerde limana girecekler.

L'avion attérrit à l'aéroport d'Istanbul au lieu d'aéroport d'Ankara.

Uçak Ankara havaalanı yerine İstanbul havaalanına iniyor.

au dessus de

Herhangi bir şeyin herhangi bir başka şeyin üzerinde olduğunu belirtmede kullanılan bir edattır. Bundan önce gördüğümüz "üzerinde" anlamına gelen ve yer bildiren **sur** edatından farklı olarak deyim halinde bulunmaktadır. Bu deyim daha çok yukarıda, havada asılı olan anlamında "üzerinde" demektir.

Il y a une lampe large au dessus de la chambre.

Odanın üzerinde geniş bir lamba vardır.

Je vois un oiseau qui vole au dessus de la maison.

Evin üzerinde uçan bir kuş görüyorum.

Qu'est-ce que c'est qui vient au dessus de la ville?

Şehrin üzerindeki gelen şey nedir?

Les cheminées fumaient et elles lançaient les fumées rondes vers le ciel au dessus du village.

Bacalar tütüyor ve köyün üzerinde gökyüzüne doğru kümeler biçiminde dumanlar gönderiyorlardı.

En été nous sommes allés à Uludağ, nous sommes restés dans un chalet qui se trouve au dessus de la montagne.

Yazın Uludağ'a gittik, dağın üzerinde bulunan yazlık bir dağ evinde kaldık.

Est-ce que vous voyez l'avion qui vole au dessus de la mer?

Denizin üzerinde uçan uçağı görüyor musunuz?

à côté de

Herhangi bir şeyin yanında, yakınında, herhangi bir şeye, bir kimseye bakarak ve tüm bu şeylerin ve kimselerin dışında anlamlarını belirten deyimsel bir edattır.

Les arbres sont à côté de la maison de ma soeur.

Ağaçlar kız kardeşimin evinin yanındadır.

Il y a une grande table à côté de l'armoire.

Dolabının yanında büyük bir masa vardır.

Vous avez mis les valises à côté de la porte.

Bavulları kapı tarafına koydunuz.

Il faut manger le repas à côté de la fenêtre qui donne sur mer.	Yemeği denize bakan pencerenin yanında yemek gerekir.
Vous avez une maison qui est à côté de la montagne.	Sizin dağ tarafında olan bir eviniz var.
Votre voiture est chère à côté de celle de mon père.	Sizin arabanız babamınkinin yanında pahalıdır.
Vos professeurs sont très gentils à côté des nôtres.	Sizin öğretmenleriniz bizimkilerin yanında çok naziktirler.
Les élèves de cette écoles sont gentils à côté de ceux de l'école de votre quartier.	Bu okulun öğrencileri sizin mahallenin okulundakilere göre kibardırlar.

au prix de

"... pahasına, karşılığında" anlamına gelen deyimsel bir edattır.

Ils ont fait ce devoir au prix d'un travail continu.	Bu ödevi sürekli bir çalışma pahasına yaptılar.
Vous avez réalisé cette affaire au prix de perdre toute votre fortune.	Siz bu işi bütün servetinizi kaybetme tehlikesine karşın gerçekleştirdiniz.
Je pense à réussir les examens au prix d'être malade.	Hasta olma pahasına sınavları başarmayı düşünüyorum.

au milieu de

"Ortasında" anlamında bir deyimsel edattır.

Vous voyez votre ami au milieu de la foule.	Siz arkadaşınızı kalabalığın ortasında görüyorsunuz.
Il y a un large parc au milieu de la ville.	Şehrin ortasında geniş bir park vardır.
Elle a mis une table au milieu de la salle à manger.	O kadın yemek salonunun ortasına bir masa koydu.
Nous avons vu plusieurs ponts au milieu de Paris sur la Seine.	Paris'in ortasında, Seine nehrinin üzerinde pek çok köprü gördük.

Le fermier dort sous le grand arbre qui se trouve au milieu du jardin.	Çiftçi bahçenin ortasındaki büyük ağacın altında uyuyor.
Il y a un hôtel magnifique au milieu du Bosphore.	Boğaziçi'nin ortasında görkemli bir otel var.

auprès de

"Yanına, yanında" anlamına gelir.

Il y a un chat auprès de lui.	Onun yanında bir kedi var.
Metin est venu auprès de son oncle.	Metin amcasının yanına geldi.
Mon ami s'est assis auprès de son père.	Arkadaşım babasının yanına oturdu.
Ma soeur s'est arrêtée auprès de moi.	Kız kardeşim yanımda durdu.
Les oiseaux se sont mis auprès de notre maison.	Kuşlar bizim evin yakınına kondular.
Le musée est auprès de l'hôtel.	Müze otelin yakınındadır.
Ils iront auprès du musée demain.	Yarın müzenin yanına gidecekler.
Les enfants jouent auprès de la maison.	Çocuklar evin yakınında oynuyorlar.
Ils ne restent pas auprès du jardin.	Onlar bahçenin yakınında durmuyorlar.
Il y a une forêt auprès du village.	Köyün yakınında bir orman vardır.

en face de

Herhangi bir şeyin bir başka şeyin karşısında, yüz yüze bulunduğunu belirtmede kullanılan bir edattır.

Il y a un jardin vert en face de leur maison.	Onların evinin karşısında yeşil bir bahçe vardır.

Je vois une fleur en face de votre vase.	Sizin vazonuzun karşısında bir çiçek görüyorum.
La maison de son oncle est en face de la route qui va à Istanbul.	Onun amcasının evi İstanbul'a giden yolun karşısındadır.
Notre école est en face du bibliothèque.	Bizim okul tam kütüphanenin karşısındadır.
Le marché est en face de leur maison.	Pazar onların evinin karşısındadır.
L'hôpital est en face de la pharmacie.	Hastane eczanenin karşısındadır.
Le tribunal n'est pas en face de la mairie.	Adliye binası belediyenin karşısında değildir.

autour de

Bir şeyin herhangi bir şeyin etrafında ya da çevresinde olduğunu belirtmede kullanılan bir edattır.

On voit des parcs autour du quartier.	Mahallenin çevresinde parklar görülür.
La lune tourne autour de la terre.	Ay Dünya'nın çevresinde döner.
Il y a des campagnes vertes autour de cette ville.	Bu şehrin etrafında yeşil kırlar vardır.
Il y a plusieurs usines autour d'Istanbul.	İstanbul'un çevresinde pek çok fabrika vardır.
La terre ne retourne pas autour de la Lune.	Dünya Ay'ın çevresinde dönmez.
Autour de l'école, il est défendu de faire passer les autos.	Okulun çevresinden otomobillerin geçmesi yasaktır.
Il y a des routes modernes autour de la ville.	Şehrin çevresinde modern yollar vardır.

grâce à

Herhangi bir şeyin bir başka şey sayesinde olduğunu dile getirmede kullanılan bu edatla ilgili cümleler ise aşağıda görülmektedir.

J'ai fini mon devoir grâce à mon dictionnaire.	Sözlüğüm sayesinde ödevimi bitirdim.
Ils ont appris français grâce à leur professeur français.	Onlar Fransızca öğretmenlerinin sayesinde Fransızcayı öğrendiler.
Ils sont venus plus vite grâce à leur voiture.	Onlar arabalarının sayesinde bu kadar hızlı geldiler.
Les petits élèves peuvent passer de l'autre côté de la route grâce à leurs parents.	Küçük öğrenciler ebeveynlerinin sayesinde yolun karşı tarafına geçebiliyorlar.
Il peut bien travailler grâce à sa nouvelle machine.	O yeni makinesinin sayesinde iyi çalışabilir.

quant à

"-e gelince" anlamındadır.

Quant à moi, je ne veux pas aller aujourd'hui.	Bana gelince bugün gitmek istemiyorum.
Quant à lui, il finira son devoir à dix heures.	Ona gelince o ödevini saat onda bitirecek.
Quant aux avions ils atterriront trois fois par semaine dans notre ville.	Uçaklara gelince onlar şehrimize haftada üç kez inecekler.
Quant à vous qu'est-ce que vous ferez après le midi?	Size gelince öğleden sonra siz ne yapacaksınız?
Ouant à vous, vous viendrez avec nous.	Size gelince siz bizimle geleceksiniz.
Quant aux fruits, ils grossiront en été sous le soleil.	Meyvelere gelince onlar yazın güneşin altında olgunlaşacaklar.
Quant à l'usine le directeur pense à augmenter la production.	Fabrikaya gelince müdür üretimi artırmayı düşünüyor.

"proche de"

"-e yakın" anlamındadır.

Leur quartier est très proche du nôtre.	Onların mahallesi bizimkine çok yakındır.
La France est proche de l'Espagne.	Fransa İspanya'ya yakındır.
La rivière est proche de la ville.	Irmak şehre yakındır.
La forêt est aussi proche du village.	Orman da köye yakındır.
Notre maison n'est pas proche de celle de notre oncle.	Bizim evimiz amcamızınkine yakın değildir.
La Turquie est proche des pays européens.	Türkiye Avrupa ülkelerine yakındır.

edatların anlamlarında meydana gelen değişiklikler

Bazı edatların kendi anlamlarının dışında başka anlamlara geldiği görülür. Bunlardan **à** ve **de** edatlarının kullanıldıkları yerlere göre farklı anlam kazanmaları aşağıdaki gibi olur.

à edatı yer **(lieu)**, yön **(direction)**, sahip oluş **(possessions)**, mülkiyet; bir oluş biçimi **(manière d'être)**, zaman **(moment)** ve bir davranış durumunu **(manière d'agir)** belirtmede kullanılır. Söz konusu anlamlarıyla ilgili olarak **à** edatına örnek teşkil edecek cümleler aşağıda bulunmaktadır.

à edatı yer belirtir.

Asseyez-vous à votre chaise.	Sandalyenize oturunuz.
Il doit rester à sa place.	Onun yerinde kalması gerekir.
Il est né à Istanbul.	O, İstanbul'da doğdu.
Nous habitons à Ankara.	Biz Ankara'da oturuyoruz.
Ils ont vécu deux années dans ce village.	Onlar bu köyde iki yıl yaşadılar.
Vous avez trouvé un hôtel dans cette rue.	Bu sokakta bir otel buldunuz.

à edatı yön belirtir.

Vous irez à Istanbul dans deux jours.	İki gün sonra İstanbul'a gideceksiniz.
Ils sont venus dans cette ville.	Onlar bu şehre geldiler.
Quand est-ce que vous irez à Paris?	Paris'e ne zaman gideceksiniz?
Les ouvrières vont à l'usine.	İşçiler fabrikaya gidiyorlar.
Cette année les élèves iront à la campagne.	Öğrenciler bu sene kıra gidecekler.
Nous venons de l'école avec nos amis.	Arkadaşlarımızla okuldan geliyoruz.
Il parle à son père.	O babasına söylüyor.
Les poules vont au jardin.	Tavuklar bahçeye gidiyorlar.
Les enfants courent à la maison.	Çocuklar eve koşuyorlar.

à edatı iyelik (mülkiyet) belirtir.

A qui est cette robe?	Bu elbise kime aittir?
Elle est à Hélène.	O, Hélèn'e aittir.
Nous avons un méthode à nous.	Bizim kendimize ait bir yöntemimiz var.
C'est à vous de jouer.	Oynama sırası sizde.
Cette maison est à vous.	Bu ev size aittir.
Le sac est à cette femme.	Çanta bu kadına aittir.
Les journaux sont à eux.	Gazeteler onlara aittir.

à edatı bir oluş biçimi belirtir.

Une femme à cheveux blonds.	Kumral saçlı bir kadın.
Un homme à cheveux noirs.	Siyah saçlı bir adam.

Un oiseau à ailes courtes.	Kısa kanatlı bir kuş.
Un enfant à cheveux courts.	Kısa saçlı bir çocuk.
Une fille à cheveux longs.	Uzun saçlı bir kız.
Une ville avec une grande tour.	Uzun kuleli bir şehir.

à edatı zaman belirtir.

A midi nous irons au parc.	Öğleyin parka gideceğiz.
Ils ont quitté le cinéma à minuit.	Onlar sinemayı gece yarısı terk ettiler.
au matin	sabaha
au lever du soleil	güneşin doğuşunda, güneş doğarken
à demain	yarına
au revoir	tekrar görüşmek üzere, allahaısmarladık

Il viendra à la tombée de la nuit.	O, karanlık çökerken gelecek.
Elles partiront chez elles à midi.	Onlar evlerine öğleyin gidecekler.
Il vient au printemps.	O ilkbaharda geliyor.
Mes voisins finissent leurs travaux à midi.	Komşularım çalışmalarını öğleyin bitirirler.

à edatı bir davranış durumu belirtir.

Deux hommes parlaient face à face.	İki adam yüz yüze konuşuyorlardı.
Elle mange le repas vis-à-vis de son père.	O babasıyla karşı karşıya yemek yiyor.
Ils ont commencé à venir au bureau tour à tour.	Onlar sırasıyla büroya gelmeye başladılar.

De edatı şuralarda kullanılır:

a) akrabalık belirtmek için

La fille de mon oncle est venue chez nous.	Amcamın kızı bize geldi.

Le frère de Filiz n'est pas ici.	Filiz'in erkek kardeşi burada değildir.
Le père de mon ami Pierre n'est pas allé en Angleterre.	Arkadaşım Pierre'in babası İngiltere'ye gitmedi.
La mère de la fille est venue.	Kızın annesi geldi.

b) bütünün parçasını belirtmek için

Il mange beaucoup de fromage.	O çok peynir yiyor.
Nous ne mangeons pas de pain.	Biz ekmek yemiyoruz.
Ils fument peu de cigarettes.	Onlar az sigara içiyorlar.

c) köken belirtmek için

Nous avons acheté une montre du Japon.	Biz bir Japon saati satın aldık.
Vous avez vu une maison d'Esquimau.	Siz bir Eskimo evi gördünüz.
Ils ont vu dans le musée les porcelaines de Chine.	Onlar müzede Çin porseleni gördüler.

d) nicelik belirmek için

Je regarde un troupeau de cent moutons dans le jardin.	Bahçede yüz koyunluk bir sürüye bakıyorum.
C'est un village de soixante maisons.	Bu altmış hanelik bir köydür.
C'est une classe de quarante élèves.	Bu kırk kişilik bir sınıftır.

e) neden belirtmek için

Il pleure de souffrance.	O, acıdan ağlıyor.
Je meurs de faim.	Açlıktan ölüyorum.
Vous êtes fatigué du sommeil.	Siz uykusuzluktan yorgunsunuz.

f) fiyat belirtmek için

Il y a une robe de trente mille livres dans la boutique. Dükkânda otuz bin liralık bir elbise vardır.

C'est une serviette de dix mille livres. Bu on bin liralık bir çantadır.

Est-ce qu'il y a un sac de cinq mille livres ici? Burada beş bin liralık bir çanta var mıdır?

g) iyelik (mülkiyet) belirtmek için

Vous avez vu le sac de Pierre. Pierre'in çantasını gördünüz.

Il a lu le livre de mon ami. O, benim arkadaşımın kitabını okudu.

Ma mère a lavé la chemise de mon père. Annem babamın gömleğini yıkadı.

C'est la robe de Colette. Bu Colette'in elbisesidir.

h) madde belirtmek için

C'est une table de bois. Bu tahta (dan) bir masadır.

C'est une porte de fer. Bu demir bir kapıdır.

Ce n'est pas un mur de pierre. Bu taş bir duvar değildir.

Mon père a apporté un tapis de laine. Babam yün bir halı getirdi.

Notre voisin a acheté une armoire de bois. Komşumuz ağaç bir dolap satın aldı.

ALIŞTIRMALAR - 38

A. Aşağıdaki cümlelerde bulunan boşlukları **á- de- dans-chez- sur- sous devant- en- depuis- avant- après- avec-par-pour-vers** edatlarından (**préposition**) uygun olanlarla doldurunuz.

1. Il y a de l'eau...........la bouteille.   1. ....
2. Le chiffre sept vient.......six.   2. ....

3. Les quéstions ne sont pas répondues........par les étudiants.
4. Nous sommes allés ..... Rome.
5. Le père de Pierre n'est pas venu.......lui.
6. Mes cheveux sont......ma tête.
7. Les enfants ont commecé à courir......leur mère.
8. Cette année ils n'iront pas..........en France.
9. La maison est......le toit.
10. ....depuis dix mois nous sommes en Suisse.
11. Elle n'était pas entrée au magasin....son fils.
12. Il n'avait pas acheté un cadeau.....sa soeur.
13. Il n'y a pas de porte derrière la maison elle est......la maison.
14. Je suis né .... soixante ans.
15. La porte .....pavillon est ouverte.
16. Il y a de l'argent.......ma poche.
17. Les étudiants ne sont pas..........classe.
18. Les cahiers de ma soeur ne se trouvent pas........la table.
19. Qu'est-ce qu'il y a ....le vase?
20. Les lettres sont envoyées ....avion.

3. ....
4. ....
5. ....
6. ....
7. ....
8. ....
9. ....
10. ....
11. ....
12. ....
13. ....
14. ....
15. ....
16. ....
17. ....
18. ....
19. ....
20. ....

B. Aşağıdaki cümlelerdeki boşluklara **sauf- entre –contre- anvers-parmi- sans- selon- voici** edatlarından uygun olanları yazınız.

1. Ils sont prêts, ...Paul.
2. ....un bouquet de fleur sur l'étagère.
3. Les soldats ont combattu ....les annemis.
4. Tu connais un homme.........parmi la foule.
5. Nous avons oublié notre porte-monnaie nous sommes ....argent.
6. Nous sommes très respectueux........nos parents.
7. Il y a le numéreau 8............le numéreau 7 et 9.
8. Nous mangeons tous les légumes..........chou.

1. ....
2. ....
3. ....
4. ....
5. ....
6. ....
7. ....
8. ....

C. Aşağıdaki deyimlerin (**locution prépositives**) Türkçe karşılıklarını yazınız.

1. À cause de:
2. À force de:
3. Afin de:
4. À la faveur de:
5. Au lieu de:
6. Au dessus de:
7. Coté de:
8. Aux prix de:
9. Au milieu de:
10. Au près de:
11. En face de:
12. Autour de:
13. Grâce à:
14. Quant à:

1. ....
2. ....
3. ....
4. ....
5. ....
6. ....
7. ....
8. ....
9. ....
10. ....
11. ....
12. ....
13. ....
14. ....

D. Aşağıdaki cümlelerde boş bırekılan yerleri gerekli edatlardan oluşan deyimlerle (**locutions prépositives**) doldurunuz.

1. Nous aurons moisonné trop de blé................de la pluie.
2. Il n'y a pas de plafond..............la chambre.
3. J'aime le foot-ball.......basket-ball.
4. ....travailler il a pu réussir.
5. Il n'ont pas pu venir..........la neige.
6. Elle avait placé une grande table..........la salle-à-manger.
7. Je ne puis voir un récepteur .... TV.
8. Vous avez gagné........perdre toute votre fortune.
9. Tu as appris français........votre amis étrangers.
10. La rivière est.......la ville.
11. La tere tourne............soleil.
12. La maison de ma tante se trouve tout.......... du nôtre.
13. Vous devez y rester deux jours encore, ...moi J'irai ce soir.
14. La maison de Nilgün est ...... la sienne.
15. Elle étudie la littérature....connaitre la poésie française.

1. ....
2. ....
3. ....
4. ....
5. ....
6. ....
7. ....
8. ....
9. ....
10. ....
11. ....
12. ....
13. ....
14. ....
15. ....

LES CONJONCTIONS - BAĞLAÇLAR

La conjonction (bağlaç) anlam yönünden birbirine benzeyen cümlecikleri ya da aynı cümleciğin kısımlarını birbirine bağlamaya yarayan değişmeyen **(invariable)** bir sözcüktür. Başlıcaları şunlardır:

mais	: fakat	pendant que	: sırasında
ou	: ya da	jusqu'à ce que	: -inceye kadar
et	: ve	bien que	: olduğu halde
car	: zira	si	: -se, -sa
or	: oysa	à condition que	: koşuluyla
que	: ki	ni	: ne, ne de
comme	: gibi	toutes les fois que	: her defasında
lorsque	: ne zaman ki	cependant que	: bu sırada ki
quand	: o zaman	à cause que	: yüzünden
donc	: öyleyse	sous prétexte de	: bahanesiyle ki
parce que	: çünkü	de peur que	: korkusuyla
malgré que	: rağmen	si ... que	: o kadar ... ki
puis que	: mademki	même si	: olsa bile
dès que	: olur olmaz	quand même	: genede
tandis que	: halbuki	autant que	: oldukça
comme si	: -miş gibi,	moins	: -den daha az
sans que	: -meden, -mek-sizin, –mişçesine		

Fransızca'da iki çeşit bağlaç vardır: **la conjonction de coordination** (düzenleme bağlaçları) ve **la conjonction de subordination** (bağlama bağlaçları).

1. la conjonction de coordination - düzenleme bağlaçları

Bir cümleciğin birbirine benzer iki ögesini ya da bu cümleciklerin her ikisini aynı yapıda ve aynı işleve sahip iki cümleciğe bağlamaya yarayan sözcüklerdir.

mais	: fakat		ou	: ya da
et	: ve		car	: zira
donc	: öyleyse		or	: oysa
ni	: ne..., ne...			

Mais (fakat) bağlacı karşıtlık belirterek ilk cümlecikte dile getirilen bir şeye ikinci cümlecik karşıtlık gösterdiğinde kullanılır. Bununla ilgili örnek cümleler şu şekilde verilebilir.

Nous avons froid mais nous ne mettons pas notre tricot.

Üşüyoruz ama kazağımızı giymiyoruz.

Vous avez travaillé beaucoup mais vous n'avez pas réussi l'examen.	Çok çalıştınız ama sınavı başarmadınız.
Elle est venue hier mais je ne l'ai pas encore vue.	Dün gelmiş ama ben henüz onu görmedim.
Il fait beau mais je devrais rester à la maison.	Hava güzel ama benim evde kalmam gerekecek.
Ici, il faisait froid mais il n'a pas froid.	Burada hava soğuk ama o üşümüyor.
Le stylo est nouveau mais il n'écrit pas bien.	Dolmakalem yeni ama iyi yazmıyor.
Il est huit heures mais les touristes sont venus déjà devant l'hôtel.	Saat sekiz fakat turistler şimdiden otelin önüne gelmişler.
L'ingénieur a préparé les projets du pont mais on n'a pas encore préparé les projets de la maison.	Mühendis köprünün projelerini hazırladı fakat evin projeleri henüz hazırlanmadı.

Et (ve) bağlacı birbirlerine benzer ve aynı işlevi taşıyan iki sözcüğü ve sözcük kümelerini ya da benzer iki cümleciği birbirine bağlamakta kullanılır. Benzer iki sözcüğü birbirine bağladığında **et** (ve) bağlacı şu şekilde kullanılmaktadır.

Vous êtes gentils et intelligents.	Siz zeki ve akıllısınız.
Elle est belle et laborieuse.	O güzel ve çalışkandır.
Ma mère a fait des gâteaux et des repas.	Annem pastalar ve yemekler yaptı.
Mon père a lu le livre et le journal.	Babam kitabı ve gazeteyi okudu.
Le chat mange le poisson et la viande.	Kedi balığı ve eti yiyor.

Et (ve) bağlacı aynı zamanda benzer işlevlere sahip iki sözcük kümesini de birbirine bağlar.

Le cordonnier avait réparé les chaussures de ma mère et celles de ma soeur.	Ayakkabıcı annemin ve kız kardeşimin ayakkabısını tamir etti.

Le professeur a regardé le devoir de Filiz et celui de Gül.	Öğretmen Filiz'in ödevine ve Gül'ünkine baktı.
La porte de la classe et celle de l'école sont ouvertes.	Sınıfın kapısı ve okulunki açıktır.
Le fils de notre voisin et la fille du concierge sont allés à l'école.	Komşumuzun oğlu ve kapıcının kızı okula gittiler.
Les vaches du fermier et les moutons du berger ont mangé les blés du paysan.	Çiftçinin inekleri ve çobanın koyunları köylünün buğdaylarını yediler.

Et bağlacı aynı zamanda benzer iki cümleciği birbirine bağlamakta kullanılır. Birbirine benzer bu cümlecikler ya iki yan cümlecik **(proposition subordonnées)** ya iki temel cümlecik **(proposition principales)** ya da iki bağımsız **(proposition indépendentes)** cümlecik olabilir.

Et bağlacı aynı zamanda benzer iki cümleciği birbirine bağlamakta kullanılır. Cümleler şu kuruluş sırasını izlerler:

Mon ami Pierre, il n'est pas un garçon qui ne travaille pas et qui ne lit jamais son livre.	Arkadaşım Pierre çalışmayan ve hiç kitap okumayan bir çocuk değildir.
Nous mangerons le repas quand nous aurons écouté la musique et aurons lu les journaux.	Müzik dinledikten ve gazeteleri okuduktan sonra yemek yiyeceğiz.

Et bağlacı iki bağımsız cümleciği **(proposition indépendant)** birbirine bağlayarak bağlaç işlevini bir başka açıdan yerine getirir.

Depuis le matin il a neigé et les petits animaux comme les oiseaux ont eu trés froid.	Sabahtan beri kar yağdı ve kuşlar gibi küçük hayvanlar çok üşüdüler.
Le bateau est entré au port et les voyageurs sont sur le quai.	Gemi limana girdi ve yolcular rıhtımdadırlar.
Les touristes français sont allés à Göreme et les touristes Anglais sont partis pour Ürgüp.	Fransız turistler Göreme'ye gittiler ve İngiliz turistler Ürgüp'e hareket ettiler.
Les médecins sont venus à l'hôpital et les infirmières sont restées à la pharmacie.	Doktorlar hastaneye geldiler ve hemşireler eczanede kaldılar.

La femme a acheté une robe et
sa fille a acheté une jupe.

Kadın bir elbise satın aldı ve kızı bir
etek satın aldı.

Et bağlacı aynı zamanda iki temel cümleciği **(proposition principale)** birbirine bağlar.

Quand il fait chaud les enfants
nagent et ils jouent sur les plages.

Hava sıcak olduğu zaman çocuklar
yüzerler ve kumsalda oynarlar.

Tu parleras et tu discuteras avec
lui quand il sera venu à la maison.

O eve gelince onunla tartışacak ve
konuşacaksın.

Après avoir fait le devoir il
écoutera la musique et il
lira le livre.

Ödevini yaptıktan sonra müzik
dinleyecek ve kitap okuyacak.

Elle tricotera et elle lavera le
linge lorsqu'elle sera venue
chez elle.

O kadın evine gelince kazak örecek
ve çamaşır yıkayacak.

Et bağlacı genel olarak birden çok sözcükleri bağlamak gibi bir işlevle karşı karşıya kaldığında sadece son sözcükten önce **"et"** koymak yeterlidir. Diğer sözcüklerin arasına bu durumda virgül koymak gerekir.

Il a vu dans le jardin le chat,
coq, fleur et les arbres.

O bahçede kedi, horoz, çiçek ve
ağaçları gördü.

Nous avons mangé les pommes,
cerises, framboises et les
prunes auprés de la rivière.

Biz ırmağın kenarında elmalar,
kirazlar, çilekler ve erikler yedik.

Donc bağlacı "o halde, öyleyse, demek ki" anlamlarına gelir.

Il a froid donc il doit mettre son
manteau.

O üşüyor öyleyse paltosunu giymek
zorundadır.

Les enfants ont faim donc ils
feront leur petit déjeuner.

Çocuklar acıktılar, öyleyse kahvaltılarını yapacaklar.

Il est allé à l'école donc il parlera
avec le directeur de son fils.

Okula gitti, öyleyse oğlunun
müdürüyle konuşacak.

Les voyageurs sont venus à dix
heures donc ils sont sortis de
leur pays hier.

Yolcular saat onda geldiler, demek ki
onlar ülkelerinden dün çıkmışlar.

Les touristes sont entrés au restaurant donc ils ont eu faim.	Turistler lokantaya girdiler, demek ki acıkmışlar.
Le directeur de l'usine est allé à la banque donc les employés recevront les appointements.	Fabrikanın müdürü bankaya gitti, demek ki görevliler maaşları alacaklar.
Vous avez soif donc buvez de l'eau.	Susamışsınız, öyleyse su içiniz.
Vous êtes venus à huit heures et demie donc vous avez été en retard.	Saat sekiz buçukta geldiniz, öyleyse geç kalmışsınız.

Ni "ne ... ne (de) ..." şeklinde çevrilen bir bağlaç olup olumsuzluk anlamı içeren ve gerek özne ve gerekse tümleç durumunda bulunan sözcüklerden önce kullanılır.

Je ne vois ni mon ami ni son frère.	Ne arkadaşımı ne kardeşini görüyorum.
Vous ne buvez ni bière ni eau.	Siz ne bira ne su içiyorsunuz.
Elles ne sont ni belles ni laides.	Onlar ne çirkin ne güzeldirler.
Elle n'est ni jeune ni vieille.	O ne gençtir ne yaşlıdır.
Ils ne sont ni gentils ni intelligents.	Onlar ne nazik ne zekidirler.
Vous ne préparez ni le devoir ni les papiers.	Ne ödevi ne kâğıtları hazırlıyorsunuz.

Ou "ya, ya da, yahut, yoksa" anlamlarına gelen bir bağlaç olup aşağıdaki örnek cümlelerde görüldüğü gibi kullanılmaktadır.

J'irai à la mer ou à la campagne la semaine prochaine.	Gelecek hafta denize ya da kıra gideceğim.
Son oncle ira en France ou en Allemagne dans dix jours.	Onun amcası on gün sonra Fransa'ya ya da Almanya'ya gidecek.
Les visiteurs visiteront les musées ou les quartiers historiques de notre ville.	Ziyaretçiler müzelere ya da şehrimizin tarihi semtlerini gezecekler.
Elle aime la fleur ou l'animal.	O çiçeği ya da hayvanı sever.

Tu prépares les repas ou les fruits.	Siz yemekleri ya da meyveleri hazırlıyorsunuz.
Les enfants ou leurs parents viendront à l'école.	Çocuklar ya da ebeveynleri okula gelecekler.
Ce soir nous verrons les acteurs ou les chanteurs de notre pays.	Bu akşam ülkemizin oyuncu ya da şarkıcılarını göreceğiz.
La femme ou son mari sont partis pour le Japon.	Kadın ya da kocası Japonya'ya gittiler.

Car, "zira, çünkü" anlamlarına gelen bir bağlaç olup aşağıdaki örnek cümlelerde kullanılış biçimleri görülmektedir.

Nous avons gagné assez d'argent car nous avons beaucoup travaillé.	Yeteri kadar para kazandık zira çok çalıştık.
Ils ont joué au foot-ball pendant une heure car ils n'ont pas été fatigué.	Onlar bir saatten beri futbol oynuyorlar zira yorulmamışlardı.
Vous voulez boire de l'eau car vous avez très soif.	Siz su içmek istiyorsunuz zira çok susamışsınız.
Ils ont mangé trop car ils ont très faim.	Onlar çok yemek yediler zira çok acıkmışlar.
Les voitures sont chères car elles sont très belles.	Arabalar pahalıdır zira onlar çok güzeldirler.
Mon ami a mis son manteau car il fait froid.	Arkadaşım paltosunu giymiş zira hava çok soğuktur.
J'ai apporté un bouquet de fleurs pour mon amie car elle aime beaucoup les fleurs.	Arkadaşıma bir demet çiçek getirdim zira o çiçekleri çok sever.
Il a quitté cette ville car il ne l'aimait pas depuis longtemps.	O, bu şehri terk etti zira onu uzun zamandan beri sevmiyordu.
Les poules sont allées dans le jardin car elles ne veulent pas rester dans la basse cour.	Tavuklar bahçeye gittiler zira onlar kümeste kalmak istemiyorlar.

Or bağlacı "oysa" anlamına gelerek tıpkı **mais** (fakat) bağlacı gibi herhangi bir karşıtlık fikrini belirtir.

Vous ne resterez pas deux jours à Adana or votre père vous attendra ici demain.	Adana'da iki gün kalmayacaksınız oysa babanız yarın sizi burada bekleyecek.
La porte n'est pas ouverte or vous n'avez pas de clef non plus.	Kapı açık değil oysa sizde anahtar da yok.
Vous avez mis votre tricot or il fait chaud.	Siz kazağınızı giymişsiniz oysa hava sıcaktır.
Il est tombé sur le trottoir or il devrait jouer devant la maison.	Kaldırımın üzerinde düştü oysa evin önünde oynamak zorunda kalacaktı.
Ils ont ramassé des noisettes or elles ne sont pas encore mûres.	Onlar fındıkları topladılar oysa onlar henüz olgunlaşmamışlardır.
Il faut ouvrir la fenétre or vous la fermez quand il fait chaud.	Pencereyi açmak gerekir oysa sıcakta siz pencereyi kapatıyorsunuz.

2. la conjonction de subordination - bağlama bağlaçları

Herhangi bir yan cümleciği herhangi bir sözcüğe ya da tamamlamakta olduğu bir cümleciğe bağlamaya yarar. Böylece yan cümlecik **(proposition subordonnée)** ile temel cümleciği **(proposition principale)** birbirine bağlar. Ayrıca herhangi bir birleşik cümlede yan cümleciği yine başka bir yan cümleciğe bağladığı görülür.

Bazı **conjonction de subordination**'lar basit bir sözcükten meydana gelmişlerdir. Bu gibi bağlaçlara örnek olarak şunları sayabiliriz:

que	: ki
si	: olup olmadığını
comme	: gibi
quand	: zaman
lorsque	: o vakit ki
moins	: -den az
quoique	: -diği halde, -mesine karşın

Bunlardan başka birçok **conjonction de subordination**'lar ise iki ya da daha fazla sözcüğün bir araya gelmesiyle oluşmuştur. Bu bağlaçların son sözcükleri genel olarak **"que"** ile sonuçlanır. Bunlara aynı zamanda **la locution conjonctive** (deyimsel bağlaç) da denir. Bu bağlaçlara örnek olarak şunları gösterebiliriz:

malgré que	: rağmen
puis que	: mademki
dès que	: olur olmaz
tandis que	: halbuki
jusqu'à ce que	: -inceye kadar
à condition que	: koşuluyla
toutes les fois que	: her defasında
sous prétexte de	: bahanesiyle
de peur que	: korkusuyla
quand même	: gene de
autant que	: oldukça

Les conjonctions de subordinations'lara yukarıda görüldüğü gibi açıklık getirildikten sonra temel işlevlerinden de söz etmek gerekir.

Les conjonctions de subordinations yan cümlecik ile temel cümleciği bağlar.

Aşağıdaki örnek cümlelerde bununla ilgili özellikler görülmektedir.

J'éspére que vous réussirez l'examen.	Ümit ediyorum ki siz sınavı başaracaksınız.
Il me dit que vous parliez français.	O bana sizin Fransızca konuştuğunuzu söylüyor.
Vous croyez que je ne venais pas ici.	Siz benim buraya gelmediğime inanıyorsunuz.
Il voit que les étrangères allaient au bureau de tourisme.	O yabancıların turizm bürosuna gittiğini görüyor.
Il ne sait pas que nous voulions acheter une robe bleue.	O bizim mavi bir elbise satın almak istediğimizi bilmiyor.
Elle pense que vous viendrez demain.	Düşünüyorum ki yarın geleceksiniz.

Comme (gibi) bağlacı da yan cümle ile temel cümleyi birbirine bağlayan bir bağlaçtır.

Il ne peut pas réussir comme il travaille.	O, çalıştığı gibi başaramıyor.
Nous agissons comme nous parlons.	Konuştuğumuz gibi davranıyoruz.

Tu montes à l'arbre comme on monte l'escalier.	Sen ağaca merdivene çıkar gibi çıkıyorsun.
Ils marchent dans la rue comme on marchaient dans le jardin.	Onlar sokakta bahçede yüründüğü gibi yürüyorlar.
Elle chante ici comme elle chante à la scène.	O, burada sahnede söylediği gibi şarkı söylüyor.
Vous sautez la corde comme nous sautions autrefois.	Siz bir zamanlar bizim atladığımız gibi ip atlıyorsunuz.
Vous avez dit au directeur comme nous avons dit hier.	Siz müdüre dün bizim söylediğimiz gibi söylediniz.
Il travaille depuis le matin comme nous travaillons.	Sabahtan beri bizim çalıştığımız gibi çalışıyor.
Il mange le repas au restaurant comme on mange à la maison.	O restoranda evde yenildiği gibi yemek yiyor.
Nous écoutons le professeur comme nos amis.	Biz öğretmeni arkadaşlarımızın dinlediği gibi dinliyoruz.
Le paysan coupe les branches de l'arbre comme il coupe le papier.	Köylü ağacın dallarını kağıt keser gibi kesiyor.
Il coure sur la piste comme un cerf coure à la campagne.	O pistin üzerinde bir geyiğin kırda koştuğu gibi koşuyor.

Quand (zaman) anlamına gelen bağlaç da bir **conjonction de subordination** olarak temel cümlecikle yan cümleciği birbirine bağlar.

Il viendra à l'hôtel quand il aura visité le musée.	Müzeyi gezdikten sonra otele gelecek.
Ils iront au cinéma quand ils auront mangé le repas.	Yemeği yedikten sonra sinemaya gidecekler.
Elles acheteront des fruits quand elles viendront au marché.	O kadınlar pazara gelince meyve satın alacaklar.
Nous irons à Antalya quand mon père sera revenu d'Istanbul.	Babam İstanbul'dan gelince Antalya'ya gideceğiz.

Vous parlerez bien français quand vous aurez travaillé sans fatigué.	Yorulmadan çalıştığınız zaman iyi Fransızca öğreneceksiniz.
Nous nous promenerons au bord de la mer quand mon père sera arrivé chez nous.	Babam eve gelince deniz kenarında gezeceğiz.
Les voyageurs seront sur le quais quand le bateau sera entré au port.	Gemi limana girince yolcular rıhtımda olacaklar.
Il neigera quand il aura fait froid.	Hava soğuk olunca kar yağacak.
Je sortirai quand ma mère sera venue.	Annem gelince ben çıkacağım.
Mon frère vendra son auto quand il aura acheté une nouvelle auto.	Kardeşim yeni bir araba satın alınca arabasını satacak.
Les élèves seront devant l'école quand la cloche aura sonné à huit heures.	Zil saat sekizde çalınca öğrenciler okulun önünde olacaklar.

Lorsque (zaman) anlamına gelen bu bağlaç da bir **conjonction de subordination** olup temel cümle ile yan cümleciği birbirine bağlar.

Les petits élèves commencèrent à sortir de leur maison pour l'école lorsqu'ils eurent pris le petit déjeuner.	Küçük öğrenciler kahvaltılarını yapınca okul için evlerinden çıkmaya başladılar.
Ils allèrent en vacance lorsque leurs filles eurent réussi les examens.	Kızları sınavı başarınca tatile gittiler.

Si bağlacı da bir **conjonction de subordination** olarak temel cümle ile yan cümleciği birbirine bağlamaktadır.

Tu ne sais pas si je comprends cette leçon.	Sen benim bu dersi anlayıp anlamadığımı bilmiyorsun.
Nous ne savons pas si vous voulez venir avec nous.	Sizin bizimle gelmek isteyip istemediğinizi bilmiyoruz.
Vous ne savez pas non plus si nous pouvons sortir de la maison à sept heures.	Siz de bizim saat yedide evden çıkıp çıkamayacağımızı bilmiyorsunuz.

Ils n'ont pas su si nous avons fait un voyage pour la France.	Bizim Fransa'ya bir yolculuk yapıp yapmadığımızdan haberleri yok.
Elle ne savait pas si je connaissais son père.	Babasını tanıyıp tanımadığımdan haberi yoktu.
Elle me demande si je connais son frère.	Erkek kardeşini tanıyıp tanımadığımı bana soruyor.
Mon ami lui demande s'il veut aller à la mer avec eux.	Arkadaşım ona, onlarla denize gitmek isteyip istemediğini soruyor.
Ma mère m'a demandé si j'aimais la fleur.	Annem bana çiçekleri sevip sevmediğimi sordu.
Elles ne savaient pas si leurs parents etaient partis pour le marché.	Onlar ebeveynlerinin pazara gidip gitmediklerini bilmiyorlardı.

Bir sözcükten meydana gelmiş olan basit **conjonction de subordination**'lardan başka iki ya da daha fazla sözcükten meydana gelen **les locutions conjonctives** (deyimsel bağlaçlar) da bir cümlede yan cümlecikle temel cümleciği ya da birleşik bir cümlede herhangi bir yan cümleciği bir başka cümleciğe bağlar.

Malgré que (rağmen) bağlacı herhangi bir temel cümlecikle yan cümleciği birbirine bağlar.

Il a quitté son ami malgré qu'ils soient à la même école.	Aynı okulda olmalarına karşın arkadaşını terk etti.
Les commerçants ne peuvent pas vendre leurs étoffes malgre qu'ils exportent en Europe.	Tüccarlar kumaşlarını Avrupa'ya ihracat yaptıkları halde satamadılar.
Il fait très froid malgré qu'il ne neige pas.	Kar yağmadığı halde hava çok soğuktur.
Moi aussi, j'ai froid malgré que je porte mon mânteau.	Paltomu giydiğim halde üşüyorum.
Il ne connait pas cet homme malgré qu'il travaille deux mois avec lui.	İki ay birlikte çalışmasına rağmen bu adamı tanımıyor.
Elle chante bien malgré qu'elle ne soit pas chanteuse.	O şarkıcı olmadığı halde güzel şarkı söylüyor.

Le fermier a pu moissonner bien du blé malgré qu'il ait fait très chaud.	Çiftçi havanın çok sıcak gitmesine rağmen iyi hasat yapabildi.

Not: Malgré que yerine **bien que** bağlacı da kulanılır.

Puisque (mademki) anlamına gelen **la conjonction de subordination** temel cümle ile yan cümleyi birbirine bağlayan bir başka **locution conjonctive**'dir.

Les visiteurs resteront ici puisque les voitures viendront dans une heure.	Mademki arabalar bir saat sonra gelecekler, misafirler burada bekleyeceklerdir.
Reposez-vous chez vous puisque vous avez mal aux pièds.	Mademki ayaklarınızdan rahatsızsınız evinizde dinleniniz.
Viens chez nous, écoutons la musique puisque tu n'iras pas au voisin de Pierre.	Mademki Pierre'in komşusuna gitmiyorsun, bize gel müzik dinleyelim.
Moi non plus je ne veux pas aller au théâtre puisque vous ne l'avez pas aimé.	Mademki siz sevmediniz ben de tiyatroya gitmek istemiyorum.
Vous êtes mal puisque vous avez besoin de boire de l'eau.	Mademki çok su içme gereksinimi duyuyorsunuz, siz hastasınız.
Pouvez-vous nous parler de l'Europe puisque vous avez fait un voyage?	Mademki yolculuk ettiniz bize Avrupa'dan söz edebilir misiniz?

Dès que (olur olmaz) anlamına gelen **locution conjonctive** temel cümle ile yan cümleciği birbirine bağlayan bir bağlaçtır.

Il parla français dès qu'il eu travaillé avec son professeur.	Öğretmeniyle çalışır çalışmaz Fransızcayı konuştu.
Il est sorti de la maison dès qu'il eut vu sa mère devant la porte.	Annesini kapının önünde görür görmez evden çıktı.
Il commença à raconter sa conte dès qu'elle fut venue.	Gelir gelmez öyküsünü anlatmaya başladı.
Les touristes partirent pour le musée dès qu'ils arriverent à notre ville.	Turistler şehrimize gelir gelmez müzeye hareket ettiler.

Les enfants entrèrent à la maison dès qu'il eut commencé à pleuvoir.	Yağmur yağmaya başlar başlamaz çocuklar eve girdiler.

Tandis que (halbuki) anlamına gelen bir **locution conjonctive**'dir. Temel cümlecik ile yan cümlecik arasında birleştirme işlevini şu şekilde yerine getirir.

Il fait froid tandis que le matin le soleil brillait.	Hava soğuk halbuki sabahleyin güneş parlıyordu.
Je n'ai pu réussir l'examen de mathématique tandis que j'avais beaucoup travaillé.	Matematik sınavını başaramadım halbuki çok çalışmıştım.
Elle n'a pas reçu son cadeau tandis qu'elle aimait beaucoup les livres.	Hediyeyi kabul etmemiş halbuki kitapları çok severdi.
Ils iront aux bords de la Mer-Noire cette année, pendant les vacances tandis qu'ils pensaient passer leurs vacances à Adana.	Bu sene tatilde Karadeniz kıyılarına gidecekler, halbuki onlar tatillerini Adana'da geçirmeyi düşünüyorlardı.
Il est parti en Allemagne pour travailler tandis qu'il voulait travailler en Turquie.	O çalışmak için Almanya'ya gitti halbuki Türkiye'de çalışmak istiyordu.

Jusqu'à ce que (-inceye kadar) anlamına gelen bir deyimsel bağlaçtır **(locution conjonctive)**. Cümle içinde diğer bağlaçlarda olduğu gibi yan cümle ile temel cümleyi birbirine bağlama işlevini görür.

J'ai attendu ici jusqu'à ce que vous veniez.	Siz gelinceye kadar burada bekledim.
Je veux lire ce journal jusqu'à ce que vous finissiez votre leçon.	Siz dersinizi bitirinceye kadar ben şu gazeteyi okumak istiyorum.
Je finirai mon travail jusqu'à ce que vous veniez de l'école.	Siz okuldan gelinceye kadar ben işimi bitireceğim.
Les étudiants iront à l'université jusqu'à ce qu'ils prennent le train.	Onlar trene bininceye kadar öğrenciler üniversiteye gidecekler.

Toutes les fois que (her defasında), **à conditon que** (koşuluyla), **sous prétexte de** (bahanesiyle), **de peur que** (korkusuyla), **quand même** (gene de) anlamlarına gelen **locution conjonctive**'ler cümlede yan cümlecik ile temel cümleciği birleştirme görevlerini gerçekleştirirler. Bu bağlaçlar ile ilgili olarak aşağıda birkaç örnek cümle görülmektedir.

Nous vous acceptons ici à condition que vous ne dérangiez pas les visiteurs.	Misafirleri rahatsız etmemeniz koşuluyla sizi burada kabul ederiz.
Le directeur vous donne la permission d'aller chez vous à condition que vous retourniez demain après midi.	Müdür size yarın öğleden sonra dönmeniz koşuluyla evinize gitme izni veriyor.
Il sera ici aussi toutes les fois que vous viendrez ici pour parler avec lui.	Onunla konuşmak için buraya geldiğiniz her defasında o da burada olacak.
Elle portait une robe brune toutes fois que je lui rencontre.	Onunla karşılaştığım her zaman kahverengi bir elbise giyiyordu.
Son fils sort de la maison toujours à trois heures sous prétexte de jouer au foot-ball avec ses amis.	Oğlu hergün arkadaşlarıyla top oynama bahanesiyle evden saat üçte çıkıyor.
Il vient toujours chez elles sous prétexte de travailler la leçon.	Ders çalışma bahanesiyle hergün onlara gidiyor.
Il est parti pour voir son ami sous prétexte de nager à la mer.	Denizde yüzmek bahanesiyle arkadaşını görmeye gitti.
Les femmes ont commencé à parler entre elles sous prétexte de prendre de l'eau de la fontaine.	Kadınlar pınardan su alma bahanesiyle aralarında konuşmaya başladılar.
Il ne monte pas à l'arbre de peur qu'il tombe.	O düşme korkusuyla ağaca çıkmıyor.

"Que" sözcüğü daha önceki konularda görüldüğü gibi hem zamir, hem zarf ve hem de bağlaç olmaktadır.

Que ilgi zamiri olarak **lequel, laquelle, lesquels**, vb. çağrıştırdığı zaman zamirdir.

Le pays que vous avez vu est la France.	Sizin gördüğünüz ülke Fransa'dır.
La fleur qu'elle aime est la rose.	Onun çok sevdiği çiçek güldür.

La porte que tu fermes est la porte de la classe.	Senin kapattığın kapı sınıfın kapısıdır.
L'homme que tu vois est le père de mon ami.	Senin gördüğün adam arkadaşımın babasıdır.

"Que" sözcüğü "ne kadar" anlamını dile getirdiği zaman zarftır.

Que vous êtes bon!	Ne kadar iyisiniz!
Que vous êtes belles!	Ne kadar güzelsiniz!
Que les enfants sont gentils!	Çocuklar ne kadar kibardırlar!
Que vous êtes heureux!	Ne kadar mutlusunuz!

"Que" sözcüğü **lequel**, **laquelle**, **lesquels** ya da "herhangi bir şey" anlamıyla "ne kadar" anlamlarının dışında kullanıldığında bağlaçtır.

Il lui dit qu'il venait aujourd'hui.	O, ona bugün geldiğini söylüyor.
Elle sait que tu es français.	O senin Fransız olduğunu biliyor.
Je veux que vous veniez à trois heures.	Sizin saat üçte gelmenizi istiyorum.
Je crois que vous n'êtes pas le frère de Lale.	Lale'nin erkek kardeşi olmadığınıza inanıyorum.
Elles croyaient que les étudiants ne voulaient pas parler avec le directeur.	Onlar öğrencilerin müdürle konuşmak istemediklerine inanıyorlar.
Nous voyons que la maison de Pierre est proche d'ici.	Biz Pierre'in evinin buraya yakın olduğunu görüyoruz.

"Où" zarfı yer ve zaman bildiren bir zarftır. Zarf olduğu sürece üzerinde **accent grave** bulunur.

Où vas-tu?	Nereye gidiyorsun?
Où habitez-vous?	Nerede oturuyorsunuz?
Où vous promenez-vous?	Nerede geziyorsunuz?
Où est-ce que vous jouez?	Nerede oynuyorsunuz?

Quelle est l'heure où vous viendrez ce soir?	Bu akşam saat kaçta geleceksiniz?
Le mois où nous sommes allés à Ankara est Avril.	Ankara'ya gittiğimiz ay Nisan ayıdır.

"**Ou**" sözcüğü **ou bien** (ya da) anlamında kullanıldığı zaman bağlaçtır ve bu anlamda hiçbir zaman **accent** almaz.

Parler ou ne pas parler n'est pas important.	Konuşmak ya da konuşmamak önemli değildir.
Jouer ou se promener dans le jardin est la même chose pour moi.	Bahçede oynamak ya da gezmek benim için aynı şeydir.

bağlaçların anlamları

Fransızca'da bazı bağlaçlar değişik kavramları dile getirirler. Bunlar sırasıyla şu şekilde belirtilir.

1. Herhangi bir cismi belirten bağlaçlar: **Que**

2. Zaman belirten bağlaçlar: **Tandis que, dès que, lorsque, quand, pendant que, après que, aussitôt que, avant que, toutes les fois que, chaque fois que, cependant que, alors que, en même temps que, au moment où, à l'époque où, à mesure que, depuis que, jusqu'à ce que,** vb.

3. Neden belirten bağlaçlar: **Parce que, puis que, comme, dès que, à cause que, pour cette raison que, sous prétexte que, par le fait que,** vb.

4. Bir amacı belirten bağlaçlar: **Afin que, de crainte que, de peur que,** vb.

5. Bir sonuç bildiren bağlaçlar: **Soit que, si, à condition que, à mesure que, en admettant que, pourvu que, sinon que, à moins que,** vb.

6. Bir kıyaslama bildiren bağlaçlar: **Plus que, aussi que; ainsi que, de même que, selon que, moins que, plutôt que, tel que, tant que, autant que, suivant que, à mesure que,** vb.

7. Herhangi bir sınırlandırma bildiren bağlaçlar: **Quoique, si ... que, quand même, pour ... que, sans que, malgré que, loin que, tandis que, alors que, bien que** vb.

bir kısım bağlaçların kullanılışları

Fransızca'da bazı bağlaçların kullanılışları sırasında cümle içinde aldıkları yerlere göre gerek fiillerin şeklinde gerek **article** ya da **préposition**'larda bir kısım değişiklikler olur. Bunlarla ilgili açıklamalar ve örnek cümleler aşağıda görülmektedir.

"**Et**" bağlacının işlevini konumuzun başında görmüştük. Ancak öğrenmiş olduğumuz işlevlerinin dışında bu bağlacın bir takım özel işlevleri de vardır:

Et bağlacı olumlu iki bağımsız cümleciği birbirine bağlamada kullanılır. Bu durumda ikinci cümleciğin fiilinin öznesi ile birinci fiilin öznesi aynı ise ikinci öznenin tekrar edilmesine gerek yoktur.

Mon oncle prépare ses valises et commence à saluer ses amis.	Amcam valizlerini hazırlar ve arkadaşlarını selamlamaya başlar.
Le juge regarde le papier et pose une question à l'avocat.	Yargıç kâğıda bakar ve avukata bir soru sorar.
Le médecin tient le bras du malade et prescrit un medicament pour le soigner.	Doktor hastanın kolunu tutar ve onu iyileştirmek için bir reçete yazar.
L'avion fait un tour sur la ville et commence à attérrir.	Uçak şehrin üzerinde bir tur atar ve inmeye başlar.
Mon père s'assied sur son fauteuil et lit son journal.	Babam koltuğunun üzerine oturur ve gazetesini okumaya başlar.

"**Et**" bağlacı iki bağımsız cümleciği birbirine bağlarken bu iki cümleciğin fiilleri olumsuz ve özneleri de aynı ise birinci cümleciğin fiilinin başına "**ne**" olumsuzluk eki getirilir. Fakat fiilin sonuna ikinci olumsuzluk eki olan "**pas, plus, rien** vb." ekleri getirilmez. Bu ekler sadece ikinci cümleciğin fiilinin sonuna getirilir. Bu fiilin başına ayrıca olumsuzluk zarfının ilk kısmı olan "**ne**" yazılır.

Les oiseaux ne volent et ne chantent pas pendant le mauvais temps.	Kötü havalarda kuşlar uçmaz ve ötmezler.
Les enfants ne viennent et ne jouent pas devant la maison.	Çocuklar gelmezler ve evin önünde oynamazlar.
Sa mère ne va au marché et n'achète rien le lundi.	Onun annesi pazartesi günü pazara gitmez ve hiç bir şey satın almaz.

| Je n'aime le temps chaud et | Sıcak havayı sevmem ve hiç bir |
| ne sors jamais au dehors. | zaman da dışarı çıkmam. |

"Et" bağlacı iki bağımsız cümleciği birbirine bağlarken bu iki cümleciğin fiil- lerinden birisi olumsuz, diğeri olumlu ve özneleri aynı ise ikinci cümlecikte özne tekrarı yapılmayabilir fakat fiilin olumsuzluk zarfları yerinde kalır.

| Je vais chez lui et ne parle pas de ce sujet avec son ami. | Onun evine gidiyorum ama arkadaşıyla bu konuda konuşmam. |

| Les touristes viennent dans notre pays et ne restent pas jusqu'à la fin du mois août. | Turistler ülkemize gelirler ve ağustos ayının sonuna kadar kalmazlar. |

| L'épicier vend du lait et n'ouvre pas l'épicerie le matin à sept heures. | Bakkal süt satıyor ve dükkânı sabahleyin saat yedide açmıyor. |

Fakat "et" bağlacıyla birbirine bağlı iki bağımsız cümleciğin birincisinin fiili olumsuz, ikinci cümleciğin fiili olumlu olduğunda, birinci cümleciğin fiilinde olumsuzluk zarflarının her ikisi de kullanılır ve öznelerinin aynı olmasına rağmen ikinci cümleciğin fiilinde özne tekrar edilebilir.

| Vous êtes restés deux jours ici et vous n'avez pas visité le musée. | Burada iki gün kaldınız ve müzeyi ziyaret etmediniz. |

| Les montagnes ne sont pas hautes et elles sont loin de notre hôtel. | Dağlar yüksek değil ve otelimize çok uzaktırlar. |

| L'acteur ne joue pas et il parle à son ami sur la scène. | Aktör oyun oynamıyor ve sahnede arkadaşına bir şey söylüyor. |

| Cette femme n'est pas heureuse et elle pense à son enfant. | Bu kadın mutlu değil ve çocuğunu düşünüyor. |

"Et" bağlacının genel olarak birbiri ardı sıra sayılan sözcüklerin en sonuncusundan önce konulduğu bir kural olmasına karşın bazen bütün sözcüklerin önüne konulduğu da görülmektedir.

| Le chéval et mouton et corbeau et la poule et le lion et la vache sont les animaux bien connus de cette région. | At ve koyun ve karga ve tavuk ve aslan ve inek bu yörenin tanınmış hayvanlarıdır. |

Aujourd'hui c'est dimanche, c'est le mois de Mai, il fait beau, les femmes et les enfants et les hommes sont aux parcs.	Bugün günlerden pazar, mayıs ayı, hava güzel, kadınlar ve çocuklar ve erkekler parklardadır.

Bu durumda olan sözcüklerin sıralanmasında herhangi bir ivedilik söz konusuysa o zaman "et" bağlacının kalktığı görülür.

Les enfants, femmes, vieillards peuvént passer le pont.	Çocuklar, kadınlar ve yaşlılar köprüyü geçebilirler.
Les jeunes, forts, les sapeur-pompiers passeront après.	Gençler, kuvvetliler, sonra itfaiyeler geçecekler.

"Ni" bağlacı ikincisinde kısaltma gereken iki temel cümleyi birbirine bağlar. Bu durumdaki cümleciklerin fiillerinin sonlarına **pas** zarfı konulmaz.

Elle ne voit ni entend les problèmes graves du monde.	Dünyanın ağır sorunlarını ne görüyor ne işitiyor.
Il ne vient ni envoit des nouvelles de son côté.	O ne buraya geliyor ne de kendinden bir haber gönderiyor.
Ma grand mère ne mange ni boit depuis deux jours.	Büyük annem iki gündür ne yiyor ne içiyor.
Les pigeons ne volent ni mangent les grains du blé.	Güvercinler ne uçuyorlar ne de buğday tanelerini yiyorlar.

"Ni" bağlacı aynı olumsuz bir temel cümleye bağlı olan iki yan cümleciği birbirine bağlamaya yarar.

Il ne croit pas que je fasse, ni même que tu fasse.	O ne benim ne de senin yaptığına inanır.
Je ne désire pas que nous passions nos vacances à la ville ni même que nous allions à la mer.	Tatillerimizi şehirde geçirmeyi hatta denize bile gitmeyi istemiyorum.
Il ne faut pas que nous mangions ce repas ni même que nous buvions ces vins.	Ne bu yemekleri yememiz ne de bu şarapları içmemiz gerekmez.

"Ni" bağlacı aynı zamanda olumsuz bir cümleciğin birbirinin benzeri olan öğelerinin birleştirmesi işlevini de görür.

Les arbres de notre jardins ne sont ni hauts ni petits.	Bizim bahçenin ağaçları ne kısa ne uzundur.
Elle n'est ni belle ni laide.	O kız ne güzel ne çirkindir.
Il n'est ni intelligent ni stupide.	O ne zeki ne aptaldır.
Son frère n'est ni beau ni laid.	Onun erkek kardeşi ne yakışıklıdır ne de çirkindir.
Il ne veut ni venir ni aller.	O ne gelmek ne de gitmek istiyor.
Les animaux ne sont ni gros ni maigres.	Hayvanlar ne iri ne de zayıftırlar.
Elle n'est ni grande ni petite.	O ne büyük ne küçüktür.
Il n'est ni à moi ni à lui.	O ne bana ne de ona aittir.

"Ni" bağlacı bazen sözcüklerin başına gelerek onları pekiştirmeye, kuvvetlendirmeye yarar.

Ni les enfants ni leurs pères ne sont venus ici.	Ne çocuklar ne de babaları buraya geldiler.
Ni Pierre ni Mireille ne parlent espagnole.	Ne Pierre ne de Mireille İspanyolca biliyorlar.
Ni mon père ni mon frère ne regardent l'avion.	Ne babam ne de erkek kardeşim uçağa bakmıyor.
Ni les oiseaux ni les poules ne vivent dans l'eau.	Ne kuşlar ne de tavuklar suda yaşarlar.
Ni la pomme ni la prune ne sont mûres.	Ne elma ne de erik olmamıştır.
Ni le devoir ni la leçon ne sont prêts.	Ne ödev ne de ders hazırdır.

"Que" bağlacının da kendine özgü (bağlaç olarak) bir kısım özellikleri vardır. Bu özellikler alışılagelmiş dilbilimsel özelliklerinin dışında görülen pratik özelliklerdir. "Que" bağlacı her şeyden önce **comme** (ne kadar) **quand** (zaman) ve **si** (se, sa) gibi bağlaçların tekrarına engel olmak için kullanılır. Fakat bu bağlaçların yerine tekrardan kaçınmak için **que** kullanılabilmesinin koşulu vardır. Bu koşul söz konusu sözcüklerle başlayan cümleciklerin ayrı yapıda cümleler olması gerektiğidir.

Comme il est gentil et que nous sommes content de vous voir!	O, ne kadar kibardır ve biz sizi görmekten ne kadar memnunuz!
Comme il faisait froid et que vous étiez courageux!	Hava ne kadar soğuk ve siz ne kadar cesaretliydiniz!
Comme elle était belle et que sa mère était heureuse!	O ne kadar güzel ve annesi ne kadar mutluydu!
Comme notre pays est jolie et que notre peuple est travailleur!	Ülkemiz ne kadar güzel ve halkımız ne kadar çalışkandır!
Quand nous étions jeunes et que vous êtiez à Antalya...	Biz gençken ve siz Antalya'da iken...
Quand il a fait chaud et qu'il pleut ...	Hava sıcak olduğunda ve yağmur yağdığı zaman ...
Quand les voitures passent devant le jardin et que les poussières volent dans l'air ...	Arabalar bahçenin önünden geçerken ve tozlar havada uçarlarken ...
Quand mon enfance se passait dans ce village et que les enfants du village venaient près de notre jardin pour chasser les oiseaux...	Benim çocukluğum bu köyde geçerken ve köyün çocukları kuşları avlamak için bizim bahçenin kenarlarına gelirlerken...
Si nous parlons anglais et que vous apprenez italien, nous irons en Europe.	Biz İngilizce konuşursak ve siz İtalyanca öğrenirseniz Avrupa'ya gideceğiz.
Si les touristes français viennent et si les hôtels sont prêts pour eux...	Fransız turistler gelirlerse ve oteller onlar için hazır olurlarsa...
Si le papier est à vous et si vous avez l'enveloppe...	Eğer kâğıt size aitse ve zarfınız varsa...

"Que" bağlacının aynı zamanda **lorsque, afin que, avant que, depuis que, sans que** bağlaçlarının yerlerine de kullanıldığı görülür.

Viens ici que je parle avec toi.	Buraya gel ki seninle konuşayım.

Travaillez votre leçon que vous changiez la classe.	Dersinize çalışınız ki sınıfı geçesiniz.
J'étais près d'elle qu'elle était malade.	O hasta iken ben onun yanındaydım.
Il y a trois jours qu'il est allé à la mer.	O denize gideli üç gün oldu.
Nous sommes ici que vous êtes venus.	Siz geldiğinizden beri buradayız.
Je ne veux pas aller qu'il ne vient pas avec nous.	O bizimle gelmeksizin sinemaya gitmek istemiyorum.
Nous irons chez nous qu'il ne neige pas.	Kar yağmadan eve gideceğiz.
Je suis allé chez lui qu'il était malade.	O hasta iken ben onun evine gittim.
Il m'a écrit qu'il était à Ankara.	O Ankara'da iken bana mektup yazdı.
Donnez-moi un stylo parceque je veux écrire une demande au mair.	Belediye başkanına bir dilekçe yazmam için bana bir kalem veriniz.

ALIŞTIRMALAR - 39

A. Aşağıdaki cümlelerdeki boşlukları **et- mais- ni- donc- car-** düzenleme bağlaçlarından (**conjonction de coordination**) uygun olanları yazınız.

1. Vous êtes venus hier .... je nevous avais pas vus.
2. Ils ne sont .... Gentils .... respectueux.
3. J'ai réussi l'examin .... j'avais travaillé beaucoup.
4. Vous êtes gentils .... intelligent.
5. La maison est belle .... je ne l'aime pas.
6. Vous avez le passeporte de la France .... vous êtes Français.
7. Tu ne veux ...... manger .... boire.
8. Les étrangers ne sont pas en retard .... ils sot venus à l'hotel.

1. ....
2. ....
3. ....
4. ....
5. ....
6. ....
7. ....
8. ....

B. Aşağıdaki cümlelerdeki boşluklara **que- si- comme- quand- malgré que** bağlama bağlaçlarından (**conjonction de subordination**) uygun olanları yazınız.

1. Tu me dis................tu viens demain.
2. Il ne sait........... vous vouliez rester deux jours à İstanbul.
3. Il parlera bien le français......il aura travaillé sans fatigué.
4. Ayşe saute à la corde..........sa soeur.
5. Vous ne savez pas.....nos voisins viennent ce soir.
6. Il ne connait pas .....nous sommes les amis de son père.
7. Elle me demande..... je connais son frère.
8. Il avait froid............qu'il fait chaud.
9. Elle chante...........qu'elle ne soit pas chanteuse.
10. Nous avions habité dans cette ville..........que nous étions venus a Paris.

1. ....
2. ....
3. ....
4. ....
5. ....
6. ....
7. ....
8. ....
9. ....
10. ....

C. Aşağıdaki cümleleri Fransızcaya çeviriniz.

1. Sınavlarını başardıklarında uzun bir tatile çıkacaklar.
2. Çok para kazandığı zaman bir otel satın alacak.
3. Gelir gelmez annesinin evine gitti.
4. Yemek yerken konuşmamak lazım.
5. Adresi öğrendikten sonra şehre döndüler.
6. Gitmeden önce ona uğradık.
7. Yağmur yağmadan önce paltomu giydim.
8. Her okuduğunda müzik dinliyorsun.
9. Paltomu giydiğim halde üşüyorum.
10. Onlar Almanya'ya para kazanmak amacıyla gittiler
11. Bizimle konuşmak bahanesiyle mi geldiniz?
12. Kaza olacak korkusuyla günü geçirdiler.
13. Düşeceğim korkusuyla ağaçtan indim.

1. ....
2. ....
3. ....
4. ....
5. ....
6. ....
7. ....
8. ....
9. ....
10. ....
11. ....
12. ....
13. ....

14. Büyük olsa da çocukların sözlerini dinliyor.
15. Müdür olsa da baharda bahçede çalışıyor.
16. İki ay sonra vermek koşuluyla ondan ödünç para aldı.
17. O genç olduğu sürece çalışmak istiyor.
18. Kendimi iyi hissettikçe spor yapacağım.
19. Çocuklar bahçeye oyun oynamak bahanesiyle çıktılar.
20. Ankara'ya uğramadan İstanbul'dan Trabzon'a geldiler.

14. ....
15. ....
16. ....
17. ....
18. ....
19. ....
20. ....

L'INTERJECTION - ÜNLEM

Korku, sevinç, acıma, şaşma, kızma, hayret gibi birçok duyguları dile getiren sözcüklere ünlem denir. Başlıca ünlemler şunlardır:

Aïe	Hélas
Ouf	Holà
Ah	Chut
Oh	Boum
Eh	Pan
Hue	Clic, clac
O	Grâce
Bravo	Patience
Allô	Silence
Eh bien	Salut
Stop	Allez
Ah, bon	Venez

Başlıca ünlemleri oluşturan bu sözcükler yukarıdaki tanımda belirtilen anlamlara göre değişik yerlerde kullanılmaktadırlar.

Ünlemler cümlede bağımsız bir cümlecik gibi yer alırlar. Dile getirdikleri duygular açısından ünlemler şu temel adlar altında kümelendirilebilirler:

1. Acıma belirtilen ünlemler: **Ah**, **aïe**, **ouf**, **hèlas**, vb.

Ah! Les poules sont entrées dans le jardin.	A! Tavuklar bahçeye girmişler.
Ah! Il est tombé sur la terre.	A! Yere düştü.
Ah! Elle s'est coupé la main.	A! O, elini kesti.
Aïe! Il fait très froid ce matin.	Ay! Bu sabah hava çok soğuk.
Aïe! Ses oiseaux s'en vont.	Ay! Onun kuşları gidiyorlar.
Aïe! Nous avons vu un accident dans la rue.	Ay! Biz sokakta bir kaza gördük.
Aïe! Les bateaux ne peuvent pas entrerau port.	Ay! Gemiler limana giremiyorlar.

Ouf! Je suis content maintenant.	Of! Şimdi memnunum.
Ouf! Les enfants sont venus.	Of! Hele şükür çocuklar geldiler.
Of! J'ai pu réussir mes examens.	Of! Hele şükür sınavlarımı başarabildim.
Ouf! Vous vous êtes enfin reposés.	Of! Hele şükür nihayet dinlendiniz.
Ouf! Nous avons pu voir nos amis.	Of! Hele şükür dostlarımızı görebildik.
Ouf! Ils sont partis.	Of! Gittiler.
Ouf! Le train est enfin venu.	Of! Tren nihayet geldi.
Ouf! Il fait chaud aujourd'hui.	Of! Hele şükür hava sıcak.
Ouf! J'ai froid ce matin.	Of! Bu sabah üşüyorum.
Hélas! Les arbres ont perdu leurs feuilles.	Eyvah! Ağaçlar yapraklarını döktüler.
Hélas! Le chat a mangé l'oiseau.	Yazık! Kedi kuşu yemiş.
Hélas! Nos jeunesses s'éloignent le jour en jour.	Yazık! Gençliğimiz günbegün gidiyor.
Hélas! Le poisson est mort.	Yazık! Balık ölmüş.
Hélas! Il a mal à la tête depuis le soir.	Yazık! Onun akşamdan beri başı ağrıyor.
Hélas! Son père a fait un accident dans la rue.	Yazık! Babası sokakta bir kaza yapmış.

2. Sevinç belirten ünlemler: **Ah, bravo, bon,** vb.

Ah! Quelle chance, vous avez gagné.	Oh! Ne şans, kazandınız.
Ah! Quelle joie, elles sont très heureuses.	Oh! Ne sevinç, onlar çok mutludurlar.
Ah! Quel appétit, il mange trop.	Oh! Ne iştah, çok yemek yiyor.

Ah! Que vous êtes gentils.	Oh! Ne kadar naziksiniz.
Ah! Qu'il est heureux avec elle.	Oh! Onunla ne kadar mutludur.
Ah! Que nous sommes contents.	Oh! Ne kadar memnunuz.
Ah! J'ai trouvé ce que je cherchais.	Oh! Aradığım şeyi buldum.
Ah! Elle avait réussi les examens.	Oh! O sınavları başarmış.
Ah! Il est parti pour l'école.	Oh! O, okula gitti.
Ah! Les enfants jouent dans le jardin.	Oh! Çocuklar bahçede oynuyorlar.
Ah! Il fait chaud nous pourrons nager.	Oh! Hava sıcak yüzebileceğiz.
Bravo, vous avez gagné le concours.	Bravo, yarışı kazandınız.
Bravo, il a pu monter le toit de la maison.	Bravo, evin çatısına çıkabildi.
Bravo, il a porté la valise de son père jusqu'à l'hôtel.	Bravo, babasının valizini otele kadar taşıdı.
Bravo, il a travaillé depuis le matin.	Bravo, sabahtan beri çalıştı.
Bravo, nous sommes venus à dix heures.	Bravo, saat onda geldik.
Bravo, ce restaurant est mieux que le restaurant de notre quartier.	Bravo, bu restorant bizim mahallenin restorantından daha iyidir.
Bon, vous avez bien répondu.	İyi, güzel cevaplandırdınız.
Bon, il viendra avec toi.	İyi, o, seninle gelecek.
Bon, marchez vite vers la ville.	İyi, şehre doğru yürüyünüz.
Bon, venez avec moi.	İyi, benimle geliniz.

3. Korku belirten ünlemler: **He**, **ha**, vb.

Ha! Cette fille a mal au pied.	**A!** Bu kız ayağından rahatsız.
Ha! Nous sommes malades avez-vous le médicament?	**A!** Biz rahatsızız sizde ilaç var mı?
Ha! Il fait noir, c'est le soir, comment pourrons-nous trouver notre chemin dans la fôret?	**A!** Hava karardı, akşam oldu acaba ormanda yolumuzu nasıl bulabileceğiz?
Ha! Il n'y pas de pont sur cette rivière comment pourrez-vous passer de l'autre côté?	**A!** Bu ırmağın üzerinde köprü yok acaba karşı tarafa nasıl geçeceksiniz?
He! Comment est-ce qu'il ira à la ville.	**Hey!** Baksana o şehre nasıl gidecek?
He! Comment est-ce qu'il verra la ville.	**Hey!** Baksana o şehri nasıl görecek.
He! Est-ce qu'il y a un roman pour lire ce soir?	**Hey!** Baksana bu akşam okumak için bir roman var mı?
He! Est-ce qu'il y a une voiture pour aller en ville?	**Hey!** Baksana şehre gitmek için araba var mı?
He! Avez-vous parlé avec le médecin?	**Hey!** Baksana doktorla konuştunuz mu?
He! Son ami est-il mort?	**Hey!** Baksana onun arkadaşı ölmüş mü?
He! Il avait perdu son porte-monnaie as-tu entendu?	**Hey!** Baksana o para cüzdanını kaybetmiş, duydun mu?
He! Un lion marche devant les buissons.	**Hey!** Baksana çalılıkların önünde bir aslan yürüyor.
He! Je vois un homme qui porte un fusil à la main.	**Hey!** Baksana eli silahlı bir adam görüyorum.
He! Il a peur de ne pas réussir l'examen.	**Hey!** Baksana o sınavı kazanamamaktan korkuyor.

4. Hayranlık belirten ünlemler: **Oh**, **ah** vb.

Oh, elle est très belle.	O, o kız çok güzeldir.
Oh, il est très gentil.	O, o adam çok naziktir.
Oh, notre professeur est très travailleur.	O, bizim öğretmenimiz çok çalışkandır.
Oh, notre pays est mieux que le vôtre.	O, bizim ülkemiz sizin ülkenizden daha iyidir.
Oh, nos poules sont plus petites que les vôtres.	O, bizim tavuklarımız sizinkilerden daha küçüktürler.
Ah, que vous êtes belles.	A, ne kadar güzelsiniz.
Ah, elle est très travailleuse.	A, o kız ne kadar çalışkandır.
Ah, il est très beau.	A, o çok yakışıklıdır.
Ah, que vous êtes gentils.	A, ne kadar naziksiniz.
Ah, notre ville est plus belle que celle de son voisin.	A, bizim şehrimiz onun komşusununkinden daha güzeldir.
Ah, qu'il est bon.	A, ne kadar iyidir.

5. Bunlardan başka herhangi bir uyarıda bulunmak için kullanılan **holà**, **gare** ünlemlerini de belirtmek gerekir.

Holà, ne faites pas le bruit.	Hey, baksana gürültü yapmayın.
Holà, viens ici.	Hey, baksana buraya gel.
Holà, ne passez pas par cette route, elle est fermée.	Hey, baksana bu yoldan geçmeyiniz yol kapalı.
Holà, mettez vos manteaux il faisait froid.	Hey, paltolarınızı giyiniz hava soğuktur.
Gare, à la route. **Gare, au chien.** **Gare, aux enfants.** **Gare, à la fleur.**	Yola dikkat ediniz. Köpeğe dikkat. Çocuklara dikkat. Çiçeğe dikkat.

6. Türkçedeki yansıma sözcüklerinin karşılıkları olan sözcükler de Fransızcada ünlem olarak kullanırlar. Örneğin bunlardan

    boum;   bir patlayıcı sesi,
    pan;   bir tabanca sesi,
    clic, clac;   kapının kilidini açarken çıkan sesi

yansıtan ünlemlerdir.

7. Bir takım değişmez ya da değişebilir sözcükler de ünlem olarak kullanılırlar.

Örneğin:

    Silence!   Sus!
    Salut!   Selam!
    Grâce!   Şükür!
    Comment!   Nasıl!
    Diable!   Şeytan!

8. Fiillerin emir şekilleri de cümlede ünlem olarak bulunabilirler.

    Viens vite!   Çabuk gel!
    Parlez!   Konuşunuz!
    Allons!   Gidelim!
    Marchez!   Yürüyünüz!
    Regardez!   Bakınız!
    Silence!   Sus!

9. Bazı sözcükler bir araya gelerek ünlemlerden meydana gelen deyimleri oluştururlar. Bunlara Fransızca'da **la locution interjective** denir. Başlıcaları şunlardır:

    Eh bien.   Eh peki, pekâlâ.
    En avant.   Öne, önde
    Grand Dieu.   Ulu Tanrı.
    Ma foi.   Dinime, imanıma.
    Mon Dieu.   Tanrım.
    Dieu me protège.   Allah korusun.
    Dieu du ciel.   Göklerin, kâinatın Tanrısı.

10. **O** edatıyla kullanılan sözcükler de cümlede ünlem olabilirler.

    O ma grand-mère.   Ey büyük anneciğim.
    O mon grand-père.   Ey dedeciğim.
    O ma jeunesse.   Ey gençliğim.

O mes amis. Ey dostlarım.
O mes jours. Ey günlerim.
O temps. Ey zaman.

11. Bazı yabancı kökenli sözcükler de Fransızcada ünlem olarak kullanılırlar.

Stop. Dur.
Allô. Alo. (telefon hitap sözcüğü).
Bravo. Bravo.
Bis. Bir daha, yeniden.

ALIŞTIRMALAR - 40

A. Aşağıdaki cümlelerdeki boşluklara **Aïe--Ouf- Ah- Helas-** gibi acıma duygusu belirten **interjection** (ünlem) sözcüklerinden uygun olanları yazınız.

1. ....! Elle s'est coupé la main. 1. ....
2. ....! J'ai vu un accident sur la route. 2. ....
3. ....! Maman a eu mal à la potrine. 3. ....
4. ....!Notre jeunesse s'éloigne le jour en jour. 4. ....
5. ....! Les feuilles deviennent. 5. ....

B. Aşağıdaki cümlelerdeki boşluklara **Ah- Bravo- Bon** gibi sevinç duygusu belirten **interjection** (ünlem) sözcükleri yazınız.

1. ...! Quelle chance, elle a gagné. 1. ....
2. ...! Que nous sommes heureux. 2. ....
3. ...! Vous avez réussi l'examin. 3. ....
4. ...! Il avat porté cette valise lourde. 4. ....
5. ....! Tu as bien répondu. 5. ....

C. Aşağıdaki cümlelerdeki boşluklara **He – Ha** – gibi korku belirten **interjection** (ünlem) sözcüklerinden uygun olanları yazınız.

1. ...! Il fait noir, on n'a pas la lampe. 1. ....
2. ...! Comment pourrais-je rester seule? 2. ....

3. ...! Comment viendra-t-il tout seul dans la nuit?
3. ....

4. ...! Son père est-il très malade?
4. ....

D. Aşağıdaki cümlelerdeki boşluklara **Oh – Ah-** gibi hayranlık belirten **interjection** (ünlem) belirten sözcükleri yazınız.

1. ....! Vous êtes très beau.
2. ....! Elle est très belle.
3. ....! Que vous êtes belle.
4. ....! Qu'il est bon.

1. ....
2. ....
3. ....
4. ....

E. Aşağıdaki cümlelerdeki boşluklara **Holá –Gare** gibi emir ve dikkat belirten **interjection** (emir) sözcüklerinden uygun olanları yazınız.

1. ....! Ne faites pas le bruit.
2. ....! Ne mettez pas votre tricot il fait chaud.
3. ....! Vous conduisez très vite.
4. ....! Faites attention aux piétons.

1. ....
2. ....
3. ....
4. ....

F. Aşağıdaki **interjection** (ünlem) olan sözcüklerin Türkçelerini yazınız.

1. **Silence!**
2. **Salut!**
3. **Grâce!**
4. **Comment!**
5. **Diable!**
6. **Allons!**
7. **Patience!**
8. **Mon Dieu!**
9. **Ma foi!**
10. **Oh ma jeunesse!**
11. **Bis!**
12. **Eh bien!**

1. ....
2. ....
3. ....
4. ....
5. ....
6. ....
7. ....
8. ....
9. ....
10. ....
11. ....
12. ....

L'ORTHOGRAPHE - YAZIM KURALI

Kitabımızın başında özet olarak kısaca değindiğimiz yazım kurallarının (**ortographes**) daha geniş ve ayrıntılı olarak incelenmesi uygun olacaktır. Daha önce yazım kurallarından ayrıntılı olarak söz etmenin, grameri henüz yeni öğrenmeye başlayanların belleklerinde karmaşaya yol açabileceği düşünülmüş ve kısaca söz edilerek kitabımızın bu bölümünde anlatılması uygun görülmüştür. Böylece Fransızcada yazım kuralları konusuna aşağıda belirtilen biçimde değinilmiştir.

Kitabımızın bundan önceki bölümlerinde tamamen sözcük türleri üzerinde durulmuştur. Bu bölümde, cümle kuruluşu (**syntaxe**) konusuna geçmeden önce, gerek sözcük çeşitleri ve gerek cümle kuruluşundan farklı bir bölüm sayılan yazım kuralları konusuna da yer verilmesi uygun görülmüştür.

Fransızcada iki çeşit yazım kuralları vardır: Bunlardan birincisi buraya kadar işlenilen konularda belirtilen dilbilgisi kurallarıdır. Örneğin isim ya da sıfatlardaki tekil, çoğul, **féminin** ve **masculin** gibi cins özelliklerini ve sayılarını belirten dilbilgisel kurallar, Fransızcadaki yazım kurallarının birinci çeşidini içeren ve **"l'ortographe de règle"** denilen bölümdür.

Bu kurallardan başka Fransızcada hiç bir kurala bağlı kalmayan bir yazım kuralı daha vardır ki buna **"l'ortographe d'usage"** adı verilir. Yazım kurallarının bu ad altında toplanan bölümünde ise sözcüklerin yazılış biçimleri verilmektedir. Bu kurallar maddeler halinde sırasıyla şu şekilde incelenmiştir:

1. Fransızca'da **ac** ile başlayan bütün sözcükler iki **c** harfi alırlar. Örneğin:

accalmie	: durgunluk, sakinlik, yatışma (deniz ve liman için)
accaparer	: istifçilik etmek, toplamak, kendine ayırmak, tekeline almak
accepter	: kabul etmek
accessit	: ikinci derecede ödül
acclamer	: alkışlamak
accablement	: bitkinlik, bitmişlik

Ancak aşağıdaki sözcüklerde olduğu gibi **ac** ile başladığı halde iki **c** almayan sözcükler de vardır. Bu istisna sözcükler ise şunlardır.

acabit	: yaradılış, huy, mizaç
acacia	: akasya
académique	: akademik
acagnarder	: avare avare oturmak
acarus	: peynir kurdu

acariens	: uyuzböcekleri
acariatrète	: hırçın, geçimsiz
aceracées	: akçaağaçgiller
acerage	: çelik ekleme
acerbite	: ekşimeye başlamışlık, acımsı
acérer	: çelik eklemek
acescense	: ekşimeye başlamışlık, acımsı
acétate	: asetat
acéteux	: asitli
acétifier	: sirkeleştirmek
acétone	: aseton
acétylen	: asetilen

2. **Af** ile başlayan bütün sözcükler iki **f** alırlar. Örneğin:

affabilité	: gönül okşayıcılık
affable	: gönül okşayıcı
affablement	: gönül okşayarak
affadir	: tatsızlaştırmak, tadını bozmak
affaiblir	: zayıflatmak, güçsüzleştirmek
affaire	: iş, eşya, alışveriş
affairiste	: çıkarcı, bencil
affaler	: indirmek, aşağıya almak
affecter	: kendini -imiş gibi göstermek, ... taslamak
affiler	: bilemek
affirmer	: doğrulamak
affliger	: acı vermek

af harfleriyle başlamasına rağmen iki **f** harfi almayan istisna (ayrıcalıklı) sözcükler de vardır. Bunların başlıcaları ise şunlardır:

Afghan	: Afganistan ile ilgili
afin que	: amacıyla
Africain	: Afrikalı, Afrika ile ilgili

3. Fransızca'da **at** harfleriyle başlayan sözcükler iki **t** harfi alırlar.

Örneğin:

attabler	: sofraya oturtmak
attache	: bağ, ilgi
attachement	: bağlılık, gönül ilişkisi
attacher	: bağlamak, tutturmak
attaque	: saldırış, saldırı

attaquer	: saldırmak, sataşmak
attarder	: geciktirmek
atteindre	: ulaşmak, varmak, erişmek
attendre	: beklemek
attendrir	: duygulandırmak, yumuşatmak, içini sızlatmak
attention	: dikkat

Fakat **at** önekiyle başlamasına rağmen iki **t** harfi almayan aşağıdaki sözcükler istisnadırlar.

athlétisme	: atletizm
atlantique	: atlantik
atmosphère	: atmosfer

4. **Cor** önekiyle başlayan sözcükler iki **r** harfi alırlar.

correct	: doğru, yanlış olmayan
correcteur	: düzeltmen
correctrice	: bayan düzeltmen
correspondant	: muhabir
correspondre	: mektuplaşmak
corriger	: düzeltmek
corroborer	: kuvvetlendirmek
corruption	: bozulma, çürüme

Ancak **cor** harfleriyle başlamasına karşın iki **r** harfi almayan sözcükler de vardır. Bu sözcüklerin belli başlıları ise şunlardır:

corail	: mercan
coran	: Kuran
corbeille	: sepet
cordage	: halat

5. Fransızcada **ap** harfleriyle başlayan **app** şeklinde iki p harfi alır. Ancak **ap** harfleriyle başlamasına rağmen iki adet **p** harfi almayan fiiller de vardır. Bunlardan birçoğu aşağıda belirtilmiştir.

apaiser	: yatıştırmak, dindirmek
apercevoir	: görmek, seçmek
apeurer	: korkutmak, ürkütmek
apitoyer	: acındırmak
aplatir	: yassıltmak
apostropher	: azarlamak, haşlamak, paylaşmak

6. Fransızcada **com** harfleriyle başlayan bütün sözcükler iki **m** harfi alırlar, bu sözcüklerin bir kısmı şunlardır:

commande	: istek, sipariş
comme	: gibi
commémoration	: anma töreni
commencer	: başlamak
comment	: nasıl
commentaire	: eleştirmeli açıklama, yorum, yorumlama
commerçant	: tüccar, tacir
commercer	: ticaret yapmak
commerer	: çene çalmak, dedikodu yapmak
commode	: kullanmaya elverişli, rahat, kullanışlı
commotion	: sarsıntı, ruhsal sarsıntı, şok
commuer	: değiştirmek, hafifletmek
communauté	: ortaklık, topluluk, tarikat, birlik
communique	: bildiri
commutatif	: yer değiştirebilir
commutation	: yer değiştirme

Ancak birçok sözcük **com** ile başlamasına rağmen iki **m** harfi almazlar bu sözcüklerin belli başlıları ise şunlardır:

coma	: koma
comédien	: komedyen
comestible	: yenebilir, yenen
comète	: kuyrukluyıldız

7. Fransızca'da **im** harfleriyle başlayan bütün sözcükler iki **m** harfi alırlar. Bu sözcüklerin birçoğu şunlardır:

immacule	: temiz, lekesiz
immenquablement	: kaçınılmaz olarak
immence	: sınırsız, geniş
immensité	: sonsuz büyüklük
immerger	: suya bandırmak, denize-suya salmak
immettable	: giyilmez durumda olan
immigrant	: göç eden
immodestie	: utanmazlık
immoler	: kendini feda etmek, öldürmek
immunité	: bağışıklık

Fakat **im** harfiyle başlayan ancak iki **m** harfi almayan sözcükler de vardır. Bu sözcüklerin bir kısmı şunlardır:

image	: resim
imaginaire	: hayali, aslı olmayan
imaginer	: tasarlamak, düşünmek
imitation	: taklit, öykünme
imiter	: öykünmek, taklit etmek

8. Fransızca'da **ef** harfleriyle başlayan bütün sözcükler iki **f** harfi alırlar. Bu sözcüklerin önemli bir kısmı şunlardır:

effacement	: silinme, silme
effacer	: silmek
effaner	: kuru ya da işe yaramaz yapraklarını almak
effarer	: korkutmak, şaşkına çevirmek, ürkütmek
effectuer	: gerçekleştirmek, yapmak, ortaya koymak
effet	: gerçek, etki, sonuç, intiba
effeminer	: kadınlaştırmak
effeuillement	: yaprak dökümü
efficace	: etkili
effloraison	: çiçek açma, çiçeklenme
efforcer	: bütün gücüyle çalışmak, güç-enerji harcamak
effraction	: kapıyı kırarak-zorlayarak içeri girmek
effrayer	: korkutmak
effriter	: küçük taneler-toz haline getirmek
effroyable	: korkunç

Bu sözcüklere karşın, **ef** harfleriyle başlamasına rağmen aşağıdaki sözcükler yalnız bir **f** alırlar.

efaufiler	: (kumaştan) iplik çekmek
efrit	: ifrit

9. **ll** harfleriyle başlayan bütün sözcükler iki **l** harfi alırlar. Bu sözcüklere örnek olarak aşağıdaki sözcükler verilmiştir.

illégalité	: yasadışılık, kanunsuzluk
illégitime	: gayri meşru, yolsuz
illetré	: okuma yazması olmayan
illicité	: yasak, gayri meşru, haksız
illicitement	: haksız biçimde, yasak yoldan

illimité	: sınırsız
illogique	: mantıksızlık, akıl almazlık
illumination	: ışıklandırma, aydınlatma

Ancak **il** harfleriyle başlamasına rağmen aşağıdaki sözcükler tek **l** harfi alırlar.

ile	: ada
iles	: kalça bölgesi
ilien	: adalı

10. **Ir** harfleriyle başlayan sözcüklerde, bu hece iki **r** harfi alır. Bununla ilgili örnek sözcükler aşağıda bulunmaktadır.

irraisonnable	: akla aykırı, usdışı
irrationnel	: akıl almaz
irréalisme	: gerçekten uzaklık
irrégulier	: düzensiz
irrésistible	: dayanılmaz
irrésolu	: çözülmemiş
irresponsabilité	: sorumsuzluk
irrigation	: sulama
irriguer	: sulamak
irriter	: kızdırmak, sinirlendirmek, öfkelendirmek

Ancak bazı sözcükler **ir** harfleriyle başladığı halde tek **r** ile yazılan sözcükler de vardır ki bunlara örnek olarak şu sözcükleri verebiliriz:

iris	: gökkuşağı
ire	: öfke
ironie	: alay

11. Fransızca'da **oc** harfleriyle başlayan sözcükler iki **c** harfi alırlar. Bunlara örnek olarak aşağıdaki sözcükler verilmiştir.

occasion	: fırsat
occident	: batı
occuper	: işgal etmek
occulte	: gizli

Fakat **oc** ile başladığı halde iki **c** harfi almayıp tek **c** harfi ile yazılan sözcükler de vardır. Bunlar şu sözcüklerdir:

océan	: okyanus
ocelle	: benekli
ocre	: toprakrengi, aşıboyası
oculiste	: göz doktoru

12. Fransızca'da **of** harfleriyle başlayan sözcükler iki **f** harfi alırlar. Bunlara örnek olarak aşağıdaki sözcükler gösterilir:

offensé	: hakarete uğramış
offenser	: hakarette bulunmak
office	: büro
officialisation	: resmileştirme
officier	: subay; görevli
offrir	: vermek, sunmak
offusquer	: görünmesini engelleyecek şekilde örtmek

13. Fransızcada bünyesinde **ouf** hecesi bulunan bütün sözcüklerde bu hecenin iki **f** harfi alarak **ouff** yazıldığı görülmektedir. Bununla ilgili örnek sözcükler şunlardır:

bouffer	: kabarmak; atıştırmak, yemek
couffe	: küfe
souffler	: üflemek; (rüzgâr) esmek
souffrance	: ıstırap

Ancak **ouf** hecelerini yapılarında taşımalarına rağmen iki **ff** harfi ile bitmeyen sözcükler de vardır. Bu sözcüklerin belli başlıları ise şunlardır:

soufrage	: kükürtleme
soufrière	: kükürt ocağı
mouflet	: yumurcak, küçük erkek çocuk
mouflon	: evcil olmayan koyun, muflon

14. Fransızcada **b** harfi bütün sözcüklerde tek olup, sadece aşağıdaki sözcüklerle, bu sözcüklerin türemiş şekillerinde iki **b** olarak yazılır.

gibbeux	: hörgüç, kambur
abbet	: papaz

15. Sözcüğün ilk hecesindeki **i** harfinden sonra gelen **f** harfi iki **f** olarak yazılır. Örneğin:

sifflage	: hastalıklı hayvanların normal olmayan soluması
siffler	: ıslık çalmak
siffloter	: yavaşça ıslık çalmak
biffafe	: karalama, çizme
biffer	: yazılan bir şeyin üstünü karalamak
difficile	: yapılması güç, zor

Ancak ilk hecesindeki **i** harfinden sonra iki **f** olarak değil, tek **f** olarak yazılan sözcükler de vardır. Bu sözcüklerin önemli bir kısmı ise şunlardır:

rifle	: namlusu uzun bir tüfek
rififi	: kavga, dövüş
bifide	: ikiye ayrılmış
bifurcation	: iki yola ayrılmak
fifre	: çığırtma, fifre
fifille	: çocukların kız çocuklarına verdikleri ad
gifle	: tokat, şamar, darbe

16. Fransızcada **an**, **in**, **on**, **un** hecelerindeki **n** harfleri **b**, **m**, **p** harflerinden önce **m** harfine dönüşerek yazılır. Örnek:

ambarrasser	: engellemek, şaşırtmak
ambellir	: güzelleştirmek
immobiliser	: hareketsiz duruma getirmek
immobiliser	: taşınmaz mal durumuna getirmek, taşınmazlaştırmak
immodeste	: utanmaz, arsız
immonde	: pis, iğrenç, temiz olmayan

Ancak söz konusu özelliği taşımayan sözcükler de vardır. Bunlar şu sözcüklerdir:

bonbon	: şeker
bonbonnière	: küçük ev; şeker kutusu

17. Fransız dilinde **d** harfleri şu sözcüklerde çift yazılırlar.

addition	: toplama, hesap, katma, ekleme
adducteur	: yaklaştırıcı kas
adduction	: yaklaştırma
bouddhisme	: Budizm
reddition	: teslim olma

Yukarıdaki sözcüklerden meydana gelen birleşik şekillerinde iki **d** harfiyle yazılmalarına rağmen diğer bütün sözcükler tek **d** harfi ile yazılmaktadırlar.

18. Sonları **ice**, **isse** sesiyle biten sözcüklerin önemli bir kısmı **ice** hecesiyle biter.

Örneğin:

avarice	: cimrilik
justice	: adalet

police	: polis
sacrifice	: tanrıya sunak sunma

Fakat bu sözcüklerden başka isse ile biten sözcükler de vardır. Bunlara örnek olarak şu sözcükleri verebiliriz:

abscisse	: apsis
clisse	: şişelerin dışına geçirilen hasır
coulisse	: kulis
ecrevisse	: ıstakoz
esquisse	: taslak
jaunisse	: sarılık hastalığı
mélisse	: melisa, oğulotu
pélisse	: kürklü manto
saucisse	: sosis

19. **Air** sesi ile biten sözcüklerin tümü şunlardır:

air	: hava
clair	: aydınlık, açık
eclair	: şimşek; parıltı
flair	: koklama yeteneği
impair	: tek
pair	: çift

gibi yukarıdaki sözcükler istisna olarak düşünülürse sonlarında bir **e** harfi olarak yazılırlar. Örnek:

sédimentaire	: tortul
sédentaire	: hep aynı yerde olup biten
funéraire	: cenaze töreniyle ilgili

20. Fransızcada büyük harfin **(majuscule)** kullanıldığı yerler şunlardır:

Bir cümlenin başlangıcında büyük harf **majuscule** kullanılır. Örnek:

Le chat a mangé le poisson qui est sur la table.   Kedi masanın üzerinde bulunan balığı yemiş.

Şiir dilinde bir önceki dize hangi noktalama işaretiyle bitmiş olursa olsun ya da hiçbir noktalama işareti almamış olsun; bundan sonra gelen dize büyük harfle başlar.

Örneğin;

"Il pleure dans mon coeur

> Comme il pleut sur la ville.
> Quelle est cette langueur
> Qui pénètre mon coeur?
> O bruit doux de la pluie
> Par terre et sur les toits!
> Pour un coeur qui s'ennuie,
> O le chant de la pluie!
> ....
> "romances sans paroles"
> Verlaine.

İki noktadan sonra gelen söz bir başkasının sözü ise yine büyük harfle başlar.

Le plus important principe de M. Kemal Atatürk est aussi: "Paix à l'intérieure paix dans le monde." M.K. Atatürk'ün en önemli ilkelerinden birisi de: "Yurtta barış dünyada barış"tır.

Tanrı anlamına gelen bütün sözcüklerin baş harfleri Fransızcada da büyük yazılır.

Örneğin:

Dieu, Créateur, Providence

Ancak eski Yunan ve diğer Pagan tanrılarını dile getiren tanrı sözcüğü küçük harfle yazılmaktadır. Örneğin,

Aphrodite est le dieu de l'amour. Afrodit aşk tanrıçasıdır.

Herhangi bir roman, şiir vb. yapıtının adları da büyük harfle başlayarak yazılır.

Örnekler:

le Lis dans la vallée Vadideki Zambak
le Père Goriot Goriot Baba
la Femme à trente ans Otuz Yaşındaki Kadın
la Mont des Oliviers Zeytin Dağı

Güneş sistemimizdeki bütün gezegenlerle Güneş, Dünya adlarının baş harfleri de büyük harfle başlar.

la Lune : Ay
le Soleil : Güneş
le Mercure : Merkür

le Saturne	: Satürn
la Terre	: Dünya

Ancak bu sözcükler herhangi bir gezegen adı olarak yani evrenin bir parçası olarak değil de yalnız olarak kullanıldığında küçük harfle başlar.

Örneğin:

Les hommes a réussi à aller à la lune en 1969.	İnsanlar 1969 yılında aya gitmeyi başardılar.
Il a fait un tour de la terre pendant deux mois.	O iki ayda bir dünya turu yaptı.

Devlet (**état**) sözcüğü de eğer bir imparatorluğu, bir kırallığı belirtiyorsa büyük harfle yazılır.

Örneğin:

les frontiers de l'État.	: devletin sınırları
les lois de l'État.	: devletin yasaları
les terres de l'État.	: devletin toprakları
les ports de l'État.	: devletin limanları

Ayrıca özel kişi adları Fransızcada da büyük harflerle yazılır. Örneğin:

Georges, Pierre, Mireille, Jeane, Arlette, Caroline, Hélène

Genelde coğrafyayı ilgilendiren adlar da büyük harflerle yazılır.

Örneğin: **Europe, Asie, Afrique, Seine, Anatolie, Italie, les Alpes, Atlantique**

Fransızcada 17. yüzyılda özel adlardan önce gelen tanımlıklar (**article**) küçük harfle başlatılıyordu. Ancak daha sonra sadece İtalyancadan giren sözcüklerle bir kısım Fransızca sözcüklerin tanım sözcükleri küçük harfle başlayıp diğer bütün sözcüklerle, **articlé**'leri bulunan özel adlar da büyük harfle başlamaktadır.

La Fontaine

Ay ve gün adlarıyla yılbaşı, kutsal gün adları küçük harflerle yazılır.

janvier	: ocak
fevrier	: şubat
mars	: mart

avril	: nisan
mai	: mayıs
juin	: haziran
juillet	: temmuz
août	: ağustos
septembre	: eylül
octobre	: ekim
novembre	: kasım
décembre	: aralık

Nitekim gün adları ay adları gibi küçük harflerle yazılmaktadır.

lundi	: pazartesi
mardi	: salı
mercredi	: çarşamba
jeudi	: perşembe
vendredi	: cuma
samedi	: cumartesi
dimanche	: pazar

vendredi saint (kutsal cuma) ve **jour de l'an** (yılbaşı) gibi özelliği olan günler de küçük harflerle başlamaktadır.

Kuzey, güney, doğu, batı sözcüklerinin Fransızca karşılıkları olan **le Nord**, **le Midi**, **l'Est**, **l'Ouest** gibi yön adları herhangi bir yerin adı olarak kullanılmışlarsa büyük harfle yazılır.

Le Nord	: Kuzey
L'Ouest	: Batı
Le Midi	: Güney

Din adlarının baş harfleri de küçük harflerle yazılır.

islamisme	: İslamiyet
boudhisme	: Budizm
brahmanisme	: Brahmancılık
christianisme	: Hıristiyanlık
judaisme	: Yahudilik

Fransızcada önemli devlet ve makam sahibi kişilere verilen unvan adları da küçük harflerle yazılır.

président	: cumhurbaşkanı
premier ministre	: başbakan

ambassadeur	: büyükelçi
gouverneur	: vali
duc	: dük
duchesse	: düşes

Herhangi bir politik ya da felsefi akım ve görüşü benimseyen kişi ve kişi topluluklarına verilen adlar da küçük harflerle yazılırlar.

libéralistes	: liberalistler
éxistancialistes	: eksistansiyalistler
socialistes	: sosyalistler
publicains	: cumhuriyetçiler
luthériens	: luterciler
modernistes	: modernciler
surréalistes	: gerçeküstücüler

gibi herhangi bir felsefi ya da politik bir görüşü benimseyenlere verilen adlar da küçük harflerle yazılır.

ALIŞTIRMALAR- 41

A. Fransızca'da **ac – af – at**- önekleriyle başlayan sözcüklerin çift **c,** çift **f** ve çift **t** aldığına değin dörder örnek sözcük yazınız.

1. ....
2. ....
3. ....
4. ....

B. Yukarıda belirtilen kurala uymayan dörder ayrıcalıklı sözcükler yazınız.

1. ....
2. ....
3. ....

C. Fransızca'da **Cor – Ap – Com – im – Ef- il – ir- Oc – Of** örnekleriyle başlayan sözcüklerin çift **r – p- m- f- l- r –c** aldığına değin dörder örnek sözcük yazınız.

1. ....
2. ....
3. ....
4. ....

5. ....
6. ....
7. ....
8. ....
9. ....

D. Yukarıdaki **(C)** şıkkındaki kurallara uymayan dörder ayrıcalıklı sözcük yazınız.

1. ....
2. ....
3. ....
4. ....
5. ....
6. ....
7. ....
8. ....
9. ....

E. Bünyesinde **Ouf** hecesi bulunan sözcüklerin çift **f** alıp **Ouff** olarak yazıldığı dört örnek sözcük yazınız.

1. ....

F. E şıkkındaki kurala uymayan sözcüklerden dört ayrıcalıklı örnek sözcük yazınız.

1. ....

G. İf önekiyle başlayan Fransızca sözcüklerin çift **f** alarak **iff** olarak yazıldığına değin dört örnek sözcük yazınız.

1. ....

H. Yukarıdaki **(G şıkkında)** kurala uymayan ayrıcalıklı sözcüklerden dört örnek sözcük yazınız.

1. ....

I. Fransızca'da **an – in – on – un** – öneklerinden sonra **b – m –p** harfleriyle baş layan hecelerin geldiği sözcüklerde **n** harfinin **m** harfine dönüştüğüne değin dört örnek sözcük yazınız.

1. ....

LE DISCOURS DIRECT - LE DISCOURS INDIRECT
DOĞRUDAN ANLATIM - DOLAYLI ANLATIM

Fransızca'da iki anlatım tarzı vardır. Bunlardan birisi **discour direct** – doğrudan anlatım diğeri ise **discour indirect** - dolaylı anlatımdır. Bunlardan doğrudan anlatım, konuşan kişinin sözlerini olduğu gibi hiç değiştirmeden bir üçüncü kişiye nakletme biçimidir. Bununla ilgili örnekleri aşağıda görüldüğü gibi vermek mümkündür.

Il me dit: "je vais aujourd'hui."	O, bana "bugün gidiyorum" diyor.
Elle lui dit: "qu'est-ce que tu fais ici?"	O kız ona: "burada ne yapıyorsun?" diyor.
Vous me dites: "nous sommes malades aujourd'hui."	Siz bana: "bugün hastayız" diyorsunuz.
Je lui dirai: "tu ne travailles pas tes leçons."	Ben ona: derslerine çalışmıyorsun" diyeceğim.
Tu me demande: "as-tu fini ton Devoir?"	Sen bana: "ödevini bitirdin mi" diye soruyorsun.
Il te demande: "quel âge as-tu?"	O sana: "yaşın kaç" diye soruyor.
Elle lui dit: "je n'aime pas la danse"	O kız ona: "ben dansı sevmiyorum" diyor.
Ils nous demandent: "A quel mois vous irez à Paris?"	Onlar bize: "hangi ayda Paris'e gideceksiniz" diye soruyorlar.
Il lui demande: "venez-vous chez-nous?	O, ona: "bize geliyor musunuz" diye soruyor.
Elle nous dit: "je veux aller chez ma tante."	O kız bize: "teyzemlere gitmek istiyorum" diyor.
Il me dit: "je vois le bateau."	O, bana: "gemiyi görüyorum" diyor.
Les enfants disent à leur mère: "maman nous avons faim."	Çocuklar annelerine "anneciğim biz acıktık" diyorlar.
Mon frère me dit: "je veux rester à Ankara pendant le mois de mai."	Erkek kardeşim bana: "mayıs ayı süresince Ankara'da kalmak istiyorum" diyor.
Il me demande: "que fais-tu?"	O, bana: "ne yapıyorsun" diye soruyor.

Elle lui demande: "que mangez vous?" O, ona: "ne yiyorsunuz" diye soruyor.

Nous vous demandons: "à quel heures vous viendrez à l'école?" Biz, size; "okula ne zaman geleceksiniz" diye soruyoruz.

Il te dit: "j'ai mal au ventre." O, sana "karnım ağrıyor" diyor.

Sa fille dit à sa mère: "j'ai mal à la tête. Kız, annesine: "başım ağrıyor" diyor.

Aşağıdaki açıklamalarda **"attribut"** olan sözcüklerin zamir olması halinde alacakları şekilleri ilgilendiren konulara değinilmiştir. Örneğin:

le froid qu'il a fait cette saison. bu mevsimde olan soğuk

sözünde **que** ilgi zamiri fiilin öznesi durumundaki **"il"** in **attribut**'südür. Bunlarla ilgili diğer örnek cümleleri ise şöyle vermek mümkündür:

les froids qu'il a fait cet hiver. bu kış olan soğuklar.
les chaleurs qu'il n'avait pas l'année dernière. geçen sene olmamış olan sıcaklar.

İki fiil yan yana geldiği zaman, mastar olarak bulunan fiil her zaman kendisinden sonra gelen **complément**'ın **attribut**'südür. Örneğin:

Nous avons vu voler une oiseau sur la maison. Evin üzerinde bir kuşun uçtuğunu gördük.

cümlesinde mastar olan **"voler"** fiili **"un oiseau" complément**'ının **attribut**'südür.

Bununla ilgili birkaç örnek daha verelim:

J'ai entendu chanter les rosignol. Bülbüllerin şarkı söylediklerini duydum.

Vous n'avez pas senti parler les enfants dans le jardin. Siz bahçede çocukların konuştuklarını duymadınız.

Est-ce qu'ils ont vu venir les touristes vers l'hôtel? Onlar turistlerin otele doğru geldiklerini gördüler mi?

Mon père a senti tomber la pluie ce matin. Bu sabah yağmur yağdığını babam hissetti.

Elle a vu trembler les feuilles des arbres.	O kız ağaçların yapraklarının titrediğini gördü.
Les étudiants n'ont pas entendu avoir lieu les examens à cette ville.	Öğrenciler sınavların bu şehirde olacağını işitmemişler.
Mon ami me demande: "que cherches-tu?	Arkadaşım bana: "ne arıyorsun?" diye soruyor.
Elle me demande: "quelle heure est-il?"	O kız bana: "saat kaç?" diye soruyor.
Il me demande: "quel temps fait-il?"	O bana: "hava nasıl?" diye soruyor.
Ton père lui demande: "que fais-tu devant la maison?"	Babası ona: "evin önünde ne yapıyorsun?" diye soruyor.
Elles leur demandent: "voulez-vous venir au cinéma aujourd'hui?"	Kızlar onlara: "bugün sinemaya gelmek istiyor musunuz?" diye soruyorlar.
Vous me dites: "il ne veut pas jouer au ballon."	Siz bana: "o top oynamak istemiyor" diyorsunuz.
Mes amies me disent: "nous irons cette semaine à la campagne avec nos familles."	Arkadaşlarım bana: "bu hafta ailemizle kıra gideceğiz " diyorlar.
Ma mère me demande: "où vas-tu?"	Annem bana: "nereye gidiyorsun?" diye soruyor.
Sa soeur lui demande: "où iras-tu ce soir?"	Kız kardeşi ona: "bu akşam nereye gideceksin?" diye soruyor.
Il te demande: "quand est-ce qu'il fait son devoir?"	O, sana: "o ödevini ne zaman yapıyor?" diye soruyor.
Il me dit: "je ne suis pas heureux."	O, bana: "mutlu değilim" diyor.
Elle lui demande: "avez-vous vos enfants?"	O, ona: "çocuklarınız var mı?" diyor.
Elle demande à son père: "tu veux prendre le café?"	O, babasına: "kahve içmek ister misin?" diyor.
Il me demande: "mangez-vous le pain avec la soupe?"	O, bana: "çorbayla ekmek yer misiniz?" diyor.

Je leur demande: "est-ce que vous avez travaillé vos leçons?"	Ben onlara: "deslerinize çalıştınız mı?" diye soruyorum.
Le touriste nous demande: "monsieur où est le bureau de poste?"	Turist bize: "postane nerede beyefendi?" diye soruyor.
La mère demande aux enfants: "pourquoi vous n'avez pas mangé vos repas?"	Anne çocuklara: "niçin yemeklerinizi yemediniz?" diye soruyor.
Il me dit: "j'ai besoin d'argent."	O, bana: "paraya ihtiyacım var" diyor.
Maman m'a dit: "travaille tes leçons".	Annem bana: "derslerine çalış" dedi.
Elle dit à sa mère: "maman est-ce que tu penses à acheter une robe pour moi et pour ma petite soeur?"	O, annesine: "anneciğim benim ve kız kardeşim için bir elbise satın almayı düşünüyor musun?" diyor.
Elle dit au professeur: "nous avons répondu à nos questions".	O, öğretmene: "biz soruları cevaplandırdık" diyor.
Elle dit à son ami: "je suis allée en France cette été.	O, kız arkadaşına: "ben bu yaz Fransa'ya gittim" diyor.
Ses parents lui disent: "ne va pas au cinéma aujourd'hui."	Ebeveynleri ona "bugün sinemaya gitme" diyorlar.
Le directeur dit à la fille: "sonnez la cloche à huit heures."	Müdür kıza: "saat sekizde zili çal" diyor.
Il lui dit: "quand est-ce que tu partiras pour la France?"	O, ona: "sen Fransa'ya ne zaman hareket edeceksin?" diyor.
Il lui demande: "à quelle heures nous prendrons l'autobus?"	O, ona: "saat kaçta otobüse bineceğiz?" diye soruyor.
L'étranger lui demande: " monsieur est-ce qu'il y a un hôtel ici?"	Yabancı ona: "bayım burada otel var mı?" diye soruyor.
Il me dit: "un bateau vient au port."	O, bana: "limana bir gemi geliyor" diyor.
Il me demande: "combien sa coute."	O, bana: "onun fiyatı ne kadardır?" diye soruyor.

Elle leur demande: "voulez-vous sauter la corde avec nous?"	O, onlara: "bizimle ip atlamak ister misiniz?" diye soruyor.
Elle nous demande: "qu'est-ce que vous faites ici depuis le matin?"	O, bize; "sabahtan beri burada ne yapıyorsunuz?" diye soruyor.
Elle demande à sa soeur: "que vois-tu dans le ciel?"	O, kız kardeşine: "gökyüzünde ne görüyorsun?" diye soruyor.
Elle lui dit: "je vois un avions dans le ciel."	O, ona: "gökyüzünde bir uçak görüyorum" diyor.
Mon frère lui demande: "que lis-tu?"	Erkek kardeşim ona: "ne okuyorsun?" diye soruyor.

Yukarıdaki örnek cümlelerde belirtildiği gibi bir kişinin söylediği sözlerin, olduğu gibi, hiç değişikliğe uğramadan bir başka kişiye anlatıldığı görülmektedir. Bu tür anlatım biçimine, konumuzun başında da belirttiğimiz gibi **discour direct** (doğrudan anlatım) denilmektedir.

Bundan başka bir anlatım tarzı daha vardır ki buna da **discour indirect** (dolaylı anlatım) biçimi adı verilir. **Discour direct** bir cümleyi **discour indirect** şekline çevirmek mümkündür, bunun için şu yol uygulanır:

Yukarıda gördüğümüz **discour direct** cümlelerden birisini örnek aldığımız zaman;

Mon frère me dit: "tu es gentil".	Erkek kardeşim bana: "sen kibarsın" diyor.

cümlesini **discour indirect** (dolaylı anlatım) biçimiyle söylemek istendiğinde "erkek kardeşim bana benim kibar olduğumu söylüyor" şeklinde yazılması gerekir. Bunun için cümleyi şöyle yazma zorunluluğu vardır.

Mon frère me dit que je suis gentil.	Erkek kardeşim bana kibar olduğumu söylüyor.

Bununla ilgili örnek cümleler aşağıda görülmektedir. Dolaylı anlatım biçimindeki örnek cümlelerden önce, doğrudan anlatım **(discour direct)** şekli daha iyi kavranılacağı düşünülerek verilmiştir.

Il me dit: "tu es jeune".	O, bana: "sen gençsin" diyor.
I me dit que je suis jeune.	O, bana genç olduğumu söylüyor.

Elle lui dit: "tu vas à l'école."	O, kız ona: "sen okula gidiyorsun" diyor.
Elle lui dit qu'il va à l'école.	O, kız ona okula gittiğini söylüyor.
Maman te dit: "tu lis le journal."	Annem sana: "sen gazete okuyorsun" diyor.
Maman te dit que tu lis le journal.	Annem sana gazete okuduğunu söylüyor.
Il lui dit: "il pleut".	O, ona "yağmur yağıyor" diyor.
Il lui dit qu'il pleut.	O, ona yağmurun yağdığını söylüyor.
Pierre dit à son amie: "je vais bien".	Pierre arkadaşına: "ben iyiyim" diyor.
Pierre dit à son amie qu'il va bien.	Pierre arkadaşına iyi olduğunu söylüyor.
Mireille me dit: "je n'ai pas mal au pied".	Mireil bana: "ayağımdan rahatsız değilim" diyor.
Mireille me dit qu'elle n'a pas mal au pied.	Mireille bana ayağından rahatsız olmadığını söylüyor.
Vous leur dites: "nous parlons français."	Siz onlara: "biz Fransızca konuşuyoruz" diyorsunuz.
Vous leur dites que vous parlez français.	Siz onlara Fransızca konuştuğunuzu söylüyorsunuz.
Georges dit à sa soeur: "je veux acheter une robe pour toi."	Georges kız kardeşine: "senin için bir elbise satın almak istiyorum" diyor.
Georges dit à sa soeur qu'il veut acheter une robe pour elle.	Georges kız kardeşine onun için bir elbise satın almak istediğini söylüyor.
Il me dit: "je connais ton professeur".	O bana: "senin öğretmenini tanıyorum" diyor.
Il me dit qu'il connait mon professeur.	O bana öğretmenimi tanıdığını söylüyor.
Je lui dis: "j'aime la fleur".	Ben ona: "çiçeği seviyorum" diyorum.
Je lui dis que j'aime la fleur.	Ben ona çiçeği sevdiğimi söylüyorum.
Les paysans disent aux commerçants: "nous voulons vendre notre noisettes".	Köylüler tüccarlara: "biz fındıklarımızı satmak istiyoruz" diyorlar.
Les paysans disent aux commerçants qu'ils veulent vendre leurs noisettes.	Köylüler tüccarlara fındıklarını satmak istediklerini söylüyorlar.

Notre voisin nous dit: "je vais au jardin de noisette".	Komşumuz bize: "fındık bahçesine gidiyorum" diyor.
Notre voisin nous dit qu'il va au jardin de noisette.	Komşumuz bize fındık bahçesine gittiğini söylüyor.
Ma tante me dit: "mon mari est malade."	Teyzem bana: "eşim rahatsız" diyor.
Ma tante me dit que son mari est malade.	Teyzem bana eşinin hasta olduğunu söylüyor.
Le médecin dit au malade: "vous n'êtes pas courageux".	Doktor hastaya: "siz cesaretli değilsiniz" diyor.
Le médecin dit au malade qu'il n'est pas courageux.	Doktor hastaya cesaretli olmadığını söylüyor.
Mon père lui dit: "je prends l'auto".	Babam ona: "otobüse biniyorum" diyor.
Mon père lui dit qu'il prend l'auto.	Babam ona otobüse bindiğini söylüyor.
Sophie dit à sa maman: "je saute la corde".	Sophie annesine: "ip atlıyorum" diyor.
Sophie dit à sa maman qu'elle saute la corde.	Sophie annesine ip atladığını söylüyor.

Buraya kadar olan **discour indirect** cümlelere dikkat edilecek olursa hepsi **dire** (söylemek) fiiliyle yapılmışlardır. Görüldüğü gibi **"dire"** fiiliyle nakledilen ko- nuşma- larda yan cümlecik **(proposition subordonnée)** temel cümleciğe **(pro- position principale)** "que" bağlacıyla bağlanmıştır. Oysa aşağıdaki örnek cümlelerdeki gibi bazen nakledilen cümlelerde yan cümleceğin temel cümleciğe farklı bağlaçlarla ya da edatlarla bağlandığı görülecektir.

Il me demande: "es-tu élève?"	O, bana: "öğrenci misin?" diyor.
Il me demande si je suis élève.	O, bana öğrenci olup olmadığımı soruyor.
Tu me demandes: "êtes-vous content?"	Sen bana: "memnun musun?" diye soruyorsun.
Tu me demandes si je suis content.	Sen bana memnun olup olmadığımı soruyorsun.
Elle lui demande: "est-ce que tu chantes ce soir?"	O, ona: "sen bu akşam şarkı söylü- yor musun?" diye sormaktadır.
Elle lui demande si elle chante ce soir.	O kız ona bu akşam şarkı söyleyip söylemeyeceğini soruyor.

Vous me demandez: "lis-tu le journal?" Vous me demandez si je lis le journal.	Siz bana: "gazete okuyor musun?" diye soruyorsunuz. Siz bana gazete okuyup okumadığımı soruyorsunuz.
Je vous demande: "allez-vous au marché?" Je vous demande si vous allez au marché.	Ben size: "pazara gidiyor musunuz?" diye soruyorum. Ben size pazara gidip gitmediğinizi soruyorum.
Nous vous demandons: "est-ce qu'il y a un chat sous l'arbre?" Nous vous demandons s'il y a un chat sous l'arbre.	Biz size: "ağacın altında bir kedi var mı?" diye soruyoruz. Biz size ağacın altında bir kedi olup olmadığını soruyoruz.
Les étrangères leur demandent: "est-ce qu'il y a un bureau de poste ici?" Les étrangères leur demandent s'il ya un bureau de poste ici.	Yabancılar onlara: "burada bir postane var mı?" diye soruyorlar. Yabancılar onlara burada bir postane olup olmadığını soruyorlar.
Le professeur demande aux élèves "est-ce que vous faites vos devoirs?" Le professeur demande aux élèves s'ils font leurs devoirs.	Öğretmen öğrencilere: "ödevlerinizi yapıyor musunuz?" diye soruyor. Öğretmen öğrencilere ödevlerini yapıp yapmadıklarını soruyor.

Yukarıdaki örnek cümlelerde yan cümleciğin temel cümleye **si** bağlacıyla bağlanarak **discour indirect** cümleleri meydana getirdiği görülmektedir.

Nakledilen cümlelerin yapılışında yan cümleciklerin temel cümleye **"ce que"** ile bağlandığı da olmaktadır. Bununla ilgili örnek cümleler ise şunlardır.

Le directeur lui demande: " qu'est-ce que tu fais ici depuis le matin?" Le directeur lui demande ce qu'il fait ici depuis le matin:	Müdür ona: "sen sabahtan beri burada ne yapıyorsun?" diye sormaktadır. Müdür ona sabahtan beri burada ne yaptığını soruyor.
Son père demande à son fils: "qu'est-ce que tu manges maintenant?" Son père demande à son fils ce qu'il mange maintenant.	Babası oğluna: "şimdi ne yiyorsun?" diye soruyor. Babası oğluna şimdi ne yediğini soruyor.

Ma mère me demande: "qu'est-ce que tu lis?" Ma mère me demande ce que je lis.	Annem bana: "ne okuyorsun?" diye soruyor. Annem bana okuduğum şeyi sormaktadır.
Pierre lui demande: "qu'est-ce que tu cherches dans le jardin?" Pierre lui demande ce qu'il cherche dans le jardin.	Pierre ona: "sen bahçede ne arıyorsun?" diye soruyor. Pierre ona bahçede aradığı şeyi sormaktadır.
Mon ami me demande: "qu'est-ce que tu dessines devant la fenêtre?" Mon ami me demande ce que je dessine devant la fenêtre?	Arkadaşım bana: "pencerenin önünde ne resmi yapıyorsun?" diye soruyor. Arkadaşım bana pencerenin önünde resmini yaptığım şeyi soruyor.
Le touriste demande au paysan: "que faites-vous avec le lait?" Le touriste demande au paysan ce qu'il fait avec le lait.	Turist köylüye: "sütle ne yapıyorsun?" diye soruyor. Turist köylüye sütle yaptığı şeyi soruyor.
Le médecin demande à l'homme: "qu'est-ce que tu me dis?" Le médecin demande à l'homme ce qu'il lui dit.	Doktor adama: "sen bana ne diyorsun?" diye soruyor. Doktor adama kendisine söylediği şeyi soruyor.
Elle me demande: "qu'est-ce qu'elles mangent au restaurant?" Elle me demande ce qu'elles mangent au restaurant.	O kız bana: "o kızlar restoranda ne yiyorlar?" diye soruyor. O bana onların restoranda yedikleri şeyi sormaktadır.

Yukarıdaki cümlelerde **discour indirect** biçimindeki anlatım şekillerini dile getiren cümlelerde; yan cümlecikler temel cümleciğe **"ce que"** ile bağlanmışlardır.
Aynı zamanda söz konusu yan cümlecikler temel cümleciğe **"ce qui"** ile de bağlanmaktadır. Bununla ilgili örnek cümleler ise aşağıda görülmektedir.

Je lui demande: "qu'est-ce qui marche ici?" Je lui demande ce qui marche ici.	Ben ona: "burada yürüyen nedir?" diye soruyorum. Ben ona burada yürüyen şeyi soruyorum.
Elle te demande: "qu'est-ce qui fait le bruit dans la cave?" Elle te dit ce qui fait le bruit dans la cave.	O kız sana: "bodrumda gürültü yapan nedir?" diye soruyor. O kız sana bodrumda gürültü yapanın ne olduğunu soruyor.

L'infirmière me demande: " qu'est-ce qui tombe devant la maison?"	Hastabakıcı bana: "evin önüne düşen nedir?" diye sormaktadır.
L'infirmière me demande ce qui tombe devant la maison.	Hastabakıcı bana evin önünde düşen şeyi soruyor.
Le journaliste demande à la police:qu'est-ce qui nage ici?"	Gazeteci polise: "burada yüzen nedir?" diye sormaktadır.
Le journaliste demande à la police ce qui nage ici.	Gazeteci polise burada yüzenin ne olduğunu sormaktadır.

Dolaylı anlatımı dile getiren cümlelerde yan cümlecik aynı zamanda temel cümleciğe **"où, quand, pourquoi, comment"** vb. gibi soru zarflarıyla da bağlanırlar. Bunlardan sonra gelen fiiller **inversion** (fiil ile özne yer değiştirmesi) yapılmaz.

Vous me demandez: "où habitez-vous?"	Siz bana: "nerede oturuyorsunuz?" diye soruyorsunuz.
Vous me demandez où nous habitons.	Siz bana nerede oturduğumuzu soruyorsunuz.
Il te demande: "où allez-vous?"	O, sana: "nereye gidiyorsunuz?" diyor.
Il te demande où tu vas.	O, sana nereye gittiğini soruyor.
Elle demande à sa soeur: "où vont-ils?"	O, kız kardeşine: "onlar nereye gidiyorlar?" diye soruyor.
Elle demande à sa soeur où ils vont. gittiklerini soruyor.	O, kız kardeşine onların nereye
Son ami lui demande: "où est-ce que nous mangeons le repas?"	Arkadaşı ona "nerede yemek yiyoruz?" diye soruyor.
Son ami lui demande où ils mangent le repas?	Arkadaşı ona nerede yemek yediklerini soruyor.
Ma mère me demande: "où est-ce que nous nous promenons".	Annem bana: "nerede geziyoruz?" diye soruyor.
Ma mère me demande où nous nous promenons.	Annem bana nerede gezindiğimizi soruyor.
Ma soeur me demande: "quand est-ce que tu vas au Japon?"	Kız kardeşim bana: "Japonya'ya ne zaman gidiyorsun?" diye soruyor.
Ma soeur me demande quand je vais au Japon.	Kız kardeşim bana Japonya'ya ne zaman gideceğimi soruyor.
Il vous demande: "quand est-ce que le bateau va à Izmir?"	O size: "gemi ne zaman İzmir'e gidiyor?" diye soruyor.
Il vous demande quand le bateau va à Izmir.	O size geminin ne zaman İzmir'e gideceğini soruyor.

Je te demande: "quand viens-tu à la maison?" Je te demande quand tu viens à la maison.	Sana: "eve ne zaman geliyorsun?" diye soruyorum. Sana eve ne zaman geliyorsun diye soruyorum.
Mon camarade me demande: " quand est-ce que nous travaillons nos leçons?" Mon camarade me demande quand nous travaillons nos leçons.	Arkadaşım bana: "ne zaman ders çalışıyoruz?" diye soruyor. Arkadaşım bana derslerimize ne zaman çalışacağımızı soruyor.
Le facteur lui demande: "quand il ira au bureau?" Le facteur lui demande quand tu iras au bureau.	Postacı ona: "ne zaman büroya gideceksiniz?" diye soruyor. Postacı ona ne zaman büroya gideceğini soruyor.
Elle lui demande: "pourquoi finis-tu votre argent?" Elle lui demande pourquoi il finit son argent.	O kız ona: "niçin paranı bitiriyorsun?" diyor. O kız ona niçin parasını bitirdiğini soruyor.
Je te demande: "pourquoi est-ce que tu pleures?" Je te demande pourquoi tu pleures.	Ben sana: "niçin ağlıyorsun?" diye soruyorum. Ben sana niçin ağladığını soruyorum.
Vous leur demandez: "pourquoi parlez-vous avec le directeur?" Vous leur demandez pourquoi ils parlent avec le directeur.	Siz onlara: "niçin müdürle konuşuyorsunuz? diye soruyorsunuz. Siz onlara niçin müdürle konuştuklarını soruyorsunuz.
Nous vous demandons: " pourquoi est-ce que vous n'allez pas à la mer en été?" Nous vous demandons pourquoi vous n'allez pas à la mer en été.	Biz size: "yazın niçin denize gitmiyorsunuz?" diye soruyoruz. Biz size yazın niçin denize gitmediğinizi soruyoruz.
Elle me demande: "pourquoi vas-tu en France demain?" Elle me demande pourquoi je vais en France demain.	O kız bana: "yarın niçin Fransa'ya gidiyorsun?" diyor. O kız bana yarın niçin Fransa'ya gideceğimi soruyor.
L'enfant me demande: "comment est-ce que mon père travaille avec ton livre. L'enfant me demande comment son père travaille avec mon livre.	Çocuk bana: "babam senin kitabınla nasıl çalışıyor?" diye soruyor. Çocuk babasının benim kitabımla nasıl çalıştığını bana soruyor.

Ma fille me demande: "papa comment est-ce que l'oiseau vole dans l'air?"	Kızım bana: "babacığım kuş havada nasıl uçar?" diye soruyor.
Ma fille me demande comment l'oiseau vole dans l'air.	Kızım bana kuşun havada nasıl uçtuğunu soruyor.
L'élève demande au professeur: "mon professeur, comment est-ce que cette machine fonctionne?"	Öğrenci öğretmene: "öğretmenim bu makine nasıl çalışır?" diye soruyor.
L'élève demande au professeur comment cette machine travaille.	Öğrenci öğretmene bu makinenin nasıl çalıştığını soruyor.

Doğrudan nakledilen sözün fiili emir kipinde olursa, dolaylı anlatımda (**discour indirect**) yan cümleciği temel cümleciğe **de** sözcüğü ile bağlanır. Bununla ilgili örnek cümleler aşağıda görülmektedir.

Il me dit: "réveille-toi".	O, bana: "uyan" diyor.
Il me dit de me réveiller.	O, bana uyanmamı söylüyor.
Tu lui dis: "viens ici à dix heures".	Sen ona: "saat onda buraya gel" diyorsun.
Tu lui dis de venir ici à dix heures.	Sen ona saat onda buraya gelmesini söylüyorsun.
Je te dis: "travaille tes leçons".	Ben sana: "derslerine çalış" diyorum.
Je te dis de travailler tes leçons.	Ben sana derslerine çalışmanı söylüyorum.
Il lui dit: "ne pleure pas".	O, ona: "ağlama" diyor.
Il lui dit de ne pas pleurer.	O, ona ağlamamasını söylüyor.
Elle me dit: "prépare vite tes devoirs".	O, bana: "ödevlerini çabuk hazırla" diyor.
Elle me dit de préparer vite mes devoirs.	O, bana ödevlerimi çabuk hazırlamamı söylüyor.
Ma mère me dit: "mets ton manteau".	Annem bana: "paltonu giy" diyor.
Ma mère me dit de mettre mon manteau.	Annem bana paltomu giymemi söylüyor.
La mère dit à son enfant: "lave-toi les mains".	Anne çocuğuna: "ellerini yıka" diyor.
La mère dit à son enfant de se laver les mains.	Anne çocuğuna ellerini yıkamasını söylüyor.

Ma soeur lui dit: "joue avec tes amis dans le jardin qui est devant la maison." Ma soeur lui dit de jouer avec ses amis dans le jardin qui est devant la maison.	Kız kardeşim ona: "evin önündeki bahçede arkadaşlarınla oyna" diyor. Kız kardeşim ona arkadaşlarıyla evin önündeki bahçede oynamasını söylüyor.
Mon père me dit: "achète les fleurs pour nos amis qui sont venus de la France." Mon père me dit d'acheter les fleurs pour nos amis qui sont venus de la France.	Babam bana: "Fransa'dan gelen dostlarımız için çiçek satın al" diyor. Babam bana Fransa'dan gelmiş olan dostlarımız için çiçek satın almamı söylüyor.
Il nous dit: "allons au village." Il nous dit d'aller au village.	O, bize: "köye gidelim" diyor. O, bize köye gitmemizi söylüyor.

nakledilen cümlelerde zaman uyumu

Nakledilen cümlelerde yan cümlecik ile temel cümleciğin fiilleri arasında bir uyuşum söz konusudur. Bu kurala göre eğer temel cümlenin fiili **présent de l'indicatif** ise nakledilen cümlenin, yani yan cümlenin fiili de **de l'indicatif présent** olabilir

Örnek:

Sylvie me dit: "je ferme la porte de la classe". Sylvie me dit qu'elle ferme la porte de la classe.	Sylvie bana: "sınıfın kapısını kapatıyorum" diyor. Sylvie bana sınıfın kapısını kapattığını söylüyor.
Le garçon dit à mon père: "Monsieur je veux prendre votre manteau". Le garçon dit à mon père qu'il veut prendre son menteau.	Garson babama: "Bayım paltonuzu almak istiyorum" diyor. Garson babama paltosunu almak istediğini söylüyor.
La fille dit à sa mère: "je coupe le pain". La fille dit à sa mère qu'elle coupe le pain.	Kız annesine: "ekmeği kesiyorum" diyor. Kız annesine ekmeği kestiğini söylüyor.
Mes parents me demandent: "sais- tu le nom de cette rue?" Mes parents me demandent si je sais le nom de cette rue.	Ebeveynlerim bana: "bu sokağın adını biliyor musun?" diye soruyorlar. Ebeveynlerim bana bu sokağın adını bilip bilmediğimi soruyorlar.

Le garçon demande à mon père: "monsieur est-ce que vous payez l'addition?"	Garson babama: "bayım hesabı ödüyor musunuz?" diyor.
Le garçon demande à mon père s'il paie l'addition.	Garson babama hesabı ödeyip ödemediğini soruyor.
Le directeur demande à l'ouvrier: "qu'est-ce que vous faites avec cette machine?"	Müdür işçiye: "bu makineyle ne yapıyorsun" diye soruyor.
Le directeur demande à l'ouvrier ce qu'il fait avec cette machine.	Müdür işçiye bu makineyle ne yaptığını soruyor.
Le médecin demande au malade: "quel âge avez-vous?"	Doktor hastaya "kaç yaşındasınız" diye soruyor.
Le médecin demande au malade quel âge il a.	Doktor hastaya kaç yaşında olduğunu soruyor.

Nakledilen **(Indirect)** cümlelerde temel cümleciğin fiili **futur simple** olursa, yan cümleciğin fiili **futur simple** olabilir. Bununla ilgili örnek cümleler aşağıda gö- rülmektedir.

Il me dira: "j'irai demain à Adana."	O, bana: "yarın Adana'ya gideceğim" diyecek.
Il me dira qu'il ira à Adana demain.	O, bana yarın Adana'ya gideceğini söyleyecek.
Le douanier lui demandera: "est-ce que vous montrerez votre passeport?"	Gümrükçü ona: "pasaportunuzu gösterecek misiniz?" diye soracak.
Le douanier lui demandera s'il montrera son passeport.	Gümrükçü ona pasaportunu gösterip göstermeyeceğini soracak.
Joséphine me dira: "elle jouera au ballon avec moi dans le jardin".	Josephine bana: "o kız benimle bahçede top oynayacak" diyecek.
Joséphine me dira qu'elle jouera au ballon avec elle dans le jardin.	Josephine o kızın kendisiyle bahçede top oynayacağını bana söyleyecek.
Mon ami me dira: "je viendrai demain avec mon cousin".	Arkadaşım bana: "yarın kuzenimle geleceğim" diyecek.
Mon ami me dira qu'il viendra demain avec son cousin.	Arkadaşım bana yarın kuzeniyle geleceğini söyleyecek.
Il lui dira: "le train partira à six heures du soir".	O, ona: "tren saat akşamın altısında hareket edecek" diyecek.
Il lui dira que le train partira à six heures du soir.	O, ona trenin akşamın saat altısında hareket edeceğini söyleyecek.

Elle me demandra: "qu'est-ce que vous ferez avec cette laine?"	O, bana: "bu yünle ne yapacaksın" diye soracak.
Elle me demandra ce que je ferai avec cette laine.	O, bana bu yünle ne yapacağımı soracak.
La maitresse demandra à l'enfant: "liras-tu ton livre"?	Bayan öğretmen çocuğa: "sen kitabını okuyacak mısın" diye soracak.
La maitresse demandra à l'enfant s'il lira son livre.	Bayan öğretmen çocuğa kitabını okuyup okumayacağını soracak.
Il ne dira pas à sa soeur: "je ne serai pas l'avocat."	O, kız kardeşine: "ben avukat olmayacağım" demeyecek.
Il ne dira pas à sa soeur q'il ne sera pas l'avocat.	O, kız kardeşine avukat olmayacağını söylemeyecek.

Nakledilen cümlelerde temel cümleciğin fiili **passé composé** ise yan cümleciğin fiili **conditionnel présent** olur. Bu cümlenin kaynaklandığı **direct** cümlede ise sözü söyleyenin cümlesindeki fiil **futur simple** zamanındadır.

Mon ami m'a dit: "mon père achetera un cadeau pour mon grand-père."	Arkadaşım bana: "babam dedem için bir hediye satın alacak" dedi.
Mon ami m'a dit que son père acheterait un cadeau pour son grand-père.	Arkadaşım bana babasının dedesi için bir hediye alacağını söyledi.
Le garçon a dit: "le repas sera prêt dans une minute."	Garson: "yemek bir dakika sonra hazır olacak" dedi.
Le garçon a dit que le repas serait prêt dans une munite.	Garson yemeğin bir dakika sonra hazır olacağını söyledi.
Mon oncle nous a dit: "l'autobus ra dans deux heures pour Marséilles."	Amcam bize: "Marsilya otobüsü parti- iki saat sonra hareket edecek" dedi.
Mon oncle nous a dit que l'autobus de Marseille partirait dans deux heures.	Amcam bize Marsilya otobüsünün iki saat sonra kalkacağını söyledi.
Notre voisin a dit à ma mère: "qu'est-ce que tu feras après midi?"	Komşumuz anneme: "öğleden sonra ne yapacaksın" dedi.
Notre voisin a dit à ma mère ce qu'elle ferait après le midi.	Komşumuz anneme öğleden sonra yapacağı şeyi sordu.
Le touriste m'a demandé: " qu'est-ce qu'il choisira?"	Turist bana: "o ne seçecek" diye sordu.
Le touriste m'a demandé ce qu'il choisirait.	Turist bana onun seçeceği şeyi sordu.

Il m'a demandé: "pourquoi est-ce que les voyageurs ne partiront pas par le bateau pour Antalya"?	O bana: "niçin yolcular Antalya'ya vapurla hareket etmeyecekler" diye sordu.
Il m'a demandé pourquoi les voyageurs ne partiraient pas à Antalya par le bateau.	O bana yolcuların niçin Antalya'ya gemiyle hareket etmeyeceklerini sordu.

Direct cümlelerde temel cümleciğin fiili **passé composé** ve sözü söyleyenin konuşmasındaki cümlenin fiili şimdiki zaman ise; nakledilen cümlede bu fiil **imparfait** olur. Bununla ilgili örnek cümleler ise aşağıda bulunmaktadır.

Mon frère m'a dit: "j'aime mon chat."	Kardeşim bana: "kedimi seviyorum" diyor.
Mon frère m'a dit qu'il aimait son chat.	Kardeşim bana kedisini sevdiğini söyledi.
Il a dit au professeur: "nous travaillons nos leçons monsieur".	O öğretmene: "derslerimize çalışıyoruz bayım" dedi.
Il a dit au professeur qu'ils travaillaient leurs leçons.	O öğretmene derslerine çalıştıklarını söyledi.
Ils ont demandé au directeur: "est-ce qu' il y a un train pour Paris après demain?"	Onlar müdüre: "yarından sonra Paris'e tren var mı?" diye sordular.
Ils ont demandé au directeur s'il y avait un train pour Paris, le lendemain.	Onlar müdüre yarından sonra Paris'e tren olup olmadığını sordular.
Elles ont demandé à leur mères: "Est-ce que vous voulez acheter des robes pour nous?"	Onlar annelerine: "bize elbise satın almak istiyor musunuz?" diye sordular.
Elles ont demandé à leur mères si elles voulaient acheter des robes pour elles.	Onlar annelerine kendilerine elbise satın almak isteyip istemediklerini sordular.
Nous avons dit à notre ami: "nous aimons les fleurs".	Biz arkadaşımıza: "çiçekleri seviyoruz" dedik.
Nous avons dit à notre ami que nous aimions les fleurs.	Biz arkadaşımıza çiçekleri sevdiğimizi söyledik.
J'ai dit à mon père: "nous pensons à faire un tour du monde cette été."	Ben babama: "bu yaz bir dünya turu yapmayı düşünüyoruz" dedim.
J'ai dit à mon père que nous pensions à faire un tour du monde.	Ben babama bir dünya turu yapmayı düşündüğümüzü söyledim.

Le touriste nous a demandé: "combien de restaurant y a-t-il dans cette ville?" Le touriste nous a demandé combien de restaurant il y avait dans cette ville?"	Turist "bu şehirde kaç tane restoran var" diye bize sordu. Turist bu şehirde kaç restorant var diye bize sordu.

Sözü söyleyenin konuşmasındaki cümlenin fiili **passé composé** ise, nakledilen konuşmada bu fiil, **plus-que-parfait** olur.

Son frère lui a dit: "je suis allé à Ankara la semaine dernière." Son frère lui a dit qu'il était allé à Ankara la semaine précédente.	Onun erkek kardeşi ona: "geçen hafta Ankara'ya gittim" dedi. Onun erkek kardeşi ona geçen hafta Ankara'ya gittiğini söyledi.
Ils ont dit: "il a fait très chaud hier à Antalya". Ils ont dit qu'il y avait fait très chaud la veille à Antalya.	Onlar: "dün Antalya'da hava çok sıcak oldu" dediler. Onlar dün havanın Antalya'da çok sıcak yaptığını söylediler.
Le voyageur lui a demandé: "combien de kilomètres avons-nous traversé jusqu'ici?" Le voyageur lui a demandé combien de kilomètres ils avaient traversé jusqu'ici.	Yolcu ona: "buraya kadar kaç kilometre yol yaptık" diye sordu. Yolcu ona buraya kadar kaç kilometre yol kat etmiş olduklarını sordu.
Sa soeur m'a dit: "mon frère est parti le matin". Sa soeur m'a dit que son frère était parti le matin.	Kız kardeşi bana: "erkek kardeşim sabahleyin hareket etti" dedi. Kız kardeşi erkek kardeşinin sabahleyin hareket ettiğini bana söyledi.
Son voisin nous a dit: "j'ai choisi un bon cadeau pour ma fille". Son voisin nous a dit qu'il avait choisi un bon cadeau pour sa fille.	Onun komşusu bize: "kızım için iyi bir hediye seçtim" dedi. Onun komşusu bize kızı için iyi bir hediye seçmiş olduğunu söyledi.
Ses amis lui ont dit: "nous avons visité les monuments historiques d'Istanbul." Ses amis lui ont dit qu'ils avaient visité les monuments historiques d'Istanbul.	Arkadaşları ona: "biz İstanbul'un tarihi eserlerini ziyaret ettik" dediler. Arkadaşları ona İstanbul'un tarihi eserlerini gezmiş olduklarını söylediler.

Le tapissier a dit au client: "j'ai vendu ce tapis trois cent mille livres".	Halıcı müşteriye "bu halıyı üç yüz bin liraya sattım" dedi.
Le tapissier a dit au client qu'il avait vendu ce tapis trois cent mille livres.	Halıcı müşteriye bu halıyı üç yüz bin liraya satmış olduğunu söyledi.
Elle m'a dit: "je n'ai pas lu ce livre."	O bana: "bu kitabı okumadım" dedi.
Elle m'a dit qu'il n'avait pas lu ce livre.	O bana bu kitabı okumamış olduğunu söyledi.

ALIŞTIRMALAR - 42

A. Aşağıda doğrudan anlatım (**discours direct**) tarzında verilen cümleleri dolaylı anlatım (**discours indirect**) tarzına dönüştürünüz.

1. Il me dit: "Je ne parle pas allemand".
2. Nous lui disons: " Nous partirons pour Ankara.
3. Je lui dit: " J'aime la rose ".
4. Tu me demandes:" Es- tu journaliste?
5. Elle nous demande : " Etes-vous heureux?"
6. Il vous demande : " Fait-il froid aujourd'hui?"
7. Le maître demande aux élèves: "Que faites-vous?"
8. Mon Grand-père me demande : " Que lis-tu?"
9. Elle te demande : "Que vole-t-il devant la fenêtres?
10. Le journaliste demande au drecteur: "Qu'est-ce qui se passe?"
11. Nous vous demandons: " Où habitez-vous? "
12. Je vous demande: "Quand vas-tu?"
13. Tu me demandes: "Pourquoi n'êtes-vous pas joyeux?"
14. Ils lui demandent: "Pourquoi as- tu l'ennui?"
15. Il me dit: "Réveille -toi!".
16. Je te dis: " vas très vite!"

1. ....
2. ....
3. ....
4. ....
5. ....
6. ....
7. ....
8. ....
9. ....
10. ....
11. ....
12. ....
13. ....
14. ....
15. ....
16. ....

17. Sa tante lui dit: " Mets ton tricot!"
17. ....

18. Le directeur vous dit: "Venez le plus vite que possible!"
18. ....

B. Aşağıdaki dolaylı anlatım tarzında verilen cümlelerin yan cümleciklerinin ayraç içindeki fiillerinin zamanlarını temel cümleciğin fiiline göre uygun zamanlarını yazınız.

1. Nilgün me dit qu'elle......(fermer) les fenêtres.
1. ....

2. Tes soeurs lui demandent s'il ...... (savoir) l'adresse de son voisin.
2. ....

3. Il me dira ce qu'il y.........(avoir) dans la serviette.
3. ....

4. Sylvie me dira qu'elle.......... (sauter) la corde dans la rue.
4. ....

5. Il te dira qu'il ne.............(être) pas avocat.
5. ....

6. Mon oncle m'a dit quand je............(aller) en France.
6. ....

7. Il nous dit où nous....(être) hier.
7. ....

8. Le jeune homme lui a dit........... .(aimer) la fleur de violette.
8. ....

9. Ils ont dit qu'il y ....(avoir) fait très froid cette hiver.
9. ....

10. Elle nous a dit qu'elle ne....(lire) pas ce livre.
10. ....

C. Aşağıdaki cümleleri Fransızca'ya çeviriniz.

1. Ben ona yere baktığım zaman başımı aşağıya eğdiğimi söylüyorum.
1. ....

2. Öğretmen öğrencilere yarışın başında yorulmamamızı söylüyor.
2. ....

3. Öğretmen Pierre'e koşup koşamayacağını soruyor.
3. ....

4. Müdür ona sporu sevip sevmediğini soruyor.
4. ....

5. Arkadaşım bana az sonra yarışı kazanacağını söylüyor.
5. ....

6. O bana benim iyi disk atıp atmadığımı soruyor.
6. ....

7. Ben de ona halata iyi tırmanıp tırmanmadığını soruyorum.
7. ....

8. Öğrenciler bize iyi yüzdüklerini söylüyorlar.
8. ....

9. Ben ona yarışı kazanmak için çok çaba harcadığımı söylüyorum.
9. ....

10. Öğretmen spor alanına gideceğimizi söylüyor.
10. ....

11. Öğretmene öğleden sonra yarışların olup olmayacağını sordum.
12. O bana gördüğünü anlatıyor.
13. Köylüler bize müdürümüzün nerede olduğunu soruyor.
14. Kağıda yazdığımı öğrenmek istiyorsunuz.
15. Yanılıp yanılmadığınızı size soruyoruz.
16. Mireille'in tekrarladığı şeyi biliyor musun?
17. Bay Georges'un çok zeki olduğunu bize söylüyorsunuz.
18. Georges'un Daniel'den biraz farklı olduğunu bana söylüyorsun.
19. Müdür ona çok çalışmasını söyledi.
20. Sen ona dikkat etmesini söylüyorsun.

11. ....
12. ....
13. ....
14. ....
15. ....
16. ....
17. ....
18. ....
19. ....
20. ....

ANALYSE GRAMMATICALE - DİLBİLGİSEL ÇÖZÜMLEME

Dilbilgesel çözümleme bir sözcüğün yapısını ve işlevini ilgilendiren bütün sorunlarla ilgilenen bir çözümlemedir. Bu durumda dilbilgisel çözümleme şu iki alanda sözcükleri inceler: **nature du mot** (sözcüğün yapısını), **fonction du mot** (sözcüğün işlevini).

1. sözcüğün yapısı

Sözcüğün yapısı deyince şu sözcük çeşitleri anımsanmalıdır: **Nom** (isim), **l'article** (tanımlık), **l'adjectif** (sıfat), **le pronom** (zamir), **le verbe** (fiil), **la préposition** (edat), **l'adverbe** (zarf), **la conjonction** (bağlaç).

2. sözcüğün işlevi

Sözcüğün işlevi denilince **nom** (isim), **pronom** (zamir), **article** (tanımlık), **adjectif** (sıfat), **adverbe** (zarf), **verbe** (fiil) gibi sözcük çeşitlerinin cümle içindeki görevlerini incelemek akla gelmektedir.

Dilbilgisel çözümleme konusunda sözcüklerin yapısını incelemek için, bir cümledeki sözcüklerin yapısal yönden incelenmesi gerekir. Bu incelemedeki amaç sözcüklerin isim, sıfat, zamir vb. açısından çeşitlerini belirtmektir.

Sözcüklerin yapısal yönden dilbilgisel çözümlemesini yapmak için şu özelliklerin belirtilmesi gerekir:

Sözcük isimse:

- nom commun
- nom propre
- nom collectif' tir.

Daha önce isimler konusunda ismin çeşitlerinde bu konuyu görmüştük. Fakat sözcük **analyse**'i için isim olan sözcüğün yukarıdaki söz konusu üç niteliğini belirtmek yeterlidir.

Yapısal açıdan dilbilgisel çözümlemesi yapılacak olan sözcük sıfat ise, aşağıda verilen niteliklerini açıklamak gerekir.

- adjectif qualificatif
- adjectif démonstratif

- adjectif possessif
- adjectif interrogatif
- adjectif numéral cardinal
- adjectif numéral ordinal
- adjectif exclamatif
- adjectif indéfini

Dilbilgisel çözümlemesi yapılacak sözcük yapısal olarak tanımlık ise şu şekilde nitelendirilebilir:

- article défini
- article indéfini
- article défini contracté
- article défini élidé
- article partitif

Dilbilgisel olarak incelenecek sözcük eğer zamirse aşağıdaki özellikleri belirtilir:

- pronom personnel
- pronom démonstratif
- pronom possessif
- pronom interrogatif
- pronom relatif

Dilbilgisel olarak incelenen sözcük fiil ise şu özelliklerinden söz etmek gerekir:

- l'infinitif (mastar)
- groupe (grubu)
- forme (şekli)
- temps (zamanı)
- personne (kişisi)
- mode (kipi)
- singulier-pluriel (tekil-çoğul)

Dilbilgisel çözümlemesi yapılacak sözcük edat da olabilir. Bu durumda şu sözcükler edat olur:

à
de
par
pour
en
avec

Dilbilgisel çözümlemisi yapılacak sözcük zarf ise aşağıdaki niteliklerinden söz etmek gerekir:

- adverbe de temps
- adverbe de lieu
- adverbe de quantité
- adverbe de manière
- adverbe d'affirmation
- adverbe de négation
- adverbe de doute
- adverbe d'interrogation

Dilbilgisel olarak incelenecek sözcük bağlaç ise şu niteliklerini belirtmek gerekir:

- conjonction de coordination
- conjonction de subordination

Sözcüklerin yapısal olarak incelenmesinde belirtilecek olan niteliklerinden söz ettikten sonra bunlarla ilgili olarak aşağıdaki örnekler verilebilir.

Je vois le chapeau de Çetin. Çetin'in şapkasını görüyorum.

cümlesindeki isim olan sözcüklerin dilbilgisel açıdan yapısal olarak öğelerine ayrıldığında yukarıda belirtilen şekilde incelenmesi gerekir:

le chapeau : cins ismi
Çetin   : özel isim

Elle prend le livre de Pierre. O, Pierre'in kitabını alıyor.

cümlesinde ise:

Le livre : cins ismi
Pierre   : özel isim olarak belirtilir.

Verilen bir cümlede tanımlık incelemesi yapılırsa buna örnek olarak da şu cümleleri verebiliriz:

Les étudiants lisent le livre de leurs amis. Öğrenciler arkadaşlarının kitaplarını okuyorlar.

les : belirli tanımlık
le   : belirli tanımlık
de   : kaynaşık tanımlık

Mireille parle avec le père de son ami et elle va à l'ecole.	Mireille arkadaşının babasıyla konuşuyor ve okula gidiyor.
le	: belirli tanımlık
de	: kaynaşık tanımlık
l'	: belirli kısa tanımlık

Herhangi bir örnek cümlede bulunan sıfatların incelemesi yapıldığında şu şekilde bir örnek verilebilir:

Elle prend ce livre de Metin.	O, Metin'in bu kitabını alıyor.
Ce	: işaret (gösterme) sıfatı
George a acheté une voiture blanche.	George beyaz bir araba satın aldı.
blanche	: niteleme sıfatı
Il a vu deux chevaux noirs devant le jardin de mon oncle.	O benim amcamın bahçesinin önünde iki siyah at görmüş.
deux	: asıl sayı sıfatı
noirs	: niteleme sıfatı
mon	: iyelik sıfatı
Elle ne connait aucune personne.	O hiç kimseyi tanımıyor.
aucune	: belirsiz sıfat

Örneklerinde olduğu gibi yapısal olarak **analyse gramaticale**'i incelenir.

Dilbilgisel olarak yapısal açıdan zamir türü sözcüklerin incelenmesiyle ilgili örnek cümleler ise aşağıdaki gibi verilebilir:

- **pronom personnel** (şahıs zamiri)
- **pronom démonstratif** (gösterme, işaret zamiri)
- **pronom possessif** (iyelik zamiri)
- **pronom interrogatif** (soru zamiri)
- **pronom relatif** (ilgi zamiri)

Bununla ilgili örnek cümleler ise şu şekilde verilebilir:

Nous avons vu les oiseaux qui chantent sur les arbres.	Ağaçların üzerinde şarkı söyleyen kuşları gördük.

Nous	: şahıs zamiri
qui	: ilgi zamiri

Vous avez regardé le livre de mon ami, nous avons regardé le nôtre.	Siz benim arkadaşımın kitabına baktınız, biz bizimkine baktık.
vous	: şahıs zamiri
nous	: şahıs zamiri
le nôtre	: iyelik zamiri

Je le vois, est-ce que tu vois celui qui est à l'horizon?	Ben onu görüyorum, sen de ufuktakini görüyor musun?
Je	: şahıs zamiri
le	: şahıs zamiri
celui	: işaret (gösterme) zamiri
qui	: ilgi zamiri

Dilbilgisel incelemesi yapısal olarak belirtilen sözcük fiil ise bu sözcüğün incelenmesi şu şekilde yapılır:

Il vit à cette ville depuis dix années.	On yıldır bu şehirde yaşıyor.
vit	: vivre fiili

3. Grup fiil

şekli	: olumlu
kipi	: bildirme
zamanı	: şimdiki
kişisi	: üçüncü tekil kişi

İncelenmesi yapılan sözcük herhangi bir edat ise doğrudan doğruya edat diye yazmak yeterlidir. Örneğin:

Sophie parle avec moi, Pierre parle à lui.	Sophie benimle konuşuyor, Pierre ona söylüyor.
avec	: edat
à	: edat

Dilbilgisel çözümlemesi yapılacak sözcük zarf olursa bununla ilgili örnekler ise aşağıda verilmektedir.

Les enfants vont aujourd'hui au bord de la mer.	Çocuklar bugün deniz kıyısına gidiyorlar.
aujourd'hui	: zaman zarfı
Il ne connait jamais le centre de la ville.	O şehrin merkezini hiçbir zaman tanımaz.
ne ... jamais	: olumsuzluk zarfı
Nous parlons avec nos amis devant la porte de la classe.	Sınıfın önünde arkadaşlarımızla konuşuyoruz.
devant	: yer zarfı
Vous me donnez seulement un kilo de tomate.	Siz bana sadece bir kilo domates veriyorsunuz.
seulement	: nicelik zarfı
Elle travaille maladroitement depuis dix heures.	Saat ondan beri acemice çalışıyor.
maladroitement	: hal zarfı
Voulez-vous prendre du café? Oui, j'en veux.	Kahve içmek ister misiniz? Evet, ondan isterim.
Oui	: olumluluk zarfı

Yapısal olarak incelemesi yapılacak olan sözcük, cümle içinde bağlaç olursa bununla ilgili örnekler aşağıda belirtilmiştir.

Il travaille toujour avec les autres élèves mais il ne peut pas réussir.	Daima diğer öğrencilerle çalışıyor fakat başarılı olamıyor.
mais	: düzenleme bağlacı

Elles seront parties pour Izmir quand ses amis viendront.	Arkadaşları gelince İzmir'e hareket etmiş olacaklar.
quand	: bağlama bağlacı

Yukarıdaki örneklerden yapısal açıdan sözcüklerin **analyse grammaticale** in- celemesiyle ilgili özellikler belirtilmiştir. Ancak her sözcük çeşidi için ayrı ayrı örnekler verme yöntemi benimsenmiştir. Oysa **analyse grammaticale**'i yapı yönünden incelenecek olan bir cümlede bütün sözcüklerin sırasıyla incelenmesi bir kuraldır. Bununla ilgili örnekler aşağıda gösterilmiştir:

Notre camarade viendra aujourd'hui à dix heures avec ses parents.	Arkadaşımız bugün saat onda ebeveynleriyle gelecek.

Bu cümledeki bütün sözcükleri teker teker yapı bakımından **analyse grammaticale**'ini yaparsak aşağıdaki gibi olacaktır:

notre	: iyelik sıfatı
camarade	: cins isim
viendra	: venir fiili, 3. grup, olumlu, bildirme kipinde, gelecek zaman
üçüncü tekil kişi	
aujourd'hui	: zaman zarfı
à	: edat
dix	: sayı sıfatı
heures	: cins isim
avec	: edat
ses	: iyelik sıfatı
parents	: cins isim

Les habits du père de Filiz sont sur la table, ceux du père de Mireille sont dans l'armoire.	Filiz'in babasının giysileri masanın üzerindedirler, Mireille'in babasınınkiler dolabın içindedirler.
les habits	: cins isim
du	: bileşik (kaynaşık) tanımlık
père	: cins isim
de	: tikel tanımlık
Filiz	: özel isim
Sont	: yardımcı fiil, olumlu, bildirme kipi,

üçüncü çoğul kişi

sur	: yer zarfı
la	: belirli tanımlık
table	: cins isim
ceux	: işaret (gösterme) zamiri
du	: bileşik tanımlık
père	: cins isim
de	: tikel tanmlık
dans	: yer zarfı
armoire	: cins isim

Les Français ne sont pas allés à cette ville pour passer leur vacances mais ils iront aujourd'hui à Antalya avec les touristes hollandais.

Fransızlar tatillerini geçirmek için bu şehre gitmeyecekler fakat bugün Hollandalı turistlerle Antalya'ya gidecekler.

Les	: belirli tanımlık
Français	: cins ismi
ne ... pas	: olumsuzluk zarfı

allés : aller fiil, bildirme kipi, birleşik geçmiş, üçüncü çoğul kişi,

olumsuz

à	: edat
ville	: işaret sıfatı
cette	: cins isim
pour	: edat
passer	: mastar, üçüncü grup, olumlu
leur	: iyelik zamiri
vacances	: cins isim
mais	: düzenleme bağlacı
iront	: aller fiil, olumlu, düzensiz fiil, üçüncü çoğul kişi, bildirme kipi, gelecek zaman
aujourd'hui	: zaman zarfı
à	: edat
Antalya	: özel isim
avec	: edat
les	: belirli tanımlık
touristes	: cins isim
hollandais	: niteleme sıfatı

Buraya kadar sözcük türlerinin cümledeki yapı yönünden dilbilgisel çözümlemesini belirten açıklamalara yer verilmiştir. Ancak bu söz konusu sözcükler cümlede belli görevler alarak birtakım işlevleri yerine getirirler. Her sözcük çeşidinin cümlede değişik işlevleri vardır. Şimdi sırasıyla sözcük türlerinin aldıkları işlevleri görelim.

sözcüklerin işlevsel olarak dilbilgisel çözümlemesi

İşlevsel olarak isim cümlede şu durumlarda bulunabilir:

- **sujet du verbe** = fiilin öznesi
- **atribut** = yüklem
- **apposition** = koşuntu, isme başka bir adın koşulması
- **complément direct** = düz tümleç
- **complément indirect** = dolaylı tümleç
- **complément du nom** = isim tümleci
- **complément d'adjectif** = sıfat tümleci
- **complément circonstanciel** = dolaylı tümleç

Bunlarla ilgili birkaç örnek cümle verildiğinde aşağıdaki cümleler oluşur:

1. ismin cümledeki işlevleri

Aşağıdaki örneklerde isim, cümlenin öznesi olarak kullanılmıştır

Les oiseaux volent.   Kuşlar uçuyorlar.

Les fleurs s'ouvrent.   Çiçekler açılıyorlar.

L'enfant court.   Çocuk koşuyor.

Le garçon parle.   Erkek çocuk konuşuyor.

İsimler bir cümlede yüklem de olabilir.

Sa mère est infirmière.   Onun annesi hemşiredir.

La soeur de Philipe est secrétaire.   Philipe'in kız kardeşi sekreterdir.

Ma tante est actrice.   Halam aktristir.

Son père est avocat.   Onun babası avukattır.

Le frère de George est professeur.   George'un erkek kardeşi öğretmendir.

Yukarıdaki örnek cümlelerde görüldüğü gibi fiillerden sonra gelen **secrétaire, professeur, actrice, avocat** isimlerinin cümledeki işlevleri yüklemdir.

İsimlere cümlede bir başka isim de koşulabilir, bu durumda koşulan isim işlevsel olarak koşuntu **(apposition)** durumundadır. Bununla ilgili örnek cümleleri ise şu şekilde vermek mümkündür:

La pomme, fruit que j'aime beaucoup.	Elma, sevdiğim meyve.
La Turquie, pays de beauté est toujours magnifique.	Türkiye, güzellik ülkesi her zaman görkemlidir.
Ankara, capitale de la Turquie est une ville moderne.	Türkiye'nin başkenti Ankara, modern bir şehirdir.
Pierre, élève de l'école où je travaille est trés travailleur.	Pierre, çalıştığım okulun öğrencisi, çok çalışkandır.

İsimler bir cümlede düz tümleç olurlar. Bununla ilgili örnek cümleler ise şu şekilde verilebilir:

Je vois les arbres.	Ağaçları görüyorum.
Elle prend le livre.	O kız kitabı alıyor.
Nous regardons la mer.	Denize bakıyoruz.
Vous écoutez la musique.	Müziği dinliyorsunuz.
Le médecin lit le livre.	Doktor kitap okuyor.
Le maçon fait le mur.	Usta duvarı yapıyor.

Yukarıdaki cümlelerdeki fiillerden sonra gelen isimlerin cümledeki işlevleri düz tümleçtir **(complément direct)**. Çünkü isimler fiile herhangi bir edatla bağlanmamışlardır. Nitekim daha sonra tümleçler konusunda bunlara değinilecektir.

İsimler cümlede dolaylı tümleç **(complément indirect)** de olabilirler. Bunlarla ilgili örnek cümleler ise aşağıdadır.

Je parle à vous.	Size söylüyorum.
Vous pensez à vos parents.	Ebeveynlerinizi düşünüyorsunuz.

Elle parle de son pays.	O kız ülkesinden söz ediyor.
Nous sortons par la porte.	Biz kapıdan çıkıyoruz.
Les étudiants aiment à lire leurs livres.	Öğrenciler kitaplarını okumayı severler.

Yukarıdaki cümlelerde isimler fiillere bir edat ile bağlandıklarından cümledeki işlevleri dolaylı tümleçtir **(complément indirect)**.

İsimler cümlede bir başka ismin tümleci de olabilir. Bunlarla ilgili örnekler ise şu şekilde verilebilir:

le cheval du paysan	köylünün atı
le canard de notre voisin	komşumuzun ördeği
la porte de la maison	evin kapısı
le mair de la ville	şehrin belediye başkanı
le toit de la maison	evin çatısı
les routes de ce pays	bu ülkenin karayolları
Le cahier de son fils est dans la serviette.	Onun oğlunun kitabı çantanın içindedir.

İsimler cümlede aynı zamanda herhangi bir sıfatın tümleci de olabilirler. Bununla ilgili örnekler aşağıdaki cümlelerde görülmektedir:

Je suis heureux de votre réussite.	Sizin başarınızdan mutluyum.
Vous êtes contents de mon travail.	Siz benim çalışmamdan memnunsunuz.
Elle n'est pas contente de son visite.	Onun ziyaretinden memnun değildir.
Il est satisfait de mon devoir.	O benim ödevimden memnundur.

İsimler cümlede aynı zamanda dolaylı tümleç işlevlerine de sahiptirler. Bunlarla ilgili örnekler şu cümlelerle verilebilir:

Mes amis jouent dans le jardin.	Arkadaşlarım bahçede oynuyorlar.
Les oiseaux volent sur la forêt.	Kuşlar ormanın üzerinde uçuyorlar.
Mon professeur lit son livre devant le tableau.	Öğretmenim yazı tahtasının önünde kitabını okuyor.

Les ouvrières vient aujourd'hui
à l'usine à huit heures et demie.

İşçiler bugün fabrikaya saat sekiz
buçukta gelirler.

Le matin, les voitures ont
passé sur la route de la ville.

Sabahleyin arabalar şehrin yolların-
dan geçtiler.

Les filles travaillent leurs
leçons avec courage.

Kızlar derslerine cesaretle çalışıyor-
lar.

2. fiilin cümledeki işlevleri

Mastar, bir cümlede isim olarak kullanılabilir ve ismin sahip olduğu bütün işlevlere sahiptir. Böylece mastar bir cümlede:

- fiilin öznesi
- yüklem
- koşuntu (apposition)
- düz tümleç
- dolaylı tümleç
- isim tümleci
- sıfat tümleci
  olabilmektedir

Aşağıda bununla ilgili örnek cümleler yer almaktadır.

Parler est bon.	Konuşmak iyidir.
Travailler n'est pas mauvais.	Çalışmak kötü değildir.
Ce n'est pas lire.	Bu okumak değildir.
C'est vivre.	Bu yaşamaktır.
C'est rire.	Bu gülmektir.
Boire, manger sont nécessaires.	İçmek, yemek gereklidir.
Je pense à voir mes amis.	Arkadaşlarımı görmeyi düşünüyorum.
Je veux chanter.	Şarkı söylemek istiyorum.
Je veux lire.	Okumak istiyorum.

Fiillerin geçmiş zaman ortaçları (**participe passé**) bir sıfat gibi kullanılabilir ve onun işlevlerine sahip olabilirler.

3. sıfatın cümledeki işlevleri

Sıfatlar bir cümlede yüklem olabilirler. Bununla ilgili şu örnek cümleler verilebilir:

les fleurs rouges	kırmızı çiçekler
les arbres longs	uzun ağaçlar
les cheveux noirs	siyah saçlar
les enfants joyeux	neşeli çocuklar
la maison grande	büyük ev
la robe bleue	mavi elbise

Sıfatlar bir cümlede cümlenin yüklemi de olabilirler. Bununla ilgili şu örnek cümleler verilebilir.

La table est haute.	Masa yüksektir.
L'enfant n'est pas maigre.	Çocuk zayıf değildir.
Vous êtes gentils.	Siz kibarsınız.
Mes amis ne sont pas tristes.	Arkadaşlarım üzüntülü değildirler.
Le livre est épais.	Kitap kalındır.
La serviette de mon fils est lourde.	Oğlumun okul çantası ağırdır.
La capitale de notre pays est grande.	Bizim ülkemizin başkenti büyüktür.

Sıfatlar cümlede isimlerin önünde de bulunabilir. Özellikle niteleme sıfatlarının dışındaki sıfatlar (soru, işaret, iyelik) isimlerden önce gelebilir.

mon tricot	benim kazağım
tes livres	senin kitapların
nos amis	dostlarımız
vos travaux	sizin çalışmalarınız
cet homme	bu adam
ces enfants	bu çocuklar
cette fille	bu kız
ce garçon	bu erkek çocuk
cette robe	bu elbise
quel enfant	hangi çocuk
quelle fleur	hangi çiçek
quelle table	hangi masa
quel jour	hangi gün

4. zamirlerin cümledeki işlevleri

Zamirler bir cümlede fiilin belirttiği işi yapan özne olabilirler.

Nous parlons français.	Fransızca konuşuyoruz.
Vous êtes allemands.	Siz Almansınız.
Elles regardent.	O kızlar bakıyorlar.
Ils dessinent.	Onlar resim yapıyorlar.
Je vais.	Ben gidiyorum.
Tu fermes.	Sen kapatıyorsun.

Zamirler öznenin yüklemi işlevinde bulunabilirler.

Cette table est la mienne.	Bu masa benimkidir.
Ce livre est le tien.	Bu kitap seninkidir.
Ce foulard est le sien.	Bu fular onunkidir.

Zamirler cümlede aynı zamanda düz tümleç işlevini yerine getirirler.

Je ne regarde rien.	Hiçbir şeye bakmıyorum.
Tu ne vois personne.	Sen kimseyi görmüyorsun.
Elle ne connaît personne.	O kimseyi tanımıyor.

Zamirler cümlede aynı zamanda dolaylı tümleç işlevinde de bulunabilirler. Bununla ilgili örnek cümleler aşağıda görüldüğü gibidir.

Son ami t'a donné un livre.	Onun arkadaşı sana bir kitap verdi.
Il parle à lui.	O ona söylüyor.
Nous parlons de toi.	Senden söz ediyoruz.
Vous pensez à elle.	Onu düşünüyorsunuz.
Il parle à eux.	Onlara söylüyor.

Zamirler bir cümlede ismin tümleci işlevinde bulunabilirler.

L'homme que je vois est son père.	Gördüğüm adam onun babasıdır.
La fille qui pleure est son enfant.	Ağlayan kız onun çocuğudur.
La maison dont la fenétre est ouverte est la maison de mon oncle.	Penceresi açık olan ev amcamın evidir.
Les animaux qui vivent dans la forêt sont intéressants.	Ormanda yaşayan hayvanlar ilginçtirler.

Zamirler bir cümlede sıfatın tümleci olabilir. Bunlarla ilgili örnek cümleler aşağıda bulunmaktadır.

Il est content de moi.	O benden memnundur.
Elle est satisfaite de lui.	O ondan razıdır.

5. tanımlıkların cümledeki işlevleri

Tanımlıklar **(articles)** cümlede bir ismi belirtir. İsimlerin eril, dişil, durumlarıyla sayısal durumlarını ve bir başka isimle takım oluşturmaları gibi işlevleri yürütürler.

6. zarfların cümledeki işlevleri

Zarflar bir cümlede dolaylı tümleç olan sözcüklerdir. Cümlede dolaylı tümleç **(complément circonstanciels)** işlevlerini yerine getirirler.

SÖZCÜKLERİN İŞLEVLERİ

İşlevsel açıdan bakıldığında bir cümlede sözcükler özne, koşuntu **(apposition)**, tümleç, yüklem ve "beklenmedik anda söyleme" **(apostrophe)** gibi işlevlerde bulunabilirler. Aşağıda, sözcüklerin bu işlevlerinden sırasıyla söz edilmiştir.

sujet - özne

Özne cümlede işi ya da fiilin dile getirmiş olduğu işi, oluşu ve hareketi yapandır.

Bir cümlede özneyi bulmak için cümlenin fiiline (yüklemine) işi yapan kişiyse **"qui est-ce qui?"** diğer varlıklar ya da cisimlerse **"qu'est-ce qui ...?"** sorusu sorulur, bu sorulara cevap veren sözcük cümlenin öznesidir. Örneğin aşağıdaki cümlede, cümlenin fiili (yüklemi) "yürüyor" anlamına gelen **"marche"** tır. Yükleme, "kim yürüyor, yürüyen kimdir?" anlamındaki Fransızca **"qui est-ce qui marche"** dendiğinde cümlenin yüklemi, "arkadaşım" anlamındaki **"mon ami"** yanıtını verir.

Mon ami marche.   Arkadaşım yürüyor.

mon ami   : özne
marche   : fiil (yüklem)

l'apostrophe - hitap formu

Herhangi bir isim kendisine söz söylenen bir kişiyi ya da bir şeyi belirttiği zaman **apostrophe**'tur. Örneğin:

Mes amis, venez avec moi.   Arkadaşlarım benimle geliniz.

Monsieur le directeur, puis-je   Sayın müdür sizinle konuşabilir
parler avec vous?   miyim?

Yukarıdaki örnek cümlelerde **mes amis** ve **monsieur le directeur** sözleri **apostrophe** olarak kullanılmışlardır.

LE COMPLÉMENT - TÜMLEÇ

Başka herhangi bir isim tarafından belirtilen düşünceyi tamamlamaya yarayan bütün isimlerin cümledeki işlevi tümleçtir. Cümlede tümlece sahip olmaya en uygun sözcükler, fiil, isim, sıfat, zarf ve ortaçlardır.

prendre un autobus	otobüse binmek
livre de l'école	okul kitabı
plein de satisfaction	sevinç dolu
un élève connu par ses professeurs	öğretmenleri tarafından tanınmış bir öğrenci
assez de joie	yeteri kadar sevinç

ifadeler'nde **autobus** sözcüğü **"prendre"** fiilinin tümleci; **école** sözcüğü ise **"livre"** sözcüğünün; **satisfaction**, **"plein"** sıfatının tümleci; **professeur "connu"** ortacının tümlecidir. **Joie** ise **"assez"** zarfının tümlecidir.

Fiillerin tümleçleri başlıca üç çeşittir. Bunlar; **complément direct** = düz tümleç, **complément** indirect = edatlı tümleç, **complément circonstanciel** = dolaylı tümleçlerdir.

1. **Düz tümleç:** Fiilin dile getirdiği işten herhangi bir edatın aracılığı olmadan doğrudan doğruya etkilenen tümleçtir.

Düz tümleç, cümlenin fiiline **"qui"** (kimi) ve **"quoi"** (neyi) soruları sorularak bulunur. Örneğin;

    Les enfants ferment leurs livres.   Öğrenciler kitaplarını kapatıyorlar.

cümlesinde "onlar neyi kapatıyorlar" **(que ferment-ils)** sorusunun yanıtı "kitaplarını"dır **"leurs livres"**. Bu durumda bu sözcük düz tümleçtir.

    Je vois les touristes.   Ben turistleri görüyorum.

cümlesinde **"que est-ce que je vois"** (ben neyi görüyorum) sorusunun yanıtı: **"les touristes"** (turistleri). Burada da **"les touristes"** sözcüğü düz tümleçtir.

2. **Edatlı tümleç:** Fiile bir edat ile bağlanan tümleçtir. Bu durumda fiilin dile getirdiği iş, oluş ve hareket dolaylı yönden tümleç üzerine geçer. Bu da ancak **à**, **de**, **par** gibi edatlarla olmaktadır.

Edatlı tümleçler cümlenin fiiline:
    à qui   : kime?
    à quoi   : neye?

| de qui | : kimden? |
| de quoi | : neden? |

sorularının sorulmasından sonra yanıt verecek olan sözcük ya da sözcük takımlarıdır. Örneğin:

Les enfants pensent à leurs mères.	Çocuklar annelerini düşünüyorlar.
Ils ont parlé de l'école.	Onlar okuldan söz ettiler.
Je ne pense pas à la rose.	Gül çiçeğini düşünmüyorum.
Elles ont été tenues du jardin.	Onlar bahçeden sorumlu oldular.
Les lettres ont été écrites par lui.	Mektuplar onun tarafından yazıldı.

cümlelerinde tümleç olan sözcükler fiile birtakım edatlarla dolaylı yönden bağlanmışlardır. Örneğin, birinci cümlede "çocuklar kimi düşünüyor" anlamına gelen (**à qui pensent les enfants?**) sorusu sorulunca yanıtı "annelerini düşünüyorlar" (**ils pensent à leurs mères**) yanıtı çıkar. Bu durumda cümlenin tümleci
leurs mères'dir. Tümlecin çeşidi ise **"à qui"** sorusunun cevabı olduğu için edatlı tümleçtir.

İkinci cümlede ise **"de quoi est-ce qu'ils ont parlé?"** sorusunu sorduğumuzda sorunun cevabının **l'école** olduğu anlaşılmaktadır. Nitekim **de quoi** sorusuna yanıt olması nedeniyle bu sözcük (**l'école**), aynı zamanda **complément indirect**'tir.

Üçüncü yani, **je ne pense pas à la rose** cümlesinde ise **"à quoi est-ce que je ne pense pas?"** "Ben neyi düşünmüyorum" sorusunun yanıtı **"la rose"** dur. Nitekim bu sözcük de **"à quoi"** sorusuna yanıt olduğu için edatlı tümleç olmaktadır.

Dördüncü cümlede ise **de quoi est-ce qu'elles ont été tenues?** sorusunun yanıtı **du jardin** sözcüğüdür. Dolayısıyla **de quoi** sorusuna yanıt olduğu için edatlı tümleçtir.

Son cümlede **les lettres ont été écrites par lui** "mektuplar kimin tarafından yazıldı" anlamına gelen **par qui est-ce que les lettres ont été écrites** sorusu sorulduğu zaman yanıt **par lui**'dir. Şu halde **par lui** sorusunun cevabı olması nedeniyle aynı zamanda bir edatlı tümleçtir.

Yukarıda söz konusu edilen örnek cümlelerin hepsinde de edatlı tümleç olan sözcükler fiile dolaylı yoldan yani bir edatın yardımıyla bağlanmışlar, bu özelliklerinden dolayı da edatlı tümleç olmuşlardır.

3. Dolaylı tümleçler, fiilin anlamını yer, zaman, tarz, neden, amaç belirten sözcüklerdir. Bunlar fiile aşağıdaki soruların sorulmasına karşılık yanıt olabilen sözcük ve sözcük takılarıdır.

où	: nerede?
comment	: nasıl?
quand	: ne zaman?
pourquoi	: niçin?

Dolaylı tümleçlerin çeşitleri şunlardır:

1. le complément circonstenciel de lieu
(yer belirten dolaylı tümleç)

2. le complément circonstenciel de temps
(zaman belirten dolaylı tümleç)

3. le complément circonstenciel de moyen
(araç belirten dolaylı tümleç)

4. le complément circonstenciel de manière
(durum belirten dolaylı tümleç)

5. le complément circonstenciel de cause
(neden belirten dolaylı tümleç)

6. le complément circonstenciel d'attribution
(aitlik belirten dolaylı tümleç)

7. le complément circonstenciel de but
(amaç belirten dolaylı tümleç)

8. le complément circonstenciel de comparaison
(kıyaslama belirten dolaylı tümleç)

9. Le complément circonstenciel d'accompagnement
(birliktelik belirten dolaylı tümleç)

10. le complément circonstenciel de privation
(yoksunluk belirten dolaylı tümleç)

Dolaylı tümleçlerin çeşitleri açıklandıktan sonra ayrıca şu niteliklerini de belirtmek gerekmektedir.

1. Yer belirten dolaylı tümleç: Genel olarak **"où"** sorusuna cevap veren dolaylı tümleçdir.

Örneğin:

Nous allons à Ankara.	Ankara'ya gidiyoruz.
Nous sommes à Istanbul.	İstanbul'dayız.
Les étudiants viennent de la France.	Öğrenciler Fransa'dan geliyorlar.
Nous vivons à la ville.	Şehirde yaşıyoruz.
Les étrangères marchent à la boutique.	Yabancılar dükkâna yürüyorlar.
Le cheval va à la forét.	At ormana gidiyor.
Nous allons manger nos repas à la campagne.	Yemeğimizi kırda yiyeceğiz.
Les petits enfants joueront au jardin.	Küçük çocuklar bahçede oynayacaklar.

Yukarıdaki örnek cümlelerde, fiillerin belirttikleri işlerin hep herhangi bir yerde yapıldığı vurgulanmaktadır. Nitekim hepsi de "**où**" sorusunun yanıtı olabilen cümlelerdir. Dolayısıyla hepsi yer belirten dolaylı tümleçlerdir. Cümleler gidilen, bulunulan, gelinen, yaşanılan yerleri belirtmektedirler.

2. **Zaman belirten dolaylı tümleçler:** Genellikle "**quand, pendant, combien de temps**" sorularına cevap veren sözcüklerdir.

En hiver, les oiseaux ont froid.	Kışın kuşlar üşürler.
En automne les arbres devient jaunes.	Sonbaharda ağaçlar sararırlar.
Au printemps toute la nature est verte.	İlkbaharda bütün doğa yeşildir.
Nous avons passé deux semaines à Adana.	Adana'da iki hafta geçirdik.
Les touristes resteront un mois ici.	Turistler burada bir ay kalacaklar.
Le dimanche nous irons au cinéma.	Pazar günü sinemaya gideceğiz.

Mon frère partira pour Ankara dans trois jours.	Kardeşim üç gün sonra Ankara'ya hareket edecek.
Les cigognes viendront après l'hiver.	Leylekler kıştan sonra gelecekler.
J'ai terminé mes devoirs pendant une heure.	Ben ödevlerimi bir saatte bitirdim.
Nous avons pu aller à la campagne pendant trois jours.	Üç günde kıra gidebildik.
Elles sont sorties de l'école à trois heures.	Onlar saat üçte okuldan çıktılar.

Yukarıdaki örnek cümlelerde, cümlenin fiiline ya da öznesine "ne zaman" sorusu sorulduğunda yanıt olabilecek sözcük ya da sözcük takımı zaman belirten dolaylı tümleçtir.

3. **Araç belirten dolaylı tümleçler:** Fiilin belirttiği işin, oluşun ve hareketin neyin kanalıyla yapıldığını belirten sözcüklerdir. Genellikle herhangi bir şeyin bir başka şeyle yapıldığını, olduğunu dile getirir. Bunun için **avec** ya da **à** edatları kullanılır. Aşağıda ilgili tümleçler için örnek cümleler bulunmaktadır.

Je regarde avec mes lunettes.	Gözlüklerimle görüyorum.
Les filles parlent avec ses mères.	Kızlar anneleriyle konuşuyorlar.
Les oiseaux volent avec leurs ailes.	Kuşlar kanatlarıyla uçuyorlar.
L'homme marche avec ses pieds.	İnsan ayağıyla yürür.
Les poulent mangent avec leurs becs.	Tavuklar gagalarıyla yerler.
Cette montre marche à pile.	Bu saat pille çalışıyor.
Elle tricote avec les aiguilles.	O iğnelerle dokuyor.
Cette voiture marche à l'essance.	Bu araba benzinle çalışıyor.
Les enfants viennent avec leurs parents.	Çocuklar ebeveynleriyle geliyorlar.
Ils ne veulent pas aller avec leurs camarades.	Onlar arkadaşlarıyla gitmek istemiyorlar.

Yukarıdaki örnek cümlelerde fiillerin belirttiği iş, oluş ve hareketler herhangi bir şeyin yardımıyla yapılmaktadır. Bu yardım ise **avec** ve **à** sözcükleriyle gerçekleştirilmiştir. Böylece "ne ile" sorusuna cevap oluşturan sözcük ya da sözcük takımları araç gösteren dolaylı tümleçtir.

4. **Durum belirten dolaylı tümleçler:** "Nasıl" ve "hangi durumda" sorularına yanıt oluşturan sözcüklerdir. Bunlar tıpkı araç belirten dolaylı tümleçler gibi **avec** edatı ile görülmektedir. Ancak, araç belirten dolaylı tümleçlerde **avec** edatından sonra gelen isimler, somut isimleridir. Fakat buradaki **avec** edatından sonra gelen isimler ise soyut isimlerdir. Bunlarla ilgili örnek cümleler ise aşağıda bulunmaktadır.

Je fais ce devoir avec plaisire.	Bu görevi zevkle yapıyorum.
Le soldat combat avec courage.	Asker cesaretle savaşıyor.
Les ouvrières travaillent avec joie.	İşçiler sevinçle çalışıyorlar.
La mère caresse sa fille avec tendresse.	Anne kızını sevecenlikle okşuyor.
Les gens ne peuvent pas vivre sans affection.	İnsanlar sevgisiz yaşayamazlar.
Le bateau vient lentement vers le quais.	Gemi yavaşça rıhtıma doğru geliyor.
La rivière coulait tranquilement sous le pont.	Irmak köprünün altından sessizce akıyordu.
Le policier a voulu voir leurs passeports immédiatement.	Polis çabucak onların pasaportlarını görmek istedi.
Il aime son pays avec un grand amour.	O memleketini büyük bir aşkla seviyor.
Ils ont attendu leurs voisins avec patience.	Onlar komşularını sabırla beklediler.

Bazı durumlarda durum belirten dolaylı tümleçler hiç edat almadan da yazılabilirler. Örneğin:

Les enfants marchent nu pieds dans le jardin.	Çocuklar bahçede çıplak ayakla dolaşıyorlar.

5. **Neden belirten dolaylı tümleçler:** "Niçin" **(pourquoi)"** ve "ne yüzünden" **(à cause de quoi)** sorularına yanıt oluşturan sözcüklerdir. Bunun dışında **comme** (gibi), **par** (tarafından), **pour** (için) edatları ile de yapıldığı görülmektedir. Bununla ilgili örnek cümleler şu şekilde verilebilir.

Je suis très heureux de vous voir ici ce soir.	Bu akşam sizi burada görmekten çok mutluyum.
Les résponsables de notre pays ont visité le pays voisin à cause de l'exposition internationale.	Ülkemizin yetkilileri uluslararası bir sergi nedeniyle komşu ülkeyi ziyaret ettiler.
Nous sommes venus à Antalya à cause de nos vacances.	Tatillerimiz dolayısıyla Antalya'ya geldik.
Comme il est fatigué il ne peut pas travailler sa leçon aujourd'hui.	Yorgun olduğu için bugün dersine çalışamıyor.
Il ne veut pas venir ce mois pour voir bien la région de la Mer-Noire.	Karadeniz bölgesini iyi görmek için bu ay gelmek istemiyor.
Les voyageurs sont fatigués de chaleur.	Yolcular aşırı sıcaktan yoruldular.
Nous mourons de joie.	Sevinçten ölüyoruz.

6. **Aitlik belirten dolaylı tümleçler:** **"à"** ve **"pour"**, edatları ile oluşan tümleçlerdir.

Vous donnez un livre à Mireille.	Siz Mireille'e bir kitap veriyorsunuz.
Le garçon apporte une lettre à mon frère.	Garson kardeşime bir mektup getirdi.
Le dirécteur de l'école a offert un cadeau à George.	Okul müdürü George'a bir hediye sundu.
Mon père a apporté une poupée pour ma petite soeur.	Babam küçük kız kardeşim için bir oyuncak bebek getirmiş.
Mes parents sont venus à Istanbul pour lui donner des cadeaux.	Ebeveynlerim ona hediyeler vermek için istanbul'a geldiler.
Sa mère donnera une robe à sa fille.	Anne kızına bir elbise verecek.

Yukarıdaki örnek cümlelerde görüldüğü gibi aitlik belirten dolaylı tümleçlerden önce **à** veya **pour** edatları bulunmaktadır.

7. **Amaç belirten dolaylı tümleçler: Pourquoi** (niçin) **dans quelle intention** (hangi niyetle) sorularının cümle içinde yanıtını oluşturan sözcüklerdir. Örneğin aşağıdaki örnek cümlelerde fiillerin dile getirmiş oldukları iş, hareket ve oluşlara söz konusu soruların sorulduğunda ortaya çıkan sözcük ya da sözcük takımları amaç belirten dolaylı tümleçleri oluşturmaktadırlar.

Les élèves ont travaillé leurs leçons pour changer la classe.	Öğrenciler sınıf geçmek için ders çalıştılar.
Nous irons à Alanya pour passer nos vacances.	Tatillerimizi geçirmek için Alanya'ya gideceğiz.
Les ministres des affaires étrangères se sont réunis pour discuter sur les problèmes internationales.	Dışişleri bakanları uluslararası sorunları tartışmak için toplandılar.
Il a quitté le bureau à huit heures pour aller chez lui.	Evine gitmek için büroyu saat sekizde terk etti.
Le médecin donnera le médicamment pour soigner le malade.	Doktor hastayı iyileştirmek için ilaç verecek.
Nous avons parlé depuis le soir jusqu'au matin pour ne pas dormir.	Uyumamak için akşamdan sabaha kadar konuştuk.
Les animaux vont vers la rivière pour boire de l'eau.	Hayvanlar su içmek için ırmağa doğru gidiyorlar.

Yukarıdaki cümlelerde görüldüğü gibi cümle içinde "niçin", "ne amaçla" gibi sorulara yanıt olan sözcük ve sözcük takımları amaç belirten dolaylı tümleçler olmaktadır.

8. **Kıyaslama belirten dolaylı tümleçler: Comme** sözcüğü ile oluşmaktadır.

Je ne peux pas travailler comme une machine.	Bir makine gibi çalışamam.
Il a réussi les examens comme ses amis.	Arkadaşları gibi o da sınavları başardı.
Elles sont courageuses comme un géant.	O kızlar bir dev gibi cesaretlidirler.
Son enfant grimpe sur l'arbre comme un chat.	Onun çocuğu bir kedi gibi ağaca tırmanıyor.

Cette nuit la lune brille comme le soleil.	Bu gece ay güneş gibi parıldıyor.
Le ciel de la région de la Mer-Noire est bleu comme celui de la Méditerranée.	Karadeniz bölgesinin gökyüzü Akdeniz'inki kadar mavidir.

Bazen kıyaslama belirten dolaylı tümleçler **en, à** gibi edatlarla da yapılmaktadır. Örneğin aşağıdaki cümlelerde **à** ve **en** edatlarından sonra gelen sözcükler, bu yüzden kıyaslama belirten dolaylı tümleçlerdir.

Ils vivent en paix.	Onlar barış içinde yaşıyorlar.
Nous sommes obligés de vivre à peu de frais.	Az masrafla geçinmek zorundayız.
Les commerçants ont loué à l'année ce lieu.	Tüccarlar bu yeri yıllığına kiraladılar.
Vous avez reçu un stylo en cadeau.	Siz hediye olarak bir dolmakalem kabul ettiniz.

9. Birliktelik belirten dolaylı tümleçler: Bir şeyi herhangi bir kimsenin eşliğinde yapıldığını belirten sözcüklerdir. Aynı zamanda herhangi bir canlı varlıkla da eylemin yapıldığını belirtebilir.

Ce vieil homme habite avec sa fille pauvre.	Bu yaşlı adam yoksul kızıyla birlikte kalıyor.
Ils ont passé leurs vacances à Antalya avec les touristes français.	Onlar tatillerini Antalya'da Fransız turistleriyle geçirdiler.
Je suis venu de l'Angleterre avec le directeur de notre établissement.	İngiltere'den bizim şirketin müdürüyle birlikte geldim.
Les filles ont commencé à cueillir les fleurs avec ses amies.	Kızlar arkadaşlarıyla çiçek toplamaya başladılar.
Il vit seule avec sa femme dans cette vieille maison.	Bu eski evde karısıyla birlikte yalnız yaşıyor.
Notre voisin se promène dans le jardin avec son chien.	Komşumuz bahçede köpeğiyle birlikte geziniyor.

Les enfants jouent avec des poulettes devant la maison.　　Çocuklar evin önünde civcivlerle oynuyorlar.

Les chasseurs sont partis pour la fôret avec leurs chiens.　　Avcılar köpekleriyle birlikte ormana hareket ettiler.

10. **Yoksunluk belirten dolaylı tümleçler:** Fiilin bildirdiği iş, oluş ve hareketin kimsenin yardımı, katkısı olmaksızın yapıldığını belirten sözcüklerdir. Bu tümleç **sans** edatı ile yapılmaktadır.

Il vient sans son frère.　　O kardeşi olmaksızın geliyor.

Elle n'a pas mangé le repas sans lui.　　O olmaksızın yemek yemedi.

Nous ne voulons pas aller à l'épisserie sans eux.　　Onlar olmadan bakkala gitmek istemiyoruz.

Mon père ne peut pas bien lire sans les lunettes.　　Babam gözlüksüz iyi okuyamaz.

Je ne pense pas à sortir dans la rue sans mon manteau.　　Paltosuz sokağa çıkmayı düşünmüyorum.

Elle n'est jamais allée au cinéma sans son frère.　　O kardeşi olmaksızın hiç bir zaman sinemaya gitmedi.

Mes amis sont venus chez nous sans leurs livres.　　Arkadaşlarım bize kitaplarını almadan gelmişler.

Elle est allée au marché sans son enfant.　　O kadın çocuğunu almadan pazara gitti.

Nous écrirons les lettres sans stylos.　　Dolmakalemsiz mektup yazacağız.

LE COMPLEMENT DU NOM - İSİM TÜMLECİ

Herhangi bir ismin anlamını, ister edat alarak ister almayarak tamamlayan sözcüklere isim tümleci denir.

İsim tümleçleri anlamını tamamladığı sözcüklere herhangi bir edat ile bağlanır. Bunlar genel olarak **à**, **de**, **en** edatlarıdır. İsim tümleçleri şu anlamları içerirler:

1. iyelik (mülkiyet) anlamı

la maison de notre voisin komşumuzun evi

Bu cümlede **notre voisin** isim tümleci olup kendinden önce gelen sözcüğe **de** edatı ile bağlanmış ve bir mülkiyet anlamını kapsamaktadır. Bununla ilgili örnekleri çoğaltmak mümkündür.

le livre de son enfant	onun çocuğunun kitabı
le garçon de mon professeur	öğretmenimin çocuğu
la robe de Lale	Lale'nin elbisesi
le manteau de son oncle	onun amcasının paltosu
les chemises de son frère	onun erkek kardeşinin gömlekleri

2. içerik anlamı

une tasse de café bir fincan kahve

cümlesinde **café** sözcüğü isim tümleci olup bir içerik anlamı dile getirmektedir. Bununla ilgili örnekleri de çoğaltmak mümkündür.

un verre de l'eau	bir bardak su
un sac d'argent	bir çanta para
un serviette de livre	bir çanta kitap
une valise de robe	bir bavul elbise
un camion de fer	bir kamyon demir
trois camions de tuile	üç kamyon kiremit

3. yöntem anlamı

une machine à vapeur bir buhar makinesi

cümlesinde **vapeur** sözcüğü isim tümleci olup bir yöntem anlamını içermektedir. Bununla ilgili olarak ayrıca şu örnekleri verebiliriz:

machine à laver	çamaşır makinesi
machine à écrire	yazı makinesi
un bateau à vapeur	bir buharlı gemisi

4. yönelme anlamı

une armoire à robe bir elbise dolabı

cümlesinde **robe** sözcüğü isim tümleci olup bir yönelme anlamını içermektedir. Bununla ilgili olarak birkaç örnek cümle ise şu şekilde verilebilir.

une table à manger   bir yemek masası
un plat à fruit   bir meyve tabağı
une poche à cigarette   bir sigara cebi

5. malzeme anlamı

une porte en fer   demirden bir kapı

cümlesinde **"fer"** sözcüğü isim tümleci olup bir madde adı olması nedeniyle kapının demirden yapılmış olduğunu belirtir. Bununla ilgili örnekler aşağıda verilmiştir.

un pont en pierre   taştan bir köprü
un plat en cuire   bakırdan bir tabak
un brocelet en or   altından bir bilezik
une fenêtre en aluminium   alüminyum bir pencere

6. köken anlamı

un tapis de Turc   bir Türk halısı

cümlesinde **turc** sözcüğü isim tümleci olup **tapis** sözcüğünün anlamını köken belirterek tamamlamaktadır. Bununla ilgili örnekler ise şu şekilde çoğaltılabilir.

une étoffe de Chine   bir Çin kumaşı
une porcelaine de Japon   bir Japon porseleni
une machine d'Almagne   bir Alman makinesi
un ordinateur de Japon   bir Japon bilgisayarı

İsim tümleçlerinden anlam olarak söz ettikten sonra çeşitlerini şu şekilde açıklamak mümkündür. İsmin iki türlü tümleci vardır:

1. les compléments déterminatifs (tamlayan tümleçler) Bunlar, isimlerin anlamlarını belirten, sabitleştiren ve sınırlandıran sözcüklerdir.

2. les compléments explicatifs (açıklayıcı tümleçler) Bunlar, cümle için gerekli olması nedeniyle hiçbir zaman anlamını değiştirmeden cümleden çıkartılamaz.

İsmin belirli tümleçleri için aşağıdaki cümleler örnek olarak verilmişlerdir:

Le toit de la maison nous protège   Evin çatısı bizi yağmura ve kara
contre la pluie et la neige.   karşı korur.

cümlesinde **maison** sözcüğü **toit** ismin tamlayan tümlecidir. Bu çeşit tümleçlerle ilgili diğer örnekler şunlardır:

    La porte de l'école est ouverte.   Okulun kapısı açıktır.

    La robe de ma soeur est jaune.   Kız kardeşimin elbisesi sarıdır.

    Le frère de Leyla est venu à l'école.   Leyla'nın erkek kardeşi okula geldi.

    La serviette de l'élève est très lourde.   Öğrencinin çantası çok ağırdır.

    Nous avons vu un nid d'oiseau sur le mur de la maison.   Evin duvarının üzerinde bir kuş yuvası gördük.

    Il a mis sur la table le livre du professeur.   O öğretmenin kitabını masanın üzerine bıraktı.

Açıklayıcı isim tümleçleri ise herhangi bir ismin anlamını değiştirmeyen ve anlamda bir kısıtlama yapılmasına neden olmayan tümleçlerdir. Tamlayan isim tümleçlerinden farklı olarak düşüncenin, fikrin açıklanmasını engellemeyecek şekilde gerekirse cümleden çıkartılabilir. Örneğin:

    La cerise, fruit de notre jardin commence à rougir au printemps.   Kiraz, bahçemizin meyvesi ilkbaharda kızarmaya başlıyor.

cümlesinde **cerise** sözcüğü ismin açıklamalı tümlecidir. Bu tür tümleçlerle ilgili diğer örnek cümleler aşağıda görülmektedir.

    La chatte, l'animal de notre voisin a vu l'oiseau dans le jardin.   Komşumuzun hayvanı, kedi bahçedeki kuşu gördü.

    Je suis Mireille, votre soeur.   Ben kız kardeşiniz Mireille'im.

    Elle est Madame Bertin, notre voisin.   O komşumuz bayan Bertin'dir.

    Vous êtes Georges, le frère de mon ami.   Siz arkadaşımın erkek kardeşi, Georges'sunuz.

Herhangi bir kişinin özelliklerini belirten isim tümleci ile kendisinden önceki sözcük arasına her zaman **à** edatı konur.

    une femme aux cheuveux longs   uzun saçlı bir kadın
    un homme aux mains grandes   büyük elli adam
    des enfants aux pièds sales   ayakları kirli çocuklar
    des filles aux maines propres   elleri temiz kız çocukları

LE COMPLÉMENT DE L'ADJECTIF - SIFAT TÜMLECİ

Herhangi bir sıfatın anlamını basit ya da kaynaşık **contracté** şekilleriyle bir edatın sayesinde tamamlayan bütün sözcükler sıfat tümlecidir.

    Il est utile aux élèves.   O öğrencilere yararlıdır.

cümlesinde **élèves** sözcüğü **utile** sıfatının tümlecidir. Bununla ilgili diğer örnek cümleler ise şu şekilde verilebilir:

Le lait est nécessaire aux bébés.	Süt bebeklere gereklidir.
Il est heureux de la joie.	O sevinçten mutludur.
Nous sommes content de l'armoire.	Dolaptan memnunuz.
Les touristes sont heureux du soleil.	Turistler güneşten mutludurlar.
Elle est inutile aux petits.	Küçüklere yararsızdır.

Sıfatlarla onların tümleçleri her zaman peş peşe gelmeyebilir.

Örneğin:

Cette fille est belle.	Bu kız güzeldir.
Les arbres de la forêt sont longs.	Ormanın ağaçları uzundur.
La fille de notre voisin est gentille.	Komşumuzun kızı çok naziktir.
Le garçon de notre professeur n'est pas gros.	Bizim öğretmenin çocuğu şişman değildir.

L'APPOSITION - KOŞUNTU

Başka bir sözcük grubunun ya da bir ismin yanında yer alan bir isim veya sözcük grubuna koşuntu **(l'apposition)** denir. Her iki isim veya sözcük aynı kişiyi ya da aynı şeyleri dile getirirler.

    Vous êtes Mr. Bertin, notre voisin. Siz komşumuz Mr. Bertin'siniz.

Elle est Mireille, votre amie.	O arkadaşınız Mireille'dir.
Ne prenez pas l'alcool, source de la misère.	Sefaletin kaynağı, alkolü içmeyiniz.
Est-ce que vous ne connaissez pas l'homme, cordonnier de notre quartier.	Siz bizim sokağın ayakkabıcısı, adamı tanımıyor musunuz?

Birinci cümlede **voisin** sözcüğü **Mr. Bertin** sözcüğünün koşuntusudur. Diğer taraftan ikinci cümlede **amie** sözcüğü **Mireille**'in, üçüncü cümlede **source** sözcüğü **alcool** sözcüğünün ve dördüncü cümlede ise **cordonnier** sözcüğü de **homme** sözcüğünün koşuntusudur.

Bir kısım isimler koşuntusundan bir **de** edatı ile ayrılırlar.

Örneğin:

la montagne d'Uludag	Uludağ dağı
la ville d'Istanbul	İstanbul şehri

Bu iki cümlede Uludağ ve İstanbul koşuntuları isimlerden **de** edatı ile ayrılmışlardır. Bunlarla ilgili ayrıca şu örnek cümleleri vermek mümkündür.

le mois de juillet	temmuz ayı
la fleuve de Sakarya	Sakarya nehri
la ville de Londre	Londra şehri
la mer de Marmara	Marmara denizi
le lac de Van	Van gölü

ATTRIBUT - YÜKLEM

Başka bir sözcüğün oluş durumunu açıklayan isim, sıfat, ortaç, mastar ve zamir gibi her türlü sözcük yüklemdir. Bu sözcüklerin çok farklı olmalarına rağmen kendileriyle olan ilişkilerinde ortak yönleri vardır. Bu ortak yanları şu şekilde sıralamak mümkündür.

"Olmak" (être) fiilinden sonra gelen bütün isim ve zamirler fiilin öznesinin yüklemidir. Örneğin:

> **Ankara est la capitale de la Turquie.**   Ankara Türkiye'nin başkentidir.

cümlesinde **la capitale** sözcüğü fiilin öznesi durumunda bulunan "Ankara" sözcüğünün yüklemidir. Bununla ilgili birçok örnek cümle aşağıda bulunmaktadır.

> **"Le Monde" est un journal de France.**   "Le Monde" bir Fransa gazetesidir.
>
> **Ce garçon est le fils de Mr. Dupont.**   Bu çocuk Mr. Dupont'un oğludur.
>
> **La fille n'est pas la soeur de mon camarade.**   Kız benim arkadaşımın kız kardeşi değildir.
>
> **Cet homme est le directeur de cet hôtel.**   Bu adam bu otelin müdürüdür.
>
> **Cet arbre est le pommier de notre jardin.**   Bu ağaç bizim bahçenin elma ağacıdır.
>
> **Cette robe est l'habit de M.elle. Arlette.**   Bu M.elle, Arlette'in giysisidir.
>
> **Cette maison est la domicile de Mr. Le Grand.**   Bu ev Mr. Le Grand'ın barınağıdır.

"Olmak" (être) fiilinden sonra gelen zamirler de yukarıdaki açıklamada yapıldığı gibi fiilin öznesinin yüklemi olur. Örneğin:

> **Elles sont celles que vous voulez parler.**   Sizin konuşmak istedikleriniz onlardır.

cümlesinde **"celles"** zamiri cümlenin fiili olan **être** fiilinin öznesi durumundaki **elles**'in yüklemidir. Bununla ilgili örnekleri de çoğaltmak mümkündür:

Il est celui que nous cherchons depuis hier.	O dünden beri aradığımız kişidir.
Elles ne sont pas celles qui viendront à l'école.	Onlar okula gelecek olanlar değildir.
Ces hommes ne sont pas ceux que vous voulez voir ce matin au bureau.	Bu adamlar bu sabah sizin büroda görmek istedikleriniz adamlar değildir.
Je suis celui qui travaillera ici avec vous.	Burada sizinle çalışacak olan kişi benim.

Bu fiilin sadece **être** (olmak) fiilinin yüklemi olma özelliği kimi zaman aşağıdaki birkaç **neutre** fiillerle birlikte yapılır. Bu fiiller şunlardır:

paraitre	: görünmek, ortaya çıkmak
demeurer	: kalmak, ikamet etmek
mourir	: ölmek
naître	: doğmak
sembler	: öyle görünmek

Yukarıdaki fiillerle ilgili örnek vermek gerekirse, şu cümleler ortaya çıkacaktır. Bunların bir önceki örnek cümlelerden farkı, tanımda belirtildiği gibi, yüklemden önce gelen fiil **être** yerine yukarıda belirtilen **neutre** fiillerdir.

Bu fiillerle yapılan cümlelerde zamir olan sözcüklerle ilişkili yüklemleri içeren örnek cümleler aşağıda görülüyor:

Il paraît comme celui qui est très fort.	O çok kuvvetli birisi olarak görünüyor.
Cet homme demeure ici avec ceux qui sont voisins.	Bu adam komşuları olan kişilerle burada kalmaktadır.
Il ne voulait pas marcher avec celles qui sont près de lui.	O yanındaki kişilerle birlikte yürümek istemiyordu.
Nous semblons comme ceux qui sont content de les voir.	Onları görmekten mutlu olan kişiler olarak görünmekteyiz.

Yukarıdaki cümlelerde bulunan **celui, ceux, celles, ceux** zamirleri kendilerinden önce gelen fiillerin yüklemidir.

Yine bu fiillerden sonra gelen isimlerin fiillerin öznesinin yüklemi olan örnek cümleler ise aşağıda görülmektedir:

Il paraît comme un homme riche.   O zengin bir adam olarak görünüyordu.

cümlesinde **homme** sözcüğü **paraître** (görünmek, ortaya çıkmak) fiilinin öznesinin yüklemidir. Bu özellikteki diğer fiillerle ilgili örnek cümleler ise aşağıda belirtilmiştir:

Elle demeure de sa place comme une reine.   O kadın bir kraliçe gibi yerinde kalıyor.

Le roi meurt de sa tristesse.   Kral kederinden ölüyor.

Le petit fils de son ami était né comme le sauveur de sa famille.   Arkadaşının küçük oğlu ailesinin kurtarıcısı olarak doğmuştu.

Tek şahıslı **(unipersonnel)** fiillerde düz tümleç olamayacağı için, bu fiillerden sonra gelen her sözcük isim olarak değerlendirilmiş ve yukarıda belirtilen kurala uygun olarak yüklem tespit edilmiştir. Tek kişili fiillerde her ne kadar özne, sözde özne olmasına rağmen yüklemin bu özneye göre belirlenmesi ayrıca bir kural olarak kabul edilmiştir.

Örneğin:

Il est arrivé un accident terrible sur la route.   Yolda çok korkunç bir kaza oldu.

cümlesinde **un accident** sözcüğü **arriver** fiilinin öznesi durumunda görülen **il** öznesinin yüklemidir.

Gerek isim gerek zamir olarak tek şahıslı fiillerle ilgili birkaç örnek cümleyi şu şekilde vermek mümkündür.

Il arrive toujour une chanse pour réussir les examens.   Sınavları başarmak için her zaman şans doğar.

Il tombe de l'arbre des pommes jaunes.   Ağaçtan sarı elmalar düşüyor.

Il tombe du toit des tuiles lourds.   Çatıdan ağır kiremitler düşüyor.

ANALYSE LOGIQUE - MANTIKSAL ÇÖZÜMLEME

Mantıksal çözümleme, bir cümleciğin ya da cümlenin analizidir. Buna geçmeden önce Fransızca'da özne incelemesi yapıldığında dört çeşit özne olduğu görülmektedir. Bu özneler şunlardır:

- **le sujet simple** : yalın özne
- **le sujet complex** : karmaşık özne
- **le sujet incomplex** : tümleçsiz özne
- **le sujet composé** : bileşik özne

Yalın özne, sadece tek bir sözcükle belirtilen öznedir. Fiilin öznesi sadece bir sözcükle gösterilmektedir. Örneğin:

Pierre est allé à Ankara il y a deux jours.	Pierre iki gün önce Ankara'ya gitti.
Le chat est sorti du jardin.	Kedi bahçeden çıktı.
Les infirmières sont entrées à l'hôpitale.	Hastabakıcılar hastaneye girdiler.
Le maitre a vu le devoir.	Öğretmen ödevi gördü.
Les enfants ne sont pas venus.	Çocuklar gelmediler.
La table est lourde.	Masa ağırdır.
Les fleurs sont belles.	Çiçekler güzeldir.
La robe n'est pas chère.	Elbise pahalı değildir.
Les bateaux sont partis pour l'Europe.	Gemiler Avrupa'ya hareket ettiler.

Karmaşık özne, içinde ismin anlamını tamamlayan bir ya da birçok tümleç bulunan öznedir. Örneğin:

Le livre de mon ami est épais.	Arkadaşımın kitabı kalındır.
Les arbres de la forêt sont longs.	Ormanın ağaçları uzundur.
La porte de notre maison n'est pas brune.	Bizim evin kapısı kahverengi değildir.

Les habits de mon père sont près de la table.	Babamın giysileri masanın yanındadır.
Le premier ministre de notre pays est allé en France.	Ülkemizin başbakanı Fransa'ya gitti.

Tümleçsiz özne, hiçbir tümleci olmayan, tek bir sözcükten oluşmuş öznedir. Örnekler:

Pierre est le frère de Mireille.	Pierre Mireille'in kardeşidir.
Paris est la capitale de France.	Paris Fransa'nın başkentidir.
Sophie n'est pas partie pour Marseille.	Sophie Marsilya'ya hareket etmedi.
George n'avait pas écouté bien son disque.	George plağını iyi dinlememişti.

Bileşik özne, birçok sözcükten meydana gelen öznedir. Örnek:

Le lion et le tigre sont des animaux courageux de la forêt d'Afrique.	Aslan ve kaplan Afrika ormanlarının cesur hayvanlarıdırlar.
La fille de notre voisin et le frère de mon professeur sont venus ici.	Komşumuzun kızı ve öğretmenimin erkek kardeşi buraya geldiler.
Les médecins et les infirmières ne sont pas encore à l'hôpital.	Doktorlar ve hemşireler henüz hastanede değil.
Les élèves de cette école et les femmes de notre quartier sont devant l'école.	Bu okulun öğrencileri ve bizim mahallenin kadınları okulun önündedir.
Le professeur et le directeur parlent avec le père de l'élève.	Öğretmen ve müdür öğrencinin babasıyla konuşuyor.

Öznelerin mantıksal çeşitlerinden söz edildikten sonra mantıksal çözümlemeye geçilebilir. Mantıksal çözümleme, cümlenin

1. Yapısını,
2. Şeklini,
3. İşlevini   kapsar.

1. Yapı olarak cümlecikler şu kısımlara ayrılırlar:

- **proposition indépendant** (bağımsız cümlecik)
- **proposition principale** (temel cümlecik)
- **proposition subordonnée** (yan cümlecik)

2. Şekil ya da işlev yönünden cümlecikler aşağıdaki çeşitlere ayrılmaktadırlar:

- **proposition subordonnée relative**
- **proposition subordonnée interrogative indirecte**
- **proposition subordonnée conjonctive**
- **proposition subordonnée circonstencielle**

Propositions subordonnées circonstencielles ise aşağıdaki kısımlara ayrılır:

- **proposition subordonnée circonstencielle de temps**
- **proposition subordonnée circonstencielle de cause**
- **proposition subordonnée circonstencielle de but**
- **proposition subordonnée circonstencielle de conséquence**
- **proposition subordonnée circonstencielle de concession ou d'opposition**
- **proposition subordonnée circonstencielle de condition**
- **proposition subordonnée circonstencielle de comparaison**

Mantıksal çözümleme açısından cümlelerin dizilişini gördükten sonra örneklerle birlikte sırasıyla her cümlecik çeşidi incelenecektir.

1. Yapı açısından cümleciklerin mantıksal çözümlemesini yaptığımızda şu özelliklerine değinmek gerekir.

proposition indépendante - bağımsız cümlecik

Bu cümlecik bir cümle içinde kendi kendine yetebilen bir cümleciktir.

Örnekler:

Nous voyons l'horizon.	Ufku görüyoruz.
Vous faites les devoirs.	Siz ödevleri yapıyorsunuz.
Le garçon lit le livre.	Erkek çocuk kitabı okuyor.
La fille va à l'école.	Kız çocuk okula gidiyor.
Les mères caressent leurs enfants.	Anneler çocuklarını okşuyor.

La femme lave les linges.	Kadın çamaşırları yıkıyor.
Les commerçants achètent les noisettes des paysans.	Tüccarlar köylülerin fındıklarını satın alıyorlar.
Les vaches mangent les herbes.	İnekler otları yiyorlar.
Le garçon parle avec sa mère.	Çocuk annesiyle konuşuyor.
Il boit de l'eau.	O su içiyor.
Elle connait cette fille.	O bu kızı tanıyor.
Ils écrivent les lettres.	Onlar mektup yazıyorlar.
Vous ne connaissez pas les hommes.	Siz bu adamları tanımıyorsunuz.

Bu bağımsız cümlecikler aralarında herhangi bir bağlaç olmaksızın art arda gelebilirler. Bağımsız cümleciklerin aşağıda belirtilen şekline ise yan yana bağımsız cümlecikler **(proposition indépendante juxtaposées)** denir. Bununla ilgili örnek cümleler ise aşağıda görülmektedir:

Je suis venu à l'école, je suis entré à la classe.	Okula geldim, sınıfa girdim.
Nous nous sommes levés, je me suis lavé le visage, je suis parti pour le bureau.	Kalktık, yüzümü yıkadım, büroya hareket ettim.
Elle a preparé le repas, elle a attendu son père, elle a ouvert la porte.	Yemeği hazırladı, babasını bekledi, kapıyı açtı.
Je suis sorti dans la rue, j'ai vu mon ami, nous sommes allés au café.	Sokağa çıktım, arkadaşımı gördüm ve kahveye gittik.
Les enfants jouaient au ballon, leurs parents s'asseaient sous les arbres et nous mangions nos repas	Çocuklar top oynuyorlar, ebeveynleri ağaçların altında oturuyorlar ve yemeklerimizi yiyorduk.
La femme achète la pomme, l'autre femme regarde les oranges, nous parlions avec un vendeur de légumes.	Kadın elma satın alıyor, diğer kadın portakallara bakıyor ve biz bir sebze satıcısıyla konuşuyorduk.

Les hommes nagent dans la mer, les touristes se couchent sous le soleil, les petits jouent au bord de la mer.	İnsanlar denizde yüzüyor, turistler güneşin altında yatıyor ve küçükler deniz kıyısında oynuyorlar.
Les joueurs sont venus au stade, les spectateurs ont commencé à crier, le match a commencé.	Oyuncular stadyuma geldiler, seyirciler bağırmaya başladılar ve maç başladı.

Yan yana bağımsız cümlecikler, herhangi bir bağlacın yardımıyla birbirine bağlanmış eşgüdümlü cümlecikler olabilirler. Örnek:

Il s'est levé, il s'est lavé les mains et il est allé au bureau.	Kalktı, ellerini yıkadı ve büroya gitti.

cümlesinde eşgüdümlü bağımsız yan yana cümlecikler yukarıdaki tanımda belirtildiği gibi **et** bağlacıyla bağlanmıştır. Aşağıda buna örnek olarak başka birçok cümle verilmiştir.

L'avocat est venu au tribunal il a preparé ses affaires et il a commencé à parler.	Avukat mahkemeye geldi, işlerini hazırladı ve konuşmaya başladı.
Le berger entre à l'étable, il ouvre la porte et va à la campagne avec ses animaux.	Çoban ağıla giriyor, kapıyı açıyor ve hayvanlarıyla birlikte kıra gidiyor.
La femme se lève le matin, elle prépare le petit déjeuner et elle envoit ses enfants à l'école.	Kadın sabahleyin kalkıyor, kahvaltıyı hazırlıyor ve çocuklarını okula gönderiyor.
Le paysan a labouré bien la terre, il a moissonné beaucoup de blé et il a vendu du blé.	Köylü toprağı iyi işledi, buğday hasadı yaptı ve buğdayı sattı.

proposition principale - temel cümlecik

Bu cümlecik yan cümleciğe yön veren, onu idare eden cümleciktir.

Vous connaissez les hommes qui viennent à l'usine de son ami.	Siz onun arkadaşının fabrikasına gelen adamları tanıyorsunuz.

cümlesinde **vous connaissez les hommes** cümlesi **qui viennent à l'usine de son ami** cümlesine egemen olan bir temel cümledir. Bununla ilgili diğer örnek cümleler ise şunlardır:

Il voit la fille qui parle avec sa mère.	O annesiyle konuşan kızı görüyor.
Arlette aime la fleur qui est violette.	Arlette mor olan çiçeği seviyor.
Mon camarade ne prend pas le ballon qui n'est pas à son voisin.	Arkadaşım komşusuna ait olmayan topu almıyor.
Les oiseaux volent sur notre maison qui est au milieu du jardin.	Kuşlar bahçenin ortasında olan bizim evin üzerinde uçuyorlar.
J'ai trouvé le journal que vous cherchez depuis le matin.	Sabahtan beri sizin aradığınız gazeteyi buldum.
Elles ne sont pas allées au pays où nous étions allés l'année dernière.	Onlar bizim geçen yıl gittiğimiz ülkeye gitmediler.
Elle est entrée à la boutique dont la porte n'est pas large.	O kız kapısı geniş olmayan dükkâna girdi.
Il a vu le chat qui est dans l'arbre.	O ağaçta olan kediyi gördü.

proposition subordonnée - yan cümlecik

Cümle içinde kendi başına herhangi bir anlama sahip olmadığı halde temel cümleciğe bağlı bulunduğunda bir anlam kazanan cümleciklere yan cümlecik denir. Bu cümlecikler genel olarak herhangi bir bağ sözcüğüyle birlikte oluşurlar.

Örnek:

Nous avons vu venir les chevaux dès que le soleil se fut levé.	Güneş doğar doğmaz alların geldiğini gördük.

cümlesinde **dès que le soleil se fut levé** cümleciğinin yalnız başına "güneş doğar doğmaz" anlamına geliyor, her hangi bir fikri tam olarak açıklamamaktadır. Ancak temel cümle olan **nous avons vu venir les chevaux** cümlesiyle birlikte belli bir anlam kazanmaktadır. Bu nedenle **dès que le soleil su fut levé** sözü, bir yan cümleciktir. Bağ sözcüğü de **dès que**dür. Bununla ilgili diğer örnek cümleleri ise şu şekilde vermek mümkündür.

Je ferai un tour du monde quand j'aurai eu assez d'argent.	Yeteri kadar param olunca bir dünya turu yapacağım.

Nous parlerons avec le père des enfants quand ils seront venus.	Geldikleri zaman çocukların babasıyla konuşacağız.
Elle a vu son ami lors qu'elle fut sortie de la maison.	Evden çıkar çıkmaz arkadaşını gördü.
Vous avez fini vos devoirs lors qu'elle eut commencé à préparer le repas.	O yemeği yapmaya başlar başlamaz siz ödevlerinizi bitirdiniz.
Nous sommes allés au quais lors que le bateau fut venu d'Istanbul.	İstanbul'dan gemi gelince rıhtıma gittik.
Nous irons au bord de la rivière quand mon père sera venu.	Babam gelince biz ırmak kanarına gideceğiz.
Je ne comprends pas bien malgré que j'aie travaillé mon devoir.	Ödevime iyi çalışmama rağmen iyi anlamıyorum.

Bazen temel cümlecik birden fazla yan cümlecik, bir bağ sözcüğü ya da herhangi bir tümleç ile bağlanabilir.

Dès que la cloche eut sonné, les élèves sont allès dans la cour où les professeurs parlaient avec le directeur.	Zil çalar çalmaz öğrenciler öğretmenlerin müdürle konuştukları bahçeye gittiler.

cümlesinde temel cümlecik **les élèves sont allés dans la cour** cümlesidir. Bu cümlenin etkisi altında ise iki adet yan cümlecik vardır. Bunlar **Dès que la cloche eut sonné** diğeri ise **les professeurs parlaient avec les professeurs**dür. Bu iki yan cümleciğin birisi temel cümleye **dès que** bağ sözcüğü, diğeri ise **où** tümleci ile bağlanmıştır. Bunlarla ilgili başka örnek cümleler vermek mümkündür.

Nous lirons les journaux quand mon frère aura apporté les journaux qu'il aura achetés de librerie.	Kardeşim kitapçıdan satın alacağı gazeteleri getirince gazeteleri okuyacağız.
Les touristes sont allés à Bodrum dès que leurs amis furent venus à Adana où les groupes hollandais furent venus.	Hollandalı turist kafilesinin geldiği Adana'ya arkadaşları gelir gelmez turistler Bodrum'a gittiler.
Vous ne dites pas qu'elles soient à la maison et qu'elles travaillent encore avec leurs amis.	Siz evde olmalarını ve hâlâ arkadaşlarıyla çalışmalarını söylemiyorsunuz.

Il a compris ce que vous eûtes dit lors que nous eûmes parlé avec lui.

Kendisiyle konuştuğumuz zaman sizin söylediğinizi anladı.

Dès que la pluie fut tombée, les hommes ont commencé à entrer aux maisons dont les cheminées eurent fumé.

Yağmur yağar yağmaz insanlar üzerlerinde bacaları tüten evlere girmeye başladılar.

Les moissonneurs sont partis pour les champs où les blès ont jauni aussitôt que l'été fut venu.

Yaz gelir gelmez hasatçılar buğdayların sarardığı tarlalara hareket ettiler.

Bir yan cümlecik her zaman bir temel cümleciğe bağlanmaz, bazen bir başka yan cümleciğe bağlandığı da görülür.

Son camarade a regardé les garçons bien qu'ils soient derrier la maison qui n'est pas loin d'ici.

Onun arkadaşı, buraya uzak olmayan evin arkasında olmalarına rağmen çocuklara bakıyor.

cümlesinde **son camarade a regardé les garçons** cümleciği, **proposition principale** (temel cümlecik) tir. **Bien qu'ils soient derrière la maison** (birinci yan cümlecik), **qui n'est pas loin d'ici** ise ikinci yan cümleciktir. Bu her iki yan cümlecik tanımda anlatıldığı gibi birbirine bağlı olup temel cümleciğe bağlı değildir. Bu özellikteki yan cümleciklerle ilgili başka örnekleri şu şekilde vermek mümkündür:

Le cordonier a réparé bien le chaussure de mon frère pour qu'il soit prêt le soir où nous devrons aller au cinéma.

Sinemaya gitmek zorunda kalacağımız akşama hazır olması için ayakkabıcı erkek kardeşimin ayakkabısını tamir etti.

Les infirmières ont fait appeler le malade pour qu'il soit à l'hôpitale où il se soignera tout de suite.

Hemşireler hastayı hemen iyileşeceği hastanede olsun diye çağırttırdılar.

Les voyageurs ont pu venir à la ville malgré qu'ils aient attendu dans un petit village qui est loin de la ville.

Şehirden uzaktaki bir köyde beklemelerine rağmen yolcular şehre gelebildiler.

Les oiseaux ont volé sur notre jàrdin pour qu'ils mangent les grains des fruits qui sont murs.

Olgunlaşan meyvelerin tanelerini yemek için kuşlar bizim bahçenin üzerinde uçtular.

Les actrices sont venues au théâtre lors qu'elles eurent pris leurs café au caféteria qui se trouve dans la première étage.

Aktristler birinci katta bulunan kafeteryada kahvelerini içtikleri zaman tiyatroya geldiler.

Bundan önceki açıklamalarda yan cümleciklerin aşağıdaki belirtilen çeşitlerine değinilmişti. Kısaca yan cümlecikler şu çeşitlere ayrılıyordu:

1. **proposition subordonnée relative** - ilgi yan cümleciği
2. **proposition subordonnée interogative indirecte** - soru yan cümleciği
3. **proposition subordonnée conjonctive** - isim yan cümleciği
4. **proposition subordonnée circonstancielle** - belirteç yan cümleciği

Yukarıda dört kısımdan meydana gelen yan cümlecik çeşitlerinden söz edilmiştir. Bunlar sırasıyla örneklerle birlikte aşağıda açıklanmıştır.

1. İlgi yan cümleciği mutlaka herhangi bir ilgi zamiri ile birlikte oluşan yan cümleciktir. İşlev açısından bakıldığında bu yan cümlecik kendisinden önce gelen cümleciğin tümleci olur.

  Vous connaissez cette femme qui marche.   Siz yürüyen kadını tanıyorsunuz.

cümlesinde **qui marche** cümleciği ilgi yan cümleciğidir. Öte yandan **vous connaissez cette femme** cümleciği ise temel cümleciktir. Görüldüğü gibi ilgi yan cümleciği **qui** ilgi zamiri ile birlikte yapılmıştır. Bununla ilgili başka örnek cümleler aşağıda görülmektedir.

Vous fermez la porte dont la clé est dans sa poche.	Siz anahtarı onun cebinde olan kapıyı kapatıyorsunuz.
Elles n'ont pas encore lu le journal que vous avez acheté.	Onlar sizin aldığınız gazeteyi henüz okumadılar.
Tu habites à la ville où nous habitions autrefois.	Sen bizim bir zamanlar oturduğumuz şehirde oturuyorsun.
Je vois les avions qui volent vers le ciel.	Gökyüzüne doğru uçan uçakları görüyorum.
Ils ne connaissent pas l'homme dont le frère est le médecin à l'hôpitale.	Onlar erkek kardeşi hastanede doktor olan adamı tanımıyorlar.
Les poules que nous avons vu dans le jardin sont à mon oncle.	Bahçede gördüğümüz tavuklar amcama aittirler.
Le bureau auquel vous allez est celui de mon cousin.	Sizin gittiğiniz büro benim kuzeniminkidir.
J'aime la fleur dont la couleur est rouge et blanche.	Ben rengi kırmızı ve beyaz olan çiçeği severim.

2. Soru yan cümleciği herhangi bir soru zamiri ya da zarfıyla yapılan yan cümleciktir.

Peux-tu me dire comment les élèves ont répondu aux questions?	Bana öğrencilerin bu sorulara nasıl cevap verdiklerini söyleyebilir misin?

cümlesinde **comment les élèves ont repondu** sözü, soru yan cümleciğidir. Cümledeki işlevi ise dolaylı tümleçtir. Bunlar cümlede dolaylı ya da dolaysız tümleç işlevini görür. Aşağıda bu cümlecikleri içeren örnek cümleler sunulmuştur.

Je ne comprends pas comment vous avez réussi cet examen.	Bu sınavı nasıl başardığınızı anlayamıyorum.
Vous ne voulez pas nous dire comment ils feront leurs affaires	Onların işlerini nasıl yapacaklarını bize söylemek istemiyorsunuz.
Pouvez-vous nous montrer comment je pourrais trouver le bureau de poste?	Postaneyi nasıl bulabileceğimi bana gösterebilir misiniz?
Nous ne voyons pas qui fait cette cheminée.	Bu şömineyi kim yapıyor görmüyoruz.
Les ouvrières ne savent pas si elles auront le congé pendant la féte.	İşçiler bayramda izinli olup olmadıklarını bilmiyorlar.
Peux-tu nous montrer qui a donné ce cadeau?	Bu hediyeyi kim verdi bize gösterebilir misin?
Les touristes ne savent pas si le temps est beau aujourd'hui.	Turistler bugün havanın iyi olup olmadığını bilmiyorlar.
Les étrangères nous ont dit comment ils ont trouvé notre ville.	Yabancılar bize şehrimizi nasıl bulduklarını söylediler.
Je ne peux pas vous dire comment j'ai fait ce devoir.	Bu ödevi nasıl yaptığımı size söyleyemiyorum.
Je n'ai pas compris bien quand vous viendrez?	Ne zaman geleceğinizi iyi anlamadım.

3. İsim yan cümleciği herhangi bir isteği bir dileği, duygu ve düşünceyi ya da bir niyeti açıklayan fiillerden sonra **que** bağlacıyla oluşan bir yan cümleciktir. Cümle içindeki işlevi ise düz ya da dolaylı tümleçtir. Örneğin:

Tu penses que les enfants mangent leurs repas.	Sen çocuklar yemeklerini yesinler diye düşünüyorsun.
Il attendra que le temps sera beau.	O havanın güzel olmasını bekleyecek.
J'éspère que le médecin viendra ce soir.	Ümit ederim ki doktor bu akşam gelecek.
Il a compris que vous irez au cinéma.	O anladı ki siz sinemaya gideceksiniz.
Nous avons compris que vous n'avez pas tort.	Biz anladık ki siz haksız değilsiniz.
Elle croit que son père et sa mère viendront ce soir.	O anlıyor ki annesi ve babası bu akşam gelecek.
Ils savent que nous prendrons l'autobus pour aller à Antalya.	Onlar bizim Antalya'ya otobüsle gideceğimizi biliyorlar.
Elle éspère que l'école n'est pas fermée maintenant.	Okulun şimdi kapanmadığını ümit ediyor.
Vous avez vu que les chevaux sont allés dans le jardin.	Siz atların bahçeye gittiklerini gördünüz.
Elles ont souhaité que l'été soit belle pour tous.	Onlar yaz mevsiminin herkes için iyi olmasını dilediler.

İsim yan cümleleri aynı zamanda gerçek özne de olabilir. Örnek:

Il est possible que tu travailles avec cette machine.	Bu makineyle çalışman mümkündür.

cümlesinde **que tu travailles** cümleciği, işlevi gerçek özne olan bir isim yan cümlesidir. Aşağıda bununla ilgili örnek cümleler bulunmaktadır:

Il est nécessaire que vous parliez.	Sizin konuşmanız gereklidir.
Il n'est pas possible que vous regardiez.	Sizin bakmanız mümkün değildir.
Il est difficile que nous restions ici.	Bizim burada kalmamız zordur.
Il est facile que tu fasse ce devoir.	Senin bu ödevi yapman kolaydır.

4. Belirteç yan cümleciği; zaman, neden, amaç, karşıtlık, koşul, karşılaştırma gibi çeşitli kavramları yansıtabilir.

a) zaman belirten cümlecikler

Bu yan cümlecikler, temel cümleciğin belirttiği iş, oluş ve hareketin başka bir oluş ve hareketten önce ya da sonra yapıldığını belirten cümleciklerdir. Örneğin:

Les voisins sont à la maison avant que les enfants sonnent la porte.	Çocuklar kapıyı çalmadan önce komşular evdeydiler.

cümlesinde **avant que ses enfants sonnent la porte** cümleciği zaman belirtir. Bu cümleciklerle ilgili diğer örnek cümlecikler aşağıda görülmektedir.

Nous irons en France pendant que mon père était en vacance.	Babam tatile çıkınca biz Fransa'ya gideceğiz.
Mon frère aura mangé son repas quand il viendra à la maison.	Kardeşim eve gelince yemeğini yiyecek.
Les papillons auront commencé à voler quand la saison de printemps viendra.	İlkbahar mevsimi gelince kelebekler uçmaya başlayacaklar.
Nous nagerons dans la mer après qu'il fait beau.	Hava güzel olduktan sonra denizde yüzeceğiz.
Je parlerai avec lui après que vous avez parlé.	Siz konuştuktan sonra ben de onunla konuşacağım.
Les chats auront venus devant la maison quand elles laisseront du pain.	Onlar ekmek bırakınca kediler evin önüne geleceklerdir.

b) neden belirten cümlecikler

Bu cümlecikler, temel cümlede belirtilen işin, hareketin ve olayın niçin, neden, yapıldığını açıklar. Örneğin:

Les touristes sont restés un mois à notre ville parce qu'ils ont aimé la ville.	Turistler şehrimizde bir ay kaldılar çünkü onlar şehri çok sevdiler.

cümlesinde **"parce qu'ils ont aimé la ville"** sözü, neden belirten bir yan cümleciktir.

Bu konu ile ilgili örnek cümleler aşağıda görülmektedir.

Nous sommes allés à la mer parce qu'il fait chaud aujourd'hui.	Bugün hava sıcak olduğundan denize gittik.
Comme il est gentil il aide sa mère à faire les affaires.	O nazik olduğu için annesinin iş yapmasına yardımcı oluyor.
Elle travaille la leçon avec son frère parce qu'il lui aide à faire les problèmes.	O kız problem çözümünde kendisine yardım ettiği için kardeşiyle çalışıyor.
Il a acheté la rose pour sa mère parce qu'elle l'aime beaucoup.	O annesi için gül satın alıyor çünkü onu çok seviyor.
Comme elle est fatiguée elle n'est pas partie pour le promenade.	O kız yorgun olduğundan geziye gitmedi.
Comme elles sont dans le jardin elles voyaient bien les oiseaux sur l'arbre.	Onlar bahçede olduklarından ağaçlardaki kuşları iyi görüyorlardı.
Comme j'ai mal au bras je ne peux pas tenir bien la table.	Kolumdan rahatsız olduğum için masayı iyi tutamıyorum.
Comme vous avez raison nous parlerons avec vous.	Siz haklı olduğunuz için sizinle konuşacağız.
Comme elle n'a pas tort elle viendra avec nous.	O haksız olmadığı için bizimle gelecek.

c) amaç belirten cümlecikler

Bu cümlecik temel cümlecikle anlatılmak istenen işin, oluşun ve hareketin hangi amaçla ve hangi niyetle yapıldığını belirtir.

Örneğin:

Les filles se trouvent devant la maisons en vue que leurs mères leur aident à laver les linges.	Kızlar annelerinin kendilerine çamaşırları yıkamasına yardım etmeleri amacıyla evlerin önünde buluyorlar.

cümlesinde **en vue que leurs mères leur aident à laver les linges** cümleciği temel cümlecikte belirtilen işin ne amaçla yapılacağını belirten bir yan cümleciktir.

Bununla ilgili diğer örnek cümleler ise aşağıda bulunmaktadır:

Les ministres des pays européens sont à notre ville en vue qu'ils se trouvent dans une exposition internationale.	Avrupa ülkelerinin bakanları uluslararası bir sergide bulunmak amacıyla şehrimizdedirler.
Les touristes sont partis pour la ville afin qu'ils visitent les musées.	Turistler müzeleri gezmek amacıyla şehre hareket ettiler.
Ils ne sont pas venus ici de pour qu'il ne parle pas avec son ami.	Onlar buraya onun arkadaşıyla konuşmamak için gelmediler.
Il ne sont pas venus ici de peur qu'il sait malade.	Hasta olurum korkusuyla paltosunu giydi.
Ils n'ont pas nagé de peur qu'ils soient malades.	Hasta olacakları korkusuyla yüzmediler.
Les visiteurs n'ont pas visité les monuments historiques de peur qu'ils soient en retard.	Ziyaretçiler gecikecekleri korkusuyla tarihi eserleri gezmediler.
Ils ont pris leurs parapluie de peur qu'il pleut aujourd'hui.	Onlar bugün yağmur yağar korkusuyla şemsiyelerini aldılar.
L'avion a atteri ici de craint que l'orage vienne dans quelque minute.	Uçak birkaç dakika sonra fırtına gelir korkusuyla buraya indi.
Les animaux ne vont pas dans la forêt de peur que les tigres les mangent.	Hayvanlar kaplanlar kendilerini yer korkusuyla ormana gitmiyorlar.
La mère n'envoit pas les enfants dans la route de peur que les voitures les renversent.	Anne arabalar onlara çarpar korkusuyla çocuklarını sokağa göndermiyor.
Les voyageurs sont entrés dans un chalet de peur qu'il ne puissent pas trouver un abrit sur la montagne.	Yolcular dağın üzerinde başka bir barınak bulamama korkusuyla bir dağ evine girdiler.
Elles ont passé deux jours chez leur tante de crainte qu'elles soient en retard.	Gecikecekleri korkusuyla halalarında iki gün geçirdiler.

Mes amis ne sont pas allés à la campagne de crainte qu'ils soient fatigués.	Arkadaşlarım yorgun oldukları korkusuyla kıra gitmediler.
Mon petit frère n'est pas monté sur cet arbre de crainte qu'il tombe.	Küçük erkek kardeşim düşerim korkusuyla bu ağaca çıkmadı.
Les éléphants ne passent pas à l'autre côté de la rivière de crainte que les sentiers soient fermés par les arbres gros.	Kalın ağaçlarla yolların kapalı olması korkusuyla filler ırmağın karşısına geçmediler.
Les enfants se cachent derrière les fleurs de peur que ses amis les voilent.	Çocuklar arkadaşları görür korkusuyla çiçeklerin arkasına gizleniyorlar.
Il cache bien son jouet de crainte qu'il perde.	O, kaybetme korkusuyla oyuncağını iyi saklıyor.
Elle ne boit pas l'eau froide de crainte qu'elle ait mal au gorge.	O kız boğazından rahatsız olur korkusuyla soğuk su içmiyor.
Il lit le livre de crainte qu'il ne sache pas bien sa leçon.	O, dersini bilmeme korkusuyla kitabını okuyor.

d) sonuç belirten cümlecikler

Bu yan cümlecikler temel cümlede belirtilen iş, oluş ve hareketten ortaya çıkan sonucu belirtir. Bağ sözcükleriyle meydana gelen bir yan cümleciktir. Örneğin:

Le temps était si froid que nous ne pouvions pas marcher dans la rue.	Hava o kadar soğuktu ki sokakta yürüyemiyorduk.

cümlesinde **le temps était si froid que** cümleciği temel cümlede belirtilen iş ve harekete neden olan, bu iş ve hareketin temelini oluşturan bir yan cümleciktir. Aşağıda bununla ilgili diğer örnek cümleler bulunmaktadır:

Elle était si belle que tous ses voisins l'admiraient.	O kadar güzeldi ki bütün komşuları ona hayran kalıyorlardı.
Notre ville était si grande que sa population était nombre.	Şehrimiz o kadar büyüktü ki nüfusu kalabalıktı.
Il fait si chaud que nous ne pouvons pas sortir au dehors.	Hava o kadar sıcak ki dışarı çıkamıyoruz.

Il est si intelligent que les problèmes difficiles ne sont rien pour lui.	O kadar zeki ki zor problemler onun için bir şey değildir.
Les enfants ont tellement faim qu'ils peuvent manger deux pains.	Çocuklar o kadar acıktılar ki iki ekmeği yiyebilirler.
J'ai tellement soif que je pourrais boire un bouteil de l'eau.	O kadar susadım ki bir şişe suyu içebilirdim.
Vous avez tellement besoin d'argent que vous ne pouvez pas lui aider à acheter la maison.	Sizin o kadar paraya ihtiyacınız var ki ona ev satın alması için yardım edemezsiniz.
Il est venu ici dans un état qu'il ne pouvait pas marcher.	O buraya öyle bir durumda geldi ki yürüyemiyordu.
Les étudiants travaillaient leurs leçons dans un état qu'ils ne pouvaient pas sortir de la maison.	Öğrenciler öyle bir durumda derslerine çalışıyorlardı ki evden dışarı çıkamıyorlardı.
Les oiseaux volaient si vite que nous ne pouvions pas les voir dans le ciel.	Kuşlar o kadar hızlı uçuyorlardı ki gökyüzünde onları göremiyorduk.
Il parlait si vite que je ne comprenais rien.	O kadar hızlı konuşuyordu ki hiçbir şey anlayamıyordum.
Notre pays était si beau que tous les étrangères pouvaient le visiter pendant l'été.	Ülkemiz o kadar güzeldi ki bütün yabancılar yazın onu ziyaret edebiliyorlardı.
Notre directeur était si gentil qu'il nous donnait le congé d'aller au matche de football.	Bizim müdürümüz o kadar nazikti ki bize maça gitmemiz için izin veriyordu.
Les jardins de notre voisins étaient si larges que nous y allions pour nous promener.	Komşumuzun bahçesi o kadar genişti ki biz oraya gezmeye gidiyorduk.
Cet écrivain a tellement écrit des oeuvres qu'il avait pu gagner sa vie avec ces oeuvres.	Bu yazar o kadar çok eser yazdı ki hayatını bu eserlerle kazanabilmişti.
Nous sommes allés chez lui que nous ne pouvions pas lui offrir le cadeau.	Öyle bir durumda onlara gittik ki ona hediye sunamıyorduk.

J'ai tellement affaires que je ne vais pas au cinéma.	O kadar çok işim var ki sinemaya gitmiyorum.
Il a tonné si fort que nous avons eu peur.	O kadar kuvvetli gök gürledi ki korktuk.
Elles sont si joyeuses qu'elles jouaient comme les anges.	O kızlar o kadar sevinçliydiler ki melekler gibi oynuyorlardı.
Mes amis avaient tellement besoin de journaux que je leur ai donné les miens.	Arkadaşlarımın gazeteye o kadar ihtiyaçları vardı ki benimkileri onlara verdim.
Cette maison était si haute que je ne pouvais pas voir la dernière étage.	Bu ev o kadar çok yüksekti ki en son katı göremiyordum.

e) karşıtlık belirten cümlecikler

Bu yan cümlecikler temel cümlede meydana gelmiş bulunan bir işi olayı ya da hareketi belirtmeye yarayan yan cümleciklerdir. Bu yan cümleciklerin de herhangi bir bağ sözcüğüyle meydana geldiği sıkça görülmektedir.

Örneğin:

Je ne suis pas allé bien que je doive voir mes amis.	Arkadaşlarımı görmek zorunda olduğum halde gitmedim.

cümlesinde **bien que je doive voir mes amis** cümleciği, **bien que** ile bağlanan bir yan cümledir. Bu cümle, temel cümlede belirtilmek istenen olayı belirtmekte ve onu tamamlamaktadır. Bununla ilgili diğer örnek cümleler aşağıda sunulmuştur:

Il ne voulait pâs acheter une voiture malgré qu'il ait assez d'argent.	Onun yeteri kadar parası olduğu halde bir araba satın almak istemiyordu.
Nos oncles ne se promènent pas le soir sur le bord de la mer bien qu'ils habitent près de la mer.	Amcamlar denizin yakınında oturmalarına rağmen akşamleyin deniz kenarında gezmiyorlardı.
Elle est venue à l'usine aujourd'hui malgré qu'elle soit malade.	O, hasta olduğu halde bugün fabrikaya gelmiş.
Elles parlaient anglais avec des touristes malgré qu'elles sachent français.	Onlar Fransızca bildikleri halde turistlerle İngilizce konuşuyorlardı.

Il n'a pas parlé avec son camarade bien qu'il le connaisse.	O, arkadaşını tanıdığı halde onunla konuşmadı.
Elle ne voulait pas porter ses lunettes bien qu'elle avait mal aux yeux.	O, gözlerinden rahatsız olduğu halde gözlüklerini takmak istemiyordu.
Nous ne portions pas nos parapluies malgré qu'il pleut.	Biz yağmur yağdığı halde şemsiyelerimizi almıyorduk.
Il ne dit rien encore qu'il soit très gentil.	O, çok nazik olmasına karşın hiç bir şey söylemiyor.
Elles sont très prudentes encore qu'elles soient oubliantes.	O kızlar unutkan olmalarına rağmen çok temkinlidirler.
Les cerisiers ont fleuri au printemps malgré qu'il fasse froid.	Havanın soğuk olmasına rağmen kirazlar ilkbaharda çiçek açtılar.
Ils ne sont pas sortis de la maison sans que leurs pères viennent.	Babaları gelmeden evden çıkmadılar.
Il a parlé français avec son ami sans qu'il attend une minute.	O arkadaşıyla bir dakika durmaksızın Fransızca konuştu.
Il a continué son chemin sans qu'il nous a regardé	O bize bakmadan yoluna devam etti.
Ils ont decidé de ne pas nager sans que leurs frères viennent.	Erkek kardeşleri gelmeden denize girmemeye karar verdiler.
Les enfants ne veulent pas manger sans que leurs mères leur donne le repas.	Çocuklar anneleri kendilerine yemek vermeden yemeklerini yemek istemiyorlar.
Bien loin qu'il nous regarde, il ne me voit pas.	Bana bakması şöyle dursun bizi görmüyor.
Ses amis ne lisent pas les livres bien loin qu'ils achètent les livres.	Onun arkadaşlarının kitap satın almaları bir yana kitap okumuyorlar.
Mon voisin ne nous salue pas bien loin qu'il parle avec nous.	Komşumun benimle konuşması bir yana bana selam vermiyor.
Je ne connais pas cet auteur bien loin que je lisse son oeuvre.	Eserini okumam bir yana bu şairi tanımıyorum.

Elle n'a pas d'argent bien loin qu'il achète cette robe.	Onun bu elbiseyi satın alması bir yana parası yoktur.
Il pleut bien loin qu'il fait beau.	Havanın güzel olması bir yana yağmur yağıyor.
Il ne veut pas faire le devoir bien loin qu'il travaille sa leçon.	O dersine çalışması bir yana ödevini yapmıyor.
Bien loin qu'il chante, elle ne veut pas venir à la scène.	Onun şarkı söylemesi bir yana sahneye gelmek istemiyor.

f) koşul belirten cümlecikler

Bu yan cümlecikler, temel cümleciğin belirttiği işin, oluşun ve hareketin hangi koşullarda yapılabileceğini gösteren cümleciklerdir. Bu cümlecik de birtakım bağ deyimleriyle ve bağlaçlarla yapılır.

Si vous me montrez le bureau de poste, j'enverrai une lettre.	Eğer siz bana postaneyi gösterirseniz ben mektup göndereceğim.
Nous irons à Antalya à condition que notre père finisse ses affaires à Istanbul.	Babamızın İstanbul'da işini bitirmesi koşuluyla Antalya'ya gideceğiz.

Yukarıdaki örnek cümlelerin birincisinde benim mektup gönderebilmem sizin bana postaneyi gösterme koşulunuza bağlıdır. Burada temel cümlede belirtilen mektubun gönderilmesi işi yan cümlede belirtilen postanenin gösterilme işine bağlıdır. Yine ikinci örnek cümlede, bizim Antalya'ya gitme işimiz yan cümlede belirtilen babamızın İstanbul'da işlerinin bitmesi koşuluna bağlıdır.

Aşağıda bunlarla ilgili olarak örnek cümleler bulunmaktadır.

Ma soeur me donnera un livre pourvu que je lui donne le journal.	Kız kardeşim bana bir kitap verecek yeter ki ben ona gazete vereyim.
Mes élèves sauront leurs leçons pourvu qu'ils travaillent toujours.	Öğrencilerim derslerini bilecekler yeter ki devamlı çalışsınlar.
Nous partirons pour l'Europe en été pourvu que nous ayons de l'argent.	Yazın Avrupa'ya hareket edeceğiz, yeterki paramız olsun.
Elle acceptera le cadeau pourvu que ce soit la fleur.	O hediyeyi hemen kabul edecek yeter ki çiçek olsun.

Elle viendra de Paris à trois heures pourvu que nous l'attendions à la gare.	O Paris'ten saat üçte gelecek yeter ki biz onu garda bekleyelim.
Je l'acheterai tout de suite pourvu que ce soit utile pour moi.	Onu hemen satın alacağım yeter ki bu benim için faydalı olsun.
Si les animaux de notre village vont toujours au bord de la forêt, le berger doivent protéger les arbres de la forêt.	Eğer bizim köyün hayvanları ormanın kenarına giderlerse çoban ormanın ağaçlarını korumak zorundadır.
S'il fait froid aujourd'hui nous allons prendre nos manteaux.	Eğer bugün hava soğuksa, hemen paltolarımızı alacağız.
Si les étudiants travaillent bien ils reussiront ses examens.	Eğer öğrenciler iyi çalışırlarsa, sınavlarını başaracaklar.
Si mes amis parlaient français avec eux ils comprendraient.	Eğer arkadaşlarım onlarla Fransızca konuşsalardı anlayacaklardı.
Les touristes resteront ici, si les plages sont meilleures.	Eğer plajlar çok iyiyse, turistler burada kalacaklar.
Les bateaux viendraient à deux heures si la pluie ne tombait pas beaucoup.	Eğer çok yağmur yağmamış olsaydı, gemiler saat ikide geleceklerdi.
Si nous avions assez d'argent nous ferions un tour du monde.	Eğer yeteri kadar paramız olsaydı, bir dünya turu yapacaktık.
Si nous aimions les fleurs nous passerions nos vacances au village.	Eğer çiçekleri sevseydik, tatillerimizi köyde geçirirdik.
Si je le connaissais je lui dirais bonjour le matin.	Eğer onu tanısaydım, sabahleyin ona günaydın derdim.
Vous ne parleriez pas de ce sujet si vous lisiez ce livre.	Eğer bu kitabı okumuş olsaydınız, bu konudan söz etmezdiniz.
Si la chèvre était dans le jardin elle ne mangerait pas les légumes de notre voisin.	Keçi eğer bahçede olsaydı, komşumuzun sebzelerini yemezdi.
Si j'avais fait mon devoir, j'aurais écouté la musique le soir.	Eğer ödevlerimi yapmış olsaydım, akşamleyin müzik dinlerdim.

Si nous avions roulé plus vite, nous serions venus ici plus tôt.	Eğer çok hızlı araba sürmüş olsaydık, buraya çok erken gelmiş olacaktık.
Si je te donne le permis d'aller à la boutique tu acheteras le sucre je le sais.	Eğer sana dükkâna gitme izni versem, biliyorum şeker alacaksın.

g) karşılaştırma belirten cümlecikler

Bu yan cümlecikler dile getirdikleri iş, oluş ve hareketle temel cümleciğin belirtmiş oldukları iş, oluş ve hareket arasında herhangi bir benzerlik ilişkisi aramaya çalışan yada bu benzerlik ilişkisini kuran cümleciklerdir. Bu yan cümlecikler de ya bir bağ sözcüğü ya da bildiğimiz bağlaçlarla oluşurlar.

Il court comme un géant.	O bir dev gibi koşuyor.
Il travaille beaucoup cette année de même qu'il travaille l'année dernière.	O geçen sene çalıştığı gibi bu sene yine çok çalışıyor.

cümlelerinde birinci örnekte, "o bir dev gibi koşuyor" cümlesinde o koşuyor anlamındaki **il court** temel cümleciğinde belirtilen koşma işidir. Bir dev gibi anlamındaki **comme un géant** cümleciği ise yan cümleciktir. Bu iki cümlecikte belirtilen iş, oluş ve hareket arasında bir benzerlik ilişkisi mevcuttur.

Nitekim ikinci örnek cümledeki "Geçen yıl çalışmışsa" anlamına gelen yan cümlecik **de même qu'il travaille l'année dernière** cümleciği ile "bu sene çok çalışıyor" anlamındaki **il travaille beaucoup, cette année** temel cümleciği arasında bir benzerlik vardır. Bu benzerlik her ikisinin de dile getirmek istediği çalışma eylemidir.

Bununla ilgili cümlecikleri içeren örnek cümleleri ise şu şekilde vermek mümkündür:

Les employés travaillent comme les fourmis.	Memurlar karınca gibi çalışıyorlar.
Les hommes parlent comme une machine.	Adamlar makine gibi konuşuyorlar.
Les fruits sont bons, cette année comme ils sont l'année dernière.	Bu sene meyveler geçen sene olduğu gibi iyidirler.
Elle parle français comme ma soeur.	O, kız kardeşim gibi Fransızca konuşuyor.

Nous avons fini nos devoirs de même qu'ils finissent les leurs.	Onlar nasıl kendilerinkini bitirmişlerse biz de ödevlerimizi öyle bitirdik.
Nous avons commencé à parler une langue étrangère de même que notre professeur parle avec les étrangères.	Nasıl ki öğretmenimiz yabancılarla konuşuyorsa biz de onun gibi bir yabancı dil konuşmaya başladık.
Il faut lire de méme qu'elle lisse.	O kızın okuduğu gibi okumak gerekir.
Les voitures vont sur la route ainsi que les avions volent dans le ciel.	Arabalar yolda uçakların gökyüzünde uçtukları gibi gidiyorlar.
Les ouvrières travaillent ainsi que les abeilles travaillent.	İşçiler arılar gibi çalışıyorlar.
Elle parle la langue étrangère ainsi que sa mère lui enseigne.	O yabancı dili annesinin kendisine öğrettiği gibi konuşuyor.
Ils ont passé leurs vacances à Adana ainsi que nous avions passé les nôtres l'année dernière.	Onlar geçen yıl bizimkini geçirdiğimiz gibi tatillerini Adana'da geçirdiler.
Mon frère met son chapeau ainsi que je met le mien.	Kardeşim ben kendiminkini nasıl giydimse o da şapkasını öyle giyiyor.
Elle chante ainsi que la chanteuse chante sur la scène.	O kız, bir şantöz sahnede nasıl şarkı söylüyorsa, öyle söylüyor.
Mon ami est riche tel que lui.	Arkadaşım onun gibi zengindir.
Les oiseaux mangent le pain tel que les poules.	Kuşlar ekmeği tavuklar gibi yiyorlar.
Les enfants lisent leur livre plutôt qu'ils parlent entre eux pendant les leçons.	Çocuklar ders sırasında aralarında konuşmaktansa kitaplarını okuyorlar.
Nous pensons à nous promener sur les trottoires plutôt que nous regardons la télévision.	Televizyona bakmaktansa kaldırımda gezinti yapmayı düşünüyoruz.
Nous irons à la mer plutôt que nous restions ici pendant l'été.	Yaz mevsimi sırasında burada kalmaktansa denize gireceğiz.
Je préfère travailler plutôt que je reste au café depuis le matin jusqu'au soir.	Sabahtan akşama kadar kahvede beklemektense çalışmayı tercih ederim.

Vous chantez plutôt que vous soyez tristes.	Üzüleceğinize şarkı söylüyorsunuz.
Elles jouent à la poupée dans le jardin plutôt qu'elles sautent la corde.	Kızlar ip atlayacakları yerde bahçede oyuncak bebekle oynuyorlar.
J'écoute la radio plutôt que je lise mon livre.	Ben kitabımı okuyacağıma radyo dinliyorum.

5. mastarlı cümlecikler

Voir (görmek), **entendre** (işitmek), **sentir** (hissetmek, algılamak), vb. gibi temel cümleciğin fiillerini oluşturan fiillerden sonra gelen mastar fiili içeren cümlecik, mastarlı cümleciktir. Cümle içindeki görevi ise **complément d'objet**'dir.

Örneğin:

Les enfants voient les oiseaux voler sur les fleurs.	Çocuklar kuşların çiçekler üzerinde uçtuklarını görüyorlar.

cümlesinde **les enfants voient** cümleciği temel cümlecik olup "çocuklar görüyorlar" anlamındadır. Cümleciğin fiili ise **voir** (görmek)'tir. Bu nedenle yan cümlecik olan **les oiseaux voler sur les fleurs** cümleciğinin fiili ise mastar olarak yer almaktadır. Nitekim bu özelliğinden ötürü adı mastarlı yan cümlecik olan bu cümleciğin örnek cümledeki görevi de complément d'objet direct'dir.

Bununla ilgili birçok örnek cümle aşağıda bulunmaktadır:

Il voit les rossignols chanter dans son nid.	O yuvasında şarkı söyleyen bülbülleri görüyor.
Tu ne vois pas venir les élèves à l'école.	Sen öğrencilerin okula geldiklerini görmüyorsun.
Vous voyez les hommes nager dans la mer.	Siz adamların denizde yüzdüklerini görüyorsunuz.
Les filles voient venir leurs mère chez elles.	Kızlar annelerinin onlara geldiklerini görüyorlar.
Mon fils voit ses amis jouer dans le jardin.	Oğlum arkadaşlarının bahçede oyun oynadığını görüyor.
Notre voisine voit mes parents aller à la ville.	Komşu kadın ebeveynlerimin şehre gittiklerini görüyor.

Le professeur voyait les élèves travailler beaucoup.	Öğretmen öğrencilerin çok çalıştıklarını görüyordu.
Le berger voyait ses animaux venir à la maison.	Çoban hayvanlarının eve geldiklerini görüyordu.
Pierre ne voyait pas ses amis aller au théâtre.	Pierre arkadaşlarının tiyatroya gittiklerini görmüyordu.
Mes frères voient les papillons voler parmis les arbres.	Kardeşlerim, kelebeklerin ağaçların arasında uçtuğunu görüyorlar.
Elle entend sa soeur parler avec son père.	O kız kardeşinin babasıyla konuştuğunu duyuyor.
Vous entendez les étudiants chanter dans la classe.	Siz öğrencilerin sınıfta şarkı söylediklerini duyuyorsunuz.
Les professeurs ont entendu la cloche sonner à huit heures et demie.	Öğretmenler zilin saat sekiz buçukta çaldığını duydular.
Les ouvriers avait entendu ses amis travailler dans cette usine.	İşçiler arkadaşlarının bu fabrikada çalıştıklarını duymuşlardı.
Nous avons entendu les bateaux partir pour la France, demain.	Biz gemilerin yarın Fransa'ya hareket edeceklerini duyduk.
Elles n'ont pas entendu les examens avoir lieu au mois de septembre.	Onlar sınavların eylül ayında yapılacağını duymamışlar.
Le concierge n'a pas entendu le boucher fermer la boucherie.	Kapıcı kasabın dükkânı kapattığını duymamış.
Nous avons senti les enfants pleurer avant de partir leur mères.	Anneleri hareket etmeden çocukların ağladıklarını hissettik.
Ils sentent les élèves finir leurs devoir avant de dormir.	Onlar çocukların uyumadan önce ödevlerini bitirdiklerini hissediyorlar.
La police avait senti le voleur se promener au bord de la rivière.	Polis hırsızın ırmağın kenarında gezindiğini hissetmişti.
Son père a senti son enfant perdre son ballon dans la maison.	Babası çocuğunun topu evin içinde kaybettiğini hissetmişti.

Je sens mon oncle avoir peur pendant le tempête.	Amcamın fırtına sırasında korktuğunu hissediyorum.
Ma soeur sentait ses amies venir chez nous aujourd'hui.	Kız kardeşim arkadaşlarının bugün bize geleceklerini hissediyordu.
Nous avons senti notre père acheter une voiture bleue.	Biz babamızın mavi bir araba satın aldığını hissetmiştik.

Mastarlı cümlecik, temel cümleciğin fiilinden sonra gelen bir **à** ya da **de** edatını izlerse işlevi **complément indirect** olur. Bununla ilgili örnek cümle şu şekildedir:

Notre camarade a décidé de lire son livre.	Arkadaşımız kitabını okumaya karar verdi.
Les hommes ont à marcher vers la campagne.	Adamlar kıra doğru yürümek zorundadırlar.

cümlelerinde gerek **à** gerek **de** edatlarından sonra gelen yan cümlecikleri oluşturan mastarların işlevi dolaylı tümleçtir. Bunlarla ilgili örnek cümleler aşağıda verilmiştir:

Les enfants ont peur de courir dans la forêt.	Çocuklar ormanda koşmaktan korkuyorlar.
Il accepte de montrer son livre.	O kitabını göstermeyi kabul ediyor.
Elle charge de lire son livre.	O kitabını okumakla yükümlüdür.
Nous n'avons pas achevé de faire notre devoir.	Ödevimizi yapmayı bitirmedik.
Les filles se sont abstenuées de se promener sans leurs parents.	Kızlar yanlarında ebeveynleri olmaksızın gezinmekten kaçındılar.
Le professeur n'a pas accusé l'élève de ne pas travailler sa leçon.	Öğretmen derse çalışmadığı için öğrenciyi suçlamadı.
Nous n'avons pas l'intention de visiter les parcs de cette ville.	Bu şehrin parklarını ziyaret etmek niyetinde değiliz.
Mon père s'apperçoit de perdre son journal.	Babam gazetesini kaybettiğinin farkındadır.
Ils ont besoin de travailler pour gagner leur vie.	Onların yaşamını kazanmak için çalışmaya gereksinimleri vardır.

Nous avons conseillé de finir son devoir, le soir.	Ödevini akşama bitirmesini öğütledik.
Les visiteurs se sont consentis de trouver une place libre.	Ziyaretçiler boş bir yer bulmakla yetindiler.
Les femmes craindent de passer sur le pont.	Kadınlar köprüyü geçmekten endişe ediyorlar.
Nous avons défendu de fumer.	Sigara içmeyi yasakladık.
Ils se sont chargés de protéger les petits.	Onlar küçükleri korumayı üzerlerine aldılar.
Les commerçants ont entrepris de vendre les noisettes en France.	Tüccarlar Fransa'ya fındık satmaya teşebbüs ettiler.
Il a cessé de regarder vers l'horizon.	O ufka doğru bakmayı bıraktı.
Je lui dis de venir ici.	Ona buraya gelmesini söylüyorum.
Il demande à son enfant de jouer devant la maison.	O, çocuğundan evin önünde oynamasını istiyor.
Il n'a pas écrit à sa soeur de ne pas aller à Istanbul.	O, kız kardeşine İstanbul'a gitmemesini yazmadı.
Les étudiants ont essayé de passer leurs vacances à la campagne.	Öğrenciler tatillerini kırda geçirmeyi denediler.
Il blâme les enfants de ne pas lire leur livre.	O, kitaplarını okumadıkları için çocukları ayıplıyor.
Les femmes se sont dépéchées d'acheter les robes pour leurs filles.	Kadınlar kızları için elbise satın almakta acele ettiler.
Les jeunes hommes se sont efforcés de monter sur le sommet de la montagne.	Genç adamlar dağın doruğuna çıkmak için çaba harcadılar.
Ils se sont étonnés de voir les hommes près de la voiture.	Arabanın yanında insanları görmekten şaşkına döndüler.
Ils ont dispensé les touristes de rester long temps devant le bureau.	Onlar uzun zaman turistleri büronun önünde beklemekten alıkoydular.

Les visiteurs se sont melés de chanter avec les paysans.	Ziyaretçiler köylülerle şarkı söylemeye katıldılar.
Ils viennent de trouver leur chat.	Onlar kedilerini buldular.
Le médecin a fini de soigner le malade.	Doktor hastayı iyileştirmeyi bitirdi.
Je me suis ennuyé de m'assoire ici depuis le matin.	Sabahtan beri burada oturmaktan canım sıkıldı.
Cette fille a merité d'avoir le prix. Elle avait evité de rire envers son frère.	Bu kız ödül almaya layık oldu. Erkek kardeşine karşı gülmekten kaçındı.
Ils se sont excusés de ne pas écouter la parole de leur mère.	Onlar annelerinin sözünü tutmadıkları için özür dilediler.
J'ai félicité mon père de réussir son éxamen.	Babamı sınavını başardığı için kutladım.
Il convient de rester ici. Il manque de tomber.	Onun burada kalması uygundur. Az kalsın düşüyordu.
La mère de ma camarade a negligé de parler avec lui.	Arkadaşımın annesi, onunla konuşmayı ihmal etti.
Nous nous sommes gardés de sortir dans la rue sous la pluie.	Yağmur altında sokağa çıkmaktan sakındık.
Le père a pardonné ses enfants de salir leurs pieds.	Baba çocuklarını ayaklarını kirlettikleri için affetti.
Les facteurs se sont hâtés de donner les lettres de cette vielle femme.	Postacılar bu yaşlı kadının mektuplarını vermek için acele ettiler.
Ils ont obligé les garçons de manger leurs repas.	Onlar, erkek çocukları yemek yemek zorunda bıraktılar.
Le directeur a permis mon ami de venir à trois heures aujourd'hui.	Müdür arkadaşıma bugün saat üçte gelmesi için izin verdi.
La fille a pris garde de salir ses chaussures.	Kız çocuğu ayakkabılarını kirletmekten kaçındı.
Les étrangers se sont pressés de partir pour hôtel.	Yabancılar otele hareket etmekte acele ettiler.

Elle n'a pas rêvé de construire un palais.	O kadın bir saray inşa etmeyi hayal etmedi.
Il avait prié son ami de chanter une chansonne française.	O arkadaşından bir Fransızca şarkı söylemesi için ricada bulunmuştu.
Les visiteurs plaignent de ne pas voir tous les monuments historiques.	Ziyaretçiler bütün tarihi eserleri görmemekten yakınıyorlar.
J'ai promis à ma soeur d'acheter une jupe pour elle.	Kız kardeşime kendisi için bir etek almayı söz verdim.
Ces hommes avaient tenté de passer sur la rivière.	Bu adamlar ırmağın üzerinden geçme girişiminde bulunmuşlardı.
Les actrices ont proposé de jouer leur rôles hier soir.	Kadın sanatçılar rollerini yarın akşam oynamalarını önerdiler.
Les malades ont remercié le médecin de venir chez eux.	Hastalar evlerine geldiği için doktora teşekkür ettiler.
Les ouvriers avaient taché de travailler jusqu'à minuit.	İşçiler gece yarısına kadar çalışmak için çaba gösterdiler.
Ils ont risqué de perdre leur chien.	Onlar köpeklerini kaybetme tehlikesini göze aldılar.
La fille a recommandé ses frères de jouer dans le jardin.	Kız, erkek kardeşlerine bahçede oynamalarını tavsiye etti.
Les hommes ont refusé d'aller au restaurant.	Adamlar lokantaya gitmeyi reddettiler.
Nous avons repenti de rester ici jusqu'à la minuit.	Biz gece yarısına kadar burada beklemekten pişman olduk.
Nous avons regretté de voir nos amis dans ce lieu.	Dostlarımızı bu yerde görmekten üzüldük.
Nous sommes obligé de sortir à trois heures.	Saat üçte çıkmak zorundayız.
Mes professeurs ont persuadé notre camarade de dessiner une maison.	Öğretmenler arkadaşımızı bir ev resmi yapması için ikna ettiler.
Elles ont jugé de connaître cette ville.	Onlar bu şehri tanıdıkları kanısına vardılar.

Elles se sont empressées de boire de l'eau.	O kızlar suyu içmekte acele davrandılar.

Temel cümleciğin fiilinden sonra gelen bir **à** edatını izleyen mastar fiili kapsayan yan cümleciklere değin örnek cümleler aşağıda bulunmaktadır. Bu cümlelerde mastarların bulunduğu yan cümleciğin cümle içindeki işlevi dolaylı tümleçtir.

J'arrive à attendre sur le sommet de la montagne.	Dağın doruğuna ulaşmayı başarıyorum.
Les paysans ont aidé les touristes à camper près du village.	Köylüler, turistlerin köyün yanına kamp kurmalarına yardım ettiler.
Ils ont de la peine à porter la valise de leur père.	Onlar babalarının valizini taşımakta zorluk çektiler.
Ils ont commencé à parler une langue etrangère.	Onlar bir yabancı dil konuşmaya başladılar.
Les visiteurs ont consenti à habiter dans cet hôtel.	Ziyaretçiler bu otelde ikamet etmeye razı oldular.
Les habitants de cette ville se sont decidés à construire une école près du musée.	Bu şehrin insanları müzenin yanına bir okul yapmaya karar verdiler.
Cette fille est decidée à parler français.	Bu kız Fransızca konuşmaya kararlıdır.
Vous avez obligé les enfants à quitter la maison à deux heures.	Siz saat ikide çocukları evi terk etmek zorunda bıraktınız.
Cet homme persiste à travailler sous la condition mauvaise.	Bu adam kötü koşullar altında çalışmaya dayanıyor.
Ils prennent plaisir à manger le repas au bord de la mer.	Onlar deniz kenarında yemek yemekten zevk alıyorlar.
Les professeur tiennent à raconter la leçon avant les élèves.	Öğretmenler dersi öğrencilerden önce anlatmaya önem veriyorlar.
Ma petite soeur veillent à jouer ses amis devant la maison.	Küçük kız kardeşim evin önünde arkadaşlarının oynamalarına gözkulak oluyor.

Les hommes perdent leur temps à jouer aux cartes au café.	İnsanlar kahvede kağıt oynayarak vakit kaybediyorlar.
Ma fille se plait à se promener avec moi.	Kızım benimle gezmekten hoşlanıyor.
Nous nous accoutumons à rester ici.	Burada kalmaya alışıyoruz.
Les oiseaux continuent à voler dans le ciel.	Kuşlar gökyüzünde uçmaya devam ediyorlar.
La vache s'obstine à ne pas manger les herbes.	İnek otları yememekte inat ediyor.
Les enfants s'amusent à écouter la musique.	Çocuklar müzik dinleyerek eğleniyorlar.
Nous ne nous sommes pas encore habitués à connaitre cette ville.	Henüz bu şehri tanımaya alışamadık.
Elle avait renoncé à aller au cinéma.	O kız sinemaya gitmekten vazgeçmişti.
Il a apris à parler anglais.	O, İngilizce konuşmayı öğrendi.
Les ouvriers travaillent à construire ce pont.	İşçiler bu köprüyü kurmaya gayret ediyorlar.
Mes parents s'attendent à passer nos vacances à Antalya.	Ebeveynlerimiz bizim tatillerimizi Antalya'da geçireceğimizi umuyorlar.
Elle a à faire la cuisine avant le diner.	O akşam yemeğinden önce mutfak işlerini yapmak zorundadır.
Ma grand mère s'est bornée à aimer leur petites filles.	Büyük annem küçük torunlarını sevmekle yetinmektedir.
L'avion s'est préparé à partir pour Paris.	Uçak Paris'e hareket etmek için hazırlandı.
Le cordonnier a cherché à reparer les chaussures de mon ami.	Ayakkabıcı arkadaşımın ayakkabılarını tamir etmeye gayret etti.
Il se consacre à travailler pour ses enfants.	O kendini çocukları için çalışmaya vakfediyor.

Cet outile sert à couper les arbres.	Bu alet ağaçları kesmeye yarar.
Nous sommes tenus à nous assoire près de l'arbre.	Ağacın yanında oturmak zorundayız.
Le pilote avait hesité à partir sous cette pluie.	Pilot bu yağmur altında hareket etmeye tereddüt etmişti.
Les voyageurs se sont disposés à monter sur le bateau.	Yolcular gemiye çıkmaya hazırdırlar.
Ils ont excité le garçon à courir vers le jardin.	Onlar çocuğu bahçeye doğru koşması için tahrik ettiler.
Nous nous sommes mis à travailler a trois heures après le midi.	Öğleden sonra saat üçte çalışmaya başladık.
Elles ont invité leur père à se promener avec elles.	Onlar kendileriyle gezmek için babalarını davet ettiler.
Le train a tardé à venir le matin.	Tren sabahleyin gelmek için gecikti.

Mastarlı cümleciklerin fiilinden (mastar) önce ve temel cümlecikten sonra, genellikle bir amaç belirten cümleciklerde **pour** edatı gelir. Örneğin:

Elle travaille pour gagner la vie de son enfant.	O çocuğunun hayatını kazanmak için çalışıyor.

cümlesinde temel cümleciğin fiili olan **travailler**den sonra **pour** edatı ve mastar halinde yan cümleciğin fiili **gagner** gelmiştir. Bununla ilgili diğer örnekler şunlardır:

Nous sommes venus ici pour voir nos anciens amis.	Biz buraya eski arkadaşlarımızı görmek için geldik.
Je ne suis pas parti pour y passer deux semaines.	Ben oraya iki hafta geçirmek için hareket etmedim.
Elle avait travaillé pour gagner les concoures.	O yarışı kazanmak için çalışmıştı.
Vous êtes allés au bord de la mer pour nager avec votre camarades.	Siz deniz kenarına arkadaşlarınızla yüzmek için gittiniz.
Nous ne sommes pas venus ici pour nager parce que la mer est très sale.	Biz buraya yüzmek için gelmedik çünkü deniz çok kirlidir.

Nous irons à notre ville pour voir nos parents.	Ebeveynlerimizi görmek için bizim şehrimize gideceğiz.
Je suis resté aujourd'hui à la maison pour écouter la musique.	Müzik dinlemek için bugün evde kaldım.

Bazı yan cümleciklerin mastarlarından önce **pour** edatı geldiğinde bu yan cümlecikler bir neden anlamını da dile getirebilirler. Bu durumda yan cümleciğin işlevi yine dolaylı tümleç olur. Örneğin:

L'enfant est puni pour n'être pas allé à l'école.	Çocuk okula gitmediği için cezalandırıldı.

cümlesinde yan cümleciğin fiilini oluşturan **etre allé**'den önce **pour** gelen cümlecikte bir neden anlamı vardır.

Bununla ilgili birkaç örnek cümle aşağıda bulunmaktadır.

Il ne revient pas ici pour n'avoir pas fait son devoir.	O ödevini yapmadığı için buraya dönmüyor.
Les chats ne montent pas sur le toit pour n'avoir pas vu l'oiseau sur le toit.	Kediler üzerinde kuş görmediği için çatıya çıkmıyorlar.
Il va au cinéma pour n'avoir pas voulu regarder la télévision.	O televizyona bakmamak için sinemaya gidiyor.
Mon père lira aujourd'hui son livre pour n'avoir pas acheté le journal.	Babam bugün gazete almadığı için kitabını okuyacak.
Nos voisins resteront chez eux pour n'être pas sortis.	Komşularımız dışarı çıkmadıkları için evlerinde kalacaklar.
Ma soeur achetera une robe pour n'avoir pas acheté une jupe.	Kız kardeşim etek satın almadığı için bir elbise satın alacak.

6. ortaç yan cümlecikleri

Bu cümlecikler bir cümlede zaman, neden ve herhangi bir ödünü dile getirmektedir.

La leçon commencée les professeurs sont entrés dans la classe.	Ders başlamış, öğretmenler sınıfa girmişler.

Cümlesinde **"la leçon commencée"** cümleciği "ders başlamış" anlamında olup zaman kavramını içeren bir yan cümleciktir. Bunun gibi zaman kavramını içeren diğer örnek cümleler ise aşağıda bulunmaktadır:

Le film fini les spectateurs sont sortis du cinéma.
Film bitmiş seyirciler sinemadan çıkmışlar.

Le soir venu les oiseaux ont volé à leurs nids.
Akşam gelmiş kuşlar yuvalarına uçmuşlar.

Le devoir achevé l'élève joue avec ses amis.
Ödev bitmiş öğrenci arkadaşlarıyla oynuyor.

La vacance passé les hommes reviennent chez eux.
Tatil geçmiş insanlar evlerine dönüyorlar.

Le temps passé il ne souvient pas le récit de ce voyage.
Zaman geçmiş o bu yolculuğun öyküsünü hatırlamıyor.

Le vent passé la pluie tombe. Le printemps venu les arbres sont verts.
Rüzgâr geçmiş yağmur yağıyor. İlkbahar gelmiş ağaçlar yeşildirler.

La saison d'été commencée les touristes viennent à notre pays.
Yaz mevsimi başlamış turistler ülkemize geliyorlar.

Mon ami resté à Istanbul depuis deux semaines, sa soeur est venue aujourd'hui.
Arkadaşım iki haftadan beri İstanbul'da kalmış, kız kardeşi bugün gelmiş.

Les travaux finis les voitures ont commencé à passer sur le pont.
Çalışmalar bitmiş arabalar köprünün üzerinden geçmeye başlamışlar.

La chanson commencée, les spectateurs sont venus pour écouter la chanteuse.
Şarkı başlamış, seyirciler sanatçıyı dinlemek için gelmişler.

Ortaç yan cümleciği neden belirttiği zaman aşağıdaki örnek cümlede görüldüğü gibi bir cümle oluşturur:

Nos amis étant venus, nous avons fait une visite chez notre professeur.
Arkadaşlarımızın gelmesi nedeniyle öğretmenimize bir ziyarette bulunduk.

cümlesinde **"nos amis étant venus"** yan cümlesi bir nedeni, gerekçeyi belirtmektedir. Bununla ilgili diğer örnek cümleler aşağıda bulunmaktadır.

La fille de mon ami étant partie pour sa tante, ils sont allés aussi chez elle.	Arkadaşımın kızı halasına hareket ettiği için onlar da oraya gittiler.
Les élèves étant étés en retard le professeur n'est pas encore entré en classe.	Öğrenciler geç kaldıkları için öğretmen henüz derse girmedi.
Mon père ayant été malade il n'est pas venu à l'usine.	Babam hasta olduğu için bugün fabrikaya gelmedi.
Les touristes ayant aimé bien cette ville ils sont restés long temps à notre ville.	Turistler bu şehri çok sevdiklerinden şehrimizde uzun süre kaldılar.
Cette femme ayant eu mal au gorge elle n'a pas bu l'eau froide.	Bu kadın boğazından rahatsız olduğu için soğuk su içmedi.
Le médecin étant allé à l'hôpital il n'a pas pu voir son père à la gare.	Doktor hastaneye gittiği için garda babasını göremedi.
Cette chanteuse ayant chanté cette chanson elle n'a pas écouté son ami.	O şarkıcı kadın bu şarkıyı söylediği için arkadaşını dinlemedi.
Les animaux ayant mangé les herbes de la montagne ils ont donné assez du lait.	Hayvanlar dağların otlarını yedikleri için yeteri kadar süt verdiler.

ALIŞTIRMALAR – 43

A. Fransızcada yapısal olarak cümlecikler kaça ayrılır? Her biri için beş örnek veriniz.

1. ....
2. ....
3. ....
4. ....
5. ....

B. İçinde yalın özne (**Sujet simple**) bulunan beş örnek cümle yazınız.

1. ....
2. ....
3. ....
4. ....
5. ....

C. İçinde Karmaşık özne (**Sujet complex**) bulunan beş örnek cümle yazınız.

1. ....
2. ....
3. ....
4. ....
5. ....

D. İçinde tümleçsiz özne (**Sujet incomplex**) bulunan beş örnek cümle yazınız.

1. ....
2. ....
3. ....
4. ....
5. ....

E. İçinde bileşik özne (**sujet composé**) bulunan beş örnek cümle yazınız.

1. ....
2. ....
3. ....
4. ....
5. ....

F. Bağımsız cümleciklere (**proposition indépendant**) ait beş örnek cümle yazınız.

1. ....
2. ....
3. ....
4. ....
5. ....

G. İçinde Temel cümlecik (**proposition principale**) bulunan beş örnek cümle yazınız.

1. ....
2. ....
3. ....
4. ....
5. ....

H. İçinde yan cümlecik (**proposition subordonée**) bulunan beş örnek cümle yazınız.

1. ....
2. ....
3. ....
4. ....
5. ....

I. Yan cümleciklerin (**propositions subordonnées**) çeşitlerini belirterek her biri için ikişer örnek cümle yazınız.

1. ....
2. ....
3. ....
4. ....
5. ....

J. Aşağıdaki iki cümlenin yapısal ve işlevsel açıdan dilbilgisel çözümlemesini yapınız.

1. Il lit son livre. 1. ....
2. Nous écoutons les visiteurs étrangers. 2. ....

K. Aşağıda yer (**lieu**) belirten dört Fransızca cümleyi Türkçeye çeviriniz.

1. Nous allons au théâtre. 1. ....
2. Vous n'êtes pas à İstanbul. 2. ....
3. Les étudiants viennent d'Espagne. 3. ....
4. L'enfant dort bien dans son lit. 4. ....

L. Aşağıdaki zaman (**temps**) belirten beş cümleyi Fransızca'ya çeviriniz.

1. Kışın kuşlar çok üşürler. 1. ....
2. Sonbaharda yapraklar sararırlar. 2. ....
3. İlkbaharda tüm tabiat yeşil olur. 3. ....
4. Leylekler kış mevsiminden sonra gelirler. 4. ....
5. O (kızlar) okuldan saat üçte çıktılar. 5. ....

M. Aşağıda araç (**moyen**) belirten beş cümleyi Türkçeye çeviriniz.

1. Tu regardes avec tes lunettes. 1. ....
2. Les oiseaux volent avec ses ailes. 2. ....
3. Ils sont venus avec le train 3. ....
4. Cette montre marche à pile. 4. ....
5. Cette voiture ne marche pas à l'essance. 5. ....

N. Aşağıda durum (**manière**) belirten beş cümleyi Fransızca'ya çeviriniz.

1. Bu işi zevkle yapıyorsunuz. 1. ....

2. İşçiler sevinçle çalışıyorlar.

3. İnsanlar sevgisiz yaşayamazlar.

4. Anne çocuğunu sevecenlikle okşuyor.

5. Irmak köprünün altında sessizce akıyordu.

2. ....
3. ....
4. ....
5. ....

O. Aşağıda neden (**cause**) belirten beş cümleyi Türkçeye çeviriniz.

1. Je suis très heureux de vous voir.
2. Comme il est fatigué il ne peut pas aller aujourd'hui.
3. Elles ont mis leurs tricots de laine pour ne pas avoir froid.
4. Ils ne peuvent pas aller au dehors à cause de la neige.
5. La bouteille est fermée pour que la poussière n'y entre pas.

1. ....
2. ....
3. ....
4. ....
5. ....

P. Aşağıda aitlik (**attribution**) belirten beş cümleyi Fransızca'ya çeviriniz.

1. Filiz'e bir hediye vermedik.
2. O bana bir kitap sunmadı.
3. Kızı için bir araba satın aldı.
4. Odaya ağır bir masa getirin.
5. Kediye süt vermek gerekir.

1. ....
2. ....
3. ....
4. ....
5. ....

R. Aşağıda amaç (**but**) belirten beş cümleyi Türkçeye çeviriniz.

1. Les jeunes ont lancé les disques pour gagner la course.
2. Ils sont venus au village pour congé.
3. Nous nous sommes levés pour aller à la gare.
4. Il a fermé la porte du bureau pour aller au magasin.
5. Les animaux viennent au bord de la rivière pour boire de l'eau.

1. ....
2. ....
3. ....
4. ....
5. ....

S. Aşağıdaki kıyaslama (**comparaison**) belirten beş cümleyi Fransızca'ya çeviriniz.

1. Bir makine gibi çalışamazsınız.
2. Ay güneş gibi parlıyor.
3. Ahmet Meral kadar gençtir.
4. Ankara İstanbul kadar güzeldir.
5. Deniz gökyüzü kadar mavidir.

1. ....
2. ....
3. ....
4. ....
5. ....

T. Aşağıdaki birliktelik (**accompagnement**) belirten beş cümleyi Türkçeye çeviriniz.

1. **Cet homme habite ici avec sa femme.**
2. **Le bateau est entré au port avec les canots.**
3. **Le chien est dans le jardin avec le chat.**
4. **Nous sommes partis pour Antalya avec nos parents.**
5. **Tu as bu de l'eau pour ne pas avoir soif.**

1. ....
2. ....
3. ....
4. ....
5. ....

U. Aşağıdaki yoksunluk (**privation**) belirten beş cümleyi Fransızca'ya çeviriniz.

1. Şarapsız yemek yemiyor.
2. Şapkasız dışarı çıktı.
3. Yağmur yağıyor şemsiyesiz yürüyor.
4. Biletsiz girilemez.
5. Gözlüklerim olmadan okuyamam.

1. ....
2. ....
3. ....
4. ....
5. ....

FRANSIZCA'DAN TÜRKÇEYE ÇEVİRİ

Bundan önceki konuda cümlelerin mantıksal çözümlemesini sunmuştuk. Gerek bu konuda gerek daha önceki konularda anlatılan dilbilgisi kurallarının ışığı altında, Fransızca'dan Türkçeye çevirinin nasıl yapılacağı üzerinde temel bilgilerin burada verilmesi uygun görülmüştür.

Nitekim bu kitabın yazarı bütün öğretmenlik yaşamı süresince öğrencilerinden gerek bilinçli olarak gerek farkında olmayarak hep Fransızca'dan Türkçeye çevirinin nasıl yapılacağı sorusuyla karşılaşmıştır. Bütün dillerde olduğu gibi dili anlamak, meramını anlatmak ayrı şey, çeviri yapmak ayrı şeydir. Her yabancı dili öğrenen bir kişi mutlaka o dilden anadiline çeviri yapmak zorunda değildir. Fakat konuştuğu kişiyi anlamak ve ona kendi meramını anlatmak zorundadır.

Oysa, öğrenilen yabancı dilden anadile çeviri ise tamamen ayrı bir iştir. Çünkü edebi bir parçayı, örneğin bir tiyatro eserini çevirirken, tiyatro konusunda çevirmenin yetkin olması gerekir. Yabancı dilden bir şiiri anadile çeviren kişinin de yine şair; bir roman, hikâye vb. gibi edebi türleri çevirenlerin ise yazarlık konusunda oldukça deneyimleri olması gerekmektedir.

Burada anlatmak istediğimiz bu düzeyde çevirinin nasıl yapılacağı değildir. Ancak herhangi bir Fransızca metnin Türkçeye çevrilirken nelere dlkkat edilmesi gerektiğini vurgulamak, bunun için uygun gramer (dilbilgisi) kurallarının neler olduğunu belirtmek yeterli olacaktır.

Fransızca'dan Türkçeye çeviri yaparken uyulması gereken noktalar şunlardır:

Önce cümle içindeki temel cümlecikleri **(propositions principales)**, yan cümlecikleri **(propositions subordonnées)** tespit etmek.

Sonra bu cümleleri birbirine bağlayan bağlaç ya da edatları, varsa bağ sözcüklerini tespit etmek ve bunların anlamlarını bellemek.

Cümlenin fiillerinin tespit edildikten sonra zamanlarını bilmek öznelerini tespit etmek.

Cümle içindeki deyimleri varsa anlamlarını bulmak ilk yapılması gerekenlerdir.

Bütün bunları yaparken Fransızca cümlelerin dizilişini hatırlamak gerekir. Fransızcada cümle şu şekilde dizilmektedir:

- **sujet** (özne)
- **verbe** (fiil)
- **complément** (tümleç)

Daha önceki konularımızda bu kavramların dilbilgisi açısından geniş olarak açıklamaları yapıldığı için burada aynı şeyler üzerinde durulmayacaktır.

Ancak **complément** (tümleç) kavramının bütün tümleçleri kapsadığını ayrıca belirtmek gerekir.

Bu diziliş sırasına göre aşağıdaki örnek cümleler gözden geçirildiğinde şu durum ortaya çıkmaktadır.

Le professeur de ma soeur ira à Istanbul. Kız kardeşimin öğretmeni İstanbul'a gidecek.

cümlesinde önce özneyi bulalım.

İstanbul'a gidecek olan kim?:   kız kardeşimin öğretmeni.

Cümlenin fiili nedir?   :   **aller** (gitmek).

Zamanı nedir?   :   gelecek zaman.

Tümleci nedir?   :   **à Istanbul** (İstanbul'a).

Cümlede bu öğeleri bulduktan sonra aynı öğelerin Türkçedeki karşılıklarını Türkçe cümlenin diziliş sırasına göre yazılması gerekecektir. Bunun için şu işlem yapılır:

Türkçede özne genelde başlangıçta olacağından; önce özneyi sonra tümleci, daha sonra da fiili koyduğumuzda yukarıdaki Fransızca cümlenin Türkçe karşılığı yazılmış olacaktır.

özne : Kız kardeşimin öğretmeni

tümleç : İstanbul'a

fiil : Gidecek.

Bu öğeler yan yana geldiğinde aşağıdaki gibi Türkçe cümle ortaya çıkacaktır.

Kız kardeşimin öğretmeni İstanbul'a gidecek.

Fransızca cümlede tümleçler herhangi bir isim oldukları zaman fiilden sonra, ancak zamir oldukları zaman fiilden önce gelebilirler. Bununla ilgili örnek cümle aşağıda belirtilmiştir.

Je vois la fleur. Çiçeği görüyorum.

cümlesinde:

sujet : je
verbe : voir
complément : la fleur

Burada "çiçek" sözcüğü yerine zamir kullandığımız zaman cümlemiz şu durumu alacaktır.

Je la vois. Ben onu görüyorum.

Bu cümlede ise:

sujet : je
verbe : voir
complément : la

İkinci cümlede tümleç olan **la** görüldüğü gibi özneden sonra yer almıştır.

Bunlarla ilgili birkaç örnek cümle verildiğinde şu yapıdaki cümleler oluşacaktır:

Tu fermes la porte. Sen kapıyı kapatıyorsun.

sujet : tu
verbe : fermer
complement : la porte

Aynı cümleyi tümlecin yerine yine tümleç olan zamir koyarak yazıldığında:

Tu la fermes. Sen onu kapatıyorsun.

İleriki sayfalarda önce Fransızca metinler, sonra bu metinlerin Türkçe çevirileri verilerek birkaç örnek sunulmuştur. Yukarıda anlatılan çeviri kurallarını apaçık belirtmek amacıyla metinde geçen cümleler kısa, kolay ve kurallı cümlelerden seçilmiştir.

LA PETITE PAYSANNE

"Il était une fois une ville au bord d'une mer qui se trouve dans un pays loin. Au milieu de la ville on voyait un marché grand. Tous les jours les paysans venaient au marché pour acheter leurs provisions. Ils vendaient du lait, légumes et des oeufs.

Un jour la petite Dominique, petite paysanne avait voulu vendre les oeufs, au marché. Le matin, à six heures elle avait quitté sa maison avec son panier de provision. Elle avait vendu ses oeufs lors qu'elle fut venue au marché. La petite Dominique était très heureuse. Elle a decidé d'acheter du sucre, du sel et du savon pour laver le linge.

La petite paysanne Dominique retourne à son village le soir à cinq heures. Elle vivait avec sa vieille grand-mère. Elles ont diné, puis elles se sont couchées à neuf heures. Car elles doivent travailler demain sur leur champ. Elles aimaient beaucoup labourer le champ..."

KÜÇÜK KÖYLÜ KIZI

"Bir zamanlar uzak bir ülkede deniz kenarında bulunan bir şehir vardı. Şehrin ortasında büyük bir pazar vardı. Her gün köylüler erzaklarını satın almak için pazara gelirlerdi. Süt, sebze ve yumurtalar satarlardı.

Bir gün küçük Dominique, küçük köylü kızı pazarda yumurta satmak istemiş. Sabahleyin saat altıda erzak çantasıyla evini terk etmiş. Pazara geldiği zaman yumurtalarını satmıştı. Küçük Dominique çok mutluydu. Şeker, tuz ve çamaşır yıkamak için sabun satın almaya karar vermişti.

Küçük köylü kızı Dominique akşamleyin saat beşte köyüne döner. O, yaşlı anneannesiyle yaşıyordu. Akşam yemeğini yediler, daha sonra saat dokuzda yattılar. Zira yarın tarlalarında çalışmak zorundaydılar. Tarlalarını sürmeyi çok seviyorlardı..."

MON VILLAGE

En été, nous passons la vacances à notre village, prés de notre parent qui avait une maison large. Cette maison est au milieu d'un jardin vert. Dans le jardin se trouvent les pommiers, les cerisiers et les noisetiers. Il est possible de rencontrer ici tout le ton de couleur vert. Ce village n'est pas très loin de la mer. Car les villages de cette région commencent du bord de la mer, se terminent à peu près, après dix kilomètres àà l'intérieur. Les maisons du village sont répandues sur toute colline. Parfois une maison seule sur une colline haute, parfois deux, trois ou quatre maisons sur une autre colline. C'est une belle vue intéressante que nous ne pourrons pas voir dans une autre régions du monde.

Au milieu du village il y a une roche granite, elle a, à peu près sept mètres d'épaisseur. Tous les enfants qui ont leurs maisons auprès de cette roche jouent tout prés d'elle. Moi aussi, à mon enfance j'ai passé mes jours à mon village. J'ai joué souvent avec mes amis dans les environs de cette roche. Là-haut, il est possible aussi voir tous les villages de notre petite ville.

Notre petite ville? Elle est située au bord de la mer. Elle est moderne. Elle a quinze mille habitants. Elle nous offre une vue véritablement originale avec ses quartiers qui sont restés parmis les arbres et les fleurs multicolores.

Quelle est cette ville ou cette région? C'est la région de la Mer-Noire. La petite ville? Cela ne fait aucune différence, c'ést l'une de petite ville semblable à l'une à l'autre de cette région.

KÖYÜM

Yazın tatilimizi köyde, geniş bir evi olan ebeveynimizin yanında geçiririz. Bu ev yeşil bahçelerin ortasındadır. Bahçede elma, kiraz ve fındık ağaçları bulunur. Burada yeşilin her tonuna rastlamak mümkündür. Bu köy denize çok uzak değildir. Zira bu bölgenin köyleri deniz kenarından başlar ve kıyıdan hemen hemen on kilometre içerde biter. Köyün evleri her tepenin üzerine yayılmışlardır. Bazen yüksek bir tepenin üzerinde tek bir ev, bazen başka bir tepenin üzerinde ise iki, üç ya da dört ev. Bu dünyanın diğer bölgelerinde göremeyeceğimiz ilginç bir güzel görünümdür.

Köyün ortasında hemen hemen yedi metre genişliğe sahip granit bir kaya vardır. Bu kayaya evleri yakın olan tüm çocuklar onun çevresinde oynarlar. Ben de çocukluğumda günlerimi köyümde geçirdim. Bu kayanın önlerinde arkadaşlarımla çok oynadım. Oradan kasabamızın bütün köylerini görmek mümkündür.

Kasabamız mı? Deniz kenarında kurulmuştur. Moderndir. On beş bin nüfusu vardır. O, yeşil ağaçların ve rengârenk çiçeklerin arasında kalan mahalleleriyle bize gerçekten özgün bir görünüm sunar.

Bu hangi bölge ya da hangi kasabadır? Burası, Karadeniz Bölgesi'dir. Ya kasaba hangisidir? Ne fark eder, burası bölgenin hep birbirine benzeyen kasabalarından birisidir...

UN VOYAGE

"Mes amis pensent à prendre l'autobus pendant leurs voyages. Moi aussi j'aime prendre l'autobus. Car j'aime beaucoup la nature. Je regarde par ma fenêtre pendant le voyage les montagnes, villages, villes ou petites villes.

Un jour nous avons decidé de partir à Mersin. Le matin je me suis réveillé à six heures, je me suis lavé et nous avons fait notre petit déjeuner. Maman avait fait nos valises et nous sommes sortis de la maison à huit heures. J'ai vu les gens pressés lorsque je fus allé à la gare. Un homme portait sa valise à l'autobus. L'autre parle avec leur parents. Un groupe des gens se sont réunis à l'autre coin de la gare, ils attendent l'heure du départ de leur autobus. Et les porteurs couraient à droite et à gauche. Les gens qui sont dans le bureau ont fait la queue, achetaient leurs billets.

Enfin l'heure du départ de notre autobus est venue, il était dix heures. Nous sommes montés l'autobus. Il est parti. Nous sommes sortis de la ville, nous avons quitté la ville. J'étais très heureux de partir pour la campagne.

Je me suis trouvé face à la nature propre et verte quand nous eûmes quitté la ville. Car il n'y avait plus de cheminées d'usine et d'aire sale de la ville. Nous avons commencé à voir les gens qui travaillent sur les champs. Ils labourent la terre. Je me sentais très bien avec l'aire propre de la campagne. Dans les jardins, je voyais les animaux des paysans.

Nous avons aimé beaucoup les campagnes. Car nous avons vu de toute sorte de campagne jusqu'à Mersin. Et je me disait "que mon pays est joli, que la nature est belle, que les gens sont bons..."

BİR YOLCULUK

"Arkadaşlarım yolculukları sırasında otobüse binmeyi düşünürler. Ben de otobüsle yolculuk yapmayı severim. Nitekim ben doğayı çok severim. Yolculuğum sırasında penceremden dağlara, köylere, şehirlere ve kasabalara bakarım.

Bir gün biz Mersin'e gitmeye karar verdik. Sabahleyin saat altıda uyandım, elimi yüzümü yıkadım ve kahvaltımızı yaptık. Annem bavullarımızı yerleştirmiş ve saat sekizde evden çıkmıştık. Garaja vardığım zaman, acele eden insanları gördüm. Bir adam bavulunu arabaya taşıyor. Diğeri ebeveynleriyle konuşuyor. Bir başka grup insan garajın öteki köşesinde toplanmışlar, otobüslerinin hareket saatini bekliyorlar. Ve yük taşıyıcıları ise sağdan sola koşuyorlardı. Terminal içindeki insanlar kuyruk oluşturmuşlar biletlerini satın alıyorlardı.

Nihayet otobüsümüzün hareket saati gelmişti, saat ondu. Otobüse çıktık. O hareket etti. Şehirden çıktık, şehri terk ettik. Kırlara hareket etmekten çok mutluydum.

Şehri terk edince kendimi temiz ve yeşil doğayla karşı karşıya buldum. Zira artık fabrika bacası ve şehrin kirli havası yoktu. Tarlalarında çalışan insanları görmeye başladık. Onlar toprağı işliyorlardı. Kendimi temiz kır havasıyla çok iyi hissediyordum. Bahçelerde köylülerin hayvanlarını görüyordum.

Kırları biz çok sevdik. Zira Mersin'e kadar her çeşit kırları gördük. Ve "ülkem ne kadar güzel, doğa ne kadar güzel, insanlar ne kadar iyi" diyerek söyleniyordum.

Bu kitaptaki Fransızca metinler ve Türkçe çevirileri öğrenciler için kısa bir örnek oluşturmaktadır. Bunun dışındaki daha ileri bilgiler Fransızcanız daha üst düzeye çıktıkça ve dile hakimiyetiniz arttıkça oluşacaktır. Sizin için en yararlı şey okumaktır.

ALIŞTIRMALAR - 44

A. Aşağıdaki Fransızca metni okuduktan sonra altıdaki soruları yanıtlayınız.

> "Il était une fois une ville au bord d'une mer qui se trouve dans un pays loin. Au milieu de la ville on voyait un marché Grand. Tous les jours les paysans venaient au marché pour acheter leurs provisions. Ils vendaient du lait, légumes et des oeufs.
>
> Un jour la petite Dominique, petite paysanne avait voulu vendre les oeufs au marché. Le matin á six heures elle avait quitté sa maison avec son panier de provision. Elle avait vendu ses oeufs lors qu'elle fut venue au marché. La petite Domietait très heureuse. Elle a décidé d'acheter du sucre, du sel et du savon pour laver le linge.
>
> La petite paysanne Dominique retourne á son village le soire á cinq heures. Elle vivait avec sa vieille grand-mère. Elles ont diné, puis elles se sont couchées á neuf heures. Car elles doivent travailler demain sur leur champ. Elles aimaient beaucoup labourer le champ."
>
> " Aydın Karaahmetoğlu 1987"

Qu'est-ce qu'on voyait au milieu de la ville?

Qui venaient – ils au marché?

Pourquoi est-ce qu'ils y venaient?

Qui est Dominique?

Pourquoi est-elle venue au marché?

Quand est-elle sortie de sa maison?

Que voulait-elle acheter?

A quelle heures Dominique est-elle venue chez-elle?

Avec qui vivait Dominique?

A quelles heures se sont-elles couchées?

ALIŞTIRMA CEVAPLARI

ALIŞTIRMALAR - 1

A. La cage
   Le commerce
   La cuisine
   La colère

B. Céder
   La ceinture
   Le citron
   Le centre

C. La gorge
   Guider
   La galarie
   La goutte

D. Geler
   Le genoux
   La girofle
   Le genou

E. (J)
   (F) la misère
   (F) la lèvre
   (F) le rêve
   (J)
   (J)

ALIŞTIRMALAR - 2

A. Le
   La
   La
   Les
   L'
   L'

B. À la
   Au
   Au
   Au
   À l'
   Aux

C. Une
   Un
   Une
   Des
   Des

D. Du
   De la
   Des
   De

ALIŞTIRMALAR - 3

A. Le
   Le
   La
   Le
   La
   La
   La
   Le

B. Une française
   Une marchande
   La figurante
   La flamande
   La lionne
   La paysanne
   La chatte
   Une infirmière
   Une danseuse
   Une électrice

C. Les cahiers
   Des chiens
   Les fleurs
   Les bateaux
   Des feux
   Les journaux
   Les festivals

   Des chevaux
   Des beaux - frères
   Les roses
   Les coraux
   Les travaux
   Des ventaux
   Les temps

   Les nez
   Les yeux
   Des choux – fleurs
   Des timbres - poste
   Les bijoux
   Les coraux

D. (J)
   (F) les arbres
   (J)

   (F) les vitraux
   (J)
   (F) les yeux

577

(J)
(F) les pneus
(F) les chevaux
(J)
(J)

(J)
(J)
(F) les sous-directeurs
(F) des gardes-magasin

ALIŞTIRMALAR - 4

A. Öğrencinin çantası
Doktorun çantası
Büronun kapısı
Filiz'in arabası
Babamın ve annemin evi
Öğretmenin gömleği
Paul'ün gömlekleri
Kapının anahtarı
Mireille'in babası
Annemin entarisi

B. Le fer de la fenêtre
Les branches de l'arbre.
La tour de la ville
Les murs des jardins
Le cheval de Monsieur Georges.
Un vase d'une fleur
Le nid des oiseaux
Les îles d'İstanbul
La capital de la Turquie
Le conseil de mon père

C. Demirden bir kapı
Kumaştan bir pantolon
Tahtadan bir ev
Taştan bir duvar
Porselen bir fincan

ALIŞTIRMALAR - 5

A. Long
Aigre
Mauvais
Long
Chaud
Laid
Épais
Ancien
Riche
Blanc
Lourd
Sale

B. Un homme gentil
Une belle fille
Une chemise bleue et blanche
Un ouvrier laborieux
Un roman intéressant
Ces longs arbres
Une nuit froide
Une actrice française
Un élève intelligent
Les chapeaux noirs

C. Petite   Pécheresse   Sèche   Heureuse
   Parisienne   Etrangère   Violette   Longue
   Grande   Protectrice   Blanche   Joyeuse
   Trompeuse   Fière   Coquette   Belle
   Rouge   Antérieure   Franche   Jalouse
   Menteuse   Turque   Complète   Itallienne
   Française   Basse   Mortelle   Rousse
   Enchanteresse Grecque   Discrète
   Jeune   Fluette   Nationale

D. (J)
(J)
(F) Les lieux natals
(F) Des livres bleus
(J)

(F) Les beaux et belles pommes
(J)
(F) Le ciel et la mer sont bleus
(F) La porte et le mur sont blancs
(J)

ALIŞTIRMALAR - 6

A. Pierre est aussi jeun que Paul.

Paul est aussi fort que Pierre.
La maison est aussi haute que l'arbre.
Le jardin n'est pas aussi grand que la maison.
Le livre est aussi épais que le cahier.

B. Alponse est aussi intelligent qu'Albert.
Sibel est aussi laborieuse que Nilgün.
Le lion est aussi fort qu'éléfant
Le ciel est-il aussi bleu que la mer?

C. Cette voiture est plus chère que la voiture de Colette.
Paris est plus grande que la Londre
Filiz est plus joyeuse que Nilgün.
Mon père est plus vieux que ma mère.
Votre maison est plus neuve que la maison de mon oncle.

D. L'Océan est plus large que la mer.
La colline n'est pas plus haute que la montagne.
Sophie est plus jeune que Marie.
Le miel est plus doux que le sucre.
La Turquie est plus large que la France.

E. Le stylo est moins long que le crayon.
La cravatte est moins bleue que la chemise.
La mer est moins large que L'Océan.
Ma mère est moins vieille que ma tante.
Le chien est moins aimable que le chat.

F. La pomme est moins aigre que la prune.
La fenêtre est moins large que la porte.
Le ruisseau est moins long que la rivière.
Les élèves ne sont pas moins laborieux que vous.
La fille est-elle moins blonde que le garçon?

G. | Plus froid | Le plus froid | Moins froid | Aussi froid |
Plus triste	Le plus triste	Moins triste	Aussi triste
Plus content	Le plus content	Moins content	Aussi content
Plus riche	Le plus riche	Moins riche	Aussi riche
Plus court	Le plus court	Moins court	Aussi court
Plus difficile	Le plus difficile	Moins difficile	Aussi difficile

ALIŞTIRMALAR - 7

A. Mon bureau   Notre pere
Mon camarade   Vos cahiers
Mon ami   Ses voitures
Mon fils   Ton parent
Votre fille   Sa famille

B. (J)cette pomme   (J)
(J)   (F)Ce sac
(F) Ces enfants   (F)cette fille

C. Donnez-lui un <u>autre</u> livre.
<u>Aucun</u> bébé ne marche tout de suite.
Il n'y a pas d'<u>autre</u> moyen.
Vous ne parlerez avec <u>aucun</u>.

D. Certains élèves ne sont pas laborieux.
Chaque année il ne neige pas ici.

579

Chaque matin nous faisons le petit déjeuner dans le même restaurant.
Certains touristes restent dans cet hôtel.
Aucune personne ne l'accepte.
Aucune porte n'est fermée pour vous.
Chaque rose a les épines.
Aucune rose n'est sans épines.
Vous avez fait la connaissance avec d'un autre camarade.
Les élèves viennent aux corridor certains heures.

E. Aynı arabayla gideceksiniz.
Hala aynı ödevi yapıyorsunuz.
Her öğrenci dersine çalışır.
Bazı kadınlar oraya gitmeyecekler.
Caddede hiçbir araba görmüyorum.
Birçok ülke ihracatla kalkınırlar.
Gökyüzünde birkaç bulut görüyorum.
Sizi tam zamanında bekleyeceğim.
Dünyada herkes ölümlüdür.
Her çiçek dalında güzeldir.

ALIŞTIRMALAR - 8

A. Je   Lui
   Tu   Leur
   Ils   Vous
   Le   Moi
   Me   Les
   Vous

B. Yarın hava soğuk olacak.
   Saat üçe çeyrek var.
   Hava sıcak pencereyi açmak gerekir.
   Ödevleri bitirmek gerekir.

C. Vous <u>vous</u> promenez dans la fôret.
   Tu <u>te</u> laves le visage.
   Je <u>me</u> brosse les cheveux
   Nous <u>nous</u> peignons les cheveux.
   Tu <u>te</u> réveillez a neuf heures.
   Elles ne <u>se</u> mettent pas en colère.
   Ils <u>se</u> cachent derrière les arbres.
   Elle <u>s'</u>habille la robe.

D. Moi-même   Elle-même
   Toi-même   Vous mêmes
   Toi-même

E. Oui j'en veux.   Oui j'en ai besoin.
   Non il n'y en a pas.   Non je n'y prend pas.
   Oui il en prend.   Oui ils s'y bornent.
   Oui il en boit   Oui ils s'y coopérent.

ALIŞTIRMALAR - 9

A. Le tien est magnifique
   Le sien a douz ans.
   La sienne n'est pas lá.
   La notre n'est pas neuve.
   Le nôtre est venu aujourd'hui.

La vôtre est intelligente.
La tienne est sur la table.
Les tiennes sont dans le vase.
Le sien est parti pour la France.

B. Il a voulu danser avec qui?
Qui vient chez nous ce soir?
À qui est ce livre?
Avec qui vous travaillez la leçon?
De qui êtes-vous content?
Que veux-tu pour manger?
Que voyez-vous sur le toit?
À qoi pensez-vous?
De quoi avons-nous besoin?
Laquelle de ces filles s'appelle-t-elle Nilgün?

C. Il faut que l'on soit heureux.
On a parlé depuis le matin.
On va au cinéma aprés midi.
Le soir on s'est réuni ici.
Certains ne sont pas allés au bureau.
Certains n'ont pas vu le musé.
Nous voyons certains près de la fenêtre.

D. Ouvrez la porte qui est fermée.
Regardez cette fille qui marche.
Voici un cahier que je vois.
Je connais le frère de Mireille qui est le médecin.
Voici un journal que je lis depuis le matin.
C'est une pomme que tu aimeras beacoup.

E. Mireille'in avukat olan kardeşini tanıyorum.
Masanın üzerinde bulunan romanı okuyunuz.
Gördüğünüz masa ağır değildir.
Ona gelen adamı görüyorsunuz.
Buraya gelen birçok insanı tanıyorum.
Tanıdığınız insanlar Fransa'da yaşıyorlar.
Bize gelen kadın teyzemdir.
Fransa'nın sizin gördüğünüz şehri Lille'dir.

ALIŞTIRMALAR - 10

A. Je ne suis pas　　　　　　Tu n'as pas
Vous n'êtes pas　　　　　Il n'a pas
Ils n'ont pas　　　　　　Elle n'a pas
Elles n'ont pas　　　　　Nous n'avons pas

B. Ne vas-tu pas?　　　　　Ne puis-je pas?
N'allons–nous pas　　　　Ne peut-il pas?
Ne vont-ils pas?　　　　　Ne peuvent-elles pas?
Est-ce que je ne viens pas?　Ne dois-tu pas?
Ne venez-vous pas?　　　Ne devons-nous pas?
Ne viennent-elles pas　　Ne doivent-ils pas?

C. Je n'ai pas de maison au bord de la mer.
Ils ne sont pas vos hospitaliers.
Vous n'avez pas fini vos devoirs.
Elle n'est pas venue chez-elle ce matin.
Les étudiants ne vont pas à l'université.
Les fermiers ne doivent pas travailler.beaucoup.

Ils ne puvent venir chez-vous.
Tu ne viens pas de parler de lui.
Tu n'as pas besoin de voiture neuve.
Il n'est pas né à Istabbul.

D.
Venu	Né
Vendu	Lu
Connu	Vu
Peint	Pu
Cueilli	Conduit
Fait	Du
Ri	Rompu
Bu	Su
Mis	Cru
Plu	Voulu

ALIŞTIRMALAR - 11

A. Avez-vous la maison?
J'ai un frère et une soeur.
L'école a un jardin très vaste.
Je n'ai rien de cahier.
Ils n'ont point d'argent
Sophie a une robe violette et une jupe blanche.
J'avais une voiture rouge il y a trois année.
N'ai-je pas mon sac?
Ils ont un chat chez eux.
J'avais une petite boutique.

B. Saçları beyazlanmak.
Sıcaklamak.
Üşümek.
Boş konuşmak.
Yakın birisi hayatta olmak.
Yapmak zorunda kalmak.
Haklı olmak.
Birisinin hakkından gelmek.
Birine kızmak.
Haksız olmak.
Birisine kızmak.
Layık olmak.
Acıkmak.
Korkmak.
Gibi sahip olmak.
Haklı olmak.
Herhangi bir şeyi istemek, arzu etmek.
Şanslı olmak.
Bir yerinden rahatsız olmak, bir yeri ağrımak.
Şanssız olmak.

C. Paltomu giymiyorum, bu gün üşümüyorum.
Bay Gustave'ın iki arabası var, başka bir tane almak zorunda değil.
Bay Flaubert'in saçları beyaz, yaşlandı.
Bugün sıcakladım hava çok sıcak.
Boş konuşuyorsunuz onlar bizi dinlemiyorlar.
Üşüdüm, yün kazak giymek gerekir.
Haklısın, sınavdan önce ders çalışmam gerekir.
Haksızsın bu kitap bana aittir.
O kız futbol takımlarının taraftarlarına kırgın.
Acıktık şu restorana girmek gerekir.

D. Birisine ait olmak.
...lı olmak.
Yasta olmak.
Beyazlar giyinmiş olmak.
Üzre olmak.
Birisinin hizmetine hazır olmak.
Artık yaşamını sürdürmemek, hayatta olmamak.
Durumunuz bu.
Zahmeti yanına kâr kalmak.
Hasta olmak.

E. Cette voiture n'est pas à moi.
Les étrangers qui viennent ici sont de Paris.
Je vois une fille qui est en blanc.
Les valets sont tout à roi.
Ce monument est issu de dix neuvième siècle. Son architect n'est plus.
Il en est pour sa peine.
Notre directeur est mal aujour'hui.
Elle est en deuil parcequ'elle a perdu son mari.

ALIŞTIRMALAR - 12

A. Odanın kapısını şimdi kapatacağım.
Paltonuzu şimdi giymeyeceksiniz.
Evin önünde şimdi top oynayacaklar.
Az sonra bizimle gelmeyecekler.
Kuş ağacın üzerinde uçmayacak.
O kız şimdi onlar için bir pasta yapacak.
Gemiler İzmir limanına gidiyorlar.
Şimdi tiyatroya gitmeyeceğiz.
Annesi şimdi çamaşırları makineye koyacak.

B. Ma mère est allée à la rencontre des visiteurs.
Si vous y pensez vous allez à l 'aventure.
Je vais contre ceux qui font les bruits dans la rue.
La robe que ma mère avait achetée aujourd'hui lui va bien.
Mes parents vont bien.
La machine va bien.
Mon computeur ne va pas bien.
Comment vas-tu?
Les hommes sont allés à pied chez-eux.
Le sentier ne va pas à la mer.

C. Bu cadde Pamukkale'ye gitmez.
Pazara yaya gittik.
Onlar nasıldırlar.
Zannederim iyisinizdir.
Bu fular size yakışmamış.

ALIŞTIRMALAR - 13

A. Size az önce bir öykü anlattım.
İşçiler az önce işlerini bitirdiler.
Az önce resme bakmadınız.
Az önce müzik dinledik.
Az önce çay içti.
Tamirci biraz önce arabayı tamir etti.
Doktor şimdi hareket etti.
Arkadaşına az önce bir mesaj yazdı.

Polis hükümlüyü sorguladı.
Başbakan halka az önce konuştu.

B. **Il vient de prendre du thé.**
Nous venons de parler avec eux.
Les enfants viennent de manger leur repas.
Qu'est-ce qu'elle vient de vous raconter?
Je viens de parler Anglais.
Tu viens de boire de l'eau.
Mon frère vient de nager.
Nous venons de nous promener dans le jardin.

ALIŞTIRMALAR - 14

A. Sizi göremiyorum.
Bu gün hareket edemezsiniz.
Marie çiçekleri bulabilecek.
Bir hafta sonra Fransa'ya gidebilecek.
Usta duvarı yapabildi.
Masayı taşıyabildik.
Evin kapısını açabiliyor.
Gelecek haftaya dek romanlarını okuyabilecekler.
Kardeşim sizinle gelemezdi.
Sınavı başaramazdın.

B. **Pouvez-vous me poser une question?**
Je peux ouvrir la fenêtre si j'ai chaud.
S'il fait beau nous pouvons nous promener.
Si vous irez au cinéma je pourrais venir avec vous.
Il peut vendre son vieil auto.
Les voyageurs ont pu visiter notre ville.
Le bateau pourra partir à dix heures.
Les visiteurs ont pu participer à la réunion.
Elle pourra nager dans la mer en été.
Tout le monde peut aprendre une langue étrangère.
Nous devons porter la parapluie, il peut plevoir.
C'est l'heure nous pouvons aller.

C. Peut
Peut
Pourra
Pouvez
Ne peut
Ne peut
Ils peuvent
Ne pouvez

D. Pu
Peuvent
Puis
Peut
Peux
Pouvez pourrez

ALIŞTIRMALAR - 15

A. İtalya'ya hareket etmek zorundayım.
Kapıyı kapatmak zorundasınız.
Adresini bana vermek zorunda değilsin.
René pasaportunu ona göstermek zorunda olacak.
Onlar için satın almış olduğum romanı okumak zorunda kalacaklar.
Yemeği öğleyin yemek zorunda olacağız.
Sen gelmiş oluncaya kadar o kız beklemek zorunda olmayacak.
Onun sana göstermiş olduğu bu arabayı satın almak zorunda olmayacaksınız.
Yayan gitmek zorunda kalmadım.
Gelecek hafta orada kalmak zorunda olmuyorlardı.

B. Mon frère doit aller au cinéma avec vous.
   Les visiteur devront attendre le bateau au port.
   Tu as du voir la maison qu'il avait acheté.
   Elle a du acheter une jupe bleue.
   Devez-vous visiter le musée.?
   A-t-il du se réveiller à sept heures?
   Mon ami a réussi l'examin parcequ'il avait du travailler beaucoup.
   Vous devez être tranquille.
   Vous ne devez pas être en retard.
   Vous devez être beaucoup travailler.

C. Elle doit obéir aux parents.
   Tu ne dois pas aller ce matin.
   Le père d'Arlette doit finir son devoir.
   Je ne dois pas écouter la musique.
   Ils doivent nous attendre jusqu'au soir.
   Vous ne devez pas marcher très vite.
   Nous devons être prudent.
   Les enfants doivent jouer dans le jardin.

D. Tu peux faire annuler tes billets.
   Je ne ferai pas repasser mon pantalon.
   A quel heure faites-vous apporter le livre?
   Il fait vous donner vos billets tout de suite.
   Avez-vous fait rire les enfants?

E. Gömleğimi yıkatmayacağım.
   Bir demet çiçek yaptıracaksınız.
   Arkadaşlarını arattıracaklar.
   Bir kilo üzüm satın aldırtacaksınız.
   Jean bir öykü anlattırmayacak.
   Köylü hayvanları ağıla getirtecek.

F. İyi bir öğretmen olacak.
   Zeki bir avukat olacaksınız.
   Askerlik görevini yapmak.
   Yol on kilometre çeker.
   Bu palto yüz avro yapar.
   Üç üç daha altı yapar.
   Hava soğuk.
   Hava güzel.

ALIŞTIRMALAR - 16

A. Je ne regarde pas les arbres.
   Je ne parle pas avec vous.
   Je ne veux plus étudier la leçon.
   Nous n'écoutons plus la chanson.
   Elles n'iront jamais ici.
   Vous n'allez jamais.
   Tu ne travailles point.
   Je ne peux jamais parler.
   Vous n'avez rien mangé depuis le matin.
   Je ne me souviens rien sur ce sujet.
   Je ne me sens naguère bien.
   Vous n'avez naguère vu cet homme.

B. Bu gün ders çalışmayı düşünmüyorlar.
   Konuşmamak daha iyidir.
   Hiçbir şey söylememeye karar verdim.

Bu şehre hiçbir zaman gelmemeyi tercih ettiniz.
Rehbersiz yolculuk yapmayı pek anlamıyoruz.
Güneşe bakmayınız.
Sahilde şapkasız dolaşmayınız.
Kayaksız asla Uludağ'a gitmeyelim.
Buraya Mart ayında pek gelmiş olmayınız.
O gelmeden önce konuşmuş olmayınız.

C. Est-ce que je parle?
Venez-vous?
Regardent-ils?
Irez-vous?
Finissent-ils?
As-tu montré?
Sommes-nous venus?
Ont-ils marché?
Parle-t-il?
Travaille-t-il?
Porte-il?
Choisit-elle?
Est-ce que Louis regarde?
Est-ce que Michel écoute son père?

ALIŞTIRMALAR - 17

A. Benois marche dans la rue.
Mon frère chante une chanson française.
Elle ferme la fenêtre de la maison.
Nous ne regardons pas le toit de la maison.
Parle-t-il de ses vacances?
Aiment-ils écouter la musique?
Nous n'écoutons pas la musique que nous n'aimons pas.
Tu ne fumes pas depuis six années.
Préparez-vous le dîner?
Aimez-vous manger les fruits?

B. Bernard ders sırasında konuşmaz.
Köylüler fındıkları pazarda satarlar.
Bu sabah gelmeye karar vermez.
Yazın arkadaşlarımla yüzerim.
Tembel olan insanlar kahvede kâğıt oynarlar.
Her gün aynı şey yenmez.
Büronun kapısını kapatıyor musunuz?
Hoşunuza giden arkadaşlarımızdan söz ediyor muyuz?
Kimse uzun zamandır sigara içmiyor.
Yemeğinizi yiyor musunuz?

C. Vous parlez de votre vacance.
Ils ne mangent pas de la viande.
Yves pense-t-il à ses parents.
Préparez-vous vos devoirs.
Tu aimes regarder par la fenêtre.
Elle chante une chanson Anglaise.
Je décide venir avec vous.
Nous ne fumons jamais.
Elles ne portent pas son sac.
Les élèves écoutent leurs maîtres.

D. Mon père ne travaille pas avec vous.
Mon père travaille-t-il avec vous?

Les enfants ne passent pas devant la maison.
Les enfants passent-ils devant la maison?

Tu ne restes pas ici jusqu' à ce qu'il vient.
Restes-tu ici jusqu' à ce qu'il vient?

Vous ne parlez pas deux langues étrangers.
Parlez-vous deux langues étrangères.?

Il ne raconte pas une histoire intéressante.
Raconte-t-il une histoire intéressante?

Elle ne joue pas avec la fille de notre voisin.
Joue-t-il avec la fille de notre voisin?

André n'achète pas une maison belle.
André achète-il une maison belle?

Nous n'aimons pas beaucoup les oiseaux.
Aimons-nous beaucoup les oiseaux?

Ils ne préférent pas rester chez eux.
Préférent-ils rester chez eux?

Elle ne commence pas à l'école cette année.
Commence-elle à l'école cette année?

ALIŞTIRMALAR - 18

A. Çalışmalarınızı bitiriyor musunuz?
   Satın almak istediğimiz şeyleri seçiyorum.
   Kızdığınız zaman sesinizi sertleştirmiyorsunuz.
   Olivier sınavlarını başardı.
   Burada durmamamız için bizi uyarıyorlar.
   Uçak saat onda inmiyor.
   Çamaşırları beyezlatmıyorsunuz.
   Tanımlıklardan önce sıfatları tanımlamıyoruz.
   Ödevini seçmiyor.
   Eski duvarı yıkıyor.

B. Les élèves ne finissent pas leurs devoirs.
   Le meunusier ne démolit pas le vernis de la table.
   Elle réussit les examen de l'univérsité.
   Est-ce le livre que vous avez choisi?
   Vous ne réussissez pas répondre à sa question.
   Je ne choisis pas ce livre.
   Choisis-tu cette robe?
   Vous assourdissez les hommes avec vos bruits.
   Nous ne finissons pas nos travaux maintenant.
   Elles choisissent ces robes.

C. Vous finissez votre travaux.
   Je choisis mes livres.
   Les élèves réussissent les examens.
   Nous n'assourdissons pas les visiteurs.
   Tu démolis ce grand mur.
   Pierre nous avertit.
   Maman réunit ses enfants.
   Vous ne choisissez pas votre préférance.
   Ils ne noircissent pas la maison.

Nous blanchissons nos linges.
Nous saisissons une grande occasion.

ALIŞTIRMALAR - 19

A. Vous entendez les gazouillement des oiseaux.
Ayşe rend le livre de sa fille.
Vous répondez à leur questions.
Vendez-vous les noisettes au marché?
Nous attendons nos amis à l'arrêt.
Je ne defends pas un homme comme vous.
Les grands absoluent les petits.
Elle met sa robe bleue.
Ils ne battent pas le chien.
Vous paraissez heureux.
La lune croît le jour en jour.
Ces deux pays ne combattent plus.

B. Çocukların gürültülerini işitiyoruz.
Sorularınızı yanıtlıyorum.
Babamın kitabını iade ediyorsunuz.
Elmaları pazarda satıyorsun.
İşçiler demirleri bükmüyorlar.
Kardeşini savunmuyor.
O kız bir periye benziyor.
Mağazaya gelen adamı tanıyoruz.
İlkbaharda yeşillikler günden güne artıyor.
Çalıştığı kuruma mektubu göndermiyorlar.

C. Je répond à vos questions.
Vous rendez le journal.
Nous confondons nos idées.
Les hommes paraissent comme les ouvriers.
Les affaires du magasin croissent.
Tu ne mets pas ta chemise.

D. Vous ne vendez pas les fruits au marché.
Vendez-vous les fruits au marché?

Michel ne répond pas à sa question.
Michel répond-elle à sa question?

Je ne tords pas le fer.
Est-ce que je tords le fer?

Vous ne connaissez pas cet homme.
Connaissez-vous cet homme?

Nous n'attendons pas les chansons.
Entendons-nous les chansons?

İls ne défendent pas leurs amis.
Défendent-ils leurs amis.

Anne-Marie ne met pas son manteau.
Anne-Marie met-elle son manteau?

Il ne parait pas intelligent.
Parait-il intelligent?

Cette école ne croît pas toujours.
Cette école croit –elle toujours?

Tu n'admets pas leurs invitations.
Admets-tu leurs invitations?

ALIŞTIRMALAR - 20

A. L'homme fermait la porte de sa boutique.
   Tu n'écoutais pas le professeur.
   Nous chantions avec eux.
   J'achetais cette voiture.
   Vous ne ragardiez pas par la fenêtre.
   Les bateaux passaient sous le pont de Bosphore.
   Filiz te donnait un cadeau.
   Les touristes parlaient de leurs pays.
   Ma mère préparait le repas.
   Elle répétait la même histoire.

B. Amcanızı çağrmıyordunuz.
   Anneme bir demet çiçek veriyordum.
   Kuşlar uçaklar kadar çok hızlı uçmuyorlardı.
   Benoît futbolu sevmiyordu.
   Aynı şarkıyı tekrarlıyordun.
   O bana eğlendirici kitaplar veriyordu.
   Mayıs ayında yüzmüyorduk.
   O kız denize bakıyordu.

C. Tu regardais le chat.
   Maman n'achetait pas un kilo de tomate.
   Nous parlions de nos camarades.
   Elle me donnait mon sac.
   Je dessinais une maison.
   Les étudiants ne passaient pas devant le magasin.
   Tu chantais bien.
   Mon père achetait cette voiture.
   Vous fermiez la porte de la boutique.
   Elle préparait les repas.

ALIŞTIRMALAR - 21

A. Vous ne réussissiez pas les examins de l'université.
   André remplissait son sac avec des fleurs.
   Les étudiants choisissaient un livre français pour eux.
   En été, les cerices rougissaient anvers le soleil.
   J'obéissais à mes parents.
   Elle n'avertissait pas son ami.

B. Nous finissions nos travaux après le midi.
   Vous ne réussissiez pas vos examins.
   Les hommes avertissaient l'un et l'autre.
   Je ne choisissais pas cette chemise.
   Elle guérissait prés de sa mère.
   L'avion de Berlin attérissait à dix heures.

C. Tu ne rendais pas ton stylo.
   Nous disions la vérité.
   Elle écrivait une lettre à son père.
   Vous buviez de l'eau avec le repas.
   Ils lisaient leurs livres.

ALIŞTIRMALAR - 22

A. Nilgün ferma la porte de la boutique.
   Je restai aujourd'hui à la maison.

Nous ne jettâmes pas un coup d'oeil sur la fenêtre.
Tu marchas sur le pont.
Nos voisins pensèrent à leurs enfants.
Elle ne chanta pas parce qu'elle avait été malade.
Vous parlâtes de votre camarade.
Ils ne racontèrent pas une histoire.
Elles ne regardèrent pas les fleurs qu'ils avaient acheté pour elles.
Je ne nagai pas dans cette piscine.

B. Mes amis restèrent ici maintenant.
Nous marchâmes au bord de la mère.
Nous n'aimâmes pas ce roman.
Tu ne parlas pas de vos professeurs.
Vous jettâtes un coup d'oeil sur la vitrine.
Les enfants jouèrent dans la cloire.
Je fermai la porte de la voiture.
Sa mère pensa à ses enfants toujours.
Il arriva à Paris hier.
Je ne travaillai pas à l'usine au mois passé.

C. Vous finîtes vos devoirs.
Les médecins guérirent leurs malades.
Il réussit son examin.
Nous ne finîmes pas notre repas.
Je remplis une tasse de café.

D. Je rendis.   Je sentis.
Tu rendis.   Tu sentis.
Il(elle) rendit.   Il(elle) sentit.
Nous rendîmes.   Nous sentîmes.
Vous rendîtes.   Vous sentîtes.
Ils(elles) rendirent.   Ils(elles) sentirent.

E. Yeni bir eve sahip oldular.
Üşümedik.
Sen sıcakladın.
Bir bardak çay istedim.
Müşteriler gömlekleri görmek istediler.
Çok memnun oldum.
Sen mutlu oldun.
Nazik (kibar) olduk
Geçen ay burada olmadınız.
İlginç bir müze gördük.

ALIŞTIRMALAR - 23

A. Vous visiterez l'Arc de Tromphe à Paris.
Il ne regardera pas TV. maintenant.
Les touristes français acheteront des tapis turcs.
Nous ne porterons pas nos bagages.
Tu passera sur le Pont Mirébau.
Elle ne nous parlera pas de ses souvenirs de Paris.
Cet hiver je crois qu'il ne neigera pas.
Le père appelera son enfant.
Je couperai les vieilles branches de l'arbre.
Elles ne jetteront pas un coup d'oeil sur ses bagages.

B. Oui, J'irai au bord de la rivière.
Oui, nous irons à la maison de ton oncle.
Non il n'ira pas à la banque.

Non nous n'irons pas à Ankara la semaine prochaine.
Oui ilsi rot à la ville.
Oui elles iront au jardin pour sauter à la corde.
Oui tu enverras un message à ton frère.
Non je n'enverrai pas une lettre chez-lui
Oui il enverra un cadeau.
Non nous n'enverrons pas les enfants à la campagne.

C. Elle ne parlara pas avec les étrangers.
Les filles ne sauteront pas à la corde avec ses camarades.
Ma mère n'écoutera pas la chanson française.
Les touristes ne visiteront pas la Tour Eifel.
Vous ne regarderez pas la mer.

ALIŞTIRMALAR - 24

A. Les jeunes choisiront des cadeaux pour leurs parents.
Le juge punira les contrebandiers.
L'étoile palira cette nuit dans le ciel.
Finirez-vous vos devoirs?
Nous choisirons une chanson Anglaise pour écouter.
Il a commencé à neiger et toute la nature blanchira.
Tu travailles beaucoup je crois que tu réussiras.
Vous saisirez une occasion cette fois.
Elles ne rempliront pas leurs paniers.
Les mères avertiront les enfants.

B. Oui tu attendras un train.
Oui nous entenderons les bruits des oiseaux.
Oui je lirai un roman.
Non nous ne lirons pas le journal qu'il apporte.
Oui nous metterons nos robes.
Oui il tiendra sa parole.
Non ils ne mourront pas de fatiguer.
Oui nous devrons nous proposer ici.
Non ils ne devront pas venir ce soir.
Oui tu pourra voir les musées.
Oui vous pourrez chanter une chanson.
Non ils ne pourront pas jouer dans le jardin.

C. Je crois que les étudiants réussiront leurs examins.
Il choisira un joli cadeau pour moi.
Il fera son service militaire l'année prochaine.
Nous pourrons parler l'Anglais.
Ils voudront visiter la bibliothèque.
Je ne voudrai pas acheter cette voiture.
Demain il ne fera pas beau.
Sa fille est venue, elle sera très heureuse.

ALIŞTIRMALAR - 25

A. Vous avez aimé ce film.
Il est sorti de la boutique.
Nous sommes entrés au magasin.
Nous avons acheté un cahier épais.
Elles sont restées avec ses parents depuis deux ans.
Ils sont retournés de la France.
Nous sommes entrés à l'école, le matin à sept heures.
Les voyageurs ne sont pas montés sur le bateau.

B. Konuşmadan önce gözlerini kapadı.
   Onlarla aynı sözleri tekrarladı.
   Tatilimi doğduğum şehirde geçirdim.
   O kızlar kışın bu ülkeyi ziyaret etmediler.
   Şehre hareket etmeden önce işlerini hazırlamadılar.
   Hava soğudu.
   Şansı yoktu.
   Meyveye ihtiyacımız olmadı.
   Sıcaklamadınız hava güzel oldu.
   Bu yıl mutlu oldunuz.

C. Nous nous sommes réveillés à sept heures le matin.
   Ma soeur s'est couchée à huit heures.
   Ils ne se sont pas levés en retard.
   Les visiteurs se sont promenés près de la forêt.
   Je me suis occupé à lire lors que vous n'êtiez pas ici.
   Elles se sont brossées avant qu'elles sont allés.
   Le juge a puni le voleur.
   Mireille a lavé bien le linge, elle l'avait blanchi.
   Nous avons fini nos devoirs, et nous avons commencé à regarder TV.
   Ils ont travaillé beaucoup et ils ont réussi l'examen.
   Nous vous avons toujours avertis mais vous n'avez pas écouté.
   Tu t'es réuni ici avec tes amis, tu ne les as pas vus.

D. Venu   Connu
   Ceilli   Cru
   Bu   Plu
   Lu   Pu
   Du   Su
   Vendu   Peint
   Fait   Ri
   Mis   Né
   Vu   Conduit
   Rompu   Voulu

E. Vous avez été content.
   J'ai eu de la chance.
   Ils n'ont pas eu besoin de nous.
   Nous avons été malades, le dernier mois.
   Elles n'ont pas étés heureuses quand elles nous avaient vus.
   Tu as eu chaud il a fait chaud.
   Il a été obligé de quitter le bureau.
   Elle n'ont pas eu mal au bras.

ALIŞTIRMALAR - 26

A. Ils n'avaient pas trouvé leur sac.
   Vous aviez visité la Mosquée Bleue.
   Tu avais acheté ce livre au mois dernier.
   J'avais fermé la porte de la cuisine.
   Nous étions entrés ensemble au bureau de mon oncle.
   Il n'étais pas monté sur la table.
   Elles n'étaient pas restées dans cette ville.
   Je m'étais couché à six heures du soir.
   Nous n'étions pas nous réveillés à une heure et demie.
   Tu t'étais promené parmis les arbres de cette forêt avec vos amis.

B. Le train avec lequel vous êtiez allés, était arrivé à Marseille.
   Tu t'étais couché lors que les hospitaliers étaient venus.
   Ma mère n'avait pas lu ce journal.

Nous étions allés hier avec nos amis au match de foot-ball.
J'étais venu ici avec mon père pour parler avec vous.
Charles Péguy, auteur français était mort au front pendant la 1.ère G.Mondiale
Ils n'avaient pas entendu les bruits des élèves.
Les touristes n'étaient pas partis pour Mediterranée.
Ils étaient allés en France l'année dernière.
Elles s'étaient levées à sept heures le matin.

C. Oui tu étais allé au cinéma.
Non, vous n'êtiez pas avec la voiture.
Oui, nous l'avions regardé.
Oui, nous savions qu'il était mort au camp de Drancy.
Oui, İl était fusilé en 1942.
Non, il 'n'avait pas connu cet homme.
Non elles n'avaient pas pensé la même chose avec vous.
Oui vous aviez commencé.
Non iln'avait pas lu le journal.
Oui j'avais entendu leurs voix.

ALIŞTIRMALAR - 27

A. Vous eutes chanté une chanson.
Dès que le bateau fut entré au port.
Ils n'eurent pas donné leurs cadeaux.
Les ouvriers eurent travaillé sur le pont.
Tu ne fus pas allé sans auto.
Nous fûmes restés deux jours à la ville.
Eutes-vous fini vos affaires?
Elles furent venues hier à huit heures.
Lorsqu'il eut eu chaud ils sortirent au dehors.
Elle eut mangé son repas.
Je me fus levé à sept heures.
Vous vous fûtes réveillés le matin.
Lors qu'ils eurent fini ses devoirs ils partirent pour la mer.
Il n'eut pas choisi un cadeau pour sa soeur.
Les élèves eurent obéi à leurs parents.
Nous n'eûmes pas entendu les bruits des feuilles.
Tu eus lu le journal d'aujourd'hui.
Les professeurs furent sortis de l'école quand la cloche sonnèrent
Lorsqu' elles furent venues au village
Il eut fait chaud.
Il eut su qu'elle fut venue.

B. Resimlere bakmış oldunuz.
Ödevlerimi bitirmiş oldum.
Müzik dinlemiş olmadık.
Sen bir yanıt seçmiş olmadın.
O kız annesinin sesini duymuş oldu.
Gelen adamı tanımış oldular.
O kızlar sinemaya gitmemiş oldular.
Biz dükkandan çıktığımızda, siz eve girmiş oldunuz.
Sen mağazanın önünde olduğunda ben okula hareket etmiş oldum.
Bir kez daha buraya gelmiş olmadık.

C. Quand j'eus fermé la porte la leçon commança.
Dès que les élèves furent entrés dans la cour la cloche sonna.
Quand on eut mangé le repas on parla avec les visiteurs.
Les paysans ramassèrent les noisettes quand il eut plut.
Ahmet commança à regarder TV. dès qu'il se fut rendu de l'école.
Dès que le bateau fut entré au port les voyageurs montèrent sur le port.

Nous nous fûmes promenés sur les gazons dès que nous eûmes au congé.
Lors qu'il eut eu chaud dans notre pays les touristes vinrent.

ALIŞTIRMALAR - 28

A. Ils auront passé devant la maison.
Les oiseaux n'auront pas volé sur les arbres.
Nilgün aura trouvé une boutique dans cette rue.
Nous aurons parlé de vos souvenirs.
Les étudiants auront choisi leurs branches.
Il aura réussi son examin.
Vous aurez aimé cette fleure.
Tu n'auras pas vu son oncle.
J'aurai pris mes billets.
Le professeur n'aura pas puni les élèves.

B. Il fera beau lors que nous vous aurons vus.
J'écouterai la musique quand j'aurai été chez-moi.
Si les élèves auront travaillé beaucoup ils auront obtenu les prix.
Dès que les oiseaux voleront au Sud, l'hiver sera venu.
Lorsque mon père prendra un livre pour moi, vous l' aurez lu.
Lorsque ce roman aura perdu vous ne l'aurez pas lu.
Dès que vous aurez trouvé l'oiseau nous l'aurons aimé beaucoup.
Tu ne seras pas été mal au bras si tu l'auras montré au medecin.
Lorsqu'elle aura vu ce cadeau je crois qu'elle l'aura aimé beaucoup.
S'il negligera ses devoirs il n'aura pas réussi les examins.

C. Je serai allé.
Ils ne seront pas tombés.
Nous serons sortis de la boutique.
Vous ne serez pas venus.
L'avion sera arrivé à İstanbul.
Elles seront parties.
Tu te seras promené.
Les gens se seront levés à six heures.
Ils se seront réunis ici.
Je me serai réveillé à sept heures.

D. Arkadaşlarım gelmiş olur olmaz çalışmış olmayacağım.
Hava güzel olacağı zaman sıcaklamış olacaksın.
Öğretmenlerine itaat ettikler zaman ebeveynler çocuklarını sevmiş olacaklar
Eğer kardeşi uyanırsa saat yedide kalkmış olacak.
Biletlerimizi almış olmayacağız zira onlar buraya gelmemiş olacaklar.
Yarın okula gitmemiş olacaksınız.
Bu gün evde kalmak zorunda olmayacak çünkü hava güzel olacak.
İşlerini bitirebilmiş olacaklarsa bankadan çıkmış olacaklar.

ALIŞTIRMALAR - 29

A. Nous aimerions nos voisins.
Vous penseriez votre mère s'elle ne vous téléphonait pas.
Ils ne puniraient pas les enfants pour qu'ils ne viendraient pas.
Les voyageurs resteraient ici jusqu'à demain.
J'achèterais une machine à lavage pour le cadeau.
Elle ne parlerait pas l'anglais si elle apprenait le français.
Tu lui donnerais un bouquet de fleur.
Ton père finirait son travaux.
Il choisirait sa chemise.
Les acteurs finiraient leurs rôles.

B. Ils répondraient aux questions de leurs amis.
Vous termineriez vos travaux.
J'acheterais une maison si j'avias d'argent.
Les étudiants réussiraient les examins s'ils travaillaient bien.
Nous fermerions la fenêtre si nous avions froid.
Tu écrirais si tu avais le stylo.
Elle gagnerait d'argent si elle avait de la chance.
Si les touristes etaient venus vous leur montreriez les places.

C. Je verrais ma mère aujourd'hui.
Il irait au café.
Si vous êtiez le medecin vous seriez à l'hôpital.
Si nous avions faim nous voudrions le repas.
Si les étudiants travaillaient , ils viendraient à l'école.
Vous feriez un tour du monde si vous aviez de l'argent.
Tu croyais qu'il saurait son adresse.
Si elle avait le permis de conduir elle pourrait conduir l'auto.
Si votre frère avait un roman il le lirait.
Si Mireille était riche elle aurait cette voiture.

D. Onun arkadaşının mağazasını bana gösterebilecek miydiniz.
Adresinizi bilseydim size bir mektup gönderebilecektim.
Üşüseydim paltomu giyebilecektim.
Beyefendi, turizm bürosunun nerede olduğunu bana söyleyebilecek miydiniz?
Şayet o(kız) burada olsaydı sizinle tanışabilecekti.
Ziyaretçiler yarın sabah Ankara'ya gidebileceklerdi.
Eğer bu hediyeyi kabul etseydiniz, mutlu olacaktık.
İstemeseydiniz aynı yanıtı vermeyecektim.
Kar yağmasaydı hava güzel olacaktı.
Hava güzel, bahçede gezecektik.

ALIŞTIRMALAR - 30

A. J'aurais terminé.
Tu aurais fini.
Nous serions fini.
Ils auraient choisi.
Il aurait fait.
Elle serait partie.
Vous auriez parlé.
Elles auraient vu.
Je serais allé.
Tu serais venu.

B. Filmleri seyircilere göstermiş olacaklardı.
İnsanlar gelenleri görmüş olmayacaklardı.
Eğer dün gitmiş olsaydım bu gün gelmiş olacaktım.
Kızlar gelmiş olmasalardı, anneleri onları bulabilmiş olmayacaklardı.
Çok naziktin, onlara saygı göstermiş olacaktın.
Çok yorgundum, başarmış olacaktım.
Paul sabahtan beri beklemiş oldu, Pierre şu ana kadar gelmiş olacaktı.
Ne zaman gitmiş olacaktı.
Bu sene askerlik görevini yapmış olacaktık.
Eğer öğrenciler saat yedide kalksalardı, kahvaltılarını yapmış olacaklardı.

C. S'il avait fait beau ils se seraient promenés.
Si nous avions réussi les examins, ils nous auraient offert un cadeau.
S'il avait fait beau aujourd'hui je n'aurais pas mis mon tricot.
S'il avat fait beau hier, nous serions allés au parc.
Aujourd'hui vous ne seriez pas été ici, s'ils étaient venus chez-vous.

Je n'aurais pas stoppé la voiture si je ne vous aurais pas vus.
S'il n'avait pas plut, ils ne seraient pas entrés ici.
Si elle avaient fini leurs devoirs , elle auraient sauté à la corde.
Il n'aurait pas vu son camarade s'il était allé au cinéma.
Si le bateau ne serait pas entré au port, il n'aurait pas chargé la marchandise.

D. Si elles seraient parties hier, elles auraient été en Almagne maintenant.
Si Georges avait un peu d'argent il aurait acheté cette maison.
Elle aurait été très heureux si elle avait ri un peu.
Il aurait porté son parapluie s'il aurait plut.
Si j'avais connu cet homme, j'aurais fait la connaissance avec lui.

ALIŞTIRMALAR - 31

A. Que je regarde
Que tu fermes
Qu'il mange
Qu'elle tombe
Que nous entrions
Que vous étudiez
Qu'ils portent
Qu'elles préfèrent
Que je réussisse
Que tu finisses
Qu'il punisse
Qu'elle choisisse
Que nous avertissions
Que vous saisissiez
Qu'elles assourdissent
Qu'ils démolissent

B. Onun trene bakması gerekir.
Türkçe konuşmanızı istiyoruz.
Babası onun Fransız edebiyatı çalışmasını isteyecek.
Sabah kahvaltısını hazırlamamızdan memnun olacak.
Paulette kendisine bir demet çiçek vermeni bekliyor.
Ebeveynlerimize telefon etmemiz gerekecek.
Saat sekizde eve dönmesini istiyorsunuz.
Onu sevmediğinizi düşünüyor mu?
İnsanların ödevlerini bitirmediğini zannediyor musun?
Öğrencilerin sınavlarını başarmaları gerekir.
Irmak kenarına yüzmek amacıyla gelmiyoruz.
Kız kardeşi çalışmadan önce müzik dinlemiyor.
Tren gelinceye dek yolcular garda bekleyecekler.
Hayvanları cezalandırmadığın için mutlu olacağım.
Sizinle konuşmak için gelmedim.

C. Vous vous trouvez ici pour que je vous attende.
Il faut que nous n'entendions pas les voix des étudiants.
Il est huit heures, il faut que nous fassions le petit déjeuner.
Vous devez les voir avant que vous preniez vos billets.
Ils voudront que vous veniez.
Tu veux bien qu'ils viennent.
Il faut qu'il sorte à huit heures.
Je suis venu ici pour que je vous voie.
Il faudra qu'il fasse ses devoir à la biblioteèque.
J'irai enFrance en été pour que je puisse parler bien le français.
Il neige, il faudra qu'elle mette son manteau.
Il faut que vous ne sortiez pas au dehors pour que vous ne soyez pas malade.
Il faut qu'elles aillent à Ankara à neuf heures et demie.

D. Que je sois
Que tu sois
Qu'il soit
Qu'elle soit.
Que nous soyons
Que vous soyez
Qu'ils soient
Qu'elles soient

Que j'aie
Que tu aies
Qu'il ait
Qu'elle ait
Que nous ayons
Que vous ayez
Qu'ils aient
Qu'elles aient.

ALIŞTIRMALAR - 32

A. Que j'aie fermé la porte de la voiture.
Que tu aies eu l'examin de bac.
Qu'elle soit partie pour son pays.
Qu'il ne soit pas venu au magasin.
Que nous ayons choisi une maison neuve.
Que vous ne soyez pas allés avant qu'il ne soient pas venus.
Qu'ils aient labouré les terres.
Qu'elles soient entrées à l'école.

B. İzmir'e gitmenizi istemiyor.
Sınavı başarmanızı düşünüyorum.
Babasının bugün gelmemiş olmasını zannediyordu.
Fransız şarkıcıları dinlemiş olmamız gerekir.
Bir polisiye roman satın almadan önce dayısı ona bir kitap veriyor.
Size yardım etmeden önce çalışmalarınızı bitirmiş oldunuz.
Arkadaşları gelmiş olmadan önce o kızlar sinemaya gitmeyecekler.
Yalnız kalmış olmamamız için evden çıkamayacaklar.
O sizin fabrikaya gitmiş olmanızı bekliyor.
Öykünüzü bitirmiş olmanızdan hoşlanmıyor.

C. Il ne veut pas que nous ayons monté l'arbre.
Ma mère ne panse pas que tu sois venu le matin.
Le professeur croit que vous ayez étudié bien sur le sujet.
Je ne crois pas qu'elles aient oublié leurs sacs au bureau.
Elle a attendu que sa tante soit venue ce matin.

ALIŞTIRMALAR - 33

A. Regarde ! Regardons ! Regardez !
Marche ! Marchons ! Marchez !
Finis ! Finissons ! Finissez !
Punis ! Punissons ! Punissez !
Choisis ! Choisissons ! Choisissez !

B. Marchez (marche , marchons) plus vite que possible!
Filiz! Regarde le tableau s'il vous plait!
Les élèves! Travaillez pour que vous réussiez!
Mes amis! Finissons nos études!
Les frères! Ne punissez pas les animaux!
Les femmes ! Allez en avant !
Toi, l'enfant ! entre à l'intérieure de la coure!
Ne choisissez pas les amis méchants !
Pierre! Viens ici !
Mon fils obéis à ton professeur!

C. Aie ! Ayons ! Ayez !
Sois ! Soyons ! Soyez !
Va ! Allons ! Allez!

Attend !Attendons ! Attendez !
Vois ! Voyons ! Voyez!
Viens! Venons! Venez!
Lis! Lisons! Lisez!
Ris! Rions! Riez!
Mets! Mettons! Mettez!
Ouvre! Ouvrons! Ouvrez!
Connais! Connaissons Connaissez!
Sais! Savons! Savez!
Bois! Buvons! Buvez!
Fais! Faisons! Faites!
Réponds! Répondons! Répondez!

D. Marchons très vite! Courons vers la maison!
Travaillez beaucoup! Les jeunes!
Ne fumez pas ici! C'est défendu.
Ne sors pas par d'ici! La porte est là-bas mon enfant.
Ne faisons pas le bruit! Il y a le malade.
Répondez-moi le plus vite que possible!
Il fait très chaud, ouvrons les fenêtres!
Lisons les journaux actuelles!
Viens! Demain matin à dix heures je t'attendrai.
Ne va pas ce soir! Reste!Nous irons ensemble demain!

E. Aie regardé! Ayons regardé! Ayez regardé!
Aie choisi! Ayons choisi! Ayez chois!
Aie vu!Ayons vu! Ayez vu!
Aie attendu! Ayons attendu! Ayez attendu!
Aie lu! Ayons lu! Ayez lu!
Aie ri! Ayons ri! Ayez ri!
Aie mis! Ayons mis! Ayez mis!
Aie ouvert! Ayons ouvert! Ayez ouvert!
Aie connu! Ayons connu! Ayez connu!
Aie su! Ayons su! Ayez su!
Aie bu! Ayons bu! Ayez bu!
Aie fait! Ayons fait! Ayez fait!
Sois allé! Soyons allé! Soyez allé
Sois venu! Soyons venus! Soyez venus.
Sois parti! Soyons partis! Soyez partis!
Sois sorti! Soyons sortis! Soyez sortis!
Sois entré! Soyons entrés! Soyez entrés
Sois né! Soyons nés! Soyez nés!

F. N'ayez pas regardé par la fenêtre!
Ayons choisi nos devoirs!
N'ayez pas vu les erreurs! S'il vous plait!
N'aie pas attendu à l'arrêt! Il fait froid.
Aie lu les romans que j'avais apporté pour toi.
N'ayons pas mis en colère! Les grands excusent.
Ayons ouvert la voi! Commencez!
Aie obéis à tes grands!
Aie su ces proverbes.
N'ayez pas bu les eaux sales!
Ayons fait une petite excursion.
Ne sois pas allé la-bas seul!

ALIŞTIRMALAR - 34

A. (S)　　　　　　　　　B. Infinitif présent
   (CA)　　　　　　　　　 Infinitif présent

(S)   Infinitif passé
(N)   Infinitif passé
(CN)   Infinitif présent
(CD)   Infinitif présent
(CA)   Infinitif passé
(CN)   Infinitif présent
(N)
(C)

C. Makine artık çalışmıyor ne yapmalı?
Evdeyiz ne okumalı?
Aynı şeyi yapıyor ne demeli?
Kimin için çalışmalı?
Kimin için oraya gitmeli?
Şimdi kime konuşmalı?
Lütfen bana söyleyiniz, kimi düşünmeli?
Biliyor musunuz, çantayı kime vermeli?
Yarın nereye gitmeli?
Öğleden sonra nereyi ziyaret etmeli?

D. Aller à l'école après que tu as fait le petit déjuener!
Prendre le vase après avoir mis la fleur dedans, metre de l'eau dans le vase!
Travailler dans le jardin et couper les branches longues des arbres!
Parler avec lui et venir ensemble!
Marcher plus vite que possible! Il va plevoir.

ALIŞTIRMALAR - 35

A. İşçiler konuşarak eve geliyorlar.
Köylüler dans ederek toprağı işliyorlar.
Ufukta yükselen güneşi görerek uyandık.
Çocuk TV'ye bakarak ders çalışıyor.
Gemi limana girerek İspanya'dan geliyordu.
Kız kardeşim kız arkadaşıyla konuşarak komşumuza gidiyordu.
Küçük kuşlar çatının üzerinde uçarak geçiyorlardı.
Gülerek sandalyesine oturdu.
Kendi aralarında gülerek beklediler.
Yanıtı düşünerek yanıtlamaya çabaladım.

B. Les fenêtres fermées sont ouvertes par les gens.
Ils ont vu leur père près des arbres.
Tu n'est pas allé au cinéma.
Les livres choisis se trouvent sur la tables.
J'ai acheté un ordinateur portable.
Vous n'êtes pas venus à neuf heures moins le quart.
Nous n'avons pas eu de chance.
Elle m'a donné ses livres lus.
Il a plut.
Il n'est pas arrivé la chance.
Toutes les portes étaient fermées pour lui.
Elle ne s'était pas réveillée pour se lever tôt le matin.

C. Si je prends le café je me reposerai un peu.
Il fait froid si nous ne mettons pas nos tricots nous pouvons avoir froid.
Si nous invitons nos voisins, ils vont nous visiter.
Si tu vas en France vous verrez la maison de Lamartine.
Si les ouvriers travaillent strictement ils gagneront beaucoup d'argent.
Mes professeurs vont entrer en classe si la cloche sonnait.

Si nous avions un peu d'argent nous pourrions faire un tour du monde.
Si mon grand père était chez-lui il viendrait chez-nous aujourd'hui.
Si le gardien veillerait sur le ferme il ne perdrait pas le cheval.
Si les touristes ne venaient pas par avion ils viendraient avec le train.
İl neigerait s'il fesait froid.
Si vous aviez eu de chance vous auriez acheté une voiture neuve.
Si tu étais venu au bord du lac, tu aurais vu les canots.
Si la fille n'avait pas vu sa mère elle serait y allée seul.
Si j'avais réussi mes examins je serais entré à l'université.

D. Ils ont commencé à travailler après que mon frère eut acheté son ordinateur.
Ils ont couru chez-eux dès qu'il eut plut.
Lorsque son père eut pris un cadeau pour lui, il fut très content.
Dès qu'il eut parlé, il commança à pleurer.
Ils n'ont pas été prêt lorsque le voyage eut commencé.
Vous eutes été à İstanbul quand nous sommes partis pour Ankara.
Tu as lu le roman lorsqu'il fut allé au théâtre.
Jean est allé au Bosphore dès qu'il fut venu à İstanbul.

ALIŞTIRMALAR - 36

A. Bugün.   Yarın.
Ertesi gün.   O halde.
Kâh, bazen.   Asla.
Öğleden sonra.   Devamlı, her zaman.
Dün.   Ara sıra.

B. Ici.   Sous.
Là.   Là-bas.
Où.   Près.
Y.   En bas.
Ailleurs.   À gauche.
Alentour.   Derrière.
Loin.   Devant.
Partout.   En haut.
Dessus.   A droite.
Dehors.   Dans, dedans.

C. Yeteri kadar.   Sadece.
Çok.   Çok.
Biraz.   Yine, hala, henüz.
Çok.   O kadar, o denli.
Çok, fazla.   Son derece çok.
Ne kadar.   O kadar çok.

D. Bassement.   Longuement.
Bellement.   Mutuellement.
Doucement.   Sottement.
Fraichement.   Tendrement.
Glorieusement.   Gentillement.

E. Vraiment.   **F.** Fréquemment.
Hardiment.   Savamment.
Absolument.   Couramment.
    Négligemment.
    Prudemment.
    Violemment.

G. Bien.   Volontiers.
Mal.   Mieux.

H. Mireille est une fille belle.
Mireille est bellement.

La femme marche avec les pas douces.
La femme marche doucement.

Je voudrais boire jus d'orange fraiche.
Je veux boire fraichement.

Le père de mon ami est un homme tendre.
Le père de mon ami est tendrement.

C'est une idée savante.
C'est savamment.

C'est une réponse négligente.
C'est négligemment.

ALIŞTIRMALAR - 37

A. İstemeye istemeye.
Hemen hemen.
Adeta, tıpkı.
Üzerinde.

B. **Oui.
Certes.
Certainement.
Vraiment.
Assurément , Surement.**

C. Asla bu kadar çok zeki bir kız görmedim.
Az çalışıyor.
O onu az yiyor.
Dün çok dans ettik.
Sokakta çok insan vardı.

D. Non, il ne voit pas les oiseaux sur le toit.
Non, il ne fume pas.
Non, nous ne finissons pas nos devoirs.
Non, ils n'ont pas réussi les examins.
Non, elle n'est pas allée à Bursa.

E. Non, nous ne sommes jamais allés en Espagne.
Non, elle n'aime jamais la musique arabe.
Non, nous ne sommes jamais content de lui.
Non, je n'ai jamais vu Charles.
Non, je n'ai jamais pu faire un tour du monde.

F. Où irez – vous demain?
**Combien de prsonne y a-t-il dans l'avion?
Combien fait ce tableau?**
Où sont-ils partis?
Où avait-elle joué?
Combien de livres y a -t-il dans ce sac.

G. **Quand êtes-vous venus à la ville?
Comment travaillez-vous avec ces outiles?
Quand seront-ils ici?
Comment es-tu venu à la maison?
Comment se sent-il?
Où avez-vous mangé?**

Où étudiez-vous?
Pourquoi.porte-il son parapluie?

H. Daha kolayca.
Daha yavaşça.
Daha genişçe.
Daha kesin olarak.
Daha doğalca.
Daha içten olarak, daha samimi.
Daha etkin olarak.

I. Le plus légèrement.
Le plus glorieusement.
Le plus prudemment.
Le plus facilement.
Le plus hautement.
Le plus lentement.

ALIŞTIRMALAR - 38

A. Il y a de l'eau dans la bouteille.
Le chiffre sept vient après six.
Les questions ne sont pas répondues par les élèves.
Nous sommes allés à Rome.
Le père de Pierre n'est pas venu chez lui.
Mes cheveux sont sur ma tête.
Les enfants ont commencé à courir vers leur mère.
Ils n'iront pas cette année en France.
La maison est sous le toit.
Depuis dix mois nous sommes en Suisse.
Elle n'était pas entrée au magasin avec son fils.
Il n'avait pas acheté un cadeau pour lui.
Il n'y a pas une porte derrière la maison elle est devant la maison.
Je suis né avant soixante ans.
La porte de pavillon est ouverte.
Il y a de l'argent dans ma poche.
Les étudiants ne sont pas en classe.
Les cahiers de ma soeur ne se trouvent pas sur la table.
Qu'est-ce qu'il y a dans le vase?
Les lettres sont envoyées par avion.

B. Ils sont prêts sauf Paul.
Voici un bouquet de fleur sur la table.
Les soldats ont combattu contre les annemis.
Tu connais un homme parmi de la foule.
Nous avons oublié notre porte-monnaie nous sommes sans argent.
Nous sommes très réspectueux anvers nos parents.
Il y a le numéro huit entre le numéro sept et neuf.
Nous mangeons tous les légumes sauf chou.

C. ...den dolayı.   Pahasına.
Zoruyla, sayesinde.   Ortasında.
Amacıyla.   Yakınında , yanında.
Yararı sayesinde, yararlanarak. Karşısında, karşı karşıya.
Yerine, yerinde.   Etrafında, çevresinde.
Üzerinde.   Sayesinde.
Tarafında , yanında.   ...ya...ye gelince.

D. Nous aurons moissonné trop de blé à la faveur de la pluie.
Il n'y a pas un plafond au dessus de la chambre.

J'aime le foot-ball au lieu de basket-ball.
A force de travailler il a pu réussir.
Ils n'ont pas pu venir à cause de la neige.
Elle avait placé une grande table au milieu de la salle à manger.
Je ne puis voir un récepteur à coté de TV.
Vous avez gagné au prix de perdre toute votre fortune.
Tu as appris français grace à votre amis étrangers.
La rivière est proche de la ville.
La tere tourne autour du soleil.
La maison de ma tante se trouve tout auprès de Notre maison.
Vous devez y rester deux jours encore, quant à moi j'irais ce soir.
La maison de Nilgün est en face de la sienne.
Elle étudie la littérature afin de connaitre la poésie française.

ALIŞTIRMALAR - 39

A. Vous êtes venus hier mais je ne vous ai pas vus.
Ils ne sont ni gentils ni réspectueux.
J'ai réussi l'examin car j'avais travaillé beaucoup.
Vous êtes gentils et intelligents.
La maison est belle mais je ne l'aime pas.
Vous avez le passeporte de la France donc vous êtes français.
Tu ne veux ni manger ni boire.
Les étrangers ne sont pas en retard et ils sont venu à l'hôtel.

B. Tu me dis que tu viens demain.
Il ne sait pas que vous vouliez rester deux jours à İstanbul.
Il parlera bien français quand il aura trvaillé sans fatigué.
Ayşe saute à la corde comme sa soeur.
Vous ne savez pas si nos voisins viennent ce soire.
Il ne connait pas si nous sommes les amis de son père.
Elle me demande si je connais son frère.
Il avait froid malgré qu'il fait chaud.
Elle chante malgré qu'elle ne soit pas chanteuse.
Nous avons habité dans cette ville jusqu'à ce que nous étions venus à Paris.

C. Ils passeront un long vacance lorsqu'ils ont réussi leurs examins.
Il achetera un hôtel quand il a gagné beaucoup d'argent.
Il est allé chez sa mère dès qu'il était venu.
Il ne faut pas parler pendant qu'on mange le repas.
Ils sont retournés à la ville après qu'ils avaient apris l'adresse.
Nous avons passé chez lui avant que nous étions allés.
J'ai mis mon manteau avant qu'il plut.
Tu écoutes la musique toutes les fois que tu lis.
J'ai froid en même temps que javais mis mon manteau.
Ils sont allés en Allemagne afin qu'ils gagnent de l'argent.
Etes-vous venus sous pretexte de parler avec nous?
Elle ont passé le jour de crainte qu'il aura lieu un accident.
J'ai descendu de l'arbre de peur que je tomberais.
Il écoute les paroles des petits soit qu'il était grand.
Il taravaille dans le jardin au printemps soit qu'il était le directeur.
Il a emprunté de lui à condition qu'il acquitterait après deux mois.
Il veut travailler à mésure qu'il était jeune.
Je ferai le sport à mésure que je me sens bien.
Les enfants sont sortis au jardin sous pretexte de jouer.
Ils sont venus d'Istanbul à Trabzon sans qu'ils n'avaient pas passé Ankara.

ALIŞTIRMALAR - 40

A. Ah! Elle s'est coupée la main.
   Aïe! J'ai vu un accident.
   Ouf! Mon père a eu mal à la poitrine.
   Hélas! Notre jeunesse s'éloigne le jour en jour.
   Hélas! Les feuilles deviennent jaunes, c'est l'automne qui vient.

B. Ah! Quelle chance, elle a gagné.
   Ah! Que nous sommes heureux.
   Bravo! Vous avez réussi l'examin.
   Bravo! Il avait porté cette valise lourde.
   Bon! Tu as bien répondu.

C. Ha!Il fait noir, on n'a pas de lampe.
   He! Comment pourrai-je rester ici seule?
   Ha! Comment est-ce qu'il vendra ici tout seul dans la nuit?
   He! Son père est-il très malade?

D. Oh! Vous êtes très beau.
   Oh! Elle est très belle.
   Ah! Que vous êtes belles.
   Ah! Qu'il est bon.

E. Hola! Ne faites pas le bruit.
   Hola! Ne mettez pas votre tricot, il fait chaud.
   Gare! Vous conduisez très vite.
   Gare! Fates attention aux piétons.

F. Sus!   Sabır.
   Selamlar!   Tanrım!
   Şükür!   Vallahi, yemin ederim!
   Nasıl, ne!   Ey gençliğim!
   Kör şeytan, Allah kahretsin!   Bir daha!
   Tamam., Haydi!   Peki!

ALIŞTIRMALAR - 41

A. Accalmie   Accepter   Acclamer   Accaparer
   Affable   Affecter   Affirmer   Affadir
   Attabler   Attacher   Attaquer   Attendre

B. Acacia   Académique   Acabit   Acagnarder.
   Afghan   Afin que   Africain   Africaniste.
   Athlétisme   Atlantique   Atmosphère   Atomisme.

C. Correcte   Correspondant Corriger   Corruption.
   Appeler   Aparat   Apparance   Appartenir.
   Commande   Comme   Commémoration Commode.
   Immence   Immencilé   Immerger   Immunité
   Effacer   Effectuer   Effet   Efficace.
   Illégitime   Illetré   Illimité   Illumination.
   Irrésonnable Irrésolu   Irrigation   Irriter.
   Occasion   Occident   Occuper   Occulte
   Offensé   Officier   Offrir   Offense.

D. Corail   Coran   Corbeille   Cordage.
   Apaiser   Apercevoir   Apeurer   Apitoyer.
   Coma   Comédien   Comestible   Comète.

Image	Imitation	Imiter	Imaginer.
Efaufiler	Efrit	Efendi	Efouceau.
Il	Iles	Ilien	Ilet .
Iris	Ire	Ironique	Irlandais.
Océan	Ocelle	Ocre	Oculiste.

Oflage (Bu kurala uyan başka sözcük yoktur.)

E.	Bouffer	Souffler	Souffrance.	Couffe.
F.	Soufrage	Soufrière	Mouflet	Mouflon.
G.	Siffler	Siffloter	Difficile	Biffer
H.	Rifle	Bifide	Gifle	Bifurcation.
I.	Ambarrasser	Immobiliser.	Immodeste	Immonde.

ALIŞTIRMALAR - 42

A. Il me dit qu'il ne parle pas allemand.
Nous lui disons que nous partirons pour Ankara.
Je lui dis que j'aime la rose.
Tu me demandes si je suis journaliste.
Elles nous demandent si nous sommes heureux.
Il vous demande s'il fait froid aujourd'hui.
Le maître demande aux élèves ce qu'ils font.
Mon grand-père me demande ce que je lis.
Elle te demande ce qui vole devant la fenêtre.
Le journaliste demande au directeur ce qui se passe.
Nous vous demandons où vous habitez.
Je vous demande quand tu vas.
Tu me demandes pourquoi je ne suis pas joyeux.
Ils leur demandent pourquoi ils viennent ensemble.
Il me dit de me réveiller.
Je te dis d'aller très vite.
Sa tante lui dit de mettre son tricot.
Le directeur vous dit de vous venir le plus vite que possible.

B. Nilgün me dit qu'elle ferme les fenêtres.
Tes soeurs lui demandent s'il sait l'adresse de leur voisin.
Il me dira ce qu'il y aura dans la serviette.
Sylvie me dira qu'elle sautera la corde dans la rue.
Il te dira qu'il ne sera pas avocat.
Mon oncle m'a dit quand j'irai en France.
Il nous dit où nous étions hier.
Le jeune homme lui a dit qu'elle aimait la fleur de violette.
Ils ont dit qu'il y avait fait très froid cet hiver.
Elle nous a dit qu'elle n'avait pas lu ce livre.

C. Je lui dis que je baisse la tête quand je regarde la tere.
Le professeur dit aux élèves que l'on n'est pas fatigué au début de la cours.
Le maître demande à Pierre s'il pourrait courir.
Le directeur lui demande s'il aimait le sport.
Mon camarade me dit qu'il va gagner la course.
Il me demande si je lance bien le disque.
Moi aussi, je lui demande s'il monte bien aux corde.
Les écoliers nous disent qu'ils nagent bien.
Je lui dis que je fais de grands efforts pour gagner la course.
Le professeur nous dit que nous irons au terrain de sport.
J'ai demandé au professeur s'il y aura des courses cet après midi.
Il me raconte ce qu'il avait vu.
Les paysans nous demandent où est notre directeur.
Vous voulez apprendre ce que j'écris sur la feuille.
Tu lui demandes s'il manque l'école.

Nous vous demandons si vous vous trompez.
Sais-tu ce que Mireille a répété?
Vous nous dites que M.Georges est très intelligent.
Tu me demandes si M.Georges était un peu différant de M.Daniel.
Le directeur lui dit de travailler beaucoup.
Tu lui dis de fair attention.

ALIŞTIRMALAR – 43

A. Fransızca'da yapısal olarak cümlecikler üçe ayrılırlar:

Proposition indépendant (bağımsız cümlecikler)

Buna iki örnek:
Je lis le journal.
L'homme vient.

Proposition principale:

Buna iki örnek:
Vous ne finissez pas votre devoir/ avant Mireille.
Lors que les voitures ont passé la route /les piétons étaient sur les pavés.

Proposition subordonnée

Bir üstteki birinci örnek cümlede kesmeden sonraki cümleciktir. İkinci örnek
İse cümlede kesmeden önceki cümleciktir. Cümlenin diğer kıs-m-
larıysa proposition principale için örnektirler. Proposition subordonnée'ler
İçin bundan sonraki yanıtlarda bolca örnek verilecektir.

B. Pierre est allé à Ankara.
   Le chat est sorti du jardin.
   Le maitre a vu le devoir.
   La table est lourde.
   La robe n'est pas chère.

C. Le livre de mon ami est épais.
   La porte de notre maison n'est pas brune.
   Le premier ministre de notre pays est allé en France.
   La fille de Notre voisin est infirmière.
   Les habits de mon père sont dans l'armoire.

D. Pierre est le frère de Mireille.
   Paris est la capitale de la France.
   La table n'est pas lourde.
   Murat est jeune.
   Filiz n'est pas malade.

E. Le lion et le tigre sont des animaux courageux.
   Le garçon de votre voisin et la fille de mon oncle sont allés à l'école.
   Les branches des arbres sont coupées par les ouvriers.
   Le directeur de l'établissement parle avec les clients étrangers.
   Les spéctateurs qui viennent au théâtre ont aimé beaucoup l'oeuvre de Racine

F. Nous voyons l'horizon.
   Vous faites les devoirs.
   La fille écrit son cahier.
   La petite Annie lave les linges.
   Les vaches ne mangent pas les fruits.

G. Vous connaissez les hommes qui vont au magasin.
   Elle voit le garçon qui parle avec son ami.
   Mon camarade ne prend pas le balon qui n'est pas à lui.

Tu as trouvé le livre que vous avez cherché depuis le matin.
Il a vu le chat qui a monté sur le toit.

H. Nous avon vu venir les chevaux dès que le soleil se fut levé.
Je ferais un tour du monde après que j'aurai gagné un peu d'argent.
Elle a vu son ami lorsqu'elle fut sortie de la maison.
Nous sommes allés au quais lors que le bateau fut venu d'Istanbul.
Vous ne comprenez pas bien malgré que vous aviez travaillé beaucoup.

I. Proposition subordonnée relative.

Buna örnek iki cümle:
L'homme que j'ai vu est votre oncle.
Les oiseaux qui volent sur le toit sont les pigeons.

Proposition subordonnée interrogative indirect.

Örnek iki cümle:
Pourriez-vous me dire comment ai-je pu aller là-bas?
Tu ne comprends pas qui avait fait ce pont.

Proposition subordonnée conjonctive.

Örnek iki cümle:
Il pense que les visiteurs soient venus aujourd'hui.
Nous avons compris que vous partirez demain.

Proposition subordonnée circonstencielles.

Örnek iki cümle :
Nous parlerons avec eux après que vous êtes venus.
L'enfant cache bien ses jouets de crainte qu'il perde.

J. Il : Pronom personel.3.ème personne singulier. Sujet.
Lit :   Verbe lire.3.ème personne singulier. Forme :Affirmative 3.groupe
Temps : Présent de l'Indicatif. Mode: Infinitif.
Son :   Adjectif possessif.
Livre : Nom commun.
Nous : Pronom personel 1.ère personne pluriel.
Ecoutons : Verbe Ecouter présent de l'ındicatif. Forme : Affirmative.1.groupe.
Les :Article défini.
Visiteurs :Nom commun, pluriel
Etrangers :Adjectif qualificatif.

K. Tiyatroya gidiyoruz.
Istanbul'da değilsiniz.
Öğrenciler Ispanya'dan geliyorlar.
Çocuk yatağında güzel uyuyor.

L. En hiver les oiseaux ont froid beaucoup.
En automne les feuilles jaunissent.
Au printemps, toute la nature devient verte.
Les cigognes viennent après la saison d'hiver.
Elles sont sorties de l'école à trois heures.

M. Gözlüklerinle bakıyorsun.
Kuşlar kanatlarıyla uçarlar.
Onlar trenle geldiler.
Bu saat pille çalışıyor.
Bu araba benzinle çalışmaz.

N. Vous faites cette affaire avec plaisire.
Les ouvriers travaillent avec joie.

Les gens ne peuvent pas vivre sans affection.
La mère caresse son enfant tendrement.
La rivière coulait tranquille sous le pont.

O. Sizi görmekten çok mutluyum.
Yorgun olduğu için bugün gidemez.
Üşümemek için yün kazaklarını giyindiler.
Kar yüzünden dışarı gidemezler.
İçine toz girmesin diye şişe kapanmış.

P. Nous n'avons pas donné un cadeau à Filiz.
Il ne m'a pas offert un livre.
Il a acheté une voiture pour sa fille.
Apportez une table lourde à la chambre.
Il faut qu'on donne de lait au chat.

R. Gençler yarışı kazanmak için disk attılar.
Tatil için köye geldiler.
Gara gitmek için kalktık.
Mağazaya gitmek için büronun kapısını kapattı.
Hayvanlar su içmek için nehrin kenarına geliyorlar.

S. Vous ne pouvez pas travailler comme une machine.
La lune brille comme le soleil.
Ahmet est aussi jeune que Meral.
Ankara est aussi belle qu'Istanbul.
La mer est aussi bleue que le ciel.

T. Bu adam karısıyla burada oturuyor.
Gemi kayıklarla limana girdi.
Köpek kediyle bahçededir.
Ebeveynlerimizle Antalya'ya gittik.
Susamamak için su içtin.

U. Il ne mange pas sans le.vin.
Elle est sortie au dehors sans le chapeau.
Il pleut , il marche sans la parapluie.
On ne peut pas entrer sans bilet.
Je ne peux pas lire sans mes lunettes.

ALIŞTIRMALAR - 44

A. Au milieu de la ville on voyait un marché grand.
Les paysans venaient au marché.
Ils y venaient pour acheter leurs provisions.
Dominique etait une petite paysanne.
Parce qu'elle avait voulu vendre les oeufs.
Elle est sortie de sa maison le matin à six heures.
Elle voulait acheter du sucre, sel et du savon
Elle est venue chez-elle le soire à cinq heures.
Elle vivait avec sa vieille grand-mère.
Elles se sont couchées à neuf heures du soir.